일본의 30년 경험에서 무엇을 배울 것인가

시라카와 마사아키白川方明

일본의 중앙은행가이자 경제학자다. 30대 일본은행 총재를 역임했으며, 현재 아오야마가쿠인대학青山学院大学 특임교수로 재직 중이다.

도쿄대학東京大学 경제학부를 졸업하고 1972년 일본은행에 입행했으며. 시카고대학교에서 경제학 석사 학위를 받았다. 일본은행 신용기구국 신용기구과장, 기획국 기획과장, 오이타 지점장, 뉴욕 사무소장, 금융연구소장, 국제국 심의역, 기획국 심의역에 이어 2002년부터 2006년까지 통화정책 담당 이사를 지냈다. 이후 2006년부터 2008년 3월까지 교토대학京都大学 대학원 공공정책교육부(공공정책대학원) 교수로 재임하면서 도쿄대학 금융교육연구센터 객원 연구원으로 일했다. 2008년 3월 일본은행 부총재로 임명되고, 같은 해 4월 30대 일본은행 총재에 올라 2013년까지 재직했다. 2011년에는 국제결제은행BIS 부의장으로 임명되었다. 2012년 프랑스의 레지옹 도뇌르 슈발리에Chevalier de la Légion d'Honneur 훈장과 미국의 외교정책협회Foreign Policy Association, FPA 메달을 받았다.

《워싱턴포스트》는 "새로운 경제위기를 막기 위해 노력하는 글로벌 리더", 《비즈니스위크》는 "일본은행 130년 역사상 가장 대담한 총재"라고 평가했다. 2008년 《뉴스위크》 '세계에서 가장 영향력 있는 인물' 6위, 2011년 《블룸버그마켓Bloomberg Markets》 매거진 '가장 영향력 있는 인물 50인'에 선정되었다. 저서로 《일본의 30년 경험에서 무엇을 배울 것인가中央銀行: セントラルバンカーの経験した39年》 외에 《버블과 통화정책: 일본의 경험과 교훈バブルと金融政策·日本の経験と教訓》(공저), 《현대 통화정책: 이론과 실제現代の金融政策·理論と実際》가 있다. 《일본의 30년 경험에서 무엇을 배울 것인가》는 《아사히신문》 선정 헤이세이 시대 (1989~2019년) 대표 도서 30선 중 15위에 올랐으며, 2019년 와쓰지데쓰로문화상和辻哲郎文化賞과 니혼게이자이신문사의 닛케이경제도서문화상을 수상했다.

일본의
30년
경험에서
무엇을
배울 것인가

**초호황에서
버블 붕괴
금융위기
슈퍼 엔고
고령화에
인구 감소까지**

시라카와 마사아키 지음 | 박기영, 민지연 옮김

부·키

옮긴이

박기영

연세대학교 경제학부 교수로 재직 중이다. 연세대학교 경제학과를 졸업하고 동 대학원에서 석사 학위를 받았다. 한국은행에서 근무한 이후 시카고대학교에서 경제학 박사 학위를 받았다. 한국은행 금융통화위원회 위원을 역임했다. 주로 금융 시장과 거시경제에 대해 연구하고 있다. 옮긴 책으로 《래디컬 마켓》《빚으로 지은 집》이 있다.

민지연

한국은행 통화정책국 과장으로 재직 중이다. 서울대학교 경영학과를 졸업하고 고려대학교에서 경제학 석사 학위를 받았다.

일본의 30년 경험에서 무엇을 배울 것인가

초판 1쇄 발행 2024년 10월 30일 | 초판 2쇄 발행 2024년 12월 11일

지은이 시라카와 마사아키 | 옮긴이 박기영, 민지연 | 발행인 박윤우 | 편집 김송은 김유진 박영서 성한경 장미숙 | 마케팅 박서연 정미진 정시원 | 디자인 박아형 이세연 | 저작권 백은영 | 경영지원 이지영 주진호 | 발행처 부키(주) | 출판신고 2012년 9월 27일 | 주소 서울시 마포구 양화로 125 경남관광빌딩 7층 | 전화 02-325-0846 팩스 02-325-0841 | 이메일 webmaster@bookie.co.kr
ISBN 979-11-93528-31-0 03320

만든 사람들 편집 성한경 | 디자인 표지 디박스, 본문 서혜진

경제의 발목을 잡는 근본 요인을 파악하고

이에 대응하는 적절한 정책을 채택하는 것이 중요하다.

문제는 미래에 관한 것이다.

시라카와 전 일본은행 총재는 학자적 시각을 갖춘 중앙은행가다. 그의 회고록은 일본어판은 물론이고 예일대에서 발간한 영어판도 베스트셀러가 되었다. 이번에 이 책을 중앙은행과 통화정책에 누구보다 밝은 두 역자가 우리말로 옮겨 한국 독자들이 쉽게 읽을 수 있게 내놓았다. 지금 한국은 빠른 고령화, 산업·금융 구조, 경제정책 접근 등 여러모로 일본이 걸어온 것과 비슷한 길을 걸어가고 있다. 오랜 현장 경험과 높은 식견으로 일본의 정치경제와 금융정책을 되돌아보는 이 흥미로운 책은 향후 한국 경제와 금융을 보다 잘 이해하려는 경제학도, 금융인, 언론인, 지식인이라면 꼭 읽어봐야 할 책이다.

_조윤제(전 주미대사, 금융통화위원)

글로벌 금융위기부터 동일본 대지진까지 일본 통화정책의 수장으로서 격동의 시기를 보낸 시라카와 총재의 통찰을 배울 수 있다. 일본 경제 경험에 대한 그의 분석은 우리에게 시사하는 바가 크다.

_고승범(전 금융위원장, 금융통화위원)

대내외 경제 여건이 변곡점을 지나고 있는 지금 어느 때보다 일본 경제와 통화정책의 향방에 대한 관심이 높다. 일본의 통화정책은 글로벌 자금 흐름과 매크로 환경을 결정짓는 큰 축이다. 지난 수십 년간 일본은 자산 버블과 금융위기, 급격한 환율 변동, 대지진에 따른 공급망 훼손, 비전통적 통화정책, 저출산·고령화 등 현재 세계 각국이 직면한 문제와 먼저 씨름해왔다. 이런 일본의 앞선 경험에서 우리는 역사적 교훈을 배워야 한다. 해당 분야의 전문가들이 번역한 이 책을 통해 글로벌 정책 결정자의 고민과 혜안을 엿볼 수 있을 뿐 아니라 장기적 투자 안목까지 기를 수 있을 것이다.

_김영환(미래에셋자산운용 사장)

일본 경제뿐 아니라 중앙은행과 경제정책 결정 전반에 관심이 있는 독자에게 이 책을 추천한다.

_호시 다케오星岳雄, **도쿄대학 대학원 경제학과 교수**

시라카와 총재는 일본의 경제, 금융, 정치 및 사회가 어떻게 상호 작용하는지에 대한 이해를 깊이 하고 일본뿐만 아니라 국제적으로도 최고 수준의 정책 결정에 관여했다는 점에서 일본 중앙은행가 중 드문 인물이다. 그는 중앙은행에 대한 탁월한 헌신을 보여주었으며 일본이 버블, 금융 불안정, 비전통적 통화정책, 그리고 인구 구조 변화와 관련해 직면한 도전에 관해 사람들에게 알리기 위해 노력해왔다. 이 책도 경제 구조의 변화와 통화정책의 한계에 대해 중요한 통찰과 교훈을 제공한다.

_센트럴뱅킹 Central Banking

이 책은 장마다 통찰력 있는 정보로 가득 차 있다. 인구 감소, 저성장, 저금리 국가의 중앙은행에 대해 배우고 싶다면 반드시 읽어야 하는 책이다. 밀턴 프리드먼은 "화폐 이론은 일본의 정원과 같다. 다양함을 아우르는 심미적 통일, 정교함을 숨기고 있는 단순함, 더 깊은 내면을 품고 있는 표면"이라고 말했다. 시라카와의 사려 깊고 다면적인 이 책도 마찬가지다.

_비토르 가스파르 Vitor Gaspar, **IMF 재정국장, 전 포르투갈 재무장관**

이 책은 1972년 일본은행에 입행해 2008년부터 2013년까지 일본은행 총재를 역임한 시라카와 마사아키의 눈을 통해 1980년대부터 일본의 경제, 정치, 사회사를 관통하는 매혹적인 여정이다. 이 회고록은 1980년대 후반 버블 경제, 이른바 "잃어버린 10년"의 도래, 글로벌 금융위기, 2011년 동일본 대지진과 원전 사고, 아베노믹스의 출현 등 최근 일본 정치사에서 중요한 사건들을 엮었다. 이 책은 개인적인 회상, 경제 이론에 대한 관점, 중앙은행 내부 운영에 대한 통찰로 가득 차 있다. 이 책은 예상치 못한 위기, 금융 불안, 자연재해, 정치권과 사회 전반의 논쟁적 목소리에 직면했을 때 실시간으로 통화정책 결정을 내리는 것이 얼마나 어려운지를 독자에게 성공적이고 능숙하게 각인시킨다.

_경제전문가협회Society of Professional Economists

한때 역동성과 성장으로 세계의 부러움을 샀던 일본 경제는 1990년대 초 금융 버블 붕괴 이후 빛을 잃었고 2008년 글로벌 금융위기 때 더욱 침체되었다. 2011년에는 동일본 대지진으로 발생한 후쿠시마 원전 사고로 더 큰 피해를 입었다. 그러나 일본은행은 저인플레이션, 저성장, 저금리에 맞서 싸우기 위해 노력했고, 여러 면에서 세계 다른 지역의 중앙은행이 취하는 조치의 실험실 역할을 했다. 이 책은 이 기간 동안 일본의 경제정책과 통화정책이 어떻게 작동해왔는지, 그리고 그것이 주류 경제학적 사고에 어떻게 도전했는지에 대한 드문 내부자의 설명을 제공한다.

_옥스퍼드아카데믹Oxford Academic

한국어판 서문

2018년에 일본어로 출간한 이 책은 처음부터 해외 독자를 염두에 두고 집필했다. 그래서 영어판, 중국어판에 이어 이번에 한국어판이 출간된 것은 저자로서 더할 나위 없이 기쁜 일이다. 방대한 원저를 한국어로 번역하는 수고를 아끼지 않은 연세대학교 박기영 교수와 한국은행 민지연 과장에게 진심으로 감사의 인사를 전하고 싶다.

내가 일본어판을 집필하며 처음부터 해외 독자를 강하게 의식했던 가장 큰 이유는 일본 경제의 경험이나 일본은행의 통화정책이 해외에서 제대로 이해되지 않는 경우가 많았고, 이에 대해 항상 강한 좌절감을 느꼈기 때문이다. 이 책을 손에 쥔 한국 독자들이 일본 경제, 특히 지난 30년 일본 경제에 대해 어떤 이미지를 가지고 있는지 알 수 없지만 흔히들 "잃어버린 30년"이나 "디플레이션에 빠진 일본 경제"와 같은 말을 많이 떠올릴 것이라 생각한다. 그리고 그러한 상황(흔히 "일본화"라고 한다)에 빠지지 않기 위해 중앙은행은 디플레이션의 위험에 대해 적극적인 금융 완화를 실시해야 한다는 교훈이 함께 이야기되는 경우가 많다.

이러한 인식은 해외의 저명한 경제학자나 국제기구 사이에 정설처럼 회자되지만 이는 근본적으로 매우 잘못된 인식이다. 나는 이러한 일본 경제와 일본은행의 통화정책에 대한 잘못된 인식이 해외 각국의 통화정책, 나아가 세계 경제에도 큰 악영향을 끼쳤다고 생각한다. 실제로 물가가 안정되어 있어도 버블이 발생해 경제의 큰 변동이 발생할 수 있다는 일본의 경험을 2007~2009년 글로벌 금융위기 이전에 배웠더라면 해당 시기에 유럽과 미국의 통화정책은 다르게 전개되었을 가능성이 있다. 2022년 이후 글로벌 인플레이션만 보더라도 디플레이션에 대한 과도한 우려가 지나치게 적극적인 재정정책, 통화정책의 집행을 가져왔고, 일본의 경험에 대한 잘못된 인식이 여기에 어느 정도 영향을 미치고 있다고 생각한다.

그러므로 통화정책과 관련한 현재 상황을 개선하기 위해서는 해외의 많은 사람이 가지고 있는 일본 경제에 대한 오해를 풀기 위한 노력이 필요하다. 물론 내 책 한 권이 출간되는 것만으로 그런 일이 가능하다고 생각하지는 않는다. 하지만 아무것도 하지 않고 방관하는 것은 한 사람의 전문가로서 무책임한 행동이라고 생각했다. 이것이 내가 처음부터 해외 독자를 강하게 의식한 가장 큰 이유다.

앞서 언급한 일본 경제에 대한 해외의 시각에서 알 수 있듯이 올바른 교훈을 이끌어내는 것이 항상 쉬운 일은 아니다. 하지만 그렇더라도 외국의 경험에서 배우는 것은 중요하다고 생각한다. 나 역시 지식이 충분하다고 할 수는 없지만 한국 경제에 대해 오랫동안 많은 관심을 가져왔다. 내가 특히 주목하는 것은 일본 경제와 비교되는 사례들인데, 예를 들어 다음 3가지를 들 수 있다.

첫 번째는 1997~1998년 아시아 금융위기 이후 한국의 대응이다. 일본과 한국 모두 같은 시기에 심각한 금융위기를 겪었다. 이후 한국은 성장률이 빠르게 회복되고 일본은 저성장이 지속되었는데, 양국의 성장률 차이는 고통스러운 구조 개혁에 대한 속도 차이에 있었다는 견해가 있다. 이 견해는 얼마나 맞는 것일까?

두 번째는 내가 총재 시절에 경험한 엔고 당시 일본 기업 경영자들의 반응이다. 2011년 10월에는 엔/달러 환율이 달러당 75엔을 기록했다. 이 책 본문에서 자세히 언급했지만 당시 일본에서는 엔고 현상을 '국난'으로 받아들이는 견해가 지배적이었다. 당시 일본의 수출 관련 대기업 경영자가 내게 했던 말은 지금도 잊히지 않는다. "우리에게 가장 큰 영향을 미치는 것은 엔/달러 환율이 아니라 엔/원화 환율입니다. 현재의 비정상적인 엔고·원저 환율이 시정되기만 하면 삼성 등 한국 기업에 대한 일본 기업의 경쟁력은 회복될 것입니다"라면서 대對한국 경쟁력 관점에서 엔고 수정을 위한 일본은행의 추가적인 금융 완화를 요구했다. 이후 엔화 환율은 엔고에서 엔저로 크게 변했다. 그러나 위 발언을 한 경영자의 기업 경쟁력은 회복되지 않았다. 환율은 단기적으로 기업의 수출 경쟁력에 영향을 미치지만 장기적으로 기업 경쟁력을 규정하는 것은 아니다. 삼성으로 대표되는 한국 글로벌 기업과 일본 글로벌 기업의 경쟁력 관련 흥망성쇠의 차이는 어디에 있으며, 왜 발생했을까?

세 번째는 한국과 일본이 함께 직면하고 있는 저출산이다. 저출산에 따른 인구 감소 문제를 제대로 해결하지 않는 한 일본 경제는 성장력을 높이기 어렵다. 그렇지만 저출산의 원인이 무엇인지, 어떤 대책이 효과적이고 사회적으로 받아들여질 수 있는지를 두고 끝없는 논쟁이 계속되고 있다. 이런 맥락에서 흥미로운 점은 세계적으로 볼 때 일본, 한국, 중국, 대만 등 유교 문화권 국가들이 출산율 저하가 특히 두드러진다는 사실이다. 따라서 한국의 저출산 대책, 나아가 외국인 노동자 수용 대책과 그 영향에 대해 일본에서 참고할 수 있는 사례가 특히 많을 것이다.

이 책은 회고록이라는 특성상 일본은행의 통화정책과 일본 경제에 대해 내가 총재를 그만둔 2013년 3월 시점까지 서술했으며 그 이후의 전개에 대해서는 거의 다루지 않았다. 다만 그때로부터 이미 12년 가까이 지났기 때문에 그 이후의 전개에 대해 간략하게나마 언급하는 것은 의미가 있을 것이다.

우선 2013년 4월에 이른바 '이차원적 금융 완화'(양적·질적 금융 완화)가 실행에 옮겨졌다. 통화량을 2년 동안 2배로 늘려 2퍼센트라는 물가 상승률 목표를 달성하겠다는 것이었다. 그러나 물가 상승률은 초기를 제외하고는 거의 반응하지 않았다. 이후 통화량을 더 늘리기 위해 국채 매입을 대폭 확대했다. 또한 단기 금리를 마이너스 금리로 유도하고 장기 금리를 초저금리로 고정하는 수익률 곡선 제어yield curve control라는 새로운 통화정책도 채택했다. 일본은행의 GDP 대비 대차대조표 비율은 30퍼센트 수준에서 130퍼센트 가까이 상승해 해외 주요국 중앙은행보다 상당히 높은 수준이지만 물가 상승률은 반응하지 않았다. 물가 상승률이 갑자기 높아진 것은 전 세계적으로 인플레이션이 높아진 2022년 이후였다. 결국 거대한 통화정책 실험이 선전만큼 효과를 가져다주지 못한다는 것은 누가 봐도 분명하게 드러났다.

이 사실에서 여러 가지 교훈을 도출할 수 있지만 한 가지를 꼽자면 '시대의 공기空氣'('시대의 공기'는 우리 말로 '시대 분위기'와 유사한 의미를 가지나 1977년 문예춘추에서 발간된 야마모토 시치헤이山本七平의 《공기의 연구'空気'の研究》에 따르면 '공기空氣'는 사회 구성원에게 반드시 따라야 하는 암묵지 또는 관습법과 같은 구속력을 가지며 분위기보다 훨씬 무거운 개념이다-옮긴이)는 극단적인 방향으로 흔들릴 수 있다는 것이다. 나의 총재 재임 기간에는 "디플레이션은 화폐적 현상이며, 중앙은행이 과감한 금융 완화를 하면 디플레이션은 쉽게 해소될 수 있다"라는 논의가 힘을 얻었다. 하지만 지금은 그런 단순한 논리를 믿는 사람은 거의 없다. 더구나 불과 10여 년 전까지만 해도 그런 논의가 세상을 휩쓸었다는 사실 자체도 잊혀가고 있다. 과거 역사를 돌이켜보면 '시대의 공기'가 냉철한 논의를 구석으로 밀어내는 일이 중앙은행의 통화정책뿐 아니라 여러 분야에서 반복해서 일어났다. 안타까운 일이지만 그것이 현실인 만큼 중앙은행은 이러한 사회적 경향을 인식하고 물가 안정과 금융 시스템 안정을 어떻게 도모할 것인지 고민해야 한다. 이 책이 한국 독자들에게 조금이라도 참고할 만한 자료를 제공할 수 있다면 저자로서 더할 나위 없이 행복할 것이다.

차례

1부 일본은행에서의 성장기

퇴임 다음 날

2013년 3월 21일 목요일은 화창한 날이었다. 그해 일찍 피기 시작한 벚꽃을 보고 싶어서 아내와 고이시카와 식물원에 갔다. 고이시카와 식물원은 도쿄 한복판에서 보기 드문 광활한 녹지로 집과 가까워 즐겨 산책하는 곳이다. 막 개화한 벚꽃을 만끽한 후 매점에 들러 250엔짜리 아이스크림 2개를 주문하고 500엔짜리 동전을 내자 내 또래로 보이는 카운터 여직원이 말했다. "시라카와 총재님이시죠? 5년간 정말 수고 많으셨습니다. 오늘은 돈 안 내셔도 됩니다." 그녀는 아이스크림과 함께 따뜻한 커피 한 잔을 건네주었다. 일본은행 총재 시절 오해 살 만한 행동은 피하려고 아무리 작은 선물이라도 받지 않는 것을 원칙으로 삼았다. 나는 당황했지만 그녀의 진심 어린 친절에 감동해 규칙을 깨고 호의를 흔쾌히 받아들였다.

총재 임기 마지막 날이었던 전날은 정신없이 바빴다. 국회 중의원 재무금융위원회에 출석하고, 일본은행 구내를 순회하며 임직원들과 작별 인사를 하고, 마지막 기자 회견을 가졌다. 퇴임 다음 날, 나는 아내와 식물원 벤치에 앉아 아이스크림과 커피를 맛보며 격무를 마친 해방감에 젖어들었다.

총재로 일한 5년 동안 무수한 역경을 맞닥뜨려야 했다. 매일매일 거센 역풍을 맞으며 전속력으로 달리고 있는 기분이었다. 마침내 결승선을 통과했을 때 고이시카와 식물원 매점 여직원이 보여준 친절은 유난히 반가웠다.

우연히 총재가 되다

5년 전인 2008년 3월 11일 오전 9시, 나는 중의원(하원)과 참의원(상원) 양원의 의원운영위원회에서 열린 인사청문회 참석을 위해 국회 의사당에 있었다. 후쿠다 야스오福田康夫 총리 내각이 나를 일본은행 부총재 후보로 지명했는데, 정부 인사안이 양원의 각 후보자 소신 청취와 질의를 거쳐 본회의를 통과해야 정식으로 임명될 수 있다. 나는 총재 후보자인 무토 도시로武藤敏郎 부총재의 뒤를 이어 소신을 밝혔다.[1] 준비해 온 원고를 낭독하며 "일본의 금융 경제 상황에 큰 변화가 일고 있는 시기에 일본은행에서 일할 수 있는 영광이 주어진다면 온 마음을 다해 직무를 성실히 수행해나가겠습니다"라고 마무리했다.

인사청문회 종료 후 발표된 위원회 심의 결과는 매우 이례적이었다. 국회 중의원은 총리가 속한 자민당이 장악한 반면 참의원은 야당인 민주당이 과반수를 차지하는, 일본에서는 보기 드문 복잡한 정치 상황이 낳은 결과였다. 무토의 총재 승진과 다른 한 사람의 부총재 취임은 중의원에서 가결되었으나 참의원에서는 부결되었다. 국회가 인준한 후보자는 나뿐이었다. 이미 언론에서는 무토의 총재 임명이 막히고 총재직이 공석이 될 것이며 부총재 중 한 사람이 총재대행이 될 것이라는 추측 보도가 나돌았다. 하지만 전후 일본에서 본 적 없는 사태가 실제로 일어날 것이라고 상상하기는 어려웠다.

후쿠이 도시히코福井俊彦 총재의 임기 만료를 불과 하루 앞둔 3월 18일, 내각은 전 재무성 관료를 총재로 지명하고 일본은행 심의위원이자 전 도쿄대 교수인 니시무라 기요히코西村清彦를 부총재로 지명했다. 니시무라는 국회 동의를 받았지만 새로운 총재 후보자의 임명 동의안은 무토에 이어 이번에도 참의원에서 부결되었다. 내가 부총재가 되면 사실상 총재대행이 된다는 사실을 깨달은 것은 부총재로 정식 임명되기 불과 며칠 전이었다.

취임 이틀 전 두 전임 총재가 귀중한 조언을 해주었다. 한 분은 미에노 야스시三重野康 26대 총재다. "겸손하면서도 당당하라"라는 격려 전화였다. 이임을 앞둔 후쿠이 총재는 업무 인수인계와 함께 "절대 감기에 걸리지 않도록 조심하라"라는 현실적이고 유익한 말씀을 해주셨다. 그 덕분인지 총재 재임 기간 중 업무에 지장이 될 정도의 감기는 걸리지 않았다.

2008년 3월 21일 국회 의사당에서 후쿠다 총리로부터 부총재 임명장을 받았다. 여야 주요 인사들과 의례적인 인사를 나누고 일본은행으로 발걸음을 옮겼다. 1972년 입행해서 2006년 이사로 퇴직하기까지 34년 동안 일본은행에서 근무했지만 이렇게 예외적인 상황에서 총재대행이 될 것이라고는 꿈에도 상상하지 못했다. 우연한 기회에 총재직을 맡게 되는 일은 일반적이지 않다.

    정신없이 바쁜 2주가 지난 4월 2일 저녁 누카가 후쿠시로額賀福志郎 재무장관(재무대신)이 우리 집으로 전화를 걸어 총재직을 수락할 의향이 있는지 타진해왔다. 내가 총재 후보로 지명되기까지 정부 내에서 어떤 논의가 있었는지 모르지만 당시 일본의 정치 상황과 더불어 불안한 국제 금융 정세도 영향을 미쳤을 것이다. 불과 몇 주 전인 3월 16일, 뉴욕 연방준비은행Federal Reserve Bank of New York(이하 뉴욕 연준)은 파산 위기에 놓인 베어 스턴스The Bear Stearns Companies, Inc.를 인수하려는 JP모건 체이스JPMorgan Chase & Co.(이하 JP모건)를 지원하기 위해 긴급 자금을 제공했다. 금융 시장은 소강상태에 접어든 것처럼 보였지만 불안감이 해소된 것은 아니었다. 4월 중순 워싱턴D.C.에서 G7 재무장관과 중앙은행 총재 회의가 예정되어 있었는데, 세계 금융 시스템이 불안정한 상황에서 일본은행 총재가 공석인 채로 G7 회의에 참석하는 것은 부적절하다는 목소리가 나오던 터였다.

    후쿠다 총리로부터 총재 후보자로 공식 지명받은 후 나는 4월 8일 몇 주 전과 같은 위원회에 출석해 이번에는 총재로서의 소신을 발표하게 되었다. 4월 9일 양원은 나의 총재 임명에는 동의했지만 다른 부총재 후보의 임명 동의안은 부결시켰다.

    4월 9일은 총재대행의 신분으로 첫 번째 통화정책회의(정식 명칭은 '금융정책결정회의金融政策決定会合'지만 일본은행에서는 통화정책을 '금융정책'이라 부르고, 영어로는 'Monetary Policy Meeting'이라 하므로 이 책에서는 '통화정책회의'라고 표기한다-옮긴이)를 주재한 날이었다. 회의가 끝나고 정책 결정 사항을 설명하는 기자 회견을 마친 후 총리 관저로 가서 30대 총재 임명장을 받았다.[2] 그날의 두 번째 기자 회견인 총재 취임 기자 회견은 오후 7시 이후에야 끝났다. 다음 날 아침 나는 도쿄 나리타국제공항에서 워싱턴행 비행기에 몸을 실었다.

그해 봄 행크 폴슨 주니어Hank Paulson Jr. 미국 재무장관 주재로 열린 G7 회의는 미국과 영국에서 발발한 금융위기의 초기 대응이 주요 의제였다. 회의에 참석한 중앙은행 총재 중 연방준비제도Federal Reserve System, Fed(이하 연준)의 벤 버냉키Ben Bernanke 의장, 영란은행Bank of England의 머빈 킹Mervyn King 총재, 유럽중앙은행European Central Bank의 장클로드 트리셰Jean-Claude Trichet 총재와는 이따금 대화를 나눈 적 있었다. 하지만 캐나다 중앙은행Bank of Canada의 마크 카니Mark Carney 총재, 프랑스 중앙은행Banque de France의 크리스티앙 누아예Christian Noyer 총재, 독일연방은행Deutsche Bundesbank의 악셀 베버Axel Weber 총재는 이때 처음 만났다. 동료 중앙은행 총재들과 뜻깊은 관계가 시작되었고, 이 관계는 그 후 오랫동안 이어졌다.

격변의 5년

총재로서 마지막 기자 회견 때 재임 기간 중의 소회를 묻는 질문에 "격변의 5년"이라고 대답했던 기억이 난다. 총재대행으로 임명되기 8개월 전인 2007년 8월 서브프라임 모기지subprime mortgage 시장의 문제로 처음 불거진 미국의 금융위기는 2008년 9월 리먼 브라더스Lehman Brothers Holdings Inc.의 파산과 함께 글로벌 금융위기로 확대되었다. 2009년 봄부터 위기가 서서히 진정되기 시작했지만 2010년 들어 유로화 사용 지역인 유로존eurozon의 부채 문제가 점차 심각해졌다. 처음에는 그리스 위기로 시작했으나 얼마 지나지 않아 아일랜드와 포르투갈을 휩쓸고 스페인과 이탈리아까지 확산되었다. 그리고 2011년 3월 11일, 동일본 대지진이 발생했다. 지진과 쓰나미, 후쿠시마 제1 원자력 발전소의 원자로 멜트다운 사고는 일본 사회와 경제에 큰 충격을 주었다.

위에서 언급한 사건들과 진행 속도는 전혀 다르지만 못지않게 중요한 변화는 그 시기 일본에서 인구 구조 변화가 눈에 띄게 가속화된 점이다. 일본의 총인구는 2010년 정점을 찍었다. 생산가능인구(15~64세 인구-옮긴이)는 이미 1995년을 정점으로 감소세로 돌아섰지만 전후 베이비붐 세대가 은퇴 연령에 도달하면서 더욱 빠르게 감소하고 있었다. 총재 재임 기간 중 줄어든 생산가능인구는 320만 명에 달했는데, 매년 전체 인구의 0.8퍼센트인 70만 명씩 감소한 것은 의심의 여지 없는 경제적 역풍이었다.

정치권에서도 혼란이 계속되었다. 1955년 창당 이후 극히 짧은 기간을 제외하고는 줄곧 집권해온 자민당이 2009년 8월 30일 중의원 총선거에서 패배해 민주당이 정권을 잡게 되었다. 3년 후인 2012년 12월 16일 총선에서는 민주당이 굴욕적인 패배를 당하면서 정권은 다시 자민당으로 넘어갔다. 시소게임을 하듯 단기간 정권 교체가 반복되면서 총리와 재무장관이 자주 바뀌었다. G20 같은 국제회의에 매번 다른 재무장관과 함께 참석하면서 동료 총재들에게 소개해야 하는 경우가 많았다. 내가 만날 때마다 "신임 재무장관을 소개합니다"라고 인사말을 시작해서 아마 다른 나라 총재들이 깜짝 놀랐을 것이다.

같은 시기 신흥국 경제는 급속한 성장을 이루었다. 특히 중국의 성장이 눈부셨다. 시장 환율로 측정한 중국의 GDP는 2000년에 일본의 4분의 1에 불과했으나 2010년 일본을 넘어섰고 2015년에는 경제 규모가 거의 일본의 2배에 달했다. 에너지 소비가 많은 신흥국 경제의 성장은 국제 원자재 가격 급등으로 이어졌다.

　이러한 사건의 규모와 영향을 총재 취임 당시 얼마나 인지하고 있었는지 모르겠다. 버블 경제 붕괴 이후의 경험에 비추어 볼 때 글로벌 금융위기가 심각한 결과를 초래하리라는 점은 알고 있었지만 위기의 범위와 폭은 예상을 뛰어넘는 것이었다. 유로화의 지속 가능성에 대해 막연히 논의한 적은 있어도 유럽 부채위기의 심각성에 대해서는 전혀 몰랐다. 지진에 대비한 비상시 업무 계획 수립은 분명 내 소관이었지만 쓰나미로 인한 피해와 후쿠시마 원전 사고는 상상을 초월하는 수준이었다. 급속한 고령화와 인구 감소의 경우 중요하다는 인식은 있었지만 나중에 느낀 강한 위기감을 당시에는 가지고 있지 않았다.

　참으로 격변의 시기였다. 하지만 극심한 혼란과 불확실성으로 가득 차 있더라도 그것이 현실인 이상 여러 방안을 검토하고 최선의 대응책을 모색해 실행에 옮겨야 한다. 이 점은 기업, 개인 등 민간 부문이나 정부, 중앙은행과 같은 공공 부문이나 마찬가지다. 공공 정책은 민간 부문에 부여되는 환경을 구성하는 중요한 요소인 만큼 이를 결정하는 정부와 중앙은행은 막중한 책임을 지고 있다. 동시에 정부와 중앙은행이 고안한 정책은 동시대의 사회적 맥락과 분리될 수 없으며 때로는 외부 환경에 좌우되기도 한다.

정책 결정의 어려움

　중앙은행 총재로서 최선의 정책을 결정하는 것은 매우 큰 책임이 따르는 일이다. 거의 실시간으로 많은 어려운 결정을 내려야 한다.

통화정책은 때때로 흐린 앞 유리창에 속도계는 고장 나고 가속 페달과 브레이크가 제대로 작동하지 않는 자동차를 운전하는 것에 비유되는데, 실제로 그렇게 느껴진다. 향후 경제 여건이 어떻게 펼쳐질지 불확실하다는 점, 그리고 정책 효과도 매번 같지 않으며 시차가 발생한다는 점에서 중앙은행이 내리는 결정은 어렵다. 1980년대 후반 일본 버블 경제의 경우처럼 정책 효과가 상당 기간 나타나지 않을 수 있으며, 그 결과를 온전히 파악하는 데 5년에서 10년 또는 더 오랜 시간이 걸릴 수도 있다.

의사 결정이 어려운 두 번째 이유는 중앙은행과 정치 및 사회 전반의 복잡한 관계에서 기인한다. 최근 몇 년 동안 금융 시장 확대, 세계화, 정보통신 기술 발전, 사회 통합 약화 등의 요인이 복합적으로 작용하면서 중앙은행의 정책 운영에 대한 논의는 예전과 많이 달라졌다. 특히 눈여겨볼 것은 중앙은행 독립성에 대한 도전이다. 대부분의 선진국 중앙은행은 독립적으로 운영되고 있지만 그렇다고 해서 원하는 대로 자유롭게 행동에 옮길 수 있는 것은 아니다. 중앙은행이 결정한 정책은 모든 국민의 공감을 얻을 수는 없으며 그렇게 되기를 기대할 수도 없다. 그러나 중앙은행은 민주주의 사회에서 최소한의 신뢰와 지지 없이는 존속할 수 없다. 대중으로부터 "중앙은행은 고집스러워 보일지라도 장기적인 경제 안정에 도움이 되는 일을 한다. 다소 과감해 보이는 조치를 하더라도 분명 이에 수반되는 위험을 신중하게 검토하면서 정책을 집행하고 있을 것이다"라는 신뢰와 공감을 얻는 것이 필요하다.

마지막으로 중앙은행의 집단적 의사 결정 방식이 정책 결정을 힘들고 어렵게 한다. 대부분의 중앙은행과 마찬가지로 일본은행도 정책위원회라는 협의체에서 정책을 결정하며 총재는 9표 중 1표만 행사한다

(일본은행 정책위원회는 우리나라의 한국은행 금융통화위원회에 해당하며 7인으로 구성된 금융통화위원회와 달리 9인으로 구성된다-옮긴이). 그렇다고 총재의 영향력이 9분의 1에 불과하다는 의미는 아니다. 총재는 리더십을 발휘해야 하지만 독재자가 아니며 또한 그렇게 되어서도 안 된다. 총재는 정책위원회 의장으로서 다른 위원들의 지혜를 최대한 활용해 위원회가 최선의 결정을 내릴 수 있도록 이끌어야 한다.

내면의 목소리를 따라

2008년 3월 21일 이후 나는 어려운 결정을 책임져야 하는 위치에 놓이게 되었다. 매일 아침 총재실 문을 열고 들어설 때면 뭐라 형용할 수 없는 감정이 솟았다. 물론 총재실에는 여러 차례 출입한 적 있었다. 1990년 과장으로 승진한 후 총재 앞에서 보고할 기회가 점차 늘어났고, 기획국(통화정책국) 심의역審議役 그리고 통화정책과 금융 시장 담당 이사를 맡았을 때는 수시로 드나들었다. 당시 총재실은 후쿠이 도시히코 총재의 질의에 답하거나 다양한 현안에 대한 의견을 개진하고 지시를 받는 곳이었다. 나는 같은 공간에 있었지만 거대한 책상 건너편에 앉은 방의 주인은 아니었다. 그런데 이제는 내 이름이 문 앞에 붙어 있었다. 미래가 아무리 불확실하더라도 중앙은행은 결정을 내리고 그 이유를 설명해야 하며, 지금부터는 내가 그 역할을 해야 했다.

중앙은행 총재는 신념을 갖고 리더십을 발휘해야 한다. 불확실한 상황에서 선택의 기로에 놓였을 때 궁극적으로 기댈 수 있는 것은 넓은 의미의 경륜에서 나온 판단이다. 이러한 경륜에는 직접 경험한 경제적 사건뿐 아니라 간접적인 경험도 포함된다. 일본은행에서 근무하며 겪은 국내외 경제의 움직임은 내 경험의 대부분을 차지한다. 일본은행의 정책 결정에 대한 여론을 살피는 것도 중요한 경험의 일부다. 경제학 이론을 공부한 것은 상당히 의미 있었는데, 특히 학계에서 지배적이었던 이론이 다른 이론으로 대체되어가는 과정을 지켜보면서 경제학 이론의 가치와 한계, 적절한 적용 범위에 대해 수년간 체득한 감각은 매우 귀중한 자산이다. 실무를 하면서 문제를 발견하고 그 문제에 어떻게 접근해야 하는지 방법을 배운 것도 도움이 되었다. 민간 기업이나 금융 기관 종사자와의 만남에서 얻은 영감은 경제학 이론 못지않게 소중했다. 요컨대 지난 34년간 일본은행에서 한 경험을 통해 깊어진 경제에 대한 이해가 총재로서 다양한 결정을 내리는 데 크게 기여한 것은 틀림없다.

이 책을 쓰게 된 계기

퇴임 후 정치인, 학자, 일본은행과 외국 중앙은행 동료 등 여러 사람으로부터 재임 시절을 기록으로 남기라는 제안을 받았다. 외국 정책 당국자의 사례 몇 가지가 떠올랐다. 행크 폴슨 주니어 전 미국 재무장관이 쓴 책에는 골드만 삭스The Goldman Sachs Group, Inc.에서의 오랜 경력을 녹여낸 독특한 통찰력이 가득하다. 뉴욕 연준 총재와 미국 재무장관을 역임했던 티머시 가이트너Timothy Geithner는 부실 금융기관의 해결이라는 매우 중요하지만 대중적이지 않은 이슈를 다루었다. 또한 연준 의장이었던 벤 버냉키가 1930년대 대공황에 대한 학술적 연구를 바탕으로 역사상 가장 어려웠던 시기에 중앙은행 정책을 어떻게 이끌었는지 명쾌하게 서술한 저서도 인상적이다. 회고록은 아니지만 전 영란은행 총재였던 머빈 킹은 화폐의 역사와 경제학 거장들의 사상을 바탕으로 글로벌 금융위기를 초래한 금융 시스템의 내재적 취약성에 대한 심도 있는 분석을 담은 책을 저술했다.[3] 인도의 중앙은행인 인도준비은행Reserve Bank of India을 이끌었던 두부리 수바라오Duvvuri Subbarao는 신흥국 중앙은행 총재 관점에서 솔직 담백하게 이야기를 풀어내어 친밀감을 주었다.[4] 그 외에도 중앙은행과 규제 당국에서 활동했던 이들이 남긴 통찰력 있는 연설과 저술은 많다.

회고록 집필 권유에 어느 정도 마음이 동요되긴 했지만 처음에는 거부감이 컸다. 쓰지 않으려는 데는 여러 가지 이유가 있었다. 무엇보다 자기 정당화나 책임 전가로 비칠 가능성이 가장 우려스러웠다. 일본에서는 미국과 달리 중앙은행 총재가 재임 기간에 대한 글을 남기는 경우가 드문데 아마 말은 많은 것보다 없는 것이 낫다는 일본 사회의 오랜 미덕 때문일 것이다.[5]

그렇지만 나는 중앙은행과 통화정책을 둘러싼 사회적 담론에 불만을 가질 때가 많았다. 중앙은행이 처한 상황을 그다지 고려하지 않는 듯했다. 나는 사회 전반의 지혜를 모아 중앙은행이 올바른 정책 결정을 내릴 수 있도록 항상 고심해왔으며, 중앙은행이 직면한 현실과 중요한 쟁점을 잘 설명하는 것도 이에 기여할 수 있다고 생각했다. 통화정책의 중요성을 생각하면 조금이라도 정답에 가까워지려는 노력이 필요하다. 정책 결정과 관련된 모든 사안을 공론화하는 것도 좋은 출발점이다. 그런 맥락에서 일본은행 총재가 재임 기간 중 생각한 바를 기록으로 남기면 나름대로 의미 있으리라 생각하게 되었다.

이 책의 주안점

이 책의 초판은 내가 일본은행을 떠난 지 5년이 넘은 2018년 10월에 일본어로 출간되었다. 시간 차이를 둔 것은 격렬한 정책 논쟁과 엮이지 않고 차분한 환경에서 사람들이 이 책을 읽었으면 하는 나의 바람을 반영한 것이다. 시간이 지났기 때문에 작업하는 동안 여러 문제에 대해 더 깊이 생각할 수 있었고 데이터가 축적되어 정책을 더 명확하게 평가할 수 있게 되었다. 또한 중앙은행과 학계에서 더 많은 연구가 진행되면서 전직 중앙은행 동료들의 책과 연설, 중앙은행과 학계 경제학자들의 논문을 읽으면서 많은 도움을 받을 수 있었다.

통화정책과 중앙은행에 관한 학자나 중앙은행가의 저서는 이미 많이 나와 있다. 나의 기록이 기존 출판물보다 가치 있으려면 나만의 독특한 경험에 집중해야 한다고 생각했다. 하지만 이 책은 단순한 개인 회고록이 아니다. 만약 그랬다면 총재 재임 기간 중의 개인적 에피소드를 더 많이 수록했을 것이다. 일본의 정보공개법, 일본은행 임원의 비밀 유지 의무 등 엄격한 법률상 제약으로 인해 버냉키, 가이트너와 같은 회고록을 쓰는 것은 사실상 불가능하다. 또한 이 책은 거시경제학이나 화폐금융론에 관한 이론서도 아니다. 경제 이론을 바탕으로 다양한 경제 현상을 설명하려고 노력했지만 "정치 경제"의 측면을 설명하는 데도 상당한 지면을 할애했다. 이 책은 내가 일본은행 총재로서 5년간 중앙은행과 통화정책에 대해 배운 것을 개인적으로 성찰한 책이라고 할 수 있다. 나는 책을 집필하며 다음 4가지에 주안점을 두었다.

첫째, 일본 경제와 일본 통화정책의 실제 상황을 가능한 한 글로벌 경제의 맥락에서 고찰했다. 중앙은행과 통화정책에 대한 담론은 미국 학계의 논의에 지배적인 영향을 받는다. 사실 경제 이론은 미국 경제와 사회 구조를 전제로 구축된다. 그러나 전 세계에는 여러 나라가 존재한다. 1980년대 후반 버블 경제의 붕괴, 1990년대 금융위기, 1990년대 후반 이후 완만한 물가 하락세, 급속한 고령화와 인구 감소 등 지난 40년간 일본은 다른 나라가 나중에 겪게 될 일을 미리 경험했다. 한때 일본 고유의 경험으로 여겨졌던 현상이 이제 전 세계에서 관찰되면서 "일본화Japanification"라는 용어가 점점 더 많이 사용되고 있다. 또한 외국 학자들이 일본의 경험에서 찾은 교훈이 다른 나라의 통화정책에 쉽게 적용되지 않는다는 느낌도 든다. 내가 보기에 글로벌 금융위기 이전의 대규모 버블과 글로벌 금융위기 자체가 일본에 대해 잘못된 인식을 갖게 한데 부분적으로 책임이 있다.

둘째, 중앙은행 근무 경험을 바탕으로 통화정책 수행 업무 외에도 중앙은행의 다양한 활동을 균형 있게 다루고자 했다. 중앙은행의 역할은 통화정책에만 국한되지 않는다. 중앙은행은 결제 시스템 운영, 금융기관 규제와 감독 등 다른 많은 중요한 책임이 있다. 다행히 일본은행에서 근무하는 동안 여러 분야에서 실무 경험을 쌓을 수 있었다. 중앙은행에 대한 다소 일차원적인 시각을 총체적 관점으로 바로잡는 데 기여하고 싶었다.

셋째, 일본은행 총재의 입장에서 조직 수장의 견해를 제시하고자 했다. 분명히 조직은 많은 사람들로 구성되어 있다. 따라서 조직의 의사 결정은 구성원의 동기 부여, 부서 간 사일로silo 현상(부서 간 장벽, 부서 이기주의-옮긴이), 지배적인 조직 문화 등에 영향받을 수밖에 없다. 총재가 된 후 정책위원회 위원과의 관계, 직원 사기, 좋은 조직 문화 계승과 같은 문제를 더욱 의식하게 되었고 정부와 정치권, 언론, 학계, 다른 중앙은행과의 관계에서 이전에는 알지 못했던 중요한 논점들을 깨닫게 되었다. 이 책에서는 이러한 주제도 다루고 있다.

마지막으로 넷째, 시대의 맥락을 전달하려고 노력했다. 세상이 불확실성으로 가득 차 있어도 의사 결정은 실시간으로 이루어진다. 당시 지배적인 '서사narrative'와 '시대의 공기'는 때때로 정책을 둘러싼 여론을 크게 좌우한다. 그러나 시대가 바뀌면 '시대의 공기'도 잊힌다. 사람들은 지배적 '서사'가 결정에 압도적인 영향을 미쳤다는 사실을 쉽게 잊어버리며 당시의 '공기'는 사후에 정확하게 기억해내기 어렵다. 거시경제 데이터만으로 과거의 결정을 재구성할 수는 없음은 분명하다. 그래서 나는 독자들이 역사를 되새기고 중앙은행이 어떤 환경에서 정책 결정을 해야 했는지 실감할 수 있기를 바라면서 신문과 책을 인용해 시대를 재현하는 데 힘썼다.

영어판 출간

2021년 이 책의 영어판을 출간했다. 영어판은 일본어판보다 다소 짧은 버전이지만 원래 염두에 두었던 것보다 훨씬 더 많은 노력을 기울여 각색했다. 중앙은행의 역할과 통화정책 수행을 진지하게 재고해야 한다는 생각이 강한 동기가 되었다. 이러한 확신은 일본어판을 낸 후 일본과 다른 선진국 간의 거시경제 환경이 비슷해지고 코로나19 팬데믹과 같은 이례적인 상황을 겪으면서 더욱 강화되었다.

이런 점을 염두에 두고 영어판을 집필하면서 외국인 독자들이 일본 경제와 일본은행의 정책 조치를 더 잘 이해할 수 있도록 의도적으로 노력했다. 외국인 독자들이 이해하기 어려울 수 있는 이슈에 대한 설명을 추가하고 일본에 국한된 설명은 일부 생략했다. 독자들은 퇴임 후의 일본 경제와 일본은행 통화정책에 대한 나의 견해가 궁금할 수 있다. 특히 역사상 유례없는 통화 실험이 시행된 점을 고려할 때 더욱 그러하다. 하지만 한 장에 걸쳐 정책 실행 과정과 외국 경제학자들이 어떻게 해석했는지를 간략히 설명하는 것 외에는 의도적으로 언급을 자제했다. 최근의 사건을 쓰면 분량이 길어질 뿐 아니라 책의 논조가 미묘하게 달라질 수 있기 때문이다. 나는 총재 시절에 대한 글을 쓰는 데 집중하기로 했다. 그것이 이 책의 진정한 가치라고 생각한다. 그러니 독자 여러분은 가능한 한 편견 없이 이 책을 읽기를 바란다.

이 책의 구성

이 책은 총 3부, 23장으로 구성되어 있다. 각 장의 내용은 독립적이며 독자의 관심사에 따라 어느 장이든 따로 읽어도 무방하다.

1부는 1972년 일본은행에 입행한 후 2008년 총재로 임명되기까지의 이야기다. 이 기간 중 가장 주목할 만한 사건은 버블 경제, 버블의 붕괴와 이어진 금융위기, 일본은행법 개정, 제로 금리와 양적 완화quantitative easing, QE 정책, 2003년부터 2007년까지 세계 경제 상황 등이다. 2부에서는 총재 취임 후 금융 경제 상황과 일본은행의 대응을 설명한다. 정책의 옳고 그름과 상관없이 임기 중 내린 결정과 근거를 기록하는 것은 공직자의 책무다. 정책의 성패는 꽤 오랜 시간이 지나야 평가할 수 있겠지만 결정을 내린 사람은 스스로 책임을 지거나 공로를 인정받아야 한다.

  3부에서는 중앙은행과 관련된 몇 가지 주제를 다룬다. 이 부분은 일본어판 내용에서 상당히 수정되었다. 이를 통해 일본의 경험을 예외적인 사례로 치부하지 않고 글로벌 관점에서 바라볼 수 있게 했다. 금융통화 시스템은 환경 변화에 적응해 복잡다단하게 진화하므로 최적의 상태에서 그대로 멈춰 있기를 기대하기는 어렵다. 3부의 내용이 중앙은행의 미래에 대해 생각해볼 수 있는 단초가 되기를 바란다.

일본은행에서의
성장기

1장

커리어의 시작

경제학과의 만남

나는 1972년 일본은행에 들어가 그 후 39년 동안 재능 있고 사려 깊은 동료들로부터 많은 것을 배웠다. 커리어 초기에는 업무 수행 방법을 배우는 것이 중요하다. 나는 은행 생활을 통해 경제 이론을 충분히 고려할 것, 해당 분야 전문가와의 만남을 중시할 것, 은행 실무를 정책 수립의 출발점으로 삼을 것, 중앙은행 간 국제 관계를 존중할 것 등의 교훈을 얻었다. 이는 모두 나중에 총재로서 일하는 데 든든한 밑거름이 되었다.

1972년 3월 도쿄대학東京大學 경제학과를 졸업하고 그해 4월 1일 일본은행이 채용한 30명의 대졸 신입 행원 중 한 명으로 입행했다. 학위를 마친 후 어디에서 일할지 고민하다가 일본은행을 선택한 것은 경제학을 어떤 형태로든 활용하는 공직에서 일하고 싶다는 막연한 생각 때문이었다.

경제학과의 만남은 완전히 우연이었다. 1968년 4월 법학과로 진학하는 문과 계열로 입학했으나 1968년 6월 시작된 전교생 파업이 이듬해 2월까지 지속되면서 8개월간 수업이 전혀 없었다. 마땅히 할 일이 없던 나는 동기의 권유로 폴 새뮤얼슨Paul Samuelson의《경제학Economics》[1]을 읽는 스터디 그룹에 참여하게 되었다. 1970년 노벨 경제학상을 수상한 새뮤얼슨은 금세기 최고의 경제학자 중 한 사람으로,《경제학》은 수십 년 동안 전 세계에서 경제학의 표준 교과서로 자리했다. 스터디 그룹에서 교양학부의 무라카미 야스스케村上泰亮(작고) 부교수는 신입생에게 과분할 정도로 훌륭하게 우리를 지도해주었다. 이를 계기로 경제학을 공부하기 시작했고 경제학에 대한 관심이 점점 깊어졌다. 원래 공부하려던 법학에는 더 이상 흥미가 생기지 않았다. 학부 전공을 결정하기 직전 용기를 내어 무라카미 교수의 연구실을 찾아가 조언을 구했다. 그는 존 힉스John Hicks의《가치와 자본Value and Capital》[2]을 읽고 마음에 든다면 법학에서 경제학으로 전공을 바꿔보라고 권유했다. 힉스의 책은 경제학 초심자가 이해하기에는 너무 어려워 끝까지 읽지 못했지만 논리 전개가 아름답다고 느꼈다. 결국 나는 경제학과에 진학하기로 결정했다.

도쿄대학 경제학부에서는 전통적으로 그룹 세미나가 중요한 역할을 한다. 나는 졸업 후에도 오랫동안 내게 지대한 영향을 미친 고미야 류타로小宮隆太郎 교수의 그룹에 속하게 되었다. 당시 일본 대학에서는 마르크스 경제학의 영향이 강했고 서구식 현대 경제학을 소개하는 강좌는 많지 않았다. 고미야는 표준적인 경제 이론에 따라 당시 일본이 직면한 다양한 경제 문제를 예리하게 분석해 정책 제안을 했다. 그는 종종 "통념의 파괴자"라고 불렸다. 고미야의 분석은 무척 명쾌했으며 경제 이론과 치밀하게 짚어낸 현실 경제의 경험적 사실에 근거를 두고 있었다. 학생 시절 그의 저서를 읽으면서 경제적 추론의 엄밀함에 매료되었다. 가장 관심 있는 분야는 국제 금융이었다. 당시 일본에서는 무역 흑자 확대를 배경으로 달러당 360엔으로 고정되어 있던 환율을 평가 절상하는 것이 적절한지에 대한 논의가 한창이었다. 브레턴우즈 체제Bretton Woods system가 붕괴되기 직전, 세계의 관심이 바람직한 환율 제도의 방향에 모아지고 있던 시기 고미야가 쓴 국제 금융에 대한 일련의 논문이 특히 기억에 남는다. 학창 시절 고미야 교수에게 많은 것을 배웠다. 그는 경제 원리에 따라 논리적으로 사고하는 것, 사실을 꼼꼼하게 파악하는 것, 가능한 한 명료하게 글을 쓰는 것을 유독 강조했다.

일본은행 입행

일본은행 입행을 결심하게 된 가장 큰 이유는 처음 만난 면접관이 정말 훌륭한 사람이었기 때문이다. 다른 사람에게 면접을 봤다면 딴 곳에서 일자리를 찾았을 수도 있다. 그랬다면 내 인생은 완전히 다른 방향으로 흘러갔을 것이다.

첫 부서는 외국국(현재 국제국)이었다. 나는 국제 통화 제도 개혁을 검토하는 소규모 팀에 배치되었다. 우리 팀의 주요 임무는 IMFInternational Monetary Fund(국제통화기금) 이사회의 논의를 따라가고 정리하는 것이었다. 국제 통화 제도의 소관 부처는 대장성(현재 재무성)

이었지만 일본은행도 중앙은행의 입장에서 논의를 지켜보고 있었다. 1971년 8월 브레턴우즈 체제의 붕괴를 촉발한 '닉슨 쇼크Nixon Shock'로 국제 금융 시장이 크게 흔들리자 엔화를 비롯한 주요 통화의 환율이 일시적으로 변동했고, 1971년 12월 '스미소니언 협정Smithsonian Agreement' 체결로 국제 통화 간 환율이 조정되면서 엔/달러 환율이 360엔에서 308엔으로 16.9퍼센트 평가 절상되었다.

내가 일본은행에 첫발을 내디딘 것은 그로부터 몇 달 후였다. 신입 직원에게 주어진 역할은 보조 업무에 불과했다. 독일, 프랑스, 이탈리아 등 유럽 주요 6개국의 환율 변동을 제한하기 위해 유럽경제공동체 European Economic Community, EEC가 도입한 '스네이크 체제snake in the tunnel'를 이해하려고 애썼던 기억이 난다. 대학에서 국제경제학을 공부한 지 얼마 되지 않은 내가 보기에도 서로 물가 상승률이 다른 국가 간에 고정 환율 체제를 적용하려는 이 시도는 다소 성급해 보였다. "스네이크 체제"는 실패했고 이후의 유사한 노력도 실패를 반복했다. 그러나 1972년 당시에는 환율과 국제 통화 제도가 이후 50년간 굴곡진 길을 가게 될 줄은 미처 몰랐다.

6개월 후 나는 외국국에서 외환 보유액(외환 보유고) 운용 사무를 맡게 되었다. 일본의 외환 보유액은 1971년 3월 말 55억 달러에서 1972년 3월 말 167억 달러로 빠르게 증가했는데, 1조 달러를 상회하는 오늘날의 외환 보유액에 비하면 지극히 미미한 액수다. 1970년대 초만 해도 국제 통화와 금융 시스템은 아직 법정 화폐fiat money(명목 화폐, 불환 지폐) 시스템을 완전히 채택하지 않은 상태였다. 브레턴우즈 체제하에서 각국의 통화 가치는 금으로 바꿀 수 있는 미국 달러에 고정되어 있고 고정 환율은 국제 수지의 기조적 불균형을 바로잡으려는 경우에만 조정할 수 있었다. 오늘날 되돌아보면 당시 선진국 경제는 이제 막 법정 화폐를 관리하기 시작해 통화량 조절, 인플레이션 목표제inflation targeting 등 새로운 아이디어와 관행이 등장하던 시기였다.

나는 1973년 5월 오카야마岡山 지점으로 발령이 날 때까지 거의 1년 동안 외국국에서 근무했다. 혼자서 할 수 있는 일은 많지 않았지만 중앙은행의 일원이 되기 위한 좋은 훈련이 되었다. 젊은 시절 국제 통화 제도나 국제 금융 시장을 접할 수 있었던 것은 실로 행운이었다고 생각한다.

중앙은행가 되기

그 후로 34년 동안 일본은행에서 30년은 직원으로, 나머지 4년은 이사로 근무했다. 가장 오래 근무한 부서는 정책위원회의 통화정책 결정을 지원하는 기획국으로 도합 9년간 근무했다. 그 외에 금융시장국(7년), 신용기구국(현재 금융기구국)(3년), 금융연구소(2년 반), 조사통계국(1년 반) 등에서 근무했다.

2002년 7월 이사로 임명되어 통화정책과 금융 시장 부서를 관할했다. 2006년 7월 이사 임기를 마치고 퇴직한 후 새로 설립된 교토대학京都大学 공공정책대학원에서 중앙은행과 통화정책을 가르쳤다. 그 후 2008년 3월 일본은행 부총재에 임명된 지 3주 만에 총재에 취임했고, 5년 후인 2013년 3월 일본은행을 완전히 떠났다.

결국 나는 거의 모든 직장 생활을 일본은행에서 보낸 셈이다. 일본은행에서의 오랜 근무 경험은 좋든 나쁘든 총재 시절의 의사 결정에 영향을 미쳤다. 다른 나라의 중앙은행 총재와 부총재도 비슷한 이력을 가지고 있다.

수많은 실무 경험을 통해 중앙은행가의 DNA가 형성되었다. 이는 2가지를 의미한다. 첫째, 경제와 금융 시스템에서 중앙은행의 역할에 대한 관점에 영향을 미쳤다. 1980년대 후반의 "버블 경제", 버블 붕괴 후 이어진 금융위기와 양적 완화 정책 등의 사건과 일본은행 조치의 결과를 지켜보면서 내 생각은 발전해왔다. 둘째, 이러한 경험은 중앙은행 실무를 대하는 자세와 업무 수행 방식 등에 영향을 미쳤다. 경력 초기에 익힌 업무 스타일이 그 이후의 직장 생활을 좌우하는데, 나는 운 좋게도 훌륭한 동료와 멘토를 만나 제대로 된 길을 갈 수 있었다.

내가 배운 것은 크게 4가지로 요약할 수 있다. (1) 경제 이론에 근거한 사고의 중요성, (2) 현장의 전문가나 당면한 문제를 직접 경험한 사람에게서 얻는 정보의 가치, (3) 중앙은행 일상 업무의 경제적 영향을 이해하고 정책을 마련할 필요성, (4) 중앙은행 간 국제 교류의 중요성이다.

경제 이론에 근거한 사고

일본은행에 입행한 지 3년 후 시카고대학교의 경제학과 대학원에 진학할 수 있는 기회가 주어졌다. 지나고 나서 생각하니 내가 재학 중이던 시기가 시카고 경제학부의 황금기였다. 당시 경제학부와 경영대학원 교수 중 노벨상 수상자는 밀턴 프리드먼Milton Friedman 시어도어 슐츠Theodore Schulz, 조지 스티글러George Stigler, 로널드 코스Ronald Coarse,

게리 베커Gary Becker, 로버트 루카스 주니어Robert Lucas Jr., 제임스 헤크먼 James Heckman 등이다. 실로 화려한 교수진이다. 기본 과목인 미시경제학 이론과 거시경제학 이론(시카고에서는 각각 '가격 이론price theory'과 '소득 이론income theory'이라고 불렀다)은 복수로 개설되었는데 하나는 학점 취득용으로, 다른 하나는 학점 취득 없이 들을 수 있었다. 나는 '가격 이론'의 경우 게리 베커의 수업은 학점용으로 수강하고 밀턴 프리드먼의 수업은 청강했다.

대학 시절 가장 많은 영감을 준 교수는 게리 베커였다. 그의 연구 중 경제학에 중요한 공헌을 한 인적 자본human capital 분석은 가격 이론의 정치함을 잘 보여준다. 나는 단순해 보이는 아이디어에서 풍부한 함의를 이끌어내는 통찰력에 매료되었다. 베커는 경제학이 전통적으로 다루어온 영역뿐 아니라 결혼과 출산, 범죄와 처벌 같은 주제도 다루었다. 이러한 분석이 흥미롭기는 했지만 당시에는 실생활에서 어떤 의미를 갖는지 알지 못했다. 수십 년이 지나서야 저출산이 심각한 문제가 된 일본 경제의 현주소를 바라보며 베커의 선견지명과 엄밀히 분석해야 할 연구 과제를 올바르게 선정하는 일의 중요성을 새삼 깨닫게 된다.

내가 시카고대학교에서 배운 3가지 교훈이 있다. 첫 번째는 인센티브에 근거한 사람들의 행동을 설명할 수 있는 논리를 찾아야 한다는 것이다. 인센티브는 금전적일 수도 있고 아닐 수도 있다. 핵심은 예산, 자원, 시간, 정보 등 다양한 제약 조건 아래에서 어느 것이 최적인가를 판단하는 경제학의 기본 논리를 사용해 사람들의 행동을 설명하는 것이다. 그런데 이러한 접근 방식에 익숙해지자 인센티브에 대한 검토가 부족한 채로 문화적 차이나 구조적 요인을 강조하는 모호한 주장이 점점 불편하게 느껴졌다.

두 번째 교훈은 데이터를 통한 실증 분석의 중요성이다. 특히 합리적 기대 이론으로 거시경제학계에 혁명을 일으켰던 루카스 교수의 강의가 기억에 남는다. 그의 논문으로 미루어 볼 때 수학 비중이 높은 수업이 될 것으로 예상했다. 하지만 루카스는 처음 몇 번의 수업에서 웨슬리 미첼Wesley Mitchell 등 전미경제연구소National Bureau of Economic Research, NBER 연구진의 유명한 연구를 바탕으로 생산, 재고 및 기타 경기 순환 구성 요소의 변동을 그래프로 그려 '경기 변동의 정형화된 사실'을 직접 확인해보게 했다. 이 경험은 경제 현상을 분석할 때 사실을 제대로 파악하는 것의 중요성을 일깨워주었다.

세 번째 교훈은 직관적으로 알기 쉽게 설명하는 것의 유용성이다. 잊을 수 없는 에피소드는 밀턴 프리드먼의 강의실에서 일어났다. 프리드먼은 종종 《월스트리트저널》에 실린 기사의 한 구절을 읽고 질문을 던졌고 학생들은 그 자리에서 대답해야 했다. 어느 날 가장 재능 있는 학생이 수학 용어로 답하기 시작하자 프리드먼은 말을 가로막고 "수학적으로 설명하지 말고 직관적으로 이해할 수 있게 말해요"라고 바로잡았다. 그는 같은 맥락에서 "참, 거짓, 불확실 중 하나를 선택하고 그 이유를 설명하시오"와 같은 시험 문제를 냈는데 이는 추론 과정을 명쾌하게 설명하는 방법을 가르치기 위한 질문이었다.

시카고대학교 대학원은 하버드대학교나 MIT와 달리 비교적 많은 수의 학생을 입학시킨 후 엄격한 시험으로 선별하는 시스템이었는데, 첫 관문은 박사 과정 학위 취득 자격시험인 "코어Core"였다. 다행히 시험은 통과했지만, 일본은행에서 허가한 학업 기간은 2년밖에 되지 않아 논문을 완성하기에는 턱없이 부족했다. 인사 부서에 요청한 학업 기간 연장도 거절당했다. 나는 이미 결혼했고 아내와 두 살배기 딸이 있어 은행의 재정 지원 없이 학업을 이어가기는 현실적으로 불가능했다. 예정대로 은행에 복귀할지, 아니면 직장을 그만두고 학업을 계속할지 고민하다가 1977년 6월 석사 학위를 취득하고 귀국하기로 결정했다. 박사 학위 취득 자격은 있었기에 도쿄에서 논문 작성을 마칠 수 있기를 바랐지만 은행의 업무량을 고려하면 비현실적인 계획이었다.

비록 박사 학위를 받지는 못했지만 시카고대학교에서 2년을 보낸 것은 큰 행운이었다. 일본은행에서 다양한 경험을 하며 내 사고방식(세계관) 중 무엇이 바뀌었고 무엇이 변하지 않았는지 되짚어보니 정책 수행 시 이론 모형의 역할에 대한 생각의 변화가 눈에 띈다. 다음 장에서 자세히 설명하겠지만 이론 모형은 현실을 그대로 구현한 것이 아니라 복잡한 현실 세계를 단순화한 것일 뿐이라는 점을 인식할 필요가 있다. 모형의 한계와 단순함 등 때문에 비판적인 사람도 있지만 문제의 본질을 파악하려면 필수적인 도구다. 그러나 모형을 바탕으로 정책을 입안하려면 그 모형이 현실 경제의 어느 부분을 생략하고 있는지 제대로 알고 있어야 한다. 특정 모형에 기대어 현실을 바라보면 시야가 흐려져 실제로 무슨 일이 일어나는지 모르게 될 위험이 있다. 먼저 사회 경제 전반에서 나타나는 현상을 주의 깊게 관찰하고 문제에 따라 적절한 모형을 선별해 활용하는 것이 중요하지만 말처럼 쉬운 일은 아니다. 나는 일본은행에서 업무 경험을 쌓으면서 이에 대해 조금씩 이해하기 시작했다.

현장에서 얻은 지식

현장 경험과 지식을 갖춘 전문가에게서 정보를 얻는 것이 중요하다는 사실을 처음 알게 된 것은 입행 2년 차 오카야마 지점에서 근무할 때다. 지금도 그렇지만 당시 대졸 신입 행원들은 이듬해 모두 지방 지점으로 발령받았다. 6개월 뒤 지역 경제 동향을 조사하는 팀에 배치받아 많은 현지 기업을 방문하게 되었다. 철강과 석유화학 제품을 생산하는 대기업 공장 몇 군데를 제외하면 주요 조사 대상은 대부분 중소기업인 현지 사업장이었다.

처음에는 무엇을 물어봐야 할지 전혀 감이 없어 막막했다. 준비해간 질문을 해봐도 의미 있는 대화를 나누기 어려웠다. 방문한 회사 중한 곳은 오카야마의 대표적인 산업인 내화벽돌 제조업체였다. 1970년대 1차 오일쇼크(석유 파동, 석유 위기) 이후 인플레이션에 대응한 긴축 정책으로 경기가 크게 침체했고 내화벽돌 생산량은 급격히 감소한 상태였다. 지역 농협도 자주 방문했다. 일본은행의 강력한 대출 규제로 인해 대기업의 자금 수요는 '창구 지도'(창구 규제)를 받지 않는 금융기관에 몰렸고 농협은 일본은행의 손길이 미치지 않는 대출 기관 중 하나였다.[3] 그렇게 금융 경제의 현장에서 일어나는 일을 조사해 도쿄에 있는 본점에 보고하는 것이 내 일이었다. 그때 작성한 보고서가 정책에 영향을 미쳤다고 생각하지는 않지만 일선에서 벌어지는 일을 지켜본 것은 중요한 경험이었다. 또한 현장의 사람들과 이야기를 나누면서 비즈니스와 재무 상황의 분위기를 파악하고 다양한 정보를 얻을 수 있다는 점도 알게 되었다.

물론 실무자의 말만 듣고 전체 경제의 흐름을 완전히 파악할 수는 없다. 현장에서 일어나는 사실이 중요하다고 흔히 말하지만 주의를 기울이지 않으면 더 큰 그림을 보지 못할 수 있다. 그러나 현장에서 일하는 사람들이 느끼는 바를 듣다 보면 많은 통찰력을 얻을 수 있음은 분명하다.

이러한 업무 방식이 유익하다는 생각은 일본은행에서 근무하면서 더욱 확고해졌다. 입행 10년째 되던 해 영업국(현재 금융기구국과 금융시장국에 기능이 나뉘어 있다)에서 철강 회사, 자동차 회사, 증권사 등 도쿄의 대기업과 정기적으로 접촉하는 업무를 맡게 되었는데 기업 경영진의 시각이 상당히 흥미로웠다. 다른 팀을 이끌었을 때는 상업은행 자금 부서, 기업 경영 전략 부서의 중간 관리자 의견을 정기적으로 수렴했다.[4] 현업 전문가와의 접촉이 얼마나 중요한지 알고 나서는 다른 업무를 맡았을 때도 똑같이 하는 것이 자연스러워졌다.

중앙은행 업무의 경제적 가치

"악마는 디테일에 있다"라는 말처럼 일본은행에서 오래 일할수록 현업의 중요성을 깨닫게 되었다. 수표와 약속어음이 무엇인지는 상법 교과서에서 배웠지만 실물은 오카야마 지점에 근무할 때 처음 보았다. 약속어음을 할인해주려면 발행자의 신용도를 평가해야 한다. 그러려면 발행 회사의 대차대조표와 손익계산서를 읽을 줄 알아야 했다.

내가 처음으로 경제의 자금 흐름을 생생하게 느낀 것은 지점 국고과에 배치되었을 때였다. 세금, 공공사업 지출, 연금 등 모든 정부 자금의 유출입이 일본은행 당좌계좌를 통해 이루어지기 때문에 일본은행은

"정부의 은행"이라고 불린다(당좌계좌는 금융기관이 중앙은행에 개설한 예금 계좌로 중앙은행, 정부와의 거래뿐 아니라 금융기관 간 거래도 당좌계좌 사이 자금 이체를 통해 이루어진다. 은행이 당좌계좌에 예치한 자금이 지급준비금이 된다-옮긴이). 국고과에서 맡은 업무 중 하나는 세입금 회계 업무였다. 민간 금융기관이 보낸 모든 증표를 확인하면서 경제 상황을 반영하는 국고 자금의 흐름이 자연스럽게 머리에 들어왔다. 예를 들어 법인세는 매월 말일, 개인 원천징수세는 매월 10일에 납부해야 했다. 일본은 3월 말을 회계 연도 결산 월로 삼기 때문에 법인세 수납은 이를 반영해 5월 말에 정점을 찍었다. 개인 원천징수세는 금액은 비교적 작았지만 건수는 방대했다. 그렇게 받은 자금은 납기일로부터 2영업일 이후 일본은행의 정부 계좌로 들어온다. 국고 업무를 하면서 자금의 흐름에는 계절성이 있으며 한 달, 심지어 하루 중에도 변동한다는 점을 알게 되었다.

얼마 전까지만 해도 거시경제학 교과서에서 통화정책을 설명할 때 통화 공급의 변화부터 시작했는데 중앙은행 실무자 입장에서는 어색하게 느껴진다. 최근 이러한 접근 방식이 변화하고 있기는 하지만, 교과서는 여전히 통화 승수money multiplier(통화량을 본원 통화로 나눈 비율-옮긴이)에 초점을 맞추고 중앙은행이 공급하는 통화인 '본원 통화monetary base' 또는 '고성능 통화high-powered money'를 통제하면 일정 배수의 통화가 창출된다고 설명하는 경우가 많다. '통화 승수'라는 개념은 민간 금융기관이 중앙은행의 조치에 따라 로봇처럼 기계적으로 행동한다는 것을 전제하고 있다. 그러나 교과서와 달리 현실에서 가계와 기업이 보유한 현금과 예금의 총량은 경제 주체의 의사 결정 결과를 반영한 것이며, 금융기관 대출은 수익 기회가 있을 때만 이루어진다.

예를 들어 중앙은행의 금리 인하는 상업은행의 만기 변환을 통해 대출 증가로 이어지는 경향이 있다. 상업은행 대차대조표를 보면 부채는 주로 예금과 다른 금융기관 차입금으로 구성되어 있으며 대부분 만기가 짧고, 자산은 부채보다 만기가 긴 대출과 유가증권으로 구성된다. 따라서 중앙은행이 기준 금리를 인하하면 상업은행의 부채와 자산 간 금리 차가 확대되어 대출과 증권 투자를 늘리게 되는데, 그 결과 자산과 부채 간 만기 불일치가 확대된다.

중앙은행 관점에서 통화 공급의 통제는 '콜 시장'이라고 부르는 일본의 은행 간 자금 조달 시장에서 익일물 금리를 통제하는 것에서 시작된다. 은행 간 자금 조달 시장은 은행과 증권사 등 금융기관이 담보 없이 거액의 자금을 빌리거나 빌려주는 곳으로 다음 날 상환해야 하는 익일물 거래가 가장 큰 비중을 차지한다. 중앙은행은 당좌예금 공급량을 조절해 콜 시장의 수요와 공급 여건에 영향을 미침으로써 익일물 금리를 제어할 수 있다. 이러한 중앙은행의 조치를 '통화정책'과 구별해 '시장 운영market opertation'이라고 한다.

통화정책은 중앙은행이 물가 안정과 같은 정책 목표를 달성하기 위해 금리 목표를 설정하는 과정이고, 시장 운영은 통화정책으로 결정된 원하는 수준의 금리를 실현하기 위해 중앙은행이 수행하는 일련의 조치다. 일본은행의 시장 운영은 전 세계 다른 중앙은행의 관행대로 이루어지고 있는데도 일부 학계에서는 일본은행이 독특한 방식을 취하는 것으로 잘못 알려져 왔다.

중앙은행 운영에 대한 대중과 학계의 오해는 일본에만 국한된 것이 아니며, 2007~2009년 글로벌 금융위기 이후 국제회의에서 다른 나라 중앙은행 동료들이 시장 운영에 대한 대중의 오해에 대해 불평하는 것을 자주 들었다. 물론 내가 일본은행에 처음 들어왔을 때는 이런 운영 방식에 대해 전혀 알지 못했고, 학교에서는 중앙은행이 통화 공급을 스스로 통제할 수 있다는 표준적인 견해를 가르쳤다.

결제 시스템에 대한 이해와 중요성은 내가 중앙은행 업무를 수행하면서 배운 또 하나의 지식이다. 경제학 교과서는 일반적으로 화폐의 기능을 교환 수단, 가치 척도, 가치 저장 수단 3가지로 설명한다. 일반적으로 후자의 2가지 기능에 더 많은 지면이 할애되며, 가치 척도가 가장 많은 관심을 받는다. 하지만 중앙은행에서 일하다 보면 자연스럽게 은행의 핵심 서비스 중 하나가 결제 또는 교환 수단 제공이라는 사실을 체감하게 된다.

1987년 나는 처음으로 결제 시스템의 정책 이슈를 검토하게 되었다. 그해 1월 제럴드 코리건Gerald Corrigan 총재가 이끄는 뉴욕 연준의 고위급 대표단이 일본은행을 방문했다. 그 자리에서 코리건 총재는 2가지를 강조했다. 하나는 은행의 최저 자기자본 비율 도입과 관련해 일본, 영국, 미국 간에 실질적인 합의 도출을 촉구하는 것이었고, 다른 하나는 외환 결제 리스크를 줄이는 문제였다. 당시 일본의 상업은행들은 체이스맨해튼은행 도쿄 지점에 있는 달러 계좌를 통해 외환 거래를 결제하고 있었다. 코리건과 뉴욕 연준은 통화 간 결제 시차로 인한 리스크를 우려해 결제 방식 변경을 권고했다. 이후 영란은행, 일본은행, 뉴욕 연준 3개 중앙은행 간 지급 결제 회의가 열렸고, 나는 뉴욕 연준에서 개최된 첫 회의에 나이가 가장 어린 멤버로 참석했다.

당시만 해도 결제 시스템과 관련된 문제를 정책적으로 접근하는 것은 전 세계적으로 참신한 발상이었고, 미국 내에서는 지급 결제 리스크를 줄여야 한다는 인식이 점점 커지고 있었다. 일본은행에는 결제 정책 담당 부서가 따로 없어 통화정책 담당 부서에 근무할 당시 이 문제를 담당하라는 지시를 받았다. 구체적으로 일본 국채 거래의 결제 시간 단축, 기업어음Commercial Paper, CP 계좌 등록book-entry 시스템 도입, 일본 국채의 증권 대금 동시 결제Delivery Versus Payment, DvP 제도 도입 등 기존 관행에 많은 변화를 가져올 이슈들이 등장했다. 금융기관들은 결제 시스템 개선 과제에 대체로 소극적이었다. 하지만 금융 시스템 내 지급 결제 제도 개선을 지속적으로 추구하는 것은 중앙은행이 사회에 기여하는 또 다른 방법이다. 금융 시스템의 '배관'에 해당하는 결제 시스템의 중요성을 이때 배웠다.

외국 중앙은행과의 교류

중앙은행은 자국 내 동등한 기관이 없고 다른 나라에만 유사한 기관이 존재한다. 따라서 외국 중앙은행 대표들과 대화를 나누다 보면 지역이나 언어에 관계없이 같은 문제의식과 고민을 공유하는 경우가 많다. 내가 중앙은행 협의체에 처음 참석한 것은 영란은행, 뉴욕 연준과 가진 지급 결제 회의였지만, 1990년대 후반 들어 국제회의 참석 빈도가 크게 증가했다. 특히 국제결제은행Bank for International Settlements, BIS 회의는 중앙은행가로서의 DNA를 형성하는 데 많은 도움이 되었다.

국제결제은행의 가장 중요한 역할 중 하나는 중앙은행 간 토론의 장을 마련하는 것이다. 가장 잘 알려진 회의체는 스위스 바젤에서 격월로 열리는 중앙은행 총재 회의다. 하지만 바젤에 총재들만 모이는 것은 아니다. 다양한 분야의 많은 중앙은행 고위, 중간 관리자가 이곳에 모인다. 주목할 만한 위원회로는 바젤은행감독위원회Basel Committee on Banking Supervision, BCBS, 글로벌금융시스템위원회Committee on the Global Financial System, CGFS, 지급시장인프라위원회Committee on Payments & Market Infrastructures, CPMI 등이 있다.

일본은행을 비롯한 일본 공공 기관에서 해외 관련 업무는 국제 관계 또는 협상을 담당하는 부서나 경험 많은 간부가 전담하는 것이 일반적이다. 그 결과 정부와 공공 조직은 국내 부서와 국제 부서, 2가지 그룹으로 나뉘어 있다. 조금 과장해서 말하자면 국내 부서가 정책을 결정하면 국제 부서가 이를 국제회의에서 설명하는 분업 체제가 형성되어 있다. 나는 경력 대부분을 국내 부서인 기획국에서 보냈지만 운 좋게도 1990년대 후반부터 국제회의에 자주 참석하게 되었다.

국제회의에 참석하면서 해외 동료들과 네트워크를 형성할 수 있는 기회를 얻었다. 국제 업무 초창기에는 글로벌금융시스템위원회CGFS에 가장 많이 참석했다.[5] 일본은행 수석 부총재였던 후쿠이 도시히코가 1997년에 글로벌금융시스템위원회 의장이 되고 1998년 야마구치 유타카山口泰 수석 부총재가 의장직을 승계해 2003년까지 자리를 지키면서 글로벌금융시스템위원회 사무국과 지속적으로 연락을 주고받았다. 당시 사무국장은 훗날 국제결제은행BIS 조사국의 핵심이 된 클라우디오 보리오Claudio Borio가 맡았는데, 보리오와의 교류는 내게 상당한 영향을 미쳤다. 그 외에도 일일이 열거하기 어려울 정도로 많은 해외 동료들을 국제결제은행에서 알게 되었고 그중에는 내가 일본은행 총재가 된 후 각 기관의 총재, 부총재로서 함께 일하게 된 이들도 많다.

2장

일본의 버블 경제

전례 없는 버블

어느 나라든 국민의 의식 속에 트라우마로 남은 사건이 존재한다. 미국은 1930년대 대공황이, 독일은 1차 세계대전 이후의 하이퍼인플레이션이 이에 해당한다. 이러한 역사적 사건은 집단적 기억으로 각인되어 그 나라의 경제정책 운영에 영향을 미친다. 일본에서는 2차 세계대전 이후 1980년대 후반의 버블 경제와 버블의 붕괴, 1990년대 후반 금융위기가 대표적이다. 과거의 경험에서 어떤 교훈을 얻었는지는 사람마다 다르겠지만 버블 경제의 여파는 나를 포함해 그 시대를 살았던 사람의 의식과 행동을 좌우했다고 해도 과언이 아니다.

1985년 9월부터 1988년 11월까지 통화정책 수립을 담당하는 총무국(현재 기획국)의 중간 관리자로 근무했다. 그 후 1990년 5월까지 조사

통계국에서 통화정책 결정을 뒷받침하는 경제 전망 업무를 담당했으니 버블 기간 대부분을 통화정책과 관련된 분야에서 일한 셈이다. 버블 경제만큼 거시경제와 통화정책 운용에 대한 나의 생각에 지대한 영향을 미친 경험은 없을 것이다.

먼저 '버블'이 무엇을 의미하는지 이해하는 것이 중요하다. 버블에 대한 일반적인 정의는 자산 가격이 경제 펀더멘털 또는 기본 현금 흐름의 가치와 상당히 차이가 나는 상황을 말한다. 그러나 나는 (1) 자산 가격이 경제 펀더멘털 또는 기본 현금 흐름의 가치와 상당히 차이가 나고 (2) 부채가 지불 능력 이상으로 증가하는 상황(즉 "과도한 부채")을 버블이라고 정의한다. 다음 장에서 설명하겠지만 부채가 과도하다는 추가 조건은 매우 중요하다. 혼란을 피하기 위해 다른 용어를 제안해야 한다면 "금융 불균형financial imbalance"이 있다. 금융 불균형은 차입과 대출의 만기 불일치, 통화 불일치 등 지속 가능하지 않은 여러 상태(조건)를 모두 포괄하는 용어지만 다소 추상적이거나 학술적으로 들릴 수 있다. 이 책에서는 버블과 금융 불균형이라는 용어를 혼용할 것이다.

세계 경제사를 살펴보면 버블은 언제나 왔다가 사라진다. 하지만 1980년대 후반 일본의 버블 경제는 역사상 가장 큰 규모였으며 현대사에서 유례가 없었다. 1986년부터 1990년까지 일본의 연평균 성장률은 5퍼센트였으며, 1988년에는 6.4퍼센트로 정점을 찍었다. 1980년대 말에는 실제 GDP(국내총생산)와 잠재 GDP의 차이인 아웃풋 갭output gap이 약 6퍼센트에 달했다.[1] 일본은행이 널리 사용하는 전국 기업 단기 경제 관측 조사全国企業短期経済観測調査, 약칭 '단칸短観, たんかん 조사'의 업황판단지수業況判斷指數, Business Condition Diffusion Index, BCDI는 1986년 12월과 1987년 3월 사이 -17로 최저치를 기록했다가 1989년 6월 41까지

상승했는데 불과 3년 만에 60포인트 가까이 개선된 것은 이때뿐이다.[2]

버블 경제 이전에도 연간 10퍼센트를 약간 상회하던 은행 대출 증가율은 1980년대 중반부터 점차 상승해 1987년에는 14퍼센트 수준에 도달했다. 그 후 성장세가 다소 둔화하기는 했지만 1990년에 이르러 다시 14퍼센트대로 높아졌다.[3] 주가도 급등했다. G5 국가 간 환율에 관한 플라자 합의Plaza Accord 전날인 1985년 9월 20일 1만 2660포인트로 마감한 닛케이 지수는 1987년 2월 초에 2만 포인트를 돌파하고 그해 8월 말에는 2만 6000포인트를 찍었다. 글로벌 증시가 대폭락했던 블랙 먼데이Black Monday(1987년 10월 19일) 영향으로 잠시 주춤하다가 1988년 초 바닥을 찍은 후 연말에 3만 포인트를 돌파했으며 1989년 마지막 거래일에는 사상 최고치인 3만 8915포인트를 기록했다. 당시 시가 총액 기준 글로벌 기업 순위를 살펴보면 일본 기업은 상위 10개 중 7개, 상위 20개 중 14개였다.[4] 가장 큰 기업은 일본전신전화日本電信電話株式会社. Nippon Telegraph and Telephone Corporation, NTT였고, 일본흥업은행日本興業銀行, 스미토모은행住友銀行, 후지은행富士銀行이 그 뒤를 이었으며 다이이치칸교은행第一勧業銀行이 상위 5위 안에 들었다. 플라자 합의 당시와 비교하면 주가가 불과 4년 만에 3배 이상 상승한 것이다. 마지막으로 1983년 도쿄東京 중심부를 중심으로 오르기 시작한 부동산 가격이 1987년을 기점으로 눈에 띄게 올랐다. 가격 상승은 1991년 초까지 멈추지 않았고, 도쿄 중심부에서 오사카大阪와 나고야名古屋 주변 지역으로 확산되었다.(그래프 [2-1] 참조)

부동산 가격을 정확하게 국제 비교하기는 어렵다. 그러므로 주가수익률price-earnings ratio, P/E ratio, PER로 일본 주식의 버블 수준을 글로벌 맥락에서 살펴보자. 경제학자 로버트 실러Robert Schiller의 방법론에 따라

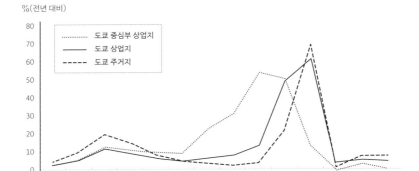

%(전년 대비)

도쿄 중심부 상업지
도쿄 상업지
도쿄 주거지

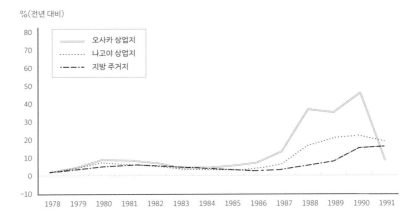

%(전년 대비)

오사카 상업지
나고야 상업지
지방 주거지

주: 도쿄 중심부는 지요다구千代田区, 주오구中央区, 미나토구港区로 구성
출처: 일본 국토교통성

경기 순환과 인플레이션의 차이를 조정한 척도를 사용하면 일본의 주가수익률은 약 90퍼센트에 달한다. 기업의 주식 교차 보유corporate cross-holding of stock가 회계 처리상 일본의 주가수익률을 높인 것은 사실이다. 하지만 이러한 영향을 조정하더라도 일본의 주가수익률 수준은 미국

닷컴 버블 당시와 비슷한 수준이다.[5] 실제로 1986년에서 1990년 사이 일본 주식과 부동산 시장의 총 자본 이득은 연간 GDP의 460퍼센트에 달했으며, 이는 2003년에서 2007년 사이 미국의 자본 이득 300퍼센트를 훌쩍 뛰어넘는 수치다.[6] 버블 붕괴 이후 가격 하락에 따른 자본 손실도 막대해 1991년에서 2000년 사이의 손실 규모는 GDP의 230퍼센트에 달했다. 기업별로 보면 많은 일본 기업이 재테크로 다양한 금융 거래에 손을 댔는데, 각 기업이 버블 붕괴 이후 은폐하려던 손실의 상당 부분이 이로 인한 것이었다.

버블의 발생 요인

이렇게 극단적인 버블은 어떻게 발생한 것일까? 나는 이사의 지시로 은행 동료인 오키나 구니오翁邦雄, 시라쓰카 시게노리白塚重典와 함께 이 질문에 대한 상세한 연구 논문을 집필했다. 이 논문은 2000년 5월 처음 게재되고 1년 후 책으로 출간되었다.[7] 버블의 발생과 확대 요인에 대한 나의 견해는 20년이 지난 지금도 크게 다르지 않다.

일본의 버블 경제 분석은 2가지 방향으로 할 수 있다. 첫 번째는 버블을 글로벌 관점에서 바라보는 것이다. 우리가 초안을 작성할 당시 일본과 북유럽(특히 스웨덴)은 최근 수십 년 동안 상당한 버블을 경험한 유일한 선진국이었다. 하지만 북유럽 국가는 비교적 신속히 금융위기에서 벗어났기 때문에 일본의 버블 경제는 일본만의 특수한 사례로 여겨지곤 했다. 그런데 그 이후 미국의 주택 버블 등 전 세계적으로 유사한 버블이 점점 많이 발생하면서 보편적으로 접근하되 공통점을 찾아내고자 노력을 기울였다. 두 번째는 정책에 직접 관여하지 않거나 버블을 경험하지 않은 사람들이 중앙은행이 직면한 어려움을 짐작해볼 수 있도록 당시 경제, 정치, 사회 상황을 재현하고 버블이 왜 발생했는지, 정책 당국자들이 어떻게 대처해야 했는지를 설명하는 것이다.

우리는 자연히 버블 발생의 계기가 되는 어떤 것을 찾고 싶어 한다. 하지만 버블 형성 과정은 복잡한 화학 반응과 비슷하기 때문에 한 가지 원인으로 설명하기는 불가능하다. 버블에 대한 엄밀한 분석을 회피하려는 것은 아니다. 나는 동료들과 공동 집필한 논문에서 버블을 유발한 사건들을 버블 형성의 초기 조건과 버블의 확장을 가속화한 요인으로 나누어 고찰했다. 초기에는 지나치게 낙관적인 기대와 신용의 현저한 증가가 큰 역할을 했다. 일단 버블이 형성된 후에는 금융 완화의 장기화, 금융과 경제 활동 간 상호 작용에 의한 경기 과열, 부동산 가격 상승 속도를 높인 조세 제도 등 3가지 요인이 버블의 확장을 부추겼다고 보았다. 마지막으로 버블 확대를 방지하는 거버넌스governance의 취약성에 대한 논의를 덧붙였다.

지나친 낙관론

지금은 믿기 어렵지만 1980년대 후반에는 일본 전역에 걸쳐 낙관적인 기대감이 팽배했다. 이는 일정 부분 일본 경제의 거시적 성과가 국제적 기준에서 매우 양호했기 때문이다. 1980년대 일본 경제는 연평균 3.8퍼센트 성장한 반면 인플레이션은 1.0퍼센트에 그쳤다.[8] 성장과 물가는 상충관계에 있다는 견해가 지배적이었는데, 일본은 여타 선진국보다 성장률은 높고 물가는 낮았다. 선진국들이 자국의 양호한 경제 상황을 "대안정기great moderation"라고 지칭한 것이 무색할 만큼 거시경제가 양호했다. 밀턴 프리드먼은 1982년 논문에서 "선진국 중 인플레이션을 성공적으로 억제한 사례는 일본이 유일하다"라고 언급하며 일본 경제와 일본은행의 통화정책 운용을 호평했다.[9]

기업, 산업 분야에서는 일본의 위상을 높이는 많은 발전이 있었다. 특히 반도체, 자동차 등 일부 수출 산업의 생산량은 1970년대 말과 1980년 초에 걸쳐 미국을 능가하기에 이르렀다. 일본 기업가들의 '일본식 경영'에 대한 자신감은 더욱 높아졌다. 미국 학자들이 일본 기업의 강점을 연구하기 시작하면서 일본식 경영 시스템에 대한 찬사가 쏟아졌다. 일례로 노벨 경제학상 수상자인 로버트 솔로Robert Solow를 비롯한 MIT 연구자들이 1989년 공동 저술한 《메이드 인 아메리카: 생산성 우위 되찾기Made in America: Regaining the Productive Edge》는 미국 산업 생산성의 문제점에 초점을 맞춘 책이다. 미국 산업의 부흥에 대해 잘 알고 있는 오늘날의 독자들에게는 의외로 느껴지겠지만, 이 책은 일본 제조업체가 미국 제조업체보다 경영과 생산에서 더 효율적이었다고 지적한다. 한편 일본의 경쟁력 강화로 미국과의 무역 마찰이 심해지면서 미국 의회에서 보호무역주의 정서가 조장되었다. 1986년 일본의 경상 수지 흑자는 GDP의 4.1퍼센트에 달했고, 일본의 대외 순투자 포지션은 세계 최대가 되었다. 일본 경상 수지 흑자의 이면에는 대규모 자본 유출이 있었다. 미국인의 민족주의 정서를 자극한 일본 기업의 상징적인 해외 투자가 2건 있었는데, 1989년 미쓰비시지쇼三菱地所의 맨해튼 록펠러 센터 인수와 같은 해 소니의 컬럼비아 픽처스Columbia Pictures Industries, Inc. 인수였다.

국제 금융 시장에 눈을 돌린 일본 은행들은 공격적으로 대출을 늘렸고 '일본 은행들의 압도적인 존재감'은 무역 마찰과 함께 국가 간 긴장의 원인이었다.[10] 글로벌 은행 자산 통계에 따르면 1988년 전체 은행 자산 증가분의 90퍼센트가 일본 은행들에서 비롯되었으며 일본 은행들의 자산 총액은 글로벌 은행 자산의 38퍼센트로 가장 큰 비중을 차지했다(미국 은행들은 15퍼센트).[11] 당시 일본과 미국 간 경제 관계는 오늘날 중국과 미국 간의 경제 관계와 유사했다.

양호한 거시경제, 산업 경쟁력 향상, 경상 수지 흑자 확대, 일본 은행들의 강세 등은 일본 국민과 기업의 자신감을 높였다.

급격한 신용 팽창

버블의 다른 원인은 금융기관의 공격적인 대출에 따른 '신용의 급격한 확장'이다. 금융기관이 적극적으로 대출을 늘린 것은 순전히 경기 호전 때문만은 아니었고 환경 변화로 인한 조급함도 반영된 결과였다. 당시 금융기관 수익성은 지금 기준으로 보면 높은 편이나 하락하는 추세였고 이후에도 하락 기조가 이어질 것으로 예상되었다. 거시적으로는 1960~1970년대의 고도성장에서 1980년대 안정 성장으로 전환되면서 일본의 잠재 성장률이 점진적으로 하락하고 있었다. 또한 금융 자율화 조치로 대기업이 자본 시장에서 직접 자금을 조달할 수 있게 되면서 은행이 수익성 있는 대출 기회를 찾기 어려워졌다. 부채 측면에서는 예금 금리 자유화가 점진적으로 진행되어 자금 조달 비용 상승에 대한 우려가 커진 상황이었다.

이러한 상황을 타개하기 위해 은행들은 일제히 중소기업 대출과 가계의 주택 담보 대출에 집중했는데, 이 중 대규모 부동산 대출은 비교적 손쉽게 늘릴 수 있어 부동산업, 건설업, 비은행 금융기관의 3가지 부문을 중심으로 급격히 증가했다. 1985년 3월부터 1989년 3월까지 일본 국내 은행의 부동산 금융은 20.1조 엔에서 48.8조 엔으로 증가해 연간 증가율이 25퍼센트에 육박했다(1987년에는 33퍼센트로 최고치를 기록했다). 그렇지만 은행의 신용 평가 능력은 여전히 충분치 못했다.

버블의 가속화 요인

낙관적 기대와 신용 팽창으로 생겨난 버블은 다음 요인들이 가세하면서 더욱 부풀어 올랐다.

첫째, 금융 완화가 장기간 지속된 것이 중요한 역할을 했다. 1997년까지 정책 금리 역할을 했던 공식 재할인율은 1986년 1월에 4.5퍼센트로 처음 인하된 이후 1987년 2월까지 5차례 연속 인하되어 당시로서는 역대 최저 금리인 2.5퍼센트에 도달했고 1989년 5월까지 그 수준에 머물렀다. 그런 가운데 낮은 인플레이션과 글로벌 정책 공조(뒤에서 자세히 설명한다)를 중시하는 정책 이념을 바탕으로 저금리 기조가 한동안 유지될 것이라는 기대가 확산되었다.

둘째, 금융과 실물 경제 간의 경기 순응적 상호 작용이 영향을 미쳤다. 금융의 특성상 신용 공급에 의해 부동산 가격이 상승하면 부동산 관련 대출뿐 아니라 다른 모든 대출의 수익성이 개선되므로 신용 공급이 더욱 늘어나게 된다. 또한 금융기관은 차주借主의 건전성 개선과 담보 가치 상승에 힘입어 대출 태도가 더 완화된다. 아이러니하게도 이러한 메커니즘은 글로벌 은행에 도입된 자기자본 규제로 인해 더욱 강화되었다. 자기자본 규제는 일본 은행들에 대한 국제 사회의 경계감으로 새로 도입된 측면이 있었는데, 은행이 보유 주식 평가 이익의 45퍼센트를 자본에 포함하는 것을 허용했다. 자본 규제는 최소한의 자본 수준만 규정한 것이지만 일본 은행들이 실제 리스크를 고려하지 않고 이를 사업에 필요한 경제적 자본으로 간주하면서 부작용을 초래할 수밖에 없었다. 돌이켜보면 일본 당국의 요청으로 도입된 주식 미실현 이익의 45퍼센트를 자본으로 인정하는 규정은 은행의 공격적인 신용 창출을 더욱 촉진하는 효과를 가져왔다.

마지막으로 셋째, 일본의 조세 정책이 부동산 가격 상승을 조장했다. 부동산 보유에 대해서는 가볍게 과세하는 반면 매매 차익에는 상대적으로 무겁게 과세했다. 자본 이득에 대한 양도소득세율은 보유 기간이 길어질수록 낮아졌다. 따라서 부동산 가격이 상승할 것으로 예상한 사람들은 향후 가격 상승에 따른 이득을 취하기 위해 부동산 매도 시기를 최대한 늦추려고 했다. 부동산 보유세가 매우 낮았기 때문에 이러한 투기의 비용은 저렴했다. 즉 일본의 부동산 가격 상승은 미래의 경제 성장을 전제로 한 향후 세금 혜택의 현재 가치까지 반영된 것이었는데, 안타깝게도 지나치게 희망적인 기대였다.

버블 통제 메커니즘의 취약점

버블의 생성과 확대를 이해하려면 왜 버블이 확대되는 것을 통제하지 못했는지 검토할 필요가 있다. 버블이 확대될 때 기업, 가계, 금융기관 등 경제 주체들은 당장은 미래가 장밋빛으로 보이더라도 자산 가격 하락으로 인한 그리 낙관적이지 않은 결과를 적어도 고려했어야 했다. 버블 경제가 팽창할 수 있었던 것은 이에 제동을 걸 수 있는 메커니즘, 특히 견고한 기업 지배 구조가 부재했기 때문이다.

일본의 고도성장기 동안 일본 기업의 지배 구조는 주거래 은행의 모니터링에 크게 의존했다. 그러나 1980년대 들어 대기업이 자본 시장에서 자금을 조달하는 것이 일반화하면서 이러한 방식은 더 이상 효과적이지 않게 되었다. 기업의 새로운 자금 공급자인 주식과 채권 투자자들은 강력한 기업 지배 구조를 강제할 수 있는 위치에 있지 않았다. 특히 주주들은 기업 파산 직전까지 침묵하는 경향이 있었는데, 이는 기업과 금융기관 간 광범위한 교차 보유의 영향으로 보인다. 투자자가 기업의 리스크를 점검하고 싶어도 공개된 재무제표로는 불충분했다. 게다가 이사들은 대부분 기업 내부자였다. 하지만 기업에 파산은 실질적인 위협이었기에 과도한 투자를 어느 정도 억제하는 효과가 있었다. 그러나 금융기관은 전후에 도산한 사례가 없어 기업과 같은 자기 통제를 기대하기 어려웠다.

금융기관의 과도한 레버리지leverage를 효과적으로 억제하지 못한 규제 당국도 문제였다. 당시 일본의 경우 은행을 규제하고 감독하는 책임은 대장성(2001년 재무성과 금융청으로 분리되었다-옮긴이) 은행국에 있었는데, 은행국 직원들의 머릿속에 대체 무슨 생각이 들어 있었는지 모르겠다. 일본은행은 일본은행에 계좌를 보유한 금융기관에 대한 현장 조사를 실시한다는 점에서 대장성과 감독 기능을 공유했다(일본은행은 금융청의 금융기관 검사檢事와 별개로 금융기관과의 계약에 근거해 현장 조사, 자료

제출 요구 등을 통해 일본은행의 목적 달성을 위한 업무를 잘 수행하는지 점검하는 고사考查 권한을 보유한다. 4장 참조-옮긴이). 개별 금융기관 조사 과정에서 얻은 정보는 기밀 유지를 위해 엄격히 관리되었지만 관련 부서에서는 매일 금융기관 데이터를 수집해 모니터링하고 있었다. 당시 담당 직원들은 금융기관의 레버리지를 불안해했다. 대장성 관료들도 마찬가지였다. 그런데도 일부 형식적 조치를 제외하고는 별다른 조치가 취해지지 않았다. 단순한 우려 표명과 효과적인 개선 조치를 취하는 것은 다르며, 후자는 신념과 용기가 필요하지만 둘 다 부족했던 듯하다. 하지만 용기가 부족하다고 정치권을 탓하는 것은 올바른 평가가 아니다. 용기는 정치적 압력의 강도에 비례해서 더 필요하겠지만 중요한 것은 잘못된 상황을 바로잡아야 한다는 믿음이며 반드시 엄밀한 분석에 기초해야 한다. 부족했던 것은 아무 조치를 취하지 않았을 때 어떤 일이 일어나는지에 대한 통찰이었다.

부동산 가격에 대한 보고서 작성

이러한 배경에서 일본은행은 버블 경제를 방치하면 일본 경제에 상당한 위협이 될 것이라는 내용의 논문을 발표하기로 했다. 당시 관행에 따라 보고서의 저자는 표시되지 않았지만 동료들의 도움을 받아 내가 주 저자로 작성했다. 〈일본의 최근 지가 상승의 배경과 영향에 관하여わが国における近年の地価上昇の背景と影響について〉라는 제목의 보고서는《일본은행조사월보日本銀行調査月報》1990년 4월호에 게재되었는데, 주가는 이미 정점을 지나고 부동산 가격은 1년 반 동안 계속 상승하던 시점이었다.[12]

서두의 요약 부분을 몇 구절 인용하면 다음과 같다.

경제 주체들의 행동을 관찰해보면 부동산 가격은 계속 상승하거나 적어도 하락하지는 않을 것이라는 신화가 암묵적으로 받아들여지고 있는 것 같다. 하지만 최근 해외의 경험을 살펴보면 미국과 영국 등에서 부동산 가격 하락이 금융기관의 부실을 촉발한 사례가 있다. 이러한 경험의 공통된 교훈으로 (1) 부동산 가격이 단기간 급등하면 반전될 수 있으며, (2) 부동산 가격 하락에 따른 문제는 개별 기관에 국한되지 않고 전체 금융 시스템을 불안정하게 만들 수 있고, (3) 부동산 대출의 쏠림 현상은 주로 중소형 금융기관과 비은행 금융기관에서 발생하기 쉽다는 점을 들 수 있다. (중략)

물가 안정 측면에서 부동산 가격의 급격한 상승은 인플레이션 추세와 무관하지 않다. 또한 해외의 경험에 비추어 볼 때 금융 안정 차원에서 급격한 부동산 가격 변동으로 인한 금융 시스템의 혼란을 미연에 방지하는 것이 중요하다.

마지막으로 금융기관은 부동산 대출을 실행할 때 충분한 심사를 통해 리스크를 철저히 관리해야 한다. 물론 리스크 관리의 중요성이 부동산 대출에만 국한되는 것은 아니지만, 금융기관 포트폴리오에 부동산 익스포저 비중이 과도하다면 부동산 가격 변동에 취약할 수밖에 없다. 일본은행은 금융기관 대상 일상적인 모니터링과 수시 현장 조사를 통해 리스크 관리를 강조하고 있다.

당시에 부동산 가격과 주가의 급격한 상승과 은행 대출 폭증을 억제하기 위해 미시적 감독이나 통화정책 등으로 즉각 조치해야 한다는 견해는 소수였다. 그러나 많은 사람이 금융 시스템과 경제의 지나친 팽창을 목도하고 뭔가 잘못되었다는 느낌을 받았다. 특히 수도권 주택 시장에서 가격 상승에 따른 소외 계층이 발생하면서 분배의 공정성에 대한 논쟁이 계속되고 있었다.

일반적인 우려나 불안감을 표명하는 것은 어렵지 않았지만 통화정책, 금융기관에 대한 규제와 감독 강화, 법률과 세제 개정 등 효과적인 정책 대응 방안을 마련하는 것은 훨씬 더 어려웠던 것으로 기억한다. 나는 정책 결정에 직접 관여할 만큼 고위직이 아니었지만 일본은행 경영진이 엄청난 장애물에 직면했음을 알 수 있었다. 당시 통화정책과 관련해 학계와 민간 경제학자의 압도적 다수가 완화적 통화정책을 변경하는 것에 반대하고 있었다. 국제기구도 다르지 않았으며 IMF 연차 총회에서도 우려의 견해는 공감을 얻지 못했다.

금융 완화 정책의 수정 필요성

금융 완화 정책을 수정해야 한다는 입장의 가장 일반적인 논지는 아무것도 하지 않으면 인플레이션이 가속화할 것이라는 주장이다. 그러나 인플레이션이 매우 안정된 상황에서 이러한 주장은 힘을 얻지 못했다. 기조 물가 상황을 더 잘 보여주는 지표로 알려진 '신선식품 제외 소비자물가지수'의 전년 대비 상승률은 1986년 0.8퍼센트, 1987년 0.3퍼센트, 1988년 0.4퍼센트에 불과했는데, 이는 플라자 합의 이후 엔화 환율 대폭 절상과 원유 가격 급락(이른바 역오일쇼크)을 반영한 결과다. 1990년대 선진국 사이에서 일반화된 인플레이션 목표제의 맥락에서 보면 오히려 인플레이션율이 너무 낮은 것이 문제시될 만한 수치였다. 특히 벤 버냉키(당시 대학교수)가 공저한 〈통화정책과 자산 가격 변동성〉이라는 논문이 기억에 남는다. 이 논문은 아웃풋 갭과 기대 인플레이션율을 변수로 하는 정책 목적함수 아래에서 정책 금리를 약 10퍼센트까지 올리는 시뮬레이션을 통해 일본은행의 완화 정책이 1987년에서 1989년 사이에 주가 상승을 가속화했다고 주장했다.[13] 1999년 잭슨홀 경제정책 심포지엄Jackson Hole Economy Policy Symposium에서 이 논문이 발표되었을 때 시뮬레이션 결과를 보여주는 그래프를 본 당시 일본은행 부총재 야마구치 유타카는 "인플레이션이 전혀 없는 상황에서 중앙은행이 어떻게 기준 금리를 8퍼센트에서 10퍼센트로 인상할 수 있는지 모르겠다"[14]라고 말했다. 나는 야마구치의 코멘트에 전적으로 동의한다.

금융 완화를 수정해야 한다는 또 다른 논지는 연간 10퍼센트가 넘는 통화 공급 증가율에 대한 경계다. 통화량이 중요하다는 견해는 사실상 인플레이션 억제를 염두에 둔 것인데, 물가 안정 흐름이 지속되고 있어 설득력을 얻기 어려웠으며 통화 공급 급증을 우려하는 사람은 사실상 '양치기 소년' 취급을 받았다.(그래프 [2-2] 참조)

자산 가격 상승이 불평등을 심화시키고 있다고 지적하는 사람도 많았다. 부동산을 소유한 사람과 그렇지 않은 사람 사이의 자산 격차가 확대되고 젊은 세대의 주택 소유가 감소하고 있었다.[15] 국민의 불만이 고조되었고 국회에서도 이를 주목했다. 그러나 사회 정의와 불평등 이슈는 통화 긴축의 논리로 삼기에 부적절해 보였다.

뒤늦게 깨달은 것이지만 문제의 핵심은 지나치게 높은 부채와 위험 추구 행태였다. 당시 높은 통화 공급 증가율을 우려한 통화주의자는 주로 은행의 부채인 예금이 재화와 서비스 지출로 이어져 인플레이

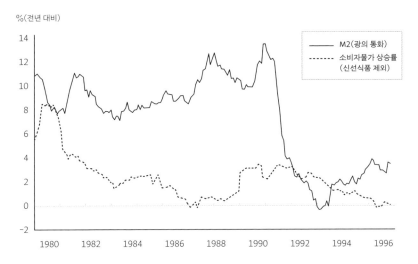

[2-2] 통화와 소비자물가 증감률

%(전년 대비)

출처: 일본은행, 일본 총무성

선을 유발하는지 여부에 초점을 맞추고 있다. 그러나 은행의 자산 측면을 살펴보면 완전히 다른 그림이 나타난다. 은행 자산의 상당 부분은 대출이며, 대출은 기업 입장에서는 부채다. 기업은 은행에서 빌린 돈을 재화와 서비스 구매에 사용할 수도 있지만 부동산이나 주식 같은 자산을 매입할 수도 있다. 자산 매입이 증가하면 자산 가격이 상승하는데, 이는 자기자본 증가와 담보 가치 상승을 통해 차입자와 대출자의 여건을 모두 개선시켜 양자 간 대차 거래가 더 활발해진다. 문제는 어떤 이유로든 버블이 꺼지고 자산 가격이 하락하는 경우다. 자산 가치 하락으로 대출이 부실화해 은행 자산이 줄어들기 전까지는 모든 것이 좋아 보인다. 중앙은행과 규제 당국 관점에서 중요한 문제는 부채 또는 신용의 현저한 증가로 금융 시스템의 불안정성이 높아지고 지속 가능한 경제 성장을 위태롭게 하는 것이다.

표면적으로는 통화량 증가에 대한 우려와 부채 증가에 대한 우려 간에는 별반 차이가 없어 보인다. 하지만 이 둘은 경제와 금융의 발전에 대해 크게 다른 시각을 반영한다. 전통적으로 통화정책의 파급 경로는 "예금 경로deposit channel"에 중점을 둔다. 당시는 부실 채권이 경제와 금융에 부정적인 영향을 미치는 효과가 경제 모형에 포함되지 않던 시기였기에 "신용 경로credit channel" 관점의 논의가 부족했다. 나는 신용 경로의 중요성은 알지 못한 채 '자본 투자 지출이 과도하게 늘면 이후 자본재 조정이 커질 수 있으니 경제의 과도한 진폭을 방지하는 것이 좋다'는 정도의 주장을 폈다. 과도한 부채가 금융 시스템을 통해 실물 경제에 부정적인 영향을 미친다는 사실을 당시에는 충분히 인식하지 못했던 셈이다.

내 생각이 달라진 것은 1988년 11월 일본은행 조사통계국으로 자리를 옮긴 후였다. 당시 조사통계국장 남바라 아키라南原晃는 인플레이션 압력이 커지고 있다는 주장에 회의적이었다. 대신 그는 내부 회의에서 항상 은행의 과도한 행태에 강한 우려를 표했다. 돌이켜보면 그의 직관은 정확했다. 나는 이 무렵 부동산 가격 상승과 대출 증가로 인한 문제를 은행의 행태와 금융 시스템의 관점에서 검토하는 것이 중요하다는 것을 깨닫게 되었다. 부동산 가격 상승이 버블을 반영하고 있으며, 버블이 터지면 금융 시스템을 통해 실물 경제에 중대한 영향을 미칠 수 있다는 점을 대중에게 알리는 것이 부동산 보고서의 주요 골자였다. 이처럼 상당히 중대한 시점에 중앙은행이 민감한 메시지를 공개하는 것은 이례적인 일이었다. 우리는 심혈을 기울여 보고서 발간을 준비했다. 먼저 해외조사과에서 작성한 〈1970년대 초반 영국 중소 금융기관의 경

영 위기1970年代初頭における英国中小金融機関の経営危機)라는 보고서를《일본은행조사월보》1990년 1월호에 실었다.[16] 4월에는 부동산 가격에 관한 보고서가 이어졌다. 4월에 발간된 보고서는 은행 내부 보고서보다 금융 시스템에 미치는 영향을 논조를 낮춰 표현했지만 '시대의 공기'를 감안하면 중앙은행으로서 나름 강력한 메시지를 던졌다고 생각한다.

금리 인상이 늦어진 이유

버블과 통화정책의 관계에 대한 논의는 여전히 진화하고 있으며 2007~2009년 글로벌 금융위기를 경험한 이후 현재까지도 합의가 이루어지지 않았다. 1980년대 후반 일본의 버블 경제는 여러 요인이 복합적으로 작용한 결과여서 완화적 통화정책만이 유일한 원인이라고 생각하지는 않는다. 하지만 장기간 이어진 완화 정책이 적어도 버블을 가속화한 것은 틀림없다.

버블과 통화정책의 관계에 대한 이러한 견해는 통화정책의 역할을 더 제한적으로 보는 미국의 주류 거시경제학자들 및 정책 당국자들과는 상당히 다르다.[17] 이 문제는 16장에서 다시 다룰 것이다.

버블 경제 시기 일본은행의 통화정책은 2가지 측면에서 비판을 받곤 한다. 하나는 금리 인상 시기가 너무 늦었고 다른 하나는 금리 인상 폭이 지나쳤다는 것인데, 첫 번째 견해에는 동의한다. 나는 완화 기간 중 있었던 다섯 차례의 금리 인하 자체가 버블의 근본 원인이라고 생각하지 않는다. 적어도 처음 3번의 금리 인하는 플라자 합의 이후 엔화가 절상되어 경제 상황이 악화되는 상황에서 자연스럽고 적절한 조치였다. 문제는 금리 인하 자체가 아니라 금리가 너무 오랫동안 너무 낮게 유지되었다는 사실이다.

완화적 통화정책이 왜 이렇게 오래 지속되었을까? 1989년 5월 첫 금리 인상을 단행하기 훨씬 전부터 일본은행은 금리 인상 가능성을 검토하고 있었다. 미에노 야스시 수석 부총재는 기자 브리핑에서 "우리는 마른 장작더미 위에 앉아 있습니다"라는 표현으로 완화 정책의 조정 필요성을 여러 차례 시사한 바 있다.[18] 실제로 일본은행은 1987년 8월부터 단기 시장 금리가 점진적으로 상승하도록 유도하기 시작했고, 이후 높아진 시장 금리에 맞춰 공식 재할인율을 인상할 계획이었다. 그러나 이러한 노력은 1987년 10월 블랙 먼데이(뉴욕 증시 주가 대폭락 사건-옮긴이)가 닥치면서 중단되었다. 다음 날 닛케이 지수는 3836포인트, 즉 14.9퍼센트 하락했다. 주가가 바닥에 도달한 것은 1988년 1월 4일로 블랙 먼데이 전날인 1987년 10월 18일보다 17.6퍼센트 낮은 수준이었다. 엔화도 절상되었다. 달러당 140엔으로 비교적 안정적이었던 엔-달러 환율은 빠르게 절상되어 1988년 초에는 121엔에 도달했다.

블랙 먼데이 이후 국제 금융 시장의 변동성은 1988년 초까지만 해도 문제가 되지 않았다. 시장이 점차 안정을 되찾자 미국과 서독은 그해 봄부터 정책 금리를 인상하기 시작했다. 일본은행은 대장성과 상호 합의해 공식 재할인율을 변경하는 것이 오랜 관행이었기 때문에 금리 인상 기조를 따라갈 수 없었다. 정부, 재계 지도자, 경제학자, 언론, 국제 금융기관 모두 완화적 통화정책 지속을 압도적으로 지지했다. 표면적으로는 국제 금융 시장의 동요를 불러올 위험이 있다는 것이었다. 하지만 진짜 이유는 금리 인상이 엔화의 추가 절상을 가져올 것이라는 정부와 재계의 두려움 때문이라고 생각한다. 이렇게 일본의 통화정책 전환은 지연되었다. 이 시기에 대해 미에노는 2000년 자서전에서 "정책의 성패는 결과로 평가받는다. 그런 의미에서 유감스럽지만 이지 머니easy money(금융 완화로 자금 조달이 쉬운 상태-옮긴이)의 장기화는 비판을 면하기 어렵다"[19]라고 썼다.

　정부와 정치권의 압력에 대해 일본은행의 법적 독립성이 부족했다는 점도 자주 거론되지만 그것이 전부는 아니다. 상당히 낮은 인플레이션은 금리 인상에 큰 걸림돌이었다. 실제로 소비자물가지수는 1988년 여름 전년 대비 0.2퍼센트 올랐으며 1989년 3월에도 1.1퍼센트 상승에 그쳤다. 일본 기업들은 엔고를 두려워해 엔화가 재차 상승할지 모른다는 강박에 빠져 있었다. 또한 일본 경제의 잠재 성장률이 높아졌을 가능성을 강조하며 '신경제'가 도래했다고 보는 시각도 있었다. 이 담론은 글로벌 금융위기 이전인 2003~2007년 미국의 이른바 '대안정기'[20]에 이루어진 논의와 놀라울 정도로 유사했다. 무엇보다 1989년 4월 소비세 도입을 계획 중인 정부의 의지가 강했다. 정부는 금리를 인상하면 당국이 향후 물가 상승을 우려하는 것으로 받아들여져 '소비세 도입이 인플레이션을 유발한다'는 논의에 힘을 실어주게 된다고 여겼다. 과거 실패 이후 국가적 프로젝트가 된 소비세 도입의 원활한 추진을 어렵게 만드는 일을 피해야 한다는 입장이었다.

　일본은행에 정치적 압력이 있었는지, 그러한 압력이 실제 결정에 어느 정도 영향을 미쳤는지는 알 수 없다. 정치적 압력이 있었다는 동시대의 기록은 있다.[21] 1986년 10월과 1987년 2월에 일본은행이 갑작스럽게 금리 인하를 단행했을 때 중앙은행 직원으로서 무력감을 느꼈다. 1988년 1월 로널드 레이건Ronald Reagan 미국 대통령과 다케시타 노보루竹下登 일본 총리의 정상 회담 후 "일본은행은 경제의 지속적인 성장과 환율의 안정을 도모하기 위해 현재의 안정된 물가 상황하에서 현행 정책 기조를 유지하며, 낮은 단기 금리가 실현될 수 있도록 노력해 나가기로 했다"라는 내용의 공동 성명을 발표했을 때는 더욱 그러했다.[22] 두 국가 정상 간의 회담 후 발표된 공식 문서에 중앙은행의 정책 운용이 언급되는 일은 매우 이례적이다. 하지만 그렇다고 장기간의 완화 정책을 오직 정치적 압력 때문으로 치부하는 것도 지나치다.

당시의 지배적인 '시대의 공기'와 정치경제적 시대정신, 더 정확히 말하면 그 시대 최적의 정책에 대한 사회 통념의 영향력을 과소평가해서는 안 된다. 나는 1980년대 후반의 금융 완화 과정은 국제적 정책 공조, 엔화 평가 절상 방지, 내수 확대를 통한 경상 수지 흑자 축소라는 정책 이념이 맞물린 결과라고 생각한다. 이 3가지 요인 때문에 일본은행은 긴축으로 돌아서기 어려웠다.

금융 완화 정책의 토대

먼저 국제 정책 공조를 살펴보면 1985년 9월 22일 G5 국가 간 플라자 합의가 이루어졌다. 선진국들은 미국의 경상 수지 적자와 독일, 일본의 경상 수지 흑자를 시정할 필요가 있다고 판단하고 이를 위한 환율 조정에 합의했다. 일본은 경상 수지 흑자국으로서 내수 확대에 전념하기로 했다. 일본만이 '약속commitment'이라는 단어를 사용하면서 환율 상황을 고려해 통화정책을 유연하게 운용하겠다고 밝혔는데, 통화정책의 목표를 물가 안정에 두는 오늘날의 거시경제학 사상으로는 상상할 수 없는 일이다. 서독도 경상 수지 흑자를 기록했지만 통화정책에 대한 유사한 언급은 없었다. 다케시타 노보루 대장대신(재무장관) 등 플라자 합의의 설계자들이 남긴 기록을 보면, 일본은 협정 체결에 억지로 끌려간 것이 아니라 "가장 기꺼이 참여한 국가"였다.[23] 당시 미국 당국자는 미 의회에서 보호무역주의가 부상할 위험을 가장 우려했다. 제임스 베이커James Baker 미 재무장관은 협정 30주년을 맞아 "먼저 행동하지 않으면 의회의 보호무역주의자들이 무역 장벽을 세울 것이라는 것이 우리의 협상 카드였다"라고 회고했다.[24]

외환 시장에서는 미국 달러는 플라자 합의 이전부터 1985년 2월을 정점으로 점진적인 조정이 진행되고 있었는데, 플라자 합의로 인해 미국 달러 약세 모멘텀이 뚜렷해졌다. 플라자 합의 직전 242엔이었던 엔/달러 환율은 1986년 1월 말에 200엔을 돌파했다. 1986년 7월에는 환율이 150엔대를 기록했고, 1987년 3월 말에는 140엔대에 도달했다. 강달러의 조정은 처음에는 환영받았지만 얼마 지나지 않아 엔화 절상으로 경기가 침체될 것이라는 목소리가 높아졌다. 그 결과 이번에는 일본의 최우선 정책 목표가 엔고 저지로 빠르게 바뀌었다. 1987년 2월 루브르 합의Louvre Accord 체결 당시 일본은 주요 선진국들에 추가적인 엔화 절상을 용납하지 않을 것이라는 점을 인식시키기 위해 온 힘을 쏟았다. 일본 정부는 미국의 지지를 얻고자 "내수를 확대하고 경상 수지 흑자를 줄이는 데 도움이 되는 방향으로 재정정책과 통화정책을 운용할 것"[25]을 약속했으며, 루브르 합의 이틀 전 발표된 일본은행의 금리 인하는 협정의 촉매제로 사용되었다.

엔화 절상을 막아야 한다고 생각하면 일반적으로 긴축적 통화정책으로 전환하기 어려워진다. 엔화의 추가 절상을 허용하지 않겠다는 약속을 확보한 루브르 합의를 중시하는 입장에서는 국제 공조 체제를 위태롭게 할 수 있다는 이유로 금리 인상이 반대되었다.

끝으로 세 번째 이유인 내수 진작으로 경상 수지 흑자를 줄인다는 발상은 가장 해로웠다. 개념적으로는 내수가 좋아져 수입이 증가하면 경상 수지 흑자는 줄어든다. 그러나 경제가 완전 고용에 도달하더라도 경상 수지 흑자가 일부 남을 수 있다는 견해도 타당하다. 경기 변동을 감안한 후에도 남는 흑자를 "기초 흑자underlying surplus"라고 한다. 경상 수지 흑자는 재화와 서비스의 수출입 차이기도 하지만 경제 전체의 저축과 투자의 차이로도 볼 수 있으며, 저축자와 투자자의 장기 추세를 살펴봄으로써 기조적인 경상 수지 흐름을 파악할 수 있다. 글로벌로 확장해도 마찬가지다. 세계화된 경제와 시장을 고려할 때 글로벌 실질 금리는 전 세계 저축과 투자의 균형에서 결정되며, 잉여 저축이 많은 경제에서 저축이 부족한 경제로 자본이 이동하게 된다. 글로벌 자본 유출입과 경상 수지 흑자와 적자는 세계 경제의 맥락에서 이해해야 한다. 경상 수지의 기초 흑자 또는 적자는 경제 내에서 저축의 가용성과 투자 기회에 따라 달라지는데, 이를 좌우하는 것은 기술 혁신 및 인구 통계와 같은 실물 요인이지 통화정책으로는 통제할 수 없다. 당시 일본은 생산가능인구 비율이 정점을 찍은 시기였고, 이는 곧 노후 대비를 위한 저축이 증가하기 시작한다는 것을 의미했다. 따라서 일본은 한동안 상당한 경상 수지 흑자를 기록하는 것이 불가피했다. 내수 확대로 흑자 폭을 줄이려는 시도는 사실상 완화적 통화정책을 장기간 지속하겠다는 의지의 표현이었다.[26]

플라자 합의와 루브르 합의

　미국에서는 플라자 합의 30주년을 기념하는 회의에 참석한 많은 이들이 미국 의회에서 보호무역주의 정서가 후퇴한 것을 이유로 플라자 합의를 성공적이라고 평가했다.[27] 그들은 국제 공조를 이유로 금리 인상을 강력히 반대하는 일본 내 논쟁은 관여할 바가 아니며 어떠한 피해가 있더라도 일본이 자초한 일로 인식했다.

　앞서 설명했듯이 두 합의로 말미암은 3가지 정책 이념은 일본은행이 적시에 통화정책을 전환하는 것을 제약했다. 일본 정부가 미국과의 무역 긴장을 진정시키려 했던 것은 안보 문제를 포함해 양국 간의 전반적인 관계를 고려한 정치적 의사 결정으로 이해할 수 있다. 하지만 거시경제적 영향을 충분히 고려하지 않았고 일본이 치러야 할 대가는 상당히 컸다는 것이 내 생각이다.

　플라자 합의가 체결된 지 20여 년이 지난 후 국제결제은행 총재 회의에서 당시 국제결제은행 정책위원회 부의장이었던 한스 티트마이어 Hans Tietmeyer 전 독일연방은행 총재와 오찬을 함께할 기회가 있었다. 그는 플라자 합의 당시 독일 재무부 차관으로서 일련의 협상에 참여했는데, 일본은행 신임 총재에게 조언을 해주고 싶다고 했다. 그는 일본이 미국의 압력에 굴복한 것이 어떻게 버블 경제로 이어졌는지, 그리고 그로 인해 일본이 겪은 고통에 대해 열정적으로 이야기했다. 거시경제정책 당국자의 막중한 책임을 깨닫게 하는 소중한 경험이었다.

〈마에카와 보고서〉

버블 경제 시기에는 정부, 학계, 민간 경제학자 다수가 내수 확대를 통해 경상 수지 흑자를 줄여야 한다는 의견을 지지했다. 물론 가장 큰 이유는 미국의 강한 압력이었다. 일본 내에서 널리 퍼진 또 다른 이유는 1986년 4월 '국제협력을 위한 경제구조 조정연구회国際協調のための経済構造調整研究会'에서 작성한 보고서(당시 이 자문 기구의 회장이던 마에카와 하루오前川春雄 전 일본은행 총재의 이름을 딴 〈마에카와 보고서前川レポート〉로 더 잘 알려져 있다)에 잘 드러난다. 이 보고서는 "일본 정부는 경상 수지 불균형을 국제적으로 조화를 이룰 수 있는 수준으로 꾸준히 축소하는 것을 중기적 국가 정책 목표로 설정하고, 이에 대한 달성 의지를 대내외에 공표해야 한다"라고 주장했다. 또한 구조 개혁을 통한 내수 진작의 중요성을 설명한 후 "이러한 권고 사항 이행에서 재정정책과 통화정책의 역할이 중요하다. (중략) 통화 가치의 안정을 추구하면서 내수가 주도하는 경제를 실현하기 위해 통화정책의 유연한 운용이 필요하다"라고 강조했다.[28]

내수가 경제를 주도해야 한다는 보고서의 기본 사상은 정당하며, 이를 위해 규제 완화가 필요하다는 주장에도 전적으로 동의한다. 하지만 내수 확대와 경상 수지 흑자 축소를 연계시켰다는 점이 문제였다. 기조적인 경상 수지 흑자는 기술 혁신과 인구 구조 등을 반영해 이루어지는 저축과 투자의 균형에 의해 결정된다. 일본의 흑자는 내수로 줄일 수 있는 성격이 아니었다. 동시에 미국의 경상 수지 적자 역시 저축과 투자의 균형에 의해 결정되며 이는 일본의 내수 상황과는 무관하다. 일본이 내수 확대를 통해 경상 수지 흑자를 줄이려 한다면 과도한 경기 부양책의 장기화로 귀결될 수밖에 없으며 그 대가는 혹독했다. 내가 알기로는 그 당시 이러한 논리의 문제점을 명확하게 짚어낸 학자는 고미야 류타로뿐이었다.[29]

버블 경제의 교훈

마침내 일본은행은 1989년 5월 30일 금리 인상을 시작했다. 이는 서독(1988년 6월)과 미국(1988년 8월)의 금리 인상보다 9개월 이상 늦어진 것으로 일본 경제는 이미 과열된 상태였다. 때늦은 완화 정책 조정이었음에도 다음 날《니혼게이자이신문日本経済新聞》사설은 일본의 금리 인상이 국제 정책 공조를 해칠 수 있다며 경계심을 드러냈다.[30]

1980년대 후반 버블 경제를 겪으면서 나는 다음과 같은 교훈을 얻었다.

첫째, 버블은 실제로 발생한다. 그리고 일단 버블이 생기면 경제적 대가는 매우 크다. 초기에는 버블을 인지하지 못했고 1987년까지만 해도 시장 가격이 펀더멘털을 올바로 반영하지 못하고 있다고 말하기를 주저했다. 나는 부동산 가격에 대한 보고서를 작성하면서 비로소 일본 부동산 시장의 버블을 직시할 수 있었다.

둘째, 버블은 중앙은행의 노력만으로 방지할 수는 없지만 중앙은행은 버블을 억제하기 위해 최선을 다해야 한다. 상당수의 중앙은행은 통화정책 외에 금융 규제와 감독 권한도 갖고 있다. 버블과 통화정책 간 관계에 대해서는 아직 일치된 의견이 없지만 느슨한 규제와 감독의 폐해에 대해 이의를 제기하는 사람은 없다. 일본의 경우 재무성(당시에는 대장성)이 금융기관 감독 권한을 가지고 있으나 국민은 금융기관을 현장 조사하는 일본은행도 감독 당국의 일원으로 여긴다. 일본은행은 금융기관의 과도한 대출에 제동을 걸지 못한 책임이 없다고 할 수 없다. 금융 완화가 버블 경제의 유일한 원인은 아니다. 그러나 장기간 완화적 통화정책을 하지 않았다면 버블이 이렇게까지 커지지 않았을 것이므로 통화 당국도 책임을 나눠 가져야 한다.

여론의 무상함도 절실히 느꼈다. 버블이 한창일 때 통화 긴축을 격렬히 반대하던 여론은 버블 붕괴 후 통화정책을 제대로 수행하지 못한 일본은행을 비난하는 쪽으로 빠르게 태도를 바꾸었다. 당시 '시대의 공기'를 기억하는 사람으로서는 억울할 수 있다. 그러나 통화정책 결정에 대한 책임은 법에 따라 일본은행에 부여되어 있으므로 비판의 대상이 되는 것을 피할 수 없으며 이를 불평해서는 안 된다. 중요한 것은 시대의 여론에 휩쓸리지 않는 것이다. 나는 어떻게 하면 사회 '공기'의 포로가 되지 않을 수 있을지 자주 생각한다. 중앙은행의 영웅적 행동을 기대하는 것은 현실적이지도 지속 가능하지도 않다. 중앙은행의 역할은 심도 있는 분석을 바탕으로 경제 문제, 그리고 궁극적으로 사회 문제를 야기할 수 있는 잘못된 정책 논리를 조기에 경고하는 데 있다고 생각한다.

3장

버블의 붕괴와 금융위기

버블 붕괴의 시작

1990년대 초, 일본의 버블이 터졌다. 직후에는 사건의 크기가 충분히 드러나지 않았지만 경제와 사회가 극도로 취약하다는 사실을 모두가 서서히 깨닫기 시작했다. 1990년대 후반에는 금융위기가 심각해져 실물 경제 활동을 위축시켰다. 이 무렵 미국 학계에서는 일본은행의 통화정책 수행에 대한 비판이 거세게 일었다. 나는 1990년 5월 새로 조직된 신용기구국(현재는 금융기구국과 결제기구국으로 분리) 과장으로 임명되어 3년간 버블 시기에 발생한 부실 대출 문제를 담당했다.

정확한 날짜를 특정할 수는 없지만 1990년대에 접어들면서 일본은 버블이 꺼지기 시작했다는 사실을 점차 인식하게 되었다. 1989년 마지막 거래일 닛케이 지수가 3만 8915포인트로 정점을 찍은 후 급격하게

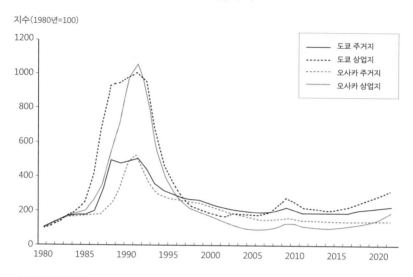

지수(1980년=100)

출처: 일본 국토교통성

하락했다. 6개월 후 3만 2817포인트, 다시 6개월 후 2만 3848포인트를 기록했고, 1992년 10월 18일에는 1만 4309포인트를 기록해 최고점 대비 60퍼센트 이상 하락했다. 주식 시장이 꺾인 타이밍이 너무 절묘해 부동산 가격 하락은 훨씬 늦게 시작되었다는 사실을 잊어버리곤 한다 (그래프 [3-1] 참조).[1] 일본부동산연구소日本不動産研究所가 집계한 반기별 지가 지수에 따르면 1991년 9월에 정점을 찍었지만 건설성[2]이 매년 발표하는 공시 지가 기준으로는 1991년 1월이 정점이다. 후자에 따르면 버블 기간 동안 가장 큰 상승세를 보였던 오사카 상업 지구의 땅값은 2002년에 최고치의 10퍼센트 수준으로 떨어졌다. 1990년에 공동 집필한 보고서에서 부동산 가격에 버블이 존재한다고 지적했지만[3] 이 정도 규모의 하락은 상상하지 못했다.

경기 순환은 1991년 2월이 정점이었다. 연간 실질 GDP 성장률은 1990년 5.1퍼센트에서 1991년 3.8퍼센트, 1992년 1.0퍼센트, 1993년 0.3퍼센트로 떨어졌다. 버블 붕괴의 원인으로 대장성 은행국이 시행한 부동산 대출 총량 규제를 들곤 한다. 정부는 부동산, 건설, 비은행 금융 기관에 대한 대출을 부동산 관련 대출로 정의하고 금융기관에 부동산 관련 대출 증가율을 총대출(부동산 관련 대출과 그 외 대출) 증가율 이하로 줄이고 대출 현황을 보고하도록 했다. 이러한 대출 규제가 부동산 가격 하락을 촉발한 것은 사실이지만 모든 책임을 대출 규제에 돌리는 것은 적절하지 않다. 부동산 가격은 언젠가 하락할 수밖에 없고 이는 버블 자체의 피할 수 없는 속성이다.

버블 경제 붕괴의 또 다른 원인으로 흔히 거론되는 것은 일본은행의 통화 긴축이다. 1989년 5월 75베이시스포인트bp(0.75퍼센트) 인상을 시작으로 공식 재할인율은 다섯 차례 인상되어 총 350베이시스포인트 (3.5퍼센트)가 인상되었다. 그러나 통화 긴축을 원인으로 보는 것도 그다지 도움이 되지 않는다. 1989년 5월 이후 금리 인상이 이루어지지 않았거나 단 한 번의 인상으로 긴축이 끝난 것처럼 보였다면 버블을 더욱 키웠을 것이고 버블이 터졌을 때 더 큰 고통을 안겨주었을 공산이 크다. 본질적인 논점은 경제가 지속 가능한 경로에서 벗어났을 때 정책 당국은 어떻게 대응해야 하는가다.

낙관적인 경제 전망

1980년대 후반 일본은 지속 불가능한 경제 성장과 신용 팽창을 경험했다. 버블이 꺼진 후에도 정책 당국과 학계에서는 정부, 일본은행, 경제학자, 시장 참여자, 국제기구 등을 막론하고 지나친 낙관론이 상당 기간 이어졌다.[4] 민간 기업도 마찬가지였다. 이는 단칸 조사 결과에 잘 드러나는데 기업의 업황 판단이 경기 정점 이후에도 비교적 높은 수준에서 유지되었다. 1991년 7월에 발표된 일본은행의 경제 상황 평가도 낙관적이었다. 점진적인 경기 둔화를 인정하면서도 "일본 경제는 기업과 가계의 양호한 소득 증가를 배경으로 여전히 확장세를 보이고 있다"라고 평가했다.[5]

처음에는 금융권의 부실 채권 규모조차 자각하지 못했다. 1992년 5월 26일 영국의 경제 일간지 《파이낸셜타임스》가 일본의 부실 대출 규모가 42조~53조 엔에 달한다고 보도했을 때[6] 무척 충격적으로 받아들여졌다. 하지만 금융위기의 최종 비용은 무려 100조 엔을 넘어섰다.[7] 금융권 부실은 소규모 은행부터 시작되었으며 1992년 4월에는 예금보험공사預金保険機構의 자금 지원이 처음으로 발동되었다. 결국 대형 금융기관 부실로 확산되어 일본은 1997년부터 1998년 사이 심각한 금융위기를 겪게 된다.

버블 붕괴 이후 전개된 상황을 이해하려면 경제적 요인뿐 아니라 정치적·사회적 요인과의 상호 작용도 살펴봐야 한다. 또한 거시경제학 교과서에 주로 기술된 비교적 단기적인 분석만으로는 경제적 요인을 충분히 분석할 수 없으므로 전후 일본 경제 흐름과 기업 경영 모델을 면밀히 검토할 필요가 있다.[8] 버블 붕괴는 정보 기술 혁명이 도래하고 사회주의 계획 경제가 개방되면서 전 세계적으로 시장 경제가 확산된 시기와 정확히 일치한다.

신용기구국 신설

1990년 5월 일본은행은 대대적인 내부 조직 개편을 단행하고 그 일환으로 신용기구국을 신설했다. 혼마 다다요本間忠世 초대 국장이 이끈 신용기구국은 금융 시스템 안정을 위한 정책을 기획하는 임무를 맡았으며 신용기구과와 지급결제과로 나뉘어 있었다. 전자는 금융기관에 대한 규제와 감독 등 오늘날의 거시건전성macroprudential 정책을 담당했고. 후자는 지급 결제 시스템에 관한 정책을 담당했다. 나는 1993년 5월까지 신용기구과 과장을 맡았다.

신용기구국에서 일한 3년은 버블 붕괴 직후 기간이다. 금융위기가 가장 극심했던 1990년대 말에 비하면 그나마 평온했지만 그 이전 몇 년보다는 훨씬 격동적인 시기였다. 이 시기의 경험은 중앙은행의 역할에 대한 내 생각을 형성하는 데서 1980년대 후반 버블 시절 경험만큼이나 중요한 역할을 했다. 내가 신용기구과 과장이 아니었다면 당시 주류 거시경제학자들의 생각을 그대로 따르면서 신용의 역할을 계속 간과했을 수도 있다.

모든 중앙은행은 형식적인 법 제도와 상관없이 금융 안정을 유지하는 데 중요한 역할을 한다. 일본은행 금융검사국(신용기구국과 합쳐서 현재의 금융기구국이 되었다)은 일본은행에 당좌계좌를 보유한 금융기관에 대해 현장 조사를 한다. 은행과 증권사를 포함한 계좌 보유 기관에 대한 조사 권한은 1차 세계대전 이후 있었던 금융위기 경험을 바탕으로 당시 대장성 금융제도조사회金融制度調査会가 권고한 데 기원을 두고 있다. 조사와 별도로 영업국에서 주요 시장 참여자, 감독 당국과 일상적으로 접촉해 금융 시장과 금융기관에 대한 정보를 입수한다. 또한 일본은행은 금융 시스템 안정을 위해 필요시 일시적인 유동성 부족으로 채무 불이행이 발생한 금융기관에 긴급 유동성을 공급하는 '최종 대부자 lender of last resort'다.

신용기구국 출범 직후인 1990년 6월 혼마 국장과 함께 총재실로 불려갔다. 반년 전 수석 부총재에서 승진한 미에노 야스시 총재는 예상되는 금융기관 부실에 대비해 일본은행의 기본 전략을 수립해달라고 요청했다. 주식 시장은 이미 정점을 지난 후였지만 부동산 가격은 여전히 상승하고 있었고 경제는 여전히 확장 국면에 있었다. 불과 몇 년 후 금융위기가 닥친 점을 감안하면 놀라운 선견지명을 보여준 업무였다.

나는 처음에는 이 숙제를 어떻게 접근해야 할지 몰라 난감했다. 일본은 1차 세계대전 이후 심각한 금융위기를 겪었지만 그 후 금융기관이 파산한 사례가 없어 부실 은행을 처리하는 실무 지식이 거의 없었다. 가장 먼저 한 일은 해외 사례 조사였다. 혼마 국장과 나는 1990년 6월 말부터 7월 초까지 2주간 미국과 유럽 4개국 중앙은행을 중심으로 출장을 다녀왔다.

미국에서는 연방예금보험공사Federal Deposit Insurance Corporation, FDIC, 뉴욕 연준, 연준, 정리신탁공사Resolution Trust Corporation(부실 저축대부조합 신속 정리를 위해 설립)를 방문해 많은 전문가로부터 폭넓은 지식을 배웠다. 유럽에서는 영란은행, 프랑스 중앙은행, 국제결제은행, 네덜란드 중앙은행De Nederlandsche Bank의 고위 관계자를 만났다. 뉴욕 연준의 어니스트 패트리키스Ernest Patrikis, 연준의 에드 에틴Ed Ettin과 빌 테일러Bill Taylor, 영란은행의 에디 조지Eddie George와 만난 것이 아직도 기억에 남는다.

이런 해외 출장을 통해 여러 기관의 연쇄 도산을 방지해 시스템 리스크 발생을 막고 금융 시스템 안정을 확보하는 것이 중요하다는 사실을 알게 되었다. 또한 다른 나라에서 부실 금융기관을 어떻게 처리했는지에 대한 실질적인 지식도 얻었다. 당시 많은 일본인은 은행이 파산하면 예금자 보호 차원에서 예금보험 한도(당시 은행 예금자는 1000만 엔)까지 은행 예금을 보호한 후 통상적인 파산 절차에 따라 부실 은행을 청산할 것으로 생각했다. 그러나 이는 당시 미국의 파산 절차에 대한 정확한 설명이 아니었다. 일본 농업협동조합의 지점에 해당하는 자산 규모가 아주 작은 은행만 이런 방식으로 처리되었다. 부실 은행을 처리하는 미국의 일반적인 전략은 인수 기관이 자산을 매입purchase하고 부채는 떠안는assumption 방식, 즉 자산부채이전purchase and assumption, P&A 방식이었다. 자산부채이전은 부실 기관을 구제하는 금융기관이 부실 기관의 모든 부채와 건전한 자산을 인수하고 연방예금보험공사는 인수 기관에 자금을 지원하는 방식이다. 부실 기관의 경영진은 일자리를 잃고 주주는 지분을 잃는다는 점에서 처벌을 받는 셈이다. 이 경우 금융기관은 파산하더라도 예금 채무는 보전되고 다른 기관의 건전성 악화를 야기할 가능성이 훨씬 적어 금융 시스템 안정이 유지된다.

부실 금융기관 정리 원칙 마련

출장에서 돌아온 후 향후 금융기관 부실 대응 방안에 대해 내부 논의를 거듭했다. 당시 일본에서는 3개 기관이 금융기관 부실을 담당했는데 대장성 은행국이 주관하고 일본은행과 예금보험공사가 관여했다. 법에 따라 일본은행의 수석 부총재가 예금보험공사 이사장을 겸임했다. 예금보험공사 사무실은 일본은행 본점 건물 안에 있었고 직원은 총 10명 남짓으로 주로 일본은행 파견자와 퇴직자였다. 1990년 여름부터 대장성 은행국 국장 쓰치다 마사아키土田正顯의 선견지명과 리더십으로 은행국, 일본은행 신용기구국, 예금보험공사 간 연구회를 결성해 실제로 예금보험공사의 권한을 어떻게 활용할 것인지 논의하기 시작했다. 동시에 일본은행 내부에서는 금융기관 파산 대응 전략을 논의했다. 마침내 1991년 1월 4가지 기본 원칙을 완성해 총재 승인을 받았다.

첫 번째 원칙은 '사실상' 자본이 마이너스로 떨어지리라 예상되는 금융기관은 정리 대상에 포함한다는 것이다. '사실상'이란 회계상으로는 자본이 플러스지만 적절히 충당금을 계상하고 대손 상각 처리를 하면 자본 잠식 상태에 빠지는 경우를 말한다. 지금은 당연해 보일지 몰라도 당시에는 대장성과 일본은행이 금융기관이 보유한 자산의 질을 평가해 자산이 손상되고 양질의 자본이 불충분하다고 판단할 경우 기관 폐쇄를 강제한다는 것은 급진적인 발상이었다. 회색 지대에 있는 연체 대출은 사람에 따라 회생 가능성을 다르게 볼 수 있기 때문에 당국의 판단으로 기관을 파산시킬 경우 기관의 경영진, 주주, 예금자는 물론 지역 정치인과 주민의 강력한 저항이 예상되었다.

두 번째 원칙은 부실 금융기관 청산을 통한 예금보험금 지급payoff은 원칙이 아닌 예외가 되어야 한다는 것이다. 원론적으로 예금은 보전되어야 한다. 그러나 금융기관의 자기자본이 '사실상' 잠식 상태면 부채인 예금을 전액 상환할 수 없게 된다. 이 경우 예금 보호 한도까지만 예금자를 보호하자는 것이 당시 파산 금융기관 처리 방식에 대한 학계와 언론의 정론이었는데, 일반 기업의 파산 절차와 마찬가지로 금융기관 자산을 정리해 예금을 지급해주는 것이 옳다고 여겼다. 어떤 형태로든 부실 금융기관을 구제bailout해주면 도덕적 해이를 부추긴다는 주장이었다.

우리가 청산 전략을 따르지 않은 이유는 2가지인데, 일단 금융기관 파산이 상대적으로 빈번한 미국에서는 자산부채이전이 일반적이었고, 더 근본적으로는 일본 금융기관의 부실 규모가 막대해 만약 청산을 하게 되면 금융 시스템 전체가 붕괴될 위험이 크다고 인식하고 있었기 때문이다. 일본은행은 실질적으로 자본이 잠식된 금융기관이 구조 조정 계획을 수립해 자본을 확충하도록 강제하는 것이 가장 바람직한 전략이라고 판단했다. 그래도 문제가 해결되지 않으면 예금보험공사의 금융 지원을 전제로 인수자를 찾아야 했다.

세 번째 원칙은 도덕적 해이를 최소화할 수 있도록 부실 금융기관 관계자에게 책임을 묻는 것이다. 경영진은 교체되고 주주들은 주식 가치 하락으로 불이익을 받게 된다.

네 번째 원칙은 필요시 일본은행이 돈을 빌려주는 것이다. 중앙은행이 최종 대부자인 점을 고려하면 당연한 말로 들릴 수 있지만 당시에는 일본은행이 금융기관 파산 처리에 관여하는 것이 도덕적 해이를 낳을 수 있다는 경계심이 있었다.

4가지 원칙이 내부에서 최적 전략으로 승인된 후 혼마 국장과 나는 대장성 은행국을 찾아가 일본은행의 생각을 설명했다. 대장성은 예금보험 제도를 활용하는 방향에는 공감했으나 실질적으로 자본 잠식인 금융기관을 조기에 정리한다는 아이디어는 경계하는 분위기였다. 경제가 아직 눈에 띄게 악화되지 않았고 자산 버블의 잔상이 남아 있는 당시 정치적·사회적 환경을 고려하면 대장성의 신중한 태도는 찬반을 떠나 이해할 수 있었다. 일본은행 경영진은 대장성과의 지루한 논쟁을 피하고 개별 금융기관의 파산 사례를 처리할 때 가능한 한 기본 원칙을 적용하는 실용적인 접근법을 채택하기로 결정했다.

현실로 다가온 금융기관 파산

그로부터 얼마 지나지 않아 많은 금융기관의 상태가 빠르게 악화되었다. 일본의 4대 신문에서 '부실 채권' 또는 '부실 자산'을 키워드로 검색해보면 금융위기가 극심했던 1990년대 후반에 비하면 아직 많지 않지만 1991년 이후 기사 수가 눈에 띄게 증가한다. 신용기구국은 개별 금융기관의 정리 방안과 이와 관련된 광범위한 정책적 이슈를 검토하는 막중한 임무를 맡게 되었다.

내가 근무할 당시 신용기구국은 1990년대 후반의 '야전 병원' 수준은 아니었지만 금융기관이 망하지 않던 평온한 시대는 끝나고 사건이 쏟아져 들어오기 시작했다.

1991년 7월 첫 번째 파산이 전혀 예상치 못한 부분에서 발생했다. 룩셈부르크에 본사를 두고 국제적으로 활동하는 글로벌 은행인 국제신용상업은행Bank of Credit and Commerce International, BBCI의 도쿄 지점이었다. 외국계 은행의 지점은 일본 예금보험 제도에 가입하지 않은 상태였기에 파산 처리는 예금보험 기금을 사용하지 않고 이루어졌다. 그러던 중 1991년 8월, 동양신용금고東洋信用金庫에서 수십억 엔의 위조 예금 증서 사건이 터졌다. 그해 여름 대장성과 대응책을 조율하면서 이 두 기관의 파장을 수습하느라 무척 바빴다. 한편 예금보험공사가 개입한 첫 사례는 1992년 4월 동방상호은행東邦相互銀行의 파산으로, 이요은행伊予銀行이 예금보험공사의 재정 지원을 받아 동방상호은행을 인수했다. 두 번째 지원은 1992년 10월 동양신용금고東洋信用金庫, 세 번째는 1993년 5월 가마이시신용금고釜石信用金庫의 파산이었다.

버블 붕괴 직후 처음 몇 년간은 소규모 금융기관의 파산이 주를 이

1부 일본은행에서의 성장기

루었으나 경제 상황이 악화되고 주가가 더 떨어지면서 대형 금융기관의 건전성도 위태롭다는 것이 분명해졌다. 드러난 부실 규모는 놀라웠다. 도시은행, 장기신용금고, 신탁은행 등 대형 은행들은 버블 기간 동안 건설, 부동산, 비은행 부문을 중심으로 대출을 크게 늘렸다. 비은행 대출은 은행계와 전업계로 나뉘는데 최종적으로 건설과 부동산 기업으로 자금이 흘러가고 있었다. 그중 특히 문제가 된 것은 1971년 설립된 주택금융전문회사住宅金融専門会社, 약칭 주센住専이 실행한 대출이었다. 주센은 은행이 출자해 설립한 주택 담보 대출 전문 비은행 기관으로 당초에는 그다지 비중 있는 사업이 아니었다. 그러나 은행이 직접 주택 담보 대출을 취급하기 시작하면서 대출 기회가 줄어들자 주센은 상업용 부동산 담보 대출로 방향을 전환했다. 버블이 꺼지자 주센이 제공한 대출은 대부분 부실 채권이 되었다. 1992년 초 당시 지바은행千葉銀行 은행장이었던 다마키 다카시玉置孝頭取 전 일본은행 이사가 "여러분의 임무는 중소형 은행의 처리가 아니라 대형 은행과 비은행 금융기관, 특히 주센 문제를 해결하는 것입니다"라고 꾸짖었던 기억이 아직도 생생하다.

우리는 대형 금융기관은 "대마불사too big to fail"라는 말을 종종 듣는다. 바꿔 말하면 대형 금융기관이 파산하면 다른 건전한 금융기관에 연쇄적으로 피해를 주기 때문에 이를 파산시키는 것이 불가능하다는 뜻이다. 일본의 현실은 훨씬 더 심각했다. 거의 모든 금융기관이 부동산 가격 하락으로 막대한 부실 대출을 안고 있었다. 연쇄 파급을 걱정할 단계조차 넘어섰다. 대형 은행이 다 같이 심각한 질병을 앓고 있는 상황이었다.

'무기'와 '탄약'의 부족

대장성과 일본은행이 해결해야 할 과업은 금융 시스템을 불안하게 하지 않으면서 부실 채권을 원활히 처리하는 것이었다. 그러나 금융기관 파산이 속출하는 상황을 해결할 수 있는 수단을 갖추지 못했는데, 전쟁으로 비유하면 군수품인 '무기'(파산 처리를 위한 법 체계)와 '탄약'(손실을 흡수할 수 있는 자본)이 절대적으로 부족했다. 내가 느끼는 좌절감은 점점 더 커져갔다.

상황을 개선하려면 대중이 개혁의 필요성을 인식해야 했지만 버블 경제가 막 터진 시점에서는 쉽지 않은 일이었다. 언론, 정치인, 학계 모두 부실 금융기관을 청산해야 한다는 주장을 십계명처럼 받아들였다. 즉 예금은 예금보험공사가 최대 1000만 엔까지 보호하고 이를 초과하는 예금은 잔여 재산을 회수해 비례 배분하는 방식이다.

그러나 청산은 현실적인 선택지가 아니었다. 많은 금융기관이 부실 채권 규모에 짓눌려 가라앉고 있는 상황에서 한 금융기관의 청산은 다른 금융기관의 경영 악화로 이어져 시스템 리스크로 이어질 가능성이 컸다. 만약 그렇게 되면 경제의 핵심 기능이 마비될 것이다. 청산 이외의 조치를 강력히 반대한 것은 일본만의 현상은 아니었다. 당시 미국 재무부 장관이었던 티머시 가이트너는 2007~2009년 글로벌 금융위기에 대한 회고록에서 도덕적 해이를 막기 위해 청산해야 한다는 '구약적 견해Old Testament View'에 대한 분노를 솔직하게 표현했다.[9]

필요한 '무기와 탄약'이란 질서 정연한 정리 방식을 담은 법적·실무적 체계와 공공 자금 등 재원을 말한다. 일본은행은 필요한 조치에 대한 실무 검토를 담당했다. 재원 확보에도 주의를 기울였는데, 첫 번째 방어선은 예금보험공사에 적립된 기금으로 1993년 3월 말 약 7000억 엔에 불과했다. 그 후 일본 금융 시스템 전체가 과연 충분한 자본을 보유하고 있는지에 대한 의문이 제기되었다. 특정 시점의 개별 기관 대차대조표를 검토하는 것만으로는 이 질문에 답할 수 없었다. 자산 가격 하락으로 많은 금융기관이 타격을 입은 상황에서 어떻게 하든 파산을 피하려는 금융기관의 노력으로 경제 전체가 버티고 있었기 때문이다. 이런 상황에서 자본은 정태적 개념이 아니라 동태적 개념으로 파악해야 했다. 글로벌 금융위기 이후 점점 더 널리 쓰이게 된 표현을 빌리자면 거시건전성 관점의 평가가 절실히 필요했으나 안타깝게도 당시에는 그러한 시각이 부족했다.

공적 자금 투입 반대

공적 자금 투입 반대는 도덕적 해이에 대한 우려에서 비롯된 것만은 아니었다. 학계의 주류 경제학자들이 제기한 또 다른 주장은 대출 증가율이 낮은 것은 자본 부족으로 은행의 대출 태도가 소극적이기 때문이 아니라 대출 수요가 부족하기 때문이라는 것이었다. 이러한 견해는 특히 은행과 은행 계열 연구소에서 주로 제기되었는데 당시 표현으로 '차입 기피'와 '대출 기피' 간 논쟁이었다. 사실 대출 둔화의 원인이 수요 요인이냐 공급 요인이냐는 동전의 양면과 같으므로 그리 생산적인 논쟁은 아니다. 자산 가격이 크게 하락한 상태에서 버블 기간에 쌓아 올린 높은 수준의 부채는 남아 있으므로 자본은 기조적으로 부족한 상태였다. 기업의 자본이 전반적으로 부족하면 투자 결정이 위축되든

은행의 대출 심사에 채무 불이행 위험이 반영되든 어느 쪽이든 대출은 줄어들게 된다.

대중은 금융권 부실의 심각성을 점차 인지하게 되었지만 개별 금융기관의 경영난 문제로 받아들이는 한 공적 자금 투입의 필요성에 대한 여론은 좀처럼 바뀌지 않았다. 버블 경제기에 무분별하게 투자한 금융기관은 파산으로 처벌받아야 마땅하다는 것이 중론이었다. 전문가들조차 부실 채권 문제가 거시경제 전체를 어렵게 할 것이라는 사실을 이해하지 못했다.

공적 자금 투입이 명시적으로 논의된 것은 1992년 8월 미야자와 기이치宮澤喜一 당시 일본 총리가 CEO 세미나에서 공적 자금 투입에 대한 아이디어를 제시한 것이 처음이었다. 그러나 공적 자금으로 민간 기업을 지원하는 것은 자유주의 시장 원칙에 어긋난다는 이유로 재계 지도자와 언론 모두 강력한 반대를 표명하면서 즉시 폐기되었다.

부실 채권과 거시경제

'무기와 탄약'을 확보할 필요성에 대한 인식이 부족했던 근본 이유는 막대한 부실 채권을 해결하지 않고 방치하면 향후 수년간 경제 성장에 부담을 주게 된다는 사실에 대한 이해가 부족했기 때문일 것이다. 나 역시 1990년에는 그런 가능성을 의식하지 못했지만 1991년 여름부터 점차 생각이 바뀌기 시작했다. 부실 채권이 거시경제에 영향을 미치지 않을 것이라는 기존의 믿음을 의심하게 되고 인과관계가 양방향으로 작용할 수 있다는 사실을 깨닫게 되었다. 부실 채권의 누증, 금융기관의 어두운 전망, 거시경제의 취약성 등 경제 상황을 일관되게 이해하려면 역인과관계의 가능성을 받아들여야 한다는 생각이 내 마음을 바꾸게 했다. 나는 서둘러 1차 세계대전이 끝날 무렵의 일본 버블과 붕괴 후 여파, 1929년 월스트리트 붕괴 이후 미국의 금융 경제, 1980년대 후반 영국의 상업용 부동산 가격 폭락 등 국내외의 역사적 사례를 공부하기 시작했다.

또한 신용기구국 직원에게 일본 금융기관이 보유한 부실 대출과 주식에 대한 실제 데이터를 바탕으로 부동산 가격의 미래 경로에 대한 다양한 시나리오 아래에서 은행이 최소 자본 적정성 비율을 유지한다고 가정하는 일련의 시뮬레이션을 실행해보게 했다. 분석 결과 부동산 가격이 회복하는 낙관적인 시나리오에서도 금융기관은 수년간 위험 자산을 늘리지 않아야 자본 요건을 충족할 수 있었다. 나는 이 결과를 보고 금융에서 거시경제로 이어지는 인과관계를 강조할 필요가 있다고 생각했다. 핵심은 거시경제에 대한 기본 전망을 공유하는 것이었다. 일단 이에 대한 합의가 이루어지면 정치적으로 인기가 없더라도 공적 자금 투입 없이는 문제가 해결되지 않는다는 점에 동의할 수밖에 없었을 것이다. 안타깝게도 당시 일본에는 이를 이해하는 사람이 거의 없었다. 일본은행이 대장성에 공적 자금 투입을 설득하고 있던 1993년 4월 대장성 정책연구소 후원으로 저명한 학자들과 민간 경제학자들이 모여 보고서를 발표했는데, 보고서 내용은 일본은행 견해와 매우 달랐다.

높은 기술 숙련도와 교육 수준, 근로자의 근면성, 높은 저축률과 투자 비중 등 그간 일본 경제를 뒷받침해온 핵심 요인들이 최근 상황으로 인해 크게 훼손된 것은 아니다.

일본 경제는 1991년 이후 자산 가격이 상당히 빠른 속도로 하락하면서 경제 여건이 악화되었다. 하지만 이는 기본적으로 1980년대 후반 경기 호황의 반작용과 자산 가격의 급격한 상승에 따른 정상화 과정으로 봐야 한다.[10]

금융기관 구제 제도의 필요성

시스템 리스크를 최소화하면서 문제를 해결하기 위한 가장 합리적인 전략은 가장 취약한 은행의 자산부채이전을 추진하는 것이었다. 하지만 이 전략을 실행하려면 금융기관의 자산과 부채를 인수할 의향이 있는 잠재적 인수 기관이 있어야 하고, 잠재적 인수 기관이 자산과 부채를 인수하도록 하는 재정적 인센티브가 주어져야 했다. 그러나 당시 일본에서는 적절한 인수자를 찾기 쉽지 않았고 제도적 문제는 더욱 어려웠다. 예금보험법에 따르면 자산부채이전을 위해 적립금에서 지급하는 자금 지원 금액은 예금보험금 지급 비용payoff cost 을 한도로 제한되어 있었다.[11] 이 제한을 없애야 했지만 설사 그런다 해도 당시에는 적립금이 너무 적었다.

이는 예금보험법을 개정해 부담금을 인상해야만 해결 가능한 문제였다. 그러나 모든 은행이 자기자본 부족 문제에 직면한 상황에서 은행 부담금 인상만으로는 역부족이며 공적 자금 활용이 필요했다. 여기서 딜레마가 발생하는데, 정치인과 대중의 이해를 얻으려면 일본 금융 시스템의 현 상황이 매우 심각함을 알려야 했다. 그러나 원활한 파산 처리를 위한 재원이 확보되지 않은 상태에서 금융 시스템 문제를 공개적으로 밝히면 그 자체가 시스템 리스크를 촉발해 경제 활동을 크게 위축시킬 수 있었다. 아무리 검토해도 공적 자금 제약이 있는 상황에서는 마땅한 해결책이 보이지 않았다.

파산 재원 부족도 심각했지만 법 체계의 부재도 중요한 문제였다. 당시 금융기관 파산 절차는 일반 기업과 차이가 없어 실제로 사용하기 어려웠다. 일본은행은 중소 금융기관의 파산을 처리하면서 여러 실무 문제를 겪어왔는데, 그간의 경험을 바탕으로 금융기관 파산 절차의 법적 체계 연구에 돌입했다. 1992년 초부터 파산법 전문가인 마쓰시타 준이치松下淳一 교수와 도쿄의 대형 로펌 변호사인 후지나와 겐이치藤縄賢一에게 의뢰해 실무적인 문제를 검토했고 그해 7월 내부 보고서를 완성했다.

대장성과의 협상 실패

1993년 봄에 나는 대장성에 3가지 기본 원칙을 토대로 상세하고도 포괄적인 정책 제언을 담은 보고서를 전달했다. 첫째, 민간 금융기관 스스로 구조 조정과 자본 확충을 통해 고강도의 자구책을 마련해야 한다. 둘째, 자력 회생이 어려울 경우 예금보험공사가 자금을 지원하고 이마저 불충분한 경우 공적 자금 투입을 검토한다. 셋째, 자산부채이전 방식으로 부실 금융기관을 정리하는 동시에 부실 채권의 원활한 관리를 위해 파산 기관의 자산과 부채를 승계할 특별 금융기관을 설립한다. 우리는 일본은행이 자산부채이전 인수 거래 촉진을 위해 금융기관에 자금을 지원하거나 "가교은행bridge bank"에 직접 출자할 의사가 있음을 밝혔다.

이러한 아이디어 중 다수는 몇 년 후 빛을 보게 되지만(특히 가교은행은 처음에는 도쿄공동은행東京共同銀行으로, 나중에는 정리회수기구整理回収機構 등의 형태로 도입되었다) 1993년에는 대장성의 동의를 얻지 못했다. 우리는 과장뿐 아니라 국장, 이사까지 나서서 대장성을 설득하기 위해 노력했다. 미에노 총재도 미야자와 총리에게 건의했지만 적어도 그 시점에는 일본은행의 구상이 결실을 맺지는 못했다. 대장성이 동의하지 않은 가장 큰 이유는 공적 자금 투입에 대한 국민의 이해를 얻지 못했다는 정치적 판단 때문이었을 것이다.

신용기구국장을 역임한 후 이사로 승진한 혼마의 이사 임기가 만료되기 직전인 1998년 4월, 그와 둘이서 식사를 하게 되었다. 신용기구국 시절을 회상하며 1997~1998년 금융위기로 이어지는 과정에서 금융시스템의 분기점이 되는 순간이 언제라고 생각하는지 물었다. 그러자 그는 망설이지 않고 1992년 말부터 1993년 봄까지 대장성과의 협상이 실패한 것이 결정적이었다고 답했다.

심화하는 금융위기

내가 신용기구국을 떠난 후 1994년 12월 부실 부동산 대출로 어려움을 겪던 안젠신용조합安全信用組合과 도쿄교와신용조합東京協和信用組合의 파산이 발표되었다. 두 신협의 파산 처리를 목적으로 1995년 1월 일본은행과 민간 금융기관이 공동 출자한 도쿄공동은행이 설립되었다. 그해 7월과 8월 각각 코스모신용조합コスモ信用組合과 기즈신용조합木津信

用組合은 대장성으로부터 경영 개선 명령을 받았다. 8월에는 효고은행兵庫銀行의 해결 방안도 발표되었다. 그 후 1996년 6월에는 6850억 엔 규모의 공적 자금을 주센(주택전문금융회사)에 투입할 수 있도록 하는 법안이 국회에서 통과되었다.

막대한 부실 채권을 떠안고 있던 주센은 결국 파산했다. 문제는 대형 은행, 농협 같은 소규모 금융기관, 그리고 개별 주센과 특별한 지분 관계를 맺고 있는 특정 주센 소유 은행 등 채권자들 간에 손실을 어떻게 분산시킬 것인가 하는 것이었다. 도산법의 일반 원칙을 따르자면 모든 채권자를 동등하게 대우하고 손실액을 비례 배분해야 한다. 문제는 그러한 '채권자 책임 원칙'을 적용하면 자본 상태가 취약한 농협은 파산할 수 있다. 이에 따라 주센을 설립한 은행의 역할에 대한 책임을 묻는 것이 더 적절하다는 견해가 강하게 제기되었고, 이것이 바로 '출자자 책임 원칙'이라고 불리는 접근 방식이다. 출자자 책임이 강조되면 주센에 출자한 대형 금융기관이 더 많은 손실을 부담하게 될 것이기 때문이다. 그러나 이러한 손실을 수용하기로 결정하면 은행 경영진에 대한 주주 소송이 제기될 수 있다.

공적 자금 사용은 정치권과 언론의 강한 비판을 불러일으켰고 국회에서 격렬한 논쟁이 벌어진 끝에 대형 은행에 대한 추가 손실 배분이라는 단서를 달아 6850억 엔의 공적 자금을 지원하는 법이 제정되었다. 이 법안은 사실상 농협을 구제하는 것이었지만 국민은 이를 긍정적으로 보지 않았고 여론은 대장성, 일본은행, 대형 금융기관에 불리하게 돌아섰다. 야당의 정부에 대한 비판이 언론에 반영되면서 공적 자금으로 대형 금융기관을 구제하는 것은 2년 이상 연기되었다.

금융위기가 절정에 달한 1997년 말 일본 금융 시스템은 붕괴 위기에 놓여 있었다. 11월 3일 산요증권三洋証券이 기업회생법 적용 신청서를 제출한 것이 시발점이 되었다. 다음 날 산요증권은 은행 간 자금 시장에서 콜머니 채무를 이행하지 못했다. 이는 2차 세계대전 이후 처음 발생한 사건으로 금융 시장에 미친 여파는 엄청났다. 개인적으로 산요증권의 디폴트는 1990년대 일본 금융위기의 가장 결정적인 순간이었으며 질적인 측면에서 미국의 리먼 브라더스 파산과 맞먹는 사건이라고 생각한다.

이를 계기로 은행 간 대출 시장이 경색되고 문제가 있는 금융기관에서 예금이 급격히 유출되었다. 그 결과 홋카이도타쿠쇼쿠은행北海道拓殖銀行이 즉시 자금난에 빠졌다. 11월 24일 야마이치증권山一証券은 거액의 장부 외 채무가 적발되면서 자진 폐업하겠다고 발표했다. 이틀 후인 11월 26일 도쿠요시티은행德陽シティ銀行이 파산하면서 모든 은행의 자금 조달 비용이 급격히 상승했다. 일본 은행들이 미국 달러 자금 조달 시장에서 지불해야 하는 가산 금리, 이른바 일본 프리미엄은 11월이 채 끝나기도 전에 100베이시스포인트까지 치솟았다.

금융기관 정리 체계 개선

금융위기 심화라는 막대한 비용을 치르면서 금융기관 정리 체계의 기틀이 점차 갖춰지고 있었다. 가장 주목할 만한 조치는 1995년 12월 일본 정부가 향후 5년간 일본의 모든 은행 예금을 동결하고 전액 보전하겠다는 방침을 발표한 것이다. 그 후 예금보험법을 개정해 1996년 6월부터 예금보험금 지급 비용 이상의 재정 지원이 가능해졌다. 기존의 일반 분담금 외에 특별 예금보험 분담금을 징수하고 기존 적립금으로 충분치 않은 경우 예금보험공사가 정부 보증을 받아 부족분을 차입할 수 있게 되었다. 다만 이런 형태의 공적 자금 투입은 신용조합 정리에 한해 허용되며 은행은 여전히 제외되었다. 대장성과 일본은행의 고위 관리들은 일본이 글로벌 금융위기를 촉발하는 상황을 피하기 위해 모든 노력을 다할 것이라고 반복해서 말했다.

다음으로 중요한 조치는 1998년 2월 예금보험법의 추가 개정과 '금융기능의 재생을 위한 긴급조치에 관한 법률金融機能の再生のための緊急措置に関する法律'(이하 금융재생법) 제정이다. 이 두 법에 따라 최대 30조 엔의 공적 자금 투입이 가능해졌을 뿐 아니라 은행에 지급 비용을 초과하는 자금을 지원할 수 있게 되었다. 추가 조치가 마련되면서 1998년 3월 21개 주요 은행에 총 1조 8000억 엔의 신규 자본이 투입되었다. 그러나 평판 손상을 우려한 은행들이 자기자본을 충분히 보충하기에 너무 적은 금액을 신청하면서 미미한 회복에 그쳤다. 결국 은행의 자본 잠식 상태가 해소되지 못한 채 지속되었으며 이는 장기신용은행長期信用銀行의 부실을 계기로 드러났다. 1998년 가을 국회는 금융 시스템 안정 체계에 대한 논의를 재개하고 공적 자금 규모를 60조 엔으로 늘리는 등 금융기관 정리 체계를 추가로 강화했다. 이것이 세 번째로 중요한 조치로 국회가 금융재생법을 개정하고 '금융기능의 조기 건전화를 위한 긴급조치에 관한 법률金融機能の早期健全化のための緊急措置に関する法律'(이하 금융조기건전화법)을 통과시킴으로써 이루어졌다. 금융재생법 개정을 통해 회생 절차 감독을 위한 파산관재인 선임, 가교은행 설립, 은행의 한시적 국유화 등이 가능해졌다. 금융조기건전화법은 금융기관이 발행한 우선주 매입을 허용하는 등 자본 확충 구조를 강화하는 데 초점을 맞추

었는데, 이 법을 근거로 1999년 3월 15개 주요 은행에 7조 5000억 엔의 자금을 투입할 수 있었다.

일본은행의 대응

정부의 법적 제도 정비와 더불어 일본은행은 자체 수단을 활용해 금융 시스템의 붕괴를 막기 위해 노력했다. 특히 최종 대부자로서 자금을 충분히 지원한 것이 가장 유효했다. 많은 금융기관이 충분한 적격 담보를 갖고 있지 않았는데도 일본은행이 자금을 빌려준 사실에 주목해야 한다. 대장성의 승인을 받았기 때문에 법적으로 문제가 없었다. 이러한 특별 대출은 1998년 말까지 거의 40조 엔에 달했다.

일본은행의 결단력은 1997년 11월 24일에 파산한 야마이치증권 사례에서 가장 잘 드러난다. 야마이치는 일본에서 네 번째로 큰 증권사로 총자산이 3조 7000억 엔에 달했다. 일본에서는 은행업을 하지 않았지만 유럽에 은행 자회사를 두고 있었다. 은행에 대한 신뢰가 크게 하락한 상황에서 야마이치의 부도는 일본판 '리먼 사태'가 되어 금융 시스템에 치명적인 타격을 입힐 수 있었다. 당시에는 은행이나 증권사를 원활하게 정리할 수 있는 법이 없었고, 야마이치를 인수하겠다고 나서는 기업도 없었으며, 공적 자금으로 자본을 주입하는 것도 불가능했다. 야마이치가 실질적으로 자본 잠식 상태인데 일본은행이 대출을 해준다는 것은 일본은행이 손실을 입고 정부에 납입하는 수익금이 감소하면서 궁극적으로 국민 부담이 된다는 것을 의미했다. 중앙은행의 공적 자금 사용은 국민과 정치권의 거센 저항에 부딪힐 것이 분명했다. 그런데도

"일본은행은 주무 장관의 승인을 받아 신용 제도의 유지와 증진을 위해 필요한 업무를 수행할 수 있다"라고 규정한 구일본은행법 제25조에 따라 일본은행은 야마이치에 무제한 유동성을 제공하기로 결정했다. 그 결과 해외 시장 참여자들로부터의 차입을 포함한 야마이치의 모든 부채는 일본은행 차입으로 대체되었으며 시스템 리스크로 번지지 않고 원활한 도산이 가능해졌다.[12]

나는 일본은행의 이 중대한 결정에 참여하지 않았다. 2005년 1월 야마이치의 파산 재산이 최종 정리되었을 때 부채 초과 상태(자본 잠식 상태)임이 확정되었고 일본은행은 1111억 엔의 손실을 입었다.[13] 은행이 지원하지 않았을 경우 금융 시스템 붕괴로 엄청난 희생을 치러야 했을 가능성에 비하면 적은 비용이라고 본다. 일본의 금융위기가 세계 경제와 금융 시장에 영향을 주지도 않았으며, 국내 경기 침체 수준도 리먼 사태 이후에 비하면 훨씬 약했다.

1990년대 금융위기 기간 동안 일본은행은 부실 금융기관 정리를 위한 자본도 제공했다. 도쿄공동은행에 대한 출자, 미도리은행みどり銀行에 대한 후순위 대출, 주센 정리 기금에 대한 출자 등이 포함된다.[14] 이러한 조치는 중앙은행으로서는 이례적이었지만 일본은행은 금융 시스템의 붕괴를 막기 위해 법의 테두리 내에서 혁신적인 조치를 강구하고 실행할 수밖에 없었다. 금융 시스템 안정을 위해 일본은행이 취한 조치와 그 범위를 서구에서 제대로 인식하지 못한 점이 안타깝다. 만약 1997~1998년 일본 금융위기에 맞섰던 사람들의 창의성과 용기가 널리 알려졌다면 10년 후 세계가 겪은 글로벌 금융위기는 사뭇 다른 양상으로 전개되었을지 모른다.

금융위기의 종식

부실 채권 문제가 정점에 달한 시점을 정확히 짚어내기는 어렵지만 은행의 부실 대출 비율과 대손비용률credit cost ratio은 2001년 각각 8.7퍼센트와 2.5퍼센트로 정점을 기록한 후 하락했다.[15] 은행의 신용 등급은 2003년까지 계속 악화되었으나 2004년 이후에는 하향 조정보다 상향 조정이 더 많았다. 은행 주가는 2003년 상반기를 바닥으로 상승세로 돌아섰다. 버블이 꺼진 후 부실 채권 문제가 사라지는 데 10년 이상 소요된 것이다.[16]

금융위기를 종식시킬 수 있었던 주요 요인으로 크게 3가지를 꼽을 수 있다. 첫 번째는 단순히 시간이 흘러서다. 경제가 정상 궤도로 복귀하려면 고용의 과잉, 물리적 자본의 과잉, 부채의 과잉 3가지가 각각 해소되어야 한다. 이 중 고용의 경우 특히 대기업에서는 종신 고용, 연공 서열에 따른 승진, 노동조합이라는 일본식 고용 관행을 따르는 경향이 여전히 지배적이라 고정적인 생산 요소의 성격이 강했다. 일본 버블 경제의 크기를 고려할 때 이 3가지가 해소되는 데 상당한 시간이 걸릴 수밖에 없다. 두 번째로 2002~2007년 동안 이어진 세계 경제의 성장세가 일본 경제 회복을 뒷받침했다(6장 참조). 세 번째로 공적 자금 투입과 법적 정리 체계가 잘 정비된 것이 도움이 되었다.

부실 채권 문제 해결이 늦어진 배경

금융위기에 대한 일본의 대응은 종종 '문제를 뒤로 미룬다'는 비판을 받았다. 나는 1990년대 후반 위기가 가장 극심한 시기에 정책에 관여하지 않았기 때문에 이를 내 경험에 비추어 반박할 수는 없지만 복잡한 심경이다. 당시 내 견해는 부실 금융기관에 대한 구체적인 정리 체계를 마련해야 한다는 것이었다. 돌이켜보면 일본은행은 주어진 권한 내에서 효과적이고 실행 가능한 대책을 마련하기 위해 최선을 다했다. 나는 우리의 노력을 자랑스럽게 생각하며 많은 동료도 같은 마음일 것이라고 믿는다. 한편으로 일본은행의 제안이 받아들여지지 않은 데 좌절감을 느낀 것도 사실이다. 우리가 생각한 최선책을 실행하지 못하게 된 결과 차선책과 그다음 대책을 실행하기 위해 전력을 기울였던 일이 안타깝다.

일본의 대응이 늦어진 이유로 3가지를 들 수 있다. 첫째, 부실 채권의 회계 처리가 너무 늦었다. 은행의 부실 자산은 주로 비시장성 자산인 대출 채권이었기 때문에 시장 가치로 평가되지 않았고 손실 인식이 늦어졌다. 이는 2007~2009년 유럽과 미국에서 부실 자산의 상당수가 단기 매매 목적의 트레이딩 계정에 포함되어 시장 가치로 표시할 의무가 있었던 것과는 대조적이다. 은행이 연체 대출을 회계상 손실로 인식하기 위해 상각 또는 대손충당금 적립을 하려면 당국의 동의를 얻어야 했다. 그러나 대장성 산하 세무 당국은 상각 처리에 매우 신중했고 필요한 동의를 받는 경우는 거의 없었다. 공시 제도도 미흡해 부실 채권 처리를 위한 정보 인프라가 부족했다고 할 수 있다. 둘째, 앞서 언급했듯이 누적된 부실 채권이 국가 경제의 성장률 저하로 이어질 것이라는 인식이 널리 퍼져 있지 않았다. 셋째, 리먼 브라더스의 파산과 같이 대중과 정치권에서 공적 자금 투입이 불가피하다고 받아들이는 계기가 되는 사건이 없었다. 따라서 금융 시스템이 붕괴 직전에 이르기 전까지는 국민이 지지하지 않을 터였다. 역설적이게도 일본이 급격한 금융 공황을 막는 데 성공했기 때문에 문제의 심각성에 대한 대중의 인식이 늦어지고 부실 기관을 정리하는 데 필요한 공적 자금의 투입도 늦어졌을 수 있다.

2009년 일본의 저명한 경제학자인 이케오 가즈히토池尾和人는 일본의 부실 채권 처리 지연을 되돌아보며 다음과 같은 소감을 밝혔다.

> 문제를 미루는 것을 비판하는 것은 어떤 의미에서는 쉽지만 씁쓸한 사실은 문제를 해결할 능력이 없다면 미루는 것 외에 다른 선택의 여지가 없다는 것이다. (중략) 결국 애초에 금융 시스템이 총체적인 어려움에 빠지지 않도록 피하는 것(즉 적절한 거시경제정책을 수행하는 것)이 최선이며, 하지만 만약 그런 상황에 처하게 되면 아무리 인기가 없어도 "너무 많아 죽일 수 없는too-many-to-fail" 전략을 배제하는 것이 불가능하거나 경제적으로 바람직하지 않을 것이다. (중략) 또한 우리나라의 감독 당국은 무방비 상태였다. 법적 체계, 조직과 인력, 전문성 등이 극히 제한적이었다. (중략) 이 과정에서 감독 당국 일각에서 무사안일과 책임 전가의 행태가 나타난 것도 부인할 수 없다. 비록 10년이라는 긴 시간이 걸리긴 했지만 주어진 제약 조건 하에서 필요한 조치를 신중하게 수행한 결과 안정적이고 잘 작동하는 정리 제도를 구축할 수 있었다.[17]

정치적 리더십과 전문가의 역할

1990년대 초에 어떻게 하면 지체 없이 문제를 해결할 수 있었을까?

당시 가장 영향력 있는 정치인이자 공적 자금 투입 구상을 처음 내놓았던 미야자와 총리는 한 인터뷰에서 이렇게 소감을 전했다. "훗날 종종 다르게 행동할 수 있지 않았느냐는 질문을 받곤 하는데, 당시에는 여건이 충분히 무르익지 않았습니다. 나도 문제를 제기하긴 했지만 안타깝게도 합의로 이어지지 못했습니다."[18] 마치 총리 자신의 문제가 아니라 다른 사람의 문제를 말하는 듯한 그의 냉담한 발언에 좀 더 강한 리더십을 발휘했어야 하는 것 아니냐는 비판도 있지만 그런 평가는 너무 가혹하다. 전문가들의 찬반 의견이 맞서고 있었다면 더 나은 길을 선택하지 못한 지도자에게 책임을 물어야겠지만, 당시 전문가여야 할 대장성 관료들의 의견이 분분한 상황이 아니라 대다수가 공적 자금 사용을 강력하게 반대하고 있었기 때문이다.

저명한 학자와 학계 인사도 공적 자금 사용에 반대하기는 마찬가지였다. 나는 1992년 내 연배의 유명 경제학자들과 부실 채권 대응 방향에 대해 나눈 대화를 생생하게 기억한다. 그들은 예금보험공사 단독으로 예금을 지급하고 금융기관을 청산해야 한다고 강력하게 주장했다. 공적 자금 투입이 크게 늦어진 것은 정치적 결단, 정부와 학계 전문가의 올바른 분석 모두 부족했던 탓이라고 본다.

버블 붕괴 이후 통화정책

경제의 버블이 꺼진 후 일본은행은 1991년 7월 통화정책을 완화하기 시작했다. 정책 금리(당시 공식 재할인율)가 6.0퍼센트에서 5.5퍼센트로 인하되었다. 당시 나는 신용기구국에 근무하고 있어서 통화정책과 관련해 어떤 논의가 오갔는지는 모른다. 그러나 아직 버블 경제의 여운이 남아 있던 시기라 다수의 논평가들이 너무 이른 정책 변경을 우려했던 기억이 난다. 당시 신문 사설을 살펴보면 "적절한 결정"이라는 논평도 있지만 버블이 다시 살아날 가능성에 대한 걱정도 많았고 경기 둔화에 대한 우려도 적지 않았다. 첫 인하 이후 정책 금리는 1991년 11월과 12월, 1992년 4월과 7월, 1993년 2월에 추가로 인하되어 2.5퍼센트에 도달했다. 6차 금리 인하 3개월 후인 1993년 5월, 나는 기획국 기획과장으로 자리를 옮겨 통화정책 업무를 담당하게 되었다.

부임한 지 얼마 지나지 않아 야마구치 유타카 국장이 나를 불러 경제에 대한 견해와 바람직한 통화정책 방향에 대한 생각을 물었다. 신용기구국에서의 경험을 바탕으로 나는 현재 진행 중인 대차대조표 조정을 반영해 경제가 약세를 보이고 있어 즉시 금리를 추가 인하할 필요가 있다고 말했다. 야마구치도 같은 견해를 가지고 있었던 터라 미에노 총재에게 75베이시스포인트 금리 인하를 건의했다. 미에노 총재는 오랜 숙고 끝에 부서의 견해에 동의했고 1993년 9월 할인율은 1.75퍼센트로 인하되었다. 그 후 1995년 4월에는 0.75퍼센트로, 같은 해 9월에는 0.5퍼센트로 인하되었다. 마침내 1999년 2월에 제로 금리 정책이 채택되었다(그래프 [3-2] 참조).

앞서 말했듯이 버블 경제 붕괴 이후 저성장의 원인으로 완화적 통화정책의 실행이 지연되었기 때문이라는 시각이 많다. 통화정책 수행의 표준인 테일러 준칙Taylor rule을 기준으로 보면 일본은행이 실제로 채택한 정책 금리는 테일러 준칙에 따른 금리와 대체로 부합하며 특별히 지연되어 시행되지도 않았다.[19]

버블 붕괴 이후 적극적인 금융 완화가 실물 경제의 침체를 효과적

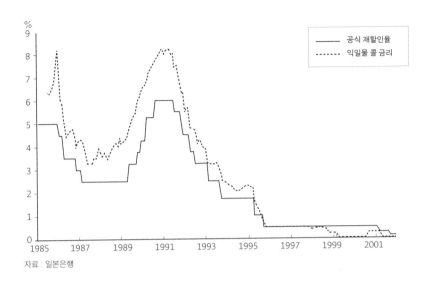

[3-2] 재할인율과 콜 금리

공식 재할인율
익일물 콜 금리

자료 : 일본은행

으로 방지할 수 있는지 여부는 당시 일본의 상황을 떠나 일반적으로 중요한 문제다. 연준의 경제학자들은 이 기간의 일본 경제를 자세히 연구해 연방공개시장위원회Federal Open Market Committee, FOMC에 보고했다. 13명의 경제학자가 작성한 이 논문은 2002년에 발표되었다. 저자들은 이렇게 결론지었다. "완화적 통화정책이 자산 가격을 지지하고 경제를 부양하는 데 실패한 것은 통화정책 파급 경로가 실제로 손상되었기 때문이 아니라 정책 효과를 상쇄하는 충격이 발생했기 때문으로 보인다. 자산 가격 폭락이 금융 부문에 미친 역풍은 통화정책의 경기 부양 능력을 어느 정도 저해했을 것이다. (중략) 특히 1995년 이후 일본은 유동성 함정에 빠졌음을 암시하는 듯한 조짐을 보이고 있었다. 그러나 1991~1995년 기간 신속하고 강력한 완화 정책의 효과가 발휘되지 않을 만큼 통화정책 파급 경로가 훼손되었다는 증거는 거의 없다."[20]

돌이켜보면 통화정책을 조기에 더 큰 폭으로 완화할 수 있었다면 좋았겠지만 버블 경제의 역풍이 너무 거셌기 때문에 근본적인 경제 흐름을 크게 바꾸지는 못했으리라 생각한다. 어쨌든 정책 당국자가 과거를 돌이켜봤자 좋을 것이 없으며, 선택의 결과로 이어진 경제 경로의 불확실성만 마주할 뿐이다. 나는 연준 경제학자들이 막대한 부실 채권이 금융 여건을 제약해 경제에 미친 부정적 영향을 과소평가하는 바람에 조기 금융 완화의 이점을 과대평가한 측면이 있다고 생각한다.

일본은행의 통화정책에 대한 해외의 비판

1990년대 중반 이후 일본은행의 통화정책은 해외 학계, 특히 미국의 학자들로부터 혹독한 비판을 받아왔다.[21] 가장 격렬한 비판자 중 한 사람은 당시 프린스턴대학교 교수였던 벤 버냉키로 나중에 연준 의장을 맡게 된다. 그는 연준 의장에서 퇴임한 후 출간한 회고록에서 2000년 일본 정책을 비판했던 사실을 이렇게 회고했다. "2000년 1월 보스턴에서 열린 한 콘퍼런스에서 나는 일본 관료들이 '자초한 마비self-induced paralysis' 상태에 빠져 있지는 않은지 묻는 것을 시작으로 '필요한 조치를 하는 것을 피하려고 사소한 제도적 또는 기술적 어려움을 핑계 삼아 숨어 있다'라고 비난했다. 나를 비롯한 학계의 유용한 제안에 '혼란스럽고 일관성 없는' 반응을 보이는 것을 지적하기도 했다. 마지막으로 실험에 대한 소극적 의지를 비판하면서 '아마 일본은 루즈벨트식 결단이 필요한 시점인 것 같군요'라며 훈계조로 말했다."[22]

1부 일본은행에서의 성장기

일본 경제학자들도 해외 경제학자나 언론의 비판을 인용해 일본은 행에 더 공격적이고 단호한 통화정책 수행을 촉구하기 시작했다. 다만 글로벌 금융위기 이후 일본 통화정책 관련 논쟁의 어조가 미묘하게 변화한 것으로 보인다. 버냉키는 위에서 언급한 구절에 이렇게 덧붙이고 있다. "몇 년 후 정치인, 언론 논설위원, 심지어 동료 경제학자로부터 동기를 의문시하며 기를 죽이는 비판을 견디다 보니 과거 발언을 되돌리고 싶다는 생각이 들었다. 나는 2011년 일본 신문 특파원의 질문에 '지금은 10년 전보다 중앙은행가에게 조금 더 동정심이 생겼습니다'라고 고백했다."[23]

그러나 가장 필요한 시점에 일본은행의 신뢰가 손상된 사실을 되돌릴 수는 없었다.

버블 붕괴 후 일본 경제의 저성장

버블 붕괴 이후 일본 경제는 흔히 "잃어버린 10년" 또는 "잃어버린 수십 년"으로 묘사된다. 전반적인 저성장 속에서도 1992년 2월에 첫 번째 정점을 찍은 후 1993년 10월에 저점을 지나고, 1995년 5월에 또 한 번 정점에 도달한 후 1999년 1월에 저점을 찍는 등 경기의 순환은 있었다. 경기가 회복세에 접어들면 낙관론이 대두되고 근본적인 경제 활성화 대책에 대한 노력이 누그러지는 모습을 보였다.

일본에서 고용 조정이 본격적으로 시작된 것은 금융위기가 심화하던 1997년부터다. 많은 대기업은 정규직 직원 수를 줄이는 것을 최후의 구조 조정 수단으로 삼고 있었기 때문에 신규 채용을 줄이고 비정규직 채용을 늘리는 것으로 먼저 대응했다. 이른바 '취업 빙하기'라고 불릴 정도로 청년층이 심각한 영향을 받았다. 이 시기 대학을 졸업한 청년은 경력 초기에 충분한 실무 능력을 축적하기 어려워 낮은 소득을 감내해야 했으며 결국 결혼과 출산 감소 같은 장기적인 사회 문제로 이어졌다. 경제학자들은 일회성 충격의 영향이 장기적으로 남는 것을 "이력효과hysteresis"라고 부른다. 버블 경제 붕괴 후 관찰된 이력효과는 실제로 매우 컸고, 그만큼 금융위기를 피하는 것이 중요함을 강조하게 된다.

버블 붕괴 이후 10년간의 낮은 성장률을 어떻게 이해해야 할까?[24] 첫째, 무엇보다 버블 기간에 고용, 투자, 부채가 과도하게 축적된 것이 직접적인 원인이다. 이러한 과잉이 해소되는 과정에서 기업과 가계의 지출이 위축되고 성장이 둔화할 수밖에 없다. 버블 시기에 낙관적 기대로 시작된 투자가 이후 수익성이 낮은 자본으로 남아 경제 성장의 발목을 잡았다.[25]

둘째, 1990년대 세계 경제를 휩쓸었던 근본 변화에 일본 기업이 잘 적응하지 못했다. 1989년 11월 베를린 장벽이 무너지고 1990년대 초 사회주의 경제가 글로벌 시장 경제에 편입되기 시작했다. 이는 국제 무역과 투자를 통해 막대한 노동력이 세계 경제에 유입되었음을 의미했다. 1990년대에는 정보 통신 기술이 비약적으로 발전했다. 세계화, IT 기술 혁명의 물결 속에서 세계 시장은 더욱 통합되었고 생산 공정의 글로벌 분업화가 확대되었다. 외국 기업들은 생산 기지와 판매 경로를 최적화해 부가가치를 극대화하는 동시에 아웃소싱을 통해 비용을 효과적으로 절감했다. 정보 통신 기술 진보를 바탕으로 새로운 가치를 창출하는 다양한 혁신도 탄생했다. 일본 기업들은 이러한 새로운 환경에 대응하기 어려웠다. 대량 생산 공정에서 효율성을 높이는 일본의 전통적인 비즈니스 모델은 변화하는 글로벌 환경을 활용하기에 적합하지 않았다.[26] 변화를 도모하려 해도 종신 고용제하에서 노동력을 유연하게 재배치하기 어려웠다. 버블 붕괴와 함께 회복력이 크게 저하된 상황에서 기업의 존속이 우선시되다 보니 새로운 도전을 시도할 재정적 여력이 없는 경우가 많았다. 나 역시 베를린 장벽의 붕괴와 신기술의 등장이 세상을 이렇게 크게 변모시킬 줄은 예측하지 못했다.

마지막으로 셋째, 경기 침체 속에 채택된 정책은 오히려 경제의 효율성을 떨어뜨리는 결과를 가져왔다. 문제 해결을 미루는 정책으로 인해 비효율적인 기업이 계속 살아남게 된 것이다. 이러한 기업을 '좀비 기업'이라 불렀다.

돌이켜보면 우리는 두 번째 요인의 중요성을 간과해온 것은 아닌지 깊이 생각해볼 필요가 있다. 기업의 혁신성은 언제나 생산성의 중요한 토대다. 버블 경제의 붕괴는 다양한 경로로 경제 성장을 저해했지만 수십 년에 걸친 저성장 기조는 실물 경제 요인과 이에 영향을 미치는 민간 부문의 인센티브, 이를 좌우하는 제도적 요인으로만 이해할 수 있다.[27] 어느 나라든 역사적 맥락이 반영된 고유의 경제 운영 모델이 있으며 모든 제도는 상호 연관되어 있다. 스탠퍼드대학교의 아오키 마사히코青木昌彦 교수가 사용한 용어를 빌리자면 "전략적 상호보완성strategic complementarity"이 존재하는 것이다. 아오키는 버블 이후 기간을 "잃어버린 10년"이 아니라 "과도기적 30년"이라고 표현했는데, 이런 의미에서 일본 경제는 제도적 전환 과정을 놓쳤다고 생각한다.[28]

버블이 터졌을 때 제도적 적응이 늦어지고 있다는 것은 어느 정도 알았지만 급속한 고령화로 인한 생산가능인구 감소의 영향은 미처 인지하지 못했다. 일본의 생산가능인구는 1995년에 정점에 이르렀으며 인구 구조의 변화는 일본 경제에 긴 그림자를 드리우기 시작했다.

버블 붕괴와 금융위기의 교훈

첫 번째 교훈은 버블 붕괴 후 경제는 상당 기간 저성장을 견뎌야 한다는 것이다. 이 교훈이 내 머릿속에 깊이 새겨져 있었기 때문에 리먼 브라더스 파산 이후 위기가 한 단계 진정된 후에도 세계 경제 회복에 대한 기대치가 낮았다.

두 번째 교훈은 애초에 금융 시스템이 붕괴되지 않도록 하는 것이 중요하다는 점이다. 버블이 꺼진 후 몇 년간 기대 이하의 성장을 보일 가능성이 높지만 금융 시스템의 안정성이 훼손되면 경제는 실망스러운 수준을 넘어 큰 혼란에 빠질 수 있으며 사회 전반에도 악영향을 미친다. 그리고 이력효과로 인해 그 영향은 오래 지속된다.

세 번째 교훈은 중앙은행이 국내 경제가 직면한 근본 문제를 정확히 인식하고 이를 정부와 국민에게 설득력 있게 설명해야 한다는 것이다. 1990년대 초를 돌이켜보면 일본은행이 대규모 부실 채권의 심각성을 일찍 국민에게 알리고 이해시키지 못한 것이 가장 후회스럽다. 단기적인 경제 전망에 오류가 있다고 해서 경제가 위태로워지는 것은 아니다. 그 대신 경제의 근본 문제를 잘못 진단하면 국가 경제 운용에 치명적인 실패가 발생한다. 물론 중앙은행의 노력만으로 대중의 인식을 쉽게 바꿀 수 없다. 하지만 거시적 관점을 가지고 있고, 금융기관과 시장 정보에 쉽게 접근할 수 있으며, 우수한 경제학자를 다수 보유하고 있다는 점에서 중앙은행은 가장 전문성을 갖춘 경제 연구 조직이다. 따라서 중앙은행은 좋은 연구를 장려하고 그 성과를 폭넓은 정책 제언에 활용하는 노력을 기울여야 한다. 시대의 통념에 물들지 않으면서 개방적이고 독립적인 정책 토론을 할 수 있는 연구 기관의 중요성을 강조하고 싶다.

4장

일본은행법 개정

일본은행법의 역사

일본은행법은 태평양전쟁 발발 두 달 후인 1942년 2월에 통과된 법으로, 국가 통제의 색채가 강하다. 일본은행은 오랫동안 법 개정에 대한 강한 열망을 가지고 있었다. 1990년대 후반에 정권이 교체되면서 법 개정에 대한 움직임이 시작되었고, 1998년 4월 금융위기가 닥치면서 전면적으로 개정된 법이 시행되었다. 1980년대 후반 버블 경제에 대한 후회, 중앙은행의 독립성을 강화하려는 세계적인 추세, 그리고 무엇보다 대장성에 정책 결정 권한이 집중되어 있는 것에 대한 반발이 법 개정의 주요 요인으로 작용했다. 법 개정은 통화정책 수행에서 중요한 이정표였다. 동시에 일본은행은 금융위기의 한가운데에서 더 이상 금리를 인하할 여력이 없는 어려운 상황에 놓여 있었다.

전년도에 시작된 금융위기가 한창이던 1998년은 일본에 격변의 해였다. 4월에 신일본은행법이 발효되어 통화정책 운영의 독립성을 부여받는 등 일본은행에도 격변의 시기였다. 6월에는 금융감독청金融監督庁 설립의 일환으로 금융 규제와 감독 기능이 대장성에서 분리되는 중요한 제도적 변화가 있었다. 금융감독청은 2000년 7월 금융청金融庁이 되었고, 2001년 1월 행정부 조직 개편에 따라 내각부의 외부 조직으로 편입되어 지금에 이르고 있다.

역사를 되돌아보면 1882년에 설립된 일본은행은 세 차례에 걸쳐 법률 체계가 크게 개정되었다. 첫 번째 개정은 1942년으로, 1939년 나치 제국은행법Nazi Reichsbankgesetz의 법적 틀을 따르면서 일본은행에 대한 정부의 통제가 강화되었다. 두 번째 개정은 1949년으로, 2차 세계대전 후 일본을 점령하고 국내 문제를 감독하던 연합국 최고사령부의 후원 아래 일본은행의 민주화를 시도했다. 연방준비제도를 모델로 설립된 정책위원회에 공식 재할인율을 설정할 수 있는 유일한 권한이 부여되었다. 하지만 일본은행에 대한 감독, 특정 조치 명령, 예산 승인, 임원 해임 등 정부의 광범위한 권한은 대부분 그대로 남아 있었다. 1959년과 1964년에 두 차례에 걸쳐 이러한 틀을 수정하려는 시도가 실패한 끝에, 1997년 6월 국회에서 현재의 일본은행법이 최종 승인되어 1998년 4월에 발효되었다.

구일본은행법 제1조는 "일본은행의 목적은 국민 경제의 잠재력을 효과적으로 발휘하기 위해 국가 정책에 따라 통화를 통제하고 금융을 조정하며 신용 제도를 유지 및 육성하는 것을 목적으로 한다"라고 규정해 강한 정부 통제 성향을 드러냈다. 또한 정부에 특정 조치를 명령하고 임원을 해임할 수 있는 광범위한 권한을 부여했다. 이러한 틀은 2차 세계대전 이후 더욱 자유로워진 제도적 환경과 양립할 수 없었기 때문에 구일본은행법 조항 중 상당수는 거의 사용되지 않았고, 한동안 근본적인 재검토가 필요하다는 지적이 있었다. 미에노 야스시 총재는 저서에서 구일본은행법을 다음과 같이 회고했다. "개정 이전의 일본은행법은 (중략) 중앙은행에 결함이 있는 법적 틀이었으며, 창의적인 해법으로 간신히 운영할 수 있었다. 나는 낡은 법을 현대 관행에 맞게 바꾸고 싶다는 강한 소망이 있었고 후임자에게 이를 최우선 과제로 꼽았다. (중략) 그러다 무슨 하늘의 조화인지 법 개정 논의가 시작되었다."[1]

일본은행법 개정 배경

구일본은행법은 선진국의 중앙은행법과 비교하면 '굴욕적'이라는 표현이 어울린다. 나 역시 다른 은행 동료들과 마찬가지로 오랫동안 법 개정에 대한 열망을 가져왔다. 하지만 냉정하게 보면 당시 일본의 정치 환경에서는 단기간 내 실현될 것이라고 생각하지 않았다. 그런 상황에서 갑자기 법 개정 논의가 시작되었다. 이 소식을 처음 접한 것은 1996년 뉴욕 사무소장chief representative을 맡고 있을 때였다. 소식을 듣고 깜짝 놀랐지만 개정 가능성에 흥분했다.

나는 검토 과정에 직접 관여하지 않았기 때문에 개정에 이른 자세한 경위를 책임감 있게 설명할 수 없다. 그러나 그때보다 더 빠르든 늦든 법 개정이 이루어졌으리라 생각한다. 일본은행에 독립성을 부여한 첫 번째 요인으로는 1980년대 후반의 버블 경제와 통화정책의 역할에 대한 광범위한 반성을 들 수 있다. 장기간의 금융 완화가 버블의 유일한 원인은 아니었지만 중요한 원인 중 하나로 널리 인식되었다. 따라서 재발 방지를 위해 통화정책에 대한 정부의 영향력을 배제하고 일본은행에 통화정책의 독립성을 부여해야 한다는 인식이 높아졌다.

두 번째 요인은 중앙은행의 독립성을 강화하려는 세계적인 추세였다. 1970년대부터 가속화된 인플레이션이 거시경제의 안정을 해친 경험, 이른바 스태그플레이션stagflation[2]의 경험으로 인해 독립성을 지닌 중앙은행이 단기적인 정치적 압력으로부터 벗어나 중장기적 관점에서 물가 안정을 목표로 통화정책을 운용하면 더 나은 결과를 얻을 수 있다는 인식이 높아졌다. 이러한 견해는 학계에서 처음 등장했고 점차 정치권으로 확산되었다. 신일본은행법이 발효된 1998년 무렵 해외에서는 중앙은행 제도에 상당한 변화가 이어지고 있었다. 1992년에 체결된 마스트리흐트 조약Treaty of Maastricht에 따라 1998년 유럽중앙은행이 설립되었다. 영국에서는 토니 블레어Tony Blair 노동당 정부가 1997년 출범하면서 영란은행에 통화정책 운영의 독립성을 부여했으며, 1998년 법 개정으로 중앙은행의 책임이 공식화되었다.

이 두 요인은 중요했지만 일본은행법 개정을 이끌어내기에 충분하지는 않다. 경제와 금융 시스템의 초석을 이루는 법 체계를 바꾸는 것은 상당한 정치적 에너지의 분출 없이는 이루어지지 않는다. 일본은행법 개정이 실현된 세 번째 요인은 버블과 금융위기 발생을 계기로 강력한 권한을 가지고 있던 대장성에 대한 불신과 반감이 한꺼번에 높아진 것을 들 수 있다. 이러한 움직임은 1990년대 중반에 발생한 일련의 대장성 비리 사건으로 인해 더욱 가속화되었다.

일본은행법 개정은 1996년 2월 연립 여당 전문가들로 구성된 프로젝트 팀의 발족으로 시작되었다. 이 팀은 6월에 보고서를 발표하고 일본은행법 개정에 대해 "정부가 투명하고 공정한 포럼을 구성해 검토해야 한다"라고 권고했다.[3] 이에 하시모토 류타로橋本龍太郎 총리는 7월 전직 정부 관료와 학계를 중심으로 구성된 '중앙은행연구회中央銀行研究会'를 결성했고, 11월 중앙은행 제도 개혁에 대한 보고서를 발표했다. 이후 대장성 '금융제도조사회'가 이어받아 저명한 학자인 다치 류이치로舘龍一郎를 위원장으로 하는 '일본은행법 개정 소위원회'의 검토를 거쳐 법안을 국회에 제출했으며, 1997년 6월에 국회를 통과하고, 1998년 4월에 발효되었다.

개정 과정에서 일본은행에 독립성을 부여한다는 큰 방향에는 공감대가 형성되었지만 구체적으로 어떤 적절한 제도적 장치가 필요한지에 대해서는 의견이 분분했다. 악마는 항상 디테일에 있다.

일본은행의 목적

중앙은행 독립성의 가장 근본적인 문제 중 하나는 중앙은행의 목적을 어떻게 규정할 것인가다. 특히 통화정책과 관련해 신일본은행법은 제1조에서 일본은행의 목적을 첫째는 은행권의 발행, 둘째는 통화와 금융의 조정, 셋째는 금융 시스템의 안정 도모로 규정하고 있다. 이어서 제2조에서는 통화정책의 목적을 "물가 안정을 달성해 국민 경제의 건전한 발전에 기여하는 것"으로 규정하고 있다. 이 법의 첫 두 조항은 2가지 이유로 주목할 만하다. 첫째, 일본은행은 통화정책뿐 아니라 금융 시스템을 안정시키는 역할도 수행하도록 규정하고 있다. 중앙은행이 통화정책과 물가 안정에만 집중해야 하는지, 아니면 금융 안정도 책임져야 하는지에 대한 전 세계적인 논쟁이 계속되고 있는 가운데 일본은행에 물가 안정과 금융 안정에 대한 책임을 모두 부여한 것은 1990년대 다른 나라의 추세에 반하는 것이었다. 그러나 버블 경제의 붕괴와 금융기관의 부실로 통화정책 수행이 어려워졌던 경험을 고려하면 일본은행에 2가지 책무를 부여하는 방안을 강력히 지지하며 지금도 이것이 더 현명한 방식이라고 믿는다.

두 번째로 주목할 만한 특징은 통화정책 목표가 "물가 안정 달성"에 그치지 않고 "국민 경제의 건전한 발전에 기여"하도록 요구하고 있다는 점이다. 버블 경제 때와 마찬가지로 표면적으로 물가가 안정적이거나 인플레이션이 매우 낮게 유지되더라도 금융 불균형이 누적되고 있다고 판단되면 통화정책 조정이 필요할 수 있다. 신일본은행법 제2조는 여러 가지 의미로 해석될 수 있지만 물가 안정이 지속 가능한 성장이라는 궁극적인 목표에 기여한다는 맥락에서 통화정책을 운영하라는 취지로 이해한다.

일본 헌법 제65조

신일본은행법은 통화정책 수행과 관련해 일본은행에 독립성을 부여했다. 가장 적절한 독립의 형태와 정도에 대한 광범위한 논쟁이 있었으며, 이러한 논쟁은 법률적인 문제를 중심으로 이루어졌다. 일본 행정부에서 중앙은행이 차지하는 위치는 어디인가? 다시 말해 중앙은행은 무엇으로부터 독립적인가? 민주주의 정부에서 중앙은행은 모두에게서 독립적일 수는 없다. 이 질문은 새로운 것이 아니다. 미국을 살펴보면

1930년대에 여러 "독립 기관"이 설립된 후 그 헌법적 성격을 놓고 광범위한 논쟁이 있었다. 연준의 경우 2차 세계대전 이후 독립성의 의미에 대해 많은 논의가 진행되어왔으며, 현재는 연준이 "정부 내 독립성"[4]을 가지고 있다는 것이 널리 인식되고 있다. 연준의 발간물에 따르면 연방준비제도 정책위원회는 "의회에 보고하고 직접 책임을 지는" 연방 정부의 "독립 기관"으로 설명하고 있다.[5]

일본에서 앞서 두 차례의 일본은행법 개정 시도가 무산되었을 때 논란이 되었던 것은 "행정권은 내각에 귀속된다"라고 명시된 일본 헌법 제65조와의 정합성으로 요약된다. 당시 막강한 내각 법제국이 공식화한 정부의 공식 견해에 따르면 일본은행의 독립 조치가 합헌이 되려면 정부가 예산과 인사 결정권을 보유해야 했다. 인사에 대한 정부의 권한은 논란의 여지가 없었지만 일본은행 예산에 대한 권한은 논란의 여지가 있었다. 한편 1996년 총리의 중앙은행연구회 보고서는 이 점에 대해 침묵했다. 금융제도조사회 보고서에서도 예산에 대한 정부의 통제가 반드시 필수적인 것은 아니라는 견해가 존재한다고 지적했다. 결국 일본은행법을 개정하면서 인사 통제와 관련해 총재, 부총재, 정책위원회 위원을 국회 양원의 동의를 받아 내각이 임명하기로 결정했다.

일본은행의 예산과 관련해서는 통화정책 운영과 관련된 항목을 제외하고 대장성(재무성) 장관인 대장대신(재무대신)의 승인을 받도록 결정했다. 따라서 일본은행이 미래의 잠재적 손실에 대비해 충당금을 적립하려면 재무장관의 승인이 필요하며, 이는 다른 선진국 중앙은행의 일반적인 관행과 다르다. 일본은행은 통화정책과 관련된 항목에 대해서만 독립적으로 예산을 결정할 수 있는 반면 외국 중앙은행은 예외 없이 완전한 예산 독립성을 가지고 있다. 1998년 일본은행법 개정으로 이어진 독립성 논의는 독립성의 상부 구조, 즉 통화정책 결정 과정에 지나치게 집중되어 조직의 독립성을 뒷받침하는 하부 구조에 대한 논의를 소홀히 한 측면이 있다고 할 수 있다.

통화정책 결정과 정부와의 관계

법 규정과 별개로 통화정책의 독립성이란 정확히 무엇을 의미하는 것일까? 일반적으로는 정부가 통화정책 의사 결정 기구에서 투표권을 가지고 있거나, 통화정책 결정에 정부의 승인이 필요하거나, 정부가 중앙은행의 결정을 번복할 수 있다면 독립성이 있다고 말할 수 없다. 신일본은행법에 따르면 통화정책 결정은 총재, 부총재 2명, 이사 6명, 총 9명으로 구성된 일본은행 정책위원회에서 이루어진다. 정부에 일본은행에 대한 광범위한 지시 권한과 총재 해임권을 부여했던 구일본은행법과 비교하면 신일본은행법 아래에서는 일본은행의 독립성이 강화되었다고 할 수 있다. 또한 신일본은행법 제3조에서 "통화와 금융의 조정에 관한 일본은행의 자율성은 존중되어야 한다"라고 명시하고 있다.

독립성과 관련된 한 가지 문제는 통화정책과 정부의 경제정책 간 관계였다. 이는 일본은행법 제4조에서 "일본은행은 통화와 금융의 조정이 경제정책의 한 축을 이루고 있는 점을 감안해 정부 경제정책의 기본 방침과 상호 양립할 수 있도록 정부와 항상 긴밀히 연락을 취하며 충분히 의견 교환을 해야 한다"라는 조항에서 잘 드러난다.

일본은행이 항상 정부와 긴밀한 관계를 유지하고 충분히 의견을 교환해야 한다는 것은 누구도 부인할 수 없다. 동시에 일본은행이 통화정책을 수행하면서 "물가 안정을 달성해 국민 경제의 건전한 발전에 기여" 해야 한다는 점을 고려할 때, 이를 일탈한 통화정책 결정은 위법한 것이다. 결국 이 조항은 정부와의 충분한 의사소통을 요구한 것으로 볼 수 있지만 모두가 그렇게 해석하는 것은 아니다. 실제로 여야의 일부 정치인이 일본은행에 완화 정책을 요구할 때 이 조항이 자주 인용되었다.

일본은행법은 정부가 일본은행 정책 회의에 참석하고, 해당 회의에서 의견을 제시하고, 일본은행이 결정한 사항의 연기를 요청할 수 있는 권한을 부여했다. 이에 비해 연준이나 유럽중앙은행 규정에는 정부가 중앙은행 정책 회의에서 의견을 내거나 결정 연기를 요청할 수 있는 조항이 없다. 연준의 경우 정부 측 인사가 연방공개시장위원회에 참석하지 않는다. 유럽중앙은행이나 영란은행의 경우 정부 대표가 정책 회의에 참석하지만 재정정책 등 거시경제 상황과 직접 관련된 내용만 발언할 수 있는 것으로 알려져 있다. 반면 일본에서는 정부 대표가 회의에 참석할 뿐 아니라 통화정책에 대한 발언도 매번 한다. 2000년대 초 연방공개시장위원회의 운영 방식을 연구하기 위해 연준을 방문했을 때 연준의 한 고위 직원으로부터 "정부 대표가 회의에 참석하는 상황에서 통화정책 방향에 대해 솔직하게 논의하는 것이 과연 가능한가요?"라는 질문을 받은 적이 있다.

일본은행의 독립성은 높아졌는가

중앙은행의 독립성 정도를 객관적으로 국제 비교하는 것은 어려운 일이다. 독립성에 영향을 미칠 수 있는 법적 요소들을 바탕으로 산출한

'중앙은행 독립성 지수'로 비교해보면 일본은행의 독립성은 일본은행법 개정 이후에도 다른 선진국 중앙은행에 비해 그다지 높지 않은 것으로 나타났다.[6] 하지만 법이 강력한 독립성을 규정하고 있더라도 실제로는 독립성이 존중되지 않는 경우도 있고, 반면 법적으로는 독립성이 약하더라도 관행상 독립성이 어느 정도 존중되는 경우도 있다. 일본은행법 개정 이전에는 법적 독립성이 높지 않았지만, 선진국 중 물가 상승률이 가장 낮았기 때문에 중앙은행에 독립성을 부여해 달성하고자 했던 바는 이미 실현되었다고 주장할 수도 있다(2장 참조).

구일본은행법 아래에서 통화정책 업무 수행은 말단 직원 입장에서 관찰한 것일 뿐이므로 통화정책이 실제로 어떻게 결정되었는지를 근거를 가지고 말하기 어렵다. 이를 감안해 추측해보자면 일본은행과 대장성 양측이 모두 거부권을 갖는 합의체였다는 것이 내 가설이다. 즉 일본은행이 단독으로 긴축 정책을 결정할 수 없었고 대장성도 단독으로 완화 정책을 결정할 수 없다. 일본은행이 긴축 의지가 강했다면 정부도 끝까지 반대하기는 어려울 것이다. 그런 의미에서 다소 시간은 걸리지만 궁극적으로 일본은행의 주장이 받아들여졌을 것이다. 일본은행은 법적 독립성은 낮았으나 실질적인 독립성은 법에 규정된 것보다는 좀 더 높았다고 할 수 있다.

이러한 비공식적 합의의 문제점은 완전히 새로운 상황이 발생하거나 강한 개성을 가진 정치인이 총리 또는 재무장관이 될 경우 제대로 작동하지 않을 수 있다는 것이었다. 이런 경우 통화 긴축이 지연되어 1973~1974년의 '광란의 인플레이션'이나 1980년대 후반의 버블 경제와 같은 결과를 초래할 수 있었다. 대체로 독립성과 관련된 법적 약점은 좋은 제도적 관행과 협의를 통해 보완할 수 있지만 잠재적으로 취약할 수 있다. 의심할 여지 없이 법적 독립성은 중요하다.

중앙은행의 책임성

어떤 독립성을 부여받든 중앙은행은 민주주의에 근거한 통제 아래 있어야 한다. 이러한 통제가 없다면 중앙은행은 독선적이 되어 문제의 원인이 될 수 있다. 중앙은행의 지배 구조는 장기적인 안정을 달성하려는 사회의 의지가 일본은행의 결정에 어떻게 반영되어야 하는가에 관한 문제다. 정치인은 궁극적으로 선거를 통해 국민의 뜻에 복종한다. 상장 기업 CEO는 이익이나 주가로 성과를 평가받는다. 실적이 부진하면 사임하거나 해임될 수밖에 없다.

이러한 사례와 비교할 때 중앙은행 지배 구조의 설계는 그리 간단하지 않다. 가장 중요한 문제는 성과를 판단하기 어렵다는 점이다. 버블 경제의 붕괴 같은 경제 격변기를 겪은 후에도 일본은행과 통화정책의 과실에 대한 논쟁은 아직 마무리되지 않았다. 중앙은행 정책의 효과는 충분한 시간이 지나야 완전히 드러나기 때문에 성공과 실패에 대한 단기 평가와 중장기 평가가 엇갈리는 것은 당연하다. 또한 경제의 움직임은 중앙은행이 통제할 수 없는 다양한 현실 요인에 따라 달라진다.

따라서 많은 국가에서 독립 기관인 중앙은행에 책임성을 요구하는 방식을 채택하고 있다. 중앙은행이 책임을 다한다는 것은 스스로 내린 판단이나 결정의 내용과 근거를 일반 대중에게 충분히 설명하는 것을 의미한다. 이를 위해 국회에 일본은행의 정책 결정을 설명해야 하는 의무를 지닌다. 일본은행은 반기별 통화정책 보고서를 국회에 제출하며, 이 보고서를 바탕으로 특별 청문회가 열린다. 또한 기자 회견, 연설, 논문 발표를 통해 더 많은 대중에게 은행의 정책 결정을 설명해야 한다. 책임성 확보의 핵심은 투명성, 특히 정책 결정 과정에 대한 정보 제공이다. 일본은행법에는 통화정책회의 의사록minutes과 회의록 전문full transcripts을 공개하도록 하는 규정이 있다. 내가 총재로 재직할 당시에 전자는 약 1개월, 후자는 약 10년의 시차를 두고 공개되었다.

통화정책과 일본은행법

전 세계 각 중앙은행 법률의 통화정책에 관한 조항은 역사적 맥락을 반영해 매우 다양하다. 예를 들어 오래된 중앙은행법은 대체로 중앙은행의 여러 가지 목표가 열거되어 있는 반면 1990년대 이후 제정된 법률은 유럽중앙은행과 영란은행 사례에서 알 수 있듯이 물가 안정에 중점을 두는 경향이 있다. 일본은행법은 이러한 추세를 따르고 있지만 여기서 멈추지 않고 궁극적으로 물가 안정 달성을 통해 국민 경제의 건전한 발전에 이바지하도록 규정하고 있다. 이 조항은 물가 안정에도 불구하고 자산 가격 급등과 신용의 과도한 팽창으로 경제가 큰 어려움을 겪었던 1980년대 후반의 경험을 반영한다. 신일본은행법의 통화정책 목표는 상당히 합리적이다.

통화정책의 목표와 관련해 물가 안정 외에 경기나 고용의 안정을 언급하는 것이 적절한지에 대한 논쟁도 있다. 단일 책무와 이중 책무 중 어느 것이 바람직한가에 대한 논의다. 위에서 언급했듯이 유럽중앙은행과 영란은행은 물가 안정이 유일한 목표인 단일 책무를 가진 중앙은행의 예다. 반면 물가 안정과 고용 극대화를 동시에 추구해야 하는 연준은 이중 책무를 가진 중앙은행의 예라고 할 수 있다. 내가 일본은행 총재이던 시절 고용 극대화를 통화정책의 추가 목표로 포함시키기 위해 일본은행법을 개정해야 한다는 요구가 강하게 제기된 적 있다. 실제로 각국의 통화정책 운영 상황을 살펴보면 단일 책무를 가진 중앙은행과 이중 책무를 가진 중앙은행 사이에 그다지 뚜렷한 차이가 보이지 않는다. 경제 상황을 무시하고 단순히 물가 안정만을 추구하는 중앙은행은 현실적으로 존재하지 않는다. 중앙은행 간 통화정책 수행의 미묘한 차이는 각국 중앙은행 법률이 규정한 목적 조항의 차이 때문이라기보다는 역사적 경험을 반영한 국민 의식 차이 때문이라는 견해에 동의하는 편이다. 예를 들어 미국은 1930년대 대공황으로 인해 고용 안정에 상대적으로 더 민감하고, 독일은 1차 세계대전 이후 나치즘을 낳은 하이퍼인플레이션으로 인해 물가 안정에 상대적으로 더 민감하다.

통화정책은 대출이나 자산 매입을 통해 시행된다. 따라서 중앙은행의 통화정책 목적 외에 통화정책 수단에 대한 조항이 매우 중요하다. 신일본은행법에 규정된 일본은행이 매입할 수 있는 자산 범위는 연준보다 다소 광범위하다. 다음 장에서 설명하겠지만 일본은행이 2003년 자산유동화기업어음asset-backed commercial paper, ABCP, 2009년 기업어음과 회사채를 매입한 것은 법적으로 허용되어 있었다. 또한 법에 명시되지 않은 자산이라도 일본은행이 필요하다고 판단하면 재무장관의 허가를 받아 매입할 수 있다. 이러한 유연성은 2010년 부동산투자신탁real estate investment trusts, REIT과 상장지수펀드exchange-traded funds, ETF 주식을 매입하기 시작할 때 유용하게 활용되었다.

일본은행의 금융 안정 책무

앞서 언급했듯이 신일본은행법에는 금융 안정과 관련해 일본은행의 역할을 명확히 설명하는 조항이 도입되었다. 구일본은행법에 비하면 상당한 진전이다. 구체적으로 살펴보면 첫째, 일본은행은 지급 결제 시스템의 안정을 통해 금융 시스템의 안정에 기여해야 한다고 명시했다. 둘째, 일본은행에 당좌계좌를 개설한 금융기관과 현장 조사에 대한 계약을 체결할 수 있도록 했다. 마지막으로 셋째, 일본은행이 '최종 대부자'로서 유동성을 제공할 수 있는 법적 근거가 명확해졌다. 새로운 규정에 따르면 최종 대부자 기능에 따른 조치는 정부와 일본은행 모두의 결정이 필요하다. 즉 정부는 금융 시스템 안정을 위해 특별히 필요하다고 판단한 경우 은행에 필요한 업무 수행을 요청할 수 있으며, 정책위원회는 조치가 적절한지 여부를 심의하게 된다. 한편 일본은행의 현장 조사는 최종 대부자 역할 수행을 위해 필요한 절차로 간주된다.

일본은행은 법 개정 이전에도 금융기관과의 계약에 따른 현장 조사를 실시해왔다. 하지만 대장성 은행국이 실시하는 법정 검사도 받는 금융기관에 부담이 된다는 비판을 받았다. 또한 중앙은행은 물가 안정을 위한 통화정책에 집중하고 이해 상충을 피하기 위해 금융 감독 업무에는 관여하지 말아야 한다는 주장도 강하게 제기되었다. 실제로 신일본은행법이 시행될 무렵 영란은행은 통화정책 운영 독립성을 부여받으면서 오랫동안 수행해온 금융 규제와 감독 기능을 신설된 금융감독청 Financial Services Authority, FSA에 이관했다.

1990년대 학계와 일부 중앙은행가 사이에서는 물가 안정과 금융 안정을 상호 독립적인 목표로 간주하는 것이 유행이었다. 나는 이러한 견해를 "분리 원칙"이라고 부르며 이러한 접근 방식에 동의하지 않는다. 반면 일본은행은 양자가 불가분의 관계에 있으며 통화정책을 수행하기 위해서는 금융 감독 기능이 필수적이라고 주장했다. 결국 신일본은행법은 일본은행이 금융기관과 현장 조사를 허용하는 계약을 체결할 수 있는 권한을 가진다고 명확히 규정했다. 실제로 일본은행은 이 조항에 근거해 조사를 실시하고 있으며, 이는 금융 시스템 상태를 평가하는 데 중요한 도구가 되고 있다.

외환 시장 개입 권한

일본은행법 개정에서 또 다른 쟁점은 환율 정책에 대한 권한을 누가 가질 것인가였다. 고정 환율과 변동 환율 등 국가의 환율 제도를 결정할 권한은 정부에 있지만 환율에 영향을 미치기 위해 외환 시장에 개입할 수 있는 권한은 누가 갖느냐의 문제다. 이는 세계화가 진전되는 상황에서 통화정책 운용에 중요한 영향을 미치는데, 특히 제로 금리 하한Zero Lower Bound, ZLB에 직면한 상황에서 더욱 그렇다.

일본에서는 외환 시장 개입 권한이 정부(당시 대장대신, 현재 재무대신)에 있다. 국회 위원회의 심의 과정에서 외환 개입 문제가 반복적으로 제기되었을 때 정부는 2가지 관점에서 외환 시장 개입은 정부의 권한으로만 수행되어야 한다고 주장했다. 하나는 물가 안정과 환율 안정이라는 2가지 목표가 상충할 수 있는 잠재적 위험을 고려할 때 중앙은행이 개입할 권한을 가져서는 안 된다는 것이었다. 다른 하나는 미국을 예로 들며 일반적으로 다른 나라에서 외환 시장 개입의 주체는 정부며 정부가 개입에 대한 완전한 통제권을 가져야 한다는 것이었다. 이러한 논거에 따라 외환 시장 개입 권한은 기존과 같이 대장성에 속하게 되었고, 일본은행은 정부의 대리인으로서 환율 안정을 목적으로 하는 경우에만 외환을 매매할 수 있다는 내용이 신일본은행법 제40조 2항에 명시되었다.

두 번째 논거와 관련해 중앙은행이 외환 시장 개입 권한을 갖지 않는다는 규정이 전 세계적으로 볼 때 일반적인 관행은 아니다. 미국은 재무부가 외환 시장 개입 권한을 가지고 있다. 하지만 유럽중앙은행, 스위스 중앙은행Schweizerische Nationalbank, 대부분의 아시아 중앙은행 등 그 외 국가에서는 중앙은행이 개입 권한을 가지고 있는 경우도 많다. 환율 수준이 정치 논쟁의 대상이 되기 쉬운 일본의 상황을 감안할 때 현실적인 해결책이라고 볼 수 있다. 다만 문제는 법적으로 일본은행은 외환 시장에 개입할 수 없는데도 해외 투자자들이 환율 문제의 주체를 잘 알지 못한다는 점, 그리고 14장에서 설명하겠지만 일본은행이 외화 표시 자산을 매입해야 한다는 압박을 자주 받는다는 점이다.

신일본은행법의 시행

일본은행법 개정은 비교적 단기간에 완료되었으며 프로젝트 팀이 발족한 지 1년 반 만에 국회에서 법안이 채택되었다. 만약 이보다 몇 달 더 시간이 걸렸다면 개정 노력은 추진력을 잃고 주춤했을 수도 있다. 다른 한편으로 빠른 속도는 중앙은행 독립성이 왜 필요하며, 이를 실현하려면 구체적으로 어떤 조건이 필요하고, 어떻게 제도를 설계할지에 대한 심도 있는 논의가 부족했음을 의미한다. 어쨌거나 그러한 논의가 이루어졌다면 다시 동력을 상실했을 수도 있다. 전 영란은행 부총재 폴 터커Paul Tucker는 "정식으로 통과된 법안은 필요하지만 충분하지는 않다. 민주주의에서는 경험과 토론을 통해 사회에 어떤 것이 필요하고 바람직한지 사회적 선호를 내재화하는 과정이 필요하다"[7]라고 말한 바 있다. 불행히도 1990년대 후반 일본에서는 그렇지 않았다.

1998년 4월 1일 신일본은행법 시행을 앞두고 일본은행에 암운이 짙게 드리워졌다. 그해 1월, 검찰은 일본은행과 대장성 직원들이 은행의 접대를 받은 스캔들을 조사하기 위해 은행 건물을 압수 수색했다. 모든 사건에 대한 책임을 지고 마쓰시타 야스오松下康雄 총재와 수석 부총재였던 후쿠이 도시히코는 같은 달 사임했다. 후임 총재로 전 일본은행 이사였던 하야미 마사루速水優가 임명되어 거의 20년 만에 은행에 복귀했고, 저명한 경제 저널리스트 후지와라 사쿠야藤原作弥와 일본은행 출신 야마구치 유타카 이사가 부총재에 임명되었다. 이 체제로 신일본은행법이 시작되었다.[8]

당시 일본은행은 3가지 도전에 직면했다. 첫째, 새로운 법에 따라 독립적인 중앙은행의 신뢰성을 확보해야 했고, 이를 위해서는 정부와의 관계에서 섬세한 균형이 필요했다. 둘째, 일본은행은 공식적인 독립 없이 1980년대에 이미 물가 안정을 달성했는데, 이는 다른 국가들이 중앙은행 독립성 또는 인플레이션 목표제를 통해 달성하고자 했던 목표였다. 1980년대 일본의 인플레이션은 2.5퍼센트에 불과했다. 이는 선진국 중에서도 매우 낮았을 뿐 아니라 중앙은행 독립성이 가장 높았던 서독의 2.9퍼센트보다 낮은 수치였다(표 [4-1] 참조). 즉 일본은행이 추가적인 독립성을 확보하는 것은 기대하기 어려운 상황에서 출발해야 했다.

	1980	1981	1982	1983	1984	1985	1986	1987	1988	1889	연평균 상승률 (%)
일본	4.9	2.7	1.9	2.3	2.0	0.6	0.1	0.7	2.3	3.1	2.5
영국	12.2	8.5	5.2	4.4	5.2	3.6	4.1	4.6	5.2	7.0	6.4
미국	10.4	6.2	3.2	4.4	3.5	1.9	3.6	4.1	4.8	5.4	5.4
서독	6.3	5.3	3.3	2.4	2.1	-0.1	0.2	1.3	2.8	2.7	2.9

마지막으로 일본은행은 경제가 더 침체될 경우 활용할 정책 수단이 부족했다. 새로운 법이 발효되었을 때 일본은행의 공식 재할인율은 이미 0.5퍼센트였다. 콜 금리는 0.46퍼센트, 10년 만기 일본 국채 수익률은 1.86퍼센트였다. 문자 그대로 '제로 금리'는 아니지만 추가로 금리를 인하할 여지는 거의 없었다. 이에 더해 1997년 가을부터 금융위기를 겪으며 금융기관의 자본이 부족한 상황이었다. 비유하자면 연준이 독립성을 회복한 시점이 연준과 미국 재무부 간의 유명한 협정이 체결된 1951년이 아니라 2008년 리먼 브라더스가 파산한 직후인 셈이었다. 비전통적인 정책 수단을 동원해 추가 양적 완화를 실시한다고 해도 그 효과는 평상시보다 제한적이었다.

그러나 이러한 어려운 환경이 중앙은행의 책임을 회피하는 핑계가 될 수는 없다. 일본은행은 그렇게 도전에 나섰고, 1998년 4월부터 신일본은행법에 따라 새로운 중앙은행으로서 항해를 시작했다.

5장

제로 금리와 양적 완화

신일본은행법 시대의 통화정책 결정

일본의 단기 금리는 1990년대 중반에 이미 0퍼센트에 가까웠지만 1999년 2월 일본은행은 포워드 가이던스forward guidance(향후 통화정책 방향을 예고하는 중앙은행의 커뮤니케이션을 뜻하며 선제적 지침이라고도 한다-옮긴이)와 함께 문자 그대로의 의미에서 제로 금리 정책을 채택했다. 돌이켜보면 이 정책은 그 이후 몇 번의 일시적인 중단을 제외하고 일본에서 계속되고 있는 파격적인 통화정책의 시작이었으며, 이후 많은 선진국 중앙은행에서 채택하게 되었다. 이듬해인 2000년 격렬한 논쟁 끝에 제로 금리 정책이 종료되었지만, 닷컴 버블 붕괴에 따른 글로벌 경기 침체를 배경으로 다시 제로 금리로 돌아가고 이른바 양적 완화QE를 도입하기로 결정했다. 한편 세계 경제는 침체에서 벗어나 1982년부터 2007

년까지 금융 변동성이 상대적으로 적으면서 경제가 성장하는 '대안정기'라고 불리는 시기를 맞이하게 되었다. 글로벌 성장세가 개선되는 환경에서 2006년 3월에 양적 완화 프로그램을 종료하고, 그해 7월에 금리를 인상했다.

2000년 6월 나는 일본은행에서 통화정책 운영 부서인 기획실(현재 기획국)의 심의역審議役(현재 직제로는 기획국장)이라는 새로운 직책을 맡게 되었다. 1994년 5월 이후 6년 만에 통화정책 수립에 직접 참여하게 된 것이었다. 그전에도 기획실의 전신인 부서에서 총 7년 동안 모두 세 차례 일한 적 있었지만 모두 일본은행법이 개정되기 전이었다. 따라서 나는 하야미 마사루 총재와 후지와라 사쿠야, 야마구치 유타카 부총재의 재임 기간 동안 새로운 일본은행법에 따른 일본은행의 통화정책을 처음 경험하게 되었다. 2002년 7월에는 정책위원회의 추천을 받아 임기 4년의 이사로 임명되어 기획국(통화정책 담당), 금융시장국(시장 운영 담당), 금융연구소(기초 연구 담당)를 관리했다.

신일본은행법에 따라 통화정책 수행의 틀이 크게 바뀌었다. 가장 중요한 변화는 은행이 독립적으로 정책을 수행할 수 있게 되었고, 정책위원회가 명실상부한 통화정책 결정 기구가 되었다는 점이다. 구일본은행법 아래에서는 통화정책이 형식적으로는 정책위원회에서 결정되었지만 실질적으로는 총재가 최종 결정했다. 그리고 총재의 결정을 지원하는 일에서 통화정책 담당 이사, 기획국장, 과장 라인이 중요한 역할을 담당했다. 새로운 법이 발효됨에 따라 통화정책 운영과 관련된 사항을 결정하는 주요 회의인 통화정책회의(금융정책결정회의)가 신설되었다. 통화정책회의에 참석하는 9명의 위원은 총재, 부총재 2명, 심의위원 6명으로 구성된다. 이 법은 또한 재무장관과 경제재정정책담당장관

(내각부특명담당장관) 또는 그 대리인이 정부를 대표해 회의에 참석할 수 있도록 허용한다. 이들은 의결권은 없지만 의안을 제출하거나 결정 연기를 요청할 수 있는 권한이 있다. 또한 정책 논의를 준비하는 담당 직원들이 회의에 참석한다.

통화정책회의 운영

1998년 이 제도가 시작되었을 때 일본은행의 통화정책회의는 "1개월에 2번, 충분한 간격을 두고 소집하는 것을 상례로 한다"라는 규정에 따라 1년에 20회 이상 열렸다. 일본은행의 통화정책회의가 너무 자주 열린다는 의견이 많았다.[1] 대부분의 심의위원은 외국 중앙은행처럼 한 달에 한 번 정도면 충분하다고 생각했다. 이에 따라 회의 횟수를 정관 규정 범위 내에서 점차 줄여나갔고, 결국 내 총재 재임 기간에는 월 1회, 4월과 10월에만 각 2회씩 해서 총 14회 개최하는 것이 관행이 되었다. 4월과 10월의 회의 중 1번씩은 하루 동안 열렸고, 나머지 회의는 모두 이틀 동안 진행되었다.

통화정책회의에서는 경제 상황과 금융 상황에 대한 일본은행의 견해를 명확히 밝히고 차기 회의까지의 금융 조정 방침을 결정한다. 이러한 지침은 실제 통화정책 운영 부서인 금융시장국에 운영 목표의 형태로 전달된다. 대부분의 경우 운영 목표는 단기 금리, 더 구체적으로는 콜 금리(은행 간 익일물 금리)였지만 금리가 제로 금리 하한에 가까워지면서 다른 운영 목표가 선택되었다. 목표가 무엇이든 금융시장국은 지시에 따라 은행과 증권사로부터 금융 자산을 매입하거나 담보를 받고 대출을 해주어 자금을 공급한다. 여기서 '자금'이란 일본은행의 당좌예금을 의미하며 금융시장국이 자금을 공급하면 이는 은행과 증권사가 일본은행에 보유하고 있던 당좌예금의 추가 잔액으로 나타난다. 금융기관은 일본은행 당좌예금을 인출해 현금을 확보할 수 있다. 중앙은행이 공급하는 자금은 당좌예금 잔액과 유통 중인 현금의 합계로 이를 '본원 통화'라고 한다. 중앙은행은 당좌예금 규모 또는 자금 공급 시 금리 수준을 관리했다. 이는 당좌예금 공급과 수요에 영향을 미쳤고, 다양한 파급 경로를 통해 가시적인 효과를 낳았다.

통화정책회의의 운영 방식은 수년 동안 거의 동일하게 유지되어왔다. 첫째 날에는 여러 부서의 직원들이 경제와 금융 상황에 대해 브리핑하고 정책위원들의 질문을 받는 것으로 회의가 시작된다. 둘째 날에는 위원들 간의 토론이 진행된다. 토론은 1부와 2부로 나누어 진행되며, 1부에서는 경제와 금융 상황에 대한 위원들의 견해를, 2부에서는 통화정책 운영에 대한 위원들의 의견을 듣는다. 위원들의 개회 발언 순서는 각 회의 전에 결정되며, 각 위원이 돌아가면서 발언한다. 통화정책회의 의장이기도 한 총재는 항상 다른 위원들의 발언이 모두 끝난 후 마지막에 발언한다. 이 관행은 총재가 먼저 발언할 경우 자유로운 의견 개진이 위축될 가능성을 고려한 것이다. 물론 모든 위원이 모두 발언을 마치면 위원들은 자유롭게 발언할 수 있으며, 투표하는 위원들의 의견 개진이 모두 끝나면 정부 대표의 발언 차례가 된다. 이 모든 과정이 완료되면 투표를 통해 다음 통화정책회의까지 통화정책 방향을 결정한다.

통화정책회의가 종료되면 간단한 의결문이 공표되고 오후 3시 30분에 의장의 기자 회견이 약 1시간 동안 진행된다. 내가 총재로 재직할 당시에는 통화정책회의 의사록 공개가 약 한 달 후에 이루어졌다. 회의록은 10년 후 공개한다. 이렇게 늦어진 이유는 다음 총재에게 승인을 받도록 한 법 조항 때문이다. 일본은행의 정보 공개 체계는 일반적으로 다른 중앙은행보다 더 충실한 편이다. 예를 들어 당시 주요 중앙은행 중 통화정책회의 후 기자 회견을 가진 곳은 유럽중앙은행과 일본은행 뿐이었다. 또한 회의록은 연준과 일본은행만 공개한다.[2]

제로 금리 정책의 도입과 종료

내가 기획실로 옮겼을 때 가장 큰 이슈 중 하나는 제로 금리 정책 종료가 적절한가 하는 것이었다. 돌이켜보면 1995년에 이미 은행 간 익일물 금리가 0.5퍼센트 정도로 낮아진 상태였다. 이 수준은 이미 너무 낮아서 "사실상 제로 금리"라고 간주하는 사람도 있었다. 실제로 2007~2009년 글로벌 금융위기 이후에는 이 표현이 다소 보편화되었다. 1999년 2월 일본은행이 정책위원회에서 채택한 것은 문자 그대로 제로 금리 정책이었다. 당시 콜머니의 이자율을 제로로 떨어뜨리고, 디플레이션에 대한 우려가 사라질 때까지 이러한 정책을 유지하기로 결정했다. 후자는 제로 금리를 미래에도 유지하겠다는 약속을 통해 장기 금리를 낮춤으로써 제로 금리 시대에 직면한 통화 상황을 완화하려는 정책이었다. 이 접근 방식은 현재는 "포워드 가이던스"라고 불리지만 당시에는 "시간축 정책時間軸政策" "정책 듀레이션 효과Policy Duration Effect" 라고 불렸다. 단기 금리를 조절하는 전통적인 수단을 더 이상 사용할 여지가 없을 때 채택하는 정책 수단을 '비전통적 통화정책Unconventional Monetary Policy, UMP'이라고 한다. 일본은행은 극도로 불확실한 효과에도 불구하고 이러한 정책을 채택한 최초의 중앙은행이었다.[3] 10년 후 전 세계의 많은 중앙은행이 다양한 비전통적 조치를 채택하게 될 것이라고 당시 나는 전혀 생각하지 못했다. 아마 대부분이 그랬을 것이다.

2000년 상반기에 일본 경제는 순환적인 상승세를 보였으며, 일본은행에 따르면 "일본 경제의 경기 회복 움직임이 뚜렷해지고 있다. 민간 수요 측면에서도 설비 투자 증가가 지속되는 등 일부에서 회복세가 나타나고 있다"[4]라고 했다. 단칸 조사 결과를 살펴보면 1998년 12월 제조업 대기업의 업황판단지수는 -51까지 하락했지만 2000년 6월에는 +3으로 개선되었다. 디플레이션에 대한 우려가 사라질 때까지 제로 금리를 유지하기로 약속했기 때문에 통화정책 방향에 대한 논의에서 경제학자들은 "디플레이션에 대한 우려"가 여전히 남아 있는지 여부에 대해 열띤 논쟁을 벌였다.

결국 2000년 8월 통화정책회의에서 찬성 7표, 반대 2표로 정책 금리가 0퍼센트에서 0.25퍼센트로 인상되었다. 이 회의에서 정부는 결정을 연기할 것을 제안했지만 이 제안은 8대 1의 표차로 부결되었다. 이 결정을 내리기까지 나는 제로 금리 정책 종료에 대해 다소 복잡한 감정을 가지고 있었다. 부서장으로서 나의 임무는 통화정책회의의 결정을 따르고 합의된 정책이 결정된 대로 시행되고 대중에게 적절하게 전달되도록 하는 것이었다. 내가 부서를 이끌기 시작했을 당시 위원들 간 논의는 대체로 제로 금리 정책을 종료하는 방향으로 흘러가고 있었다. 당시에는 금리 인상에 대한 의구심이 있었지만, 이미 위원들의 공감대가 형성되어 있었기 때문에 위원들의 의견이 반영되도록 하는 것이 내 책임이었다. 1990년대 상반기 신용기구국에서 근무했던 경험의 영향이 컸는데, 당시 금융기관들의 부실 채권이 정리되지 않았고 경제 전반의 대차대조표 조정이 완료되지 않았다는 것을 알고 있었다. 이런 환경에서는 일본 경제가 지속적인 성장의 길로 돌아가기 어렵다고 생각했다.

오늘날 제로 금리 정책의 종결은 실수라는 비판을 많이 받는다. 일부 비평가들은 제로 금리 정책의 종료가 경제 상황의 악화와 그에 따른 디플레이션을 초래했다고 주장한다. 나는 이러한 평가는 타당하지 않다고 생각한다. 그 이유는 기업의 실제 차입 비용 증가가 미미하다는 사실에서 찾을 수 있다. 회의 후 의결문에서 밝혔듯이 제로 금리 정책의 종료는 단지 "경기가 개선됨에 따라 통화 완화 정도를 소폭 조정하는 것"에 불과했다.[5] 일본은행의 누구도 연속적인 금리 인상을 꿈꾸지 않았고 금융 시장 참여자도 동의하는 것 같았다. 실제로 7월 말 1.65 퍼센트였던 일본 국채 10년물 수익률은 9월 6일 1.95퍼센트로 정점을 찍었고 10월 이후에는 1.5퍼센트에서 1.8퍼센트 사이를 유지했다. 매우 완화적인 통화 환경은 변하지 않았다. 따라서 제로 금리 정책의 종료가 이후 경기나 물가 경로에 유의미한 영향을 미쳤다고 보기는 어렵다. 그럼에도 불구하고 일본은행을 비방하는 사람들에게 이후의 경제 상황 악화와 디플레이션에 대해 비난할 수 있는 빌미를 제공했다. 그로부터 10년 후 유럽 부채위기가 닥쳤을 때 유럽중앙은행과 스웨덴 중앙은행 Sveriges Riksbank을 비롯한 다른 중앙은행들은 단기간 내에 금리 인상을 되돌려야 했다. 그들도 같은 종류의 비판을 받았는데, 나는 약간 불공평하다고 느꼈다.

물가 안정의 정의

2000년에 제로 금리 정책을 종료하기로 결정한 것은 디플레이션의 위협이 사라졌다고 믿느냐에 달려 있었다. 이 문제에 대한 논쟁으로 인해 정치권과 경제학자들은 일본은행에 "물가 안정"의 의미를 명확히 밝혀야 한다고 강력하게 요구했다. 그 결과 일본은행은 이 주제에 대한 연구를 진행하게 되었고, 2000년 3월에 연구 착수를 발표했다. 그 후 물가 안정에 대한 종합적인 연구 보고서는 같은 해 10월 통화정책회의에서 심도 있는 논의를 거쳐 발표되었다.[6] 이 보고서는 은행이 경제 및 물가 전망에 대한 견해를 매년 4월과 10월 두 차례 정기적으로 〈경제·물가의 미래 전망과 리스크 평가経済·物価の将来展望とリスク評価〉라는 제목의 보고서를 발표해야 한다는 결론을 내렸다. 이것이 이후 정기적으로 발표하고 있는 〈전망 보고서展望レポート〉의 시초로, 외국 중앙은행이 발행하는 인플레이션 보고서나 통화정책 보고서와 유사하다.[7]

이 보고서에는 물가 안정에 대한 일본은행의 견해가 자세히 설명되어 있다. 당시 일부 경제학자들과 정치인들은 일본은행이 2퍼센트의 인플레이션 목표를 채택해야 한다고 주장했지만 일본은행은 양적 정의나 목표치를 채택하지 않기로 결정했다. 대신 질적 정의를 채택하고 발표했다. "인플레이션도 디플레이션도 아닌 상황인 물가 안정은 개념적으로 가계와 기업을 포함한 경제 주체들이 일반 물가 수준의 변동에 신경 쓰지 않고 소비와 투자 등의 경제 활동에 관한 의사 결정을 내릴 수 있는 환경으로 정의할 수 있다." 이는 폴 볼커Paul Volcker와 앨런 그린스펀Alan Greenspan이 연준 의장을 맡았을 때 채택했던 개념이다.[8]

정량적 정의를 채택하지 않은 한 가지 이유는 매우 현실적이다. 정책위원회 위원들 간의 견해 차이가 너무 커서 하나의 수치에 도달하는 것이 거의 불가능했기 때문이다. 정책위원회는 단기간에 달성할 수 없는 2퍼센트라는 목표를 발표하는 것에 대해 심각한 우려를 표명했다. 그럼에도 불구하고 일단 목표치를 설정하면 목표치를 실현하기 위해 기계적인 방식으로 통화 완화를 공격적으로 강화할 수밖에 없고, 이는 심각한 부작용을 초래할 수 있었기 때문이다. 그렇지만 정책위원회 위원들은 장기적으로 약간 플러스 인플레이션이 바람직하다는 견해를 대체로 공유했으며, 2000년 10월 보고서는 정책위원회 내 다양한 의견을 신중하게 반영했다. 물가 안정에 관한 다음 발췌문은 정책위원회가 이후 제기된 모든 중요한 이슈를 다루면서 어느 것 하나 놓치지 않았음을 보여준다.

- 물가지수에는 편의bias가 수반되지만 편의 규모를 신뢰할 수 있는 수준으로 추정하기는 쉽지 않다. 또한 편의 정도는 다양할 수 있다.
- 명목 금리를 제로 이하로 낮출 수 없다는 점을 고려할 때 통화정책은 경제가 디플레이션에 빠지지 않도록 주의를 기울여 신중하게 수행해야 한다. 이러한 관점에서 중앙은행이 작지만 플러스 인플레이션율을 목표로 통화정책을 실시하는 것은 검토해볼 가치가 있다,
- 가격 변동이 수요 요인에 의한 것인지 공급 요인에 의한 것인지에 따라 통화정책의 수행이 달라질 수 있다.
- 버블 경제의 경험에 비추어 볼 때 물가지수가 안정적이더라도 자산 가격의 변동은 경제에 큰 영향을 미칠 수 있다.[9]

이 4가지 사항 중 처음 2가지는 2퍼센트 인플레이션 목표를 설정할

1부 일본은행에서의 성장기

때 고려해야 할 중요한 문제였다. 후자의 2가지는 통화정책 체계 내에서 인플레이션율의 적절한 역할을 결정하는 데 필수적인 요소였다. 안타깝게도 후자의 중요성은 충분히 인식되지 않았다.

경제재정자문회의 출범

2001년 초 일본 정부는 이후 일본은행의 통화정책 수행에 영향을 미치는 2가지 중요한 결정을 내렸다. 하나는 1월에 설립한 경제재정자문회의經済財政諮問会議, 다른 하나는 3월에 발표한 '디플레이션 선언'이었다.

회의 설립은 이미 1997년 하시모토 류타로 총리 시절 결정되었다. 내각부 설치법에 따르면 이 회의는 "총리 질의"에 대응해 "경제 운용 전반에 관한 기본 방침, 재정 운용의 기본 원칙, 예산 편성의 기본 원칙" 등 "중요한 경제정책과 재정정책에 관한 조사와 협의"를 수행하도록 되어 있었다.

경제재정자문회의가 설립되었을 때 일본은행은 매우 어려운 결정에 직면했다. 일본은행 총재가 이 회의에 참석해야 하는가? 경제재정자문회의는 총리가 의장을 맡고 재무장관, 경제재정정책담당장관 등 경제정책을 담당하는 주요 정부 각료와 민간 전문가 4명으로 구성되었다. 이 회의는 경제 운용 전반에 대한 정부의 기본 정책 수립을 위한 실태 조사와 논의를 수행했다. 설립 근거 법률에는 총리가 관계 기관의 장을 임명할 수 있다는 조항이 있는데, 이 조항은 총재도 자문회의 위원이 되는 것을 전제로 한다. 경제재정자문회의는 정책에 대한 자문 역할만 수행하도록 되어 있지만, 정부의 '경제 운용 전반에 관한 기본 정책'이 논의될 경우 통화정책만 예외적으로 논의가 안 될 리가 없었다. 만약 그렇게 된다면 정책위원회 위원 중 한 사람에 불과한 총재가 정부 각료들과 함께 경제재정자문회의에서 통화정책 수행을 논의해야 하는 곤란한 입장에 처하게 될 것이다. 나는 당시나 지금이나 이는 부적절한 제도적 장치라고 생각한다.

그럼에도 불구하고 일본은행이 정부의 경제재정자문회의 참석을 거부하는 것은 사실상 불가능했으며, 특히 몇 달 전 제로 금리 정책 종료와 관련해 정부와 일본은행 간 있었던 첨예한 갈등을 고려하면 더욱 그랬다. 결국 일본은행은 정책위원회의 승인을 얻은 후 총재가 자문회의 위원이 될 수 있도록 허용했다. 자문회의 첫 회의에서 하야미 일본은행 총재는 "통화정책 수행은 통화정책회의에서 결정되어야 한다"라고 언급하며 통화정책 논의에 대해 경고하려고 시도했다. 이에 대해 오사카대학 교수이자 민간 위원 중 한 사람이었던 혼마 마사아키本間正明가 즉각 "금기를 만들지 말아야 한다"라고 강조하면서 이후 회의에서 전개될 껄끄러운 분위기를 예고했다.[10] 나는 이사로 승진한 20012년 7월까지 경제재정자문회의에 총재 수행원 자격으로 매번 참석했다. 정부가 통화정책에 대한 견해를 표명하는 메커니즘은 일본은행법에 정부 대표의 통화정책회의 참석, 통화정책회의 의사록 공개를 통한 정부 견해 공개 등 명확히 규정되어 있음에도 불구하고 정부는 경제재정자문회의를 일본은행에 압력을 행사하기 위한 편리한 메커니즘으로 활용했다. 정부와 일본은행 지도부 간 원활한 직접 소통의 필요성에 대해서는 이견이 없지만 경제재정자문회의는 선진국 경제에는 어울리지 않는 매우 이례적인 의견 교환의 장이었다.

정부의 디플레이션 선언

경제재정자문회의 설립과 함께 당시 정부는 학술적으로 보이지만 잠재적으로 가장 해로울 수 있는 또 다른 중요한 결정을 내렸다. 바로 디플레이션이라는 용어에 대한 오랜 정의를 변경한 것이었다. 소비자 물가지수의 전년 대비 변화율은 1998년에 마이너스로 돌아섰고, 한동안 마이너스 영역에 머물렀다. 제로 금리 정책이 종료되기 직전의 가장 최근 수치는 2000년 6월로, 신선식품을 제외한 품목 기준으로 마이너스 0.3퍼센트를 기록했다.

이전에는 디플레이션은 일반적으로 가격 하락과 경기 악화가 공존하는 상황을 의미했다. 즉 물가 하락만으로는 디플레이션을 의미하지 않는 것으로 이해되었다.

이러한 인식은 2001년 3월 정부의 디플레이션 선언으로 인해 갑자기 뒤집혔다. 일본 내각부는 일본은행 총재도 참석하는 월례 경제 관계 각료 회의에서 경제 상황에 대한 보고서인 〈월례 경제 보고月例経済報告〉를 제출하면서 "일본 경제가 가벼운 디플레이션에 빠져 있다"라고 주장했다. 새로운 정의는 경제 상황과 무관하게 물가가 지속적으로 하락하는 것만을 고려했다. 이 선언은 디플레이션에 대한 새로운 정의와 함께 이후 정책 논쟁에 큰 영향을 미쳤다. 이러한 논쟁에 영향을 미치는 메커니즘은 미묘했다. 첫째, 디플레이션이라는 단어는 1930년대 대공황과 관련된 공포감을 불러일으켰고, 이는 디플레이션이 어떤 대가를 치르더라도 피해야 할 것이라는 인상을 심어주었다. 둘째, 가격 하락에만 초점을 맞춘 새로운 정의에도 불구하고 사람들은 디플레이션이라는 단어를 모든 종류의 불만족스러운 경제 성과를 느슨하게 설명하는 데 자연스럽게 사용하고 있었다. 그 결과 디플레이션에 대한 대중의 논쟁은 더욱 혼란스러워졌다. 셋째, 디플레이션이라는 용어의 새로운 정의는 "돈을 찍어내면" 문제를 쉽게 해결할 수 있다는 인상을 심어주었다. 2001년부터 일본 정부는 "디플레이션 극복이 일본이 직면한 가장 중요한 과제"라고 말하는 것이 관례가 되었다. 거의 주문에 가까웠다.

일본에는 인구의 급속한 고령화, 저출산, 재정 여력의 부족과 같은 더 중요한 상황도 있었다. 국민 의식을 일깨운다는 관점에서 더 근본적이고 선언할 만한 가치가 있는 것이었지만 그렇게 되지 못했다. 물가 하락을 끝내는 것, 즉 디플레이션에서 벗어나는 것이 일본 경제가 직면한 가장 중요한 문제라는 주장은 잘못이라고 생각한다. 2001년 3월의 선언은 그 후의 경제정책 수행과 관련해 내가 기억할 수 있는 가장 잘못된 정부 조치 중 하나였다.

학계의 견해

한편 학계에서도 디플레이션의 위험성을 강조하는 견해가 확산하기 시작했다. 일본의 거시경제학계를 대표하는 교수 중 한 사람인 이토 다카토시伊藤隆敏 도쿄대 교수는 2001년 11월《인플레이션 타기팅: 물가 안정 수치 목표 정책》이라는 제목의 저서를 통해 "일본은 이미 디플레이션에 빠져 있다"라고 주장하며 인플레이션 목표제 도입을 주장했다. 더 구체적으로 그는 목표 인플레이션율을 1퍼센트에서 3퍼센트 사이로 설정하고 2년 내에 이를 달성해야 한다고 주장했다. 이 책에 나오는 '일본은행은 결연한 의지를 보여야 한다' '기대 인플레이션율을 변경하라!' 같은 장 제목은 그의 주장을 잘 드러내고 있다. '인플레이션은 완벽하게 달성할 수 있다'라는 제목의 장에서 그는 "통화 당국은 기존의 인플레이션 환경에서는 '부적절'하다고 간주되는 정책만 채택하면 된다. 예를 들어 대규모 양적 완화를 실시하거나 장기 국채 매입을 늘리거나 주식을 매입할 수 있다."[11]

양적 완화 정책 채택

실물 경제에서는 닷컴 버블 붕괴 이후 글로벌 경제 상황이 급속도로 악화되고 있었다. 그 악화 속도는 일본은행을 비롯한 많은 중앙은행들을 놀라게 했다. 문제의 발단이 된 미국 연방공개시장위원회의 결정을 보면 중앙은행의 전망이 갑자기 바뀌었는데, 2000년 11월 말에는 인플레이션에 대한 우려를 보였으나 12월에는 경기 침체에 무게를 두었다.

이러한 세계 경제의 변화는 일본 경제에도 영향을 미쳤다. 이에 따라 일본은행은 경제 전망을 변경했다. 2000년 12월 수출 둔화 가능성에 대해 신중한 태도를 보였던 일본은행은 새해가 밝아오자 경제 상황에 대한 평가를 분명히 하향 조정했다. 이러한 시각 변화를 반영해 2001년 2월 통화정책의 기조를 완화로 바꾸고 정책 금리를 0.25퍼센트에서 0.15퍼센트로 인하했다. 그리고 3월 19일 통화정책회의에서 중앙은행은 사상 처음으로 양적 완화 정책을 채택했다.

양적 완화는 다소 오해의 소지가 있는 표현이지만 3가지 축으로 이루어져 있다. 첫째, 운영 목표를 가격에서 수량으로 변경해 기존의 콜 금리에서 일본은행 당좌예금 잔액으로 변경하고, 처음에는 목표 금액을 5조 엔으로 설정했다. 둘째, 전년 대비 소비자물가 상승률이 0퍼센트 이상으로 안정적으로 유지될 때까지 양적 완화를 유지하기로 약속했다. 당좌예금이 충분히 공급되면 콜 금리를 사실상 제로로 낮출 수 있다는 점을 감안할 때 제로 금리가 당분간 유지될 것임을 암시하는 셈이었다. 이른바 '시간축 정책', 오늘날 용어로 '포워드 가이던스'라고 할 수 있다. 셋째, 당좌예금 공급을 효율적으로 유지하기 위해 필요할 경우 일본은행의 장기 국채 매입을 확대하기로 했다. 이때 국채 매입이 정부의 재정 자금 조달을 지원할 목적이 아니라는 점을 분명히 하기 위해 매입 잔액을 일본은행의 유통 중인 은행권 범위 내로 제한하는 "은행권 규칙banknote rule"을 채택했다.[12]

'양'의 효과에 대한 일본은행의 견해

양적 완화는 통화정책이 경제에 미치는 영향이라는 관점에서 2가지 요소로 구성되었다. 하나는 '양적'이라는 명칭에 걸맞게 당좌예금을 확대하는 것이었다. 다른 하나는 제로 금리를 유지하겠다는 약속 또는 포워드 가이던스였는데, 이는 '양적'이라는 용어가 주는 이미지와 완전히 일치하지 않을 수 있다. 전자는 중앙은행의 당좌예금 잔액이 증가하면 대출과 통화 공급이 확대되어 경제 상황과 물가에 긍정적인 영향을 미칠 것이라는 화폐수량설quantity theory of money을 떠올리게 했다. 반면에 후자는 포워드 가이던스로 인한 중장기 금리 하락이 경기와 물가에 영향을 미치는 과정에 초점을 맞추었다.

후자의 경우 그 규모가 어느 정도일지는 미지수였지만, 일본은행이 제로 금리 정책을 채택했을 때 이미 한 차례 도입한 적이 있었고, 일본은행 정책위원회 위원들 사이에서도 효과가 있을 것이라는 공감대가 형성되어 있었다. 따라서 큰 문제 없이 채택되었다. 제로 금리 정책 당시와 다른 점은 "소비자물가지수(신선식품 제외, 전국 기준)가 안정적으로 0퍼센트 또는 전년 대비 상승률을 기록할 때까지 공개 시장 운영을 통한 자산 매입을 계속 시행한다"라는 구체적인 약속을 한 점이다.[13] 그러나 동시에 의결 직전까지 양적 역할에 대한 열띤 논쟁이 벌어졌다고 한다. 양적 완화라는 단어가 금리가 아닌 양적 측면에서 영향을 미칠 것이라는 점을 시사했지만 다수의 위원은 양적 완화가 가져올 이점에 대해 회의적이었다. 열렬한 지지자 중 한 사람인 나카하라 노부유키中原伸之 이사는 당좌예금 목표치를 오랫동안 지지해온 터였다. 그러나 몇몇 위원은 일본은행이 수량에 의미를 부여하는 것처럼 보이면 향후 통화정책에 관한 커뮤니케이션이 어려워질 수 있다고 우려했다. 야마구치 유타카 부총재의 발언은 위원들의 불안감을 단적으로 보여준다.

나는 현재 논의가 일종의 지급준비금 목표제로 기울고 있다고 말씀드리고 싶습니다. 새로운 논의를 깨뜨리고 싶지는 않지만 몇 가지 주의할 점은 짚고 넘어가야 할 필요가 있다고 생각합니다. 하나는 우리가 기존의 금리 중심 정책 체계를 벗어나고 있는데, 이렇게 쉽게 수량 중심 정책으로 전환해도 과연 괜찮은가 하는 점입니다. 아까 우에다 가즈오植田和男 위원은 기대 심리에 영향을 주기 위해 '양적'이라는 용어에 대한 환상을 이용하고 있음을 부인할 수 없다고 지적한 바 있습니다. 나도 불가피한 측면이 있다는 데 동의하며 그 이유로 반대하지는 않겠지만 양적 효과에 대한 대중의 인식을 활용하려고 할수록 리스크는 더 커집니다. (중략) 우리는 그러한 리스크에 대해 주목할 필요가 있습니다.[14]

오늘 이 글을 읽으면서 야마구치의 발언이 얼마나 선견지명이었는지 이해할 수 있다. 향후 20년 동안 전개될 상황을 예견한 그의 우려에도 불구하고 결국 다른 선진국에서도 양적 완화가 채택되었다. 일본은행 정책위원회는 경제에 대한 암울한 전망을 고려할 때 뭔가 새로운 조치를 시도해야만 한다는 결론을 내렸기 때문에 이러한 결정을 내렸을 것이다. 당시 고려할 수 있는 또 다른 옵션은 제로 금리 정책으로 돌아가서 정책 기간을 더 확고히 하는 것이었지만 경제 전망이 더 악화할 경우 확장성이 없다는 이유로 채택되지 않았다.

2003년 3월 하야미 총재가 퇴임하면서 당좌예금 총액 목표는 초기 5조 엔에서 17조~22조 엔으로 연속 상향 조정되었다. 후쿠이 도시히코 총재가 취임한 날 미국 주도의 연합군이 이라크 침공을 시작했다. 후쿠이 총재는 당좌예금 증액을 지지했고, 취임 당시 17조~22조 엔이었던 당좌예금 목표를 30조~35조 엔으로 단계적으로 늘렸다. 당시 총 필요 지급준비금이 약 5조 엔이었기 때문에 최종 목표는 초과 지급준비금이 30조 엔을 넘는다는 것을 의미했다. 현재 수준(2021년 1월 말 496조 엔)에 비하면 미미해 보일 수 있지만 당시에는 명목 GDP의 7퍼센트에 해당하는 엄청난 금액이었다.

당좌예금을 늘리기 위해 일본은행은 기본적으로 민간 금융기관 거래 상대방과의 단기 자금 공급과 장기 국채 매입이라는 2가지 유형의 시장 운영을 사용했다. 장기 국채 매입은 월 4000억 엔으로 시작해 결국 월 1조 2000억 엔으로 증가했다. 하야미 총재와 후쿠이 총재의 접근 방식이 달랐는데, 하야미 총재는 단기와 장기 운용을 모두 늘렸고 후쿠이 총재는 민간 금융기관 대상으로 단기 운용만 늘렸다. 금융기관으로부터 충분한 수의 입찰을 받아 자금을 조달하기 위해서는 운영 기간을 점진적으로 늘려야 했으며, 2005년 중반에는 평균 운영 기간이 6개월을 넘어섰다.

정책 효과 제고 노력

위에서 언급했듯이 일본은행 정책위원회 위원 대부분은 금리 인하를 통해 통화 완화 효과를 거둘 수 있을 것이라고 믿었다. 중장기 금리 수준은 향후 예상되는 단기 금리의 평균과 기간 프리미엄을 합한 중장기 무위험 금리에 민간 차입자의 신용 위험을 반영하는 프리미엄을 더해서 구해진다.

따라서 일본은행이 민간 차입자가 직면한 중장기 금리를 낮추고자 한다면 3가지 옵션이 있었다. 첫 번째는 무위험 금리를 낮추는 포워드 가이던스였다. 두 번째는 중장기 국채 매입을 통해 중장기 국채의 수요와 공급에 영향을 미쳐 기간 프리미엄을 축소하는 것이었다. 세 번째는 민간 위험 자산 매입을 통해 신용 리스크 프리미엄을 압축하는 것이었다. 양적 완화를 실시하는 과정에서 일본은행은 이 3가지 방법을 모두 채택했지만 가장 중점을 둔 것은 포워드 가이던스였다. 중장기 국채 매입은 자금 공급을 위한 수단으로 설계되었으며, 채권 수요와 공급 조건에 부수적인 영향을 미쳤다.

일본은행의 통화정책이 경제 상황과 물가에 영향을 미치려면 낮은

(무위험) 금리가 민간 부문의 신용 여건 완화로 이어져야 했다.

첫 번째 조치는 2002년 11월부터 금융기관이 보유한 주식을 매입한 것이었다. 이는 금융 시스템의 안정성을 회복하기 위한 정책 수단으로 의도적으로 고안된 것인데 통화정책의 일부로 간주되지 않았다. 그럼에도 불구하고 그 목적은 금융기관이 보유한 주식 가격이 하락하면 해당 기관이 대출을 줄여야 하는 악순환을 없애기 위한 것이었다. 2002년 3월 말 일본의 주요 은행들은 약 25조 엔 상당의 주식을 보유하고 있었는데, 이는 은행 기본자본Tier 1 capital의 약 140퍼센트에 달하는 수준이었다.[15] 대부분 은행과 일반 기업이 서로 주식을 보유하는 교차 보유의 형태로 구성되어 있었다. 부실 채권 문제가 해결되지 않으면서 은행의 자본 적정성에 대한 우려가 있었고, 이런 상황에서 경제 상황이 악화되면 은행의 대차대조표상 주식 가치 하락이 은행 대출을 억제하는 경향이 있어 악순환이 반복되었다. 장기 국채 매입이나 당좌예금 잔액을 늘려야 한다는 목소리가 커졌지만 이미 낮은 수준의 중장기 금리를 고려할 때 이러한 조치의 효과에 회의적이었다.

나는 일본은행이 우리의 정책을 더욱 효과적으로 만들 수 있는 조치를 채택하기를 간절히 바랐다. 여전히 어려운 경제 상황을 고려할 때 일본은행법의 범위 내에 있는 조치라면 비록 파격적이더라도 시도해볼 가치가 있다고 생각했다. 9월 18일 통화정책회의를 며칠 앞두고 야마구치 히로히데山口廣秀 기획국장과 함께 야마구치 유타카 부총재 집무실로 찾아갔다. 이때 나는 야마구치 부총재에게 금융기관이 보유한 주식을 일본은행이 매입하기 시작할 때가 되지 않았느냐고 조언했다. 부총재는 즉시 동의했는데, 그도 한동안 같은 생각을 하고 있었던 듯했다. 금융기관이 보유한 주식을 일본은행이 매입해야 한다는 생각은 금

　　　　　　　　1부 일본은행에서의 성장기

융 안정 업무를 담당하는 은행 직원들 사이에서 부실 채권 문제를 해결하기 위한 방안으로 거론된 적이 있었다. 하지만 워낙 파격적이라 은행 내부에서도 실행될 것이라고 생각한 사람은 거의 없었던 것 같다.

9월 18일 통화정책회의는 "주가 하락은 다양한 경로를 통해 기업과 가계 부문의 지출에 영향을 미칠 수 있다. 또한 현재의 경제와 금융 상황을 고려할 때 금융 시장과 금융 시스템을 불안정하게 만들 수 있다"라고 언급했다[16] 이러한 평가를 고려해 정책위원회 정례 회의(비통화정책회의)를 소집해 금융 안정을 목적으로 금융기관 보유 주식 매입을 도입했다. 이 정책의 근본적인 목적은 주가 변동 위험을 금융기관에서 일본은행으로 이전해 주가와 실물 경제 간의 연계를 차단하는 것이었다. 초기 매입 한도는 2조 엔으로 시작되었으며, 이후 후쿠이 총리에 의해 3조 엔으로 증가했다.

금융기관의 주식 매입을 시작하기로 한 이 결정에 많은 사람이 놀라움을 금치 못했다. 나는 이 조치가 주가 하락과 은행의 대출 공급 축소라는 악순환을 막고 거시경제를 안정시키는 데 효과적이었다고 생각한다. 또한 통화정책과 금융 안정 정책이 서로 밀접하게 연관되어 있다는 점을 강조한 조치였다. 이 조치는 일본은행이 취한 '신용 완화credit easing'의 초기 형태로, 유럽중앙은행과 영란은행이 글로벌 금융위기 이후 채택한 전략이다.

또 다른 파격적인 조치는 2003년 7월부터 시작된 자산유동화증권Asset-Backed Security, ABS과 자산유동화기업어음ABCP 매입이었다. 이 조치의 목적은 중소기업 대출에 소극적이었던 은행권 밖의 신용 중개 경로의 기능을 개선하기 위한 것이었다. 이러한 유동화 상품은 이제 막 사용되기 시작했으며, 일본은행은 매입과 병행해 유동화 상품의 사용 폭 확대를 위해 노력했다. 일본은행은 시장 참여자들과 협력해 '유동화 시장 포럼'을 후원하고 유동화 관련 공시 강화 등 유동화 상품 시장 발전을 저해하는 장애물을 제거할 것을 주장했다.

외환 시장 개입

양적 완화가 도입된 후 통화 조건을 더욱 완화하기 위해 가장 널리 논의된 추가 경로 중 하나는 환율이다. 이러한 논의의 대표적인 예로 2000년 7월 일본은행 연구 콘퍼런스에서 프린스턴대학교의 라르스 스벤손Lars Svensson(이후 스웨덴 중앙은행 부총재 역임)이 발표한 논문이 있는데, 그는 무제한 외환 매입을 통해 엔화 환율을 상당히 낮은 수준으로 고정할 것을 주장했다.[17]

실제로 양적 완화 기간 동안 외환 시장 개입은 상당히 빈번했다. 특히 2003년 1월과 2004년 3월 총액은 35조 3000억 엔에 달했다. 나는 개입의 효과에 회의적이었다. 하지만 언제 어떻게 개입할지는 재무성이 결정할 문제였고 일본은행은 재무성의 운영 대리인 역할을 할 뿐이었다. 재무성의 개입에 관한 진짜 질문은 한 국가가 환율 하락을 목적으로 대규모 시장 개입을 '허용'할 수 있는지 여부였다. 소규모 개방 경제의 경우 대답은 '그렇다'일지 모르지만 대부분의 사람은 일본과 같은 대규모 경제에서는 허용되지 않을 것이라고 생각했다.

직접적인 개입이 불가능하다는 점을 인식하고 일본은행이 외화 표시 자산을 매입하는 대체 방안에 대한 논의가 활발히 진행되었다. 일본 재무성의 의도적인 개입이 불가능하더라도 일본은행이 외화로 표시된 채권을 매입할 수 있어야 한다는 주장이었다. 그렇지만 신일본은행법은 일본은행이 환율에 영향을 미칠 목적으로 외환을 매입하는 것을 명시적으로 금지했다(4장 참조). 따라서 일본은행이 외화를 매입할 경우 물가 안정을 유지하기 위한 조치라는 점을 견지해야 한다. 그럼에도 누가 외화를 매입하든 외화 매입의 진정한 목적은 동일하다는 것은 누구나 알고 있을 것이다. 그 답은 다시 그 경제가 직면한 문제의 심각성, 경제 규모, 동시대의 글로벌 경제 상황에 따라 달라질 것이다. 1990년대 후반부터 2000년대 초까지 일본은행이 외화 표시 채권을 매입하지 않을 수 없었다고 단정적으로 말할 수는 없다. 그러나 단순히 매입 주체를 재무성에서 일본은행으로 바꾼다고 해서 외환 시장 개입의 정당성을 국제적으로 인정받을 가능성은 거의 없었다.

본원 통화와 환율

환율과 관련된 또 다른 논의 중 하나는 일본은행이 통화량을 늘려 환율 하락을 유도할 수 있다는 견해다. 외환 시장 참여자들이 이러한 인과관계를 믿는다면 통화량 증가가 단기적으로 엔화 약세로 이어질 수 있다. 하지만 실제 미국 달러와 엔화, 유로와 미국 달러, 유로와 엔화 간 환율에 관한 장기간에 걸친 데이터를 살펴보면 이러한 인과관계는 분명하지 않다. 실제로 엔화는 2006년 초부터 2007년 7월까지 미국 달러 대비 가장 큰 폭으로 절하되었는데, 이 시기는 일본은행의 양적 완화 종료로 인해 당좌예금 잔액이 가장 큰 폭으로 감소하던 시기였다. 이러한 사실에도 불구하고 통화량과 환율을 연결 지으려는 노력은 하야미 총재, 후쿠이 총재, 그리고 나의 총재 재임 기간 동안 결코 사라지지 않았다.

이와 관련된 또 다른 문제가 있다. 외환 시장 개입을 할 때마다 일본은행은 개입을 '불태화不胎化, sterlization'해서는 안 된다는 요구에 직면했다. 개입을 '불태화'해서는 안 된다고 주장하는 사람들은 정부가 지급한 엔화 자금이 시장에 남아 있으면 엔화가 절하되고, 엔화 자금을 회수하면 엔화가 절하되지 않는다고 가정했다.[18] 즉 '불태화' 개입과 '태화胎化, non-sterlization' 개입의 차이는 본원 통화 수준이라는 점을 고려할 때 중앙은행의 당좌예금 잔액이나 본원 통화가 증가하면 엔화가 절하될 것이라고 주장한 것이다. 그러나 실제 데이터는 그러한 관계를 보여주지 않는다. 게다가 일본의 외환 시장 개입은 재무성이 단기 국채를 발행해 확보한 엔화 자금으로 이루어지기 때문에 모든 개입은 자동으로 '불태화'된다. 완화적 통화정책으로 내외 금리 차가 확대된다는 시각이 생긴다면 환율에 영향을 미칠 수도 있지만 단순히 당좌예금 잔액이 늘어난다고 해서 반드시 환율에 영향을 미치는 것은 아니다.

일부 학자들은 여전히 "불태화" 또는 "태화" 개입을 구분하는 경우가 많지만 중앙은행이 특정 통화정책 스탠스를 정하면 의미를 잃는 개념이다. 이 구분은 중앙은행이 통화정책 스탠스를 발표하지 않던 시절의 논쟁에서 나온 지적 유산으로 이제는 논쟁 자체가 무의미해졌다. 일본은행이 가급적 세세한 부분까지 설명하려다 보면 엔화 가치 상승을 막는 데 소극적이라는 비판을 불러일으킬 수 있었다. 결국 후쿠이 총재는 이 문제를 정면으로 논의하는 것을 피하고 공허한 논쟁에 휘말리지 않기 위해 "일본은행은 외환 시장 개입을 통해 엔화 자금을 포함해 시장에 충분한 자금을 공급하고 있다"라고만 말했다.

1부 일본은행에서의 성장기

엔 캐리 트레이드

　엔화의 실제 환율은 일본은행이 양적 완화를 도입한 이후 대체로 강세를 보였다. 2004년 중반부터 엔화는 점차 약세를 보였는데(그래프 [5-1] 참조), 이는 일본과 해외의 상반된 통화정책 방향을 반영해 금리 차이가 확대된 결과다.

　환율은 이제 민간 경제 주체들이 다양한 통화의 금융 자산과 부채 중에서 선택하는 것과 글로벌 자본 흐름의 증가에 점점 더 많은 영향을 받고 있으며, 이러한 환경에서 금리 차이는 투자자들이 자산을 선택하는 방식에 큰 영향을 미친다. 더 구체적으로 투자자들은 국가 간 통

[5-1] 미국 달러와 일본 엔 간 환율 추이

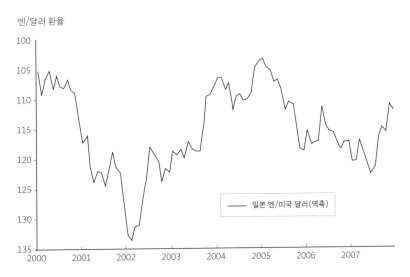

출처: 일본은행

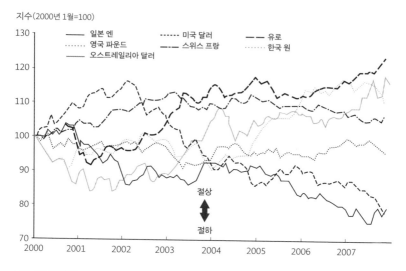

[5-2] 명목 실효 환율(협의 지수)

지수(2000년 1월=100)

일본 엔
영국 파운드
오스트레일리아 달러
미국 달러
스위스 프랑
유로
한국 원

절상
절하

출처: 국제결제은행

화정책 예상 경로의 차이, 즉 향후 국내외 정책 금리의 예상 경로에 주목한다. 양적 완화가 시작되었을 때 글로벌 경제는 침체기에 있었다. 이에 따라 정책 금리는 전 세계적으로 하락 추세를 보였고, 일본의 정책 금리는 더 이상 인하 여지가 없는 제로 금리였기 때문에 금리 차 확대는 기대할 수 없었다. 반대로 해외 경제가 회복세를 보이기 시작하자 투자자들은 해외 정책 금리 인상을 기대하기 시작했고, 그 결과 금리 차가 확대되었다. 이것이 2004년 중반부터 시작된 엔화 약세의 메커니즘이었다. 주요국의 명목 실효 환율을 살펴보면 2004년부터 2007년 사이에 엔화 약세가 가장 두드러지게 나타났다(그래프 [5-2] 참조).

이 기간에는 저금리로 빌린 엔화를 고수익 통화에 투자하는 거래인 엔 캐리 트레이드yen carry trade가 급증했다. 환율 변동에 대한 표준적인

이론에 따르면 투자 통화와 자금 통화 간의 수익률 차이는 환율 변동에 의해 상쇄되어야 하며, 이는 캐리 트레이드의 기대 수익률이 0이라는 것을 의미한다. 하지만 현실에서는 적어도 단기적으로는 이러한 관계가 관찰되지 않으며 캐리 트레이드가 초과 수익을 올릴 수 있다. 이자율 차이가 크고 어떤 이유로 환율 변동이 크지 않을 것으로 예상되면 캐리 트레이드가 점점 인기를 얻게 된다. 2004년 초부터 2007년 7월까지 일본의 단기 금리는 제로 금리를 유지한 반면 해외 금리는 경제 상황 개선을 반영해 상승하기 시작하면서 엔 캐리 트레이드가 상당량 발생했다. 실제로는 일본인과 해외 투자자 모두 활발하게 엔 캐리 트레이드를 했기에 꼭 일본인만 한 것은 아니었지만 '와타나베 부인ミセス・ワタナベ'은 그 배후에 있는 것으로 여겨지는 일본 개인 투자자를 가리키는 신조어가 되었다.

양적 완화 도입 후 금융 경제 상황

일본은 2000년 11월 경기 침체에 빠졌고, 경기 침체의 바닥은 2002년 1월이었다. 2002년과 2003년 초에도 경제가 회복되고 있다고 생각하는 사람은 거의 없었고 비관적인 분위기가 지배적이었다. 주요 금융기관의 부실 대출 문제가 아직 해결되지 않았고 금융기관의 자본 적정성에 대한 우려가 남아 있었기 때문이다. 2003년 3월 후쿠이가 일본은행 총재로 취임했을 때 경제가 사실상 1년 전 저점에 도달한 것으로 밝혀졌으나 경제가 회복되기 시작했다고 보는 사람은 많지 않았다. 그럼에도 일본은행의 단칸 조사를 보면 제조업 대기업의 업황판단지수는

2002년 3월 -38로 최저점을 기록했던 것이 2003년 3월에는 -10으로 개선되었다. 2003년 5월 닛케이 지수가 바닥을 찍고 눈에 띄게 반등하기 시작하면서 마침내 경제 전망에 대해 안도의 한숨이 들리기 시작했다.[19] 경제 버블 붕괴로 장기간 하락세를 보이던 부동산 가격도 반등하기 시작했다. 공식 지가 데이터에 따르면 도쿄 지역의 상업 용지 가격은 2002년에 바닥을 찍고 2006년 1.0퍼센트, 2007년 9.4퍼센트, 2008년 12.2퍼센트 등 전년 대비 상승률이 눈에 띄게 높아지기 시작했다. 2002년 1월부터 시작된 경기 회복은 2008년 2월까지 이어져 6년 1개월 만에 2차 세계대전 이후 최장 기간 경기 확장세를 기록했다. 이러한 발전을 배경으로 사람들은 일본 경제가 마침내 긴 어둠의 터널에서 벗어났다고 점차 느끼게 되었다.

경기 회복에는 4가지 주요 요인이 있었다. 첫째, 2000년대 초반 일본 경제는 마침내 과잉 고용, 과잉 투자(설비), 과잉 부채라는 '3대 과잉'에서 벗어나기 시작했다. 참고로 고용 조정과 관련해 일본의 주요 기업들은 여전히 종신 고용을 유지하는 것이 관례였으며, 그 결과 불필요한 근로자를 정리해고를 통해 빠르게 해고하는 경향이 있는 미국의 관행과 달리 일본의 고용은 어느 정도 고정된 생산 요소였다. 10년 이상 장기화된 고용 조정은 이러한 일본의 관행을 반영한 것이다. 둘째, 해외 경기가 살아나고 있었다. 2004년부터 2007년까지 세계 경제의 연평균 성장률은 5.2퍼센트로 이전 15년간의 3.8퍼센트를 크게 상회했다. 셋째, 엔화 가치 하락이 수출과 설비 투자를 지지했다. 이 3가지 동인은 어느 정도 글로벌 신용 버블을 기반으로 한 전례 없는 글로벌 경제 확장에서 기인한 것이다. 마지막으로 넷째, 또 다른 중요한 동인은 일본의 미시적인 제도 개혁이 결실을 맺고 있었다는 점이다. 회계와 공시,

기업 지배 구조, 기업 구조 조정에 관한 법률과 관행 등의 분야에서 진전이 이루어지면서 자원 배분이 개선되었다. 거시경제학자들은 거시경제적 요인에만 초점을 맞춰 분석하지만 나는 미시적 차원의 제도 개혁이 중요한 역할을 했다는 점을 강조하고 싶다.

그동안 일본 경제를 오랫동안 괴롭혔던 부실 대출 문제가 2004년에 마침내 해결되었는데, 이는 일본 경제의 회복과 2002년 말부터 주요 금융기관의 자본 확충이 있었기에 가능했다. 자본 확충은 부실 대출 규모를 절반으로 줄이는 것을 목표로 한 금융 재생 프로그램, 일명 '다케나카 플랜竹中プラン'(당시 재무장관 다케나카 헤이조竹中平蔵의 이름을 따서 명명)에 의해 촉진되었다. 그러나 1990년대 후반부터 공적 자금 투입 등 금융 안전망이 구축되면서 은행으로 자금이 유입되기 시작했다는 점을 잊어서는 안 된다. 일본은행의 정책적 대응도 금융기관의 자금 조달 우려를 불식시키고 주가 변동에 따른 리스크를 완화하는 데 기여했을 것이다.

양적 완화 종료

경기 회복세가 감지되기 시작하면서 신선식품을 제외한 소비자물가지수의 전년 대비 하락 폭이 점차 축소되고 2005년 11월부터는 전년 대비 상승세를 보이기 시작했다. 이러한 배경에서 양적 완화 종료 여부가 정책 논쟁의 초점이 되었다. 일본은행은 2006년 1월 소비자물가 상승률이 전년 동월 대비 0.5퍼센트를 기록한 것을 확인한 후 3월 9일 통화정책회의에서 물가가 전년 동월 대비 안정적으로 상승하고 있으므로

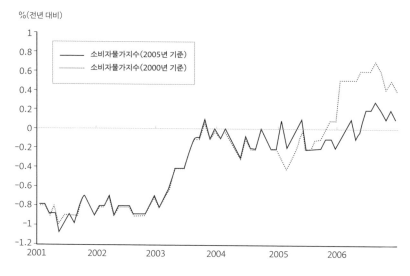

[5-3] 소비자물가 상승률

%(전년 대비)

소비자물가지수(2005년 기준)
소비자물가지수(2000년 기준)

주: 신선식품 제외
출처: 일본 총무성

양적 완화를 종료하는 것이 적절하다고 판단했다(그래프 [5-3] 참조). 이에 따라 통화정책 운용 목표가 통화량에서 익일물 콜 금리로 변경되었다. 정책 금리는 약 0퍼센트로 조정하기로 했다.

양적 완화 정책의 종료, 이른바 '출구 전략exit strategy'에 대해서는 양적 완화 축소를 선행할 것인지, 금리 인상을 선행할 것인지에 대한 논의가 많다. 그러나 당시 일본은행의 경우 양적 완화 종료 직전 막대한 당좌예금 잔액을 고려할 때 양적 완화 축소를 먼저 단행할 수밖에 없었다. 막대한 규모의 초과 지급준비금(약 26조 엔)이 있는 상태에서 중앙은행이 지급준비금에 대해 이자를 지급하지 않는 한 단기 금리는 0퍼센트 내외에서 움직여야 했다. 따라서 현실적인 운영 문제는 우선 당좌예금 잔액을 필요 지급준비금과 일치하는 수준으로 줄이고 금리 조정 중심의 체제로 전환하는 것이었다. 당시 일본은행의 단기 자금 공급 운용 잔액은 약 60조 엔에 달했고, 평균 운용 기간도 3개월 남짓으로 비교적 짧았다. 이를 통해 은행은 만기가 도래하는 단기 자금을 이월하지 않음으로써 수량을 원활하게 줄일 수 있었다. 이러한 세심한 준비 끝에 2006년 7월 14일 열린 통화정책회의에서 콜 금리 목표치가 0.25퍼센트로 상향 조정되었다. 나는 회의 준비에는 참여했지만 이사 임기가 이틀 전에 끝났기 때문에 회의장에 들어가지 못했다.

양적 완화 출구 전략과 관련해 또 다른 중요한 쟁점은 새로운 통화정책 운용의 프레임워크framework를 어떻게 설계할 것인가 하는 점이다. 일본은행을 비판하는 많은 경제학자들은 인플레이션 목표치를 도입해야 한다고 강력히 주장했다. 그들의 주장은 크게 2가지로 나뉘었다. 하나는 목표 인플레이션율을 '글로벌 표준'에 따라 2퍼센트로 설정해야 한다는 것이었다. 다른 하나는 일본은행이 이 목표를 빨리 달성하도록 의무화해야 한다는 것이었는데, 대부분 2년이라는 기간을 설정했다. 인플레이션 목표제가 통화정책 수행을 위한 '유연한' 체계라는 올바른 인식이 있었다면 이 제도의 도입에 문제가 없었을 것이다. 그러나 일본의 경우 인플레이션 목표에 관한 실제 제안은 훨씬 경직되고 기계적이었다. 지속 가능한 성장을 위협하는 모든 문제가 물가 상승률로 나타난다면 물가 상승률만 보고 통화정책을 수행하는 데 아무런 문제가 없을 것이다. 그러나 일본의 버블 경제와 버블 붕괴 그리고 그로 인한 금융위기는 이러한 순진한 견해와 상충하는 것이었다. 신일본은행법은 일본은행의 정책이 "물가 안정을 달성해 국민 경제의 건전한 발전에 기여하는 것을 목적으로 한다"라고 규정했으며, 이는 기계적으로 2퍼센트의 인플레이션을 추구할 것을 요구하지 않는다.

그러나 동시에 일본은행은 독립적인 중앙은행으로서 책임을 다해야 할 필요성도 고려해야 했다. 정책위원회 위원 대부분은 목표 수치가 맥락에서 벗어날 위험이 있다는 이유로 목표 수치를 제시하지 않는 것은 용납할 수 없다고 생각했다. 나 역시 그렇게 생각했다. 이에 따라 일본은행은 2006년 3월 양적 완화를 종료할 때 통화정책 수행의 틀에 큰 영향을 미치는 2가지 중요한 결정을 내렸다. 하나는 〈중장기 물가 안정에 대한 이해中長期的な物価安定の理解〉라는 형태로 추구해야 할 인플레이션율에 대한 일본은행의 견해를 개괄적으로 설명한 것이고, 다른 하나는 "2가지 기둥2つの柱, two pillars"을 설계한 것이다.

〈중장기 물가 안정에 대한 이해〉

일본은행 정책위원회 위원 사이에서는 목표 인플레이션율의 적정 수준에 대한 견해가 크게 달랐다. 따라서 하나의 수치를 설정하고 정책위원회에서 합의에 도달하는 것은 현실적이지 않았다. 이러한 상황에서 일본은행이 책임감 있는 방식으로 통화정책을 수행하려면 각 위원이 중장기적으로 안정되었다고 인식하는 물가 수준을 수치로 나타내고 그 결과를 종합해 발표하는 것이 가장 논란의 여지가 없는 접근 방식이었다. 이것이 바로 2006년 3월 공표한 〈중장기 물가 안정에 대한 이해〉다. 구체적인 문구는 다음과 같았다. "각 위원이 적절하다고 판단하는 중장기 인플레이션 수준은 0~2퍼센트의 범위 내에 있으며 대다수 위원의 중위값은 1퍼센트 이내다."[20]

이 설명은 물가 하락을 고려하지 않겠다는 일본은행의 견해를 명확히 하는 동시에 실제로 정책위원회 구성원 사이에 존재하는 다양한 견해를 포괄했다. 나는 주어진 상황에서 좋은 결과라고 생각했다. 그럼에도 많은 사람이 이 결정을 비판했는데, 특히 대부분 정책위원회 위원의 중앙값인 1퍼센트가 너무 낮다고 지적했다. 또한 '이해'라는 단어에서 목표 달성을 위한 일본은행의 강력한 의지가 느껴지지 않는다고 했다. 이러한 비판은 내가 총재로 재직하는 동안에도 계속 이어졌다.

2가지 기둥

통화정책의 실제 수행을 위해 "2가지 기둥"으로 경제와 물가 동향을 점검하는 새로운 체계를 도입하기로 결정했다. 첫 번째 기둥은 향후 1~2년 동안 경제와 물가의 가장 가능성 있는 경로가 물가 안정 아래에서 지속 가능한 성장과 일치하는지 여부를 판단하는 것이었다. 이는 기존 인플레이션 목표 설정 체계의 표준 절차였다. 두 번째 기둥은 물가 안정 아래에서 지속 가능한 성장을 달성하기 위해 통화정책을 수행할 때 고려해야 할 다양한 리스크를 장기적인 관점에서 검토하는 것이었다. 예를 들어 실현될 경우 경제와 물가에 큰 영향을 미칠 수 있는 낮은 확률의 위험 요인이나 1~2년 이후의 그럴듯한 경제 상황을 살펴볼 수 있다. 두 번째 기둥은 일본 버블 경제 이후 경험에서 얻은 교훈을 통합하고 인플레이션 목표 설정의 잠재적 단점을 완화하는 것을 목표로 했다.

양적 완화 종료에 대한 반응

2000년 8월 제로 금리 정책 종료 당시와 달리 2006년 3월 양적 완화 종료 결정에 대해 통화정책회의에 참석한 정부 대표들은 반대 의사를 표명하지 않았다. 오랫동안 일본은행을 비판해온 자민당 통화정책 분과위원회 위원장 야마모토 고조山本幸三는 일본은행의 결정 직후 의외로 긍정적인 논평을 발표했다. 신문 사설도 당좌예금 잔액이 중요한 것이 아니라 향후 단기 금리의 경로가 중요하다고 지적하며 긍정적으로 평가했다. 또한 정부는 5년 반 만에 처음으로 〈월례 경제 보고〉에서 디플레이션에 대한 언급을 삭제했다. 금융 시장은 본질적으로 평온한 상태를 유지했다.

5년마다 정기적으로 실시하는 품목과 가중치 조정에 따라 8월 말 공식 수정 소비자물가지수 수치가 발표되면서 상황은 갑자기 바뀌었다. 수정된 시계열에서 소비자물가지수의 전년 대비 변화는 평균적으로 약 0.5퍼센트포인트 하향 조정되었다. 중앙은행이 양적 완화 종료를 위해 설정한 조건이 소비자물가의 전년 대비 변동률을 0퍼센트 이상으로 안정되게 유지하는 것이었음을 감안할 때, 새로운 물가지수 데이터는 중앙은행 비판론자들을 지지하는 근거가 되었다.

양적 완화의 효과

앞서 설명한 바와 같이 양적 완화는 통화량 증가와 제로 금리 정책을 유지하겠다는 약속, 이 2가지 요소로 구성된다. 정책의 효과에 대해

1부 일본은행에서의 성장기

2001년부터 2006년까지 경험을 반영해 다음 결론에 도달했다.

양적 완화의 효과와 관련해 가장 분명한 영향은 금융 시스템 안정화였다. 2000년대 초 일본 금융위기의 가장 심각한 시기는 끝났지만 금융기관의 자본 부족은 여전히 문제가 되고 있었다. 이러한 상황에서 양적 완화를 통해 공급된 충분한 자금은 금융기관의 자금 조달에 대한 긴장을 완화해 금융 시스템의 안정성을 유지하는 데 기여했다.[21]

제로 금리 정책을 지속하기 위한 포워드 가이던스에서 경기 부양책이 나왔다. 포워드 가이던스가 어떻게 효과를 발휘할 수 있을지 명확히 할 필요가 있었다. 경기 부양 효과 중 상당 부분은 제로 금리를 지속하겠다는 의지를 반영한 엔화 약세에서 비롯될 것이라 기대되었는데 해외 경제가 회복되고 있었던 것이 중요했다. 그런 의미에서 스스로 큰 힘을 내는 터보차저 엔진이 아닌 순풍을 이용한 정책이었다고 할 수 있다. 한편 화폐수량설에 따라 통화량을 늘려야 한다는 사람들이 주장하는 기계적 부양책, 즉 당좌예금 잔액 증가가 대출 증가로 이어지거나 통화 공급이 경기를 부양하는 식의 경기 부양 효과는 관찰되지 않았다.

경기 부양은 저금리를 통한 전통적인 메커니즘에서 비롯된다. 안타깝게도 일본은행이 양적 완화를 실시할 당시 이러한 이해가 일본 경제 분석가들 사이에서 널리 공유되지 않았다.

비용과 편익

1990년대 말부터 격화되기 시작한 양적 완화의 효과에 대한 논쟁은 양적 완화가 종료된 후에도 여전히 해결되지 않고 있다. 일본은행의 통화정책이 강력하지 않다고 비판하는 경제학자들은 양적 완화가 효과적이었다고 주장했다. 논쟁의 반대편에서 가장 눈에 띈 사람은 대학 시절 은사 중 한 사람인 고미야 류타로였다. 고미야는 1970년대 초 일본은행의 통화정책에 대해 신랄한 비판을 가한 것으로 잘 알려져 있는데, 당시에는 계속된 느슨한 통화정책이 만연한 인플레이션의 중요한 원인 중 하나라고 주장했다.[22] 그런데 이번에는 1990년대 이후 일본은행의 통화정책 수행에 대해 근거 없는 주장을 하는 일본은행 통화정책 비판론자들을 질책한 것이다. 그의 견해는 계몽적인 논쟁을 위해서는 일본은행의 정책에 대한 찬반 여부를 떠나 관련 문제를 파악하는 것이 필요하다는 것이었다. 이는 고미야가 일본경제연구센터와 공동 저술한 《통화정책 논쟁의 쟁점》에도 반영되어 있다.[23]

고미야의 견해는 양적 완화가 "적당한 비용과 적당한 편익"을 가져왔다는 것이었다.[24] 2001년부터 2006년까지의 양적 완화는 비용이 편익보다 클 가능성이 있었지만 적당한 비용과 적당한 편익의 범위 내에 있는 정책으로 간주할 수 있었다. 그러나 글로벌 금융위기 이후에는 더 이상 양적 완화의 비용이 크지 않을 것이라는 확신이 들지 않았다.

독립성과 책임성을 둘러싼 쟁점들

효과 문제 외에도 양적 완화는 중앙은행의 독립성과 책임성에 관한 일련의 어려운 문제를 제기했다.

첫째, 재정정책과 통화정책의 구분이 모호해졌다. 제로 금리 시대에 통화 완화를 강화하려면 중앙은행은 무위험 금리를 낮추는 것 외에도 기간 프리미엄 그리고/또는 신용 리스크 프리미엄을 낮추는 것을 목표로 해야 한다. 신용 리스크 프리미엄을 낮추는 것은 중앙은행이 개별 민간 기업이 발행한 채권과 기타 상품을 매입해 자금 배분에 개입해야 한다는 압박을 받을 수 있음을 의미한다. 이런 행위는 공공 부문이 개별 민간 기업에 자금을 지출하는 것은 의회의 승인을 받아 재정정책으로 수행되어야 한다는 민주 사회의 기본 원칙 중 하나에 반하는 것이다. 중앙은행의 독립성은 중앙은행이 금리 수준을 결정하기 위해 유동성의 전반적 수준을 결정하는 역할만 담당하고 구체적인 자금 배분은 시장의 힘에 맡긴다는 생각에 기반을 두고 있다. 중앙은행이 민간 위험 자산을 매입하면 중앙은행의 행동이 재정정책의 요소로 작용하기 시작하며, 이는 중장기적으로 중앙은행의 독립성을 약화시킬 수 있다. 재정정책과 통화정책의 경계선을 어디로 설정할 것인지는 여전히 골치 아픈 문제다.[25]

둘째, 구조 개혁과 통화정책의 관계를 고려해야 했다. 일본은행 정책위원회 위원들 사이에서는 규제 완화와 같은 구조 개혁 정책이 일본에 필수적이며, 구조 개혁 없이는 일본 경제가 지속 가능한 성장 경로로 복귀하는 것이 어렵다는 데 폭넓은 공감대가 형성되어 있었다. 실제로 2001년 3월 양적 완화가 채택되었을 때 일본은행의 공개 성명서에는 구조 개혁을 촉진하기 위한 정부의 노력을 강력히 촉구하는 문구가 포함되었다. 하지만 구조 개혁이 결실을 맺고 잠재 성장률을 제고하는 데는 시간이 걸리며, 관찰되는 저성장이 잠재 성장률 하락 때문인지 아니면 경기 순환적 요인 때문인지 구분하기 어렵다. 중앙은행이 조치를 취하면 통화정책 완화를 꺼린다는 인상을 줄 수 있다. 반면에 침묵을 지키면 더 많은 조치를 취해야 한다는 목소리가 커질 수 있다. 한편 완화적 통화정책을 비판하는 사람들은 통화 완화가 구조 개혁의 발목을 잡는다고 주장할 것이다.

셋째, 통화정책에 대한 커뮤니케이션이 쉽지 않았다는 점이다. 후쿠이 총재는 의도적으로 당좌예금 잔액 목표치의 증가를 공개적으로 강조했다. 나는 양적 완화의 효과에 대해 회의적인 입장이었기 때문에 이러한 커뮤니케이션 전략에 대해 불편함을 느꼈다. 동시에 일본은행이 당좌예금 잔액을 목표로 삼고 있는 상황에서 통화량 증가의 효과에 이의를 제기하는 듯한 견해를 제시하는 것은 일관성이 없다는 것을 알고 있었다. 내가 가장 우려했던 것은 당좌예금 증가가 큰 효과를 거두지 못했기 때문에 일본은행이 무제한 증가를 수용해야 하고, 이는 현실적으로 국채 매입을 계속 늘리는 결과로 이어질 것이라는 점이었다. 다행히 2004년부터 세계 경제가 견조한 성장세를 보이면서 내 우려는 현실화하지 않았지만 글로벌 신용 버블이 발생하면서 일본은행은 겨우 목숨을 건질 수 있었다. 양적 완화의 비용과 이점을 알리려고 노력했지만 비용에 대한 언급은 정책 효과를 희석시킨다는 비판을 불러일으켰다.

마지막으로 넷째, 양적 완화는 위원회 체계에서 소통의 문제를 야기했다. 양적 완화에 대한 견해는 위원 사이에 상당한 차이가 있었다. 또한 향후 통화정책 운영에 대한 포워드 가이던스를 마련하는 과정에서 이 정책이 효과가 있을 것으로 예상되더라도 위원 임기가 만료된 후에도 지속될 수 있는 정책을 현재 위원들이 약속하는 것이 과연 허용되는가 하는 의문도 제기되었다.

초기에는 이러한 문제에 대한 인식이 거의 없었다. 독립성과 책임성에 관한 이런 곤란한 문제는 글로벌 금융위기 이후 더욱 심각해졌고, 많은 중앙은행들이 이 문제에 직면해야 했다.

6장

대안정기의 환상

금융위기 이전의 세계 경제

2000년대는 닷컴 버블의 붕괴와 미국의 경기 침체로 시작되었고, 이는 전 세계로 확산되었다. 그러나 이는 2004년부터 2007년까지 세계 경제 상황이 눈에 띄게 개선되면서 일시적인 악재로만 여겨졌다. 이렇게 빠르게 지난 수십 년간의 성장 궤도로 복귀한 것은 고성장, 물가 안정, 낮은 변동성이라는 이른바 '대안정기'의 증거이자 통화정책의 정당성을 입증하는 것으로 여겨지게 되었다. 정책 당국자들은 견조한 경제 성과가 글로벌 신용 버블의 부산물이라는 사실을 2007~2009년의 글로벌 금융위기가 터지고 나서야 알게 되었다. 한편 당시 일본은 전후 최장 기간의 경제 확장기를 경험하며 해외 수출 시장 확대와 엔화 약세 등 글로벌 경제 호황의 혜택을 크게 누렸다. 따라서 일본은 불균형의

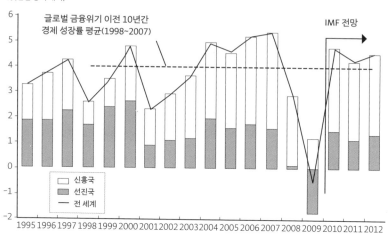

[6-1] 글로벌 경제 성장률

%(전년 동기 대비)

글로벌 금융위기 이전 10년간
경제 성장률 평균(1998~2007)

IMF 전망

신흥국
선진국
전 세계

1995 1996 1997 1998 1999 2000 2001 2002 2003 2004 2005 2006 2007 2008 2009 2010 2011 2012

출처: Shirakawa(2010b)

누적과 글로벌 버블의 결과로 경기가 부양되었다는 것을 인식하지 못했다는 점에서 다른 국가들과 다르지 않았다.

새로운 밀레니엄은 선진국 경제가 닷컴 버블의 붕괴에 직면하면서 시작되었다. 그러나 초기의 비관론과는 달리 미국의 경기 침체는 예외적으로 단기간에 그쳤다. 2001년 3월에 시작된 경기 침체는 11월에 이미 끝났고, 미국 경제는 8개월 동안만 침체에 빠졌다. 그럼에도 불구하고 한동안 경제에 활력이 거의 없었고, 2002년 가을부터 2003년 여름까지 인플레이션율이 하락하면서 미국이 "일본식 디플레이션"에 빠질 위험에 대한 우려가 표출되었다. 그러나 이러한 우려는 기우에 그쳤고 미국 경제는 2001년 11월부터 2007년 12월까지 장기적인 성장세를 이어갔다. 이 기간 동안 세계 경제도 고성장을 구가해 2003~2007년 평균

1부 일본은행에서의 성장기

성장률이 5.2퍼센트에 달했는데, 이는 1998~2007년 10년 평균 성장률인 4.0퍼센트를 훨씬 상회하는 수치였다(그래프 [6-1] 참조).

이 시기의 하이라이트는 신흥국의 급속한 성장이었으며, 그중에서도 중국의 성장이 가장 인상적이었다. 2007년 중국 경제 규모는 1990년보다 7배나 커졌으며, 연평균 10.2퍼센트라는 놀라운 성장률을 기록했다. 2000년부터 2007년 미국의 경기 확장이 끝날 때까지 기간에 초점을 맞추면 성장률은 10.5퍼센트로 더 높았다. 2000년대 초만 해도 이러한 성장세를 예측한 정책 당국자나 경제학자는 거의 없었다. 나 역시 마찬가지였다. 미국 달러화 기준 GDP로 측정한 경제 규모를 비교해보면 1990년 중국은 일본 경제 규모의 13퍼센트에 불과했지만 2010년에는 GDP에서 일본을 추월했다. 1960년대 후반 일본 경제가 서독 경제를 추월한 후 오랫동안 세계 2위 경제 대국이었다는 사실을 생각하면 많은 일본인이 중국의 눈부신 성장을 만감이 교차하는 눈으로 지켜봤을 것이다.

이러한 고성장은 주로 시장의 힘을 통해 이루어졌으며, 이는 본질적으로 일본이 1950년대 중반부터 1970년대 초까지 고도성장기에 수행한 방식이다.[1] 중국은 1990년대 초에 '개혁 개방' 정책을 시작했고, 낮은 임금 비용에 힘입어 노동 집약적 제조업 수출을 늘렸다. 이로 인해 경제의 임금 수준이 상승하면서 농업 부문에서 생산성이 높은 제조업 부문으로, 시골에서 도시로 노동력이 대규모로 재배치되었다. 그 결과 실질 구매력이 증가했고(특히 도시에서), 도로와 철도 등 인프라에 대한 수요가 크게 확대되었으며, 소득 수준 상승을 반영해 도시의 주택과 내구재 수요도 함께 증가했다. 이러한 고성장 메커니즘은 농촌에서 도시로 노동력이 이동할 여지가 있고 생산가능인구가 증가하는 한 지속될 수 있다. 노동력이 재배치되고 소득 수준 상승으로 출산율이 떨어지면 생산가능인구 증가율이 떨어지고 이에 따라 경제 성장도 점차 둔화한다. 이는 지난 50년 동안 일본이 경험한 경로다.

이러한 전환기에 경제가 직면하는 가장 큰 과제는 경제를 새로운 지속 가능한 경로로 원활하게 유도하는 것이다. 일본의 경우 1970년대 초에 두 자릿수 성장이 끝났고, 이후 성장률이 점차 하락했다. 중국의 경우 고성장에서의 전환은 글로벌 금융위기가 시작되기 전부터 시작되었다. 그럼에도 불구하고 리먼 브라더스 파산 1년 전인 2007년에도 중국은 여전히 고성장을 지속하고 있었고, 이러한 환경 속에서 인프라와 주택 투자 증가에 따라 원유, 철광석, 석탄 등 원자재 수요가 폭발적으로 증가했으며, 국민소득 증가에 따라 식량 소비도 급증했다. 이에 따른 원자재와 식료품 가격 상승은 해당 원자재를 생산하는 경제의 고성장을 유도했고, 이는 다시 글로벌 경제의 견조한 성장에 기여했다.

일본 경제는 6년 1개월이라는 전후 최장 기간의 경기 확장을 경험하면서 견고한 글로벌 성장의 혜택을 크게 받았다. 그럼에도 대중은 경제에 활력이 부족하다고 생각했다. 통계와 대중의 인식이 이처럼 차이가 나는 이유 중 하나는 국민소득에서 임금 비중이 감소했기 때문이다. 일본의 임금 비중은 1998년 금융위기가 한창일 때 52퍼센트를 넘어섰지만 2000년대 초반에는 49퍼센트 이하로 떨어졌다. 일본에서는 여전히 종신 고용 제도가 널리 퍼져 경기 침체기에는 임금 비중이 상승하고 경기 호황기에는 하락하는 경향이 있었다. 2000년대 초반 경기 상승기에 임금 비중이 하락한 것은 과거의 패턴을 따른 것이기도 하다. 하지만 동시에 점점 더 세계화하는 자본 시장에서 기업 지배 구조 개혁을 배경으로 주주들의 기대에 부응하기 위해 임금 인상을 억제해 자기자

1부 일본은행에서의 성장기

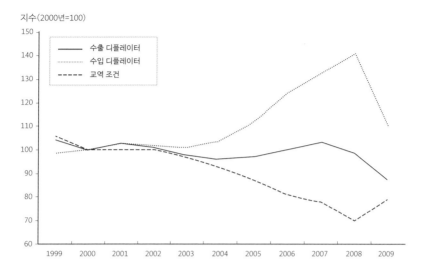

[6-2] 교역 조건

지수(2000년=100)

- 수출 디플레이터
- 수입 디플레이터
- 교역 조건

출처: 일본 내각부

본 수익률을 높이려는 기업의 경향을 반영한 것이기도 하다.

통계와 대중의 인식 사이에 차이가 발생하는 또 다른 이유는 교역 조건이 악화되었기 때문이다.[2] 2000년 초에 비해 교역 조건은 2007년에 20퍼센트, 2008년에 30퍼센트 하락했다(그래프 [6-2] 참조). 교역 조건이 악화되었다는 것은 실질 구매력 증가율이 GDP로 측정한 생산 증가율보다 낮았다는 것을 의미한다. 해가 갈수록 구매력 손실은 일본 제품의 경쟁력 악화와 국제 원자재 가격 상승을 모두 반영해 GDP의 5퍼센트 이상에 달했다. 이는 일본이 에너지와 원자재를 거의 전적으로 수입에 의존하는 상황에서 불가피한 결과인 것처럼 보였다. 그러나 이 점에서 일본도 독일과 다르지 않았다. 일본의 경우 중요한 악화 요인은 수출 가격 하락이었다. 글로벌 경쟁이 심화하면서 일본 기업들은 제품과 서비스에 대한 가격 결정력을 잃어가고 있었다. 결국 일본의 실질 구매력은 GDP가 아니라 구매력 손실을 보정한 소득으로 측정되며, 이 수치가 GDP만큼 성장하지 못했다는 사실이 경제 회복이 미흡하다는 대중의 인식에 일정 부분 영향을 미쳤다.

미국의 디플레이션 우려

2002년과 2003년은 2차 세계대전 이후 처음으로 선진국의 정책 당국자들이 디플레이션을 진정으로 두려워한 시기였지만 나는 그러한 두려움이 과도하다고 생각했다. 당시 분위기를 상징적으로 보여주는 것이 연준 이사였던 벤 버냉키가 〈디플레이션: 미국에서 일어나지 않도록 하기Deflation: Making Sure 'It' Doesn't Happen Here〉[3]라는 제목으로 했던 연설이다. 버냉키는 일본의 경험을 강조하면서 디플레이션을 용납하지 않을 것이며 미국에서 디플레이션이 발생할 가능성은 낮다고 주장했다. 이 연설은 많은 관심을 끌었다.

디플레이션에 대한 우려를 배경으로 2003년 6월 연방공개시장위원회는 당시 역대 최저 수준인 1.0퍼센트로 정책 금리를 인하하기로 결정했다. 이후 발표된 성명서에서는 디플레이션이라는 단어를 조심스럽게 피했지만 금리 인하의 목적이 완화적 통화정책을 통한 기대 인플레이션 상승에 있다고 언급했다.

버냉키는 연방공개시장위원회 직전이었던 5월 도쿄에서 열린 일본금융학회日本金融学会에서 〈일본 통화정책에 대한 몇 가지 생각Some Thoughts on Monetary Policy in Japan〉이라는 제목으로 발표를 했다. 프린스턴대학교 교수 시절 발언과 비교하면 어조를 다소 누그러뜨리긴 했지만 일본은행의 통화정책 수행을 신랄하게 비판했다. 버냉키는 이 연설에서 디플레이션이 일본 경제의 발목을 잡는 핵심 요인이라는 인식하에 디플레이션 탈출을 위해 '헬리콥터 머니' 정책 또는 재정과 통화 당국이 명시적으로 공동 대응하는 정책을 옹호했다.[4] 나는 발표 전날 버냉키와 후쿠이 총재의 오찬에 함께했고 버냉키와 처음 대화를 나누게 되었다. 우리는 디플레이션과 양적 완화에 대해 활발히 토론했으며 점심 식사 후에도 내 사무실에서 토론을 이어갔다. 일본 버블 경제에 대한 보고서를 작성할 당시 버냉키의 논문을 다수 읽었는데 대공황을 설명한 "금융 가속기financial accelerator" 이론에 공감하며 버블 붕괴 이후 일본의 상황을 분석하는 데 좋은 틀이 되겠다고 생각했다. 버냉키가 학자 시절 보여준 일본은행에 대한 신랄한 비판과 '헬리콥터 머니' 발언에 당황하기도 했지만 우리는 견해 차이를 극복하고 따뜻한 대화를 나누었다. 이날 첫 만남의 인상은 이후 버냉키가 연준 의장이 되고 내가 일본은행 총재가 되었을 때도 변함없었다.

미국 주택 가격 급등

결국 미국에서는 디플레이션이 나타나지 않았다. 디플레이션에 대한 우려가 사라지면서 경제 회복이 시작되었다. 하지만 이 경기 회복은 "고용 없는 경기 회복"이라는 점에서 과거의 경기 회복과는 크게 달랐다. 통화정책의 방향도 경기 회복에 맞춰 바뀌었고, 연방공개시장위원회는 "신중한 속도"로 금리를 인상할 것이라고 선언했다. 연방기금 금리의 목표 수준은 2004년 6월부터 2006년 6월까지 17차례에 걸친 연방공개시장위원회 회의에서 0.25퍼센트포인트씩 인상되어 5.25퍼센트에 도달했다. 이러한 일련의 금리 인상은 처음부터 예상하지 못했던 것이었지만, 금리 전망의 불확실성을 줄여 투자자들에게 연준이 통화정책을 급격하게 긴축하지 않을 것이라는 확신을 심어주었다. 이로 인한 리스크 경시는 미국 신용 버블을 발생시킨 요인 중 하나였다.

1996년과 2006년 사이에 미국의 주택 가격은 실질적으로 2배 상승했다. 주택 가격의 상승세는 애리조나주, 캘리포니아주, 플로리다주, 네바다주에서 두드러졌으며 주택 건설을 촉진했다. 이런 배경에서 급격한 물가 상승과 이에 대한 통화정책 대응은 국제결제은행 회의의 주요 의제가 되었다. 국제결제은행 회의에서 유럽과 일본 참석자는 자주 물가의 급격한 상승에 대한 우려를 표명했지만 미국 참석자는 이러한 우려를 빠르게 일축해버렸다. 이것이 일반적인 패턴이었다.

미국 동료들은 기본적으로 3가지 주장을 펼쳤다. 첫째, 그들은 미국이 이전에 경제 전반에 걸친 주택 가격 하락을 경험한 적이 없다는 점에 주목했다. 2005년 6월 9일 연준 의장 앨런 그린스펀은 의회 증언에서 국지적인 '버블'은 있을 수 있지만 전국적인 버블은 없다고 언급했다.[5] 둘째, 그들은 버블이 팽창하는 것을 식별하기 어렵다고 판단했다. 또한 그들은 그러한 버블을 식별할 수 있다고 하더라도 주택 가격은 본질적으로 부동산에 대한 실제 또는 귀속된 임대료의 미래 흐름의 순 현재 가치라는 점을 고려할 때 통화정책을 통해 이에 대응하려면 금리를 과도하게 억제할 정도로 높은 수준으로 인상해야 한다고 주장했다. 마지막으로 셋째, 설사 버블이 존재하고 버블이 터지더라도 적극적인 완화 정책으로 과도한 경기 위축을 피할 수 있다고 주장했다.

　　　　　　　　　　　　　　1부　일본은행에서의 성장기

2005년 6월 연방공개시장위원회 회의

　나는 연준의 내부 논의에 관심이 많았다. 특히 그린스펀의 의회 증언이 있은 지 3주 후인 2005년 6월 29~30일에 열린 연방공개시장위원회 회의의 속기록은 매우 흥미로웠다.[6] 첫날의 심의는 거의 전적으로 "주택 가치 평가와 통화정책"에 관한 것이었다. 사후 확신 편향hindsight bias의 영향이 있을 수 있지만 나는 토론의 전반적인 분위기가 너무 낙관적이고 가계 부채, 특히 주택 담보 대출에 대한 논의가 거의 없이 주택 가격 수준에만 초점을 맞춘 의견 교환이 이루어졌다는 사실이 여전히 놀랍기만 하다. 또한 그림자 금융shadow banking system과 글로벌 자본 흐름에 대한 언급도 거의 없었다.

　버블 붕괴 이후 통화 완화의 효과에 대해 참석자들이 그렇게 확신하지 않았다면 연방공개시장위원회에서 논의가 어떻게 전개되었을지 여전히 궁금하다. 2가지 질문이 떠오른다. 첫 번째는 버블이 꺼진 후 중앙은행이 공격적인 통화정책 조치를 충분히 신속하게 취할 수 있을지 여부다. 두 번째는 그러한 조치가 효과적일지 여부다. 버블 붕괴 이후 일본의 빈약한 성장이 자주 거론되곤 했는데, 과감하게 완화 정책을 시행하지 못한 것이 경기 침체의 중요한 원인 중 하나라는 진단이 있었다. 미국 정책 당국자들의 자신감은 부분적으로는 닷컴 버블의 여파에서 경제를 신속하게 벗어나게 하는 데 성공한 것에서 비롯되었다. 그들이 과소평가한 것은 버블이라는 단어와 연관되는 경향이 있는 주택 가격 상승 자체와 엄청난 부채 증가를 수반하는 버블 경제의 차이점을 명확히 인식하지 못한 것이다. 당시에는 부채 축적의 중요성을 제대로 인식하지 못했다. 오늘 연방공개시장위원회 의사록을 다시 읽으면서 데 자뵈를 떨쳐버릴 수 없었다. 실물 경제의 상황과 중앙은행의 반응 측면에서 1980년대 후반 일본에서 일어난 일과 매우 유사하다.

대안정기

글로벌 금융위기가 일어나기 전까지 선진국 경제는 번영을 누렸고, 이러한 배경에서 정책 당국자들은 통화정책 수행에 점점 더 자신감을 갖게 되었으며 경제학자들과 함께 기본 경제 이론에 대한 확신을 더욱 깊게 다졌다. 당시 '공기'는 2004년 2월 버냉키가 한 연설 제목인 〈대안정기Great Moderation〉[7]에 가장 잘 나타나 있다. 사실 이 제목은 2000년대 선진국 경제를 지칭하기 위한 것이 아니다. 1980년대 중반부터 20년간 서구의 경제 발전과 관련해 관찰된 사실을 설명한 것으로, 성장률이 상대적으로 강하고 인플레이션이 감소하고 성장과 물가의 변동성이 낮았다.[8] "대안정기"라는 용어가 나타내듯 거시경제정책 운용에 대한 낙관론이 정점에 달했던 것은 2004년부터 2007년까지 기간이다.

2000년대 초반 선진국 경제의 대안정과 1980년대 후반 일본의 거대한 버블은 공통점이 많았다. 첫째, 성장세는 강했지만 인플레이션은 대체로 억제되고 안정적이었다. 둘째, 부동산 가격이 상승했다. 셋째, 부채가 급증하고 레버리지가 극단적인 수준에 도달했다. 마지막으로 넷째, 사람들은 "신경제의 출현"과 같은 좋은 경제 성과를 정당화하는 서사를 받아들이기 시작했다.

주류 경제학계의 정책 방향은 한마디로 중앙은행이 물가 안정을 위한 통화정책에만 집중하면 거시경제의 안정을 달성할 수 있다는 것이었다. 나는 물가 안정의 중요성을 이해하지만 이런 편협한 시각에 불편함을 느꼈고 지금도 마찬가지다. 나는 미국이 버블의 한가운데에 있다고 확신을 갖고 말할 수 없었다. 돌이켜보면 나는 그림자 금융 부문의 확대와 이와 관련된 글로벌 자본 흐름의 역할에 대해 인식하지 못했다. 이러한 현상에 대해서는 다음 장에서 더 자세히 다루고, 여기서는 글로벌 금융위기 이전에 만연했던 정책 방향에 대해 조금 더 설명하겠다.

2005년 8월 잭슨홀 심포지엄

당시 정책 당국자들과 주류 거시경제학자들 사이에서 통용되던 지배적인 견해를 가장 명확하게 보여주는 사례를 2005년 8월 잭슨홀 경제 심포지엄의 발표 자료에서 볼 수 있다. 이 심포지엄은 "그린스펀의 시대: 미래를 위한 교훈The Greenspan Era: Lessons for the Future"이라는 주제로 열렸다. 당시 발표 자료를 읽다 보면 6개월 후 퇴임하게 될 연준 의장 그린스펀의 통화정책 수행에 대한 찬사가 쏟아져 나오는 것을 볼 수 있다. 앨런 블라인더Alan Blinder(전 연준 부의장)와 리카르도 레이스Ricardo Reis(블라인더의 프린스턴대학교 동료 교수)는 〈그린스펀 기준에 대한 이해 Understanding the Greenspan Standard〉라는 논문에서 이른바 그린스펀 시대에 좋은 성과를 가져온 통화정책의 개념적 토대를 탐구하고 그린스펀 의장의 후임자가 "책상의 첫 번째 서랍"에 넣어두어야 할 11가지 원칙을 제시했다. 대부분의 원칙이 타당했지만 일본의 경험에 비추어 볼 때 불편한 원칙도 몇 가지 있었다. 예를 들어 여섯 번째 원칙은 다음과 같다. "리스크 관리는 특히 매우 안 좋은 상황이 발생하지 않도록 하는 안전

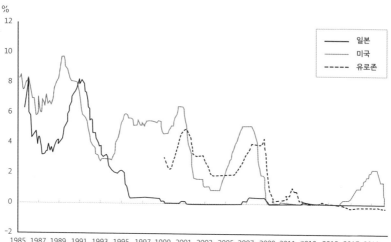

[6-3] 주요국 정책 금리(기준 금리)

출처: 일본은행, 유럽중앙은행, 연준

장치로 공식적인 최적화 절차보다 실제로 더 잘 작동한다. (중략) 예를 들어 일각에서는 2002~2003년 중 디플레이션 위험에 대한 그린스펀의 우려가 실제 리스크에 비해 과도하다고 보았다. 그러나 그는 연준이 일본은행을 따라 제로 금리 함정에 빠지는 것을 허용하지 않기로 결심했다."[9]

이러한 낙관적인 전망에도 불구하고 미국은 이 발표가 있은 지 불과 3년 만에 금리 하한에 직면한다(그래프 [6-3] 참조).

또한 아홉 번째 원칙은 다음과 같다. "버블을 터트리려고 하지 말고 터진 후 닦아내라. 버블을 터트리는 데 실패하거나 터지기도 전에 경제가 무너질 수 있다. (중략) 버블을 터트리는 것은 연준의 법적 책무를 벗어나며 득보다 실이 더 클 수 있다. 또한 중앙은행의 대규모 유동성 투

1부 일본은행에서의 성장기

입을 통한 '사후 수습 전략mop up after strategy'은 꽤 잘 통한다."[10] 이 원칙은 버블에 대응할 때 사후적인 통화정책으로 충분히 대응할 수 있다는 것을 시사한다.

당시 나는 국제회의에서 일본의 다양한 정책 실패에 대한 빈번한 토론을 들으며 불편한 시간을 보냈다. 일본의 부실 대출 처리가 지체된 데는 강한 불만이 있었지만 적극적인 통화 완화가 버블 붕괴에 따른 저성장을 막을 수 있었다는 주장에는 동의할 수 없었다. 3장에서 설명한 13명의 연준 경제학자들이 작성한 일본 버블 경제의 붕괴에 관한 논문은 당시의 대표적인 논문이었다.[11] 연방공개시장위원회의 많은 위원들이 공개 연설에서 이 논문을 언급했지만 나는 그 논문의 요지에 동의할 수 없었다. 흔히 역사를 통해 배운다고 하나 직접 경험한 데서 얻는 인사이트는 역사적 교훈이 따라갈 수 없다.[12]

나는 국제결제은행의 앤드루 크로킷Andrew Crockett(사무총장), 윌리엄 화이트William White(수석 이코노미스트), 클라우디오 보리오 등 고위 임원이 제시한 견해에 더 공감이 갔다. 이들은 자산 가격과 부채 수준이 급격히 상승하는 상황에서 중앙은행이 아무것도 하지 않으면 전반적인 물가 수준이 안정적으로 유지되더라도 버블이 터져 거시경제 안정을 위협할 수 있다고 경고했다. 이러한 사태를 막으려면 강력한 금융 규제와 감독이 필수적이며 통화 긴축 또한 배제해서는 안 된다고 했다. 화이트의 논문 〈물가 안정으로 충분한가?Is Price Stability Enough?〉는 국제결제은행의 견해를 단적으로 보여준다.[13] 즉 연준은 버블에 대응하는 사후 수습 전략을 지지한 반면 국제결제은행은 사전 예방 조치 또는 역풍 전략lean-against-the-wind strategy을 옹호한다.

글로벌 금융위기 이전 주류 거시경제학

글로벌 금융위기 이전에는 물가 안정을 추구하는 통화정책을 통해 거시경제 안정을 달성할 수 있다는 것이 주류적인 사고였다. 이 견해는 1980년대 후반 정책 당국자들과 학계에서 서서히 등장해 1990년대에 널리 받아들여지기 시작했고, 2000년대 들어서 확고히 자리 잡았다. 첫째, 경제의 경로를 장기 추세 성장과 그 추세를 오르내리는 주기적 변동으로 규정할 수 있다고 믿었다. 추세 성장은 실물 요인인 노동 인구와 생산성 증가에 의해 결정되고 변동은 공급 또는 수요 충격으로 인해 발생하는 추세 주변의 "교란"으로 간주되었다. 둘째, 통화정책은 충격으로 인한 경제 활동의 변동성을 완화하고 예측 가능한 낮은 인플레이션율을 실현함으로써 사회 후생을 극대화하는 데 기여하는 것으로 간주되었다. 경제 활동의 변동을 완화하는 것이 바람직하다는 점은 분명하다. 그러나 물가 안정이 바람직한 이유에 대해서는 설명이 필요할 수 있다. 가격이 안정적으로 유지되는 환경에서는 가격의 자원 배분 기능이 가장 효율적으로 작동해 경제 성장을 뒷받침할 수 있다고 생각했다. 인플레이션이 만연하고 경제 주체들이 제품의 상대 가격을 알 수 없어 확신을 가지고 의사 결정을 내릴 수 없다면 기업은 경제 성장에 필수적인 설비 투자나 장기적인 제품 연구에 착수하지 않을 것이다. 동시에 가계와 기관 투자자는 인플레이션 불확실성에 대한 보상으로 금리 프리미엄을 요구할 것이다. 결과적으로 투자는 물론 전반적인 경제 성장에도 영향을 미치게 된다.

가장 좋은 거시경제정책 체계는 물가 안정을 독립된 기구인 중앙은행의 핵심 목표로 삼는 것으로 여겨졌다. 동시에 중앙은행은 독립성에 대한 대가로 특정 책임 요건을 충족할 것으로 기대되었다. 1980년대 후반 캐나다와 뉴질랜드에서 처음 채택되어 1990년대에 널리 받아들여진 인플레이션 목표제는 이러한 사고에 따른 전형적인 정책 체계였다. 낮고 안정적인 인플레이션을 추구하는 통화정책을 통해 거시경제 안정을 달성할 수 있다는 견해는 공식적으로 인플레이션 목표제를 채택했는지 여부와 관계없이 많은 국가에서 핵심 정책 철학이 되었다.

물가 안정과 금융 시스템 안정을 분리해 물가 안정은 통화정책을 통해 달성하고 금융 안정은 개별 금융기관에 대한 적절한 규제와 감독, 즉 미시건전성 정책을 통해 달성한다는 개념이 주류 관점의 중요한 특징이었다. 이러한 관점이 물가 안정과 금융 안정의 관계를 완전히 무시했다고 보기는 어렵다. 하지만 여전히 물가 안정으로 인한 거시경제의 안정이 금융 시스템의 안정에 긍정적인 영향을 미칠 것이라는 생각은 물가 안정과 금융 안정 사이의 긴장 관계에 관심을 두지 않는 일반적인 사고방식이었다. 이러한 분리 원칙을 받아들인다면 중앙은행이 금융기관에 대한 규제와 감독 권한을 가져야 할 이유가 없다. 오히려 이러한 권한은 한 기관에 너무 많은 권한이 집중될 수 있고, 2가지 목표를 동시에 추구해야 하는 경우 충돌이 발생할 수 있기 때문에 위험하다고 판단했다. 이로 인해 제도적 틀에 대한 검토가 이루어졌고, 1990년대 후반부터 오스트레일리아와 영국을 비롯한 많은 국가에서 별도의 감독 기관을 설립해 은행 규제와 감독 기능을 중앙은행에서 이들 기관으로 이관했다.

기관의 분리 추세와 더불어 정책 당국자 스스로도 물가 안정과 금융 안정을 분리하는 관점을 점점 더 많이 수용했다. 조직과 인력 측면에서 통화정책은 대부분 거시경제학자를 고용하는 통화정책 부서에서 담당했다. 그동안 금융 안정을 위해 일하는 직원은 주로 거시경제학보다는 금융을 전공한 변호사와 금융 경제학자였다. 중앙은행 간 관행이 통일되어 있지는 않았지만 두 정책 분야 간의 교류는 대체로 활발하지 않았다. 《파이낸셜타임스》의 질리언 테트Gillian Tett가 지적했듯이 외환위기 이전에는 중앙은행도 '사일로 문화'에서 자유롭지 못했다. "분리 원칙"에 대한 이러한 일반적인 지향은 상당히 널리 퍼져 있었으며 실제로 위기의 원인 중 하나일 수 있다.[14]

일본은행은 이러한 세계적인 추세와 관련해 다소 독특했다. 신일본은행법은 금융 시스템의 안정에 대한 일본은행의 책임을 명확히 명시했다. 조직과 인력 배치 측면에서는 사일로 문화를 깨기 위한 노력이 있었다. 전문성 강화의 일환으로 직원을 정기적으로 부서 간 이동시키는 전통적인 관행에서 벗어나 2000년경부터 금융 시스템 안정을 담당하는 부서와 통화정책을 담당하는 부서 간에 전문가를 의도적으로 이동시키기 시작했다. 버블 경제와 그 붕괴는 여전히 일본은행의 조직 기억institutional memory에 생생하게 남아 있었다.

통화정책 만능주의의 확산

통화정책에 대한 신뢰는 2003~2006년경 최고조에 달했다. 버냉키 의장은 〈대안정기〉 연설에서 우수한 거시경제 성과에 기여한 3가지 요인으로 (1) 공급 관리 개선, 금융 시장 정교화, 세계화와 같은 좋은 관행, (2) 좋은 정책, 특히 통화정책, (3) 행운을 꼽았다. 그는 이어서 "유일한 요인은 아니지만 아마 통화정책의 개선이 대안정의 중요한 원천

1부 일본은행에서의 성장기

이었을 것"이라고 말했다.[15] 미국 경제가 빠른 속도로 성장함에 따라 통화정책에 대한 신뢰가 널리 퍼지게 되었다. 시카고대학교의 로버트 루카스 교수는 2003년 미국경제학회 회장 초청 연설에서 "경기 침체를 피하기 위한 핵심 문제들은 실질적으로 해결되었습니다"[16]라는 자신감 넘치는 발언을 남겼다. 2000년 미국의 유명 언론인 밥 우드워드Bob Woodward가 출간한 그린스펀의 전기《마에스트로: 그린스펀의 연준과 미국의 호황Maestro: Greenspan's Fed and the American Boom》은 제목부터 중앙은행 수장이 경제 전체를 능숙하게 조율하고 있다는 느낌을 주었다.[17]

이러한 합의는 경제를 선형 함수의 집합으로 묘사한 신케인스주의 거시경제학과 동태확률 일반균형dynamic stochastic general equilibrium, DSGE 모형으로 뒷받침되었다. 이 모형은 정책 효과에 대한 시뮬레이션을 수행하는 데 사용되었으며, 많은 중앙은행과 국제기구에서 구축해 사용했다. 일본은행도 예외는 아니어서 2000년대 초에 분기별 일본 경제 모형과 다양한 목적을 위한 다른 모형을 개발했다.

그러나 동태확률 일반균형 모형에는 몇 가지 심각한 단점이 있었다. 먼저 금융 부문이 실물 경제에 영향을 미치는 메커니즘에는 거의 관심을 기울이지 않았다. 또 다른 단점은 경제가 대표적인 경제 주체로 구성된다는 관점이었다. 그 결과 채무자와 대출자의 존재와 같은 중요한 이질성의 원인이 무시되었다. 또한 선형 모형이기 때문에 균형에서 작은 편차를 유발하는 충격의 영향만 살펴볼 수 있어 금융위기와 같은 경제의 큰 변화를 이해하는 데는 쓸모가 없었다. 금융 시스템을 통합하지 못한 것이 이 모형의 치명적인 결함이었다.

당시 나는 신케인스주의 경제학이나 동태확률 일반균형 모형의 관점에 익숙하지 않았다. 그러나 일본은행 직원들이 주류 계량경제학 모델링 체계의 "공통 언어" 없이는 해외 직원들과 어떤 논의도 하기 어렵다는 점도 인식하고 있었다. 나는 은행 직원들의 동태확률 일반균형 모형과 관련 모형 개발을 방해하지 않으려고 노력했지만 모형 결과를 보면서 만감이 교차했다.

금융 불균형의 누증

나는 미국 주택 시장의 버블 가능성에 대한 미국 정책 당국자들의 견해와 버블에 대응하는 통화정책의 역할에 대한 주류 거시경제학자들의 견해가 불편했다. 그렇지만 글로벌 경제의 표면 아래에 있는 문제의 규모를 인식하지는 못했다.

글로벌 금융위기는 그동안 쌓여 있던 많은 "금융 불균형"을 드러냈다. 그중 하나가 레버리지였다. 서브프라임 모기지 시장에만 국한된 것이 아니라 복잡한 증권화 상품의 사용으로 인해 레버리지의 규모가 얼마나 커졌는지는 아무도 몰랐다. 레버리지가 증가하면서 유럽 금융기관의 장부에는 만기 불일치와 통화 불일치가 동시에 증가했다. 만기 불일치는 금융기관이 "짧게 조달해서 길게 빌려줄 때"[18] 발생한다. 통화 불일치는 금융기관이 자금 조달과 투자에 서로 다른 통화를 사용할 때 발생한다. 이러한 불일치가 많을수록 유동성 리스크, 특히 외화 유동성 리스크가 증가한다. 그럼에도 글로벌 금융위기 이전까지는 이에 대한 인식이 거의 없었다. 또한 이러한 미스매치가 은행권 밖의 그림자 금융에 의해 점점 더 증가하고 있다는 사실을 인식한 사람도 거의 없었다. 견고한 글로벌 성장은 일본의 경제 확장을 뒷받침했지만 불균형을 초래했으며, 이는 주로 4가지 영역에서 뚜렷해졌다.

제조업 리쇼어링

첫째, 엔화 약세는 수출 중심 제조업체들의 대규모 생산 능력 확대를 유도했다. 이들 기업은 글로벌 수요 확대와 엔화 약세를 배경으로 수익성이 높아지자 국내 생산은 물론 해외 생산 능력도 크게 늘렸고, 이는 엔 캐리 트레이드에 반영되었다

이른바 리쇼어링reshoring이 진행 중이었다. 생산과 생산 능력의 증가는 자동차와 전기 장비 부문에서 가장 두드러졌다. 일본은행의 분기별 지점장 회의에서 일본 산업 중심지에 위치한 나고야와 오사카 지점의 지점장들은 심각한 인력난을 보고했다. 과도한 자본 투자는 평면 TV와 액정 디스플레이 패널을 위한 공장 건설에서 가장 두드러졌다.

그러나 글로벌 금융위기 이후 세계 경제가 급격히 위축되고 엔 캐리 트레이드가 풀리면서 엔화가 강세를 보였기 때문에 생산 설비의 조정이 고통스럽게 진행되었다.

수도권 부동산 시장의 미니 버블

둘째, 도쿄와 그 주변을 중심으로 부동산 시장에 '미니 버블'이 발생했다. 앞서 언급했듯이 일본의 부동산 가격은 버블 붕괴 이후 장기간 하락세를 보였다. 하락 속도는 점차 느려졌고, 공식적인 토지 가격

데이터는 도쿄의 경우 2006년, 전체 경제의 경우 2007년 바닥을 찍었다. 다시 상승하기 시작했을 때는 전국적으로 조금 상승했을 뿐이었다. 주거지는 0.1퍼센트, 상업지는 2.3퍼센트 상승했다. 그러나 도쿄에서는 주거지가 8.0퍼센트, 상업지가 13.9퍼센트로 훨씬 더 가파른 상승세를 보였다. 도쿄, 오사카, 나고야 3대 대도시의 상업지도 평균 8.9퍼센트로 대폭 상승했다. 반면에 같은 기간 지방에서는 하락세가 계속 이어져 주거지는 2.7퍼센트, 상업지는 2.8퍼센트 하락했다. 하지만 도쿄 중심부 3개 구의 경우 약 20퍼센트 상승하는 등 가격이 상승한 지역에서는 상승 폭이 상당히 두드러졌다.

일본의 한 대형 부동산 개발업체의 고위 임원은 "업계를 대표하는 사람으로서 공개적으로 말할 수는 없지만, 부동산 시장을 오랫동안 관찰해온 입장에서 볼 때 일본은행은 부동산 시장의 과열을 막기 위해 하루빨리 양적 완화를 종료해야 한다"라고 말했다. 다행히 수도권 중심의 미니 버블은 미국과 일부 유럽 국가들처럼 대규모 버블로 확대되지 않았다. 주된 이유는 1980년대 후반의 버블 경제에 대한 기억이 생생했기 때문이다. 또한 통화정책의 관점에서 볼 때 일본은행은 비록 소폭이었지만 금리를 인상했으며, 금융청은 금융기관에 더 엄격한 부동산 대출 기준의 중요성을 상기시켰다. 이러한 조치는 버블이 너무 커지는 것을 억제하는 데 도움이 되었다.

그런 점에서 2006년 3월 양적 완화를 종료하거나 이후 금리를 0.5퍼센트로 인상한 일본은행의 결정을 실패한 정책으로 비판하는 견해에 동의할 수 없다. 통화정책의 방향이 일찍 바뀌지 않았다면 글로벌 금융위기 이후 일본의 조정은 더 고통스러웠을 것이다.

1부 일본은행에서의 성장기

금융기관 재무 구조의 불균형

셋째, 금융기관의 증권화 상품에 대한 투자에서도 금융 불균형이 관찰되었다. 글로벌 금융위기 이후 이러한 상품의 시장 가치가 급격히 하락하면서 일본 금융기관들은 상당한 금액을 상각해야 했다. 그럼에도 해외 주요 기관에 비해 피해 규모는 훨씬 작았다. 부동산 '미니 버블'의 경우와 마찬가지로 버블 붕괴에 따른 위기의 기억이 생생했던 것이 주된 이유였다. 또한 일본은 증권화 상품 보유에 관한 자본 요건을 포함한 바젤 II 은행 자기자본 규제를 일찍 도입한 나라였다.[19]

마지막으로 금융기관의 외화 자금 조달에 금융 불균형이 발생했다. 당시 일본 주요 은행들은 국내 은행 시장의 장기 침체를 예상하고 해외 대출과 증권 투자를 늘리려고 했다. 하지만 해외 사업 자금의 일부만 상대적으로 안정적인 소매 달러 예금에서 조달할 수 있었다. 따라서 이들 은행은 달러 은행 간 시장에서의 무담보 자금 조달과 엔화를 담보로 한 달러 차입인 외환 스와프swap에 대한 의존도를 높였다. 달러 자금 조달 시장에 유동성이 풍부했던 글로벌 금융위기 이전에는 은행들이 큰 어려움을 겪지 않았다 그렇지만 위기가 발발하자 이러한 유동성 공급이 일시적일 수 있다는 사실을 깨닫게 되었다.

2부

총재
시절

한국의 30년 경험에서 무엇을 배울 것인가

7장

일본은행 총재 취임

정책위원회 의장

2008년 3월 21일, 나는 일본은행 부총재에 임명되었고 동시에 총재 대행이 되었다. 실제 총재로 임명된 것은 3주 후인 4월 9일이었지만 이 날부터 총재 업무를 시작해야 했다. 이사로서 총재가 업무를 수행하는 모습을 가까이에서 여러 차례 지켜봤다. 그러나 실제로 총재가 되는 것은 완전히 다른 경험이었으며 모든 것이 새로웠다.

총재대행이 된 날 오후 정책위원회 회의가 개최되었고 나는 의장으로 선출되었다. 정책위원회는 일본은행의 최고 의사 결정 기구로 총재와 부총재 2명, 심의위원 6명으로 구성된다. 총재는 일본은행을 대표해 정책위원회의 결정을 집행할 책임이 있지만 총재가 자동으로 정책위원회 의장이 되는 것은 아니다. 일본은행법에는 정책위원회 위원들이 호선으로 결정한다고 되어 있다. 하지만 전통적으로 총재가 의장으로 선임되어왔다.

정책위원회는 오직 통화정책 결정만 담당하는 기구로 오해를 받기도 한다. 하지만 일본은행법은 정책위원회에 통화정책뿐 아니라 최종 대부자 기능 수행, 지급 결제 인프라 개선, 예산과 결산, 임직원 급여 수준 등 일본은행의 중요 사항을 결정하는 권한을 부여하고 있다. 그런 의미에서 정책위원회라는 명칭은 다소 오해의 소지가 있다. 정책위원회 회의 중 통화정책을 결정하는 회의를 "통화정책회의"라고 하며, 회의 운영 방식은 법에 자세히 규정되어 있다. 통화정책 이외의 사항을 논의하는 회의는 "통상회의通常会合"로 불리며 원칙적으로 주 2회 화요일과 금요일에 개최된다.

내가 총재로 임명된 직후인 2008년 4월 11일 정책위원회 멤버는 나 포함 7명뿐이었다. 나머지 위원은 니시무라 기요히코 부총재와 스다 미야코須田美矢子, 미즈노 아쓰시水野温氏, 노다 다다오野田忠男, 가메사키 히데토시亀崎英敏, 나카무라 기요시치中村清次였다.

일본은행법에 따르면 심의위원은 "경제 또는 금융에 관해 높은 지식과 경험을 가진 전문가 중에서" 국회 양원의 동의를 얻어 내각이 임명하도록 되어 있다.[1] 당시 심의위원의 이력을 보면 스다는 경제학 교수, 미즈노는 투자은행 이코노미스트, 노다는 대형 상업은행 부행장, 가메사키는 대형 무역회사 부사장, 나카무라는 대형 해운회사 부사장이었다. 법에서 정한 9명의 위원에 2명이 부족했던 것은 내가 총재가 되면서 부총재 한 자리가 공석이 되었고 니시무라 심의위원이 부총재로 임명된 후 후임 위원이 채워지지 않았기 때문이다. 10월에 야마구치 히로히데 이사가 부총재로 임명되기까지 7인 체제가 이어졌다.

정책위원회의 모든 구성원은 5년 임기로 임명되지만 총재와 부총재만이 집행 책임을 갖는다. 따라서 정책위원회가 결정을 내리고 결정된 사항은 총재, 부총재, 이사 및 기타 직원이 실행한다.

일본은행 정책위원회는 민간 기업의 이사회보다 자주 모인다. 일본은행 직원이 위원에게 다양한 이슈를 설명하는 별도의 협의회도 있어 정책위원회 멤버는 일반적으로 은행에 상근한다.

윤리 규정

일본은행은 대중에게 서비스를 제공해야 하는 조직이므로 정책 수립이라는 중요한 책임 외에도 은행에 대한 대중의 신뢰를 유지하는 것이 필수적이다. 이를 위해 일본은행에는 엄격한 윤리 규정이 있다. 모든 정책위원회 구성원은 임명 때와 정책위원회를 떠날 때 자신의 재산을 공개해야 한다. 정책위원회 구성원에게 허용되는 투자도 제한되어 있어 은행 예금이나 일본 국채를 제외한 금융 자산의 매입이 사실상 금지되고 거래 시기도 제한된다. 또한 모든 금융 거래는 분기마다 준법감시위원회에 보고해야 한다. 또한 통화정책회의 개최 2영업일 전부터 통화정책회의 의장의 기자 회견이 끝날 때까지 국회에 출석하는 경우를 제외하고 통화정책이나 통화와 경제 상황에 관한 의견을 외부에 표명하는 것을 금지하는 규정이 있다. 이를 '묵언 기간blackout period'이라고 하며 묵언 기간 동안에는 언론이나 금융기관 관계자를 만나지 않도록 주의해야 한다. 외부인들과의 접촉은 이해 상충과 오해의 소지를 피하기 위해 신중하게 이루어져야 한다.

통화정책 수행에서는 다양한 사람들로부터 현재의 경제와 금융 상황에 대한 솔직한 직접 정보와 느낌을 얻는 것이 중요하다. 그렇지만 외부와의 접촉이 투명하지 않거나 불공정한 이득을 제공한다면 은행에 대한 신뢰가 약화될 수 있다. 묵언 기간 외에는 가능한 한 많은 금융기관과 일반 기업의 리더와 해외 방문객을 만나려고 노력했다. 하지만 모든 외부 교류의 시기와 장소를 신중하게 결정해야 했다.

첫 번째 통화정책회의 주재

2008년 4월 9일 처음으로 통화정책회의 의장을 맡았다. 통화정책회의 의장의 가장 중요한 역할은 심의위원들의 다양한 견해를 고려해서 통화정책 수행에 대한 합의를 도출하는 것이다. 직원 브리핑은 때때로 중앙은행의 전문 용어로 가득 찬 기술적인 내용이 될 수 있다. 따라서 일본은행에 대한 경험이 부족한 통화정책회의 위원들이 이해하기 쉽게 설명하도록 직원을 유도할 필요가 있다. 동시에 의장은 총재로서 일본은행을 대표하기 때문에 다양한 관점을 고려해 리더십을 발휘할 필요가 있다. 또한 총재는 집행의 최종 책임자이기 때문에 개념적 논의뿐만 아니라 통화정책 수행에 따른 실무적 측면을 고려한 논의가 이루어질 수 있도록 회의를 이끌어야 한다.

내가 총재대행이 되기 2주 전에 일본은행은 다음과 같은 경제 평가를 발표했다. "일본 경제는 추세적으로 완만하게 확장하고 있지만 주택투자 감소, 에너지와 원자재 가격 상승의 영향으로 성장 속도가 둔화하고 있다. (중략) 해외 경제와 글로벌 금융 시장의 향후 전개에 대한 불

확실성, 에너지와 원자재 가격 상승의 영향 등에 계속 주의를 기울여야
한다."[2]

당시 일본은행은 일본 경제가 침체기에 접어들었다는 견해를 가지
고 있지 않았다. 하지만 돌이켜보면 내각부에서 내놓은 경기 사이클의
정점과 저점에 대한 판단에 따르면 경제 활동은 이미 2008년 2월에 정
점을 찍었다. 내가 처음 통화정책회의 의장을 맡았을 때 정책 금리는
0.5퍼센트였고, 10년 만기 일본 국채 수익률은 1.34퍼센트였다. 2006년
3월 양적 완화 종료로 정책 금리를 인하할 여지가 생겼지만 그 폭은 0.5
퍼센트포인트에 불과했다. 2007년 10월 일본은행은 〈전망 보고서〉에서
"경기와 물가 상황의 개선에 따라 점진적으로 금리 수준을 조정할 것"
이라고 언급했다.[3] 하지만 보고서 발표 이후 글로벌 경기 악화를 배경
으로 추가 금리 인상에 대한 기대는 후퇴한 것으로 보였다.

2008년 3월 초 뉴욕 연준이 베어 스턴스 인수를 위해 JP모건에 긴
급 신용을 확대한 것에서 알 수 있듯이 유럽과 미국의 금융 시스템은
취약한 상태였다. 나는 금융 시스템과 실물 경제 사이의 심각한 부정적
악순환이 곧 분명해질 것이므로 일본 경제에 대한 전망을 하향 조정하
는 것이 적절하다고 생각했다. 그렇지만 총재대행이 된 지 불과 2주 만
에 열린 첫 통화정책회의에서 이런 견해를 채택하는 것이 꺼려졌다. 첫
회의에서 하향 조정을 강행할 경우 정책위원회 구성원 간 동료애가 약
해질 우려가 있었기 때문이다. 나는 정책위원회를 집단적 의사 결정 기
구로서 존중하고 싶었고, 정책위원회의 태도가 갑자기 변화하면 이후
새로운 총재가 임명되었을 때 대중과 시장 참여자들이 마찬가지로 갑
작스러운 변화를 기대할 수 있다는 점을 우려했다. 이는 중앙은행의 커
뮤니케이션에 대한 신뢰를 떨어뜨려 장기적으로 통화정책의 효과를 약

화시킬 수 있다. 그러나 경제 전망에 변화가 필요하다는 것이 분명해졌기 때문에 반기 〈전망 보고서〉가 논의되는 4월 말 통화정책회의에서 철저한 분석을 거친 후에야 전망치를 하향 조정해야 한다고 판단했다. 그래서 4월 초 통화정책회의 이후 기자 간담회에서도 불확실성이 높다는 점을 강조했으나 중앙은행의 기본 시각은 바꾸지 않았다.

기자 회견에서 당시의 경제 상황 이외에 몇 가지 흥미로운 질문이 있었다. 그중 하나는 내가 임명 직전에 집필한 교과서 《현대 통화정책: 이론과 실제現代の金融政策: 理論と実際》[4]에 관한 것이었다. 한 기자가 책에 실린 내용과 향후 통화정책 수행의 관계에 대해 질문했다. 당시 상황과 관련된 질문이었지만 나는 더 일반적인 용어로 대답했다.

> 학자, 교육자라는 입장과 중앙은행에서 정책 결정에 책임을 지는 입장은 당연히 다를 수밖에 없다고 생각합니다. 학자의 진면목은 항상 새로운 관점을 제시하고, 결과적으로 그 관점이 틀렸다 하더라도 항상 새로운 환경의 변화 속에서 새로운 관점을 제시하는 것이라고 생각합니다. 반면 정책 당국자는 모든 이론이 다 해결되어야만 정책을 수립할 수 있는 것은 아닙니다. 다양한 이론을 바탕으로 그때그때 판단을 내리는 것이죠. 따라서 내가 책에 쓴 것은 당시 교육자, 연구자로서 나의 솔직한 심정을 담아낸 것이라고 생각합니다. 하지만 그때 쓴 것에 집착해 경제를 보는 눈 또는 정책을 보는 눈이 흐려져서는 안 된다고 스스로 경계하고 있습니다.[5]

또 다른 질문은 통화정책 수행과 관련해 연준 관점(사후 수습 전략)과 국제결제은행 관점(사전 예방 전략) 중 어느 쪽을 선호하느냐는 다소 예상치 못한 질문이었다.[6] 나는 "대학교수의 관점에서 질문에 답한다면

(중략) 한쪽으로 기울어지지 않고 중간쯤에 있습니다. 즉 세상은 연준의 시각처럼 단순하지 않으며 국제결제은행의 시각을 엄격하게 따르는 정책은 수행하기가 어려운데, 실제 통화와 금융 시스템 정책은 그러한 인식에서 수행되어야 합니다"[7]라고 답했다.

나는 국제결제은행 관점에 공감하면서도 총재로서 정책을 실행하는 데서 이러한 접근 방식을 실천하는 것이 큰 도전이 되리라는 점 또한 알고 있었다. 이것이 기자들의 예상치 못한 질문에 대한 내 즉흥적 답변의 핵심이었다. 2가지 모두 내가 앞으로 5년 동안 겪게 될 일을 예고하는 질문이었다.

경제 전망 하향 조정

다음 통화정책회의가 있었던 2008년 4월 말 정책위원회는 반기 〈전망 보고서〉를 논의하고 6개월 전과 비교해 경제에 대한 평가를 하향 조정했다. "하향 조정"이라고 말하기는 쉽다. 그렇지만 집단적 의사 결정 기구에서 통화정책 결정을 내릴 때 "일본은행의 견해"가 무엇인지 결정하는 것은 전혀 간단치 않다. 전망의 기초가 되는 경제 변수의 수치가 바뀔 경우 이전 전망대로 변할 수도 있고, 전망 자체가 틀린 것으로 판명 날 수도 있다. 또한 각 변수 예상치에 부여하는 확률값도 구성원마다 다르다. 상향 또는 하향 수정 가능성에 대한 각 구성원의 추론 또한 다를 수 있다. 따라서 정책위원회가 일치된 전망에 도달하고 이를 발표하는 것은 결코 쉬운 일이 아니며, 특히 위원들 간의 견해가 크게 다를 때는 더욱 그렇다. 정책위원회에서 일한 경험이 있는 사람들에게는 익숙한 이 사실의 중요성이 경제학자와 일반 대중에게는 과소평가될 수 있다.

일본은행이 〈전망 보고서〉를 발표할 때는 수치뿐 아니라 정책위원 대다수가 수긍할 수 있는 경제와 인플레이션 전망을 뒷받침하는 기본 메커니즘을 자세히 설명하기 위해 노력했다. 그러나 경제학자와 시장 참여자들은 흔히 수치 자체에 더 많은 관심을 보였다. 통화정책회의에 참석하는 위원들은 회의 전에 예상 성장률과 소비자물가 상승률을 제출하고 논의가 끝날 때 이를 수정한다. 2008년 4월 〈전망 보고서〉의 중간 전망치를 보면 2009년 3월에 끝나는 2008년 회계 연도의 성장률은 6개월 전의 2.1퍼센트에서 1.5퍼센트로 하향 조정되었고, 2009년 회계 연도의 성장률은 1.7퍼센트로 수정되었다. 요컨대 성장 둔화가 향후에도 지속될 것이며 평균 성장률은 잠재 성장률 수준에 머물 것이라는 경제 전망이었다. 성장률 둔화의 주요 원인은 해외 경제(특히 미국 경제)의 침체, 에너지와 원자재 가격 상승이었다. 먼저 3월 통화정책회의에서 "생산, 소득, 소비의 선순환 성장세가 기본적으로 유지될 것"이라는 평가를 변경하는 것이 필요했고, 4월 이후 〈전망 보고서〉(그리고 의장 기자회견)에서 해당 문구를 정식으로 삭제했다.

인플레이션율에 대해 살펴보면 당시 이용 가능한 최신 수치에 따르면 2008년 3월 전년 대비 인플레이션은 1.2퍼센트에 달했다. 이는 1997년 4월과 소비세가 인상된 1998년 3월을 제외하면 1993년 8월 이후 가장 높은 수치였다.[8] 인플레이션이 더 가속화될 것이라는 예상은 없었지만 에너지와 원자재 가격 상승을 반영해 전망치가 상향 조정되었다. 2008년 4월부터 2009년 3월까지 12개월 동안의 전망치 중앙값은 6개월 전의 0.4퍼센트에서 1.1퍼센트로 상향 조정되었다. 2009년 3월 이후

12개월 동안의 예상 금리는 1.0퍼센트였다.

그러나 정책위원회는 이러한 수치만으로는 불확실성이 증가하고 있는 것을 제대로 전달하지 못한다고 판단했다. 그래서 일어날 가능성이 가장 높은 시나리오 외에도 고려할 필요가 있는 리스크에 대한 위원들의 견해를 담은 "위험 균형 차트risk balance chart"를 게시하기로 결정했다. 이 새로운 차트는 위원들이 성장률과 인플레이션 모두에 대해 하향 편의의 위험이 더 크다고 생각한다는 것을 보여주었다.

4월 말 통화정책회의에서는 정책위원회 위원들이 적정하다고 판단하는 인플레이션 수준을 반영해 〈중장기 물가 안정에 대한 이해〉에 대한 연례 검토에 착수했다. 이 문건은 현실 경제의 변화를 적절하게 반영하기 위해 정기적으로 재검토될 것으로 예상되었다. 이는 부분적으로 그 설계 때문이었다. 〈중장기 물가 안정에 대한 이해〉는 위원 9명의 의견을 취합한 것이었기에 위원이 바뀌면 그만큼 수정이 필요했다. 정책위원회는 심사숙고 끝에 2006년 3월 처음 발표된 〈중장기 물가 안정에 대한 이해〉를 그대로 유지하기로 결정했다. 한편 통화정책 방향에 대해서는 "성장과 물가 전망의 불확실성이 높은 현 상황에서 향후 통화정책의 방향을 미리 결정하는 것은 적절하지 않다고 판단했다. 오히려 향후 경제 활동과 물가의 전개 상황을 면밀히 점검할 필요가 있다"라며 점진적 금리 인상을 시사하던 기존 기조를 변경했다.[9]

〈전망 보고서〉 발표 직후 일본 내셔널 프레스 클럽에서 행한 연설에서 나는 미국 경제에 대해 다음과 같은 견해를 제시했다. "주택 가격은 아직 하락세를 멈추지 않고 있으며 금융 시장의 혼란이 완화될 조짐도 보이지 않습니다. 또한 금융기관의 대출 태도가 더욱 강화될 위험도 있습니다. 핵심은 금융 시장, 자산 가격, 경제 활동의 혼란이 결합된 효

과가 언제, 어떻게 감소할 것인지 예측할 수 없다는 것이며, 이것이 불확실성의 가장 큰 원인입니다.[10]

돌이켜보면 실제 성장률은 리먼 브라더스 파산에 따른 경제 혼란을 반영해 〈전망 보고서〉의 예상치를 상당히 밑돌았다. 다른 중앙은행들과 대부분의 민간 부문 경제학자들과 마찬가지로 우리도 이 사태를 예상하지 못했다. 설사 이후 전개된 극단적인 사건의 가능성을 고려했더라도 이를 가장 일어날 가능성이 높은 사건이라고 판단할 수 없었을 것이다. 지금 생각해도 낮은 전망치 아래에서 하방 리스크를 강조한 접근 방식이 옳았다고 생각한다.

2008년 4월 〈전망 보고서〉를 다시 읽어보니 가장 인식이 부족했던 부분은 잠재 성장률이 1.5~2퍼센트로 유지될 것이라는 낙관적 기대였다. 잠재 성장률은 생산 능력과 노동 가동률을 사용해 기계적으로 계산한 추정치였는데, 일본은행이 제시한 수치는 민간 부문 경제학자들의 전망치보다 높지 않아 그 예측을 의심하지 않았다.

성장률 회복이라는 기대는 일본 경제의 발목을 잡았던 '3대 과잉'이 몇 년 전 해소되었으므로 해외 경제에 심각한 교란이 없는 한 성장율이 올라가리란 전망을 반영한 것이었다. 그러나 이는 이후 사실이 아닌 것으로 판명되었다. 현재 시점에서 돌이켜보면 과잉 해소로 보인 것은 진정한 해소가 아니라 세계 경제의 고성장과 엔 캐리 트러이드에 따른 엔저 현상 등 세계적인 신용 버블의 영향이 직간접적으로 반영된 결과였다. 게다가 급속한 고령화 때문에 노동력이 감소해 잠재 성장률이 급격하게 하락한다는 인식은 더욱 부족했다.

발표 당시 인플레이션에 대한 정책위원회의 전망이 너무 높다는 비판은 받지 않았다. 대신 기자 회견에서는 에너지와 원자재 가격 상승을 배경으로 인플레이션이 더욱 가속화될 가능성에 대한 질문이 많이 나왔다.

경기 둔화와 물가 상승

예상대로 일본 경제는 둔화하기 시작했다. 이에 따라 통화정책회의는 경제 상황에 대한 평가를 연속적으로 하향 조정했다. 2008년 8월 회의에서는 평가를 "부진"으로 변경하고 "국제 원자재 가격이 안정되고 해외 경제가 침체 국면에서 벗어나면서 일본 경제는 점차 완만한 성장 경로로 복귀할 것으로 예상된다"라고 전망했다.[11] 이것이 '첫 번째 기둥'의 핵심 시나리오였고, '두 번째 기둥'에서는 국내 경제의 추가 약화 위험을 강조했다. 일본 경제는 해외 경제 상황, 특히 미국 금융 시장과 실물 경제 간의 부정적 피드백이 미치는 결과에 따라 좌우되었다. 2008년 7월과 8월 소비자물가지수 인플레이션은 2개월 연속 2.4퍼센트를 기록했는데, 이는 주로 국제 원자재 가격의 상승에서 기인했다. 서부 텍사스 중질유 선물 시장에서 원유 1배럴의 가격은 2월 7일 88달러에서 7월 11일에는 146달러까지 치솟았다. 이러한 상황으로 인해 많은 기자가 일본이 경기 침체와 인플레이션이 동시에 발생하는 스태그플레이션에 직면한 것 아니냐는 질문을 던졌다.

당시 외국 중앙은행의 통화정책 방향은 일정하지 않았다. 유럽중앙은행은 인플레이션에 대한 우려로 7월 4일 정책 금리를 0.25퍼센트포인트 인상했다. 신흥국과 원자재 생산국의 중앙은행도 금리를 크게 올렸다. 금융위기의 진원지였던 영국과 미국은 완화 기조를 이어갔다. 일본은행은 상대적으로 약세인 경제 전망을 감안해 정책 금리 인상을 고려하지 않고 동결했다.

국제회의 참석

총재가 된 후의 큰 변화 중 하나는 참석해야 하는 국제회의가 늘어났다는 것이다. 첫 번째는 4월 워싱턴D.C.에서 열린 G7 회의였다. 그후 2008년 5월 4~5일 스위스 바젤에서 열린 중앙은행 총재 정례 회의에 처음으로 참석했고, 총재 임기 5년 동안 총 70회, 연평균 14회 정도 해외 출장을 다녔는데 바젤이 가장 빈번히 간 곳이었다. 1930년에 설립된 국제결제은행은 중앙은행 간 토론과 협업을 촉진하기 위한 중앙은행들의 클럽 같은 조직이다. 흔히 '국제결제은행 중앙은행 총재 회의'라고 부르지만 실제로는 두 달에 한 번 일요일과 월요일에 걸쳐 다양한 회의가 열리며 회의마다 주제와 참석자가 다르다. 경제와 금융 시장에 대한 광범위한 논의는 세계경제회의Global Economy Meeting, GEM에서 이루어지며, 2010년부터는 이 회의가 G10 중앙은행 총재 회의를 대신해 다양한 중앙은행 위원회에 대한 지침을 제공하고 해당 위원회의 의장을 임명하는 거버넌스 구조의 중심이 되었다. 세계경제회의 참석 회원 수가 많아서 세계경제회의에서 논의와 결정을 위한 토대를 마련하기 위해 경제자문위원회Economic Consultative Committee, ECC라는 새로운 그룹이 별도로 만들어졌다. 내가 총재로 임명되었을 때도 G10 총재 회의는 여전히 존재했지만 2010년 중국, 인도, 멕시코 중앙은행 총재가 합류해 10개국으로 구성된 경제자문회의가 출범했다.

나는 총재가 되기 전에도 바젤을 자주 방문했다. 1997년부터 3년간 국제결제은행의 주요 포럼 중 하나인 글로벌금융시스템위원회CGFS[12] 위원으로 활동했다. G10 총재 회의에 몇 차례 배석한 적도 있었지만 일본은행 총재로서 메인 테이블에 앉아 연설한 경험은 2008년 5월이 처음이었다. 재무장관들 사이에도 당연히 동지애가 존재하겠지만 중앙은행 총재 간에는 상대적으로 긴 재임 기간으로 인해 독특한 동지애가 있다. 또한 국경을 초월하는 문제에 대해 전문가로서 가지는 공통 관심사들이 존재한다. 유럽중앙은행 총재였던 장클로드 트리셰는 기자 회견에서 나의 임명과 관련한 일본 기자의 질문에 이렇게 답하기도 했다.

시라카와 씨를 알고 있고, 지금까지도 그와 연락을 주고받고 있습니다. 이전 직책에서 그는 이곳 유럽중앙은행을 포함해 모든 중앙은행의 중요한 인사들과 연락을 주고받았습니다. 그래서 지금까지 그랬던 것처럼 시라카와 총재 및 일본은행과 앞으로도 매우 긴밀한 관계를 유지하리라 예상합니다. 특히 어려운 도전과 까다로운 상황 속에서 중앙은행가의 '동지애'는 무척 중요하기 때문입니다. 우리 사이에는 값을 매길 수 없는 신뢰가 있습니다.[13]

그전까지 트리셰 총재가 프랑스 중앙은행 총재였을 때 국제결제은행 연차 총회 주말 점심 식사 자리에서 단 한 번 그와 이야기를 나눈 적이 있었다. 그래서 그의 친절하고 따뜻한 발언에 더욱 감사했다. 또한 중앙은행 총재들로 구성된 중요한 국제 정책 결정자 커뮤니티의 일원이 되는 데 따르는 무거운 책임감도 인식하게 되었다.

국회 출석

일본은행 총재가 되면서 국회 출석 빈도 또한 늘어났다. 이사 임기 중에도 국회 질의에 답변한 경험이 있었지만 총재가 된 후에는 더 많은 기회가 있었다. 총 117일, 연평균 약 24회 정도 국회에 소환되었다. 경제 상황에 따라 빈도는 크게 달랐는데 2012년 2월에는 한 달 동안 9회까지 출석한 적도 있다. 가장 빈번한 회의는 중의원(하원)과 참의원(상원)의 재정위원회와 양원의 예산위원회였다. 특히 모든 내각 구성원이 참석하고 TV 카메라가 켜져 있던 예산위원회의 긴장된 분위기가 기억에 남는다.

일본은행은 법에 규정된 대로 반기별로 통화정책 수행에 관한 보고서를 국회에 제출하고 국회 위원회의 질의를 받아야 했는데, 이는 반기별로 통화정책을 의회에 증언하는 미국의 사례를 따랐다. 보고서는 6개월마다 정기적으로 제출되나 질의 시기는 예측하기 어려웠다. 질의 중에는 보고서를 검토하며 약 3~4시간 동안 회의를 진행하기 때문에 장시간 집중력을 요했다.

중앙은행 총재가 국회에 소환되는 것은 드문 일이 아니지만 일본의 경우 그 빈도가 주목할 만하다. 2012년에는 총재 임기 중 가장 많은 29회에 걸쳐 국회에 소환되었다. 반면 미국 연준 의장은 단 5일 동안 의회에 출석했다. 일본은행 총재가 국회의원의 질문에 답변해야 한다는 견해에는 전적으로 동의하지만 빈도보다는 예측할 수 없는 출석 요청 시기로 인해 총재의 책무를 수행하기가 어려울 때가 있다. 예를 들어 지방 출장 일정을 잡을 때 다소 신중을 기해야 한다. 국회가 원칙적으로 일본은행의 정기 업무 보고 때만 총재를 소환해 집중적으로 체계적인 질의를 했다면 더 생산적이었을 것이다.

면담과 연설

총재가 된 후 사무실 방문자 수가 늘어난 것도 주목할 만한 변화였다. 은행과 일반 기업 수장, 외국의 전현직 정책 당국자, 주요 학자와 만날 기회가 더 많아졌다. 중앙은행 총재로서 큰 특권을 누렸고, 모든 사람이 나에게 새로운 정보와 관점을 제공해주었다. 취임 직후 방문한 한 전직 외국 중앙은행 총재는 "최고 경제 교육자"로서의 역할도 총재의 역할에 포함된다고 조언했다. 총재에게는 단기적으로 적절한 통화정책을 집행하는 것뿐 아니라 탄탄한 분석을 바탕으로 국가 경제가 직면한 문제를 쉬운 언어로 설명해야 할 의무가 있다는 점을 강조한 것으로 나는 이해했다. 이는 중앙은행의 목표, 그리고 인적 구성과 역량을 고려하면 매우 귀중한 조언이었다.

국제회의에 참석하고 국회에 소환되고 사람들을 만나는 것 외에도 공개적으로 연설할 기회가 많았다. 일본은행 홈페이지에 있는 나의 연설 목록을 보면 재임 기간 5년 동안 103회(기념사 제외)의 연설이 있었고, 그중 24회는 해외에서 한 연설이었다. 앞서 말한 것처럼 국회나 기자 회견에서 질문에 답하는 것도 중요하지만 시간 제약과 질의응답 형식을 고려할 때 일본은행의 생각과 분석을 체계적으로 전달하기에는 적합하지 않았다. 이런 이유로 외국 중앙은행처럼 다양한 주제의 연설을 통해 일본은행의 여러 가지 정책 이니셔티브에 대한 이해를 높이기 위해 노력했다.

2008년 5월 12일 일본 내셔널 프레스 클럽에서 언론을 상대로 첫 연설[14]을 하게 되었는데, 연단에 서기 전 클럽 선배들과 인사를 나누던 중 방명록에 메시지를 적어달라는 요청을 받았다. 나는 준비가 덜 되어서 재치 있는 멘트가 떠오르지 않아 "성실함과 전문성"이라고 적었다. 첫 연설은 대부분 일본은행의 경제 상황 전망과 통화정책 수행 설명에 할애되었지만 말미에 중앙은행의 2가지 측면을 강조할 수 있었다.

첫 번째는 '계속 배우는' 중앙은행 조직 문화의 중요성이다.

경제는 끊임없이 변화하고 있으며, 현재도 세계화가 진행되고 정보 통신 기술이 발전하면서 끊임없는 변화에 노출되어 있습니다. 그렇기 때문에 나는 항상 겸손한 자세로 끊임없이 학습하는 중앙은행의 조직 문화를 중요하게 생각합니다. 동시에 중앙은행으로서 통화정책 운영의 판단 근거를 알기 쉽게 설명하는 것, 즉 투명성을 확보하는 것이 필수적입니다. 중앙은행의 독립성을 뒷받침하는 근간은 결국 정확한 분석과 이를 바탕으로 한 통화정책의 축적, 그리고 그러한 통화정책의 판단에 대한 투명성이라고 생각합니다.

두 번째는 중앙은행이 수행하는 지급 결제 기능을 포함한 은행 업무banking operation의 중요성이다.

지난여름 이후 글로벌 금융 시장의 혼란에 대처하기 위해 각국 중앙은행은 금융 시장에 충분한 유동성을 공급하기 위한 다양한 조치를 취하거나 중개자 역할을 수행했습니다. 중앙은행의 이러한 은행 업무 기능을 활용한 조치는 통화정책의 효과가 원활하게 파급될 수 있도록 하는 데서 중요한 역할을 했습니다. 작년 여름 이후 시장의 불안정한 기능에도 불구하고 지급과 결제 시스템은 큰 혼란을 겪지 않았습니다. (중략) 지진, 테러, 컴퓨터 장애 등 다양한 위기나 혼란에 대비하는 것도 중앙은행의 중요한 업무입니다. 최근 들어 통화정책에 대한 관심이 높아지고 있는데, 그 자체는 중앙은행으로서는 반가운 일이지만 균형 면으로 볼 때 '은행의 은행'으로서 중앙은행의 역할 측면에 대한 관심이 더 높아졌으면 하는 바람입니다. 나는 통화정책과 은행 업무라는 2가지 정책 수행을 통해 '물가 안정'과 '금융 시스템 안정'이라는 일본은행의 목적을 달성하기 위해 노력하고자 합니다.[15]

8장

리먼의 파산

미국 주택 가격 폭락에서 서브프라임 모기지 위기까지

2008년 9월 리먼 브라더스의 붕괴는 글로벌 금융 시스템과 경제를 벼랑 끝으로 몰고 간 분수령이었다. 그러나 위기의 규모가 분명해지자 전 세계 정부와 중앙은행이 시장에 유동성을 공급하고 금융 자산 가격을 안정시키기 시작하면서 최악의 시나리오는 피할 수 있었다. 리먼 파산 이후 몇 달간의 혼란은 내가 일본은행 총재로 재직하는 동안 2011년 3월 동일본 대지진, 그리고 2013년 1월 일본 정부와 일본은행의 공동 성명으로 이어진 협상과 함께 가장 잊을 수 없는 사건 중 하나였다.

이 장을 미국 주택 시장의 버블이 붕괴되는 시점으로 다소 거슬러 올라가 시작하고 싶다. 이른바 '대안정기'가 조용히 격랑으로 변모하고 있었다. 첫 징후는 미국의 주택 가격에서 나타났다. 케이스-실러 주택가격지수S&P CoreLogic Case-Shiller Home Price Index 중 20개 도시 종합 지수를 보면 2006년 7월에 정점을 찍은 후 5년 반 이상 35퍼센트 하락해 2012년 2월에 마침내 바닥을 쳤다. 주로 저소득 가계를 대상으로 하는 서브프라임 모기지의 채무 불이행률은 2006년 말부터 증가하기 시작해 2007년부터 눈에 띄게 상승하기 시작했다. 미국 주택 버블의 붕괴는 주택 투자 부진으로 빠르게 드러났지만 전반적인 경제가 침체되기까지는 시간이 좀 걸렸다. 미국 경기 사이클은 2007년 12월에 정점을 찍었다. 연준이 매년 2월과 7월 의회에 제출하는 반기 보고서의 경우 2007년 7월 보고서가 나올 때까지 경제에 대한 명확한 우려가 나타나지 않았다. 금융 시스템에 미치는 영향에 대해서는 주택 가격이 하락한 후 약 1년 동안 여전히 낙관적인 전망이 있었다. 예를 들어 저명한 학자였던 연준 이사 프레더릭 미슈킨Frederick Mishkin은 2007년 1월 일본의 경험을 언급하며 다음과 같은 전망을 내놓았다.

자산 가격 버블 붕괴가 금융 시스템의 불안정성을 초래할 가능성은 거의 없다. (중략) 그러나 주택 가격 버블 붕괴가 금융 시스템의 불안정성을 초래할 가능성은 더더욱 낮다. 일본을 포함한 많은 나라에서 1990년대에 나타난 금융 시스템 불안은 주택 가격이 아니라 상업 용지 가격의 붕괴가 부실 채권 문제를 가져온 데서 비롯되었다. (중략) 많은 사람이 일본의 경험을 잘못 읽고 있다. 문제는 버블 붕괴가 아니라 그 이후의 통화정책 대응이다.[1]

벤 버냉키 연준 의장도 2007년 5월 "주택 수요를 뒷받침할 펀더멘털 요인을 고려할 때 서브프라임 부문의 문제가 주택 시장 전체에 미치는 영향은 제한적일 것으로 보이며, 서브프라임 시장 문제가 나머지 경

제나 금융 시스템으로 크게 파급되지 않을 것으로 예상한다"라고 낙관적인 견해를 밝혔다.[2]

당시 이러한 견해가 정책 당국자뿐 아니라 민간 부문 경제학자 사이에서도 낙관론이 만연했던 일본 버블 붕괴 직후의 상황과 유사하다는 사실에 나는 놀랐다.

BNP 파리바 쇼크

글로벌 시장에서는 심각한 위기가 닥칠 것이라는 경고음이 울려 퍼졌다. 집값이 하락하기 시작했지만 주가는 계속 상승했다. 한편 많은 시선이 은행 간 달러 자금 조달 시장에 쏠렸다. 금융기관이 단기 부채를 차환하지 못하면 파산할 수 있었기 때문이다. 가장 주목받은 지표는 자금 조달 시장의 긴장도에 따라 움직이는 Libor-OIS 스프레드였다. 이 스프레드는 고정 기간(예를 들어 3개월)의 자금 조달 금리와 같은 기간의 익일물 자금 차환 금리의 차이를 나타낸다. 차입자의 채무 불이행에 대한 우려가 커지면 대출 기관은 당연히 가산 금리를 요구할 것이다. 2007년 8월 9일 달러 자금에 대한 Libor-OIS 스프레드가 급등하면서 은행 간 시장의 긴장이 표면화되었다(그래프 [8-1] 참조).

이날 프랑스의 주요 은행인 BNP 파리바BNP Paribas는 출자했던 일부 투자 펀드의 상환을 중단한다고 발표했다. 이를 계기로 은행 간 미국 달러 자금 조달 시장의 긴장이 단번에 고조되었다. 당시 나는 교토대학 행정대학원에 재직 중이었기 때문에 전 세계 중앙은행가들이 어떤 생각을 하고 있었는지 직접 설명할 수는 없지만 학계와 민간 부문 경제학

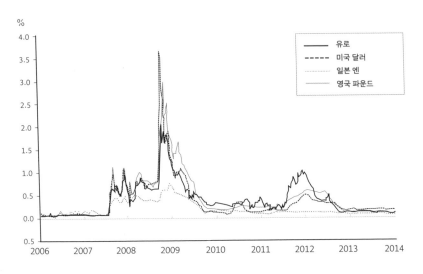

[8-1] Libor-OIS 스프레드

유로
미국 달러
일본 엔
영국 파운드

출처: 블룸버그

자들의 압도적 다수가 전혀 예상치 못한 상황이 전개되었다. 올리비에 블랑샤르Olivier Blanchard와 로런스 서머스Lawrence Summers는 2017년 10월 에 "10년 전만 해도 세계 최대 금융기관의 부실, 10년 가까이 유지된 유동성 함정 수준의 금리, 오늘날에도 여전히 목표치를 밑도는 인플레이션, 많은 선진국에서 여전히 크고 마이너스인 아웃풋 갭 등 앞으로 전개될 사건들을 예측한 사람은 거의 없었을 것이다"라고 언급했다.[3]

금융 시스템 문제는 영국에서 처음 나타났다. 2007년 9월에 모기지 중심의 중형 은행인 노던 록Northern Rock에 뱅크런bank run이 발생했고, 영국 정부는 9월 17일 모든 예금자를 보호하겠다고 발표해야 했다. 이는 1866년 이후 영국에서 발생한 최초의 뱅크런이었다. 주택 가격이 하락하기 시작한 뒤에도 계속 상승하던 미국 주식 시장은 2007년 10월 9

일에 정점을 찍었다.

　여기서 용어를 정리하자면 BNP 파리바의 조치로 인한 금융 시스템의 혼란은 원래 "서브프라임 모기지 위기"로 불렸다. 그러나 상황이 악화되면서 서브프라임 모기지 시장을 훨씬 넘어서는 광범위한 문제가 발생했다. 서브프라임 모기지 시장과 관련된 사건은 훨씬 더 광범위한 위기의 방아쇠를 당긴 것에 불과하다는 점을 고려할 때 '서브프라임 모기지 위기'는 전체 사태를 설명하는 데 적절한 용어가 아니다. 따라서 이 책에서는 서브프라임 모기지 시장에서 일어난 일들을 포함해 2007년부터 2009년 사이의 위기를 "글로벌 금융위기"라 지칭한다. 그리고 2010년 이후 유럽에서 발생한 부채위기는 "유럽 부채위기"로 지칭한다. 유럽 이외의 실물 경제에 상당한 영향을 미쳤음에도 불구하고 금융 시스템과 시장에 대한 전반적인 영향이 글로벌 금융위기만큼 심각하지 않았기 때문에 유럽의 부채 문제는 별도로 고려한다.

베어 스턴스 구제

　2008년 3월 16일 미국에서 다섯 번째로 큰 투자은행인 베어 스턴스가 인수된다는 발표가 나왔다. 극심한 자금난을 겪고 있던 베어 스턴스를 JP모건이 인수하기로 하고, 뉴욕 연준이 긴급 자금을 제공하기로 했다. 이 자금은 연준이 연방준비법 13조 3항을 발동했다는 점에서 매우 이례적이었다. 전체 계획에서 가장 중요한 조치는 베어 스턴스의 비유동성 자산을 매입하기 위한 특수 목적 펀드를 설립하는 것이었다. 이 결정에 대해 정치인들과 경제학자들이 즉각 반발했다. 하지만 이 조치로 베어 스턴스 대차대조표의 자산 건전성에 대한 불확실성이 해소되지 않았다면 JP모건은 베어 스턴스를 인수하지 않았을 것이다. JP모건이 베어 스턴스를 인수하지 않았다면 리먼 브라더스 파산 때처럼 금융 시스템에 심각한 대규모 혼란이 발생했을 것이다. 나는 연준의 조치를 강력히 지지하고 그 결단을 존중했다. 물론 문제의 핵심이 자본 부족에 있었다는 점을 고려할 때 연준의 조치만으로는 상황을 되돌릴 수 없었을 것이다. 그럼에도 이 조치는 유럽과 미국의 금융 시장에 일시적인 안도감을 가져다주었고, 실제로 2008년 4월 11일 G7 회의 후 정책 당국자들과 은행 임원들 간 회의에서 "최악의 상황은 지났다"라고 언급하는 사람들이 적지 않았다.

하지만 최악의 상황은 아직 오지 않았다. 일본이 10년 전 정확히 이러한 상황을 경험했기에 나는 상환 능력을 넘어서는 부채로 인해 자산 가격이 상승하고 이것이 실물 경제와 금융 시스템 사이에 부정적인 피드백을 일으킬 수 있다는 핵심 문제를 인식하고 있었다. 이러한 영향은 이미 명백하게 드러났고 2008년 9월 7일 미국 정부가 지원하는 주택 금융기관인 패니 메Fannie Mae와 프레디 맥Freddie Mac이 정부 관리하에 들어가면서 글로벌 금융 시장의 긴장은 거의 감당할 수 없을 정도로 커졌다. 베어 스턴스가 사실상 파산한 후 미국 4위 투자은행인 리먼 브라더스가 다음 차례가 될 것이라는 소문이 퍼졌다. 결국 9월 15일 리먼이 미국 파산법 챕터 11Chapter 11 of the United States Bankruptcy Code에 따라 파산 보호를 신청했다. 이로써 글로벌 금융 시장에서는 1930년대 이후 경험하지 못한 일련의 사태가 발생했고, 글로벌 금융 시스템은 붕괴 직전까지 치닫게 되었다.[4]

리먼 위크엔드

리먼 브라더스가 파산 보호 신청을 하기 직전인 9월 12일 오전, G7 재무장관들과 중앙은행 총재들 간의 원격 회의가 열렸다. 미국 재무장관 행크 폴슨 주니어는 미국 당국이 리먼의 인수자를 찾는 데 어려움을 겪고 있다고 보고했다. 유럽과 미국의 금융 시스템은 극도로 불안정했고, 리먼이 청산되면 전 세계 금융회사의 연쇄적인 부실로 시스템 리스크가 현실화할 가능성이 높았다. 따라서 많은 사람은 연준이 베어 스턴스처럼 긴급 대출에 의존해서라도 금융 시스템의 안정성을 지키기 위해 노력할 것이고, 또 그렇게 해야 한다고 생각했다. 나는 리먼의 인수자를 찾는 것이 어려울 수도 있겠지만 결국 미국 동료들이 회사의 임시 청산ad hoc liquidation을 허용하지 않을 것이라고 생각했다. 하지만 주말 동안 최종 인수 협상이 결렬되었고, 이후 여러 차례 전화 회의에서 미국 정책 당국자들은 리먼이 파산 보호를 신청하는 것을 피할 수 없다고 언급했다.

정책 당국자가 이런 일이 일어나도록 내버려둔다는 소식을 들었을 때는 믿기지 않았지만 나는 앞으로 나아가야 한다는 것을 알았다. 이 암울한 현실에 직면한 전 세계의 정책 당국자들은 새로운 주가 시작되면서 닥칠 잠재적 난기류를 완화하기 위해 최선을 다했다. 일본에서는 일본은행과 금융청이 공조해 최악의 상황에 대비했다.

리먼 사태 이후 글로벌 금융 시장

　리먼 브라더스는 2008년 9월 15일 오전 1시 45분에 챕터 11을 신청했고, 전 세계 자회사도 뒤따라 신청했다. 9월 15일이 일본의 공휴일이었기 때문에 리먼의 일본 자회사는 다음 날인 9월 16일에 기업정리법에 따라 신청서를 제출했다.

　사전에 상당한 혼란이 예상되었지만 글로벌 금융 시장에 불어 닥친 폭풍의 위력은 상상을 초월했다. 9월 16일 미국에서는 대형 MMFMoney Market Fund(머니마켓펀드)의 주당 가격이 액면가 1달러 이하로 떨어지는 상황break the buck이 일어났고, 이후 며칠 동안 유사한 MMF에서 자금 이탈이 이어졌다. 9월 17일에는 대형 보험사인 AIGAmerican International Group(아메리칸 인터내셔널 그룹)이 법정 관리에 들어갔고, 뉴욕 연준은 800억 달러의 신용 한도를 제공한다고 발표했다. 연준으로부터 자금을 지원받지 못한 리먼 브라더스의 몰락과 막대한 구제 금융을 받은 AIG의 몰락이 불과 며칠 차이였기에 많은 사람에게 충격으로 다가왔다. 놀라운 소식이 계속 이어졌다. 9월 19일 미국 재무부는 MMF에 대한 한시적 보증 제도를 발표했다. 9월 22일에는 골드만 삭스Goldman Sachs와 모건 스탠리Morgan Stanley 두 주요 투자은행이 연준에 은행 지주회사 설립을 신청해 두 회사가 연준의 감독을 받게 되었다.[5] 9월 25일에는 총 자산이 약 3000억 달러에 달하는 대형 은행 워싱턴 뮤추얼Washington Mutual이 연방예금보험공사에 의해 법정 관리 상태에 들어갔다. 이는 미국 금융 역사상 가장 큰 규모의 은행 파산이었으며, 이 은행의 채권 투자자들이 원금 손실을 보면서 미국 금융 시스템은 더욱 격렬하게 흔들렸다. 이러한 상황에도 불구하고 9월 29일 미국 하원에서 공적 자금 투

입을 허용하는 법안이 부결되었다. 이에 따라 다우존스 산업평균지수
는 당일에만 무려 778포인트(약 7퍼센트) 하락했다. 달러 자금 조달 시
장에서는 거래 상대방 신용 리스크counterparty credit risk에 대한 우려로 인
해 유동성 부족 현상이 심화했다. 리먼 브라더스 파산 전날부터 10월
10일까지 Libor-OIS 스프레드를 살펴보면 미국 달러 스프레드는 1.3퍼
센트에서 3.6퍼센트로 급등했다. 유로화 스프레드는 1.2퍼센트에서 2.1
퍼센트로 상승했다.

　자금 시장의 혼란은 은행뿐 아니라 일반 기업에도 영향을 미쳤다.
위기의 진원지인 미국에서는 MMF가 상환에 직면하면서 기업어음 시
장에서 신규 매입을 중단하고 보유 중인 기업어음을 매각해야 했기 때
문에 신용도가 높은 기업도 다음 날 이후 만기가 도래하는 기업어음을
신규 발행하기 어려웠다. 이로 인해 자동차금융회사를 비롯해 기업어
음과 채권으로 시장에서 대규모 자금을 조달했던 기업들에서 유동성
문제가 빠르게 발생했다. 대부분의 국가에서 단기 자금 시장이 불안정
해졌고 안전 자산으로 도피하는 일이 만연했다. 글로벌 금융 시장은 사
실상 얼어붙었다.

워싱턴 G7 회의

　2008년 10월 10일 금요일, 워싱턴D.C.에서 G7 재무장관과 중앙은
행 총재 회의가 열렸다. 나는 9월 24일 출범한 아소 다로麻生太郎 총리의
새 내각에서 막 재무장관으로 임명된 나카가와 쇼이치와 함께 회의에
참석했다. 내가 총재로 재임하는 동안 참석했던 수많은 국제회의 중 가

장 긴박했던 회의였다. 회의에 참석한 모든 사람이 1930년대 대공황이 반복되는 일은 어떤 대가를 치르더라도 피해야 한다는 인식을 공유하고 있었기 때문에 목적의식 또한 그 어느 때보다 분명했다. 행크 폴슨 주니어 미국 재무장관의 주재로 회의가 끝난 후 발표될 성명서에 담길 메시지에 초점을 맞추었다. 최종 성명서는 지난 4월에 열린 G7 회의의 1350단어보다 훨씬 짧은 266단어에 불과했다. 짧은 분량에도 불구하고 성명서에는 G7 국가 정부와 중앙은행의 결의를 담은 5가지 행동 계획이 명확하게 명시되어 있었다. 성명은 "G7은 오늘 현 상황이 긴급하고 예외적인 조치가 필요하다는 데 동의한다. 우리는 세계 경제 성장을 지원하기 위해 금융 시장을 안정시키고 신용 흐름을 회복하기 위해 계속 협력할 것을 약속한다"라는 구절로 시작되었다.[6]

5가지 행동 요령 중 첫 3가지는 다음과 같다. 첫째, G7은 "결정적인 조치를 취하고 가용한 모든 수단을 사용해 시스템적으로 중요한 금융기관을 지원하고 금융기관의 실패를 방지"하기로 했다. 둘째, G7은 "신용과 자금 시장의 경색을 해소하고 은행과 기타 금융기관이 유동성과 자금에 폭넓게 접근할 수 있도록 필요한 모든 조치를 취할 것"이다. 셋째, G7은 "필요에 따라 은행과 기타 주요 금융 중개 기관이 신뢰를 회복하고 가계와 기업에 대한 대출을 계속할 수 있도록 충분한 양의 공공 및 민간 자금으로부터 자본을 조달할 수 있도록 보장할 것"이다.[7]

이 성명서를 통해 리먼 브라더스 파산 이후 G7 국가의 정부, 중앙은행, 규제 당국이 공유하는 공통된 신념을 전달했다.

일본은행의 대응

일본은행은 금융 시스템과 경제의 안정성을 유지하기 위해 모든 노력을 다했다. 무엇보다 리먼의 일본 자회사가 원활하게 정리되도록 하는 것이 최우선 과제였다. 금융 실무를 담당하는 중앙은행으로서 일본은행은 도쿄 지방법원과 금융청에 많은 정보를 제공했다. 1990년대 후반 일본 금융위기를 겪으며 은행 직원들이 쌓은 많은 실무 지식이 리먼 사태의 원활한 해결에 큰 기여를 했다.

일본은행 금융 네트워크 시스템日本銀行金融ネットワークシステム, 즉 일은넷日銀ネット, BOJ-NET을 통해 처리되는 자금과 일본 국채의 결제가 차질 없이 계속되고 금융 시장의 원활한 기능을 유지하는 것도 일본은행의 중요한 역할 중 하나였다. 리먼 브라더스 파산 이후 첫 영업일인 9월 16일 일본은행은 이와 관련해서 은행의 결연한 의지를 알리기 위해 다음과 같은 성명을 발표했다. "일본은행은 최근 미국 금융기관을 둘러싼 상황과 그 영향을 주의 깊게 살피고 자금 시장에 대한 적절한 조치 등을 통해 자금의 원활한 결제와 금융 시장의 안정 유지를 위해 계속 노력할 것이다."[8]

이러한 응급조치를 취한 후 은행은 3가지 추가 조치를 단행했다. 첫 번째는 금융 시장의 안정성을 유지하기 위해 충분한 유동성을 공급하는 것, 두 번째는 경제 활동을 지원하기 위해 금리를 인하하는 것, 세 번째는 신용 중개 기능을 회복하는 조치를 취하는 것이었다.

리먼 브라더스의 파산은 공석이었던 부총재 자리를 채우는 의도치 않은 이점을 가져왔다. 8월 2일 후쿠다 야스오 총리의 개각으로 경제재정정책담당장관이 된 요사노 가오루는 리먼 사태가 정부와 야당인 민주당 간의 정치적 갈등으로 수렁에 빠진 일본은행 부총재 인선이 탄력을 받는 계기로 작용했다고 사적으로 털어놓았다. 그 결과 내가 선호하던 야마구치 히로히데가 부총재로 임명되었다.

조치 1: 충분한 유동성 공급

금융위기에 직면한 중앙은행의 가장 중요한 기능은 '최종 대부자'로서 국내 금융 시장에 충분한 유동성을 공급하는 것이다. 일본은행은 이 오랜 원칙에 따라 금융 시장에 충분한 엔화 자금을 공급했다. 일본 금융기관은 유럽과 미국의 금융기관에 비해 복잡한 증권화 상품에 상대적으로 덜 노출되어 있었기 때문에 일본의 단기 자금 시장은 다른 나라에 비해 훨씬 안정적이었다. 실제로 엔화 Libor-OIS 스프레드 최고치는 0.7퍼센트로 미국 달러나 유로보다 훨씬 낮았다.

일본의 유동성 문제는 엔화 자금이 아니라 미국 달러 자금의 부족에 있었다. 일본 은행들, 특히 대형 은행들은 해외 시장에 적극적으로 투자하고 있었기 때문에 상당한 달러 자금이 필요했으나 리먼 브라더스 붕괴 이후 자금 조달이 급격히 어려워졌다. 달러 자금 조달은 자동차 제조업체를 포함한 일반 기업들에도 문제가 되었다. 예를 들어 도요타는 일본 내에서는 본질적으로 부채가 없는 기업이었지만, 연결 매출의 77퍼센트를 차지하는 해외 시장을 포함한 글로벌 연결 대차대조표를 보면 11조 엔의 단기 부채와 6조 엔의 장기 부채를 보유하고 있었다.[9] 미국의 기업어음과 회사채 시장이 경색되고 일본 은행들에서도 달러를 빌리기 어려워지면서 대기업 사이에서 달러 조달에 대한 우려가 급속히 커지고 있었다.

일본의 외환 보유액은 1조 달러로 그중 95퍼센트는 정부가 외환기금특별계정에 보유하고 있으며 일본은행이 보유한 외환은 5조 5000억 엔에 불과했다. 미국을 제외한 선진국의 모든 중앙은행이 그렇듯이 즉시 사용할 수 있는 달러 자금이 한정되어 있었기 때문에 민간 은행에 달러를 빌려주려면 뉴욕 연준으로부터 달러를 조달하는 것 외에는 방법이 없었다. 이를 위해 미국을 제외한 각국 중앙은행은 뉴욕 연준과 스와프를 체결해 자국 통화를 담보로 제공하고 달러 자금을 확보하는 방식을 썼다. 따라서 뉴욕 연준은 제공한 달러 자금에 대한 채무 불이행 위험을 부담하지 않아도 되었다. 이렇게 스와프 라인을 이용해 달러 자금을 확보한 각국 중앙은행은 달러 자금이 필요한 자국 은행들에 배분했다.

뉴욕 연준과의 스와프 라인은 BNP 파리바가 시장을 뒤흔든 이후인 2007년 12월에 이미 유럽중앙은행과 스위스 중앙은행이 개설했다. 당시 일본 은행들은 자금 조달에 어려움을 겪지 않았기 때문에 일본은행은 스와프 라인 개설에 참여하지 않았다. 그러나 리먼 브라더스의 파산으로 상황이 급변하자 일본은행은 캐나다 중앙은행, 영란은행과 함께 스와프 라인을 구축하기로 결정했다. 이러한 결정은 전 세계에 동시에 발표되어야 했기에 2008년 9월 18일 한밤중에 임시 통화정책회의가 소집되어 스와프 라인 설립을 승인했다. 참여한 중앙은행들의 발표가 곧바로 이어졌다.

이 협정은 사전 정보 유출 없이 며칠 만에 실현되었다. 이는 중앙은행 간의 강력한 상호 신뢰를 반영하는 것으로 귀중한 자산이라 할 수 있다. 이후 오스트레일리아, 브라질, 멕시코, 뉴질랜드, 노르웨이, 싱가

포르, 한국, 스웨덴이 합류하면서 참여 중앙은행의 수는 14개로 늘어났다. 일본은행의 달러화 인출 한도는 600억 달러에서 시작해 1200억 달러로 증가했다. 달러 자금 시장이 과열되자 10월 13일에 한도 제한을 완전히 폐지했다. 일본은행이 민간 은행에 공급한 달러 자금은 12월 말까지 총 1276억 달러에 달했다. 이는 전 세계 중앙은행이 "글로벌 최종 대부자"의 역할을 수행한 것으로 볼 수 있다.

스와프 라인을 활용한 미국 달러화 자금 공급은 시장 참여자들이 글로벌 금융위기 당시 일본은행이 취한 조치 중 가장 높이 평가한 조치였다. 금융 시스템의 안정은 당연한 일로 여겨지기 때문에 이 측면에서 중앙은행의 기여는 그다지 평가받지 못하며, 중앙은행 직원들도 자신의 업무가 세상에 도움이 되고 있음을 실감할 기회가 적다. 당시 일본은행의 이러한 조치는 중앙은행으로서 당연히 해야 할 일이었지만, 말 그대로 불철주야 외국 담당자들과 협상하고 실질적인 해결책을 마련해야 했던 은행 직원들은 그런 높은 평가와 감사의 말을 들었을 때가 가장 보람된 순간이었을 것이다.

조치 2: 금리 인하와 당좌예금 이자 지급

리먼 브라더스 파산 이후 일본은행이 취한 다음 조치는 정책 금리 인하였다. 은행과 일반 기업이 언제라도 문 닫을 수 있는 상황에서 금리 인하가 경제 상황에 미치는 영향은 제한적일 수 있지만 중앙은행이 경기 침체를 완화하기 위해 최선을 다하고 있다는 것을 보여주는 것이 중요했다. 이에 따라 2008년 10월 31일과 12월 19일 두 차례에 걸쳐 정책 금리를 0.2퍼센트포인트씩 0.4퍼센트포인트 인하했다. 10월 통화정책 회의에서는 인하 자체에는 이견이 없었으나 인하 폭을 놓고 의견이 엇갈렸다. 0.2퍼센트포인트 인하하자는 쪽과 0.25퍼센트포인트 인하하자는 쪽이 동수가 나와 결국 의장의 표가 최종 결정을 가르는 이례적인 상황이 벌어졌다. 다음 통화정책회의에서는 표결 결과 찬성 7표, 반대 1표로 인하가 결정되었다. 이 두 번의 인하로 정책 금리는 0.5퍼센트에서 0.1퍼센트로 낮아졌다. 금리 인하 폭은 유럽과 미국의 중앙은행보다 작았다. 하지만 이는 리먼 사태 이전 일본의 정책 금리가 이미 낮은 수준이었다는 점을 고려해야 한다. 당시 일본의 정책 금리는 0.5퍼센트로 미국 연준(2.5퍼센트), 유럽중앙은행(3.75퍼센트), 영란은행(5.0퍼센트)보다 훨씬 낮았다. 안타깝게도 일본은행에 금리 인하의 여력은 거의 없었다.

10월 31일 금리 인하와 동시에 초과 지급준비금 잔액에 대한 이자를 지급하는 조치가 도입되었다. 앞서 언급했듯이 리먼 브라더스 파산 이후 일본은행은 금융 시스템의 안정성을 유지하기 위해 적극적으로 자금을 공급했다. 이러한 환경에서 초과 지급준비금, 즉 지급준비금 제도에서 규정한 수준을 초과한 당좌예금 잔액에는 이자가 부과되지 않는다. 그러므로 과다한 초과 지급준비금은 익일물 은행 간 금리를 0퍼센트로 만들 수 있다. 문제는 금융 안정을 유지하기 위해 지급준비금을 풍부하게 공급해서 도달한 금리 수준이 거시경제 관점에서 볼 때 반드시 적정 금리 수준과 일치하지 않는다는 것이었다. 그러나 당좌예금에 대한 이자 지급이 허용되면 금융 불안에 대응해 충분한 자금을 공급할 수 있고, 동시에 거시경제 상황과 부합하는 정책 금리를 설정할 수 있게 된다. 즉 초과 지급준비금에 대한 이자 지급 조치는 금리 수준에 대한 통화정책 결정과는 별도로 가장 적절한 유동성 공급, 나아가 가장 적절한 신용 정책을 추구할 수 있다.

이러한 법안 도입은 미국에서 유사한 법안이 도입된 데서 착안한 것이다. 미국 연준은 중앙은행 지급준비금에 대해 이자를 지급할 수 있는 권한을 부여해줄 것을 오랫동안 의회에 요청해왔는데, 2006년 마침내 승인되었다.[10] 원래는 2011년부터 이자를 지급할 예정이었으나 금융 불안에 대처하기 위해 이러한 권한이 필수적이라는 연준의 견해에 대한 공감대가 높아졌다. 그리하여 2008년 10월 3일 긴급경제안정화법 Emergency Economic Stabilization Act이 미 의회에서 통과됨으로써 연준은 이자를 지급할 수 있는 권한을 부여받았다.

당시 중앙은행이 지급준비금에 대해 이자를 지급하는 것은 이례적인 일이었고, 시장이 안정된 상황에서라면 이러한 조치는 더욱 거센 저항에 직면했을 것이다. 은행에 특혜를 주는 것 아니냐는 비판과 국채 수익이 감소한다는 미국 재무부의 반대도 예상되었기 때문이다. 나는 미국 연준에서 지급준비금에 대한 이자 지급을 허용하기로 했다는 소식을 듣고 즉시 일본도 비슷한 조치를 도입해야 한다고 판단했다.

이런 결정을 내린 배경에는 2001년 3월부터 2006년 3월까지의 양적 완화 경험에서 얻은 교훈이 있다. 즉 거시경제 안정에 가장 적합한 단기 금리의 수준은 문자 그대로 제로가 아니라 약간 플러스인 것으로 보인다는 점이다. 양적 완화 기간 동안 익일물 금리는 0.001퍼센트까지 떨어졌는데, 이는 거의 제로에 가까운 수준으로 거래 비용을 고려하면 은행 간 시장에서 거래할 유인이 사라진 셈이다. 이에 따라 은행 간 거래는 거의 없었고, 금융기관이 다른 시장 참여자들로부터 적시에 자금을 조달하지 못할까봐 두려워하면서 은행 간 시장의 기능이 악화되었다.[11] 달리 말해 단기 금리가 임계값 아래로 떨어지면 완화적 통화정책의 경기 부양 효과는 왜곡되어 마이너스로 변할 수 있다.

은행의 대출 결정도 마찬가지다. 은행 대차대조표의 만기 구조를 살펴보면 부채 측면의 예금 만기는 짧고, 대부분 대출과 유가증권으로 구성된 자산의 만기는 길다. 따라서 금리가 하락하면 은행 부채 측면의 금리 수준이 자산 측면의 금리 수준보다 빠르게 하락해 금리 스프레드가 증가하게 된다. 이는 은행이 대출을 늘리도록 유도할 수 있다. 그러나 이미 금리가 매우 낮은 상태에서는 자금 조달 비용을 낮출 여지가 제한되고 투자 자금의 수익률이 계속 하락해 결국 대출 유인이 약해지고 경기 부양 효과는 거의 없을 것이다. 은행 수익성에 대한 지속적인 타격은 금융 안정에 해를 끼칠 수 있으며, 이는 결국 통화정책의 효과도 약화시킬 것이다.

통화정책이 효과를 잃는 정확한 금리 수준을 특정할 수는 없지만 나는 그 수준이 말 그대로 0퍼센트는 아니라고 생각했다. 경제마다 다를 수 있고 단일 경제 내에서도 시기마다 다를 수 있다. 예를 들어 영국에서는 2009년 3월부터 브렉시트 투표 이후인 2016년 8월까지 영란은행이 자산 매입을 확대했음에도 정책 금리가 0.5퍼센트로 유지되었다. 미국에서는 연준이 정책 금리를 0.25퍼센트 이하로 인하하지 않았다. 안타깝게도 당시에는 통화정책의 효율성 측면에서 정책 금리의 하한선이 있다는 개념이 널리 공유되지 않았다. 2016년 7월 유럽중앙은행 집행정책위원회 위원인 브누아 쾨레Benoit Cœuré가 연설에서 "경제적 하한economic lower bound"과 "리버설 레이트reversal rate"라는 용어를 사용한 후에야 비로소 사람들에게 알려지기 시작했다.[12] (리버설 레이트는 정책 금리의 실효 하한을 의미하며, 정책 금리가 그 밑으로 내려가면 완화적 통화정책의 긍정적 효과보다 부작용이 커진다. 이 수준을 경제적 하한이라고 한다-옮긴이)

지급준비금에 이자를 지급하는 지준부리支準附利, interest on reserves 제도를 도입해야 했던 또 다른 이유는 당시에는 공개적으로 언급하지 않았던 향후 반드시 이루어질 출구 전략과 관련이 있었다. 2006년 양적완화 출구 전략의 일환으로 시중에 공급된 자금의 만기가 도래했을 때 운용을 지속하지 않는 방식으로 양적 완화 규모를 축소했고, 이는 정책금리 인상으로 이어졌다. 당시에는 자금 공급 운용 기간이 상대적으로 짧았기 때문에 비교적 단기간(약 3개월)에 양적 축소가 가능했다. 그러나 당좌예금 잔액 규모가 크게 증가하거나 운용 기간이 길어지면 막대한 규모의 당좌예금을 소진하는 데 필요한 시간이 너무 길어져 통화정책을 적시에 수행하지 못하게 된다. 출구 전략이 임박했을 때 당좌예금 이자 지급 제도를 도입하는 것도 이론적으로는 가능하다. 하지만 이는 통화정책 조치에 대한 투기를 유발하고 금융 시장에 큰 혼란을 초래할 수 있다. 따라서 지급준비금 규모를 줄이기 전에 금리를 인상할 수 있는 옵션을 확보하는 것이 필수적인데, 이를 가능하게 해주는 것이 지준부리 제도다.

찬반 동수였던 금리 인하 표결

2008년 10월 말에 정책 금리를 0.2퍼센트포인트 인하할 것인가, 아니면 0.25퍼센트포인트 인하할 것인가를 놓고 정책위원회 위원들의 의견이 갈렸다. 찬성 4표, 반대 4표로 찬반 동수였기 때문에 의장이 결정하는 이례적인 방식으로 최종 결정이 내려졌다. 불과 0.05퍼센트포인트 차이로 생각에 큰 차이가 있는 것은 아니었다. 양쪽 모두 정책 금리를 한꺼번에 제로 금리에 가깝게 인하하자는 것이 아니라 향후 경기가 안 좋아졌을 때 금리 인하를 염두에 두고 있다는 점에서 같았다. 만약 정책 금리 인하의 하한선을 0.1퍼센트로 가정할 경우 전자의 안은 0.2 퍼센트포인트 인하를 2회까지 할 수 있는 여지가 있다. 후자의 경우 같은 폭으로 2번 인하를 하면 말 그대로 제로 금리가 된다. 하한선 가정에 따라 향후 인하 폭의 여지가 제한될 수 있었다.

찬반 동수 표결이라고 하면 통화정책 운용에 관한 기본 철학에서 심각한 대립이 있는 상황을 연상하지만 실제로 그렇지 않았기 때문에 조금만 더 시간을 두고 논의를 했더라면 이런 사태는 피할 수 있었을지 모른다. 하지만 회의 종료 후 오후 3시 30분부터 예정된 기자 간담회 시간을 의식하지 않을 수 없었다. 사전에 공지된 시간에 기자 회견이 열리지 않을 경우 다양한 추측을 불러일으켜 금융 시장에 악영향을 미칠 수 있다고 판단했다.

이는 통화정책회의 운영의 어려움을 단적으로 보여준다. 일본은행법은 정책위원회 위원들이 여타 회의에서 통화정책을 논의하는 것을 금지하고 있다. 그래서 정책 운영 방식에 대해 총재가 각 위원과 개별적으로 의견을 교환할 수는 있지만 사전에 정책위원들이 한자리에 모여 금리 인하 폭을 협의하고 결정하는 것은 불가능하다. 외국 중앙은행의 경우 유럽중앙은행은 본회의 전날 비공식 만찬에서 중요한 논의가 이루어지는 것으로 알려져 있다. 연준의 경우 일본은행과 달리 정부의 대표가 참석하는 제도는 없다. 이들에 비해 일본은행의 통화정책 결정 과정은 유연성이 부족하다고 생각하지만 법으로 규정되어 있는 이상 주어진 조건을 따를 수밖에 없다.

조치 3: 신용 완화

리먼 브라더스 파산 이후 일본은행은 신용 중개 기능을 회복하고 기업에 대한 대출을 용이하게 하는 조치를 시행했다. 기업어음과 회사채 시장에서 신규 발행이 어려워지면서 기업 자금은 은행 대출로 빠르게 이동했다. 이에 따라 은행 대출의 전년 대비 증가율은 2008년 9월 1.8퍼센트에서 12월에는 4.1퍼센트로 급증했다.

일본은행은 은행들이 경제의 신용 수요를 충족시킬 수 있는 환경을 유지하는 데 전념했다. 또한 일본은행은 기업 대출을 장려하기 위해 조금 더 직접적인 조치를 취하기로 결정하고, 10월부터 열린 통화정책회의에서 일련의 조치를 도입하고 필요시 임시 회의를 소집했다. 이러한 조치는 비슷한 시기에 미국 연준이 "신용 완화"라고 명명한 조치와 유사했다. 일본의 첫 번째 조치는 '기업 금융 지원 특별 오퍼레이션企業金融支援特別オペレーション'이라고 불렀다. 이 제도에 따라 일본은행이 민간 은행에 대해 자금을 공급할 때 담보로 인정되는 기업 부채의 요건을 완화하는 동시에 일반적인 정책 금리와 동일한 이자율로 금융기관들이 원하는 만큼 대출할 준비가 되어 있음을 알렸다.

일본은행이 기업어음과 회사채를 매입할지 여부는 어려운 문제였다. 리먼 브라더스의 파산 이후 극도의 불확실성이 만연했고, 은행들과 투자자들은 오직 자신의 생존에만 집중했다. 그 결과 투자자들은 발행사의 신용도와 관계없이 기업어음과 회사채 매입을 중단했고, 시장은 얼어붙었다. 시장을 녹이기 위한 한 가지 방안은 공적 기관이 기업어음과 회사채를 매입해 시장 기능을 회복하는 것이었다. 문제는 누가 기업어음과 회사채를 매입해야 하는가였다.

일본은행이 매입하는 것은 분명 선택지 중 하나였다. 그러나 일본에는 이미 다른 선진국에는 없는 매우 큰 규모의 정부 지원 금융기관이 있다는 점이 걸림돌이었다. 따라서 일본정책투자은행日本政策投資銀行, Development Bank of Japan과 같은 기관이 개별 기업의 신용 위험을 부담하고 기업어음과 회사채를 매입하는 것이 가장 자연스러웠을 것이다. 실제로 일본정책투자은행은 2008년 12월부터 기업어음을 매입하기 시작했다.

그러나 당시 일본정책투자은행의 법적 지위는 과도기적 단계에 있었다. 일본 정부가 100퍼센트 지분을 소유하고 있었지만 2008년 10월 1일 상장을 목표로 했으며 회사법에 따라 민간 기업으로 법적 구조가 변경되었다. 그 결과 정책투자은행은 대규모 기업어음 매입을 주저하는 것처럼 보였다. 일본은행 입장에서는 민주주의 사회에서 정부와 중앙은행 간의 근본적인 분업에 대한 의문이 있었다. 글로벌 금융위기 이전에도 일본은행을 비롯한 세계 각국의 중앙은행은 일상적인 통화정책 운영에서 기업어음과 회사채를 담보로 받기는 했지만 담보로 받는 것과 직접 매입하는 것은 위험 측면에서 근본적인 차이가 있었다.[13] 즉 만약 발행 기업이 파산할 경우 중앙은행의 수익은 그만큼 감소하고, 국고 납입금 감소로 납세자가 부담을 떠안게 된다. 또한 중앙은행의 매입 기준에 따라 적격 기업과 부적격 기업으로 나뉘고, 미시적인 자원 배분에 중앙은행이 직접 관여하게 되는데, 이러한 조치는 재정정책의 요소를 띠게 된다. 재정정책은 정부, 의회라는 정치적 과정을 통해 결정되는 것이 민주주의의 원칙이다. 그럼에도 중앙은행이 통화정책의 이름으로 재정정책에 가까운 정책을 시행하는 것은 중앙은행의 재정 건전성과 중립성을 훼손하고, 궁극적으로는 통화정책 운용에 대한 신뢰를 떨어뜨리는 결과를 초래할 수 있다.

일본은행의 역할 면에서는 신중을 기해야 했지만 당시 기업 자금 조달은 심각한 위기에 처해 있었다. 이런 우려를 감안해 2008년 12월 19일에 열린 통화정책회의에서 일본은행은 기업어음 매입 결정을 발표하고 다른 금융 상품 매입 조건도 검토할 것이라고 밝혔다. 그리고 2009년 2월부터 기업어음을 실제로 매입하기 시작했고, 그해 3월부터는 회사채를 매입하기 시작했다. 이 조치는 전통적인 최종 대부자 기능과는 달랐지만 금융 상품을 매입해 신용 시장의 기능을 유지한다는 점에서 대체로 유사한 역할을 수행했다. 일부에서는 이 조치를 "최후의 시장 조성자market maker of last resort"라고 표현하기도 했다. 일본은행이 매입한 기업어음 규모는 2009년 2월 말까지 1조 3000억 엔이었으며, 3월 말에는 1조 6000억 엔으로 증가했다. 총 매입액은 약 6조 9000억 엔에 달했다. 이러한 매입이 일본 내 기업 금융 여건 안정에 크게 기여했다고 생각한다.

일본은행은 기업어음과 회사채 매입 외에도 민간 금융기관의 주식을 매입하는 프로그램을 재개했다. 주가 하락이 해당 주식을 보유한 은행의 대차대조표에 부정적인 영향을 미쳐 자기자본 상황이 악화되고 그 결과 대출 여력이 감소해 추가적인 주가 하락을 유발하는 악순환을 끝내기 위해서였다.

정부와 중앙은행 간 역할 분담

기업어음과 회사채 매입에 대한 각국의 대응은 각기 달랐다. 영란은행, 일본은행, 연준은 매입했지만 유럽중앙은행은 매입하지 않았다. 매입에 나선 중앙은행들 사이에서도 발생할 수 있는 손실을 흡수할 제도적 장치에 대한 공감대가 형성되지 않았다. 영국에서는 영란은행의 자회사로 자산매입기구Asset Purchase Facility, APF라는 이름의 펀드를 설립하고, 영란은행이 이 기구를 통해 매입 자금을 제공하는 대신 발생할 수 있는 손실에 대해 정부가 보상을 약속했다. 미국에서는 뉴욕 연준이 매입 스프레드로 신용 리스크가 충분히 보상된다는 전제하에 특수목적회사에 자금을 지원했으며, 잔여 손실은 일정 금액까지 미국 재무부가 부담하기로 했다. 반면 일본은행은 일본 정부에 매입 승인을 요청했지만 구체적인 매입 내용은 은행이 결정하고 책임지기로 했으며 정부에 손실 보상을 요구하지 않았다.

정부의 개입은 개별 기업의 신용 위험을 떠안는 중앙은행의 조치에 정당성을 부여한다는 측면에서 바람직하며, 이는 재정정책과 거의 유사하다. 반면에 정부가 손실 부담을 메꿀 가능성은 매입 기준을 훼손하고 장기적으로 금융 자산의 가격 왜곡과 배분 효율성 저하를 초래해서 경제의 건전한 발전을 저해할 위험이 있다. 동시에 정부의 손실 부담 여부와 관계없이 중앙은행이 손실을 입으면 큰 비판을 받을 수 있다는 점도 인식해야 한다. 중앙은행은 유동성을 무제한 공급할 수 있는 특권을 가지고 있지만 이는 '공적 자금의 선량한 관리인'이라는 사회의 기대와도 맞물려 있다.[14] 이 사안에서 중앙은행들의 상반된 대응은 각 중앙은행이 관할 구역의 다양한 경제적·사회적 제약 아래서 가장 적절한 대응을 추구한 결과라고 생각한다.

급격한 엔화 절상

2008년 9월 리먼 브라더스 파산 이후 엔화의 급격한 절상은 또 다른 큰 도전이었다. 파산 직전 환율은 미국 달러당 107.45엔이었다. 이후 10월부터 엔화가 눈에 띄게 절상되기 시작해 10월 27일에는 달러당 92.78엔에 도달했다. 12월 중순에는 환율이 80엔대를 기록했다. 유로화 대비 엔화의 절상 속도는 더 빨라져 파산 전 153.42엔에서 10월 24일에는 118엔까지 절상되었다.(그래프 [8-2] 참조) 명목 실효 환율을 살펴보면 엔화는 BNP 파리바가 글로벌 금융 시장에 충격을 주기 한 달 전인 2007년 7월에 바닥을 찍었다. 이후 엔화는 절상되기 시작해 2008년 4월에는 글로벌 금융 시장의 안도감을 반영하며 상승 추세가 일단 멈추었다. 그러나 2008년 9월부터 엔화는 다시 절상되기 시작했을 뿐 아니라 그 속도도 훨씬 빨라졌다. 2008년 가을 추가 엔화 절상을 막으라는 일본은행에 대한 압력은 그 이후의 엔화 절상 시기에 비해 상대적으로 약했는데, 이는 당시 달러 자금 조달과 기업어음 시장의 절박한 상황에 더 많은 관심이 집중되었기 때문일 수 있다.

2008년 8월, 즉 리먼 브라더스 파산 직전부터 명목 실효 환율의 움직임을 살펴보면 파산의 여파가 글로벌 금융 시장에 파급되면서 안전 통화에 대한 수요가 크게 증가했음을 알 수 있다. 유로화, 파운드화, 원화 등 금융 시스템이 불안정하거나 구조적 약점이 있는 국가의 통화는 가치가 하락했다. 반면 엔화, 스위스 프랑 등 안전 자산으로 여겨지는 통화는 절상되었고, 미국이 위기의 진원지임에도 불구하고 미국 달러도 절상되었는데, 이는 불확실성이 극에 달할 때 기축 통화를 매수하는 시장 참여자들의 경향 때문이었다.(그래프 [8-3] 참조)

[8-2] 일본 엔화 대비 미국 달러화와 유로화 환율

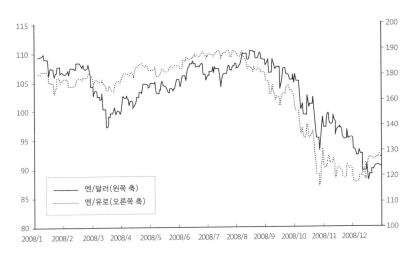

엔/달러(왼쪽 축)

엔/유로(오른쪽 축)

출처: 일본은행

[8-3] 명목 실효 환율(협의 지수)

지수(2008년 8월 1일=100)

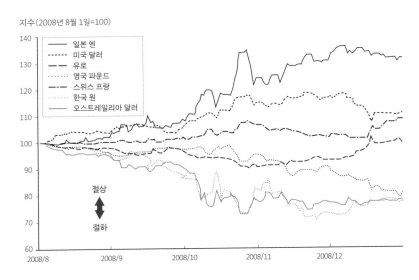

일본 엔

미국 달러

유로

영국 파운드

스위스 프랑

한국 원

오스트레일리아 달러

절상

절하

출처: 국제결제은행

일본은행은 금리 차이를 더 벌릴 수 없는 입장에 놓여 있었으므로 이런 환경에서 어려움을 겪었다. 일본의 정책 금리는 이미 0.5퍼센트로 낮았기에 추가 인하 여지가 거의 없었다. 2008년 8월 말 기준 10년 만기 국채 수익률은 일본 1.4퍼센트, 미국 3.8퍼센트, 독일 4.2퍼센트로 일본의 장기 금리도 세계에서 가장 낮았다. 이는 일본은행이 엔화 절상을 억제하기 위해 정책 금리를 인하하더라도 장기 금리의 하락 폭이 제한적이라는 것을 의미했다. 금리 차이를 의미 있게 확대하는 것은 불가능했고, 이런 점에서 엔화가 안전 통화라는 표현은 다소 오해의 소지가 있다. 글로벌 경기 침체기에 금리 차이로 인해 환율이 절상되는 엔화의 본질적인 경향과 세계 최대 규모인 일본의 순 대외 투자 포지션이 반영된 결과다.

이런 냉정한 현실에서 비롯된 제약 조건들은 안타깝게도 잘 이해되지 않았다. 그 결과 일본은행은 일본은행의 무기력한 통화정책 수행이 엔화 절상을 부추겼다는 비판에 계속 시달리게 되었다.

주요 선진국의 금리 인하 공조

이 시점에서 일본은행의 통화정책 수행과 관련해 2008년 10월 8일 실시된 주요 선진국의 금리 인하 공조에 참여하지 않은 것에 대해 비판이 많았다. 10월 7일 임시 통화정책회의가 끝난 직후 연준으로부터 일본은행도 이번 조율된 조치에 참여할 의향이 있느냐는 문의를 받았다. 일본 금융 시스템이 유럽이나 미국보다 훨씬 양호하고 애초에 인플레이션에 대한 우려가 크지 않았기 때문에 불과 몇 분 전에 내린 판단을 뒤집고 공조를 위해 공동 금리 인하를 발표할 이유가 없었다.[15] 일본의 정책 금리가 다른 선진국들과 같은 수준이었다면 다른 결론이 나올 수도 있었을 것이다. 그러나 우리의 정책 금리가 0.5퍼센트로 낮은 상황에서 지금은 그런 해법을 쓸 때가 아니며, 금융 시스템 붕괴를 막는 데 총력을 기울여야 할 때라고 판단했다. 정책 금리를 인하하지 않더라도 주요 선진국으로서 연대를 보여줄 필요성을 충분히 인식했기 때문에 결정을 강력히 지지한다는 성명을 발표하는 동시에 자체적인 공조 조치를 발표했다.

정부의 대책

일본은행의 조치와 병행해 정부도 급격한 경제 활동 위축을 막기 위해 다양한 정책을 적극 시행했다. 먼저 재정 지출을 늘리고 다양한 보조금과 인센티브를 통해 자동차와 가전제품 구매를 장려했다.

다른 조치로는 긴급 보증을 통한 중소기업 자금 조달 지원과 고용 보조금을 통한 고용 안정화 등이 있다. 전자는 중소기업이 은행에서 대출을 받을 때 지방 정부가 출자한 신용보증공사가 전액 보증하고 대출받은 중소기업이 부도가 나면 대신 대출금을 상환하는 방식이었다. 후자는 일하지 않는 기간 동안 임금의 일부를 보조해주었다.

금융 시장의 상대적 안정

리먼 브라더스 파산 이후 일본 경제와 금융 시장 상황을 살펴보면 해외의 경우와 극명한 대조를 보였다. 금융 시장과 금융 시스템은 다른 선진국에 비해 상대적으로 안정적이었으며, Libor-OIS 스프레드 확대도 제한적이었다. 이러한 상대적 안정성은 1990년대 금융위기의 기억에서 벗어난 일본 금융기관이 대체로 신중하게 자금을 운용한 반면 유럽과 미국 금융기관은 증권화 상품에 대한 투자를 공격적으로 늘렸기 때문이었다.

유럽과 미국의 금융 시스템이 극심한 압박을 받고 있었기 때문에 각국 중앙은행은 최후의 수단으로 막대한 자금을 공급해야 했다. 그 결과 이들의 대차대조표는 크게 확대되었다. 반면 일본은행의 대차대조표는 금융 시스템의 상대적 안정성을 반영하듯 그다지 확대되지 않았다. 아이러니하게도 이는 일본은행의 통화정책 수행에 대한 오해를 불러일으켰는데, 일본은행은 국제 비교에서 가장 성공적으로 기업과 가계의 자금 조달이 용이한 환경을 유지했음에도 통화정책 완화에 충분히 공격적이지 않았다는 비판을 받았다.[16]

경제 활동 위축

일본 금융 시스템은 상대적으로 안정을 누렸지만 실물 경제는 큰 타격을 입었다. 2008년 4분기와 2009년 1분기의 GDP는 전분기 대비 (연율 환산 전) 각각 -3.3퍼센트, -4.0퍼센트로 급격히 감소한 것으로 나타났다.[17] GDP의 구성 요소를 살펴보면 6개월 동안 수출은 35퍼센트 감소했고 설비 투자는 10퍼센트 감소했다. 산업 생산은 더 큰 타격을 받았으며 자동차, 전기 장비, 건설 기계의 감소가 특히 두드러졌다. 대형 제조업체를 대상으로 한 일본은행의 단칸 조사에서 업황판단지수는 2008년 9월 −3에서 12월에는 −24, 2009년 3월에는 −58로 하락했다.

여러 국가의 2008년 3분기와 2009년 1분기의 GDP를 비교해보면 (그래프 [8-4] 참조), 일본의 GDP 감소율은 7.0퍼센트로 독일의 6.3퍼센트를 약간 웃돌았다. 미국이 기록한 3.5퍼센트 감소보다 절대적인 수치에서 훨씬 더 컸다. 반면 실업률의 경우 다른 선진국에 비해 증가 폭이 완만했다(그래프 [8-5] 참조). 한 가지 요인으로 일본의 고용 관행을 들 수 있는데 대기업은 수요 감소에 직면했을 때 근로자를 해고하는 대신 임금을 낮춰 충격을 흡수하는 경향이 있었다.

GDP가 급격히 위축된 이유에 대해 일부 논평가들은 엔화 가치 상승의 영향을 지적한다. 한 분기에 엔화가 절상되었다고 해서 같은 분기의 수출에 즉각적인 영향을 미치지는 않았을 것이기에 나는 이것이 사실이라고 생각하지 않는다. 참고로 독일 GDP도 가파른 하락세를 기록했지만 리먼 브라더스 파산 이후 유로화 환율은 크게 하락했다. 일본 GDP의 급격한 감소는 아래에서 설명하는 바와 같이 여러 경제의 산업 구조를 상당 부분 반영했다. 리먼 파산 이후 전 세계적으로 수요가 증발했고, 이는 국제 무역의 급격한 위축으로 반영되었다.

2008년 3분기와 2009년 2분기 사이에 무역 규모는 무려 15퍼센트나 줄어들었다. 당연히 수요가 가장 많이 증발한 상품에 의존하는 경제는 위기에 가장 큰 타격을 받을 것이다. 이에 해당하는 재화는 자동차 같은 고가의 소비자 내구재나 기업이 설비 투자를 위해 구매하는 산

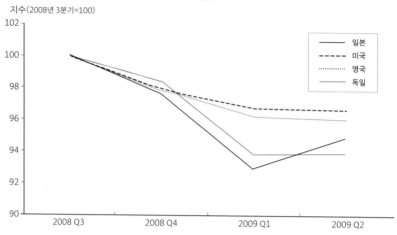

[8-4] 실질 GDP

지수(2008년 3분기=100)

출처: 세인트루이스 연방준비은행의 연방준비제도 경제 데이터Federal Reserve Economic Data

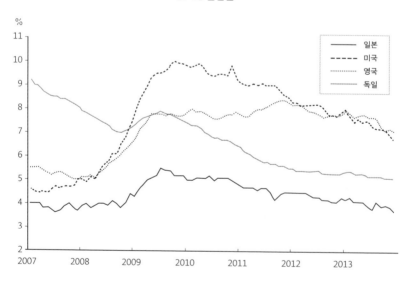

[8-5] 실업률

%

출처: 세인트루이스 연방준비은행의 연방준비제도 경제 데이터

업 기계였다. 미래의 소득이나 고용에 대한 불확실성이 크면 가계는 고가의 내구재를 구매하지 않고, 기업은 새로운 공장에 투자하지 않는다. 불확실성이 높은 환경에서 공장을 짓는 데 많은 비용을 지출하고 그 결정이 실수로 판명되면 기업은 상당한 손실을 입게 된다. 이러한 돌이킬 수 없는 결정의 위험을 고려할 때 당시에는 결정을 보류하는 것이 나은 선택이 된다.

게다가 은행 대출이 원활하게 이루어지지 않아 자금 조달도 심각한 문제였다. 자동차의 경우 미국 기업어음 시장의 최대 발행 기관이었던 자동차금융회사들이 기업어음 시장이 얼어붙으면서 충분한 자금을 조달하지 못하자 판매에 큰 타격을 입었다. 일본은 자동차, 자본재 등 소비자 내구재 분야에서 경쟁력이 가장 높았고 운송 장비, 전기 기계, 일반 기계(건설과 생산 기계 포함) 등 3개 부문이 일본 산업 생산의 절반 가까이를 차지했기 때문에 글로벌 금융위기의 역풍을 고스란히 맞아야 했다. 이들 부문이 전체 산업 생산에서 차지하는 비중이 20퍼센트 정도에 불과했던 미국 경제에 미치는 영향은 훨씬 작았다. 일본과 비슷한 산업 구조를 가진 독일 역시 선진 산업 경제 중 일본에 이어 GDP가 두 번째로 큰 폭으로 하락했다.

대공황의 재현을 피하다

세계 경제는 침체에 빠졌지만 2009년 봄을 기점으로 금융 시장이 점진적으로 안정되면서 회복하는 조짐이 보이기 시작했다. 이는 글로벌 경제 활동의 초기 하락세가 1930년대 대공황과 유사했다는 점을 고려할 때 그 자체로 큰 성과였다. 두 사태의 가장 큰 차이점은 2009년에는 각국 정부와 중앙은행이 금융 시스템의 붕괴를 막기 위해 적극적으로 움직였다는 점이다. 정부의 경우 자본을 투입하고 금융기관에 대한 보증을 연장하는 한편 심각한 경제 시나리오에서 자본이 충분한지 검증하기 위한 '스트레스 테스트'를 실시했다. 중앙은행은 필요할 때 과감하게 최종 대부자의 역할을 수행했다. 1930년대의 교훈에 정부와 중앙은행이 귀를 기울였기 때문에 글로벌 금융위기에서 이런 일이 가능했다. 금융 시스템의 안정성이 매우 중요하다는 것을 인식하고 있었고, 금본위제에서 벗어났기 때문에 환율이 자유롭게 변동한 것이 중요한 역할을 했다.

경제 활동이 추가로 위축되는 것을 막기 위해 중앙은행의 조치를 보완하는 재정정책도 시행되었다. 이러한 맥락에서 중국의 기여는 다른 선진국들과 함께 인상적이었다. 2008년 11월 9일 중국은 GDP의 10퍼센트가 넘는 4조 위안 규모의 경기 부양책을 발표해 중국 경제뿐 아니라 글로벌 경제의 회복을 지원했다. 이 조치는 단기적으로는 큰 효과를 발휘했다. 그러나 결국 철강, 화학, 시멘트 등 소재 산업의 공급 능력이 크게 증가하고 부채가 크게 증가해 중국 경제가 고도성장 단계에서 더 안정적이고 지속적인 성장 단계로 원활하게 전환하기 어렵게 만드는 장기적으로 더 큰 문제를 야기했다는 사실도 주목해야 한다. 또한 이 조치로 인한 원자재 수요 증가는 원자재 가격 상승과 원자재 생산국의 경제 확대로 이어져 몇 년 후 큰 문제를 야기했다.

미국의 리먼 사태 대처에 대한 평가

글로벌 금융위기가 어떻게 전개되었는지, 특히 리먼 브라더스의 파산 이후를 돌이켜보면 1990년대 후반 일본 금융위기와 많은 유사점과 차이점이 있다는 것을 알 수 있다. 두 나라 모두 위기가 전개되면서 정부와 중앙은행은 위기에 대처하기 위해 충분한 실탄이 필요하다는 것을 깨달았다. 하지만 두 경우 모두 탄약이 절대적으로 부족했다는 것이 명백한 사실이다. 벤 버냉키, 티머시 가이트너, 행크 폴슨 주니어의 회고록을 읽어보면 권한, 도구, 실행 가능한 옵션에 대한 반복적인 언급이 인상적이다.[18] 리먼 파산으로 인한 혼란 이후에야 정부와 중앙은행에 필요한 권한과 도구가 부여되었다. 사실 이 일이 성사되는 데는 불과 16일밖에 걸리지 않았다. 이후 미국 의회의 당파적 분열이 극심해진 것을 고려할 때 위기 동안 이루어진 초당적인 노력은 놀랍다.

그렇다면 미국 당국이 리먼 브라더스에 대한 공적 지원을 하지 않았다는 사실을 어떻게 해석해야 할까? 리먼이 파산하고 위기가 심화하자 선진국 중앙은행들은 과감하게 최종 대부자 역할을 수행했다. 따라서 미국 당국이 리먼 사태가 발생하기 전 베어 스턴스나 불과 이틀 뒤의 AIG의 경우처럼 리먼에 공적 지원을 했다면 사태가 어떻게 전개되었을지 궁금해하는 것은 당연한 일이다. 사실 나를 포함한 많은 나라의 외 중앙은행 총재들은 리먼 사태에 대한 미국의 대처에 비판적이었지만 큰 소리로 말하지는 않았다. 리먼 파산 직후 버냉키 의장이 의회에서 증언한 내용을 보면 미국의 답변이 잘 드러난다.

연준과 재무부는 AIG와 리먼 브라더스의 임박한 파산을 피하기 위해 민간 부문의 접근법을 모색했지만 이렇다 할 해결책이 나오지 않았습니다. AIG의 경우 연준은 재무부의 지원을 받아 원활한 정리를 위해 긴급 신용 한도를 제공했습니다. 연준은 당시의 시장 상황과 AIG의 채무 규모 및 구성에 비추어 볼 때 AIG가 무질서하게 파산할 경우 글로벌 금융 안정을 심각하게 위협할 것이며 미국 경제에 영향을 미칠 수 있다고 판단해 이러한 조치를 취했습니다. (중략) 주요 투자은행인 리먼 브라더스의 경우 연준과 재무부는 공적 자금 투입을 거부했습니다. 분명 리먼의 파산은 위험을 초래했습니다. 그러나 리먼의 문제는 한동안 잘 알려져 있었고, 신용 디폴트 스와프credit default swap. CDS(신용 부도 스와프) 시장에서 리먼의 부채를 보장하는 데 드는 높은 비용에서 알 수 있듯이 투자자들은 리먼의 파산 가능성이 크다는 것을 분명히 인식하고 있었습니다. 따라서 우리는 투자자와 거래 상대방이 예방적 조치를 할 수 있는 시간을 가졌다고 판단했습니다.[19]

이 증언을 읽으면 연준은 금융 시장이 리먼 브라더스의 부실을 관리할 수 있을 것이라고 생각했다는 인상을 받는다. 그러나 이후 의회 증언과 그의 회고록을 보면 버냉키 의장은 연준이 리먼 지원을 거부한 이유로 법적 권한의 부족을 강조한다. 그는 회고록에서 "리먼의 지급 불능 상태로 인해 연준의 대출만으로는 리먼을 구할 수 없었다"라고 설명한다. 연준법 13조 3항의 긴급 권한을 발동할 때도 적절한 담보를 전제로 대출을 해야 했다. 연준은 자본을 투입하거나 (거의 같은 의미로) 전액 상환될 가능성이 낮은 대출을 할 권한이 없다.[20]

연준법 13조 3항은 연방준비은행이 "비정상적이고 긴급한 상황"에서 연방준비제도 정책위원회의 승인하에 개인, 파트너십 또는 기업에 신용을 제공할 수 있다고 규정하고 있으며, 이는 일본은행에서 시행하는 "특별 대출"과 유사하다. 신용 제공을 할 때 "연준이 만족할 만한 담보"가 있어야 한다. 연준은 베어 스턴스 인수 당시 JP모건에 대한 긴급 신용 제공을 포함해 글로벌 금융위기 당시 13조 3항에 따라 금융 시스템 안정을 위한 다양한 작업을 수행했다. 버냉키의 의회 증언을 고려하면 나는 아직도 담보 부족이 리먼 브라더스를 파산시킨 진짜 이유였는지 의문이 든다.

나는 충분한 담보를 확보했는지 확인하거나 반박할 수 있는 구체적인 증거도 없고, 연준법을 해석할 수 있는 전문 지식도 없다.[21] 담당자들의 회고록은 기본적으로 동일한 설명을 제공하지만 뉘앙스에서는 약간 차이가 나는 것 같다. 이와 관련해 가이트너의 설명은 흥미롭고 다소 미묘한 차이가 있다. "나는 모든 구제 금융을 반대하는 수사가 리먼의 매수자를 찾는 우리의 능력을 위태롭게 할까 걱정했다."[22] 일본 금융위기를 되돌아보면 중앙은행 신용의 회수 가능성은 고정된 개념이 아니라고 생각한다. 중앙은행이 신용을 제공할 수도 있고 제공하지 않을 수도 있으며, 이 판단이 시스템적 사건의 회피 여부를 결정할 수도 있다. 그러면 거시경제 여건이 크게 달라질 수 있으며, 이는 결과적으로 문제가 있는 금융기관의 자산 건전성에 영향을 미칠 것이다. 즉 중앙은행이 스스로 만족할 만한 신용을 회수할 수 있는지 여부는 신용을 연장할지 말지에 대한 중앙은행의 결정에 달려 있다.

결국 리먼 브라더스를 구제하지 않은 가장 근본적인 이유는 연준이 대중과 정치권의 강력한 반대에 맞서 행동하기 어렵다고 판단했기 때문이라고 추측한다. 버냉키, 가이트너, 폴슨이 지적했듯이 리먼이 파산했던 시점은 2008년 3월 베어 스턴스 인수 후 수 JP모건에 긴급 신용을 제공하고, 같은 해 9월 재무부가 패니 메와 프레디 맥을 공적 관리하면서 대중과 의회의 반감이 크게 고조되었을 때였다. 1990년대 일본에서 이와 유사한 사례를 찾는다면 1996년 주센 정리에 공적 자금을 사용할 수 있도록 하는 법이 제정된 후 정치권, 대중, 언론의 강력한 반대에 부딪혀 위기 상황에서 한동안 대형 금융기관에 대한 공적 자금 사용을 보류했던 시기를 꼽을 수 있다.

리먼 파산 vs 일본 증권사 파산

리먼 브라더스의 실패에 대한 미국의 대응을 보면 나는 항상 1997년 가을 일본에서 발생한 산요증권과 야마이치증권의 연이은 파산을 떠올린다. 3장에서 설명했듯이 산요는 은행 간 자금 시장에서 콜머니 의무를 불이행했는데, 이는 전후에 볼 수 없었던 현상이었다. 금액은 그리 크지 않았지만 당시에는 콜머니가 상환되지 않을 것이라고는 누구도 상상하지 못했기 때문에 그 충격은 엄청났다. 그 직후 금융기관은 콜 시장에서 대차 거래를 할 수 없었고, 이는 금융 시스템을 불안정하게 만드는 급속한 연쇄 반응을 촉발했다. 야마이치는 해외 자회사의 장부 외 부채가 갑자기 공개되면서 심각한 유동성 문제에 직면했다.

리먼 브라더스와 야마이치증권의 실패에는 많은 공통점이 있었다. 두 회사는 자국에서 네 번째로 큰 증권사(투자은행)였다. 1997년 11월 일본과 2008년 9월 미국 모두 금융 시스템 상태가 위태로웠다. 파산 위기에 처한 동종 업체를 인수하려는 금융기관이 없었다. 증권사를 원활하게 정리할 수 있는 법적 체계가 존재하지 않았다. 공적 자금 투입 권한도 마찬가지였다. 이러한 권한이 없었기 때문에 자본 확충을 위한 공적 자금 투입이 불가능했고, 따라서 원활한 해결을 도울 수 없었다. 게다가 두 시점 모두 공적 자금을 투입한다는 아이디어는 매우 인기가 없었다.

이러한 어려움에도 불구하고 일본은행은 야마이치증권에 무제한 유동성을 공급하기로 결정했다. 야마이치증권이 최종적으로 파산했을 때 일본은행은 큰 손실을 입었다. 야마이치에 대한 특별 대출 조치를 평가할 때 정부와 일본은행이 산요증권을 조기에 파산시킨 것이 현명한 선택이었는지는 분명히 따져봐야 한다. 그럼에도 산요와 같은 작은 금융기관도 큰 피해를 입힐 수 있다는 사실은 훨씬 더 큰 야마이치가 무너지고 있을 때 정부와 은행이 조치를 취하지 않을 수 없도록 했다. 최소한 야마이치에 대한 특별 대출은 시스템적으로 중요한 기관의 실패로 인한 시스템 위기라는 최악의 결과를 막을 수 있었으며, 이는 정말 가치 있는 일이었다고 생각한다.

그럼에도 불구하고 1990년대 이후 일본 당국의 대응은 지나치게 관용적이라는 비판을 받기도 한다(3장 참조). 금융위기 시에는 최종 대부자인 중앙은행의 단호한 조치가 필수적이지만 유동성 공급만으로는 문제가 해결되지 않는다. 공적 자금 투입, 더 정확하게는 공적 자금을 활용한 자본 투입은 필수 불가결한 수단이다. 이런 점에서 일본은행의 유동성 공급은 리먼 브라더스 붕괴에 버금가는 심각한 금융위기를 피할 수 있게 했다. 반면에 일본은행의 조치로 인해 이해관계자들이 문제의 진정한 심각성을 제대로 인식하지 못했을 수도 있다.

미국의 성공적인 "스트레스 테스트"

2007~2009년 글로벌 금융위기와 일본 금융위기를 비교해보면 미국 당국이 채택한 전략이 적절했고, 그 결과 글로벌 금융위기를 비교적 빠르게 해결할 수 있었다는 점이 흥미롭다. 내가 보기에 가장 중요한 것은 엄격한 스트레스 테스트를 실시한 것, 그리고 은행 국유화라는 옵션을 선택하지 않은 것이었다. 감독과 규제 당국은 금융기관에 매우 엄격한 스트레스 시나리오를 제시했고, 금융기관은 이 시나리오에 따라 잠재적인 자기자본 부족분을 계산해야 했다. 금융기관은 이러한 부족분을 충당하기 위해 시장에서 자본을 조달할 의무가 있었지만 당국은 이러한 노력이 성공하지 못할 경우를 대비해 공적 자금을 투입하는 안전장치를 제공했다. 이를 통해 금융기관의 생존 가능성에 대한 우려를 불식시키는 데 성공했다.

일본 금융위기의 경우 금융기관에 자본이 부족했다는 것은 널리 알려진 사실이지만 자본 확충이 어려웠던 것은 자본 부족 규모 자체의 불확실성 때문이기도 했다. 이러한 상황에서 공적 자금이 뒷받침되는 스트레스 테스트를 실시하지 않고서 자본이 충분하다고 시장을 설득하기는 불가능했다. 실제로 가이트너의 회고록 제목이 《스트레스 테스트: 금융위기에 대한 성찰Stress Test: Reflections on Financial Crises》인 것도 당시 금융 시스템의 갈림길에서 스트레스 테스트가 얼마나 중요한 역할을 했는지를 잘 보여주는 대목이다.[23]

지급 결제 시스템 개선

위기 극복을 위해 금융 시스템의 안정성 회복이 중요하다는 인식은 널리 퍼져 있다. 하지만 지급 결제 시스템 개선을 위한 각국 중앙은행의 끊임없는 노력에 대해서는 일반인들이 잘 알지 못한다.[24] 전 세계 금융 시스템이 혼란을 겪는 와중에도 외환 시장의 기능은 유지되었다는 점은 주목할 만한 사실이다. 외환 거래는 2가지 통화를 거래하는 것이기 때문에 불가피한 시차로 인해 상당한 결제 리스크가 존재한다는 점에서 놀라운 일이었다. 다행히 2002년 9월 주요 통화 간 외환 거래 결제를 위해 엔화와 달러화 두 통화의 결제를 연계하는 외환동시결제Continuous Linked Settlement, CLS 시스템이 도입되어 외환 시장의 심각한 혼란을 막는 데 기여했다. 만약 이 시스템이 도입되지 않았다면 리먼의 몰락으로 외환 시장이 심각한 타격을 입었을 것이고, 다른 금융 시장에도 혼란이 가중되었을 것이다.

지난 25년 동안 외환 시장 외에도 자금의 실시간총액결제real-time gross settlement, RTGS, 증권 대금 동시결제delivery versus payment, DVP 도입 등의 노력을 통해 지급 결제 시스템의 리스크가 상당히 감소했다. 이러한 리스크 감소는 민간 금융기관과 중앙은행이 공동으로 노력한 결과다. 리먼 사태에 대한 대응과 관련해서는 보통 적극적인 재정과 통화정책에 초점을 맞추는 반면 지급 결제 시스템을 개선하기 위한 중앙은행의 지속적인 노력은 간과되는 경우가 많다. 대중이 눈길을 끄는 '화재 진압 훈련'에 집착하는 것은 이해할 수 있다. 하지만 '화재 예방'(즉 사전 예방)이라는 개념은 그에 못지않게, 어쩌면 더 중요할 수 있다. 중앙은행이 업무를 통해 경제와 금융 안정에 기여하고 있다는 사실을 더 많이

인식해야 한다고 생각한다.[25]

버블 방지의 중요성

각국 정부와 중앙은행의 적극적인 대응으로 1930년대 대공황의 재연은 피할 수 있었다. 이러한 대응의 중요성에 주목하면서 전례 없는 글로벌 신용 버블이 왜 발생했는지 되돌아볼 필요가 있다. 신용 버블은 금융위기와 경기 침체의 장기화로 이어지기 때문에 이를 어떻게 예방할 것인가가 가장 시급한 정책 과제다.

미국의 주택 버블과 리먼 브라더스의 부실을 촉발한 증권화 상품의 과잉 공급은 충격에 취약한 민간 금융기관과 부적절한 공공 부문의 대응이 상호 작용해 발생했다. 예를 들어 금융기관 측면에서는 과도한 레버리지, 단기 자금 조달에 대한 지나친 의존, 리스크 측정과 리스크 관리 체계 미비 등의 결함이 있었다. 이러한 단점은 미국 금융기관에만 국한된 것이 아니다. 글로벌 금융위기의 첫 징후가 BNP 파리바의 부실로 인해 나타났다는 사실은 유럽 금융기관도 이러한 문제를 공유하고 있다는 것을 보여주었다.

공공 부문 측면의 미흡한 대응으로는 전통적인 감독과 규제의 경계 밖에 있는 금융회사인 "그림자 금융"을 적절하게 감독하지 못한 것을 들 수 있다. 규제와 감독을 받는 금융기관들은 너무 느슨하게 방치되어 있었다. 물론 장기간에 걸친 금융 완화로 쉽게 돈을 빌릴 수 있는 기간이 길어진 것도 버블의 발생과 확대의 한 요인이었다.

실물 경제와 금융 시스템 사이는 물론 금융 시스템 자체 내에도 복잡한 상호 의존성이 존재한다는 사실이 사후에 밝혀지는 경우가 너무 많다. 대개 이러한 사실을 너무 늦게 깨닫게 된다. 일본의 버블 경제와 글로벌 금융위기 모두 그러했다. 이러한 점을 고려해 우리는 경제와 금융 시장을 관찰할 때 우리의 지식이 제한적이라는 점을 염두에 두고 좀 더 겸손한 자세로 임해야 한다. 글로벌 금융위기는 위기 이전에 큰 영향력을 발휘했던 우리의 지적 프레임워크를 재고해야 할 필요성을 보여주었다.

디플레이션 논의의 부상

거짓 여명

2009년 봄, 전 세계 금융 시장의 흐름이 바뀌면서 금융 시스템이 점차 안정되기 시작했다. 이는 큰 안도감을 주었지만 지속 가능한 성장의 길로 돌아가기에는 아직 시간이 필요했다. 이는 한동안 지속될 "거짓 여명"의 시작이었다. 2009년 9월 일본 민주당이 집권 여당이 되었고, 11월에는 디플레이션을 공식 선언했다. 디플레이션을 둘러싼 논쟁은 갈수록 격렬해졌고 2013년 나의 일본은행 총재 임기가 끝날 때까지 끊이지 않고 이어졌다.

2009년 2월 13~14일 로마에서 열린 G7 재무장관과 중앙은행 총재 회의에 참석했다. 2008년 11월 브라질 상파울루에서 열린 G20 회의에서와 마찬가지로 회원국들은 경제에 대해 비관적인 견해를 표명했다.

회의가 끝난 후 발표된 성명서에는 "세계 경제와 금융 시장의 안정화가 여전히 우리의 최우선 과제"[1]라고 명시되어 있었다. 나는 회의에서 버블 붕괴 이후 일본의 경험에 비추어 향후 세계 경제 전개에 대한 우려를 표명했다.

그다음 G7 회의는 2009년 4월 24일 워싱턴D.C.에서 열렸는데 2007~2009년 글로벌 금융위기 이후 처음으로 경제가 일부 개선된 것으로 나타났지만 전반적인 분위기는 여전히 어두웠다. "최근 데이터에 따르면 우리 경제의 하락 속도가 둔화되고 일부 안정화 조짐이 나타나고 있다. 경제 활동은 올해 말부터 회복되기 시작할 것이지만 경기 침체가 지속되는 가운데 하방 리스크가 상존한다."[2]

미국 주식 시장에서 다우존스 산업평균지수는 2009년 3월 9일 6547포인트로 바닥을 찍었는데, 이는 글로벌 금융위기 이전의 절반에도 못 미치는 수준이었으며 이후 상승하기 시작했다. 모기지 시장도 비슷한 시기에 살아날 조짐을 보이기 시작했다. 실제로 벤 버냉키 연준 의장은 2009년 3월의 경기 회복을 "파릇한 새싹"에 빗대어 설명했다.[3]

당시 발언과 여건을 자세히 살펴보면 금융 시장 상황이 개선되고 있다는 의미일 뿐 경제가 빠르게 회복될 것이라는 전망에 근거한 것은 아니었다. 다소 낙관적인 분위기에 불안감을 느낀 나는 일본의 경험을 바탕으로 지나친 낙관론의 함정을 알려야 한다고 생각했다. 그래서 4월 IMF와 세계은행 정례 회의 참석차 워싱턴을 오갈 때 뉴욕에서 〈경제·금융위기에서 벗어나기: 교훈과 정책 대응経済・金融危機からの脱却: 教訓と政策対応, Way Out of Economic and Financial Crisis: Lessons and Policy Actions〉이라는 제목의 연설로 세계 경제 전망이 그리 낙관적이지 않다는 견해를 전했다. 이 연설에서 나는 버블 붕괴 이후 지속 가능한 성장세가 회복되기까지

오랜 시간이 걸리며 그 과정에서 많은 어려움이 있다는 점을 강조했다.

1990년대 저성장기에도 일본 경제는 미약한 회복세를 보였기 때문에 사람들은 경제가 마침내 살아나기 시작했다고 성급하게 믿게 되었습니다. 이는 거짓 여명으로 판명되었지만 상황이 조금 개선되면 낙관적으로 변하는 것은 인간의 본성입니다.[4] (중략)

일본 경제는 과잉 부채, 유휴 생산 능력(설비)과 잉여 노동을 해소할 때까지 안정적인 회복세를 재개하지 못했습니다. 현재의 위기도 마찬가지입니다. 미국 경제는 지속 불가능한 금융 레버리지, 가계의 과도한 부채, 금융 산업의 과도한 확장 등 과잉의 문제들을 해결해야 한다고 생각합니다. 이는 고통스럽지만 피할 수 없는 것이며, 지난 10년간의 경험에 비추어 볼 때 마땅한 대안은 없습니다.[5]

그 무렵 나는 뉴욕 연설 다음 날 워싱턴에서 열린 국제회의 등 다양한 포럼에서 비슷한 발언을 했다. 돌이켜보면 세계 경제와 관련해 국제기구와 세계 각국의 중앙은행은 경제 성장에 대한 낙관적인 전망을 반복적으로 발표했다가 연말에 이를 수정했다(그래프 [9-1] 참조).

2009년 9월 4~5일 런던에서 열린 G20 회의 후 발표된 성명서의 전반적인 기조는 세계 경제 전망에 대해 신중한 입장이었지만 처음으로 "출구 전략"을 언급했다.

경기 회복이 뚜렷해지면 긴급 재정, 통화, 금융 부문 지원을 정상화하는 투명하고 신뢰할 수 있는 절차가 필요하다는 데 동의합니다. 우리는 출구 전략의 규모, 시기, 순서가 국가와 정책에 따라 다를 수 있음을 인식하고

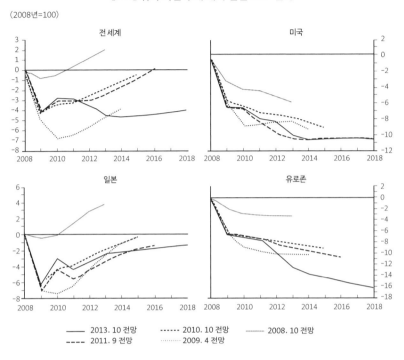

[9-1] 위기 이전 추세 대비 실질 GDP 변화

(2008년=100)

전 세계 · 미국 · 일본 · 유로존

—— 2013. 10 전망 ······ 2010. 10 전망 —— 2008. 10 전망
---- 2011. 9 전망 ············ 2009. 4 전망

출처: IMF(2013)

IMF, 금융안정위원회Financial Stability Board, FSB 등과 협력해 조화로운 출구 전략을 구상해나갈 것입니다.[6]

통화정책 수행과 관련해 대부분의 선진국은 완화 정책을 유지했지만 일부 경제, 원자재 생산국, 특히 신흥 시장 경제는 2009년 가을부터 정책 금리를 인상하기 시작했다. 선진국 중 가장 먼저 금리를 인상한 국가는 오스트레일리아로 10월에, 두 번째로 인상한 국가는 캐나다로 2010년 6월에 실시했다.

일본 경제의 회복

일본 경제도 2009년 봄에 바닥을 쳤다. 닛케이 주가지수는 3월 10일 7054포인트로 최저점을 기록했는데, 이는 일본 버블 붕괴 이후 최저치였다. 일본은행은 4월 말 통화정책회의에서 "경제 상황 둔화 속도가 점차 완화될 것"이라고 지적했다. 이는 리먼 브라더스 파산 이후 일본은행의 전망을 소폭이지만 처음으로 상향 조정한 것이었다.[7] 2009년 여름 노동 시장에서도 7월부터 실업률이 하락하기 시작하고 8월부터 구인 대 구직자 비율이 상승하기 시작하면서 최악의 상황은 끝났다.

2009년 5월 통화정책회의에서 일본은행은 처음으로 당시 경제 상황에 대한 평가를 상향 조정하면서 "국내외 재고 조정에 힘입어 수출과 생산이 고른 회복세를 보일 것으로 예상된다"라고 언급했다.[8] 점진적이지만 개선세가 지속되었고, 이를 바탕으로 9월 통화정책회의에서 "일본 경제 상황이 회복 조짐을 보이고 있다"라고 선언할 수 있었다.[9]

민주당 집권

경제가 점진적으로 회복되는 가운데 일본의 정치 지형에 극적인 변화가 있었다. 2009년 8월 30일 실시된 총선에서 민주당이 중의원 의석의 3분의 2에 가까운 308석을 차지하며 압승을 거둔 것이다. 그 결과 9월 16일 하토야마 유키오鳩山由紀夫 총리가 이끄는 민주당과 사회민주당, 국민신당의 연립 정부가 구성되었다. 1993년 8월부터 1994년 4월까지 호소카와 모리히로細川護煕 총리가 이끄는 연립 정부가 잠시 집권했던 시기를 제외하고 1955년 창당 이래 계속 정권을 잡아온 자민당이 야당이 되었다. 지금은 유권자들의 열렬한 환영을 기억하기 어렵지만 당시 민주당 정부는 일반 대중의 높은 기대 속에 출범했다.

민주당이 집권하자 많은 이들은 민주당이 나의 총재 임명을 지지해주었던 만큼 일이 더 수월해질 것이라고 말했다. 나는 별로 낙관적이지 않았다. 중앙은행과 정부의 관계는 총재 임명과 무관한 경우가 많다. 정치적 성향과 관계없이 집권당은 경기 부양을 위해 완화적 통화정책을 요구하는 경향이 있다는 것은 거의 보편적인 규칙이다. 그래서 민주당 내에서 공격적인 완화적 통화정책을 요구하는 목소리가 자민당 때보다 더 커졌을 때 놀라지 않았다. 정부와 일본은행의 관계는 총재와 총리, 관방장관, 재무장관, 경제재정정책담당장관 간의 개인적 케미스트리에도 영향을 받는다. 개인적 케미스트리 측면에서 나는 대체로 운이 좋았다.

총선 이틀 후인 9월 1일 나는 자민당 중앙 당사와 멀지 않은 곳에 있는 민주당 중앙 당사를 방문해 하토야마 유키오 당 대표에게 경제 상황과 일본은행의 통화정책 운용에 대해 간략히 브리핑했다. 중앙은행 총재가 정당의 중앙 당사를 방문하는 것은 이례적인 일이지만 차기 총리 후보자와 친분을 쌓고 은행의 입장을 알리는 것이 중요하다고 생각했다. 9월 16일 후지이 히로히사藤井裕久 재무장관과 간 나오토菅直人 경제재정정책담당장관이 임명되고 새 내각이 출범했다.

민주당은 "콘크리트에서 사람으로" 지출을 전환하겠다는 공약을 내세우며 대규모 사회 보장 지출 확대를 주장했다. 그러나 집권 연립 정부는 이런 지출 공약을 뒷받침할 세수가 부족하다는 사실을 금방 깨달았다. 정부의 거시경제정책을 주의 깊게 모니터링하던 일본은행의 관점에서 볼 때 중요한 의미를 갖는 2가지 주요 정책 이니셔티브가 있었다. 하나는 '중소기업 금융 원활화 구상'이었고, 다른 하나는 '디플레이션 선언'이었다.

흔히 "모라토리엄법"이라고 불리는 중소기업 금융 원활화 구상은 가메이 시즈카亀井静香 금융우정개혁담당장관이 지나치게 신중한 대출과 공격적인 채권 추심을 방지하자는 3당 연립 정부의 합의를 반영해 정부 의제의 전면에 내세운 아이디어다. 이에 따라 정부는 2009년 12월 '중소기업자 등에 대한 금융의 원활화를 도모하기 위한 임시 조치에 관한 법률中小企業者等に対する金融の円滑化を図るための臨時措置に関する法律'을 시행하고, 동시에 금융청은 감독 지침과 금융 검사 매뉴얼을 발표했다. 이 법에 따라 금융기관은 중소기업 또는 주택 담보 대출 차주의 요청이 있는 경우 상환 일시 유예, 이자 감면, 추심 포기 등 계약상 대출 조건 변경을 수용하도록 의무화했다.

비효율적인 중소기업에 대한 대출 확대 조치가 단기적으로는 수요를 뒷받침했을지 모르지만 일본 경제의 잠재 성장률에 부정적인 영향을 미쳐 향후 경제에 부담을 주었을 가능성이 높다고 생각한다. 명목 변수와 실질 변수의 이분법을 전제로 하는 표준적인 성장 이론에 따르면 생산성은 주로 기술이나 아이디어와 같은 실질 변수의 함수다. 그러나 엄밀히 말하면 이것이 반드시 옳은 것은 아니다. 이 문제는 20장에서 살펴보겠다.

정부의 디플레이션 선언

민주당 정부는 출범 직후 통화정책에 대해 다소 침묵했다. 그러나 정부가 디플레이션 극복이 가장 중요하다고 발표하고 일본은행이 정책을 더욱 완화해야 한다는 목소리가 점점 커지자 상황이 갑자기 바뀌었다.

2009년 3월 글로벌 금융 시장과 일본 경제가 바닥을 치고 회복세를 보이기 시작할 무렵 일본 소비자물가지수의 전년 대비 변동률이 마이너스로 돌아섰다. 이는 리먼 브라더스 파산 이후 세계 경기 침체가 후행적으로 반영되면서 국제 원자재 가격이 급격히 하락한 데서 기인했다. 물가 하락세는 더욱 심화되어 8월 수치(9월 발표)는 -2.4퍼센트를 기록했다(그래프 [9-2] 참조). 소비자물가지수에 특히 큰 영향을 미치는 원유 가격을 살펴보면, 가장 널리 인용되는 지표인 서부 텍사스산 중질유 원유 선물 지수는 2008년 7월 3일 배럴당 145.29달러로 정점을 찍은 후 12월 22일에는 34.41달러로 급락했다. 원자재 가격 하락과 더불어 엔화 절상도 수입 물가의 전반적인 하락을 가져와 소비자물가지수 하락에 기여했다. 이러한 초기 단계의 가격 하락은 어떤 대가를 치르더라도 금융 시스템의 붕괴를 막아야 한다는 당위성에 가려 경제정책의 초점이 되지 못했다.

2001년 자민당 정부에서 디플레이션 선언이 있었지만 2006년 7월 정부의 〈월례 경제 보고〉에서 디플레이션에 대한 언급이 삭제되었다. 민주당 정부는 처음에는 디플레이션에 대해 언급하지 않다가 2009년 11월 20일 내각부가 "최근 물가 동향을 보면 일본 경제가 완만한 디플레이션 국면에 접어들었다"라고 발표하면서 분위기가 갑자기 바뀌었고, 이 견해는 장관급 논의에서 정식으로 승인되었다.[10] 이 선언이 있기

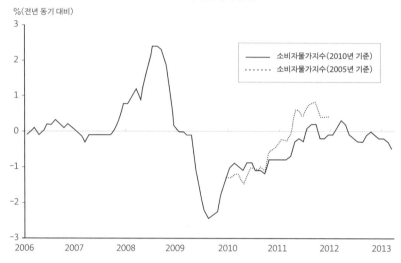

[9-2] 소비자물가 상승률

%(전년 동기 대비)

소비자물가지수(2010년 기준)
······ 소비자물가지수(2005년 기준)

주: 신선식품 제외
출처: 일본은행, 일본 총무성

불과 3주 전인 10월 30일 기자 회견에서 디플레이션에 관한 질문은 단 하나였고, 이는 일본이 디플레이션에 빠졌는지 아닌지에 대한 문제가 대중의 관심을 끌지 못했음을 보여주는 것인데, 왜 이런 선언이 나왔는지 아직도 모르겠다.

일본 물가의 장기 추세

디플레이션 자체를 직접적으로 고려하기 전에 일본 물가의 역사를 장기적으로 바라보는 것이 도움이 될 수 있다(그래프 [9-3] 참조). 1972년 내가 일본은행에 입행했을 당시만 해도 물가에 대한 초점은 인플레

[9-3] 인플레이션의 장기 추세

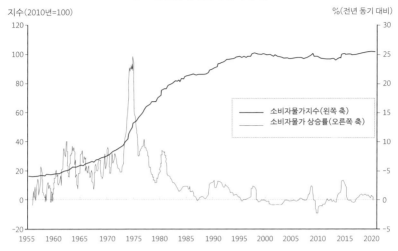

지수(2010년=100)

%(전년 동기 대비)

소비자물가지수(왼쪽 축)
소비자물가 상승률(오른쪽 축)

주: 신선식품 제외 소비자물가지수. 1970년 이전 수치는 도쿄 소비자물가지수
자료: 일본 총무성

이션 극복에 맞춰져 있었다. 신선식품을 제외한 소비자물가지수의 전
년 대비 상승률은 1973년 1차 오일쇼크 이후 급등해 1974년 10월 24.7
퍼센트로 정점을 찍었다. 1973년의 연간 인플레이션율은 11.3퍼센트였
고, 1974년에는 22.5퍼센트라는 놀라운 수치를 기록했다. 1차 오일쇼크
에서 얻은 교훈은 1978년과 1979년 2차 오일쇼크에서 선제적으로 통
화정책을 긴축하고 노동조합이 임금 요구를 자제하면서 성공적으로 적
용되었다. 그 결과 일본은 다른 선진국 경제를 괴롭히던 높은 인플레
이션과 성장 정체의 조합인 스태그플레이션에서 벗어날 수 있었다. 일
본의 소비자물가지수 인플레이션율은 1980년대에 이미 다른 선진국에
비해 약 2퍼센트포인트 낮았다. 실제로 저인플레이션 경제로 유명한
서독보다도 낮은 수준이었다.[11] 특히 1980년대 후반 버블 경제 시기에

는 소비자물가지수 인플레이션이 평균 1퍼센트 미만이었고, 실제로 마이너스로 전환된 달도 있었다.

소비세 인상 효과를 제외하고 소비자물가지수 인플레이션율이 가장 높았던 시기는 1990년 12월로 3.3퍼센트였다. 이후 점진적으로 하락했지만 일본은행이 중요한 변화가 진행되고 있다는 것을 제대로 인식하는 데는 몇 년이 걸렸다. 1992년 7월이 되어서야 일본은행의 분기별 경제 상황 평가에서 '인플레이션 압력'에 대한 언급이 완전히 사라졌다.[12] 당시 인플레이션 전망에 대해 일본은행뿐 아니라 학계와 민간부문 경제학자도 상향 편의의 예측을 하고 있었다.[13] 수입품 가격을 포함한 소비자물가는 경쟁이 제한적이었던 사업 관행 탓에 인위적으로 상승했다는 것이 통념이었고, 경쟁 제한적인 사업 관행을 줄인 결과 나타나는 가격 하락은 환영받았다.

소비자물가지수는 1993년 처음으로 연간 기준 하락세를 기록했다. 그 후에도 상승세를 보인 해가 있었지만 평균적으로 소비자물가는 소폭 하락했다. 1998년부터 2012년까지 총 물가 하락률은 4퍼센트 미만에 불과했으며, 이는 연간 0.3퍼센트의 하락률로 해석된다. 하야미 마사루와 후쿠이 도시히코 총재 때 디플레이션은 정책 논의의 초점이었는데, 이는 하야미 총재 시절 도입된 양적 완화가 소비자물가 상승률이 안정적으로 0퍼센트를 상회할 때까지 정책을 유지하겠다는 약속과 함께 시작되었다는 점에서 잘 나타난다. 2006년 3월 후쿠이 총재가 5년 만에 양적 완화를 종료했을 때도 여전히 디플레이션이 주요 논쟁거리였으며, 전년 대비 소비자물가 상승률은 0.5퍼센트(이후 0.1퍼센트로 수정됨)에 그쳤다. 그 후 2008년까지 세계 경제 호황, 국제 원자재 가격 상승, 엔화 약세 등을 배경으로 인플레이션이 다시 상승하기 시작해 리먼

2부 총재 시절

브라더스 파산 직전에 전년 대비 2.4퍼센트로 정점을 찍었다.

1998년부터 2012년까지 기간은 물가가 하락했다는 점에서 디플레이션 시기라고 할 수 있다. 하지만 이 시기의 일본 디플레이션은 1930년대 일본을 비롯한 많은 국가에서 발생했던 것처럼 몇 년이라는 짧은 기간 동안 물가가 20~30퍼센트 하락하는 거시경제학 교과서에 나오는 전형적인 디플레이션과는 상당히 다른 양상을 보였다.

'디플레이션' 용어의 모호성

전통적으로 일본 정부는 디플레이션을 물가 하락과 경기 침체가 동시에 발생하는 상황으로 간주해왔다. 즉 물가 하락만으로는 디플레이션으로 간주할 수 없다는 인식이 있었다. 이러한 견해는 2001년 3월 정부가 디플레이션을 선언하면서 완전히 뒤바뀌었다. 정부는 디플레이션을 경제 상황과 관계없이 물가가 하락 추세를 보이는 환경으로 규정하는 기계적 정의를 채택하고, 일본이 가벼운 디플레이션에 처해 있다고 판단했다. 이때부터 디플레이션은 거시경제정책 논쟁의 중심이 되었다.

정부가 채택한 디플레이션의 정의는 비생산적이었다. 첫째, 정책 논쟁 자체를 모호하게 만들었다. 정부의 정의에도 불구하고 일반 대중, 기업 경영진, 언론은 이전 용례에 따라 자연스럽게 디플레이션을 훨씬 더 느슨하고 광범위하게 이해했다. 디플레이션은 물가 하락 현상을 의미하기도 하지만 경기 악화나 부진한 기업 실적을 설명하는 더 일반적인 용어인 경우가 많았기 때문이다. 다른 경우에는 제품과 서비스가 아닌 자산의 가격 하락을 가리켰다. 더 상투적으로는 경제 전반의 불만족스러운 상태를 일컫는 용어였다. 둘째, 이 용어는 1930년대의 대공황과 불가분의 관계에 있었기 때문에 대중의 강한 우려를 불러일으켰다. 그 결과 사람마다 다른 의미로 사용하더라도 일단 이 말을 들으면 어떤 대가를 치르더라도 피해야 할 상황이라는 신호로 받아들여져 합리적인 담론이 형성되지 못했다. 셋째, 디플레이션은 통화량 부족과 관련 있기 때문에 정부의 정의는 대중에게 단순히 돈을 찍어내면 문제가 해결될 수 있다는 인상을 심어주었다. 인플레이션율은 궁극적으로 중앙은행이 결정하는 것으로 여겨졌기 때문에 주류 거시경제학자들은 일본 디플레이션의 해결책이 공격적인 통화 완화라는 데 의문을 품지 않았다. 1930년대 대공황이 연준의 정책 실패로 인해 발생했다는 교훈이 깊이 뿌리박혀 있었기 때문이다.

나는 여전히 일반 대중이 디플레이션에 대한 이런 서사들을 정말로 믿고 있다고 생각하지 않는다. 이와 관련해 일본은행이 분기별로 실시하는 여론 조사의 결과는 매우 흥미롭다(그래프 [9-4] 참조). 그 결과는 인플레이션에 대한 대중의 견해와 상당히 일치했는데, 사람들은 물가가 하락하기보다는 상승하고 있다고 압도적으로 믿고 있으며 향후에도 물가가 상승할 것으로 예상했다. 또 다른 흥미로운 결과는 물가 상승이 바람직한지 여부를 묻는 질문에 대한 사람들의 답변이었다. 이 질문에 대해 성별, 연령대, 직업에 관계없이 다수의 응답자가 일관되게 "곤란하다"라고 답변했다. 동시에 사람들은 디플레이션을 부정적인 맥락에서 사용하고 있었다. 그때나 지금이나 대부분의 사람들은 디플레이션을 단순히 물가 하락이 아니라 일자리와 생계에 대한 불안과 동일시하는 것 같다. 대부분의 사람들에게 중요한 것은 단순한 물가 하락이 아니라 미래에 대한 어두운 전망이었다.

[9-4] 가구별 물가 상승에 대한 인식 조사

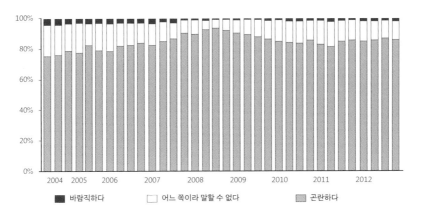

출처: Bank of Japan(2013b)

엔고 방지만큼이나 디플레이션 극복이 비즈니스 리더들이 옹호하는 정책 목표의 최전선에 있었다. 디플레이션의 원인에 대해 비즈니스 리더들은 항상 수요 부족을 지적했다. 사적인 일대일 대화에서 통화정책 수행과 관련한 얘기를 나눠보면 많은 사람이 시중에 돈이 넘쳐나고 금리가 너무 낮기 때문에 일본은행에서 돈을 추가로 공급해도 디플레이션을 극복하는 데 도움이 되지 않을 것이라고 했다. 이러한 대화에서 디플레이션의 원인에 대해 비즈니스 리더들은 항상 과잉 생산 능력으로 인한 가격 경쟁, 시장 점유율을 지나치게 강조하는 기업 행태를 지적했다. 디플레이션을 극복하기 위해 공격적인 통화정책을 시행해야 한다는 주장도 있었지만 대부분 제조 기업을 경영하는 일본 비즈니스 리더들의 주된 관심사는 디플레이션 극복이 아니라 엔화 절상을 막는 것이었다. 대체로 일본에서 디플레이션이라는 용어의 의미는 상당히 느슨했고, 그에 따라 대중의 논의도 부정확했다.

9장 디플레이션 논의의 부상   **263**

'디플레이션'과 '디플레이션 스파이럴'의 차이

2차 세계대전 이후 디플레이션은 선진국 경제에서 심각한 정책 문제가 아니었다. 처음에는 일본에만 국한된 문제였지만 글로벌 금융위기 이후 다른 선진국도 저인플레이션에 직면하기 시작하면서 일본과 같은 운명을 겪게 되었다. 이러한 맥락에서 디플레이션의 정의가 주목을 받았다. 2014년 2월 기자 회견에서 마리오 드라기Mario Draghi 유럽중앙은행 총재는 디플레이션의 2가지 특징을 "광범위한 가격 하락"과 "자기실현적 성격self-feeding onto itself"으로 설명했다.[14] 즉 디플레이션이 발생했다고 판단하기 위해서는 광범위한 제품과 서비스의 가격이 전반적으로 하락할 것이라는 기대가 있어야 하고, 이러한 기대가 지출을 제한해 가격이 더 하락할 것이라는 기대가 있어야 한다는 것이었다. 경제학자들의 용어를 빌리자면 "디플레이션 스파이럴deflationary spiral"(디플레이션 소용돌이, 디플레이션 악순환)이었다. 드라기 총재가 설명한 디플레이션에 대한 설명은 상식에 부합했고 내가 생각하는 것과 상당히 유사했다.

디플레이션의 정의는 사소한 용어 문제인 것처럼 보일 수 있다. 하지만 실제로는 단어 선택이 어떤 정책이 채택되느냐에 영향을 미치는 경우가 많다. 사람들이 특정 서사를 믿게 되면 더 이상 의문을 제기해서는 안 된다는 공감대가 형성된다. 디플레이션이라는 단어는 정확히 그런 반응을 불러일으켰다.

이러한 이유로 총재 재임 기간 동안 나는 발언의 맥락에서 불가피한 경우에만 디플레이션이란 용어를 사용했다. 나는 더 객관적이고 덜 극적인 '가격 하락falling prices'이라는 용어를 더 자주 사용하려고 노력했다. 또한 정책 대응을 설명할 때는 디플레이션 스파이럴이 발생하고 있는지 주의 깊게 살펴보았다. 그러나 일본 국내외의 일부 경제학자와 언론에서 사용하는 '좋은 디플레이션'이나 '나쁜 디플레이션'이라는 표현은 일본은행이 디플레이션을 묵인하고 있다고 주장하는 사람들에게 탄약을 제공할 수 있기 때문에 조심스럽게 피했다. 일본이 버블 시기에 경험했던 것처럼 낮은 인플레이션에도 불구하고 경제가 과열되는 경우가 있을 수 있다. 동시에 물가 하락이 더 큰 물가 하락으로 이어지는 상황도 있을 수 있다. 따라서 나는 물가 동향에 대한 평가는 진공 상태에서 이루어질 수 없으며, 당시의 경제와 재정 상황이라는 구체적인 맥락에서 이루어져야 한다고 생각했다. 중요한 것은 디플레이션의 징후가 있었는지 여부다.

일본 정부가 디플레이션을 선언하기 직전인 2009년 10월 30일 일본은행은 반기 〈전망 보고서〉를 발표하고, 전망 시계인 2012년 3월 말까지 물가가 전년 대비 하락 폭이 점차 축소되겠지만 계속 하락할 것으로 예상했다. 구체적으로 2009년 회계 연도(2009년 4월~2010년 3월)에는 물가가 1.5퍼센트 하락하고, 2010년과 2011년 회계 연도에는 각각 0.8퍼센트와 0.4퍼센트 하락할 것이며, 성장률은 처음에는 마이너스(2009년 회계 연도 -3.2퍼센트)를 기록했지만 2010년과 2011년에는 각각 1.2퍼센트와 2.1퍼센트로 플러스 영역으로 돌아올 것이라고 전망했다. 보고서 발표 기자 회견에서 나는 디플레이션에 대한 언급을 조심스럽게 피하면서 "물가 하락 압력은 2011년에도 계속될 것으로 예상됩니다"라고 언급했다. 이러한 물가 동향을 디플레이션으로 간주해야 하는지에 대한 논의는 화자에 따라 다를 수 있는 디플레이션 정의에 따라 달라질 수 있기 때문에 언급하지 않겠다. 중요한 것은 중장기적인 관점에서 일본 경제가 물가 안정 아래에서 지속 가능한 성장 경로를 밟고 있는지를

판단하는 것이다.[15]

정부가 디플레이션을 선언하던 날 나는 기자 회견에서 디플레이션 스파이럴에 빠질 가능성에 대한 질문을 받았다. 내 대답은 기본적으로 이전과 같았다. "그 질문은 물가 하락 자체로 인한 '경기 침체' 상황을 넘어서는 추가적인 악영향이 발생할 가능성에 대한 것이라고 생각합니다. 그런 점에서 물가 하락이 추가 물가 하락을 가져올 수 있는 몇 가지 경로가 있습니다. 하나는 기대 인플레이션이 하락하는 상황이고, 다른 하나는 금융 불안으로 인해 물가 하락이 경제에 부정적 영향을 미치는 상황입니다. 따라서 일본은행은 이러한 2가지 가능성을 모두 주의 깊게 모니터링하고 있습니다."[16]

디플레이션과 디플레이션 스파이럴의 차이점을 설명하려는 이러한 노력은 "일본은행이 디플레이션을 용인하고 있다" "정부와 일본은행이 디플레이션의 심각성에 대해 같은 생각을 공유하지 않는다"라는 등의 혹독한 비판을 받았다. 비즈니스 리더를 포함한 대부분의 사람은 디플레이션의 정확한 정의나 디플레이션과 디플레이션 스파이럴의 차이점에 대해 관심이 없었다. 이런 상황에서 일본은행이 디플레이션이라는 단어를 계속 사용하지 않는다면 어떤 결과가 초래될지 생각했다. 일반 대중이 일본은행은 자신들의 어려움에 공감하지 않고 대책을 세우지 않는다고 여기게 되면, 설사 그러한 인식이 잘못되었다 하더라도 중앙은행에 대한 신뢰가 약화되고 건전한 통화정책 수행의 근간이 훼손될 수 있다. 따라서 나는 득과 실을 따져본 후 일본은행은 "[정부의] 견해와 같은 인식을 가지고 있습니다"라고 단호하게 말하기로 결심하고, 11월 30일 나고야에서 한 연설에서 물가 동향을 설명하는 데 디플레이션이라는 단어를 사용하는 것을 받아들였다.[17]

다음 날인 2009년 12월 1일 일본은행은 임시 통화정책회의를 열고 추가 통화 완화 조치를 채택했다. 만장일치로 승인된 임시 통화정책회의 성명서에서는 이번 조치의 목적에 대해 "일본은행은 디플레이션을 극복하고 물가 안정을 통해 지속 가능한 성장 경로로 복귀하는 것이 일본 경제의 중대한 과제임을 인식하고 있다"라고 선언했다.[18]

이 성명의 핵심은 "디플레이션을 극복하고"라고 말하되, 동시에 이 표현을 아무 조건 없이 사용하지 않겠다는 것이었다. "물가 안정을 통해 지속 가능한 성장 경로로 복귀"라는 문구를 계속 사용함으로써 일본은행의 궁극적인 목표를 명확히 밝히고자 했다. 일본은행이 책임 있는 중앙은행이 되려면 모든 정책 조치에 대한 강력한 논리가 있어야 하고, 신중하게 선택한 단어로 행동을 설명해야 한다. 이는 내가 지난 20여 년간 일본 경제와 통화정책에 대해 경험한 것을 반영한 신념이다. 일본은행이 사용하는 용어가 부적절한 맥락에서 해석되고 있지는 않은지 주의를 기울여야 한다.

〈중장기 물가 안정에 대한 이해〉 개정

2009년 12월 18일 통화정책회의에서 정책위원회는 일본은행이 디플레이션을 용인하지 않는다는 점을 명확히 보여주기 위해 2006년 3월 통화정책회의에서 처음 채택한 〈중장기 물가 안정에 대한 이해〉를 수정해 "각 정책위원의 '이해'는 0~2퍼센트 범위에 속하며 대부분의 정책위원 '이해'의 중간점은 1퍼센트 내외"라고 언급했다. "대부분의 정책위원 '이해'의 중간점"에는 변화가 없었지만 "양의 범위"에 있다고 명시함으로써 디플레이션이나 지속적인 물가 하락을 용인하지 않겠다는 견해를 더 분명하게 전달하기 위해 노력했다.[19] 이 결정을 발표하는 기자 회견에서 이 변화가 "포워드 가이던스", 즉 저금리를 장기간 유지하겠다는 일본은행의 의사를 분명히 한 정책의 채택을 의미하느냐는 질문이 나왔다. 나는 "이번 조치는 향후 통화정책 수행에 대한 약속이라는 의미에서 포워드 가이던스는 아닙니다"라고 했다. 하지만 "향후 물가 안정에 대한 일본은행의 견해에 대한 대중의 이해가 높아지면 금리 수준 결정에 영향을 미칠 것이 분명하다는 점에서 넓은 의미에서 포워드 가이던스로 이해할 수 있습니다"라고 답했다.[20]

일본이 디플레이션에 빠지지 않은 이유

디플레이션의 폐해를 설명할 때 가장 많이 듣는 주장은 물가 하락이 추가 물가 하락에 대한 기대를 키우고 경제 주체들이 지출을 미루도록 유도해 수요를 약화시키고 경제 상황을 악화시킨다는 것이다. 이는 본질적으로 디플레이션 스파이럴에 대한 설명이다. 경제학자들은 이러한 디플레이션 스파이럴 뒤에는 3가지 메커니즘이 작용한다고 말한다. 첫째는 명목 임금의 하방 경직성을 고려할 때 물가가 하락하면 실질 임금이 상승하고 그 결과 기업이 노동력을 줄이려는 동기를 부추겨 실업률이 증가한다는 주장이다. 둘째는 미국의 위대한 경제학자 어빙 피셔Irving Fisher가 주장한 '부채 디플레이션debt deflation'으로, 물가 하락은 부채의 실질 부담을 증가시켜 소비 위축과 경기 악화로 이어진다는 주장이다.[21] 이는 일반적으로 채무자의 지출 성향이 채권자보다 높기 때문에 발생한다. 셋째는 제로 금리 하한이다. 물가가 하락해도 금리를 제로 이상으로 낮출 수 없기 때문에 이런 환경에서는 통화정책을 통한 경기 부양이 불가능해 디플레이션으로 이어질 수 있다.

이미 2001년에 일본이 디플레이션에 빠졌다는 주장이 제기된 바 있다(5장 참조). 그럼에도 실제로 디플레이션이 발생하지는 않았다. 미국의 저명한 학자 마틴 펠드스타인Martin Feldstein이 명확하게 지적했듯이 말이다.

> 다행히 우리는 디플레이션에 대한 경험이 상대적으로 적기 때문에 디플레이션 스파이럴 이론을 검증할 수는 없다. 디플레이션 경제의 가장 널리 인용되는 예는 일본이다. 하지만 일본은 디플레이션 스파이럴과는 거리가 먼, 그리 길지 않은 디플레이션을 경험했을 뿐이다. 일본의 인플레이션율은 1980년 8퍼센트에 육박하던 것이 1987년 제로로 떨어졌다. 그 후 1995년까지 0퍼센트보다 높긴 했지만 1999년까지 낮은 수준을 유지했다. 그리고 2012년까지 0~1.7퍼센트 사이에서 변동했다. 게다가 낮은 인플레이션과 디플레이션 기간도 일본의 실질 소득 상승을 막지는 못했다. 1999년부터 2013년까지 1인당 실질 GDP는 연간 약 1퍼센트의 비율로 증가했다(이는 실질 GDP의 완만한 증가와 인구의 실제 감소를 반영한 것이다).[22]

종재로 재임하는 동안 일본의 디플레이션은 많은 국제회의에서 논의의 초점이었다. 이때 외국 중앙은행 고위 임원들로부터 "왜 일본은 디플레이션에 빠지지 않았는가?"라는 질문을 자주 받았다. 실제로 2002년 1월부터 2008년 2월까지 일본은 물가가 완만하게 하락하는 가운데 전후 최장 기간의 경기 확장기를 누렸다. 실업률은 1997년 이전에 비해 상승했지만 그 수준은 다른 선진국에 비해 훨씬 낮았고 증가 폭도 훨씬 작았다. 일본의 디플레이션은 신기루에 불과했다.

내가 보기에 일본이 디플레이션에 빠지지 않은 데는 2가지 이유가 있었다. 가장 중요한 것은 금융 시스템의 안정성이 위태롭기는 하지만 유지되었다는 사실이다. 디플레이션 스파이럴의 개념은 피셔가 주창한 부채 디플레이션 관점의 영향을 많이 받았는데, 이는 1929년부터 1933년 사이의 미국 경제 상황과 잘 맞아떨어진다.[23] 당시 연준은 '최종 대부자'로서 적절한 조치를 취하지 못했고 이로 인해 통화 공급량은 30퍼센트, 물가는 20퍼센트 가까이 하락하고 많은 은행이 부실해졌다. 이러한 환경은 부채 디플레이션 이론으로 잘 설명된다. 디플레이션 예방과 관련해 가장 먼저 배워야 할 교훈은 금융 시스템의 붕괴를 막는 일이 중요하다는 것이다.

디플레이션을 방지하는 것은 금융 시스템의 붕괴를 막는 것으로 귀결된다. 나는 폴 볼커 전 연준 의장이 세상을 떠나기 1년 전에 쓴 글에 전적으로 동의한다. "나에게 교훈은 분명하다. 디플레이션은 금융 시스템이 심각하게 붕괴하는 상황에서 발생한다. 성장이 둔화하고 불황이 반복되더라도 금융 시스템 안정만 유지하면 디플레이션 상황은 초래되지 않는다. 1975년과 1982년처럼 심각한 경기 침체 때도 금융 시스템이 안정적으로 유지되었기 때문에 우려하는 상황은 발생하지 않았다."[24]

이와 관련해 일본은행은 1990년대 말 일본 금융위기와 글로벌 금융위기 당시 최종 대부자로서 대규모 유동성을 공급해 금융 시스템 안정성을 유지하는 데 우선순위를 두었고, 그 결과 디플레이션 스파이럴를 막는 데 성공할 수 있었다.

일본이 디플레이션 스파이럴에 빠지지 않은 또 다른 요인은 명목 임금의 유연성이다. 근로자 1인당 명목 임금의 역사를 살펴보면 1997년부터 절대 수치가 하락한 것을 확인할 수 있다. 이러한 거시적 수준의 1인당 명목 임금 하락은 '비정규직' 근로자를 더 많이 고용하는 기업의 구조적 변화와 '정규직' 근로자 임금의 점진적 하락으로 설명할 수 있다. 일본의 대기업에서는 정식 계약이 아니더라도 많은 인력이 종신 고용을 누리고 있다. 고도성장기에는 합리적이었던 이러한 고용 관행은 일본 경제가 안정적인 성장 경로로 전환하면서 점차 그 근거를 잃었다. 종신 고용 관행이 적용되는 근로자를 해고하는 것은 묵시적 고용 계약을 위반하는 것이기 때문에 종신 고용 관행은 예전만큼은 아니지만 여전히 광범위하게 퍼져 있다.

이 고용 관행으로 인해 금융위기 당시 수요가 부진할 때 대기업의 수익이 압박을 받았다. 이에 대한 대응책 중 하나가 평생 고용이 적용되는 정규직 근로자의 임금을 하향 조정하는 것이었다. 이 경우 평생 고용 근로자와 고용주의 인센티브가 일치했다. 기업 고유의 기술을 축적하는 기업에서 일하는 정규직 근로자의 경우 실직에 따른 비용이 매우 높았다. 해당 기업의 경영진 역시 숙련된 정규직 근로자를 잃는 비용이 높았고, 근로자를 해고하면 기업 평판에 타격을 입을 수 있다는 점에도 신경을 써야 했다. 이처럼 정규직 근로자와 경영진은 공통된 이해관계가 있었기 때문에 정규직 근로자는 임금 삭감을 수용하고 경영진은 가능한 한 인원을 유지했다.

이러한 조정은 효과적이었지만 충분하지는 않았다. 따라서 대기업들은 정규직이 될 것으로 예상되는 대학 졸업생 등의 신규 채용을 줄이는 대신 정규직에 적용되는 고용 관행이 적용되지 않는 근로자의 고용을 늘렸다. 이러한 신규 근로자를 흔히 비정규직 근로자라고 부른다.

비정규직의 정확한 고용 형태는 임시직, 시간제 고용, 파견직 등 다양하다. 일반적으로 비정규직 근로자의 임금 수준은 상대적으로 낮지만 더 중요한 것은 기업이 종신 고용과 관련된 고정 비용을 피할 수 있다는 점이다.

1990년대 중반부터 심각한 경제난에 직면한 일본은 명목 임금 삭감을 통한 고용 유지를 최우선 과제로 삼았다.[25] 이에 따라 일본은 유럽과 미국 경제가 경험한 실업률 증가를 피할 수 있었다. 그 대가는 임금 하락을 반영한 만성적인 완만한 물가 하락이었다. 이러한 물가 하락과 낮은 실업률은 동전의 양면과 같았다.

디플레이션 스파이럴 논리로 돌아가서, 경제 주체들이 가격이 하락할 것으로 예상할 때 제품이나 서비스 구매를 보류하고 실제 가격이 하락하면 구매를 늘리는 것은 분명 합리적인 행동이다. 그러나 디플레이션 기간 동안 이러한 메커니즘이 작동했다면 가계 저축률은 상승 추세에 있었어야 한다. 반대로 일본의 가계 저축률은 지속적으로 하락하고 있다. 결국 일본은 일시적인 물가 하락이 아니라 15년 이상 장기간에 걸쳐 물가 하락을 경험했지만 그 하락 속도는 매우 완만했다. 가계와 기업은 예를 들어 1년 동안 일부 제품이나 서비스의 구매를 보류하기로 결정할 수 있다. 이런 경우 일반적으로 다음 해 또는 2년 후에 구매해야 한다. 만약 구매를 하지 않는다면 일시적인 가격 하락 때문이 아니라 향후 소득 정체에 대한 전망 때문일 가능성이 높다. 또한 많은 제품과 서비스에서 구매를 연기하는 것이 불가능하다는 점에 유의해야 한다. 내구재는 어느 정도 가능할 수 있지만 서비스의 경우 주거, 공과금, 의료, 노인 돌봄 등 서비스의 생산과 소비가 동시에 이루어지기 때문에 어려울 것이다. 이러한 서비스는 저장할 수 없다. 게다가 식료품

　　　　　　　　　　　　　　　　　　　2부 총재 시절

같은 생활 필수품은 소비를 일정 기간 보류하는 것이 불가능하다.

일본 물가 하락의 원인

일본은 디플레이션을 경험하지 않았지만 완만하게나마 물가 하락이 지속된 것은 사실이다. 왜 장기간에 걸쳐 물가가 계속 하락했을까? 많은 정치인과 학자는 단순히 통화 완화가 불충분했다고 주장한다. 18장에서 살펴보겠지만 일본을 제외한 많은 선진국에서도 중앙은행이 통화 여건을 공격적으로 완화했음에도 불구하고 낮은 인플레이션 또는 심지어 물가 하락이 관찰되었기 때문에 이러한 견해는 설득력이 떨어진다. 지속적인 물가 하락 기간에 대한 우리의 이해는 제한적이다. 그러나 일본의 경우 다음과 같은 설명이 자연스러워 보인다.

가장 설득력 있는 설명은 앞서 언급했듯이 명목 임금의 유연성이다.[26] 일본과 미국의 소비자물가 상승률을 살펴보면 제품과 관련해서는 큰 차이가 없다. 주로 노동 집약적 서비스 가격에서 차이가 관찰된다. 앞서 설명했듯이 정규직 근로자들이 고용주가 최대한 일자리를 유지하는 대가로 제한된 임금 인상을 받아들였기 때문에 일본에서는 경제가 침체되는 동안에도 실업률 증가가 제한적이었다. 결과적으로 일본은 다른 선진국에서 관찰된 실업률의 급격한 증가를 피할 수 있었지만 그 대신 임금 하락에 따른 완만한 물가 하락에 직면해야 했다.

한편 디플레이션의 원인으로 엔고를 주장하는 경우가 많았다. 그런데 구매력 평가설purchasing power parity에 입각해 디플레이션의 결과로 엔고가 발생했다는 주장도 종종 제기되었다. 이는 순환적인 주장이다.

환율은 금융 시장에서 거래되는 자산 가격이기 때문에 단기적으로 제품과 서비스 가격보다 변동이 더 쉽다. 그래서 엔화가 급격히 절상되면 물가 상승률을 끌어내리는 경향이 있다는 것은 의심의 여지가 없다. 1990년대 후반 이후 아시아 금융위기, 닷컴 버블 붕괴, 리먼 브라더스 파산, 유럽 부채위기 등 위기 때마다 급격한 엔고 현상이 나타났고 이는 물가에 대한 강한 하방 압력으로 작용했다. 그럼에도 1998년경부터 15년 동안의 전체 기간을 살펴보면 엔화가 절상된 시기와 절하된 시기가 있었으며, 두 시기 모두 물가는 완만한 하락세를 이어갔다. 어쨌든 장기 디플레이션 추세로 엔화 강세를 설명하면서 동시에 엔화 절상으로 물가 하락을 설명하려고 한다면 이는 순환 논증에 해당한다.

가격에 영향을 미치는 또 다른 요인으로는 경쟁 심화로 인한 소매 마진 압박이나 수입품 가격 하락을 들 수 있다. 경제학 용어를 빌리자면 긍정적 공급 충격이라고 할 수 있다. 그런데 많은 일본 경제학자가 이러한 요인이 일반적인 인플레이션율이 아닌 상대 가격의 변화만을 유발할 뿐이라고 주장하면서 이 개념은 무시되었다. 물론 수입 가격 하락은 실질 구매력 증가를 의미하며, 이는 결국 물가를 다시 끌어올릴 수 있다. 그런 의미에서 수입 물가 하락이 장기간에 걸친 완만한 물가 하락의 원인이 될 수는 없다. 한편 수입 가격 하락이 인플레이션에 전혀 영향을 미치지 않는다고 말하는 것도 무리일 수 있다. 적어도 단기적으로는 이러한 가격의 변동이 상승이든 하락이든 인플레이션율에 영향을 미칠 것이다. 국제 원자재 가격의 변동은 하락하기 시작할 때뿐 아니라 급격히 상승한 후 같은 수준을 유지할 때도 전년 대비 인플레이션 수치에 큰 영향을 미쳤다. 실제로 이것은 2009년 여름 물가 하락 폭이 확대되는 데서 중요한 요인이었다. 그렇지만 정책 논의에서는 전년 대비 수치에 관심이 집중되면서 디플레이션 문제가 필요 이상으로 부각되는 경향이 있었다.

디플레이션은 화폐적 현상인가

"디플레이션은 화폐적 현상이다." 일본에서 디플레이션을 설명하기 위해 자주 인용되는 말이다. 이는 1963년 〈인플레이션은 언제 어디서나 화폐적 현상이다Inflation is always and everywhere a monetary phenomenon〉[27]라는 유명한 글을 쓴 밀턴 프리드먼의 말을 변형한 것이다. '인플레이션'을 '디플레이션'으로 바꾸면 디플레이션은 화폐적 현상이 되어버리고, 이 개념은 일본은행에 반복적으로 불리하게 작용했다. 더 구체적으로 많은 정치인과 학자는 일본은행의 통화량 공급이 너무 적기 때문에 디플레이션이 발생한다고 주장했다.[28] 실제로 경제학 입문 교과서에서는 통화량이 1단위 증가하면 통화 승수만큼 통화 공급량이 증가해 인플레이션이 가속화된다고 설명한다. 하지만 실제 데이터에서는 이러한 통화량과 물가 간의 관계가 관찰되지 않는다. 예를 들어 1997년 3월부터 2013년 3월까지 소비자물가지수는 2.9퍼센트 하락한 반면 같은 기간 동안 통화량은 무려 166퍼센트 증가했다(그래프 [9-5] 참조).

일본은행은 본원 통화 공급이 너무 적다는 비판의 대상이 되었다. 그러나 외국 중앙은행과 비교했을 때 일본은행의 공급량은 GDP 대비 규모뿐 아니라 증가율 측면에서도 큰 편이었다(그래프 [9-6] 참조). 많은 관찰자들은 국제 비교를 할 때 사과와 오렌지를 비교하는 오류를 범했다. 유럽과 미국의 중앙은행은 글로벌 금융위기 초기 금융 시장이 불안

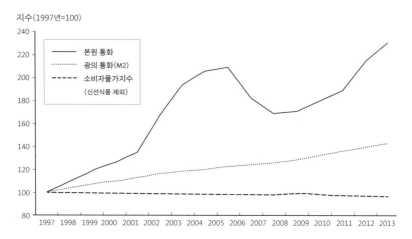

[9-5] 본원 통화, 통화량, 소비자물가지수

지수(1997년=100)

본원 통화
광의 통화(M2)
소비자물가지수
(신선식품 제외)

출처: 일본은행; 일본 총무성

한 상황에서 유동성 수요 증가에 대응해 통화량을 급격히 늘려야 했던 반면, 일본에서는 그런 문제가 관찰되지 않았다.

통화량이 크게 증가했음에도 물가가 사실상 제자리걸음을 한 이유는 무엇일까? 리먼 브라더스 파산 이후 심각한 금융 불안 환경에서 전 세계 중앙은행은 금융기관의 급격한 수요 증가에 대응하기 위해 유동성 공급을 늘렸다. 이러한 맥락에서 통화량의 실제 증가는 수요의 증가에 상응했다. 한편 위기가 끝난 후 제로 금리 환경에서는 다시 통화량의 공급이 수요의 증가에 대응했다. 그러나 이번에는 수요의 증가가 제로 금리 하한으로 인한 것이었다. 제로 금리 환경에서는 중앙은행 화폐를 보유하는 데 드는 기회비용이 0퍼센트이므로 중앙은행이 본원 통화 공급을 크게 늘려도 수요는 존재한다. 두 환경 모두에서 인플레이션을 유발할 것으로 여겨지는 풍부한 지급준비금은 지출을 자극하는 힘

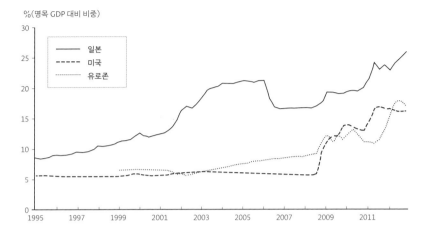

[9-6] 일본, 미국, 유로존의 본원 통화

%(명목 GDP 대비 비중)

출처: 세인트루이스 연방준비은행의 연방준비제도 경제 데이터

이 없었다. 경제 주체들의 지출 결정에 영향을 미치는 것은 통화량의 규모가 아니라 이자율 수준이다. 안타깝게도 이 사실은 널리 알려지지 않았다.

　물론 이러한 오해는 일본에만 국한된 것은 아니다. 미국에서도 연준의 대규모 통화 공급이 급격한 인플레이션을 초래할 것이라는 우려가 빈번하게 제기되었다. 이에 대해 벤 버냉키 연준 의장은 기자 회견에서 통화량 증가가 실제 또는 기대 인플레이션을 높일 이유는 없다고 거듭 강조했다. 그러나 동시에 중앙은행이 통화량 증가에 대해 전혀 걱정할 필요가 없다고 말하는 것은 지나치다. 나는 일본은행의 일본 국채 매입이 통화량 증가에 영향을 미치는 '재정 우위fiscal dominance'로 간주될 수 있는 위험에 대해 우려했는데, 이는 15장에서 논의할 것이다. 통화정책에 대한 커뮤니케이션은 이처럼 어려웠다.

기대 인플레이션 결정 요인

인플레이션의 원인에 대한 논쟁은 무엇이 인플레이션율을 결정하는지에 대한 설득력 있는 해답을 찾기 전까지는 해결되지 않을 것이다. 주류 거시경제학에서는 인플레이션 추세가 중장기 기대 인플레이션에 의해 결정되고, 그 주변의 단기 변동은 아웃풋 갭의 영향을 받는다고 본다. 잘 알려진 필립스 곡선Phillips curve은 이러한 관계를 가로축의 아웃풋 갭과 세로축의 인플레이션율로 나타내며, 그 결과 우상향하는 곡선을 그리게 된다(필립스 곡선은 영국 경제학자 올번 윌리엄 필립스가 1958년 실업률과 명목 임금 변화율 사이에 역[-]의 관계가 있다는 사실을 밝힌 데서 유래한다. 가로축에 아웃풋 갭이 아닌 실업률을 사용할 경우 필립스 곡선은 우하향하게 된다-옮긴이). 관찰된 곡선과 이론적 해석은 처음에는 견고해 보였다. 하지만 1990년대 이후에는 그 관계가 잘 드러나지 않았고 곡선은 거의 평평해졌다.

필립스 곡선이 더 평평해진 이유는 무엇일까? 한 가지 견해는 물가 안정에 대한 기대가 뿌리 깊게 자리 잡았다는 점을 강조한다. 물가 안정을 달성한 결과 인플레이션 기대치가 낮은 수준으로 안정화되었고, 그 결과 기업들은 비용 상승에 직면하더라도 시장 점유율을 잃을까봐 가격 인상을 자제하게 되었다. 또 다른 관점에서는 세계화와 기술 발전으로 인한 경쟁 심화가 미친 영향을 강조한다. 이 관점에 따르면 시장은 더욱 경쟁이 치열해졌고 기업은 가격 결정력을 잃었다. 노동자들은 제조업뿐 아니라 서비스업에서도 외국인 노동자와 경쟁해야 한다. 이 2가지 설명 모두 실제로 일어난 일의 한 측면을 포착하고 있지만 어쨌든 시간이 지남에 따라 아웃풋 갭의 영향은 점점 더 미미해지고 있다. 앞

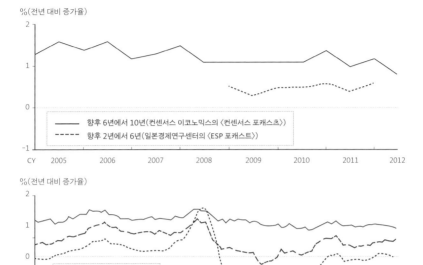

[9-7] 기대 인플레이션율

%(전년 대비 증가율)

향후 6년에서 10년(컨센서스 이코노믹스의 〈컨센서스 포캐스츠〉)
향후 2년에서 6년(일본경제연구센터의 〈ESP 포캐스트〉)

%(전년 대비 증가율)

향후 2년에서 10년
향후 1년에서 2년
향후 2년

주: 위 그래프는 경제학자 전망, 아래 그래프는 시장 참여자 전망
출처: 일본은행, 〈전망 보고서〉, 2012년 10월

서 언급한 인플레이션에 대한 틀을 고수하는 한 인플레이션 기대가 어떻게 형성되는지에 대한 설명 없이는 인플레이션율에 대한 설명이 완전하지 않을 것이다.

이와 관련해 주류 거시경제학에서는 기대 인플레이션율이 중앙은행의 통화정책에 의해 결정된다고 가정한다. 즉 기대 인플레이션율은 중앙은행이 설정한 목표 인플레이션율에 수렴한다고 가정한다. 이는 모형 구축의 과제를 단순화한다. 하지만 중앙은행이 특정 수준에서 기대 인플레이션율을 통제할 수 있다고 가정하는 그럴듯한 근거는 무엇일까? 단기와 장기 모두에서 기대 인플레이션율의 실제 결정 요인을 파악해야 한다.

단기 기대 인플레이션은 당시 경제 현실에 크게 좌우된다. 실제로 일본의 데이터를 보면 2009년과 2010년 사이에 마이너스 영역으로 떨어졌다(그래프 [9-7] 참조). 경제 주체들이 과거 추세가 지속될 것이라 생각하는 방식으로 기대를 형성하는 것을 "적응적 기대adaptive expectation"라고 하는데, 일본의 단기 기대 인플레이션은 적응적 기대를 따르는 경향이 있다고 인식되어왔다.[29] 그럼에도 불구하고 실제 물가 상승률에 더 큰 영향을 미치는 중장기 기대 인플레이션율은 일본의 경우 큰 변화가 없었고, 경제학자들을 대상으로 한 설문 조사에서도 내가 총재로 재임하는 동안 1퍼센트 내외를 유지하는 것으로 일관되게 나타났다. 재닛 옐런Janet Yellen은 한 연설에서 "[일본의] 장기 기대 인플레이션에 대한 설문 조사는 일본이 수년간 지속적이고 완만한 디플레이션을 경험하는 동안에도 양의 값을 가지며 안정적으로 유지되었다"라고 언급하며 "인플레이션의 역학에 대한 경제학자들의 이해는 완벽하지 않다"[30]라는 견해를 제시했다.

중앙은행의 물가 목표와 기대 인플레이션 안착

주류 거시경제학에서는 중앙은행이 인플레이션 목표를 설정하고 이를 달성하기 위해 강력하게 노력하면 목표치가 '앵커anchor'가 되어 장기적으로 기대 인플레이션율과 실제 인플레이션율이 모두 목표치에 수렴할 것이라 전제한다.[31] 이는 경제 주체들이 미래 지향적으로 행동한다고 가정하기 때문이다. 목표 인플레이션율로 수렴한다는 가정은 매우 중요하다. 외국 중앙은행의 물가 상승률 전망은 처음부터 이러한 메커니즘을 도입한 동태적 확률 일반균형 모형에 기초하기 때문에 3~5년 후 목표 물가 상승률에 수렴하는 경우가 많다. 이 모형들은 통화량을 늘리면 인플레이션이 높아진다는 주장처럼 단순하지는 않다. 하지만 중앙은행이 인플레이션을 적절히 관리한다면 중앙은행이 원하는 수준으로 기대 인플레이션율을 설정할 수 있다는 공통점을 가지고 있다.

전체 개념적 프레임워크는 다소 원론적인 질문에도 취약하다. 중앙은행이 왜 인플레이션 앵커가 될 수 있을까? 물론 통화정책이 인플레이션율에 영향을 미친다는 것은 부인할 수 없는 사실이다. 인플레이션 폭주에 직면한 중앙은행이 철권 통치로 인플레이션을 억제해 결국 인플레이션 기대 심리를 억제하는 데 성공한 사례를 한 예로 볼 수 있다. 중앙은행은 최종 대부자로서 적극적으로 행동함으로써 금융 시스템의 붕괴 또는 그로 인한 디플레이션을 방지할 수 있다. 그럼에도 저물가 경제가 심각한 금융위기로 황폐화되고 제로 금리에 도달한 이후에도 중앙은행이 극도로 완화적인 통화정책을 유지하면 기대 인플레이션율과 실제 인플레이션율이 비교적 단기간에 중앙은행이 설정한 인플레이션 목표에 수렴할 것이라는 학자들의 믿음이 어디에 근거하는지 파악하기는 쉽지 않다. 안타깝게도 2000년대 이후 일본의 경험은 이러한 동화 같은 프레임워크와 일치하지 않았다.

대중의 물가 인식

중앙은행이 원하는 인플레이션율을 달성할 수 있는 방법에 대한 개념적 공백 외에도 또 다른 문제가 있다. 금융 자산과 연금에 의존하는 인구가 증가하고 급속한 고령화를 겪고 있는 사회에서는 점점 더 낮은 인플레이션을 원하는 경향이 강해질 수 있다는 점이다. 이러한 환경에서는 중앙은행이 공격적인 통화정책을 통해 인플레이션율을 높일 수 있더라도 이 인플레이션 가속화는 일시적일 수 있으며, 이로 인한 소득과 자산의 실질 가치 변동이 실물 경제에 영향을 미쳐 사회 불안을 초래할 수 있다. 이와 관련해 독일연방은행 총재 옌스 바이트만 Jens Weidmann은 유럽중앙은행 수석 이코노미스트였던 오트마 이싱Otmar Issing의 말을 인용한다. "모든 사회는 결국 그 사회가 누릴 만한 그리고 원했던 수준의 인플레이션율을 얻게 된다. 인구 구조 변화도 이러한 맥락에서 중요한 역할을 할 수 있다."[32]

중장기 기대 인플레이션율은 중앙은행 정책의 영향을 크게 받지만 이러한 메커니즘은 일부에 불과하다. 경제 구조와 사람들의 선호도 등 다른 요인도 영향을 미치는 것으로 보인다. 일본은행은 이러한 메커니즘을 잘 알고 있었으며 이를 "물가에 대한 대중의 인식"이라고 불렀다. 이 개념은 일본은행이 2006년에 〈중장기 물가 안정에 대한 이해〉를 1퍼센트로 발표할 때 인용된 바 있다. 당시 나는 이 개념을 강력하게 지지하지 않았다. 총재가 된 후에도 이러한 개념을 중장기 기대 인플레이션을 표현하는 또 다른 용어로 해석했기 때문에 이를 언급하는 것을 주저했다. 그러나 점차 '물가에 대한 대중의 인식'이라는 주장을 가볍게 무시할 수 없다고 생각하게 되었다.

물가 목표가 2퍼센트인 이유

많은 관찰자는 항상 2퍼센트 인플레이션 목표가 '글로벌 표준'이라고 주장했고 이는 2퍼센트라는 수치가 신성불가침이라는 인상을 심어주었다. 이 주장에는 보통 2가지 근거가 있다. 첫 번째 근거는 측정된 인플레이션율의 "상향 편의", 즉 발표된 인플레이션율이 실제 인플레이션을 과대 추정하는 경향이 있다는 것이다.[33] 소비자물가의 표준 지수는 일반적인 가정에서 구매하는 제품과 서비스 바스켓을 고정하고 기준 연도의 해당 바스켓에 대한 지출을 100으로 고정한 뒤 시간에 따른 지수를 계산하는 라스파이레스 지수Laspeyres Index다. 이 지수의 변화율이 소비자물가 상승률이다. 일본의 경우 기준 연도의 제품과 서비스 바스켓은 5년 동안 일정하게 유지된다. 따라서 측정된 인플레이션이 과장될 수 있다. 한 가지 원인은 이른바 '가중치 효과'다. 예를 들어 상대적 가격이 하락한 제품과 서비스의 비중은 소비가 증가하면서 함께 증가해야 하지만 바스켓이 고정된 상태에서는 이런 조정이 발생할 수 없다. 다른 원인은 이른바 '리셋 효과'다. 이는 주로 가격이 급격히 하락하는 내구재와 관련이 있다. 이러한 제품이 속한 하위 지수 수준이 크게 하락하면 전년 대비 지수 변동에 대한 마이너스 기여도가 예상보다 작아진다.

인플레이션의 과대 추정은 품질 변화로 인해 발생할 수도 있다. 지수를 계산할 때 기본 원칙은 품질 변화를 고려하는 것이다. 품질이 개선된 제품과 서비스의 가격이 동일하게 유지되는 경우 가격이 하락한 것으로 간주해야 한다. 예를 들어 새 컴퓨터가 구형 컴퓨터와 동일한 가격에 출시되면 처리 능력이 향상된 만큼 가격이 하락한 것으로 간주된다. 하지만 품질에 대한 정확한 조정이 쉽지 않기 때문에 측정된 물가 상승률에 약간의 편의가 있을 수 있다. 이러한 편의에 대한 연구는 1990년대 미국에서 시작되었으며, 대부분 "상향 편의"가 있다는 결론을 내렸다. 연구의 결론이 맞다면 인플레이션 목표치를 0퍼센트로 설정할 경우 실제로는 마이너스 인플레이션율을 목표로 하는 결과가 된다.

두 번째 근거는 제로 금리 하한에 대한 "완충 장치"를 마련하자는 것이다. 제로 금리 하한에 가까울수록 통화정책의 효과가 크게 저하될 수 있으므로 그러한 함정에 빠지지 않는 것이 중요하다는 주장이다. 따라서 평상시에는 충격에 대비해 금리를 인하할 수 있는 여지를 남겨둘 필요가 있다. 즉 통화정책에서 제로 금리 하한에 대한 일종의 보험으로 인플레이션 목표를 제로보다 다소 높게 설정하는 것이 바람직하다는 논리다.

2퍼센트는 절대적인가

나는 이러한 주장의 논리를 충분히 이해할 수 있다. 사실 일본은행이 2006년에 〈중장기 물가 안정에 대한 이해〉를 작성할 때 기본적으로 이러한 주장을 수용했다. 그럼에도 나는 인플레이션 목표치를 2퍼센트와 같은 한 가지 수치에 강하게 묶어두는 것에 반대했다.

소비자물가지수 구성의 편의 관련 문제는 편의를 정확하게 평가하기 어렵다는 점이다. 일반적으로 "상향 편의"에 주목하지만 "하향 편의"도 존재한다. 예를 들어 일본에서는 종합 지수에서 20퍼센트에 가까운 비중을 차지하는 주거 서비스 가격(임대료와 전월세)에 대해 품질 조

2부 총재 시절

정을 시도하지 않는 반면 미국에서는 주택 재고의 노후화로 인한 품질 저하를 고려하고 있다. 이렇게 처리하면 일본 소비자물가지수는 미국에 비해 하향 편의가 발생한다.[34] 경우에 따라서는 편의가 상향인지 하향인지 판단하기 어려울 수 있다. 가계 지출에서 차지하는 비중이 계속 높아질 것으로 예상되는 의료비나 간병비를 예로 들 수 있다. 이러한 서비스의 '품질'을 측정하는 데 얼마나 확신을 가질 수 있을까? 더 심각한 문제는 편의가 왜곡될 수 있다는 점이다. 가격 경쟁에 관심이 있는 기업의 행동을 쉽게 상상할 수 있다. 가격 인상으로 인한 시장 점유율 하락을 우려하는 기업은 가격을 인상하는 대신 제품의 품질을 낮추는 방법을 선호할 수 있다. 또 어떤 기업은 가격 인하로 인한 무한 가격 경쟁을 두려워해서 품질을 개선하고 그 결과 실질적으로 가격을 낮추는 효과를 유발할 수 있다. 다시 말해 기업들이 명목 가격을 변경하지 않으면서 실질적인 가격 경쟁을 하고 이런 기업 행동이 경기 사이클에 따라 변화한다면 편의가 고정되어 있다는 생각은 받아들일 수 없다.[35] 일본은행은 소비자물가지수는 아니지만 일부 물가지수 구성에 실제로 관여하고 있기 때문에 일본 물가지수의 기술적 세부 사항에 매우 주의를 기울이고 있다.

　제로 금리 하한에 대한 "완충 장치" 문제로 돌아가보면, 글로벌 금융위기 이전에는 2퍼센트의 완충 장치가 충분히 정당화될 수 있는 것으로 여겨졌다. 하지만 글로벌 금융위기 이후 많은 선진국의 단기 금리는 제로 금리 하한에 직면했다. 2퍼센트에 대한 보험은 환상에 불과한 것으로 판명되었다. 그 결과 글로벌 금융위기 이후 당시 IMF 수석 이코노미스트였던 올리비에 블랑샤르는 더 효과적인 보험을 위해 더 높은 인플레이션 목표를 고려해야 한다는 아이디어를 내놓았다.[36] 일본 버블 경제와 그 후의 부실 대출로 인한 폐해를 경험한 나로서는 통화정책이 신용 버블을 조장하는 것을 제한할 필요성을 무시한다는 점에서 블랑샤르의 접근 방식에 불편함을 느낀다. 많은 버블이 저인플레이션 환경에서 발생한다. 이 점을 고려할 때 중앙은행이 2퍼센트 또는 다른 목표 인플레이션율을 절대적인 것으로 간주해 중요한 다른 요인보다 우선시한다면 그 결과는 버블 형성을 포함해 훨씬 더 큰 금융 불균형을 초래해 경제의 지속 가능한 성장에 해가 될 것이다.

목표 인플레이션율과 관련해서는 아직 논의가 진행 중이다. 2퍼센트가 될 수도 있고, 더 낮기를 원하는 사람도 있고 더 높기를 원하는 사람도 있다. 내 생각에는 어느 한 수치에 집착하는 것은 위험하다고 생각한다. 물론 실제 인플레이션 수치도 중요하지만 더 중요한 것은 중장기적인 관점에서 지속 가능한 방식으로 물가 안정을 추구하는 것이다.

일본의 디플레이션 논쟁에 대한 견해

2013년 내가 일본은행 총재직을 퇴임할 때까지 일본의 디플레이션에 대한 논쟁은 계속되었고, 때로는 더욱 격렬해지기도 했다. 2000년대 초반부터 많은 관심을 끌었던 이 논쟁은 일본 경제에 가장 불행한 일이었는데, 디플레이션을 저성장의 원인으로 잘못 간주했기 때문이다. 그 결과 일본 경제가 직면한 근본 과제는 해결되지 않았으며, 이에 대해서는 10장에서 설명한다. 일본 디플레이션에 대한 논쟁은 디플레이션의 위험성에 대한 집착을 불러일으켜 많은 선진국의 통화정책 수행에 악영향을 미쳤다는 점에서 세계 경제에도 불행한 일이었다.

총재로서 나는 일본 정치인과 일본 국민에게 디플레이션에 대한 논쟁이 잘못된 것이라고 설득하려고 노력했지만 실패했다. 실패의 근본적인 이유는 아마 디플레이션이라는 용어가 화자에 따라 다양하게 정의되는 무정형적 특성 탓일 것이다. 일본은행과 학계, 민간 부문 경제학자들 간의 담론에서 일본은행은 경제학적인 측면에서 디플레이션 문제를 논의했다. 미국 중심의 경제학계에서는 디플레이션은 어떤 대가를 치르더라도 피해야 하는 것이었다. 반면 비경제학자들이 디플레이션을 언급할 때는 물가 하락 자체에 대해 호들갑을 떨지 않았다. 그들은 자신의 회사나 개인 생활에 대한 우려가 먼저였고 인플레이션율에 대한 학문적 논의를 듣고 싶어 하지 않았다. 이러한 상황에서 일본은행이 커뮤니케이션을 시도하는 것은 비생산적인 일이었을 것이다.

또한 미국 학계에서 인플레이션의 근본 메커니즘에 대한 이해가 바뀌지 않는 한 일본의 디플레이션에 대한 논의는 절대 변하지 않으리라는 점도 내 의식에 깊이 자리 잡았다. 1990년대 이후에는 아웃풋 갭과 기대 인플레이션율에 대한 논의가 주류가 되었고, 필립스 곡선이 평탄해지면서 기대 인플레이션율과 중앙은행 인플레이션 목표의 역할을 더욱 강조하게 되었다고 생각한다. 그럼에도 주류 경제학은 기대 인플레이션율의 결정 요인을 완전히 설명하는 데 성공하지 못했다. 나는 기자회견 등에서 거시경제 교과서에 새롭고 중요한 장이 추가되어야 한다고 몇 차례 언급했다. 쉽지는 않겠지만 우리는 이 문제를 해결해야 하며, 앞으로 몇 년 안에 진전이 있을 것으로 기대한다.

10장

인구 구조 변화와 생산성 문제

일본 경제에 관한 논쟁

일본의 디플레이션 논쟁은 날이 갈수록 시끄러워졌다. 국회에서는 일본은행에 더 공격적인 통화 완화를 요구하는 정치적 압력이 거세졌다. 경제학자와 언론도 이에 동참했다. 하지만 목소리가 커질수록 나는 대부분의 사람이 디플레이션이라는 단어에 대해 느끼는 좌절감은 물가 하락 자체가 아니라 점차 낮아지는 경제의 성장 잠재력과 디플레이션 전망에 있다고 생각하게 되었다. 또한 일본 경제가 직면한 근본 문제를 인식하고 해결하기 전까지는 적극적인 통화 완화에 대한 요구가 끝이 없을 것이라고 생각했다. 2010년부터 나는 고령화와 출산율 저하, 그리고 일본 산업의 생산성과 경쟁력 하락 문제에 대해 점점 더 목소리를 높였다.

이러한 시대 정서는 한 자민당 중의원 의원이 국회 위원회 회의에서 나에게 한 발언에 잘 반영되어 있다.

> 내가 보기에 일본 경제가 직면한 가장 중요한 문제는 디플레이션입니다. 디플레이션이 계속되는 한 좋은 일은 없습니다. (중략) 이것이 일본 경제가 마주한 저주입니다. 디플레이션이 발생하면 기업은 위축되고 엔화는 절상되며 공장은 해외로 이전하고 실업률은 상승하고 임금은 하락하며 채무자의 부담은 엄청나게 증가합니다. 나는 이것이 불평등을 키우고 여러 지역을 황폐화시킨 주요 요인이라고 생각합니다. 디플레이션을 극복해야 하며 일본은행만이 디플레이션을 없앨 수 있습니다.[1]

일본은행의 통화정책에 대해 널리 알려진 비판은 5가지로 요약할 수 있다.

1. 일본 경제가 직면한 문제의 가장 근본적인 원인은 지속적인 물가 하락, 즉 디플레이션이다.
2. 디플레이션은 화폐적 현상이다. 수입 가격 하락, 규제 완화, 기술 변화, 경쟁 심화 등 다른 모든 요인은 상대 가격의 변화만 가져올 뿐 전반적인 물가 하락을 의미하지는 않는다.
3. 과도한 엔고 현상은 소극적인 통화정책으로 유발된다. 제조업의 '공동화hollowing out'는 이러한 과도한 엔고로 인해 발생한다.
4. 일본은행은 공격적인 통화정책을 실시해야 한다. 이를 실행하면 일본은 "잃어버린 수십 년"으로 불리는 침체에서 벗어날 수 있다.
5. 중앙은행이 과감한 완화적 통화정책을 실시하기 위해서는 즉시 인플

레이션 목표제를 도입해야 한다. 구체적으로 2퍼센트라는 인플레이션율 목표치를 설정하고, 기한을 정해 이 목표를 달성하겠다고 약속해야 한다.

"리플레파"와 "기대파"

여당과 야당을 막론하고 많은 의원이 이런 논리에 따라 일본은행의 정책을 비난했다. 일본은행을 가장 혹독하게 비판하는 사람들은 "리플레이션론자reflationistas"로 언론에서 흔히 "리플레파リフレ派"로 일컫는 이들이었다(리플레이션reflation은 물가가 지속적으로 하락하는 디플레이션에서 벗어나 점진적으로 상승하는 단계를 뜻한다. 리플레이션을 추구하는, 즉 심각한 인플레이션을 유발하지 않을 정도로 물가를 상승시키기 위해 통화를 팽창시키는 정책을 의미할 때도 있다. 일본에서 리플레이션론자는 '리플레파'로 불린다-옮긴이). 이들의 주장은 상당히 극단적이며, 통화량으로 측정되는 수량에 대해 집요한 관심을 보였다. "리플레파"에 따르면 물가 하락과 엔화 가치 상승은 모두 본원 통화 공급이 부족하기 때문이다. 이러한 주장을 하는 사람들, 특히 일부 국회의원, 언론 평론가, 경제학자는 상당히 전투적이었다. 그들은 하나로 뭉쳤고 그들의 영향력은 꾸준히 증가했다. 다른 나라에는 '조악한 형태의 통화주의crude monetarism'에 집착하는 일본식 의미의 "리플레파"는 존재하지 않았다.[2]

나는 일본은행이 충분히 대담하지 않아 인플레이션 기대치를 바꾸지 못했다는 일부의 주장에 대응하기가 특히 어려웠다. 그들은 기대치가 바뀌면 일본 경제가 직면한 문제는 쉽게 해결될 수 있다고 보았다.

당시에는 이것을 설명하는 용어가 없었다. 하지만 중앙은행이 경제 주체들의 기대치를 관리할 수 있는 완전한 권한을 가지고 있다고 믿었다는 점에서 이들 "기대론자expectationistas"를 "기대파"라 부르고자 한다. 이들의 관점에서 중앙은행 정책의 효과는 정책을 어떻게 제시하느냐에 달려 있었다. "기대파"가 보기에 필요한 것은 중앙은행이 절대적인 결의를 보여주는 것이었다. 이런 점에서 나의 발언과 공개적인 약속은 너무 소극적이라고 비판받았다.

디플레이션 논쟁

개념적으로 두 파를 구분할 수는 있지만 그 차이는 크지 않다. "리플레파"는 조악한 형태의 통화주의 논리에 근거해 통화량 확대를 주장하는 반면, "기대파"는 더 정교한 모형을 반영해 효과적인 기대 관리를 주장하는 데 더 큰 목소리를 냈다. 그러나 두 진영 모두 적극적인 통화완화를 요구했고, 중앙은행이 독자적으로 인플레이션율을 올릴 수 있다고 믿었다. 이들의 공통된 주장은 "디플레이션은 화폐적 현상"이라는 것이었다. 그들은 중앙은행이 충분히 과감하면 디플레이션을 극복할 수 있다고 주장했다. 9장에서 설명했듯이 오늘날 주류 거시경제학은 중앙은행이 기대 인플레이션에 대한 앵커를 제공할 수 있다는 견해가 핵심이다. 따라서 이 주류 시각은 공격적인 통화정책을 요구하는 학자들의 마음속에 가장 먼저 자리 잡았다.

저성장 환경이 지속되면서 통화정책에 대한 비즈니스 리더와 대중의 시각이 바뀌기 시작했다. 암울한 경제 환경을 고려해 평상시에는 적절하지 않은 조치라도 무엇이든 취해달라고 갈수록 더 많은 사람이 일본은행에 요구하기 시작했다.

나는 통화정책회의에서 중앙은행의 통화정책이 충분히 강력하지 않다는 주장을 반박하려고 노력했다. 하지만 대중과 비즈니스 리더들이 물가 하락 자체보다는 생계와 기업 생존을 걱정하는 상황에서 나는 디플레이션의 근본 원인과 통화정책의 한계에 대한 기술적·학문적 설명으로 대중의 이해를 끌어내는 데 어려움을 겪었다. 아무리 노력해도 저성장이라는 개념에서 디플레이션이라는 단어를 떼어내는 것은 당시 나에게 너무 어려웠다. 우리의 노력은 일본은행에 대한 적대감을 조장하기도 했는데, 일본은행이 현실적인 문제에 무관심하다고 많은 사람이 인식하게 되었기 때문이다. 광범위하고 경제에 해로운 디플레이션에 대한 서사는 비록 근거가 없었지만 강력한 반대 세력이었다.

일본은행의 대응을 복잡하게 만든 또 다른 측면은 일본은행의 통화정책이 충분히 강력하지 않았다는 주장을 구체적인 데이터에 근거해서 반박하는 것이 불가능하다는 점이다. 본원 통화 증가가 예상대로 효과를 발휘하지 못하는 것처럼 보일 때도 "통화량 증가가 충분하지 않았다" "일본은행이 효과적으로 커뮤니케이션하지 못해서 경제 주체들의 기대에 영향을 미치지 못했다" "통화량 증가가 없었다면 상황이 더 나빴을 것이다" 같은 주장에 의해 사실이 가려져버렸다.

결국 나는 일본은행이 디플레이션의 원인에 대해 기술적인 논쟁을 벌이기보다는 저성장의 근본 원인과 일본 경제가 직면한 과제를 가능한 한 명확하게 설명할 수 있는 대안을 제시해야 한다는 결론에 도달했다. 나는 조사통계국의 하야카와 히데오 이사와 몬마 가즈오門間一夫 국장에게 이러한 문제에 대한 은행의 견해를 정리해달라고 요청했다. 이들과 함께 고령화와 저출산, 정부 재정의 지속 가능성, 인구 감소에 따른 은행과 지역 경제의 관계 등 다양한 분야의 연구를 수행한 일본은행 내 경제학자들도 참여했다. 이런 노력은 일본은행에서 발간한 일련의 실무 논문으로 정점을 찍었다. 나는 인구 문제에 대해 해외 학계와 정책 당국자들의 주의를 환기시키고 더 많은 학술 연구를 장려할 필요가 있다고 판단했다. 그래서 2012년 5월에 열린 일본은행 금융연구소 연례 콘퍼런스에서 "인구 변화와 거시경제 성과"를 주제로 다양한 논의를 진행했다.

급격한 고령화와 저출산의 역풍

일본은행의 입장 공개는 일본 경제가 직면한 중장기 과제를 가능한 한 철저하게 제시하는 데 중점을 두었다. 물론 가장 중요한 것은 급속한 고령화와 출산율 하락이었다.[3] 일본 인구는 2008년 1억 2800만 명으로 정점을 찍은 후 계속 감소해 2019년에는 1억 2600만 명으로 2008년 이후 연평균 0.1퍼센트씩 감소해왔다. 동시에 15세에서 64세 사이의 생산가능인구는 14년 전인 1995년 8730만 명으로 정점을 찍었다. 이후 20여 년 동안 약 12퍼센트 감소해 2012년에는 8020만 명, 2019년에는 7520만 명으로 떨어졌다. 이러한 감소세는 처음에는 완만했지만 전후 일본의 베이비붐 세대가 2012년경 65세의 은퇴 연령에 도달하면서 가속화되었다. 2010년부터 2015년까지 생산가능인구는 연평균 약 94만 9000명이 감소했으며, 이는 연간 1.2퍼센트의 감소율에 해당한다.

인구 통계가 경제에 영향을 미치는 가장 중요한 경로는 인구 연령 구성의 변화다. 이는 인구 자체의 감소보다 더 중요하다. 핵심은 경제에서 생산과 소비 활동의 핵심에 있는 집단인 생산가능인구다. 이 인구집단의 비율이 증가하면 경제는 "인구 보너스demographic bonus" 시기를 누리게 된다. 반면에 이 비율이 감소하는 "인구 오너스demographic onus" 시기가 닥치면 경제는 어려움을 겪게 된다. 일본의 인구 보너스 시기는 1990년대 초에 끝났다. 일본의 고도성장기 말기인 1970년 생산가능인구 대비 65세 이상 인구의 비율은 10.2퍼센트였다. 1990년에는 17.3퍼센트, 2000년에는 25.5퍼센트, 2013년에는 40.4퍼센트로 급격히 증가했다. 국립사회보장인구문제연구소国立社会保障・人口問題研究所의 추정에 따르면 이 비율은 2022년에는 49.9퍼센트, 2050년에는 72.8퍼센트로 더욱 증가할 것으로 예상된다.[4] 이는 세계 경제 역사상 전례가 없는 엄청난 추세다.

이러한 급속한 고령화에는 2가지 요인이 있다. 하나는 의학의 발전, 고도성장기 동안 생활 수준의 획기적인 향상, 1961년 도입된 보편적 의료 보험 등의 요인이 반영된 수명 연장이다. 또 하나는 다른 선진국에서는 볼 수 없는 출산율의 급격한 하락이다. 2차 세계대전 이후 많은 선진국에서 베이비붐이 일어났지만 일본에서는 출산율 하락 폭이 컸다. 이러한 인구 통계의 기존 추세, 특히 생산가능인구 비율의 급격한 감소는 향후 수십 년을 생각할 때 당연한 것으로 받아들여야 한다.

생산가능인구 감소의 영향을 파악하기 위해 2000년부터 2010년까지 G7 국가들의 실질 GDP 성장률과 1인당 실질 GDP 성장률, 생산가능인구 1인당 실질 GDP 성장률을 비교해보자(그래프 [10-1] 참조). 이 수치에 따르면 실질 GDP 성장률 측면에서 일본은 성장률이 가장 낮은 국가에 속한다. 반면에 생산가능인구 1인당 실질 GDP 성장률을 비교

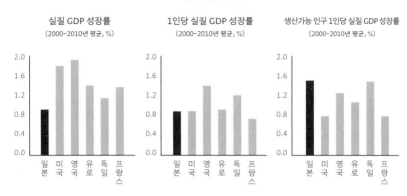

실질 GDP 성장률
(2000~2010년 평균, %)

1인당 실질 GDP 성장률
(2000~2010년 평균, %)

생산가능 인구 1인당 실질 GDP 성장률
(2000~2010년 평균, %)

출처: Shirakawa(2012a)

하면 일본은 독일과 함께 상위권을 차지한다. 1인당 실질 GDP 성장률 기준 일본의 실적은 다른 국가들의 중간 정도에 머물러 있다. 이러한 패턴은 통계를 최근 몇 년으로 확장해도 본질적으로 동일하다. 장기적으로 GDP 성장은 주로 노동 투입과 노동 생산성의 증가에 따라 좌우된다는 점을 감안할 때 일본의 경우 2000년 이후 생산가능인구 감소로 인한 역풍이 전체 GDP 성장률을 떨어뜨릴 정도로 강했다. 설령 물가가 상승하고 명목 GDP 성장률이 상승한다고 해도 실질 소득 수준, 생활 수준이 향상되는 것은 아니다. 일본 경제가 직면한 본질적인 과제는 물가의 완만한 하락이 아니라, 당분간 노동 인구가 감소하는 가운데 1인당 실질 GDP가 지속적으로 성장하는 경제를 어떻게 실현할 것인가 하는 것이다.

다시 말해 문제의 본질은 지속 가능성이다. 현재 상태로 내버려두면 잠재 성장률은 결국 하락할 수밖에 없다. 이 점에서 일본은행의 초기 잠재 성장률 추정치[5]는 글로벌 금융위기 이전의 높은 성장률에 영향

받아 과대평가된 것이다. 실제로 일본은행의 추정치는 내가 총재 임기를 시작할 때 약 1퍼센트에서 2010년 4월에는 약 0.5퍼센트로 점차 하향 조정되었다.[6]

노동 투입과 생산성이 변화하면 잠재 성장률이 높아질 수 있다. 따라서 정책은 이 2가지 요소의 증가를 목표로 해야 한다. 하지만 이 두 요소가 단기간에 크게 변화할 가능성은 낮다. 인구 감소의 영향을 분명히 염두에 두어야 한다. 이러한 맥락에서 경제 활동 참가율 제고의 중요성을 설명하기 위해 나는 성별 또는 연령 코호트별로 경제 활동 참가율이 변하지 않는다면 2010년대에는 취업자 수가 연간 0.6퍼센트, 2020년대에는 0.8퍼센트 감소해 경제에 엄청나게 부정적인 영향을 줄 것이라는 점을 자주 지적했다.[7] 생산가능인구 감소 속도가 총인구 감소 속도보다 빠르다는 냉정한 사실을 감안하면 1인당 GDP 성장률은 전체 GDP 성장률을 밑돌게 될 것이다.

교역 조건 악화

2000년 이후 일본의 교역 조건 악화는 G7 국가 중에서 가장 두드러졌다. 원자재 가격 상승이 한 가지 이유였지만 다른 원자재 수입국인 독일보다 일본의 악화 정도가 컸다(그래프 [10-2] 참조).

일본과 관련해 가장 주목할 만한 특징은 수출 가격 하락으로 인한 교역 조건 악화가 두드러졌다는 점이다. 일본 수출의 경쟁력이 떨어지고 있었다. 일본 기업은 가격 인하를 통해 수출과 생산량 확보를 목표로 하는 비즈니스 전략을 채택할 수밖에 없었다. 대표적인 산업은 전자

[10-2] 수출 디플레이터와 교역 조건

수출 디플레이터

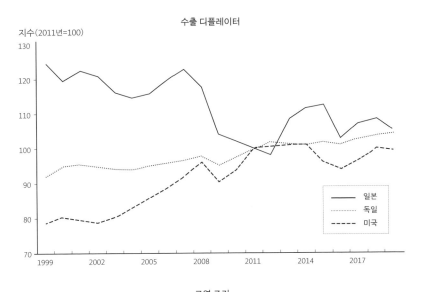

지수(2011년=100)

일본
독일
미국

교역 조건

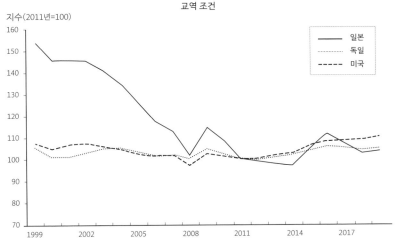

지수(2011년=100)

일본
독일
미국

출처: 세인트루이스 연방준비은행의 연방준비제도 경제 데이터, 일본 내각부

제품으로, 중국과 한국 기업에 대한 경쟁 우위가 약화되면서 가격 인하에 나설 수밖에 없었다.[8] 반면에 독일 기업은 가격 인상, 특히 자동차와

자본재 수출 가격 인상에 성공했다. 마찬가지로 일본 기업보다 더 가파른 자국 통화 절상에 직면한 스위스 기업도 정밀 기계와 의약품을 중심으로 수출 가격을 인상할 수 있었다. 일본 기업은 경쟁력 저하라는 가장 심각한 문제에 직면했다.

서사의 위력

안타깝게도 일본 경제가 직면한 이런 근본 문제는 널리 인식되지 않았다. 대신 일본 경제의 가장 큰 도전은 디플레이션이며, 디플레이션에서 벗어나는 것이 가장 중요한 과제고, 이는 통화량을 늘리면 쉽게 달성할 수 있다는 주장에 국가적 담론이 집중되었다. 이러한 견해는 총리의 국회 시정 연설, 일본 기업 총수들의 공식 연설, 신문 사설 등에서 여러 차례 반복되어 큰 영향을 미쳤고, 하나의 신화가 되었다. 미국의 경제학자 로버트 실러도 경제 변동 요인으로 서사의 중요성을 강조한 바 있다.[9] 가계와 기업의 소비와 지출 행위에 대한 서사의 영향을 무시할 수 없다는 그의 견해에 동의하며, 특히 경제정책 논의에서 영향력이 두드러지게 나타난다고 생각한다. 9장에서 언급한 일본의 디플레이션 사례는 서사가 거시경제정책에 어떠한 영향을 미치는지 보여주는 완벽한 사례다.

지난 20년 동안 그리고 오늘날에도 일본 정부, 비즈니스 리더, 국내외 경제 평론가, 언론이 일본 경제를 설명하면서 가장 자주 언급하는 말은 "잃어버린 수십 년"이다. 물론 이 용어가 일본 버블 붕괴 직후 10년을 묘사하는 데 사용되었다면 일말의 진실이 있을 수 있다. 부실 대출 문제가 훨씬 더 신속하게 해결되었다면 그 10년 동안 성장률은 조금 더 높았을 것이다. 하지만 성장률이 하향 곡선을 그리게 된 또 다른 이유는 버블 당시의 성장률이 애초에 지속 가능하지 않았기 때문이라는 점도 염두에 두어야 한다. 성장률 하락은 지속 불가능한 성장 경로에서 더 지속 가능한 성장 경로로 전환되는 다소 불가피한 과정을 반영한 것이다.

1990년대 초반 이후 "잃어버린 20년, 심지어 30년"이라는 표현을 들으면 또 다른 불안감이 엄습한다. 앞서 언급했듯이 전반적인 실질 GDP 성장률은 부진했는데 그 이면에는 노동력 감소라는 결정적인 요인이 있었다. 이는 거스를 수 없는 사실이었으며, 경제정책 그 자체로 인해 '잃어버린' 것은 아무것도 없었다. 국민이 "잃어버린 20년"에 대한 언급을 자주 접하게 되면 근거 없는 비관론에 빠지거나, 더 나쁜 경우 공격적 통화정책으로 모든 문제를 해결할 수 있다는 근거 없는 믿음으로 이어질 수 있다.

총재 재임 기간 동안 나는 국회 출석, 기자 회견, 연설 등 모든 기회를 활용해 일본 경제의 발목을 잡는 근본 요인을 파악하고 이에 대응하는 적절한 정책을 채택하는 것이 중요하다는 점을 강조했다. 문제는 미래에 관한 것이었다. 이 점에서 앞으로 몇 년 동안 2가지 어려운 문제가 있을 것이라는 사실을 이해해야 한다.

첫 번째는 높은 생활 수준의 지속 불가능성이다. 전체 인구보다 생산가능인구의 감소가 더 뚜렷하게 나타나면서 1인당 GDP 성장률은 꾸준히 하락할 가능성이 높다. 또한 고령화 사회에서 사회 보장 지출 증가로 인한 재정 수지 악화는 저성장과 맞물려 일본 국채에 대한 갑작스러운 신뢰 상실을 유발할 수 있다. 정부 재정의 지속 가능성은 통화와 금융 안정의 가장 중요한 전제 조건이며, 이에 대해서는 15장에서 살펴볼 것이다.

두 번째 중요한 문제는 일본 산업의 경쟁력 저하다. 물론 기업들이 달러 기준으로 가격을 낮추기로 결정하면 여전히 수출 물량은 충분히 확보할 수 있고 결과적으로 GDP 수준을 유지할 수 있다. 그러나 이는 일본의 교역 조건이 악화되어 실질 구매력이 감소한다는 것을 의미한다. 교역 조건의 악화는 기업의 경우 수입 원자재 가격 대비 수출 판매 가격의 비율 하락으로 수익에 압박이 가해진다는 의미다. 가계의 경우 예를 들어 소득이 제자리걸음일 때 더 비싼 휘발유를 구입하면 실질 소득이 감소한다는 의미다.

저성장 기대와 물가 하락

일본은행은 일본 경제가 직면한 핵심 문제는 물가 하락이 아니라 급속한 고령화와 일본 산업의 경쟁력 저하로 인한 잠재 성장률 하락이라는 점을 강조하기 시작했다. 이러한 주장에 대해 일본은행을 비판하는 사람들은 거세게 반발했다. 디플레이션의 악영향을 강조하는 측은 디플레이션이 저성장의 원인이라고 주장하며, 더 나아가 일본은행의 소극적인 완화적 통화정책을 반영한 낮은 통화량 증가에 그 원인이 있다고 주장했다. 이에 대해 일본은행은 디플레이션은 저성장의 원인이 아니라 결과라고 반박했다. 이 점에서 흥미로운 사실은 선진국에서 1인당 잠재 성장률과 기대 인플레이션율 사이에 분명한 상관관계가 존재한다는 것이다(그래프 [10-3] 참조).[10]

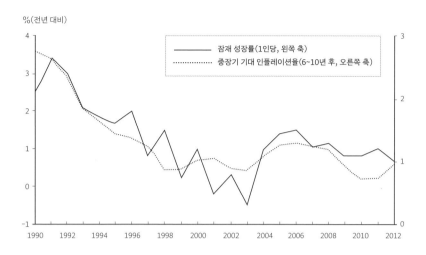

[10-3] 기대 인플레이션율과 잠재 성장률

%(전년 대비)

잠재 성장률(1인당, 왼쪽 축)
.... 중장기 기대 인플레이션율(6~10년 후, 오른쪽 축)

출처: Bank of Japan(2013b)

물론 상관관계가 인과관계를 의미하지는 않는다. 이러한 상관관계에 대한 몇 가지 가설이 있다.

그중 첫 번째는 인구 감소의 영향이다. 생산가능인구가 감소하기 시작하면 사람들은 1인당 소득 증가율이 정체될 것으로 예상하고, 이는 결국 지출을 억제해서 인플레이션을 낮추는 결과를 초래할 것이다. 이러한 생각에 대해 생산가능인구 감소가 노동 공급 감소로 이어져 오히려 인플레이션 압력을 초래할 수 있기 때문에 음의 상관관계 또는 인과관계가 있다고 주장할 수도 있다. 두 관점은 인구 감소 단계에서 어디에 초점을 맞추느냐를 반영한다.[11] 인구 감소가 예상되지만 실제로 생산가능인구가 크게 감소하지 않은 단계에서는 낮은 소득 기대치를 반영하는 총지출 감소 효과가 더 강하다고 볼 수 있다. 반면에 생산가능인구가 크게 줄어들기 시작하면 공급 측면의 제약 효과가 더 커질 것이다. 일본 통계에 따르면 베이비붐 세대가 65세가 되어 노동 연령층에서 빠져나가기 시작한 2012년을 전후로 전환점이 있었던 것으로 보인다. 인구 통계가 물가에 미치는 영향은 플러스로 전환되고 있는 것으로 보이지만 이 효과는 노동 절약형 자본 투자로 인해 부분적으로 상쇄되고 있다.

두 번째는 산업 경쟁력 하락의 영향이다. 9장에서 언급했듯이 일본 기업들은 외생적인 부정적 수요 충격에도 고용을 유지하는 경향이 있다. 충격이 일시적일 경우 이러한 관행은 종업원이 체화하고 있는 기업 고유의 기술을 보존할 수 있다는 장점이 있다. 그러나 충격이 영구적인 성격이라면 수익성이 없는 사업 부문을 유지해야 하므로 이런 관행은 부담이 될 수 있다. 일본에서는 이러한 관행으로 인해 지속적인 부정적 충격이 잠재 성장률을 하락시키자 수익성이 낮은 사업의 임금과 생산 단가를 낮추어 사업과 고용을 유지했다. 그 결과 장기 인플레이션 기대치가 하락했다. 이와 관련된 지속적인 부정적 충격에는 경제 버블의 붕괴로 인한 직접적인 수요 급락뿐 아니라 앞서 언급한 교역 조건의 악화와 급속한 고령화도 포함된다.

나는 공개 연설에서 2007년에 처음 출시된 아이폰의 원가 구조를 자주 언급했다. 예를 들어 2011년 특정 시점에 500달러짜리 아이폰의 가격표 중 부품과 구성품의 총가치는 173달러에 달했다. 조립 비용은 고작 6달러에 불과했다. 반면 애플의 총마진은 321달러에 달했다."[12] 이는 아이폰의 경우 기본 제품 콘셉트를 구상하고 시장에 출시하는 과정에서 파생되는 부가가치가 얼마나 큰지를 보여준다. 일본 기업들은 많은 부품을 공급했지만 치열한 글로벌 경쟁에 내몰렸고 그 결과 상품화와 끊임없는 가격 인하 압력에 시달려야 했다. 비가격 경쟁력 하락에 직면한 일본 기업들은 암묵적인 장기 고용 약속에 묶여 임금을 삭감해 비용을 절감하는 것 외에 다른 선택의 여지가 없었다. 따라서 경쟁력 하락을 반영하는 저성장이 임금과 물가 하락을 초래했을 수 있다.

노동 생산성은 부가가치, 즉 기업 이윤과 임금의 합계를 노동 투입으로 나누어 산출한다는 점에서 기술적 효율성과는 다르다. 생산성을 높이는 한 가지 방법은 생산 과정의 혁신을 통해 비용 절감을 실현하는 것이다. 다른 하나는 제품 혁신, 즉 새로운 아이디어를 바탕으로 소비자의 요구를 충족하는 제품을 출시하는 것이다. 아이폰의 원가 구조에서 알 수 있듯이 일본 기업의 선도력은 1990년대 이후 감소하고 있었다. 나는 2012년 6월 연설에서 경영 전략 문헌에서 자주 사용되는 '레드 오션red ocean'과 '블루 오션blue ocean'이라는 용어를 사용해 이 사실을 설명하려고 했다.

좀 더 구체적으로 말하자면 기업은 축소되는 시장에서 가격 경쟁을 지속하는 '레드 오션 전략'에서 새로운 시장을 창출하고 고부가가치를 제공하는 '블루 오션 전략'으로 근본적인 전략을 전환할 필요가 있습니다. 기업이 비용 절감이 아닌 부가가치 창출을 통해 수익성을 높이는 데 성공하면 직원들에게 더 높은 임금을 지급할 수 있습니다. 결과적으로 소비자는 부가가치가 높은 제품과 서비스를 구매할 유인이 높아져 선순환 구조가 형성됩니다.[13]

1990년대 이후 일본 기업의 경쟁력이 하락한 데는 여러 가지 이유가 있을 수 있다. 일본 기업들은 전통적으로 생산 과정 혁신에 능했지만 정보 기술이 혁명적으로 발전하면서 제품 혁신이 훨씬 더 중요해졌다. 이러한 새로운 환경에서 중요해진 것은 "개방형 혁신open innovation"

과 빠른 경영 의사 결정이었는데, 이는 일본의 전통적인 관행과 잘 맞지 않았다. 고용에 대한 오랜 시간에 걸친 집착은 기업과 산업 전반뿐 아니라 기업 내에서도 유연한 노동력 재배치를 저해했다. 경영진의 다양성 부족은 기업과 국경을 초월한 개방형 혁신에 도움이 되지 않았다. 실패를 처벌하는 사회 문화가 뿌리 깊게 자리 잡아 잠재적 혁신가들을 위축시키는 경향이 있었다. 안전과 적시성 등 다양한 기준에 대한 요구가 너무 높아 기업들이 실험적인 아이디어를 수용하는 데 신중을 기해야만 했다. 결국 기존의 일본식 '사회 계약'과 정보 기술, 세계화가 특징인 새로운 비즈니스 환경은 서로 맞지 않는 부분이 있었다.

성장 기반 강화 지원 융자

대중이 "디플레이션을 극복하자"라고 외쳤을 때, 이는 어떻게든 물가를 올려달라는 요구는 아니었다. "디플레이션 마인드deflationary mind"라는 용어는 물가 하락에 대한 기대를 의미하는 것이 아니라 기업과 가계의 신중한 의사 결정과 행동 양식을 표현한 것이다. '디플레이션 마인드 불식'을 열망한 사람들이 진정으로 바란 것은 사실 생활 수준의 향상이었다. 이럴 때 일본은행은 어떻게 행동해야 하는가?

첫 번째 옵션은 잠재 성장률 제고 조치를 취하는 것은 중앙은행의 권한 밖이라는 이해를 바탕으로 잠재 성장률 제고를 위한 언급이나 정책 조치를 자제하는 것이다. 청년 교육, 기술 발전 지원, 근로자 숙련도 향상과 같은 성장 촉진 정책은 통화정책과 직접적인 관련이 없다. 두 번째 옵션은 잠재 성장률 제고의 필요성을 가능한 한 강력하게 주장하는 것이다. 외국 중앙은행 중에서는 미국 연준이 채택한 입장이 첫 번째 옵션에 가까운 반면, 유럽중앙은행은 두 번째 옵션에 더 가까운 것으로 보인다. 실제로 유럽중앙은행의 정책위원회 회의 후 열린 정례 기자 회견에서 총재는 항상 구조 개혁의 필요성을 모두 발언에서 언급했다. 세 번째 옵션은 중앙은행의 권한 밖에서 이러한 정책 변화를 지지하는 동시에 중앙은행이 할 수 있는 일을 하는 것이다.

일본은행은 세 번째 옵션을 채택하기로 결정했다. 첫 번째 옵션은 아무것도 바뀌지 않았을 것이기에 매력적이지 않았다. "디플레이션을 이겨내라"는 일본은행에 대한 요구가 더 거세지리라는 것은 쉽게 상상할 수 있었다. 두 번째 옵션처럼 단순히 설교만 해서는 공감대를 얻지 못할 것이다. 이에 따라 일본은행은 2010년 4월 정책위원회에서 기본 구상을 발표했던 '성장 기반 강화 지원 융자成長基盤強化支援融資' 조치를 시행하기로 결정했다. 나는 기자 설명회에서 이 제도 도입의 취지를 다음과 같이 설명했다.

현재 일본 경제는 리먼 브라더스 파산 이후 글로벌 침체에서 벗어나고 있으며, 물가 안정 아래에서 지속 가능한 성장 경로로 복귀해야 하는 기본 과제에 직면해 있습니다. 동시에 일본은 중장기적인 문제에도 직면해 있습니다. 인구와 생산성 감소를 반영해 성장률이 낮아지고 있는 추세입니다. 중앙은행의 통화정책은 전자를 목표로 하고 있지만, 후자인 잠재 성장률이나 성장 기대치의 하락이 디플레이션에 많은 영향을 미치고 있는 것도 사실입니다. 이러한 관점에서 (중략) 일본은행이 스스로 기여할 수 있는 부분이 있는지 진지하게 고민해볼 필요가 있습니다. 우리에게 부여된 책무와 통화정책 수단을 바탕으로 검토해나갈 생각입니다.[14]

이 제도의 세부 사항은 2010년 6월 통화정책회의에서 승인되었고, 9월에 시행되었다. 이 제도는 은행과 기업의 자금 조달을 지원함으로써 일본 경제 성장의 토대를 강화하는 것을 목표로 했다. 구체적으로 각 금융기관이 경제 성장 기반 강화를 지원하기 위한 사업 계획을 수립하고, 일본은행이 일정 요건을 충족한다고 판단한 대출 또는 지분 투자에 대해 최소 1년에서 최대 4년까지 자금을 공급하는 제도다. 자금 지원 한도는 처음에 3조 엔으로 설정되었다. 자금 조달 금리가 정책 금리인 0.1퍼센트로 설정되어 금융기관들은 낮은 금리로 장기 자금을 조달할 수 있었다. 대출을 촉진하기 위한 인센티브 기반 제도를 도입한 것은 선진국 중앙은행 중 최초다. 2012년 12월에 영국 재무성과 영란은행이 공동으로 도입한 '대출 자금 지원 제도Funding for Lending Scheme'가 이와 유사한 조치였다.

금리를 추가로 낮출 여지가 제한적이라는 점을 고려할 때 일본은행의 조치가 금융기관에 주는 인센티브 또는 "보조금"은 그다지 크지 않았다. 그럼에도 작게나마 대출 금리를 낮추는 효과가 있었다. 금융기관들은 이 조치를 긍정적으로 평가하지 않았는데 대출 파이는 확대되지 않고 이미 치열한 경쟁만 더 부추길 것이라 판단했다. 금융기관의 관점에서 볼 때 대출 수요의 약세는 금리 수준이 아니라 경기 침체를 반영하는 것이었다. 일본은행도 이 사실을 모르지 않았다. 그렇지만 성장률 제고를 강조하는 일본은행의 선도적 역할을 통해 금융기관들이 생산성 문제를 더 진지하게 해결하도록 유도하는 데 미약하지만 촉매 역할을 하기를 희망했다.

잠재 성장률 개선 노력에 대한 반응

일본은행의 노력에 대한 반응은 엇갈렸다. 경제학자와 언론은 일반적으로 성장 촉진 정책이 필요하다는 데 동의했다. 그러나 이는 중앙은행이 아닌 정부가 해야 할 일이라고 생각했고, 심지어 일본은행이 통화 정책에서 다른 문제로 관심을 돌리려고 한다는 의견도 나왔다. 일본이 직면한 근본적인 경제 문제를 해결해야 한다고 말할수록 나는 통화 완화에 충분히 적극적이지 않다는 비판을 더 많이 받았다.

상당수 경제학자는 노동력 감소의 영향이 생산성 향상으로 상쇄될 수 있다고 주장하면서 일본이 직면한 인구 문제에 대해 비교적 낙관적인 전망을 내놓았다. 이는 새로운 주장이 아니다. 버블 경제 시기에도 일본의 인구 감소 전망에 대한 우려는 이미 제기된 바 있다. 처음에는 자본의 노동 대체와 그에 따른 혁신으로 노동 생산성이 높아질 수 있으므로 인구 감소의 영향에 대해 크게 걱정할 필요가 없다는 낙관적 견해에 동조했다. 하지만 이러한 추론이 더 복잡한 현실을 부분적으로만 파악하고 있다는 사실을 깨닫기까지 시간이 걸렸다.

내가 젊었을 때 간과했던 요소는 급속한 고령화가 가져오는 정치경제적 역학 관계였다. 유권자의 평균 연령이 고령화되면 재정 지출 결정은 고령자에게 유리하고 현역이나 젊은 세대에게 불리한 방향으로 결정되는 경향이 생긴다. 이른바 "실버 민주주의silver democracy"에 따른 문제다. 그 결과 선택되는 정책은 장기적인 성장을 촉진하기보다는 당장의 경기 침체를 피하는 것을 우선시하는 정책이 되기 쉽다. 일반적으로 정부는 생산성 향상에 도움이 되는 정책을 채택하는 것을 미루는 경향이 있는데, 이는 단기적으로 고통스러운 경우가 많기 때문이다. 또한 인구 감소가 미치는 영향이 지역마다 다르다는 것도 잘 알지 못했다. 도쿄와 같이 인구가 증가하는 지자체는 매우 드물었다. 인구가 감소하는 지자체에서는 인구 규모가 일정 임계치 이하로 떨어지면 공공 인프라의 질을 유지하는 데 많은 비용이 소요된다. 민간 부문에서 제공하는 다양한 유형의 서비스도 마찬가지다. 해당 지역의 시장 규모나 경제 활동 강도는 서비스 부문의 생산성에 영향을 미치는 중요한 요소 중 하나다. 인구가 적은 지역에서는 집적의 이점을 기대할 수 없다. 생산성의 핵심인 지역 간 원활한 자원 배분이 정치사회적 힘에 차단되는 경우가 많다. 그 결과 생산성 증가가 점진적으로 느려진다.

인구 구조 변화로 인한 이러한 문제는 본질적으로 제도와 시스템의 조정이 지연되었기 때문이다. 장기적으로 모든 조정이 완료되면 인구 규모는 1인당 GDP 성장률에 대해 중립적일 수 있다. 그럼에도 이 긴 조정 과정은 고통스럽다. 인구 구조 변화에 대응해 다양한 제도와 시스템을 지체 없이 지속적으로 조정한다면 고령화의 영향은 관리 가능한 수준일 수 있다. 안타깝게도 실제 정치사회적 역학관계를 고려할 때 이 점에 대해서는 낙관적이지 않다.

급속한 고령화에 비해 일본의 출산율 감소는 더 심각한 문제다. 출산율이 대체 출산율보다 낮다면 인구는 계속 감소할 것이다. 일부에서는 "생산성 향상으로 1인당 GDP 성장률만 유지된다면 인구 감소는 걱정할 필요가 없다"라고 자신 있게 말하지만 나는 다소 회의적이다. 경제 성장 이론가인 찰스 존스Charles Jones는 "새로운 아이디어의 발견에 근거한 많은 성장 모형에서 인구 규모는 중요한 역할을 한다"라고 주장했는데, 여기서 성장 모형은 인구가 일정하거나 증가한다고 가정한다.[15] 만약 인구 증가율이 마이너스라면 경제 성장은 어떻게 될까? 이 문제는 정치적인 문제기도 하다. 외국인 근로자나 이민자를 더 많이 받아들임으로써 인구 감소를 부분적으로 상쇄할 수 있다. 그러나 일본을 포함한 선진국에서는 인구 감소 추세를 완전히 상쇄할 만큼의 규모로 이민자를 받아들이는 것이 정치적으로나 사회적으로 어려워 보인다. 지속 가능한 '균형'이란 무엇이며 어떻게 달성할 수 있는지에 대한 의문은 여전히 남아 있다. 인구 감소는 앞으로 수십 년 동안 많은 국가에서 현실이 될 것으로 예상되며, "빈 지구empty planet"[16]라는 표현으로 설명된다.

인구 구조 변화가 거시경제와 통화정책에 미치는 영향은 매우 심대하기 때문에 진지하게 고민해야 한다. 급속한 고령화, 즉 인구 구성의 변화는 1인당 소득의 감소와 자연 이자율natural rate of interest의 하락을 의미한다. 완화적 통화정책은 이자율을 자연 이자율보다 낮게 설정하는 것이므로 자연 이자율이 하락하는 경제에서 통화정책 운용은 더 어려워진다. 한 가지 위안이 되는 것은 이러한 감소가 성격상 과도기적 현상이라는 점이지만 고령자 비율이 정점에 도달할 때까지 그 과정이 오래 지속될 수 있다. 인구 변화의 또 다른 측면인 인구 감소는 더 심각할 수 있다. 위에서 설명한 메커니즘으로 인해 생산성이 감소하는 것을 의미한다면 통화정책에 미치는 시사점은 매우 크다. 이 문제에 대해 학계와 정책 당국자들이 충분한 관심을 기울이지 않는 것 같아서 20장에서 좀 더 체계적으로 논의하겠다.

결국 인구 통계의 효과는 슬로모션 영화를 보는 것과 비슷하다. 장면은 매우 느리게 변화하지만 시간이 지남에 따라 한 장면에서 다음 장면으로 계속 움직이고 있다는 사실을 잊지 말아야 한다. 가볍게 대하는 것은 위험하다. 유감스럽게도 내가 총재로 재직하는 동안 인구 구조의 영향에 관한 일본은행의 커뮤니케이션은 일본의 실제 경제정책 결정에 제한적인 영향을 미쳤을 뿐이다. 그 이후 국제 금융 기구와 외국 중앙은행에서 인구 구조 변화와 거시경제, 인플레이션 또는 통화정책 수행 간의 관계에 대한 연구가 많이 진행되었다.[17] 일본은행을 떠난 후 해외 학자들이 "일본은 인구 구조 변화가 거시경제에 미치는 영향에 대한 연구와 정책 논의의 선봉에 서 있다"라면서 "이미 이러한 문제를 선도적으로 연구해온 중앙은행을 높게 평가하며 이러한 노력을 계속할 것을 촉구한다"[18]라고 언급하고 있다는 사실을 알게 되었을 때 어느 정도 보람을 느꼈다. 일본이 다른 선진국보다 훨씬 일찍 경험한 버블이나 인구 구조 변화와 관련된 상황에 실제로 노출되지 않으면 아무리 똑똑한 사람이라도 문제를 파악하기 어렵다는 느낌을 지울 수 없다.

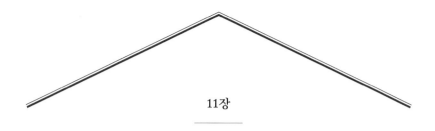

11장

유럽 부채위기

유로화의 탄생

2009년 들어 일본 경제는 완만한 회복세를 이어갔다. 리먼 사태 이후 크게 동요했던 글로벌 금융 시장이 3월부터 안정을 되찾으면서 세계 경제 상황이 전반적으로 호전되었기 때문이다. 그러나 이러한 우호적인 여건은 오래가지 못했다. 그해 가을 그리스에서 시작된 유럽 재정위기는 점점 더 거센 파도가 밀려오듯 심각해져서 급기야 적지 않은 전문가들이 유로화 붕괴의 가능성을 점치기에 이르렀다.

유로(화)를 탄생시킨 통화 동맹monetary union은 20세기의 참혹한 전쟁에서 벗어나 평화로운 유럽을 건립하고자 하는 원대한 정치 프로젝트에서 비롯되었다. 이때 통화 동맹, 경제 통합 중 어느 것이 먼저여야 하는가는 종종 논의되어온 주제다. "최적 통화 지역optimal currency area"

에 대한 경제 이론에 따르면 단일 통화를 가지기 위한 핵심 조건은 역내 자유로운 노동의 이동과 재정의 이전 가능성이다.[1] 이를 전제로 하면 경제와 정치 통합이 선행된 후 통화 동맹이 이루어져야 한다. 그러나 통화 동맹을 먼저 결성함으로써 경제 통합을 도모하고 나아가 정치적 통합을 촉진할 수 있다는 견해(반론)도 있다. 유럽은 광범위한 정치와 경제 통합을 이루기 위한 초석으로 통화 동맹을 먼저 도입하기로 결정했다. 1992년 우여곡절 끝에 마스트리흐트 조약이 체결되면서 개별 유럽 국가들이 통화 동맹에 가입할 수 있는 조건들이 정해졌다. 단일 통화에 대한 회의적인 시각이 다수를 이루고 있었음에도 유로화는 1999년 1월 1일 공식 출범했다.

유럽 재정위기의 전개

그로부터 10년 후, 마스트리흐트 조약으로 탄생한 유로화와 유럽중앙은행은 존립이 위태로운 상황에 놓이게 된다. 2009년 10월 그리스 정부가 기존 재정 적자 통계가 조작되었음을 인정하면서 유럽 재정위기의 서막이 열렸다. 위기의 첫 단계는 2010년 5월 유로존 정부들과 IMF가 그리스에 대한 구제 금융을 발표하면서 마무리되었다. 유럽중앙은행은 이때 증권 매입 프로그램Securities Market Programme, SMP이라는 국채 매입 프로그램을 처음 도입했다. 두 번째 국면은 2011년 유럽 은행의 상환 능력에 대한 우려가 고조되던 시기다. 당시 유럽중앙은행은 장기 대출 프로그램Longer-term Refinancing Operation, LTRO을 가동해 어려움을 겪는 은행에 3년 만기로 자금을 빌려주었다. 마지막 세 번째 국면은 이탈리아와 스페인이 심각한 금융위기에 직면했던 2012년 봄부터 여름 사이 기간이다. 이 시기의 제도적 발전은 스페인 은행 시스템을 구제해주었던 유럽안정화기구European Stability Mechanism, ESM가 2012년 10월 설립된 것이다. 또한 유럽중앙은행은 자금 지원을 받는 국가의 구조조정을 조건으로 하는 국채 매입 프로그램인 전면적 국채 매입 프로그램Outright Monetary Transaction, OMT을 운영했다.

과도한 부채는 위기에 빠진 유럽 경제를 관통하는 공통분모였다. 그러나 문제가 된 취약 부문은 나라마다 달랐다. 그리스는 공공 부문, 아일랜드와 스페인은 민간 부문, 특히 가계와 금융기관의 과도한 차입이 문제였다. 처음에는 차입 주체가 달랐지만 문제가 심화하면서 정부 재정 악화, 금융 시스템 불안, 실물 경제 침체로 이어지는 악순환에 직면했다. 위기의 메커니즘은 간단했지만 그 여파는 끔찍했다. 은행이 보유한 채권의 가격이 하락하면 은행의 자기자본이 감소한다. 자본이 감소한 은행은 대출을 줄이면서 경기에 부정적인 영향을 준다. 이에 따른 세수 감소로 재정 적자가 악화되고 채권 가격의 추가 하락으로 이어지며 악순환이 다시 반복된다. 그 결과 유로존의 실업률은 평균 12퍼센트를 넘어섰고 그리스와 스페인의 실업률은 25퍼센트 이상으로 치솟았다.

유럽 재정위기의 심각성은 1990년대 후반 일본이 겪은 상황과 대체로 비슷했다. 하지만 일본과 달리 유럽은 정부 재정과 금융 시스템 사이에 심각한 부정적 상호 작용이 발생했다. 이러한 유형의 악순환은 신흥국과 개발도상국에서는 종종 관찰되지만 선진국에서는 관찰되지 않았다. 유럽이 특히 심각한 악영향을 경험한 이유는 대부분의 신흥국과 달리 타격을 입은 유럽 국가들이 자국 통화를 가지고 있지 않아서 자국 통화의 평가 절하를 통해 임금과 물가가 하락하면서 경쟁력이 회복되는 기제가 없었기 때문이다. 유럽 재정위기는 국가 신용과 금융 시스템 간의 악순환이 매우 강력할 수 있으며 선진국 경제도 이를 경험할 수 있다는 것을 보여주었다. 또한 통화 동맹이 정치적 통합보다 훨씬 앞선 환경에서 경제정책과 통화정책을 수행하는 것이 얼마나 복잡한지 일깨워주었다.

위기의 첫 번째 국면

그리스 재정 통계의 왜곡이 처음 드러났을 때 유로존 정책 당국자들은 그리스의 사례는 특별하다고 생각했다. 2010년 2월 5일 캐나다 북부의 이칼루이트에서 G7 국가의 재무장관들과 중앙은행 총재들이 모인 국제 포럼에서 유로존 대표들과 함께 이 문제를 처음 자세히 검토했다. 그때 유로존 대표들이 역외 국가의 재무장관들과 중앙은행 총재들 앞에서 서로의 의견 차이를 숨기려는 기색 없이 격렬한 논쟁을 벌이는 모습을 보면서 뭔가 매우 심각한 일이 벌어지고 있다는 것을 깨달았다. 회의에 함께 참석한 일본 재무장관은 불과 몇 주 전 임명된 간 나오토였다. 돌이켜보면 이 G7 회의가 간 총리에게 재정 개혁의 필요성에 대한 강한 인상을 남겼고, 이것이 그가 총리가 된 후 2010년 7월 일본 참의원 선거 운동에서 소비세 인상을 다소 성급하게 제안하는 데 기여한 것은 아닌가 싶다.

금융위기는 항상 자금 조달 문제로 나타난다. 과거 라틴아메리카와 동남아시아의 금융위기에서 IMF는 지원책의 일부로 자금을 제공한 바 있다. 그리스 사태에도 IMF가 비슷한 역할을 해야 하는지 여부가 논쟁의 대상이 되었다. 유럽 재정위기의 초기 단계에서 유로존 정책 당국자들은 자구책에 초점을 맞추었고 IMF의 개입을 환영하지 않았다. 또 다른 뜨거운 쟁점은 그리스의 부채 부담을 덜어주기 위해 그리스 국채에 투자한 민간 투자자에게 손실을 감수하도록 강요하는 민간 부문 손실 분담Private-Sector involvement, PSI 제도였다. 그리스 국채 투자자에게 민간 부문 손실 분담 제도가 적용되면 투자자들은 다른 유로존 국채에 대해서도 같은 일이 발생할 것을 우려해 여타 유럽 국가 국채에 대한 투매로 이어질 수 있었다. 그러나 당시 그리스의 부채 규모를 고려할 때 민간 부문 손실 분담 제도 없이는 어떤 해결책도 효과가 없을 것으로 예상되었다. 2010년 봄, 금융 시장 상황이 급격히 악화하면서 그리스는 EUEuropean Union(유럽연합)와 IMF에 도움을 요청할 수밖에 없었다. 5월 10일 유로존 정부들과 IMF는 그리스 지원 패키지와 5000억 유로 규모의 긴급 대출 기구인 유럽재정안정기구European Financial Stability Mechanism, EFSM 설립을 포함한 금융 시스템 안정화 조치에 합의했다. 동시에 유럽중앙은행은 양적 완화는 아니지만 국채를 매입하는 첫 시도인 증권 매입 프로그램SMP을 도입했다. 2015년 시작된 양적 완화와 달리 증권 매입 프로그램을 통해 매입한 국채는 문제가 있는 국가의 국채에 한정되었다.

위기의 두 번째 국면

이러한 안정화 조치는 시간을 벌어주는 데는 성공했지만 오래가지 못했다. 2011년 중반이 되자 금융 시장은 다시 불안해졌다. 위기 초기에는 그리스, 아일랜드, 포르투갈을 제외한 여타 국가의 국채 금리는 비교적 안정적이었다. 그러나 2011년 하반기부터 이탈리아와 스페인 국채 금리가 상승하기 시작했고, 신용 등급이 높았던 프랑스 국채마저 금리 상승 압력에 직면했다. 2011년 중반 발생한 이러한 혼란은 민간 부문 손실 분담 제도PSI에 대한 투자자들의 우려가 커지고 유로 경제가 둔화한 데서 기인했다.

2011년 여름, 비유럽 국가의 정책 당국자들이 유로존 정부들에 금융 시장 경색을 해결하기 위한 조치를 촉구하고 유럽의 정책 당국자들이 이에 반대하면서 언쟁이 벌어졌다. 첫 사례는 8월 말 잭슨홀 경제 심포지엄에서 열린 패널 토론에서 크리스틴 라가르드Christine Lagarde IMF 총재가 강한 어조로 유럽 은행들에 즉각적인 자본 투입이 필요하며 이를 무시할 경우 심각한 유동성 위기가 발생할 것이라고 경고한 것이다.[2] 이후 각종 국제회의에서 유럽 은행들에 대한 자본 투입을 놓고 열띤 토론이 이어졌다. 유럽의 정책 당국자들은 이제 일본 금융위기 당시 일본 정책 당국자들과 같은 처지에 놓이게 되었다. 유럽 지도자들은 금융 시스템의 문제를 해결하기 위한 대응이 늦어진 것에 대해 강력하게 비판받았다. 나는 일본도 비슷한 곤경을 경험했기 때문에 그들이 처한 상황에 어느 정도 공감하면서도 유럽 동료들에게 필요한 개혁에 착수할 것을 독려했다.

유럽 금융 시장의 극심한 긴장은 결국 2011년 말경에 완화되었다. 주된 요인은 유럽중앙은행이 장기 대출 프로그램LTRO을 두 차례 시행한 덕분이었다. 이 정책 시행 후 유로존 은행들은 원하는 만큼의 장기 자금을 확보할 수 있었기 때문에 자금 조달 우려가 사라지고 금융 시장의 불안이 진정되었다.

위기의 세 번째 국면

상대적으로 평온했던 분위기는 다시 금방 깨졌다. 2012년 3월부터 '주변국' 국채 수익률이 상승하기 시작했다. 투자자들의 관심은 스페인에 집중되었고 스페인 금융 시스템에 대한 우려가 이탈리아 금융 시스템으로 확산하기 시작했다. 이로 인해 이탈리아와 스페인 은행들에 대해 익스포저expose(위험 노출액)가 컸던 다수 유럽 은행들의 건전성에 대한 우려가 커졌다. 이러한 도미노 현상이 확산되면 실물 경제와 금융 시스템이 심각한 타격을 입게 된다. 원론적으로 금융기관이 폭풍을 극복할 수 있는 충분한 자본을 보유하고 있다면 위기는 사라질 것이다. 하지만 위기 국면에서는 재정 여건, 금융 시스템, 실물 경제 사이 부정적 피드백이 발생할 가능성이 높기 때문에 현재 대차대조표의 건전성을 검토해 계산한 당장의 자본 부족액보다 더 많은 신규 자본이 필요하게 된다. 게다가 유로화의 소멸 가능성으로 인한 막대한 충격이 눈앞에 다가오고 있는 상황에서 그 가능성이 아무리 작더라도 투자자들은 새로운 자본 투입을 꺼릴 것이다. 결국 유로존 각국 정부는 금융 시스템의 안정성을 방어할 의지와 역량을 갖춰야 했다. 동시에 투자자들은 그러한 의지와 역량이 구체적인 제도에 의해 뒷받침되고 있다는 확신을 가져야 했다.

은행의 자본 적정성에 대한 투자자들의 우려를 불식시키기 위해 유럽 정책 당국자들은 2009년, 2010년, 2011년 세 차례에 걸쳐 EU 차원의 스트레스 테스트를 실시했다. 안타깝게도 이러한 테스트는 소기의 목적을 달성하지 못했다. 성공적인 스트레스 테스트는 2009년 미국의 테스트처럼 충분히 가혹한 시나리오에서 자본 요건을 평가하는 동시에

은행이 필요한 자본을 자체적으로 조달하지 못할 경우 정부가 자본을 투입하는 형태로 투자자들이 신뢰할 수 있는 안전장치를 마련해야 한다. 투자자들이 이러한 프로세스에 대한 신뢰를 갖지 못한다면 단순히 스트레스 테스트를 실시한다고 해서 투자자들의 우려가 완화되지는 않을 것이다. 정책 당국자들이 국가 신용도와 금융 시스템 간의 악순환을 막는 데 성공하지 못하면 유럽 부채위기가 악화할 것이 분명해졌다. 유럽에서는 이미 국내 상황에서도 인기가 없던 공적 자금의 사용이 부유한 외국인을 구제하는 것으로 비치면서 대중의 혐오가 더욱 커졌다. 따라서 북부 유로존 경제와 남부 유로존 경제, 공공 부문과 민간 부문 채권자 간의 이해관계가 상반되어 이 작업에 대한 협상이 매우 어려웠다. 2012년 6월 말 스페인이 다른 유로존 국가들에 지원을 요청하고, 7월 20일 스페인 은행에 대한 자본 투입이 승인되면서 최종 단계가 시작되었다. 하지만 시장은 여전히 불안한 상태였다.

2012년 7월 26일, 마리오 드라기 유럽중앙은행 총재는 런던에서 "우리의 권한 내에서 유럽중앙은행은 유로화를 지키기 위해 필요한 모든 것을 할 준비가 되어 있습니다. 나를 믿으십시오. 이 정도면 충분합니다"라는 유명한 발언을 했다.[3] 그 후 9월 6일 전면적 국채 매입 프로그램OMT의 세부 사항이 발표되었고, 거의 동시에 공적 자금을 이용한 자본 투입을 가능하게 하는 EU 차원의 메커니즘이 마련되었다. 이러한 조치의 발표와 함께 금융 시장이 마침내 안정되기 시작했고 유로 환율은 하락세에서 반전했다. 당시에는 즉각적인 효과가 나타나지 않았지만 돌이켜보면 유럽 부채위기는 2012년 7월에 정점을 찍었다.

유로화의 이상과 현실

유럽 부채위기는 왜 발생했을까? 각국이 통화 발행에 대한 주권을 포기하고 공동 통화를 도입하는 원대한 프로젝트를 시작했을 때, 유로화의 설계자들은 위기 발생 가능성을 포함해 상상할 수 있는 모든 상황을 고려했을 것이다.

유로화의 구조는 3가지 지적 기둥 위에 세워졌다. 첫 번째는 물가 안정에 초점을 맞춘 통화정책의 수행이었다. 이를 위해 독일연방은행을 모델로 한 강력한 독립 중앙은행인 유럽중앙은행이 설립되었다. 금융 안정은 감독과 규제 기관에 부여된 별도의 목표로 취급되었다. 두 번째는 재정 건전성을 유지하기 위한 메커니즘이었다. 더 구체적으로 유로존 정부들은 '안정 성장 협약Stability and Growth Pact, SGP'을 통해 구체적인 약속을 했다. 또한 시장 규율은 각국 정부가 재정 건전성을 추구하도록 장려할 것으로 기대되었다. 국가 간 환율 리스크 제거로 금융 시장의 투명성이 높아지면 방만한 정부는 국채에 더 높은 이자율을 지불해야 하는 불이익을 받게 될 것으로 예상되었다. 세 번째는 유로존 내 금융 시장 간 원활한 자금 흐름이다. 유로화 출범 이후 환율 리스크가 제거됨에 따라 유로존 내에서 최적의 자원 배분이 실현되고, 이로 인한 경상 수지 불균형 문제는 위험 조정 수익률이 낮은 경제에서 위험 조정 수익률이 높은 경제로의 자본 이동을 통해 해결될 것으로 예상되었다.

안타깝게도 이러한 메커니즘은 실제 작동 측면에서 많은 아쉬움을 남겼다. 3가지 이유가 있었다. 첫째, 물가가 안정적으로 유지되더라도 금융 불균형이 커져 거시경제가 불안정해질 수 있다는 가능성에 대한 인식이 거의 없었다. 둘째, 안정 성장 협약이 항상 문자 그대로 시행되지는 않았다. 2003년 유로존의 두 경제 대국인 프랑스와 독일이 협약을 준수할 수 없는 상황에 직면했을 때, 평소 엄격한 규정 집행을 요구하던 독일은 협약의 집행 절차를 중단시키려고 했다. 이에 따라 유럽연합 집행위원회European Commission는 2004년에 이 사건을 더 이상 진행하지 않기로 결정했다.

마지막으로 셋째, 시장 규율은 예상대로 이루어지지 않았다. 그리스, 아일랜드, 이탈리아, 포르투갈, 스페인 국채의 금리가 위기 이전 약 10년 동안 독일 국채와 거의 같은 수준을 유지하는 등 금융 시장의 가격은 위험과 수익을 적절히 반영하지 못했다. 그 결과 정부와 민간 부문 경제 주체 모두 저금리로 막대한 자금을 조달할 수 있었고, 그 결과 지출, 임금, 인플레이션이 증가했다. 이런 배경에서 주변국 경제의 경상 수지는 국내 지출 증가와 대외 경쟁력 상실을 반영해 큰 폭의 적자를 기록했다. 유로존과 유로존 이외 나라 사이의 경상 수지가 균형 상태로 보였기 때문에 점점 더 커지고 있던 유로존 내 경상 수지 불균형에 대한 관심은 거의 없었다.

유로화를 지탱하는 지적 기둥과 그 이후 상황을 되돌아보면 일본 버블과 미국 주택 버블이 그랬던 것처럼 아이디어의 힘 또는 당시의 통념이 미치는 영향력에 다시 한 번 놀라게 된다.

일본 경제에 미친 영향

유럽 부채위기는 3가지 경로를 통해 일본 경제에 큰 영향을 미쳤다.

첫 번째이자 가장 두드러진 경로는 엔화 절상이다. 유로존의 붕괴가 더 이상 상상 속의 문제가 아닌 극도로 불확실한 환경에서 안전 통화로서 엔화에 대한 수요가 증가한 것이 엔화 가치 상승의 주된 이유였다. 미국 부채 한도 증액 문제도 불확실성을 높였다. 엔화 환율의 움직임은 투자자들의 이른바 '리스크 온/리스크 오프' 행태를 따랐다. 리스크가 높아졌다는 인식이 확산되는 정보가 발표되면 엔화 가치가 상승하고, 리스크가 낮아진다는 정보가 나오면 엔화 가치가 하락했다. 엔화의 명목 실효 환율은 2012년 1월에 최고치를 기록한 후 2012년 7월까지 그 수준을 유지했고 이후 하락하기 시작했다. 그해 7월은 유로화 실효 환율이 바닥을 치고 마리오 드라기 총재가 유명한 발언을 한 시기이기도 하다.

두 번째 경로는 유럽 경제의 둔화를 반영한 수출 감소다. 2011년 유로존과 EU로 향하는 일본 수출은 각각 전체 수출의 9퍼센트와 12퍼센트로 그다지 높지 않은 수치를 보였다. 그러나 일본 수출의 약 20퍼센트를 차지하고 유로존과 EU 수출에 더 많이 노출된 중국(각각 전체의 14퍼센트, 19퍼센트)을 통한 간접적인 영향이 추가로 있었다.

세 번째 경로는 기업 심리의 약화다. 전 세계 기업들이 유럽 부채 문제와 맞물려 유럽의 경기 침체가 장기화할 수 있다는 최악의 시나리오를 더 많이 인식하게 되면서 투자에 더욱 신중을 기하게 되었다. 그 결과 자본재 비중이 높은 일본 수출이 상당한 타격을 입었다.

일본은행의 대응

유럽 부채위기는 일본은행의 통화정책 수행에도 영향을 미쳤는데 초기 대응은 미국 달러 자금 시장의 긴장을 막기 위한 것이었다. 리먼 브라더스 파산 이후 극도의 긴장을 완화하는 데 매우 효과적이었던 중앙은행 간 스와프 라인은 글로벌 금융 시장이 안정되면서 2010년 2월 1일부로 종료되었다. 그러나 유럽 부채위기가 심화하면서 5월 10일 주요 중앙은행에 의해 재가동되었다. 위기가 본질적으로 유럽 금융기관과 국채에 국한되었다는 점을 고려할 때 초기 논의는 심각한 시장 혼란을 겪고 있는 경제를 대상으로 제한적으로 복원하는 방향으로 나아갔다. 협상이 막바지에 이르러서야 일본은행의 요청에 따라 위기가 유럽 밖으로 확산하는 것을 막기 위해 이전 스와프 라인의 모든 당사자가 다시 참여할 수 있도록 허용되었다. 그 후 스와프 라인 복원 절차는 참여 중앙은행에서 서둘러 진행되었다.

일본은행이 취한 두 번째 조치는 포괄적 금융 완화Comprehensive Monetary Easing라는 새로운 통화정책 프로그램을 도입한 것이다. 이는 유럽 부채위기가 심화되고 연준이 양적 완화에 착수하면서 완화적 통화정책을 더욱 강화하기 위한 시도였으며, 12장에서 자세히 설명한다.

가장 골치 아픈 문제는 유로존 해체라는 최악의 시나리오에 대한 일본은행의 대응책을 수립하는 것이었다. 처음에는 아무도 그 가능성을 염두에 두지 않았다. 하지만 위기가 심화하면서 시장은 그리스가 유로존을 탈퇴할 가능성, 즉 "그렉시트Grexit"를 점진적으로 가격에 반영하기 시작했다. 처음에는 사후 고려 사항으로 언급되던 문제였는데 점점 더 주목을 받기 시작했다. 그리스의 유로존 탈퇴는 도미노처럼 쓰러질 첫 번째 도미노에 불과할 가능성이 실제로 존재했다. 유로존의 다른 국가들이 그리스를 따라갈 경우 유로존 전체의 금융 시스템이 붕괴할 수 있었다. 일본은행은 그리스의 유로존 탈퇴가 일본 금융 시장과 기관에 미칠 수 있는 영향을 평가하면서 이러한 사태에 대비한 비상 계획에 착수해야 했다.

일본 경험과의 비교

유럽 부채위기의 심화로 일본에서는 일본이 이 위기에서 배워야 할 교훈에 대해 활발한 논쟁이 벌어졌다. 재정 건전성을 옹호하는 사람들은 위기가 그리스의 재정위기로부터 시작되었다고 보고 일본은 그리스의 전철을 밟지 말아야 한다고 경고하면서 재정 개혁을 촉구했다. 다른 사람들은 이번 위기가 재정 적자 자체가 아니라 정치적 통합 없이 통화 동맹에 나설 때 발생할 수 있는 위험에 관한 것이라고 주장했다. 즉 한 경제에 자체 통화와 중앙은행이 있다면 금리 인하나 통화 가치 하락을 통해 재정위기에서 회복을 시도할 수 있다는 것이다. 또한 중앙은행이 '최종 대부자' 기능을 수행할 여지도 있다. 통화 동맹에서는 개별 국가를 위한 최종 대부자 기능이 사라지게 된다.

나는 일본 재정 개혁의 필요성을 믿었지만 일본 상황을 그리스나 유럽 전체 상황과 직접 비교하는 것은 다소 오해의 소지가 있다고 생각했다. 그럼에도 공통된 근본적인 문제가 있었다는 점은 인정했다.

1990년대 일본 금융위기와 유럽 부채위기의 공통점은 금융 시스템과 실물 경제 간의 부정적 피드백 루프, 그리고 신속하고 단호한 조치의 실패였다. 후자의 경우 1990년대 후반 국제회의에 참석했던 내 경험과 겹친다. 유럽과 일본의 위기와 관련해 논의는 비슷하게 전개되었으며, 위기에 처한 경제 대표들은 다른 참가자들로부터 많은 비난을 받으면서 자신의 행동을 변호하려고 노력했다. 나는 일본 금융위기의 경험을 바탕으로 국제회의에서 신속한 자본 투입을 포함한 금융 시스템 부양을 위한 조치가 필요하다는 것을 강조했다. 동시에 일본에서 종합적인 해결책을 추진하는 것이 얼마나 어려웠는지 생각해보면, 책임질 필요가 없는 논객으로서 하는 발언이 공허하게 들릴 수 있다는 점도 의식했다. 전문가라면 어떤 정책이 필요한지 쉽게 파악할 수 있었다. 어려운 부분은 가장 바람직한 정책을 시행하기 위한 정치적 지지를 구축하는 것이었다. 그런 관점에서 보면 일본의 경우와 달리 유로존의 경우 국가와 은행의 신용도 사이에 부정적인 피드백과 반향이 존재했다. 유럽 정책 당국자들이 유럽 전체를 아우를 수 있는 정부 없이 이러한 심각한 문제를 해결해야 했기 때문에 그들의 임무는 훨씬 더 어려웠을 것이다. 그런 의미에서 일본 금융위기는 유럽에 교훈을 줄 수 있는 것이 거의 없었다.

동시에 일본에서도 관찰된 요소인 위기 해결을 위한 합의 도출의 어려움이 위기를 심화시켰다. 유로존의 경우 회원국 간의 상충하는 이해관계와 근본적인 시각의 차이가 가장 큰 장애물이었다. 단일 통화 경제권인 일본은 유로존과 같은 문제를 공유하고 있지는 않다. 그러나 은퇴자와 근로자, 수도권 거주자와 인구 감소 지역 거주자 등 인구 간에는 여전히 심각한 견해 차이가 존재하며, 이는 필요한 재정과 구조 개혁을 지연시키는 결과를 초래하고 있다. 단기적으로는 유럽과 일본이 결국 큰 차이가 없었다고 할 수 있으며, 그 결과 필요한 개혁이 지연되면서 혼란을 피하기 위해 중앙은행 정책에 대한 의존도가 높아지고 있었다.

유럽중앙은행의 국채 매입

유럽 재정위기가 발발한 후 유럽중앙은행은 2012년까지 2가지의 국채 매입 제도를 도입했다.[4] 하나는 2010년 5월에 채택된 '증권 매입 프로그램'이고, 다른 하나는 2012년 9월에 채택이 발표된 '전면적 국채 매입 프로그램'이다. 중앙은행이 자금 공급에 국채를 활용하는 경우 국채를 담보로 대출하거나 직접 매입할 수 있다. 일본은행의 경우 2가지 방법 모두 오랜 기간 사용되어왔기 때문에 "전통적인" 통화정책 수단이었다. 반면 유럽중앙은행은 국채를 담보로만 활용하는 독일연방은행의 관행을 따랐다. 이는 중앙은행이 정부 채권을 직접 매입해 하이퍼인플레이션을 초래했던 과거의 실수를 교훈으로 삼은 결과였다. 국채 매입에 대한 유럽중앙은행의 부정적 시각을 고려할 때 처음으로 국채 매입을 시작하는 것은 쉽지 않은 결정이었을 것이다. 유로존에는 일본이나 미국과 같은 단일 국채가 없었다. 따라서 당시 17개 회원국 간에 매입을 할당하는 조건을 유럽중앙은행이 해결해야 했기 때문에 문제는 더욱 악화되었을 것이다.[5]

유럽중앙은행이 국채 매입 프로그램 도입 결정을 내리는 과정을 지켜보면서 중앙은행들 사이에 강한 공통점이 있다는 것을 느꼈다. 국채 매입과 관련해 중앙은행이 가장 우려하는 것은 국채 매입 제도가 정부에 자금을 지원하는 자동적인 수단이 되지 않도록 하는 것이다. 실제로 많은 국가에서 국채 발행 시점에 중앙은행의 직접 매입을 금지하는 것도 이러한 우려 때문이다. 그럼에도 유통 시장에서 국채를 매입하는 경우 중앙은행이 국채를 매입해야만 하는 상황이라면 신규 발행 국채를 직접 매입하는 것과 큰 차이가 없을 것이다. 중앙은행에 어려운 문제는 이러한 함정에 빠지지 않는 것이다.

이런 관점에서 국채 매입 프로그램 도입의 논리는 매우 중요했다. 증권 매입 프로그램의 경우 유럽중앙은행은 "증권 시장의 오작동을 해결하고 적절한 통화정책 파급 경로를 회복하기 위한 것"이라고 도입 동기와 목적을 설명했다.[6] 이러한 명분이 실질적인 실체가 없는 지적 진술에 불과하다는 냉소적인 시각도 있었지만 나는 이에 동의할 수 없었다. 이러한 논리가 없다면 중앙은행이 무제한으로 채권을 매입해야 하는, 다시 말해 "재정 우위"의 상황에 갇힐 위험이 컸기 때문이다.

전면적 국채 매입 프로그램과 관련해서는 '지원 조건'이 토론의 주요 초점이었다. 중앙은행의 국채 매입은 급격한 유동성 우려를 완화하거나 국채 금리를 낮춰 시간을 벌 수 있지만 필요한 정책이 시행될 때까지 '간극을 메우는 것'에 불과하다. 중앙은행의 국채 매입은 문제를 근본적으로 해결하지 못한다. 유로존의 경우 필요한 정책은 대규모 재정 적자를 기록하는 국가에 대한 재정 건전화, 경쟁력 강화를 위한 구조 개혁, 금융기관에 대한 자본 투입, 그리고 무엇보다 유로존 경제의 추가 통합이었다. 물론 이 모든 것이 중앙은행의 권한 밖 일이었다. 중앙은행의 유동성 공급을 통해 당장의 위기를 모면하면 근본적인 해결책을 채택하려는 동력이 약화되고 본질적인 개혁이 흔들릴 수 있다. 이 점을 고려할 때 중앙은행이 국채를 매입할 경우 각국 정부가 적절한 정책을 시행하겠다고 약속하는 것이 중요했다.

정부에 대한 최종 대부자?

앞에서 살펴본 유럽중앙은행 프로그램의 짧은 역사는 국채 매입의 설계와 실제 실행에서 중앙은행이 얼마나 신중을 기하는지 잘 보여준다. 그렇지만 중앙은행의 유동성 공급 여부가 성패를 가르는 상황도 존재한다. 나는 유럽 부채위기 당시 정치 시스템이 제대로 작동하지 않을 때 중앙은행이 어떤 결정을 내리는지 면밀히 관찰했는데 이는 일본의 상황과 유사했다. 각국 정부가 손을 놓고 있는데 중앙은행이 방관만 하고 있었다면 유로존은 붕괴했을 것이다. 동시에 중앙은행이 유동성을 공급하면 유로화의 재앙적 해체를 잠시 막거나 지연시킬 수 있지만 문제는 반드시 재발할 것이다. 유로화를 둘러싼 이러한 환경에서 유럽중앙은행이 각국 정부에 대한 최종 대부자 역할을 해야 한다는 주장이 제기되기 시작했다.

이 개념에 대해 처음 들었던 정확한 시기는 기억나지 않지만 그런 견해나 개념이 실제로 등장할 수 있다는 사실에 당황했던 기억이 난다. 물론 중앙은행이 유통 시장에서 국채를 매입하는 것과 정부의 직접 자금 조달 사이에 선을 긋는 것이 항상 쉬운 일은 아니다. 그럼에도 중앙은행의 독립성에 대한 현대적 사고는 중앙은행의 정부에 대한 직접 대출을 부정하는 데서 출발한다. 또한 중앙은행의 최종 대부자 기능은 일시적인 유동성 부족에 직면한 은행에 대출함으로써 시스템적 사건을 예방하는 중앙은행의 행동 원칙을 설명한 것인데, 유럽 부채위기 당시 정부가 직면한 문제는 일시적인 유동성 부족이 아니었다. 또한 중앙은행의 무제한 유동성 공급은 본질적으로 가능하지 않다. 이는 재정이 지속 가능하다는 정부에 대한 신뢰가 있어야만 가능하다. 즉 은행 대차대조표에 있는 국채가 상환 불능 상태일 때 일반 대중이 중앙은행이 발행한 통화를 받아들일 가능성은 거의 없다. 15장에서 설명하겠지만 통화의 안정은 궁극적으로 재정의 지속 가능성에 대한 대중의 신뢰에 달려 있다.

나는 유럽 부채위기가 절정에 달했던 2012년 7월 26일 드라기 총재의 유명한 발언 뒤에 어떤 정치적 계산이 있었는지는 모른다. 다행히 그해 10월에 유럽안정화기구ESM가 설립되었고, 유럽중앙은행은 유럽안정화기구 설립에 이르는 논의와 함께 전면적 국채 매입 프로그램의 구체적인 내용을 마련할 수 있었다. 이 조치가 모든 문제를 해결하지는 못했지만 적어도 위기 대응 체계의 중요한 부분 중 하나였다. 정부가 필요한 정책을 시행하고 유럽중앙은행이 후속 지원 정책을 도입해 유럽이 위기에서 벗어난 것은 행운이었다고 생각한다.

사회 통합의 중요성

유로화가 존립 위기에 직면했을 때 나는 유럽 동료들에게 사석에서 유로화의 해체 가능성에 대해 솔직하게 물었다. 그들의 일반적인 대답은 다음과 같았다. "유로화 붕괴로 인한 막대한 비용을 감안할 때 시간이 다 가기 전에 일종의 해결책이 강구될 것이다." 외부인 입장에서는 해결책이 구체화되는 속도가 느리다는 사실이 답답하기만 했다. 그럼에도 유럽 통합의 창시자로 꼽히는 프랑스의 재계 지도자이자 정치가인 장 모네Jean Monet가 "유럽은 위기 속에서 만들어지며, 유럽은 결국 위기에 대한 해결책의 총합이 될 것"[7]이라고 말한 비전을 확인하는 듯했다. 통합된 유럽을 건설하고 단일 통화인 유로화를 출범시키겠다는 강력한 정치적 의지를 고려하면 유럽은 통합을 더욱 심화시키는 것 외에 다른 대안이 없어 보인다. 동시에 나는 일본은행 총재 임기 이후 드러난 이민자 유입, 이슬람교도 거주자의 테러 공격, 포퓰리즘 확산 등의 상황을 지켜보면서 모네의 비전과 현장의 현실 사이에 괴리가 있음을 느꼈다.

경제정책이 만족할 만한 성과를 내기 위해서는 정치와 사회가 충분히 공유된 정체성을 가져야 한다. 유럽의 경우 유럽 통합이라는 목표에 대한 내부 이견이 문제였다. 일본의 경우에도 불길한 예감을 주는 분열이 존재한다. 예를 들어 퇴직자와 근로자, 대도시 지역과 인구 감소 지역 간에 이해관계가 엇갈리고 있다. 이러한 균열은 종종 재정 적자로 나타난다. 정부 재정의 지속 가능성에 대한 신뢰가 약화되면 통화 안정성도 흔들리게 된다. 그런 의미에서 유럽 부채위기는 일본을 포함한 모든 국가에 공통된 문제를 보여주었다. 통화, 물가, 금융 안정의 핵심은 국민이 어느 정도 합리적으로 만족할 수 있는 사회 계약을 유지하는 것임을 잊지 말아야 한다.

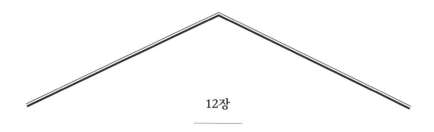

12장

포괄적 금융 완화 정책

엔고 행진

2009년 봄 무렵부터 글로벌 금융위기로 인한 세계 경제의 침체는 멈추었지만 위기의 진원지인 미국을 비롯한 선진국의 경기 회복은 일본의 버블 붕괴 이후와 마찬가지로 전반적으로 약세를 면치 못했다. 이 시기 일본은행이 가장 고민한 것은 미국의 완화적 통화정책으로 인한 가파른 엔화의 평가 절상과 엔고에 따른 경기와 물가 하락에 대한 대응이었다. 이 문제가 가장 극명하게 드러난 계기는 2010년 중반 미국 연준이 채택한 "QE2"라 불린 '2차 양적 완화'였다. 강한 엔화로 인한 경기 심리 악화와 물가 하락에 대응하기 위해 일본은행은 단기와 장기 금리를 모두 낮추는 것 말고는 다른 대안이 없다고 판단했다. 하지만 이미 낮아질 대로 낮아진 금리를 더 인하할 여지는 많지 않았다. 결국 2010년 10월 일본은행은 "포괄적 금융 완화"라고 불리는 새롭고, 유례가 없는 정책 프레임워크를 채택했다. 포괄적 금융 완화는 장기 금리 하락을 목표로 일본 정부가 발행한 장기 국채 매입뿐 아니라 상장지수펀드 등 위험 자산 매입도 포함했다. 중앙은행으로서는 매우 이례적인 조치였다.

2009년 봄 이후 선진국 경제의 침체는 멈추었지만 미국, 유럽, 일본 등 선진국의 경기 회복은 더디게 진행되었다. 2010년 연초만 해도 밝은 전망을 이야기했으나 봄이 되자 경제가 여전히 침체된 상황에서 미국 연준은 2011년, 2012년의 성장률과 인플레이션 전망치를 하향 조정했다. 성장 둔화는 유럽 부채위기의 가장 심각한 국면에 있던 유럽에서 가장 뚜렷하게 나타났다. 선진국 경제가 곧 회복되리라는 기대는 사라졌다. 경제 회복을 기대했다가 어느새 실망으로 바뀌는 것은 글로벌 금융위기 이후 매년 반복되는 패턴이었다. 이는 일본이 버블 붕괴 이후 연례 행사처럼 경험했던 "거짓 여명" 현상이었다. 전 세계적으로 인플레이션이 하락하면서 "글로벌 디플레이션 리스크"가 화두가 되었다.

이러한 상황을 반영해 미국 10년 만기 국채 수익률은 2010년 4.0퍼센트에서 8월 2.5퍼센트로 하락했고, 일본 장기 금리도 1.4퍼센트에서 1.0퍼센트 아래로 떨어졌다(그래프 [12-1] 참조). 일본과 미국의 금리 차가 급격히 좁혀지면서 엔화 대비 달러 보유에 따른 금리 혜택이 줄어든 것이 엔화의 빠른 절상을 초래했다. 2010년 봄 1달러당 93~94엔을 오르내리던 미국 달러 대비 엔화 환율은 6월 90엔대를 돌파한 후 8월 초에는 85엔에 도달했다. 유로화 대비 엔화 가치는 4월 초 1유로당 127엔에서 7월 중순에 111엔으로 더 큰 폭으로 상승했다. 2010년 4월부터 8월까지 엔화의 명목 실효 환율은 10.6퍼센트 절상되었다.

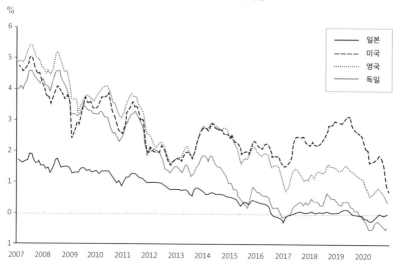

[12-1] 10년 만기 국채 수익률

%

범례:
일본
미국
영국
독일

출처: 영란은행, 독일연방은행, 일본 재무성, 미국 재무부

금융 완화 강화

일본은행은 급격한 엔화 절상으로 인한 폐해를 충분히 인식하고 있음을 보이기 위해 2010년 8월 9~10일 열린 통화정책회의 의결문에 국제 금융 시장 변화에 따른 경기 하방 리스크를 명시적으로 언급했다. 한편 일본 내 정치적 관심은 엔고 현상에 직접적으로 대응하는 정책을 요구하는 방향으로 갑자기 옮겨 갔으며 대내 경제정책 논의의 중심이 되었다.

엔화 절상에 대응하는 정책으로 가장 먼저 생각할 수 있는 것은 엔화를 매도하고 달러나 유로화를 매수하는 외환 시장 개입이다. 이 정책

2부 총재 시절

이 실제로 효과적이었을지 여부는 완전히 다른 문제였다. 재무성은 엔고에 우려를 표명하는 구두 개입을 반복했지만 실제 시장 개입에는 신중한 태도를 견지하고 있었다. 이는 일본의 일방적 개입 효과가 제한적일 가능성이 높고, 유럽 국가들과 미국이 자국 통화를 강화하기 위해 공조할 가능성이 희박하다는 점을 고려할 때 이해할 수 있는 조치였다.

그러나 현실적으로 엔고 현상이 지속되면서 수출 기업의 불만은 커져만 갔다. 달러 대비 엔화 환율이 84엔에 도달한 2010년 8월 20일 일본은행은 "미국 경제 전망에 대한 불확실성이 커지는 것을 배경으로 외환과 주식 시장에서 상당한 변동이 나타나고 있습니다. 일본은행은 시장의 움직임과 일본 경제에 미치는 영향을 주시할 것입니다"라는 내용의 총재 담화를 발표했다.[1]

일본은행이 총재 담화를 발표한 것은 세기가 바뀐 이후 네 번밖에 없었다. 2001년 9월 11일 미국에 대한 테러 공격, 2003년 3월 연합군의 이라크 침공, 2008년 9월 리먼 브라더스 파산 이후 처음이었다. 드물게 이런 발표가 효과가 있을 때가 있었지만 나는 총재 담화로 엔화 절상을 멈출 수 있으리라 생각하지 않았다. 정부와 일본은행 모두 엔화 강세에 '무대책'이라는 질타를 점점 더 많이 받고 있었다. 〈엔고 · 주가가 촉구하는 정부 · 일본은행의 행동〉(《니혼게이자이신문》, 8월 13일), 〈경기 둔화에 대한 위기감 부족한 정부 · 일본은행〉(《니혼게이자이신문》, 8월 17일) 같은 신문 사설 제목은 당시의 '공기'를 잘 보여준다.

초기에 간 나오토 총리, 노다 요시히코野田佳彦 재무장관을 비롯한 정부 수뇌부는 엔고만의 문제는 아니라 판단하고 비교적 냉정하게 사태를 분석하고 있었다. 유력 재계 단체의 수장들도 사석에서는 엔고 영향을 지나치게 강조하는 언론의 논조나 엔고를 실적 악화의 핑계로 삼는 경영자의 태도를 오히려 비판했다. 하지만 정부는 결국 엔고 대책을 마련하라는 여당과 수출 기업의 압력에 굴복하고 일본은행에 어떤 식으로든 엔고 대책을 마련해달라는 요구를 쏟아내기 시작했다.

국내가 이렇게 어수선한 가운데 매년 8월 말 미국 와이오밍주 잭슨홀에서 열리는 캔자스시티 연준 주최 경제 심포지엄 시기가 다가왔다. 이 심포지엄은 중앙은행 수뇌부와 저명한 경제학자들이 모여 그때그때의 주요 현안을 논의하는 자리로 유명하다. 이번 회의는 편안한 분위기 속에서 벤 버냉키 연준 의장과 장클로드 트리셰 유럽중앙은행 총재를 비롯해 각국 중앙은행 총재들과 개별적으로 의견을 교환할 수 있는 좋은 기회였다. 그 때문에 나는 심포지엄에 참석하기로 결정하고 전날 출국했다. 그해의 주제는 "거시경제의 도전: 향후 10년Macroeconomic Challenges: The Decades Ahead"이었다. 2010년 8월 27일 벤 버냉키 연준 의장은 전 세계가 주목하는 개회 연설에서 심포지엄 주제를 벗어나 자산 매입과 포워드 가이던스라는 2가지 통화정책 수단의 장점과 비용에 대해 논의했다. 나중에 버냉키가 회고록에서 밝혔듯이 이는 미국의 경기와 물가 전망 변화를 감안해 당초 예정되어 있던 내용을 급히 변경한 의도적인 행동이었다. 시장 관계자들이 주목했던 통화정책 스탠스에 대해서 버냉키는 "필요하다면 추가 완화 조치를 실시할 준비가 되어 있다"라며 추가적인 양적 완화 가능성을 시사했다.[2] 그의 발언은 엔고 현상을 더 심화시킬 수 있었다. 야마구치 히로히데 부총재의 전화를 여러 차례 받았는데, 그는 혼란스러운 국내 상황과 심의위원의 반응을 보고했다. 나는 잭슨홀 경제 심포지엄 참석 일정을 단축해서 예정보다 하루 일찍 귀국하기로 하고 추가적인 완화적 통화정책을 발표할 수 있도록 임시 통화정책회의를 소집했다.

2010년 8월 30일 열린 통화정책회의에서 일본은행은 '고정 금리 방식·공통 담보 자금 공급 오퍼레이션固定金利方式·共通担保資金供給オペレーション' 프로그램에 기존 3개월물 외에 6개월 만기를 새로 도입하기로 결정했다. 동시에 최종 자금 공급 규모를 20조 엔에서 30조 엔으로 확대하고 늘어난 10조 엔을 6개월 만기로 운용하겠다고 발표했다(찬성 8표, 반대는 스다 미야코 위원 1표). 일본은행의 결정에 대한 초기 언론 보도는 예상 범위 내에 있었지만 다음 날 조간신문 헤드라인은 〈정부·일본은행 대책은 역부족〉《니혼게이자이신문》)이라는 혹평으로 장식되었다. 정치권은 여야를 막론하고 엔고 시정을 요구하는 한목소리를 냈으며 국회의 초당적 모임인 '디플레이션탈피의원연맹デフレ脱却議員連盟'은 결정 다음 날 심포지엄을 열고 일본은행법을 개정하고 특정 인플레이션 목표치를 정부와 일본은행이 함께 구속력 있게 정할 것을 촉구했다.

외환 시장 개입

일본 재계는 수출 기업을 중심으로 엔화 가치 상승을 막기 위해 외환 시장 개입을 강력하게 요구했다. 일본만의 단독 개입으로 효과가 없다면 다른 나라들을 공조 개입에 동참하도록 설득해야 하며, 공조 개입에 대한 합의를 이룰 수 없다면 일본만이라도 단독 개입을 해야 한다고 주장했다. 재계로서는 정부와 일본은행이 손을 놓고 있는 것처럼 보이는 무능함을 용납할 수 없었다. 여느 나라든 자국 통화 강세에 대해 수출 업체의 불만이 터져 나오겠지만 정부의 외환 시장 개입에 대한 기대가 강한 것은 적어도 선진 경제권 중에서는 일본만의 독특한 현상이다.

이유는 정확히 모르겠으나 아마 1980년대 후반 플라자 합의나 2010년 러시아 루블화 환율을 안정시키기 위해 외환 시장 개입 공조를 실시했던 기억이 강하게 남아 있기 때문인지도 모른다(2장 '일본의 버블 경제' 참조). 그러나 당시와 비교하면 외환 시장 개입에 대한 선진국의 생각은 크게 달라졌다. 대부분의 선진국에서 외환 시장 개입은 거의 이루어지지 않으며 예외적인 상황, 즉 방향과 관계없이 환율의 변동성이 매우 큰 경우에만 외환 개입을 한다. 미국 외환 당국이 마지막으로 개입한 것은 2000년이고 유럽중앙은행은 1999년 창설 이후 2000년 단 한 번 개입했다. 이에 비해 일본의 개입 사례는 훨씬 더 많으며 거의 매번 달러 매수와 엔 매도를 통해 엔화 가치를 낮추는 방향으로만 개입했다.

외환 시장 개입에 주된 책임을 가진 미국 재무부와 유로존의 당국자인 유럽중앙은행은 일본이 단독으로 외환 시장에 개입하는 것을 경계하고 있었으며, 일본 재무성과 일본은행에 반대 의향을 전해왔다. 선진국의 사고방식은 외환 시장 개입을 한다면 관련 국가들의 조율을 거쳐야 한다는 것이었다. 내게도 외국 당국자로부터 일본의 단독 개입에 반대하는 취지의 전화가 걸려 왔다.

일본은 딜레마에 직면했다. 독자적으로 개입할 경우 효과가 제한적이거나 없을 가능성이 높았다. 그렇다고 정부와 일본은행이 개입하지 않을 경우 무대책과 무능에 대한 국내 비판이 멈추지 않을 것이다. 2010년 9월 15일 재무성은 2004년 3월 이후 처음으로 시장에 개입해서 하루 만에 2.1조 엔에 달하는 엔화를 매도하고 달러를 매입했다. 일본은행은 "재무성의 이번 조치가 외환 시장의 안정적인 환율 형성에 기여하기를 기대한다"라는 총재 담화를 즉각 발표해 재무성의 조치를 지지했다.[3]

장기 금리를 낮추려는 노력

이 시기 일본은행의 통화정책회의 구성원들은 향후 경제 상황을 고려할 때 2010년 8월에 실시한 고정 금리 자금 공급 확대만으로는 충분하지 않으며 상황에 따라 금융 완화를 강화할 수 있는 "지속 가능하고" "확장 가능한" 프레임워크가 필요하다는 결론에 도달했다. 그 배경에는 일본의 버블 붕괴 이후와 마찬가지로 세계 경제가 본격적인 성장 궤도에 복귀하려면 상당히 긴 시간이 필요하다는 인식이 있었다. 저성장 기조가 장기화하는 환경에서는 좁혀진 국내외 금리 차가 지속되면서 엔화 절상 압력이 쉽게 해소되기 어려웠으며, 금융 완화를 요구하는 목소리가 강해지는 일은 있어도 약해지는 일은 없을 것이라 예상할 수 있었다.

이때 고민스러운 문제는 과연 효과적인 금융 완화 수단이 존재하느냐는 점이었다. 물론 "리플레파"의 입장에서 보면 답은 분명하고 간단했다. 돈을 찍어내 통화량을 대폭 확대하면 되었다. "기대파"의 답도 간단했다. 일본은행이 높은 인플레이션에 대한 충분한 결의를 보여주면 기대 인플레이션이 높아지고 그 결과 실질 금리가 하락해서 경기를 부양할 수 있다는 입장이었다. 나는 심의위원의 의견을 개별적으로 들어보았으나 누구도 단순히 본원 통화 확대만으로 경제가 살아나고 인플레이션이 상승한다고 생각하지 않았다. 모두가 통화정책의 경기 진작 효과는 기본적으로 저금리가 경제 활동과 환율에 미치는 영향을 통해서 나타난다고 믿었다.

2010년 9월 말 일본의 기준 금리는 이미 역사적으로 최저 수준이었다. 익일물 금리는 0.1퍼센트, 10년물 국채 금리는 0.9퍼센트였으며 장단기 은행 대출 금리도 1.2~1.3퍼센트 수준이었다. 그럼에도 정책위원회는 추가적인 금융 완화를 위해 이미 낮아질 대로 낮은 금리 수준을 더 낮출 수밖에 없다는 데 의견을 같이했다. 이런 의도를 가지고 2010년 10월 5일 통화정책회의에서 '포괄적 금융 완화'로 불리는 금융 완화 강화책을 발표했다. 이는 리먼 브라더스 파산 이후 단편적으로 도입된 완화 조치들을 재조정하고 전반적인 금리 수준을 낮추기 위한 새로운 정책 수단들을 포함하려는 조치였다. 단기 금리가 이미 사실상 제로 수준이었기 때문에 일본은행의 새로운 정책은 단기보다 더 긴 만기의 금리 인하를 목표로 했다. 통화정책회의 결정문에서 "일본은행은 추가적인 금융 완화를 촉진하기 위해 장기 금리와 다양한 리스크 프리미엄을 낮추려고 노력한다"[4]라는 표현을 사용했다.

민간 부문의 차입 비용은 2가지 구성 요소로 이루어진다. 하나는 일본 정부가 발행한 국채 수익률로 대표되는 무위험 금리다. 또 하나는 무위험 금리에 가산되는 리스크 프리미엄으로 채무 불이행 가능성에 따른 신용 리스크와 무위험 금리에 포함되지 않은 기타 고유 위험을 반영한다. 개인 차입자가 지불해야 하는 일반적인 금리 수준을 낮추기 위해서는 장기 무위험 금리 수준을 낮추는 조치와 다양한 리스크 프리미엄을 축소하는 조치를 포함하는 2가지 접근 방식이 필요했다. "장기"의 시계는 상대적인 개념으로 일본은행은 '포괄적 금융 완화' 정책을 도입할 당시에는 최대 2~3년의 만기를 장기로 해석했다. 2~3년 만기에 초점을 맞춘 이유는 일본의 기업 부채 만기가 대부분 3년보다 짧았기 때문이다. 또한 외환 시장에서 엔/달러 환율은 해당 만기의 내외 금리 차에 주로 영향을 받는 것으로 나타났다.

장기 무위험 금리 인하를 위한 정책 수단

일본은행은 장기 무위험 금리를 인하하기 위해 2가지 수단을 도입했다. 첫째, 잔존 만기가 1~2년인 국채가 포함되도록 국채 매입을 확대했다. 장기 국채 매입은 흔히 비전통적 통화정책으로 분류되지만 일본은행은 1960년대부터 지속적으로 국채를 매입해왔으므로 기존 정책 수단의 일부였다. 리먼 브라더스 파산 이후 일본은행은 2008년 12월과 2009년 3월 두 차례에 걸쳐 연간 매입 규모를 14.4조 엔에서 21.6조 엔으로 늘렸다. 2009년 3월 한도 증액 시에는 매입 대상 국채에 30년 만기 국채를 추가하고 대차대조표상 보유 국채의 만기를 조절하는 메커니즘을 새롭게 도입했다. 2009년 회계 연도 동안 일본은행이 보유한 채권 포트폴리오의 평균 만기는 3.9년이었으며, 2010년 3월 말 기준 5.2년으로 장기화되었다. 기존의 국채 매입은 경제 성장에 따른 현금 수요 증가에 대비해 중앙은행이 충분한 지급준비금을 공급하기 위해 일본 국채를 매입했다. 이와는 대조적으로 '포괄적 금융 완화' 정책은 무위험 금리 수준을 낮추는 것을 명시적인 목표로 삼았다. 일본은행이 금리 수준을 낮추기 위한 명시적 의도를 가지고 일본 국채를 매입한 것은 처음이었다.

둘째, 일본은행은 정책 금리를 사실상 제로 수준으로 유지하겠다는 포워드 가이던스를 명시적으로 채택했다. 구체적으로는 물가 안정이 가시화될 때까지 실질적 제로 금리 정책을 지속할 것이며 물가에 대한 판단 기준은 〈중장기 물가 안정에 대한 이해〉에 근거할 것을 확인했다. 대다수 시장 참여자가 이미 제로 금리 정책의 장기화를 예상하고 있었기에 포워드 가이던스만으로는 단기간에 강력한 완화 효과를 내지 못할 수도 있었다. 그러나 경기 개선과 함께 해외 금리가 상승하기 시작하면 내외 금리 차가 확대되면서 엔화가 절하되어 포워드 가이던스의 효과가 나타날 가능성이 있었다. 순풍이 불어올 때 돛을 펼치는 것과 같은 정책이었다. 마지막으로 기준 금리의 목표 수준도 일본은행이 초과 지급준비금에 대해 지불하는 이자율과 일치하는 0.1퍼센트로 사실상 제로 수준에 가깝게 낮추었다. 이를 명확히 하기 위해 익일물 콜 금리가 일시적으로 0.1퍼센트 이하로 내려가는 것을 허용하고 공개 시장 운영 시 콜 금리 유도 목표치를 "0.1퍼센트 내외"에서 "0~0.1퍼센트 내외"로 변경했다.[5]

리스크 프리미엄 축소

한편 민간의 차입 비용에 반영되는 다양한 리스크 프리미엄을 낮추기 위해 일본은행은 새로운 정책에 따라 민간 부문에서 발행한 금융 자산을 매입하기 시작했다. 구체적으로 기업어음, 회사채, 기업 주식을 담고 있는 상장지수펀드ETF, 부동산투자신탁REIT을 매입했다. 중앙은행이 기업어음이나 회사채 같은 민간 채권을 매입하는 것은 글로벌 금융위기 당시에도 있었다. 하지만 위기가 지나간 후 통화정책 수단으로 채택한 것은 선진국에서는 일본은행이 처음이었으며, 상장지수펀드나 부동산투자신탁을 매입 대상으로 삼은 것도 중앙은행의 통화정책으로서는 이례적인 일이었다.[6]

주식 매입 결정은 새로운 것이 아니었다. 일본에서는 버블 붕괴 이후 주가가 크게 하락하면서 정부와 일본은행이 주가 부양을 위해 주식을 매입해야 한다는 논의가 여러 차례 제기되었다. 2002년에도 금융 시스템의 안정을 목적으로 금융기관이 보유한 주식을 매입한 적이 있었다(5장 참조). 그러나 통화정책의 일환으로 주식 시장에서 불특정한 다수의 투자자로부터 광범위하게 주식을 매입한 적은 없었다. 상장지수펀드는 상장 주식을 편입한 신탁 투자이므로 기존에는 하지 않았던 불특정 다수 투자자의 주식을 매입하는 것과 기능적으로 동일하다. 그럼에도 상장지수펀드 매입을 결정한 이유는 무엇일까? 정책위원회는 상장지수펀드 매입을 통해 주식 투자에 대한 리스크 프리미엄이 낮아져 기업의 자금 조달 비용 하락을 유도할 수 있다고 판단했다. 이후 상장지수펀드(거래소에서 거래되는 "주식")를 통해 시장에서 주식을 매입하는 것이 일본은행의 일상적인 통화 운용의 일부가 되었다. 상장지수펀드와 부동산투자신탁은 일본은행법상 일본은행이 매입할 수 있는 자산 목록에 없었지만 일본은행이 목적 달성을 위해 필요하다고 판단하고 재무장관의 인가를 받으면 비상장 자산을 매입할 수 있었고, 실제 정책으로 이어졌다.

'자산 매입 기금' 신설

일본은행은 '포괄적 금융 완화' 정책에 착수하면서 임시 조치로 대차대조표에 '자산 매입 기금 資産買入等の基金'이라는 항목을 신설했다. 이 조치의 목적은 시장 참여자와 일반 대중에게 일본은행이 취한 비전통적 통화정책의 전체 그림을 쉽게 파악할 수 있게 보여주는 것이었다. 2010년 10월 '자산 매입 기금' 제도가 개시되었을 때 최초 매입 자산

총액은 35조 엔에 달했다. 그중 가장 큰 비중을 차지한 것은 공통 담보에 대해 고정 금리로 자금을 공급하는 프로그램인 '고정 금리 방식·공통 담보 자금 공급 오퍼레이션'으로 30조 엔 규모였다. 나머지 5조 엔은 다양한 '자산 매입 기금'으로 구성되었는데, 정부 발행 유가증권 매입이 3.5조 엔(장기 채권 1.5조 엔, 단기 채권 2조 엔)으로 가장 많았고, 기업어음과 회사채가 각각 5000억 엔, 상장지수펀드가 4500억 엔, 부동산투자신탁이 500억 엔 순이었다.

'포괄적 금융 완화' 정책에 포함된 조치들이 유례가 없을 정도로 특별하다는 점에서 정책위원회는 정책 집행 이전에 "출구 전략"의 설계를 신중하게 검토했다. 금융위기 시 중앙은행이 "최종 대부자" 역할을 할 때 유동성이 부족한 금융기관은 다른 곳에서 자금을 조달하기 어렵기 때문에 일반적으로 적용되는 금리보다 다소 높은 벌칙 금리로 중앙은행으로부터 대출을 받으려 한다. 이렇게 다소 높은 금리는 위기가 진정되고 더 저렴한 자금 조달원이 다시 등장하면 대출을 일찍 상환할 유인을 금융기관에 제공한다. 이런 원리로 최종 대부자 역할을 하는 대출에는 자동 종료 메커니즘이 내재되어 있다. 반면 '포괄적 금융 완화'와 같은 비전통적 통화정책 수단에는 이런 자동 종료 메커니즘이 없으며, 출구 시기는 비전통적 조치를 유지함으로써 얻을 수 있는 편익과 비용을 비교해 판단해야 한다.

이러한 판단은 필연적으로 어렵고 주관적일 수밖에 없으며 '사후 확신 편향'의 영향을 받을 수 있다. 그래서 특단의 조치를 채택할 때 적절한 시점에 정책을 되돌릴 수 있다는 안일한 생각에 빠지기 쉽다. 신중하게 내린 양적 완화 축소 결정도 경기가 악화되면 뒤늦게 비판받을 수 있다. 반면 비전통적인 통화정책을 너무 오래 유지하면 적어도 당장은 그 대가가 가시적이지 않을 수 있다. 따라서 정책위원회는 통화정책의 "비용"을 쉽게 평가할 수 있는 프레임워크를 설계하는 것이 중요하다고 생각했다.

특히 평가하기 어려운 비용 항목의 존재는 중앙은행이 민주주의 사회의 권위와 정당성의 한계를 넘어선 것으로 인식될 경우 중앙은행 자체의 신뢰성을 위협할 가능성이 있다. 일본은행이 잔존 만기가 1~2년인 일본 국채를 매입하기 시작하면, 특히 리플레파가 매입 규모를 늘리고 만기를 연장해 장기 금리도 함께 낮추라는 비판을 하면서 일본은행에 대한 정치적 압력을 높일 것이라는 점은 쉽게 상상할 수 있었다. 이러한 요구에 부응할 경우 중앙은행이 단순히 정부 차입을 지원하는 역할에 그치고 본연의 책무 수행 능력을 상실하는 '재정 우위' 상황에 빠질 위험이 있다. 상장지수펀드와 부동산투자신탁의 매입은 암묵적으로 경제 내 자금 배분을 수반하므로 정부나 입법자가 일반적으로 내리는 선택과 더 유사하다. 경제의 현금 수요와 무관하게 대량의 국채와 위험 자산을 매입하면 일본은행은 손실 위험에 노출되며, 이는 궁극적으로 납세자가 부담하게 된다. 이런 측면들을 감안하면 일본은행이 고려하고 있는 특단의 조치는 본질적으로 준재정정책으로 볼 수 있으며, 통화정책으로 가장한 것에 불과하다. 이러한 정책을 정당화하려면 할 수도 있겠지만 중앙은행 통화정책으로 시행할 것이 아니라 명시적으로 재정정책으로 취급하고 정부가 국회의 승인을 받아 시행해야 한다는 주장이 설득력 있다.

이런 점들을 염두에 두고 정책위원회는 '포괄적 금융 완화' 프로그램을 도입하면서 "일본은행은 이 프로그램에 따라 다양한 금융 자산을 매입하면서 발생할 수 있는 리스크를 관리하며 적립을 통해 손실이 발생할 경우 적절히 처리함으로써 재무적 건전성을 확보하고자 한다. 이와 관련해 정부의 이해 아래 진행할 것이다"[7]라고 발표했다. 추가적으로 대중의 이해를 돕기 위해 일본은행이 채택한 모든 다양한 조치를 '자산 매입 기금'으로 묶어 운영 상황을 공개해 알기 쉽게 설명함으로써 대중과 커뮤니케이션하기로 결정했다. 이를 통해 민주주의 사회에서 중앙은행의 책임성을 유지하면서 동시에 정책을 효과적으로 추진할 수 있다고 판단했다.

정책위원회가 포괄적 금융 완화를 채택하기로 결정했을 때 나는 2009년 영란은행이 신중하게 설계한 프로그램을 떠올렸다. 영란은행은 전액 출자 자회사인 영란은행 자산 매입 펀드Bank of England Asset Purchase Facility Fund를 통해 국채와 회사채를 매입했는데, 해당 펀드는 은행에서 자금을 차입해 자산을 매입하고 손실이 발생할 경우 재무부가 부담하는 것으로 합의했다. 반면 일본은행의 '자산 매입 기금' 제도에는 별도의 법인이 없었고, 그로 인해 손실이 발생할 경우 일본은행이 부담해야 했다. 그러나 두 제도 모두 매우 포괄적이고 준재정정책의 성격을 띠고 있다는 점에서는 유사했다.

새로운 정책 패키지에 대한 반응

새로 채택한 정책을 어떻게 표현할지에 대해 정책위원회에서 광범위한 논의가 이어졌다.

결과적으로 은행 지급준비금 규모가 증가하겠지만 우리는 새 정책을 '양적 완화'라고 부르고 싶지 않았다. 모든 위원은 이번 정책의 목적은 은행의 부채를 늘리는 것이 아니기 때문에 양적 완화라 부르는 것은 오해의 소지가 있다고 생각했다. 가장 큰 목적은 위험 자산 매입을 통해 장기 국채 금리를 낮추고 리스크 프리미엄을 축소하는 것이었다. 그렇기 때문에 우리는 이러한 조치가 본질상 질적인 측면에서 완화라고 생각했다. '포괄적 금융 완화'라는 명칭은 일반 대중이 일본은행의 목적을 더 큰 맥락에서 이해하길 바라는 마음에서 채택되었다.

'포괄적 금융 완화'는 초기에 큰 반향을 불러일으켰다. 시장 참여자들과 일본은행 관찰자들에게는 전혀 예상치 못한 조치였다. 다음 날 신문 헤드라인은 〈일본은행의 추가 완화, 시장에 충격〉(《아사히신문》, 2010년 10월 6일), 〈시장, 일본은행의 예상 밖 조치 환영〉(《요미우리신문》, 2010년 10월 6일)과 같이 놀라움과 경이로움을 동시에 표현하는 듯했다. 〈정책, 미지의 영역에 진입〉(《요미우리신문》, 2010년 10월 6일) 같은 헤드라인도 새로운 조치가 이례적이라는 인식을 나타냈다. 일본은행이 상장지수펀드와 부동산투자신탁을 매입해야 한다고 주장하던 경제학자들조차 실제로 그렇게 될 것이라고는 예상하지 못한 듯했다. 하지만 정책위원회는 시장을 놀라게 하려는 의도는 전혀 없었다. 우리 목표는 효과가 크지 않더라도 파급 경로가 명백한 정책 수단을 채택하는 것이었다.

예상대로 학계와 민간 부문 경제학자들의 반응이 모두 긍정적인 것은 아니었다. 다수의 경제학자는 일본은행이 더 많은 장기 국채를 매입해야 한다고 촉구했다. 그들은 '자산 매입 기금' 제도에 따라 매입할 수 있는 금액 35조 엔이 너무 적다고 생각했다. 일본은행의 시각에서 보면 35조 엔은 기조적 현금 수요를 충족시키기 위한 전통적인 '자산 매입 기금'을 통해 연간 21.6조 엔을 매입한 것에 추가된 금액이었다. 그러나 해당 조치를 통한 매입 규모는 이미 현금의 기조적 수요 증가분보다 훨

[12-2] 사채(AA 등급)와 국채 간 수익률 스프레드

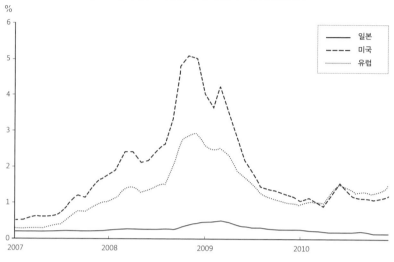

주: 3.5년 만기
출처: 블룸버그

씬 컸다. 매입 금액이 논의의 중심이 되어야 한다면 전통적인 '자산 매입 기금'의 규모도 함께 고려해야 했다. 그럼에도 우리는 기존 매입 금액을 합산하고 큰 수치를 보여줌으로써 비판을 무마하려는 시도를 자제했다. 단순히 규모가 너무 작다는 지적을 반박하려 했다면 그렇게 했을 것이다. 하지만 장기적인 현금 수요의 증가를 충족시킨다는 명분을 완전히 무시하면 일본은행이 무제한으로 국채를 매입하라는 요구에 직면할 위험도 고려했다.

　정책위원회는 통화정책의 유효성이 단순히 일본은행의 정책 운영 규모나 대차대조표 크기가 아니라 금리 수준에 미치는 영향에 따라 판단되기를 바랐다. 실제로 일본의 장기 국채 수익률은 유럽이나 미국 수준에 비해 낮았고 회사채 신용 스프레드는 더 작았다(그래프 [12-1] [12-

　　　　　　　　　　　　　　　　　　　　　　2부 총재 시절

2] 참조). 당시에도 일본은행의 통화정책이 충분히 완화적이지 않다고 생각한 경제학자들은 일본의 실질 금리, 즉 기대 인플레이션을 고려한 금리 수준이 여전히 너무 높다고 지적했다. 이런 맥락의 주장은 국회에서도 일본은행 정책에 비판적인 사람들에게 채택되었다. 이러한 주장 대부분은 일본은행이 기대 인플레이션에 직접적으로 영향을 미칠 수 있다는 가정에 근거하고 있는데 내가 보기엔 마법과 같은 생각이었다. 정책위원회는 새로운 정책으로 명목 금리가 하락하고 그 결과 지출이 증가하면서 실제 인플레이션이 상승하는 경우에만 기대 인플레이션이 높아질 것이라고 보았다.

일본은행이 잔존 만기와 상관없이 장기 국채를 매입해야 한다는 주장에 대해서는 경제 활동을 촉진할 가능성이 가장 높은 만기의 국채를 매입해야 한다는 것이 우리의 생각이었다. 미국의 경우 30년 만기 주택 담보 대출이 상당량 존재하고 회사채도 10~15년 만기 비중이 높은 만큼 초장기 금리 수준을 낮추는 것이 경제에 큰 영향을 미칠 수 있다. 반면 일본의 경우 기업과 가계의 대출 만기는 평균 3년 정도의 만기 비중이 압도적으로 높았다. 따라서 일본은행의 자산 매입이 효과를 발휘하려면 2~3년 만기 구간의 금리를 낮추는 데 초점을 맞춰야 한다고 생각했다.

출구 전략에 대한 우려

'포괄적 금융 완화' 정책이 규모 측면에서 역부족이라고 비난하는 한편, 일본은행이 대담한 완화 정책을 펼치는 것 자체를 문제시하는 정반대 측면의 비판도 적지 않았다. 일본은행이 장기 금리 수준을 목표로 삼으면 금리에 대한 통제력을 잃게 되고 비전통적 통화정책 프레임워크에서 벗어나지 못할 수 있다는 주장이었다. 정책위원회의 모든 위원은 일본은행이 끝없는 완화 사이클에 빠져들 가능성을 신중하게 고려해야 한다는 견해를 분명하게 공유했다. 하지만 그렇다고 해서 이런 우려 때문에 더 적극적인 완화 정책을 배제할 이유는 없다고 판단했다.

일반적으로 학계와 민간 경제학자들은 중앙은행이 필요할 때마다 금리를 신속하게 인상하기만 하면 통화량이 너무 많아서 발생하는 문제를 피할 수 있다고 보는 경향이 있다. 이는 피상적인 주장이다. 중앙은행이 적시에 올바르게 행동하면 된다는 주장은 처음부터 문제 해결을 외면하는 것과 같다. 현실에서 중앙은행은 어려운 선택과 상충관계에 직면할 가능성이 높다. 예를 들어 인플레이션이 상승하는 것을 막기 위해 금리를 인상하는 것이 적절하다. 그러나 금리를 인상하면 재정 수지에 부정적인 영향을 미치고 금융기관이 보유한 국채 가격이 하락해 금융 시스템이 불안정해질 수 있다. 또 다른 까다로운 상황은 인플레이션이 진정되는 동안 금융 불균형이 누적되어 버블이 발생하는 경우다. 중앙은행이 향후 금리를 적절하게 통제하려면 좁은 의미의 경제 이론뿐 아니라 정치 제도와 사회 전반의 변화에 대한 예리한 통찰력을 갖추고 있어야 한다.

'포괄적 금융 완화'를 지지하기로 한 결정에는 이러한 여러 요인을 고려한 내 나름의 판단이 반영되었지만 모든 심의위원이 동일한 판단을 할 것이라 기대하지는 않았다. 실제로 정책위원회 위원 중 한 사람인 미야코 스다는 매입 대상 자산 목록에 일본 국채를 포함시키는 것에 반대하며 나의 의견에 동의하지 않았다. 총재로서 나는 만장일치 결정으로 강력하게 공개적 메시지를 보내고 싶었지만 의장으로서 나는 논의를 날카롭게 하고 중앙은행 결정에 정당성을 부여할 수 있는 반대 의견의 가치를 높이 평가했다.

민주주의 사회의 중앙은행

학계에서 '포괄적 금융 완화'에 대한 논의는 해당 조치가 어떤 효과를 가져올 것이냐에 초점을 맞추는 경향이 있었다. 내 생각엔 더 근본적이고 어려운 문제는 민주주의 사회에서 중앙은행의 정당성을 유지하면서 어디까지 비전통적인 정책의 영역으로 모험을 떠날 수 있는가 하는 것이었다.

민주주의 사회에서 중앙은행에 부여된 권한을 용인하는 것은 은행이 고려하고 시행하려는 정책들의 장단점을 평가하고 공개하려는 의지에 달려 있다는 것이 나의 오랜 견해였으며, 지금도 마찬가지다. 중앙은행은 국가 통화를 발행할 수 있는 특별한 권한을 가지고 있으며 사회 구성원에게 이러한 권한을 인정받고 있다. 이 권한으로 인해 중앙은행은 사실상 무제한으로 자산을 매입할 수 있다. 중앙은행이 채택한 정책이 준재정정책의 성격이 있더라도 결과가 좋게 나오고 예상 범위 내에 있다면 별문제가 없을 것이다. 그러나 정책이 역효과를 내고 손실이 발생하면 모든 비용은 결국 납세자인 국민이 부담하게 되며, 국민은 중앙은행에 그렇게 많은 권한을 부여할 의도가 없었다고 불만을 가질 수 있다.

중앙은행이 실제 손실을 입거나 자기자본이 마이너스가 될 가능성은 이러한 문제를 야기한다. 중앙은행이 대규모 손실을 회계상 인식해야 할까? 마이너스 자본이 중앙은행의 정책 수행 능력을 제한할까? 다수의 경제학자는 손실이나 마이너스 자기자본이 중앙은행의 정책 수행과 무관하다고 생각하며, 중앙은행의 이익과 손실을 거시경제 안정을 목표로 하는 통화정책 수행 과정에서 발생한 부수적 요소 또는 부산물로 간주한다. 이는 근시안적인 시각이다. 한발 물러서서 중앙은행과 경제, 입법부, 사회의 관계를 성찰하고 회계적 관점과 정책적 관점 모두에서 생각해볼 필요가 있다고 생각한다.

중앙은행의 마이너스 자기자본

중앙은행의 부실 여부는 민간 기업의 경우와 마찬가지로 손실액의 크기와 손실을 흡수할 수 있는 자기자본이라는 완충 장치의 크기에 따라 달라진다. 일본은행 대차대조표의 부채 측면은 전통적으로 이자가 붙지 않는 은행권banknote이 큰 비중을 차지하고 있었다. 그러나 일본은행이 금융기관과 거래하는 당좌계좌의 비중을 크게 늘리는 비전통적 통화정책을 채택하면서 상황이 바뀌었다. 은행권에는 이자가 붙지 않는다. 그런데 이전에는 무이자였던 당좌예금에는 2008년 가을부터 초과 지급준비금에 대해 0.1퍼센트의 이자를 지급하기 시작했다.[8] 일본은행은 대차대조표의 자산 측면에서 대부분 국채와 채권, 민간 은행에 대한 대출을 보유하고 있었다. 각 자산군의 비중은 시기에 따라 변화했는데, 특히 일본은행이 비전통적 통화정책의 영역으로 더 깊이 들어가면서 국채 비중이 증가했다.

수익 창출 면에서 중앙은행은 사실상 수익을 보장하는 대차대조표 구조를 가지고 있다. 중앙은행이 당좌예금에 0.1퍼센트의 이자율을 지급하더라도 은행권에는 이자가 붙지 않기 때문에 부채 전체에 대해 지급되는 이자의 수준은 낮다. 반면 중앙은행의 자산인 국채나 민간 은행 대출 등은 만기가 길어 이자 수준이 더 높은 경향이 있다. 장기 자산이 은행 대차대조표에 남아 있으면 과거의 높은 금리 수준 때문에 더 많은 이자 수익을 올릴 수 있다. 따라서 평상시 중앙은행은 수익을 내는 것이 일반적이다.[9] 이렇게 통화 발행 권한으로 얻는 수익을 '시뇨리지 seigniorage'(화폐 주조 차익. 화폐 액면가에서 화폐 제조 비용을 뺀 것-옮긴이)라고 하며, 일본은행을 포함한 대부분의 중앙은행은 운영 비용과 직원 임금 등을 공제하고 남은 수익을 정부에 이전한다.

중앙은행이 수익을 사실상 보장하는 대차대조표 구조를 가지고 있음에도 금리가 하락함에 따라 일본은행 수익이 꾸준히 감소했다는 점을 주목해야 한다. 가장 큰 이유는 부채 측면에서는 금리 하락의 여지가 거의 없는 반면, 자산 측면에서는 운용 금리가 점차 낮아짐에 따라 운용 금리와 조달 금리 차이가 감소하기 때문이다. 이러한 대차대조표 구조로 인해 향후 금리가 상승할 때 중앙은행은 손실 위험에 직면할 수 있다. 이 경우 은행은 정부에 보내는 자금을 줄이거나 심지어 마이너스 자기자본, 또는 사실상 파산을 선언해야 할 수도 있다.

출구 전략과 관련된 회계 문제

많은 중앙은행이 자기자본을 보유하고 있다. 유럽중앙은행처럼 매우 많은 자기자본을 보유한 중앙은행도 있고 영란은행처럼 매우 적은 자기자본을 보유한 중앙은행도 있다. 일본은행 자기자본은 전 세계 중앙은행의 중간 정도에 위치한다.[10] 일본은행의 자기자본 규모는 자체적으로 설정한 벤치마크를 반영한 것이다. 구체적으로 일본은행은 발행하는 은행권 대비 10퍼센트를 적정 자기자본으로 유지하는 것을 목표로 하며 2퍼센트포인트의 상한과 하한을 두고 있다. 이는 1998년 신일본은행법이 발효된 후 정책위원회에서 결정한 것이다. '포괄적 금융 완화'를 시작하기 전 회계 연도 말인 2010년 3월 말 기준 은행은 약 3조 엔의 자기자본과 비슷한 금액의 채권, 외환 거래에 대한 충당금을 보유하고 있었다. 따라서 일본은행이 자본 잠식 상태에 빠지기 전까지 약 6조 엔 규모의 손실 흡수력을 가지고 있었다. 민간 기업은 향후 손실이 예상될 경우 신주를 발행해서 자본을 확충할 수 있지만 중앙은행은 이런 방식을 활용할 수 없다. 일본은행의 경우 매년 이익의 5퍼센트를 법정 적립금으로 적립할 의무가 있으며 재무성의 승인을 받아 추가 적립을 할 수 있다. 적립금은 일본은행이 부담해야 할 손실을 충당하거나 배당금으로만 전용할 수 있다. 일본은행의 자기자본 비율은 1990년대 후반에 9퍼센트에서 7.5퍼센트까지 떨어졌다. 이 수치는 8퍼센트인 하한을 밑도는 것이었지만 "일반적으로" 허용되는 범위 안에 있다고 간주되었다.

전례 없는 완화 정책의 종료 이후 예상되는 금리 상승은 필연적으로 국채의 가격을 하락시킬 것이다. 이런 상황에서 일본은행이 보유 중인 국채를 매각할 경우 일본은행은 매매 가격과 장부 가격 차이만큼 손실을 보게 된다. 반면 일본은행이 국채를 매각하지 않고 만기까지 보유한다면 막대한 자본 손실을 입지 않을 것이다. 오히려 초과 지급준비금과 같이 부채 측면 이자 비용이 증가하는 한편 자산 측면 수익률은 천천히 증가하기 때문에 자산과 부채 간 이자율 마진이 축소될 수도 있다. 이자를 지불하지 않고 시뇨리지를 "획득"하는 은행권이 부채에서 차지하는 비중은 중앙은행의 손익에 큰 영향을 미친다. 은행권 발행은 금리가 상승할 때 가계와 기업이 민간 은행에 현금을 예치하도록 유도할 가능성이 높고, 이로 인해 이자를 지급하지 않는 은행권이 중앙은행으로 돌아오고 이자 지급 의무가 있는 초과 지급준비금 규모가 확대될 수 있다.

중앙은행의 자본 잠식 가능성은 회계 관행에 달려 있다. 일본은행의 회계 규정은 일본은행법에 따라 정책위원회에서 결정한다. 일본은행은 민간의 기준을 따를 의무는 없지만 현재 채택된 규정들은 민간과 크게 다르지 않다. 민간 금융기관의 경우 국채를 보유할 때 보유 목적에 따라 3가지 회계 처리 방법이 존재한다. 첫째는 트레이딩 목적으로 보유하는 경우(매매 가능 금융 자산)인데 시가로 평가한다. 이 경우 시장 상황에 따라 손익과 자기자본이 크게 변동할 수 있다. 둘째는 만기까지 보유하는 경우(만기 보유 금융 자산)로 상각 후 원가법cost amortization 방식이 적용된다. 액면가를 초과하는 가격으로 매입할 때 손실이 발생하면 손실을 보유 기간에 걸쳐 안분하게 된다. 이 경우 손익에 미치는 충격이 작게 되며 자기자본에 미치는 효과도 시간을 두고 천천히 나타나게 된다. 셋째는 위 2가지 이외의 목적으로 국채를 보유하는 경우로 이른바 '자본 직입법資本直入法, full capital inclusion method'이 적용되며 해당 금융기관은 자본 이득 또는 손실을 자본 계정에 즉각 반영해야 한다. 이 경우 이익이나 손실에 미치는 효과는 작지만 자본 계정에 미치는 효과는 크게 된다.

일본은행이 트레이딩 목적으로 국채를 보유하지 않는다는 점을 고려하면 가장 적절한 회계 원칙은 상각 후 원가법 또는 자본 직입법이다. 중앙은행이 국채를 보유하는 것은 통화정책 집행의 결과며 일반적으로 만기까지 보유한다. 특히 경제가 성장하는 것을 반영해서 은행권 수요 증가에 대응해 국채를 매입하는 경우 중앙은행이 중도에 국채를 매각할 가능성은 거의 없다. 실제로 대차대조표상의 채권을 매각하는 중앙은행은 거의 없다. 일본은행의 경우 전반적인 상황은 만기 때까지 보유하는 전략에 부합한다. 특히 일본은행이 국채를 대규모로 매입했을 경우 향후 이를 매각할 가능성도 배제할 수 없지만 시장에 미치는 영향을 고려하면 만기 도래에 따라 점진적으로 잔액을 축소하는 것이 자연스럽다. 이런 점들을 고려해서 2003년 5월 정책위원회에서 일본은행의 국채 보유에 대해 상각 후 원가법을 채택했다.

경제학적 관점에서 본 중앙은행 자기자본의 역할

중앙은행의 마이너스 자기자본은 통화정책 수행 능력을 손상시킬까? 이 문제에 대해서는 다양한 견해가 존재한다.

한 진영에서는 중앙은행은 발권력을 가지고 있으므로 중앙은행의 정책 수행 능력은 절대 손상되지 않는다고 주장한다. 이 견해에 따르면 중앙은행의 자본 수준은 중요하지 않으며, 중앙은행은 기술적으로 파산해도 여전히 정책을 펼칠 수 있다. 또한 중앙은행은 이자를 지불하지 않고 통화를 발행할 수 있으므로 시간이 지남에 따라 시뇨리지를 통해 재무 상태가 안정화될 것이다. 회계학적으로 볼 때 미래 시뇨리지라는 "무형 자산"의 순 현재 가치가 대차대조표의 자산 측면에 잡힌다면 중앙은행의 자본이 마이너스로 떨어질 일은 없을 것이다. 대부분의 학계와 민간 경제학자들은 이러한 생각을 지지하는 경향이 있다.

이 주장은 정상적인 경제와 사회 조건을 전제로 한다면 충분히 이해 가능한 설명이다. 그러나 내 생각에 이 견해는 너무 단순하며 중앙은행이 역사적으로 직면해온 상황, 현실의 정치와 사회 상황까지 고려하면 비전통적 통화정책이 초래할 효과를 "정상적인 경제 상황"에 국한해서는 안 된다고 생각한다. 이 맥락에서 논의해야 할 몇 가지 이슈가 있다.

첫째, 중앙은행의 자기자본이 마이너스가 될 경우 일반 국민이나 금융기관이 중앙은행에 대해 어떤 인식을 가지게 될지 정확하게 예측할 수 없다. 마이너스 자기자본은 일반적이지 않고 비정상적인 상황이므로 피해야 한다는 인식이 확산되면 중앙은행이 정부에 자본 보충을 요청할 가능성이 높아지고 중앙은행의 정부 의존도가 높아질 수 있다. 이 경우 중앙은행은 정부와 독립적으로 정책 목표를 추구할 수 있다는 대중의 신뢰를 잃고 '재정 우위'의 상황에 빠질 수 있다.

둘째, 중앙은행이 마이너스 자기자본에 빠지지 않더라도 손실의 원인에 따라 중앙은행에 대한 신뢰가 흔들릴 수 있다. 마이너스의 자기자본이나 큰 손실이 발생할 경우 중앙은행이나 정부의 실패를 나타내는 징후로 간주될 수 있다. 예를 들어 중앙은행이 매입한 민간 부분의 증권에서 채무 불이행이 생기고 그 결과 손실이 발생하면 중앙은행이 민간 기업을 부당하게 지원했거나 리스크 관리가 느슨했다는 비판이 제기될 수 있다.[11] 민간 은행이 중앙은행에 예치한 지급준비금에 대한 이자를 늘릴 때도 손실이 발생할 수 있다. 이와 같은 조치가 거시경제의 안정성 유지라는 관점에서 필수적이라 하더라도 중앙은행이 금융기관을 과도하게 지원한다는 비판을 받을 수 있다. 손실이 현실화하거나 마이너스 자기자본이 발생할 경우 중앙은행의 준재정적 통화정책에 대한 논쟁을 촉발할 수 있으며, 이는 재정정책과 통화정책에 대한 정치적 책임성을 약화시킬 수 있다.

마지막으로 셋째, 미래의 시뇨리지 수입에 근거한 "무형 자산"의 존재는 중앙은행 계좌의 마이너스 자본에 대한 우려를 완화할 수 있다. 그러나 이러한 자산은 궁극적으로 정부에 대한 신뢰에 의존한다는 점을 고려할 때, 정부에 대한 신뢰가 상실되면 미래의 시뇨리지 수입 자체가 감소할 수 있다. 중앙은행에 대한 신뢰는 정책의 유효성을 결정 짓는 가장 중요한 토대다.

이렇게 생각해보면 중앙은행 자기자본의 적절한 수준이나 마이너스 자기자본과 관련해서 국가와 시대를 초월해 보편적으로 적용 가능한 원칙이 존재한다고 생각하지 않는다. 이는 나라별 금융 경제 상황은 물론이고 중앙은행의 역할에 대한 이해의 차이를 반영한다. 나는 글로벌 금융위기 이후 각국의 상이한 정치적 대응에 놀라움을 금치 못했다. 미국의 경우 연준의 대규모 자산 매입이 공화당 일각을 중심으로 강력한 비판을 불러일으켰다. 반면 일본에서는 여당이나 야당 모두 거친 발언이 나오지 않았다. 일본의 경우 중앙은행 정책을 적절한 시점에 집행할 수 있는 상당한 정도의 유연성이 위기 극복에 도움이 되었다. 그러나 민주주의에서는 국민에 의해 선출된 권력만이 궁극적으로 유권자에게 비용을 부과할지 모르는 정책을 선택할 권한을 가져야 하며, 따라서 중앙은행이 한 사회 내에서 상당한 손실을 배분하는 광범위한 재량권을 행사하는 것은 바람직하지 않다. 나는 그런 길을 계속 갈 경우 결과적으로 일본은행에 대한 신뢰가 약화되고 향후 독립적인 통화정책을 수행하기 어려워질 수 있다고 우려했다. '포괄적 금융 완화'는 이러한 우려와 함께 설계되고 시행되었다.

"통합 정부"라는 개념

이상과 같은 논의에 대해 정부와 중앙은행의 계정을 합산해 생각하는 "통합 정부"라는 관점에서 중앙은행의 재정 상태에 대한 우려는 크게 의미가 없다는 반론이 있다. 예를 들어 정부가 국채를 대량으로 발행하는 경우 중앙은행이 전액 인수하면 민간 부문에는 국채가 존재하지 않게 된다. 이 경우에도 정부가 중앙은행에 국채 금리를 지불해야 하지만 정부의 이자 부담은 중앙은행에서 보면 수익이며, 이는 국고 납입금이 되어 다시 정부로 돌아간다. 즉 중앙은행의 손실이나 채무 초과라는 문제는 정부와 중앙은행을 별개의 존재로 간주하고 있기 때문에 태어난 회계상의 문제일 뿐, 통화정책 운영에 대해서는 양자를 합산한 "통합 정부"라는 관점에서 생각해야 한다는 주장이다.

이 논의를 이른바 "출구 전략"에 맞춰 생각해보자. 논의의 본질에 초점을 맞추기 위해 중앙은행이 채무 초과인 상황에서 국채 매각은 하지 않고 지급준비금에 부과하는 이자율을 인상하는 방식으로 대응한다고 가정해보자. 이 경우 채무 초과는 2가지 요인으로 발생한다. 첫째는 중앙은행 보유 국채의 평가 손실, 둘째는 지급준비금에 부과하는 금리 인상에 따라 발생하는 역마진으로 적자가 발생한다. 우선 중앙은행 보유 국채에 대해서는 확실히 경기와 물가 상황의 개선에 수반하는 금리 상승의 효과로 평가 손실이 발생한다. 그러나 정부 부채인 국채의 시가 평가액도 감소하기 때문에 국채 발행 주체인 정부에는 평가 이익이 발생한다. 실제로 정부는 부채의 시가 평가를 실시하지 않기 때문에 평가 이익은 회계상으로 계상되지 않지만 경제 기능상으로 보면 평가 손실과 평가 이익은 대응하고 있다. 문제는 여기에 그치지 않는다. 우선 중앙은행은 당좌예금의 부리 금리를 인상해야 한다. 경기와 물가 상황이 개선되어도 부리 금리를 끌어올리지 않으면 인플레이션이 일어나기 때문이다. 한편 자산 면에서는 기간이 긴 자산은 만기 때까지 낮은 금리로 남아 있기 때문에 기간 손익은 적자가 된다. 평가 손익과 기간 손익을 합산한 중앙은행의 손익과 통화정책의 관계에 대해서는 이미 설명했지만 "재정" 측면에서도 문제는 생긴다. 이것을 "통합 정부"라는 관점에서 설명하면 당좌예금은 민간에 대한 "통합 정부"의 채무며 부리는 이 정부 채무의 금리 인상과 같다. 국채가 아니라 '중앙은행 당좌예금'으로 이름만 다를 뿐이다. 즉 "실질적인 국채의 잔고는 훨씬 많다"는 것이 이 단계에서 처음으로 인식된다. 중앙은행이 많은 국채를 매입하는 것은 사실상 국채 잔고의 진정한 규모를 국민이 과소평가하는 효과를 낳는다.

이로 인해 재정 규율이 느슨해져서 물가 안정과 금융 시스템의 안정에 악영향을 미치게 된다. 이 점에 대해서는 15장 '재정의 지속 가능성'에서 더 자세히 설명한다.

일본은행의 시각

중앙은행은 손실이 날 가능성, 그리고 마이너스 자기자본 가능성에 어떻게 대비해야 할까? 나는 2003년 6월 일본금융학회 주최로 열린 학회에서 전임 일본은행 총재인 후쿠이 도시히코가 한 연설 내용에 여전히 감탄하고 있다.

중앙은행이 자기자본 기반에 집착하는 것은 반드시 순수하게 경제 이론적 동기에 근거한 것이 아니라 더 넓은 정치경제학적 지혜가 아닐까 생각합니다. 쉽게 말해 '중앙은행은 주어진 자기자본의 범위 내에서 위험을 감수해야 한다'라는 잣대를 제거하면 중앙은행 기능과 정부 기능의 경계가 불분명해지는 것 아닌가 싶습니다. 예를 들어 어느 나라 중앙은행의 자기자본이 감소해 정부의 재정 지원에 의존할 수밖에 없는 경우를 생각해봅시다. 이 경우 중앙은행이 자체 판단으로 적절한 정책이나 업무 운영을 하는 것이 어려워질 수 있고(또는 실제로 그렇게까지 가지 않더라도 어려움을 겪을 수 있다는 시각이 확산될 수 있고), 결국 통화의 신뢰성을 유지하는 것이 어려워질 수 있습니다.[12]

나도 총재 재임 동안 비슷한 관점에서 이 문제를 고려하려고 했다. 먼저 일본은행의 별도 적립금과 준비금에 대한 승인 권한이 있는 재무성과 긴밀히 협력해 일정 수준의 플러스 자기자본을 유지하는 정책이 적절하며, 그러므로 적절한 수준의 적립금을 적립할 필요가 있음을 설득했다. 쉽지 않은 일이었는데 정부 재정이 지속적으로 압박을 받고 있었고, 적립금을 늘리면 일본은행이 정부에 납입하는 금액이 줄기 때문이었다. 또한 나는 직원들에게 최대 예상 손실액value at risk과 스트레스 테스트를 포함한 다양한 방법론을 사용해 일본은행 자산 포트폴리오의 위험을 모든 측면에서 검토하고 그 결과를 정책위원회에 정기적으로 보고하도록 지시했다. 마지막으로 민주주의 사회에서 중앙은행이 해야할 역할을 인식하고, 대중과의 커뮤니케이션을 통해 중앙은행의 손실 가능성에 대한 경각심을 높이고, 중앙은행의 재정 건전성을 유지할 필요성을 강조했다.

일본은행의 이러한 문제의식은 다른 나라 중앙은행에서 널리 공유되지 않았지만 글로벌 금융위기 시기부터 상황이 다소 바뀌었다. 2013년 4월 국제결제은행은 중앙은행 재정에 대한 보고서를 발표했다. 당시 하이메 카루아나Jaime Caruana 국제결제은행 사무총장은 "중앙은행은 (중략) 위기 기간에도 사회적으로 유용한 기능을 계속 수행하는 데 필요한 재원과 금융 메커니즘을 갖추는 것이 이상적이다. 사회적으로 바람직한 조치를 수행한 결과로 발생할 수 있는 손실에 대비해 플러스 자기자본을 유지할 수 있도록 충분한 자원과 메커니즘이 필수적이다. 요컨대 중앙은행의 재정적 독립성이 중요하다"[13]라고 언급했다.

영란은행의 앤드루 호이저Andrew Hauser 이사는 "재무적 지급 능력 제약financial solvency constraints"과 "정책적 지급 능력 제약policy solvency constraints"을 구분하는데, 카루아나 사무총장의 생각과 가깝다고 생각한다. 이 주제의 중요성은 2003년 후쿠이 도시히코 전 총재의 발언을 통해서 가장 잘 설명될 수 있다. "중앙은행은 국민의 이해를 얻어 어느 정도 리스크를 감수하면서 발 빠르게 움직여 대처하고, 리스크를 감수한 결과로 자기자본이 낮아진 경우에는 이를 회복시키는 조치에 대한 지지를 구함으로써, 민주주의의 틀과 중앙은행의 기동성이 조화를 이룰 수 있지 않을까 생각합니다."[14]

나 역시 후쿠이 총재의 생각에 전적으로 동의한다. 2010년 가을에 '포괄적 금융 완화' 정책을 채택할 때 민주주의 사회에서 중앙은행의 적절한 역할은 무엇인가에 대해 여러 측면에서 생각했다. 그 후 동일본 대지진이나 정부·일본은행 공동 성명서 작성 때도 이 주제를 다시금 고민했다.

13장

동일본 대지진

지진의 발생

2011년 3월 11일 오후 2시 46분, 지진 관측 역사상 전례 없는 규모의 대지진이 일본을 강타했다. 진앙지가 일본 동북부 앞바다인 '동일본 대지진'이었다. 지진으로 인해 발생한 쓰나미로 후쿠시마 제1 원자력 발전소에서 원자로 노심이 녹는 멜트다운이 일어났고, 일본은 2차 세계대전 종전 이후 최악의 위기에 직면했다. 일본은 대형 지진을 반복해서 겪어왔다. 나는 총재에 취임할 때 일본은행이 중앙은행으로서 진가를 발휘하는 것은 대규모 지진이 발생했을 때라고 생각했다. 이를 위해 일본은행이 평상시부터 치밀한 대비를 해두어야 한다고 생각했지만 이번 재난의 규모는 상상을 초월했다. 우리는 금융 시장의 안정과 금융 시스템의 기능을 유지하기 위해 일본은행의 모든 자원을 동원했다. 중앙은행이 경제와 사회 전반을 위해 해야만 하는 일이었다.

그날은 금요일 오후였다. 지진이 발생한 시간 나는 월요일에 시작될 통화정책회의를 준비하기 위해 직원들과 사무실에서 회의를 하고 있었다. 이전에 한 번도 경험하지 못한 방식으로 사무실이 수직으로 급격히 들리더니 건물이 장시간 좌우로 심하게 흔들렸다. 이 지진은 리히터 규모 9.0, 일본 기상청 진도 기준 규모 7을 기록했다.[1] 지진 발생 직후 거대한 쓰나미가 일본 태평양 연안, 특히 동부 해안을 휩쓸었다.

일본은행 본점 8층에 있는 내 사무실에서 반쯤 지어진 고층 건물 꼭대기의 건설 크레인이 좌우로 천천히 흔들리는 것이 보였고 불안감이 더해갔다. 첫 번째 지진파가 지나간 후 나는 즉시 회의를 중단하고 직원들에게 각자 자리로 돌아가 재난 대응에 임할 것을 지시했다. 가장 먼저 한 일은 나를 본부장, 야마구치 히로히데 부총재를 부본부장, 지급기구국 담당 야마모토 겐조山本謙三 이사를 사무국장으로 하는 '재해 대책 본부'를 꾸린 것이었다. 이때가 오후 3시였다.[2] 먼저 일본은행이 운영하는 지급 결제 시스템인 '일은넷BOJ-NET'이 정상 가동되고 있는지 확인했다. 국제 거래를 포함한 일본 내 모든 금융기관 간 자금 거래는 일은넷을 통해 최종적으로 결제된다. 따라서 일은넷이 작동을 멈추고 자금과 국채 결제가 중단되면 일본의 경제 활동은 심각한 타격을 입게 된다. 다행히 얼마 지나지 않아 일은넷이 정상적으로 작동하는 것을 확인하고 다음과 같은 성명을 발표했다.

1. 3월 11일 오후 2시 46분에 산리쿠三陸沖[3] 앞바다를 진앙지로 하는 최대 규모 7의 지진이 발생했습니다. 일본은행 본점 건물이나 지점에는 큰 피해가 없었으며 창구 업무를 포함한 은행의 업무는 정상적으로 수

행되고 있습니다. 일은넷도 정상 가동 중입니다.

2. 일본은행은 지진 발생 직후 총재를 본부장으로 하는 재해 대책 본부를 본점에 설치해 지진이 금융 시장과 금융기관 영업 활동에 미치는 영향을 평가하고 필요한 대응이 있는지 확인하고 있습니다.

3. 일본은행은 유동성 공급을 포함해 금융 시장의 안정과 자금의 원활한 결제를 위해 최선의 노력을 다하겠습니다.[4]

이 성명을 발표할 때 내가 염두에 두었던 것은 약 10년 전 미국에서 일어난 9.11 테러 사건 당시 미국 연준이 발표한 내용이었다. 당시 "연준은 정상적으로 업무에 임하고 있으며 유동성이 필요한 경우 대출 창구는 언제라도 이용 가능합니다"라고 발표했다. 매우 간결하지만 그만큼 금융 기능의 마비를 막고자 하는 강한 의지를 느끼게 했다. 그때부터 미증유의 위기에 직면했을 때 필요한 정보만 간결하게 표현하는 방식으로 중앙은행의 메시지를 전달하는 것이 중요하다고 생각했다.

오후 3시 55분, 나는 간 나오토 총리에게 전화를 걸어 일은넷이 정상적으로 운영되고 있다고 보고했다. 같은 날 밤 금융담당장관과 내 명의로 예금주가 예금증서나 통장을 분실했더라도 예금 지급을 보장해준다는 "특별 금융 조치"가 발표되었다. 또한 3월 14일 월요일에 예정된 통화정책회의를 1시간 앞당겨 시작하고, 이틀이 아닌 하루 안에 완료할 것이며, 결정 사항을 즉시 알릴 것이라 발표했다. 또한 외국 중앙은행 총재들에게도 이메일을 보내 지진 발생 후 일본 상황을 알렸다.

일본은행 본점의 많은 직원은 도쿄의 다른 직장인과 마찬가지로 교통이 끊겨 건물 안에서 하룻밤을 보내야 했다. 내가 살던 아파트는 비교적 가까운 곳에 있었기 때문에 새벽 2시 30분 집에 도착할 수 있었다.

지속적인 금융 서비스의 제공

일본은행은 대규모 자연재해 발생 시 신속하고 적절한 대응의 중요성을 항상 염두에 두고 있다. 특히 1995년 일본을 강타한 고베 대지진 이후 업무 연속성을 위한 계획과 필요한 인프라를 갖추는 데 상당한 자원을 투자했다. 이러한 준비 덕분에 일본은행은 많은 어려움에 적절하게 대응할 수 있었다. 하지만 예상치 못한 사건도 있었다. 그중 가장 큰 사건은 후쿠시마 제1 원자력 발전소의 멜트다운과 그 여파였다. 다음 날인 2011년 3월 12일 첫 수소 폭발이 일어나 1호기 원자로 건물이 대파되었다.

지진 발생 직후 가장 심각한 피해를 입은 지역에 본사를 둔 72개 금융기관의 약 2700개 지점 중 280개 지점을 폐쇄해야 했다. 일본은행과 마찬가지로 민간 금융기관도 직원들의 출퇴근 곤란, 정전으로 인한 사내 자가 발전기 가동, 고속도로 파손으로 인한 자가 발전기 연료 공급 부족 등 많은 문제에 직면하면서 영업을 계속하는 데 상당한 어려움을 겪었다. 이 모든 역경에도 불구하고 많은 금융기관이 금융 서비스를 계속 제공하거나 서비스 기능을 신속하게 회복할 수 있었다. 특히 일본은 다른 선진국에 비해 현금 거래 의존도가 높아서 생필품 구매를 위한 현금 확보가 매우 중요했다. 이런 이유로 금융담당장관과 나는 예금주가 예금증서나 통장을 분실했더라도 금융기관에서 예금 인출을 허용해줄 것을 요청했다. 또한 피해 지역 주민들의 현금 수요에 대응하기 위해 지진 발생 직후 주말에는 휴일임에도 도쿄 본점, 아오모리 지점, 센다이 지점, 후쿠시마 지점, 모리오카 사무소 문을 열어 피해 지역에 신속하고 충분한 현금을 공급하기 위해 노력했다.

당시 취한 통화정책 수단들

지진 발생 전에는 일본 경제를 지원하기 위한 더 이상의 추가적인 완화 조치를 고려하고 있지 않았다. 지진 발생 직후 나는 일본은행이 금융 시스템에 유동성을 충분히 공급할 준비가 되어 있다는 점을 명확히 밝히는 것이 주요 대책이 되어야 한다고 생각했다. 하지만 주말 동안 후쿠시마 제1 원자력 발전소에서 벌어진 사건으로 인해 이러한 생각은 금세 바뀌었다.

2011년 3월 13일 일요일 저녁, 나는 총리 관저 근처의 일본은행 분관에서 경제정책 대응을 논의하기 위한 회의 소집을 기다리고 있었다. 누구도 원전에서 무슨 일이 일어나고 있는지 정확하게 파악하지 못하고 있었다. 주의 깊게 지켜보던 TV 뉴스에서는 원전의 심각한 상황이 계속 흘러나오고 있었다. 당시에는 멜트다운이라는 단어가 사용되지 않았으나 이때 이미 멜트다운이 일어나고 있었음을 나중에 알게 되었다. 당시 내가 우려했던 것은 지진, 쓰나미, 원전 사고 등을 계기로 기업 심리가 악화되고 투자자들의 위험 회피 성향이 강화되어 금융 시장에서 각종 리스크 프리미엄이 확대됨으로써 경제 활동에 악영향을 미치는 상황이었다.

일본은행은 유동성 공급과 금융 완화라는 2가지 방어선을 구축하기로 결정했다. 지진, 쓰나미, 원전 사고는 위대한 경제학자 프랭크 나이트Frank Knight가 말한 것처럼 확률적 분석이 불가능한 극도의 불확실성을 야기한다. 이렇게 분석이 불가능한 불확실성이 고조되면 금융 시장에서는 만일의 상황에 대비한 유동성 수요가 증대된다. 예비적 동기의 유동성 수요가 충족되지 않으면 금융 시장이 불안정해지고 결국 경제 활동이 저해된다. 이를 미연에 방지하고 자금 조달 우려를 불식시키기 위해 일본은행은 대규모 유동성을 공급하기로 결정했다. 이날 자정 총리 관저에서 회의를 마치고 나오면서 만난 기자들에게 다음 날 아침 일본은행은 시장에 유동성을 공급할 것이라고 말했다. 이 발언대로 일본은행은 3월 14일 월요일 적극적인 자금 공급을 시작했다. 21.8조 엔 규모의 자금을 오퍼한 결과 15.1조 엔이 낙찰되었는데, 그중 8.9조 엔은 당일 공급된 익일물 자금이었다. 이는 하루에 공급된 유동성 규모 기준으로 당시 사상 최대 금액으로 2008년 리먼 브라더스 파산 이후 공급된 일별 최대 유동성 규모보다 3배 이상 큰 금액이었다.

금융 완화와 관련해서는 효과적인 정책 수단이 제한적이었다. 우리는 2010년에 '포괄적 금융 완화' 정책의 일환으로 도입된 위험 자산을 주요 대상으로 하는 '자산 매입 기금'을 약 5조 엔 증액해 시장의 리스크 프리미엄 확대를 방지하는 것이 가장 효과적인 대책이라고 판단했다. 증액분 내역은 장기 국채 5000억 엔, 단기 국채 1조 엔, 기업어음과 회사채 각각 1.5조 엔, 상장지수펀드 4500억 엔, 부동산투자신탁 500억 엔이었다. 우리는 의도적으로 민간 자산 매입을 늘렸고, 그 결과 총 40조 엔의 자산을 매입했다.

원전 사고와 업무 연속성 유지

2011년 3월 11일 최초 대지진 발생 이후 도호쿠東北 지방의 6개 현뿐 아니라 수도권을 포함한 일본 동부 지역에서도 강한 여진이 연이어 발생했다. 국민 모두 불안에 떨었고, 원자력 발전소에서 연쇄 폭발이 발생하면서 상황은 더욱 악화되었다. 3월 12일 오후 3시 36분, 원자로 1호기 건물이 폭발했다. 다음 날인 3월 14일에는 3호기 원자로에서 멜트다운이 일어났고, 오전 11시 1분 3호기 건물이 폭발했다. 3월 15일에는 2호기 원자로 건물에서 흰 연기가 뿜어져 나왔고 4호기 원자로에서도 화재가 발생했다. 원자력안전보안원原子力安全·保安院은 사고의 심각성을 1986년 우크라이나 체르노빌 원전 사고에 버금가는 세계 최악의 수준인 레벨 7로 선언했다. 일본 정부의 명령에 따라 대피한 인근 주민의 수는 2011년 8월 29일 기준 14만 명을 넘어섰다.[5]

일본은행은 가능한 모든 경로를 통해 정보를 수집하려고 노력했다. 여러 안 좋은 소문들이 퍼지면서 일본 주재 외국 공관 직원과 가족이 본국의 지시에 따라 일본을 떠나기 시작했다. 금융기관을 포함한 외국계 기업들은 직원과 가족을 도쿄 밖으로 이주시키기 시작했고, 일부는 영업을 중단하기도 했다. 2가지 시급한 과제가 있었다.

첫 번째 문제는 전력 확보였다. 일본은행의 전산 센터는 도쿄 교외의 한 건물에 있었다. 그런데 안타깝게도 도쿄 전력東京電力의 발전 용량 감소로 센터 주변 지역도 계획 정전 대상에 속하게 되었다. 정전으로 인해 자금과 국채 결제 시스템이 중단될 수 있었다. 물론 전산 센터는 자가 발전 시스템을 갖추고 있어 며칠 동안은 가동 중단을 피할 수 있겠지만 당연히 상당히 취약한 상태에 놓여 있었다. 일본의 핵심 지급 결제 시스템이 자가 발전에 의존하는 상황은 매우 이례적이었으며, 이 사실이 해외 시장 참여자들에게 알려지면 불안감을 부추겨 금융 시스템의 불안정을 가져올 수 있는 상황이었다. 야마구치 부총재는 총리 관저, 경제산업성, 도쿄 전력에 잠재적으로 심각한 영향을 미칠 수 있는 상황임을 알리고 일본은행 전산 센터에 대한 계획 정전 면제를 요청했다. 나도 이미 3월 11일 총리 관저에서 심야 회의를 마친 후 간 총리에게 직접 간청했고, 3월 12일 월요일 새벽에는 도쿄 전력 회장에게도 전화를 걸었다. 이러한 노력으로 전산 센터는 계획 정전 조치에서 면제될 수 있었다.

두번째 문제는 일본은행의 후쿠시마 지점 업무였다. 후쿠시마 지점은 후쿠시마 제1 원전에서 60킬로미터 정도 떨어져 있었다. 그런데 방사능 오염 방지를 위한 대피 구역이 당초 20킬로미터 반경에서 더 확대된다면 지점을 대피시켜야 했다. 각 지역 일본은행 지점의 중요 업무는 해당 지역에 현금을 공급하는 일이다. 대피한다면 해당 지역에 현금 공급을 할 수 없게 된다는 것을 의미한다. 만일의 비상사태에 대비한 현금 공급 체계에 대해 야마구치 부총재가 중심이 되어 내부 검토를 진행했다.

금융 시장의 신경질적인 반응

일본을 바라보는 글로벌 투자자들의 시각이 점점 부정적으로 바뀌고 있었다. 2011년 3월 14일 닛케이 지수는 633포인트(6.2퍼센트) 하락했고, 3월 15일에는 이보다 더 큰 폭인 1015포인트(10.6퍼센트) 하락했다.

이러한 환경에서 일본은행의 과제는 금융 시장 내 공포 확산을 막는 것이었다. 일본은행은 연일 막대한 자금을 공급했고, 그 결과 3월 24일 일본은행의 당좌계좌 잔액은 42.6조 엔으로 전례 없는 수준을 기록했다. 이로써 단기 금융 시장은 안정을 유지했다. 국채 시장에서도 안정이 유지되어 지진 발생 직전 1.30퍼센트였던 10년 만기 국채 금리는

3월 중순까지 1.20~1.25퍼센트의 비교적 좁은 범위 내로 유지되었다.

지진 발생 전 외환 시장에서 달러 대 엔 환율은 82엔이었다. 그런데 지진으로 인해 일본 금융기관들이 외화 자산을 매각해 엔화로 바꿀 것이라는 소문이 퍼지면서 3월 17일 79엔 선을 돌파할 위기에 처했다. 이런 상황에서 재무성과 일본은행은 각국의 재무부와 중앙은행에 연락해 엔화 안정을 위한 외환 시장 공동 개입에 동참할 것을 촉구했다. 이러한 노력은 3월 18일 G7 통화 당국들이 2000년 9월 이후 처음으로 공동 개입을 실시하면서 결실을 맺었다. 이전에는 엔화 절상에 대응하기 위한 개입에 유럽과 미국 당국이 모두 반대했다. 그러나 지진 이후 일본이 처한 특수한 상황에 대한 공감대가 형성되어 공동 개입에 동의했다. 3월 18일 이른 아침 나는 재무성으로 가서 노다 요시히코 재무장관과 함께 G7 재무부, 중앙은행 책임자들과 전화 회의를 가졌다. 그런 뒤 재무장관과 나는 기자들 앞에 섰다. 이때부터 외환 시장의 흐름이 반전되어 달러 대 엔화 환율은 85엔 이상으로 다시 상승했다. 내가 보기에 이러한 공동 개입은 자연재해로 인한 부정적인 파급 효과가 다른 금융 시장, 특히 일본 주식 시장으로 확산하는 것을 막는 데 매우 효과적이었다.

일본은행이 국채를 인수하라는 요구가 거세지다

동일본 대지진에 대해 즉각적인 재정적 대응이 필요했다. 당연히 정부의 2011년 회계 연도 예산에는 대지진에 대한 지출이 계획되어 있지 않았기 때문에 세 차례의 추가 경정 예산이 연속으로 편성되었다. 5월 2일 국회에서 4조 엔 규모의 첫 번째 추가 경정 예산이 승인되었다.

7월 25일에 승인된 2차 추경은 1.9조 엔, 11월 21일에 승인된 3차 추경은 9.2조 엔 규모였다. 12월 24일 내각이 마련한 다음 해 예산안에는 지진 대응을 위한 '동일본 대지진 부흥 특별 회계'가 신설되어 3.8조 엔이 배정되었다. 원전 사고 보상과 관련된 지출을 제외한 자연재해 관련 재정 지출 총액은 18.9조 엔으로 집계되었다.

지진 발생 직후 집권당인 민주당 내에서 일본은행이 직접 재건 자금을 지원해야 한다는 주장이 제기되었다. 2011년 3월 18일 《산케이 신문》 1면에는 〈동일본 대지진, 10조 엔 이상 긴급 부흥 채권 발행, 모두 일본은행이 매입〉이라는 제목이 실렸다. 정부는 일본은행이 정부에 직접 자금을 지원해야 한다는 요구에 계속 저항했지만 여야를 떠나 많은 국회의원이 정부가 생각을 바꿔야 한다고 촉구했다. '증세에 의존하지 않는 부흥 재원 마련을 요구하는 모임増税によらない復興財源を求める会'이라는 이름의 초당파 국회의원 모임은 일본은행이 재건을 위해 발행하는 모든 국채를 매입해서 재건 자금을 조달할 것을 촉구하는 성명서를 발표했다. 놀랍게도 약 700명의 국회의원 중 여야를 막론하고 211명의 의원이 이 문서에 서명했다. 전대미문의 사태 앞에서 많은 의원이 평정심을 잃은 모습이었다. 일본은행의 국채 인수 반대를 주장한 몇 안 되는 의원 중 한 사람은 공산당의 다이몬 미키시大門実紀史 의원이었다. 전례 없는 규모의 재건 노력은 정치 환경을 크게 변화시켰다.

일본은행의 직접 자금 지원을 촉구하는 사람 중 다수는 추가 금융 완화에 대한 주장을 반복하고 지진을 기회주의적으로 이용했다. 이들은 국가 비상사태를 통화정책 측면에서 더 예외적인 조치를 취해야 할 필요성과 연결시켰다. 이러한 감정에 호소하는 논의는 일부 정치인뿐 아니라 재계 인사 사이에서도 일정한 지지를 모으고 있는 것으로 느껴졌다. 실제로 2011년 3월 말에 면담한 대형 신문사 사장은 "최근 재계 사람들을 만나보니 80퍼센트는 현재와 같은 비상시국에는 일본은행이 국채를 인수하는 것이 불가피하다고 보는 것 같습니다"라고 말했다. 한 편으론 개인적 견해라며 "일본은행 총재로서 신념을 지키시는 것이 좋습니다"라고 조언해주었다. 내가 느꼈던 사회 '공기'도 그가 받은 인상과 크게 다르지 않았다. 국채 금리는 앞서 언급한 바와 같이 지진 발생 이후에도 낮은 수준에서 안정적으로 유지되고 있어서 국채를 통한 자금 조달에 어려움을 겪고 있는 것은 아니었다.

나는 일본 국채 금리가 낮은 수준에서 안정적으로 유지되고 있는 상황에서 일본은행이 정부에 직접 자금을 지원하는 것은 전 세계 투자자와 관찰자에게 잘못된 메시지를 전달할 수 있다고 우려했다. 일본 당국이 재건 비용을 감당할 자신감이 흔들리고 있다는 신호는 금융 시장의 안정성을 위태롭게 할 수 있었기 때문이다. 나는 일본은행의 정부에 대한 직접 지원에 대해 명확하게 그리고 강력하게 대응하기로 결심했다.

문제는 어떤 논리로 반박할 것인가였다. 여론은 일본이 쓰나미의 규모와 원자력 발전소의 안전 시스템 미비로 인해 "완전히 예측할 수 없는 상황"에 직면했다는 생각에 대해 거의 관용을 보이지 않았다. 반면 나는 일본은행이 정부에 직접 자금을 지원했을 때 발생할 수 있는 리스크는 충분히 예측 가능하다고 생각했다. 일본은행의 국채 인수 요구에 대응하기 위해 나는 통화에 대한 신뢰는 금융과 경제의 중요한 인프라라는 점을 강조함으로써 대중의 인식을 제고하기로 결정했다. 결과적으로 지진 대응을 근거로 한 국채 인수 논쟁은 일시적으로 소강상태에 접어들었지만 결국 디플레이션과 엔고에 대한 논쟁에서 다시 한번 고개를 들었다.

정확한 정보의 수집과 전달

　일본은행이 가장 애를 먹은 일 중 하나는 대외 커뮤니케이션이었다. 정보 부족이 원전 사고가 일본 경제, 금융, 사회 전반에 미칠 영향에 대한 불확실성과 두려움을 키웠다. 해외 투자자들은 특히 더 불안해했다. 지진 발생 후 첫 주말 동안 해외 금융기관들 사이에서는 도쿄증권거래소가 다음 주 월요일에 문을 열지 않을 것이라는 소문이 돌았다. 또한 은행의 전산 센터와 일부 집행 기능이 오사카로 이전될 것이라는 근거 없는 추측도 있었다. 해외 주요 금융기관의 수장들이 내 사무실로 전화를 걸어 이러한 소문의 진위를 확인하기도 했다. 시장의 부정적 기류가 스스로 강화되는 것을 막기 위해 나는 외국 중앙은행 총재들과 긴급 원격 회의를 가져 일본 상황에 대해 자세히 설명했다. 4월 IMF·세계은행 임시위원회 참석차 미국을 방문했을 때는 뉴욕의 외교협회 Council on Foreign Relations, CFR에서 〈동일본 대지진: 사회의 강건성과 부흥을 향한 의지東日本大震災: 社会の頑健性と復興に向けた意思〉라는 제목의 연설을 통해 부정확한 정보로 인한 일본 경제에 대한 지나친 비관론을 불식시키기 위해 노력했다.[6]

　피해 지역에서 무슨 일이 일어나고 있는지에 대한 직접적인 정보는 구하기 어려웠다. 내가 도쿄 사무실을 비울 수는 없어서 야마구치 부총재에게 피해 지역과 은행 지점을 방문해 상황을 보고해달라고 부탁했다. 야마구치 부총재는 2011년 3월 31일 현지에 도착해 지점 직원들로부터 보고 들은 내용을 자세히 브리핑해주었고, 덕분에 피해 지역의 상황을 훨씬 더 구체적으로 파악할 수 있었다.

　일본의 거시경제와 금융 상황이 크게 변화했다. 대지진, 쓰나미, 원전 사고의 복합적인 결과를 경험한 적이 없었기 때문에 미래에 대한 불확실성이 그 어느 때보다 컸다. 이런 상황에서 나는 기업인들과 금융 전문가들로부터 직접 이야기를 들어야겠다고 결심하고 가능한 한 많은 대면 회의 일정을 잡았다. 그들의 이야기는 솔직했고 다른 방법으로는 얻지 못했을 통찰을 주었다. 또한 일본은행 직원들이 매일 저녁 내 사무실에 모여 시기적절하고 효율적인 정보 교환을 할 수 있도록 했다. 동일본 대지진과 같은 상황에서는 통계 입수에 걸리는 시간뿐 아니라 피해 지역의 통계를 정확하게 집계하는 것이 사실상 불가능하므로 거시경제 데이터로 현황을 파악하기 어렵다는 점이 분명했다. 이러한 환경에서 올바른 평가를 내리기 위해서는 공급망의 최전선에 있는 기업, 특히 개별 공장에서 직접 얻은 정보가 핵심 역할을 했다. 다행히 기업들이 기꺼이 많은 정보를 제공해주었다. 특히 당시 산업 생산 움직임이 크게 위축된 상황에서 정보 부족으로 비관적 예측을 했던 민간 기관과 달리 일본은행 담당자는 미시 모니터링 데이터에 근거해 경기 회복 시기를 상당히 정확하게 예측할 수 있었다. 이는 일본은행과 다수의 기업이 오랜 기간 쌓아온 상호 신뢰가 있었기 때문이라고 생각한다.

급격한 경제 활동의 위축

지진이 발생하기 전 해인 2010년에 일본은 4.2퍼센트로 G7 국가 중 가장 높은 성장률을 기록했으며, 이러한 호조세는 대지진이 발생하지 않았다면 2011년에도 계속되었을 것이다. 대지진 때문에 일본 경제는 침체에 빠졌고 2011년 성장률은 -0.2퍼센트로 떨어졌다.[7] 2018년 기준 대지진으로 인한 사망자 수는 약 1만 6000명에 달했고 약 2500명이 여전히 실종된 상태였다. 물리적 피해 면에서는 쓰나미로 인해 561제곱킬로미터의 육지가 해수 침수된 것이 특히 타격이 컸다. 지진으로 인한 경제 활동의 위축은 빠르고 막대했다. 2011년 3월 산업생산지수는 계절 조정 기준으로 전월 대비 15.5퍼센트 감소했는데, 이는 월별 감소율로는 사상 최대치였다. 전기 대비 분기별 실질 GDP 성장률은 1분기에 -0.7퍼센트, 2분기에 -0.2퍼센트를 기록했다. 이러한 경제 활동의 급격한 위축은 리먼 브라더스 파산 이후 경험한 것과 비슷하지만 충격의 성격은 분명히 달랐다. 리먼 파산 이후 며칠 동안은 말 그대로 수요가 증발했다. 반면 이번 대지진 사태는 경제의 공급 측면에 갑작스럽게 충격을 가했다.

공급 충격은 3가지 측면에서 발생했다. 첫째, 광범위한 지진과 쓰나미로 인해 도호쿠 지방과 인접한 간토關東 지방 북부 지역의 도로, 항만 시설과 같은 공공 인프라 그리고 공장과 상업용 건물과 같은 민간 자본 모두 피해가 발생했다. 둘째, 발전 용량이 크게 감소했다. 지진 발생 전 일본 전력의 23퍼센트를 공급하던 원자력 발전소가 순차적으로 가동을 멈추었다. 그 결과 도쿄 전력과 도호쿠 전력東北電力의 발전 용량 손실은 각각 23퍼센트와 33퍼센트에 달해 간토와 도호쿠 지역에 대한 전력 공급에 차질이 생겼다.[8] 셋째, 부품과 산업 중간재의 공급망에 차질이 발생해 지진으로 인한 영향이 피해 지역을 넘어 확산되었다. 예를 들어 다수의 소비재는 중국, 일본, 미국이 서로 의존하고 있는데 미국은 상품을 설계하고, 일본은 부품을 공급하고, 중국은 완제품을 조립하는 방식이다. 이런 상호 의존 관계 때문에 공급망 충격은 일본 경제를 넘어서 국제적 파급 효과를 가지게 된다.

초기 경제 활동의 위축은 주로 공급 요인에 의해 발생했지만 수요 하방 압력도 작동했다. 원전 사고와 전력 부족으로 인해 기업 경기와 소비 심리가 악화되고 관광업이 위축되면서 경제가 침체되었다. 전력을 아끼기 위해 가로등과 건물 조명이 소등되었다. 또한 지진 발생 직후 전국적으로 회식을 자제하자는 분위기가 형성되어 많은 공공, 민간 행사가 취소되었다. 이는 특히 여행과 여가 서비스 업종을 중심으로 소비를 위축시켰다. 가장 큰 피해를 입은 4개 현[9]의 면적은 일본 국토의 11퍼센트에 불과하고 GDP의 비중은 6퍼센트였지만 파급 효과로 인해 피해 지역의 상대적 중요도에 비해 전국적으로 경제 활동이 침체되었다. 그러나 대부분의 경제 활동 감소는 공급 제약에서 비롯된 것이기 때문에 공급망이 정상화되면 경제가 회복될 것이라 기대할 수 있었다.

생산 활동 복구 노력

제조업의 최전선에서는 생산 라인을 복구하기 위해 분주하게 움직였다. 글로벌 공급망 복구의 핵심 사업장 중 하나는 자동차 엔진과 변속기의 핵심 부품인 마이크로 컨트롤러를 생산하는 이바라키현茨城県 히타치나카시ひたちなか市에 위치한 르네사스 일렉트로닉스ルネサス エレクトロニクス, Renesas Electronics의 공장이었다. 이 공장의 생산 중단은 일본뿐 아니라 해외 자동차 제조업체의 운영에도 큰 영향을 미쳤고, 공장 복구 상황에 일본 전역의 관심이 집중되었다. 다행히 협력사들의 도움으로 예상보다 일찍 생산이 재개되어 공급망은 당초 비관적인 예측보다 훨씬 더 빠르게 복구되었다.

[13-1] 일본의 무역 수지와 경상 수지 추이

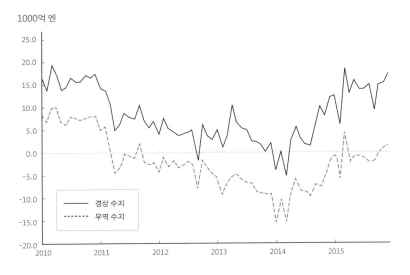

1000억 엔

출처: 일본 재무성 〈국제 수지 통계〉

　GDP의 구성 요소를 살펴보면 민간 수요 기여도는 1분기에 -0.6퍼센트로 크게 감소했다. 이후 점차 감소세가 반전되기 시작해 2분기에는 -0.2퍼센트를 기록했다. 반면 대외 수요 기여도는 1분기에 -0.2퍼센트를 기록했고 2분기에는 -0.8퍼센트로 확대되어 공급망의 혼란을 반영했다. 한편 정부 부문 기여도는 재건 추경 예산의 지출이 수요를 뒷받침하면서 1분기와 2분기에 각각 0.1퍼센트와 0.3퍼센트를 기록했다.

　공급망 문제가 비교적 빠르게 해결되는 와중에도 원자력 발전소 가동 중단은 일본 경제에 심각한 우려를 불러일으켰다. 전력 생산에서 원자력의 역할을 어떻게 볼 것인가 하는 더 근본적인 문제는 제쳐두더라도 가스 연료 발전에 대한 의존도가 높아짐에 따라 액화천연가스LNG 수입을 늘려야 하는 시급한 문제가 있었다. 그 결과 지진 발생 다음 달인 2011년 4월에 계절 조정 월간 무역 수지가 적자로 돌아섰다(그래프 [13-1] 참조). 지진 이전 12개월 동안 월평균 무역 수지는 6745억 엔의 흑자를 기록했다. 그러나 지진 발생 후 첫 12개월(2011년 3월~2012년 2월)에는 2038억 엔의 적자로 돌아섰고, 두 번째와 세 번째 12개월에는 각각 4378억 엔, 8917억 엔으로 적자 폭이 더욱 확대되었다. 2014년 3월에는 1568조 엔으로 월 기준 최대 적자를 기록했다.

도쿄 전력 문제와 일본 회사채 시장

기업과 금융계 리더들과 많은 대화를 나누었는데 이들은 "도쿄 전력 문제"의 심각성을 제기했다. 2011년 3월에 마감된 회계 연도 재무 보고서에 따르면 도쿄 전력은 매출 5조 엔, 순이익 1337억 엔, 총자산과 순자산이 각각 13.2조 엔과 2.5조 엔에 달하는 거대 기업이었다. 일본 최대의 회사채 발행사로 4.7조 엔 규모의 채권을 발행했다. 만기가 도래하는 장기 회사채와 단기 차입금으로 구성된 연간 자금 조달 수요는 1.1조 엔에 달했다. 후쿠시마 원자력 발전소 사고 직후 도쿄 전력의 손해 배상 의무를 어떻게 평가할 것인지에 관심이 집중되었다. 막대한 배상금을 지급해야 할 것으로 예상되었기 때문에 도쿄 전력은 자본이 마이너스가 되어 사실상 파산으로 이어질 가능성이 높았다.

당면한 문제는 가장 확실한 선택인 기업 구조 조정에 들어갈지, 아니면 다른 길을 택할지 여부였다. 도쿄 전력과 정부 간에 원전 사고로 인한 배상 책임을 어떻게 배분할 것인지부터 고려할 문제들이 산적했지만 가장 중요한 문제는 도쿄 전력에 대한 공식적인 구조 조정이 시스템 리스크로 이어질 가능성이었다. 혹자는 전력회사는 금융기관과 다르므로 뱅크런과 유사한 연쇄 반응으로 다른 전력회사의 운영에 지장을 초래하는 사태는 일어나지 않을 것이라 주장했다. 상반된 견해는 시스템 리스크가 초래될 수 있으므로 도쿄 전력의 사업 재편 절차를 피해야 한다는 것이었고, 결국 이 견해가 채택되었다.[10]

총리 관저와 경제산업성의 의사 결정권자들이 어떤 생각을 하고 있는지 자세히 알지는 못했지만 금융 측면에서 심각한 우려를 하고 있었던 것으로 보인다. 전력회사는 회사채 시장에서 중요한 차입자였다. 2011년 3월 말 일본 전력의 대부분을 공급하는 9대 전력회사가 발행한 채권은 총 13조 엔으로, 이는 일본 전체 회사채 발행액의 21퍼센트에 달했다. 게다가 전기사업법에 따라 전력회사의 회사채 보유자는 원전 사고로 인한 손해 배상 청구권까지 포함해 다른 채권자보다 우선 변제를 받을 수 있는 특별한 권리를 가졌다. 이 때문에 전력 회사채는 국채에 준하는 것으로 간주되어 모든 일본 회사채의 수익률 벤치마크로 사용되었다. 이는 전력회사는 절대 망하지 않을 것이라는 투자자들의 믿음을 반영한 것이었다. 공공 정책의 측면에서 바람직하지 않더라도 이러한 믿음이 오랫동안 지속되었기 때문에 전력회사 중 하나에 안전 자산이라는 시장의 인식에 반하는 기업 구조 조정의 선례를 남기면 기존 도쿄 전력 채권자는 우선 변제권 덕분에 손실을 입지 않음에도 불구하고 모든 전력회사의 신용도가 일괄적으로 하향 조정될 가능성이 높았다. 이렇게 되면 투자자들은 전력회사 채권의 신용도를 근본적으로 재평가하게 되고, 전력회사들의 자금 조달이 어려워져 시스템 리스크로 확대될 수 있었다. 정부는 이러한 사태를 우려했던 듯하다.

이런 상황 속에서 일본 회사채 시장의 불확실성이 높아졌다. 그 결과 투자자와 발행사가 신규 발행 조건에 합의하기 어려워졌고, 발행사는 한동안 자금 조달을 중단해야 했다.

일본은행 직원들의 헌신

동일본 대지진은 큰 고통을 안겨주었지만 재난에 대응하는 동안 마음을 다잡게 하는 많은 일을 경험했다. 그중에는 일본은행 직원들의 헌신을 직접 경험한 순간도 있었다. 아오모리, 후쿠시마, 센다이 지점 주변과 미토, 모리오카 지역 사무소 주변이 가장 큰 피해를 입었다. 후쿠시마와 센다이 지점은 특히 직원들의 접근이 어려워 가장 큰 어려움을 겪었다. 후쿠시마 제1 원자력 발전소에서 불과 60킬로미터 떨어진 후쿠시마 지점 직원들의 정신적 스트레스도 컸다. 그럼에도 그들은 은행 업무를 수행했다.

내가 피해 지역을 처음 방문한 것은 2011년 6월 초였다. 쓰나미에 휩쓸려 건물이 하나도 없는 폐허 앞에 서서 나는 완전히 망연자실했다. 당시 현지 직원들은 손상된 지폐를 조사하고 새 지폐로 교환하는 일상적인 업무를 차분하고 의연하게 진행하고 있었다. 쓰나미로 훼손된 엄청난 양의 지폐와 동전을 침착하게 처리하는 직원들의 모습을 보면서 나는 깊은 감동을 받았다. 이러한 헌신은 일본은행에만 국한된 것이 아니었다. 피해 지역을 방문한 모든 곳에서 이런 모습을 볼 수 있었다.

해외에서 보내온 위로의 말

외국 중앙은행 동료들로부터 받은 많은 위로와 따뜻한 응원의 메시지도 가슴을 뭉클하게 했다. 지진 발생 후 몇 분 만에 외국 중앙은행 총재들이 보낸 이메일이 내 사무실 컴퓨터 화면에 번쩍거렸다. 나는 그 메시지에서 가장 큰 힘을 얻었다. 국제결제은행과 태국은행은 직원들의 성금을 모았고, 한국은행 김중수 총재도 주한 일본대사관을 방문해 위로의 뜻을 표했다. 지진 발생 한 달여 만인 4월 15일 미국 워싱턴 D.C.에서 열린 G20 재무장관과 중앙은행 총재 회의에서는 공동 성명을 통해 연대와 지지의 메시지가 전달되었다.

지진 직후 원전 낙진에 대한 우려가 커지면서 일본을 방문하는 해외 관광객 수가 급감하고 많은 국제 모임이 취소되었다. 이런 상황에서 뉴욕 연준의 윌리엄 더들리William Dudley 총재가 예정대로 도쿄에서 열리는 콘퍼런스에 참석해준 것은 고마운 일이었다. 사전에 더들리 총재가 도쿄의 상황을 묻는 전화를 걸어 왔을 때 꼭 참석해달라고 부탁했다. 당일 행사장에서 콘퍼런스의 시작을 기다리는 중 강한 여진이 발생했지만 시종 웃음을 잃지 않는 더들리 총재의 모습에 더욱 감사한 마음이 들었다.

동일본 대지진이 제기한 과제

인류 문명은 태초부터 자연재해 위험에 대처해왔다. 전 세계 어떤 경제도 자연재해를 완전히 피할 수는 없다. 하지만 일본 국토교통성 산

하 국토기술연구센터国土技術研究センター의 연구에 따르면 2000년부터 2009년까지 전 세계를 강타한 규모 6.0 이상의 지진 중 5분의 1 이상이 일본 인근에서 발생했다.[11] 태풍으로 인한 비바람 피해가 훨씬 더 흔하지만 동일본 대지진 때처럼 지진, 쓰나미, 원전 사고가 한꺼번에 발생하면 그 피해는 훨씬 더 심각해진다. 동일본 대지진은 자연재해로 인한 테일 이벤트tail event(발생 가능성은 적지만 한번 발생하면 치명적인 결과나 엄청난 손실을 초래할 수 있는 사건-옮긴이)가 얼마나 심각한 결과를 초래하는지 명확히 인식해야 한다는 점을 일깨워준다.[12] 아마 가장 중요한 문제는 일본처럼 지진에 취약한 나라에서 원자력 발전의 적절성일 것이다. 이 주제는 내 전문 분야를 넘어서는 것이지만 중앙은행과 밀접한 관련이 있는 2가지 이슈에 초점을 맞추고자 한다.

자연재해가 발생했을 때 대규모 생산 중단을 피하거나 완화하기 위한 기업의 전략은 무엇일까? 일본 기업들은 "적시 재고 관리just-in-time"라는 정교한 제조 과정을 통해 중간재 재고를 지속적으로 줄임으로써 오랜 기간 동안 경쟁력을 강화해왔다. 하지만 자연재해로 인해 이러한 공급망 사슬의 연결 고리가 끊어지면 기업은 최소 수준의 중간재 재고로 인해 생산량을 급격히 줄여야 하는 상황에 처하게 된다. 동일본 대지진은 공급망을 산산조각 내면서 재고 부족에 따른 이러한 위험을 여실히 드러냈다. 더 중요한 것은 지진으로 인해 공급망 "집중 리스크"가 부각된 것이다. 모든 기업이 특정 지역의 특정 사업장에서 부품을 조달하는 데서 생겨나는 문제인데, 이는 르네사스 일렉트로닉스의 히타치 나카시 공장 사례에서 잘 드러났다. 재고를 늘리거나 조달처를 분산해서 이러한 위험을 완화하려면 비용이 많이 소요된다. 지진 이전에도 증가 추세에 있던 일본 기업의 생산 기지 해외 이전은 리스크 완화라는 맥락에서 더욱 가속화될 것으로 보인다. 집중 리스크는 경제 전반의 차원에서도 중요하다. 예를 들어 경제 활동이 한 지역에 집중되는 것은 위험하지만 경쟁적인 환경에서는 집중의 사회적 비용이 개별 기업에 충분히 내재화되지 않아 테일 리스크tail risk를 증가시킨다.

또 다른 문제는 금융 서비스 제공의 연속성을 보장하는 것이었다. 기업과 가계가 자금을 주고받고, 단기 투자를 현금으로 전환하고, 가용한 신용 한도를 활용하는 등의 금융 서비스는 전기, 상수도, 도로만큼이나 중요한 경제의 핵심 인프라를 구성한다. 자연재해를 포함해 서비스 중단에 대한 대비 태세를 강화하는 것을 "업무 연속성 계획Business Continuity Planning, BCP"이라 한다. 동일본 대지진 이후 일본 정부는 예상되는 지진에 대한 대책을 추진하는 기본 계획을 수립했으며, 일본은행은 업무 연속성 계획을 더욱 강화했다. 이후 민간 금융기관과 금융 거래소도 이에 동참했지만 개별적인 노력만으로는 경제 전반의 효율적인 결과를 이끌어내지 못할 수 있다. 경제 전반의 업무 연속성 계획을 개선하려면 공공 기관의 촉매 역할이 필요하다. 일본은행을 비롯한 많은 중앙은행은 업무 연속성 계획과 지급 결제 시스템 개선을 위해 다양한 노력을 기울여왔다. 이러한 노력은 일반적으로 잘 알려져 있지 않지만 중앙은행의 은행 업무에 뿌리를 두고 있으며 중앙은행에 위임된 중요한 활동이다.

테일 리스크에 대한 사회적 대비

동일본 대지진은 확률은 작지만 극단적인 결과를 초래할 수 있는 테일 리스크에 대한 대비 문제를 일본 사회에 다시 한 번 일깨워주었다. 지진, 쓰나미, 원전 사고 등 예상되는 사건의 유형에 따라 대응 방식이 달라진다. 대비해야 하는 테일 리스크의 유형 또한 무수히 많다. 자연재해로 범위를 좁히더라도 지진, 태풍, 화산 활동 등 여러 가지다. 최근 몇 년 동안에는 사이버 공격에 따른 테일 리스크도 주목받고 있다. 거시경제정책 수행 시 고려해야 할 테일 이벤트도 있다. 앞에서 언급했듯이 1990년대 후반 일본의 금융위기나 2007~2009년 글로벌 금융위기로 대표되는 대규모 경제 혼란이 대표적 사례다. 금융위기는 자주 발생하지는 않지만 언젠가는 발생하기 마련이며, 금융위기가 발생하면 경제와 사회에 미치는 비용은 막대하다. 버블과 금융위기의 위험에만 집착해서 통화정책을 너무 절제된 방식으로 수행할 경우 혁신과 경제성장의 싹을 잘라버릴 수 있다. 균형 잡힌 경제정책은 테일 리스크 대비에 대한 논쟁에서도 중요하다.

지진, 쓰나미, 원전 사고, 금융위기 등 테일 리스크를 어느 정도 감수할 것인지는 궁극적으로 한 사회가 선택하는 문제다. 하나의 정답은 없으며 국가마다 대응 방식이 다를 수 있다. 리스크의 허용 수준과 대비책도 나라의 경제 사정에 따라 다를 것이다. 테일 리스크 대비라는 측면에서 내가 우려하는 것은 다양한 테일 리스크에 대해 사회적으로 균형 잡힌 논의가 이루어지고 있는가 하는 점이다. 구체적으로 거시경제나 금융 시스템 측면의 테일 리스크에 대해서도 물리적인 피해를 상상하기 쉬운 테일 리스크와 동일하게 관심을 기울이며 논의가 이루어지고 있는지 의문이다. 지진, 쓰나미, 태풍, 원전 사고 등은 일반적으로 피해가 물리적인 형태를 띠므로 비교적 구체적인 비용 평가를 바탕으로 논쟁이 이루어질 수 있다. 날카로운 의견 대립은 존재하지만 적어도 비용과 편익 모두를 포괄해서 논의한다. 이와 대조적으로 거시경제정책으로 테일 리스크가 현실화할 경우 어떤 일이 벌어질지 상상하기는 훨씬 더 어렵다. 중앙은행을 제외하면 이러한 위험을 내재화하고 더 넓은 시야에서 대책을 고민할 충분한 인센티브를 가진 기관은 거의 존재하지 않는다. 앞서 언급했듯이 동일본 대지진 이후 일본은행이 정부에 직접 자금을 지원해야 한다는 요구가 갑자기 폭발적으로 증가했다. 사람들이 발생 가능성은 적지만 극단적인 결과를 초래하는 사건을 관리할 준비를 하지 못했다는 이유로 도쿄 전력과 정부를 격렬하게 비난하던 때였다. 거시경제정책에서 테일 리스크의 모호한 특성을 고려할 때, 본질적으로 테일 리스크에 주의를 기울여야 하는 중앙은행은 이러한 위험을 면밀하게 분석하고 대중에게 설명해야 할 책임이 있다.

14장

육중고와 통화 전쟁

육중고란 무엇인가

일본은행 총재 재임 기간 내내 엔화 절상은 경제정책 관련 논의를 지배했다. 일본은행은 디플레이션을 극복해야 한다는 요구도 강했지만 엔고를 막아야 한다는 목소리가 훨씬 더 컸다. "디플레이션 대책"은 "경기 대책"과 거의 동의어로 사용되었고, 많은 기업인은 통화정책만으로는 경기가 좋아지지 않는다는 것은 직관적으로 이해한 반면, 엔고는 일본은행의 과감한 금융 완화로 막을 수 있다고 생각했다. 환율과 통화정책의 관계는 이른바 "통화 전쟁currency war"(환율 전쟁)이란 말에서도 알 수 있듯이 중앙은행가들의 국제적인 정책 논의에서도 큰 화두였다. 2000년 이후의 엔고 시기는 5장, 8장, 12장에서 설명했지만 이번 장에서는 내가 총재로 재임한 5년 동안 있었던 엔고에 대한 논쟁을 체계적

2부 총재 시절

이고 종합적으로 설명하고자 한다.

　"육중고六重苦"란 말은 2010년경 대중적으로 등장했다. 이 말은 많은 비즈니스 리더들이 국제 경쟁에서 일본 기업의 발목을 잡는 경제적 요인들에 대한 불만을 표현하기 위해 자주 사용했다. 이들은 "엔고, 높은 법인세율, 높은 전기 요금과 불안정한 전력 공급, 자유무역협정FTA 체결 지연, 엄격한 노동 규제, 갈수록 강화되는 환경 규제"라는 육중고에 시달린다고 주장했다. 특히 2011~2012년 동일본 대지진 이후 원자력 발전소 가동이 중단되면서 전력 공급에 대한 우려가 커지고 유럽 부채위기로 엔화가 절상되면서 수출 중심의 자동차, 전자, 전기 기계 업계 리더들로부터 자주 이 말을 들었다. 이 말에 담긴 뉘앙스는 "민간 기업들은 성실하게 경영하고 있음에도 불구하고 정부와 일본은행이 '무대책'으로 일관하고 있기 때문에 일본 기업들은 스스로 통제할 수 없는 요인으로 인해 어려운 경영을 강요당하고 있다"라는 의미였을 것이다. 즉 기업 경영자들의 짜증과 분노의 표출이었다고 할 수 있다.

　엔화 환율을 제외한 5가지 요인은 당시와 거의 차이가 없는데도 오늘날 일본 비즈니스 리더들은 더 이상 "육중고"란 표현을 쓰지 않는다. 이는 엔고 시기에 당시 기업인들의 불만이 얼마나 컸는지 짐작할 수 있는 대목이다.

2000년 이후 환율의 추이

　오늘날 외환 시장 거래의 대부분은 자본 거래와 투자 흐름을 반영한다. 금융기관과 투자자는 기초 자산과 환율의 기대 수익률 및 변동성을 고려해서 대차대조표상 자산과 부채의 통화 구성을 지속적으로 선택하고 있다. 따라서 금융 시장이 더욱 글로벌화됨에 따라 환율 움직임은 재화와 서비스 흐름을 반영한 경상 거래보다는 자산 선택의 결과에 좌우되게 되었다.

어떤 통화든 전반적인 환율 변동을 나타내는 것은 양자 간 환율을 관련 교역 규모를 가중 평균해서 구하는 명목 실효 환율이다.[1] 국제결제은행이 산출한 월별 명목 실효 환율에 따르면 2000년 이후 엔화 환율의 최저점은 2007년 7월로 이 시점 엔화는 2000년 1월 대비 22.5퍼센트 절하되었다.[2] 이후 명목 실효 환율은 꾸준히 절상되다가 2012년 1월에 최고점을 기록한 뒤 그해 7월까지 거의 같은 수준을 유지했다. '슈퍼 엔고'라고 불릴 정도로 엔화가 최저점에서 최고점까지 54퍼센트 절상되었으니 일본 기업인들의 불만을 충분히 이해할 수 있다. 실제로 일본의 유력 전자업체 경영진이 필자와의 개인적 면담에서 가장 답답해했던 것은 원화 대비 엔화의 강세였다.

그러나 이 또한 이전 몇 년간 초약세를 보였던 엔화의 거울 이미지에 불과했다. 2012년 7월과 2000년 1월을 비교하면 엔화는 약 19퍼센트 절상되었다. 같은 기간 스위스 프랑은 59퍼센트 절상되었는데 스위스 프랑은 엔화와 마찬가지로 '안전 자산'으로 간주되었기 때문이다. 오스트레일리아 달러는 같은 기간 동안 36퍼센트 상승했다. 오스트레일리아 달러는 당시 세계 경제의 특징이었던 중국의 빠른 성장에 힘입어 상품 통화commodity currency로서 강세를 보였다. 유로화는 같은 기간 동안 31퍼센트 절상되었다. 즉 가치가 변화한 비율로 보면 21세기 초반 20년 동안 엔화의 절상 폭은 선진국 통화 중 결코 가장 큰 편이 아니다(그래프 [14-1] 참조). 또한 산업의 가격 경쟁력 측면에서는 명목 환율

[14-1] 명목 실효 환율(협의 지수)

지수(2000년 1월=100)

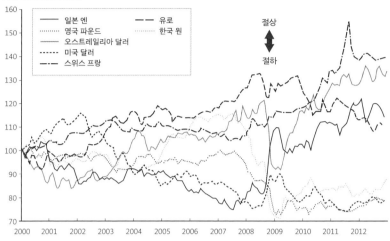

출처: 국제결제은행

[14-2] 실질 실효 환율

지수(2010년=100)

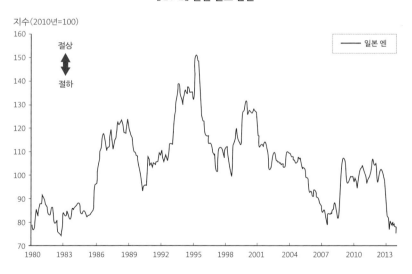

출처: 일본은행

의 변화보다 각국의 물가 상승률을 고려한 실질 환율이 훨씬 더 중요하다. 실질 실효 환율 측면에서 21세기 초반의 엔화 절상은 1985년 플라자 합의 이후의 엔고 수준에 크게 미치지 못했으며(그래프 [14-2] 참조), 다른 국가들과 비교했을 때도 두드러지지 않았다.

2007년 7월부터 5년 동안 엔화 가치가 상승한 것은 2007~2009년 글로벌 금융위기와 유럽 부채위기의 영향이 컸으며, 안전 통화로서 엔화의 위상이 반영된 결과다. 엔고 국면이 시작된 2007년 7월은 프랑스의 은행 BNP 파리바에서 문제가 발생하기 한 달 전이었고, 엔고 국면이 끝났던 2012년 7월은 유럽 부채위기가 절정에 달했던 시기였다. 위기가 썰물과 밀물처럼 오가는 타이밍과 엔화 가치의 움직임이 일치하는 것을 보면 놀랍기만 하다.

안전 통화로서의 엔화

외국인들이 엔화를 안전 통화로 매수하는 것은 일본 비즈니스 리더들과 일반 대중에게 의아한 현상이었다. 총재 재임 기간 동안 가장 많이 받은 질문 중 하나는 "일본 정부의 재정이 엉망이고 잠재 성장률과 인구가 모두 감소하고 있는데 왜 엔화를 안전 통화로 구매합니까?"였다. 그러나 외국 자본은 어떤 통화든 절대적인 안전성을 기대하지 않았다. 오히려 투자자들은 다른 통화와 비교한 상대적 안전성에 관심이 있으며, 상대적 안전성이 반드시 장기적인 관점에 근거하지는 않는다. 투자자들은 실제로 단기적으로 "충분히 좋은" 피난처를 제공하는 자산과 통화를 찾는다. 환율은 두 통화의 상대적 가격이기 때문에 안전성에 대한 인식의 변화는 환율의 변동으로 나타난다.

글로벌 금융위기 당시 통화의 안전성에 영향을 미치는 가장 중요한 요소 중 하나는 대외 자금 조달의 용이성이었다. 이 측면에서 보면 일본은 거의 난공불락의 요새와 같았다. 일본의 경상 수지는 동일본 대지진 이전까지 매년 지속적으로 흑자를 기록했다. 이러한 흐름을 누적한 일본의 국제 순투자 포지션은 2010년 말 GDP의 52.5퍼센트인 251.5조엔에 달했다. 중국도 일본에 이어 두 번째로 큰 국제 순투자 포지션을 보유하고 있었다. 그러나 중국 통화는 자유롭게 환전할 수 없다는 점, 그리고 중국의 법치에 대한 투자자들의 우려가 여전했기 때문에 안전 통화의 역할을 할 수 없다. 중국 위안화의 지위도 미묘하게나마 엔화 강세에 직접적으로 기여했다. 2005년 7월부터 위안화 환율은 통화 바스켓에 고정되었지만 중국은 미국 달러 대비 위안화 절상을 완화하기 위해 외환 시장에 계속 개입했다. 시장 참여자들은 장기적으로 두 통화 간에 어느 정도 상관관계가 있을 것이라는 가정하에 환전이 자유로운 엔화를 매수함으로써 환전이 어려운 위안화의 향후 절상에 대비한 이른바 프록시 헤지proxy hedge(유동성이 좋지 않은 통화의 거래 위험을 줄이기 위해 비슷하게 움직이면서 유동성이 풍부한 다른 통화를 대신 헤지하는 투자 기법-옮긴이)를 했고 이는 엔화 강세에 기여했다.

세 번째로 많은 순 대외 자산을 보유한 국가는 독일이었지만 유로존이 부채위기의 진원지였기 때문에 유로화가 안전한 피난처 역할을 할 수가 없었다. 네 번째로 큰 국가는 스위스였다. 투자자들이 보는 안전 통화의 요건으로는 환전 가능성, 충분히 큰 금융 시장, 사적 분쟁 해결을 위한 법치주의, 대외 자금 조달의 용이성 등이 있다. 스위스 프랑은 일본 엔과 함께 이러한 요건에 부합하는 통화였다. 만약 독일 마르크화가 여전히 존재했다면 글로벌 금융위기 당시 안전 통화 수요 증가가 마르크화로 흡수되어 엔화 강세 압력이 약해졌을 가능성이 높다.[3]

내외 금리 차

8장에서 설명한 것처럼 내외 금리 차 축소도 엔화 가치 상승에 기여했다. 글로벌 금융위기와 유럽 부채위기 이후 유럽과 미국의 성장이 정체되자 유럽중앙은행과 미국 연준은 적극적으로 통화정책을 완화해 기준 금리 수준을 낮추었다. 두 차례의 금융위기와 성장 정체를 겪은 일본은행은 이미 금리를 낮추었고 수익률 곡선에서 1년 만기 이하의 금리들은 제로 하한에 직면해 있었다. 따라서 일본에서는 금리를 낮출 여지가 훨씬 적었다. 장기 금리가 단기 금리보다 높더라도 이미 전 세계적으로 가장 낮은 수준이었기 때문에 장기 금리도 더 이상 하락할 여지가 거의 없었다. 요컨대 금리 차는 더 좁혀질 수 있지만 일본 통화정책이 독자적으로 금리 차이를 확대할 수는 없었다(그래프 [14-3] 참조).

엔화 환율 하락을 유도하기 위해 2012년 봄과 여름 통화정책회의에서는 당좌예금에 마이너스 금리를 적용하는 것에 대해 논의했다. 이는 덴마크와 스웨덴 중앙은행에서 이미 채택한 정책이었다. 예금 금리는 마이너스가 될 수 있지만 일반 대중이 지폐로 보유한 현금 잔액에 마이너스 금리를 부과할 방법은 없었다. 현금 사용이 보편화된 일본에서는 예금 금리가 마이너스 영역으로 떨어지면 예금주들이 은행 계좌에서 현금을 인출해 침대 매트리스 밑에 보관할 것이기 때문에 마이너스 금리를 적용하는 데 제약이 있었다. 나는 마이너스 금리가 내외 금리 차

[14-3] 선진국의 수익률 곡선

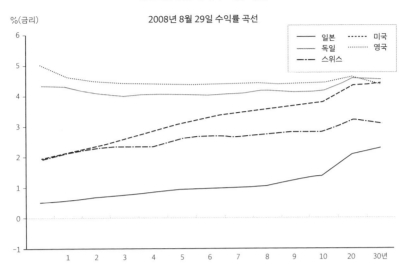

2008년 8월 29일 수익률 곡선

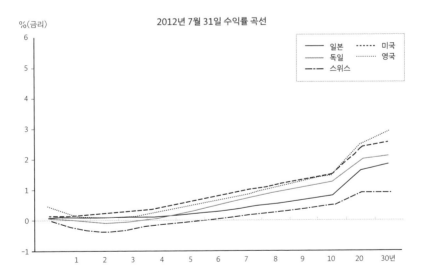

2012년 7월 31일 수익률 곡선

출처: 블룸버그

를 의미 있는 수준으로 확대하고 환율에 영향을 미칠 수 있을지에 대해 매우 회의적이었다.

시장 참여자들은 금리와 환율을 고려할 때 개별 중앙은행의 통화정책이 단기 금리의 향후 경로에 미치는 영향을 집중적으로 살펴본다. 일본은행은 제로 금리를 계속 유지할 것이라고 분명하게 향후 정책 방향을 설명했다. 그러나 일본은행이 향후 단기 금리에 대한 포워드 가이던스를 밝히지 않았더라도 국내외 경제 상황을 고려할 때 일본의 제로 금리가 당분간 지속될 것이라는 전망이 지배적이었고 이러한 기대는 이미 일본의 낮은 장기 금리에 반영되어 있었다. 미국의 금리는 더 높았기 때문에 연준은 장기 국채를 매입함으로써 단기 금리와 전체 수익률 곡선 수준을 모두 낮출 수 있는 여지가 있었고, 또한 금리가 사실상 제로 수준으로 더 오래 유지될 것이라는 시장 기대의 변화를 유도할 수 있었다. 이러한 방식으로 연준은 완화적 통화정책을 통해 미국 달러화의 가치 하락을 유도한 반면 일본은행은 내외 금리 차의 축소를 상쇄할 수단이 부족했다. 엔고 현상은 이런 엄연한 현실을 반영하고 있었다.

이렇게 기저에서 작동하는 힘은 환율에 대한 일본 내 논의에서 그다지 잘 알려져 있지 않았다. 스위스 중앙은행도 일본은행과 비슷한 곤경에 처해 있었고, 나는 필립 힐데브란트Philipp Hildebrand 총재와 통화절상에 대해 자주 의견을 교환했다. 제로 금리 하한에 직면한 상황에서 자국 통화의 환율 하락은 금융 완화 효과가 파급되는 유력한 경로 중 하나였지만 두 나라는 이런 경로에 의존할 수 없다는 공통점이 있었다. 스위스 프랑과 엔화가 안전 통화로 선택되는 것에는 두 나라 모두 대규모 순 대외 자산이 뒷받침하고 있다는 본질적 이유가 있었다. 하지만 또 다른 이유로 제로 금리 하한에 먼저 직면해 있으며 금리가 세계에서 가장 낮다는 점도 있었다.

국제 금융 시장에서 다양한 통화의 환율 변동을 관찰하고, 엔화 환율의 변동을 그중 하나의 움직임으로 이해하는 관점이 바람직하다. 그러나 일본 내부의 환율 논의는 이런 시각이 부족하다는 것이 나의 인상이었다.

N-1 문제

일본과 스위스가 직면한 이 문제는 노벨 경제학상을 수상한 로버트 먼델Robert Mundell이 수십 년 전에 "과잉 결정 문제redundancy problem" "N-1 문제"라는 용어로 지적한 바 있다. 전 세계에 N개의 국가가 존재한다면 통화정책은 N개 존재한다. 반면 환율은 통화 간의 교환 비율이므로 N-1개만 존재하게 된다. 따라서 각국이 통화정책으로 최적의 환율을 추구한다면 반드시 어느 한 나라는 자국 통화의 환율 수준을 선택할 수 없게 된다. 먼델이 이 문제를 제기한 브레턴우즈 체제하에서 이 N 번째 국가로는 미국이 상정되고 있었다. 각국이 자국의 이해에 따라 최적 정책을 운용하고, 미국이 기축 통화국으로서 세계 경제의 최적을 목표로 자국의 통화정책을 운영하면 결과적으로 각국 경제도, 세계 경제도 최적의 상태가 달성된다는 것은 적어도 이론상으로는 일관성이 있었다. 나는 학생 시절 먼델의 논의를 처음 접했을 때 이론적으로는 이해할 수 있었다. 하지만 이것이 현실적으로 의미 있는 논제가 될 수 있는가에 대해서는 상상력이 미치지 않았다. 그런데 총재 시절 엔고 경험을 통해 먼델이 제기한 문제가 현실에서 일어날 수 있다는 것을 이해할 수 있게 되었다. 다만 실제로 N 번째 입장에 처한 국가는 미국이 아니라 일본이나 스위스였다.

아이러니하게도 그동안 국회 질의에서는 먼델의 큰 학문적 실적 중 하나인 "먼델-플레밍 모형Mundell-Fleming model" 이론에 기초해서 일본은행의 통화정책이 비판되었다. 먼델-플레밍 이론은 자본 이동이 가능한 경제에서 통화정책과 재정정책이 가져다주는 효과의 차이에 초점을 맞추고 있다. 이 이론에 따르면 변동 환율제에서 완화적 통화정책은 금리 인하에 따른 자본 유출로 자국 통화의 절하를 초래함으로써 경기를 자극하는 반면, 적극적인 재정정책은 금리를 상승시켜 자본 유입을 초래하고 그 결과 통화 절상을 가져와 경기를 부양하는 효과를 가지지 않는다. 따라서 일본은행은 적극적인 금융 완화 정책을 펼쳐야 하고, 이를 위해 본원 통화를 더 증가시켜야 한다는 주장으로 이어졌다. 나는 이 논의에 동의하지 않았다. 재정정책에 대해서는 일본은행이 제로 금리 정책을 취하고 있으므로 확장적 재정정책의 효과를 상쇄하는 금리 상승은 발생하지 않는다. 또한 통화정책에 대해서는 2가지 중요한 포인트가 간과되고 있다. 하나는 앞에서 말했듯이 제로 금리 하한에 직면해 내외 금리 차를 확대시킬 수 없는 나라의 고통이고, 다른 하나는 각국이 통화 가치 하락을 목표로 한 통화정책을 전개했을 때 세계 경제 전체에 미치는 영향이다. 후자에 대해서는 "통화 전쟁"이라는 자극적인 용어와 함께 논의가 이루어졌다.

엔고와 디플레이션의 이중고 주장

엔고 현상의 원인에 대해 분석가들이 디플레이션에 책임을 돌리는 이야기를 자주 접했다. 물론 구매력 평가설에 따르면 물가가 차이 날 경우 환율이 그 차이를 보정해야 한다. 하지만 엔고 원인을 디플레이션에서 찾는 이들은 흔히 "엔화 환율 상승과 디플레이션으로 인해 피해를 보고 있다"라고 주장한다. 즉 엔고와 디플레이션이라는 "이중고" 논리를 전개하는 경우가 많았다. 그러나 구매력 평가설이 주장하는 바는 환율이 장기적으로 인플레이션의 차이를 없애는 수준으로 접근한다는 것이다. 이중고 같은 것은 없다.(9장 참조) 아마 이중고 주장이 상정하는 디플레이션이라는 단어는 문자 그대로 물가 하락을 의미하는 것이 아니라 경기가 나쁘다는 막연한 의미로 사용된 것 같다.

비슷한 맥락에서 일본은행이 채택한 목표 인플레이션율이 너무 낮고 이것이 엔화 절상의 원인이라고 주장하는 사람들도 있었다. 그러나 구매력 평가설이 즉각 성립하는 극단적이고 가능성이 희박한 경우에도 기대 인플레이션율이 1퍼센트포인트 상승하면 엔/달러 환율은 100엔에서 101엔으로 변화하는 데 그친다. 이렇게 소폭의 환율 상승은 일본 경제에 큰 도움이 되지 않을 것이다. 실제로 내가 총재로 재임하는 동안 오스트레일리아 달러는 가장 가파른 절상을 경험했지만 동시에 오스트레일리아 중앙은행Reserve Bank of Australia의 인플레이션 목표는 2~3퍼센트로 선진국 중 가장 높은 수준을 유지했다.

공동화에 대한 두려움

일본은행 직원들은 엔고로 인한 기업인들의 고통과 일본은행 정책에 대한 불만을 일상적으로 들었다. 나 자신도 비즈니스 리더들과의 사적인 만남과 기업 로비 책임자들과의 정기적인 교류에서 엔고에 대한 불만과 일본은행 정책에 대한 요구 사항을 많이 들었다. 특히 주력 수출 업종인 자동차와 전자 산업계의 비판이 컸다. 국회에서는 여당과 야당 모두로부터 엔고 현상에 대해 무대책이라는 비판을 받았다.

엔화 절상으로 인한 일본 기업의 이윤 감소에 불만을 품는 것은 이해할 수 있었다. 하지만 현재의 엔화 강세가 일본 경제의 '공동화'를 초래할 것이라는 주장에는 동의할 수 없다. 일본 기업들이 생산 시설을 해외로 이전할 수밖에 없어 국내 고용이 감소할 것이라는 주장이다. 실제로 일본의 해외 직접 투자는 2000년 4.9조 엔에서 2008년 11.5조 엔으로 증가했다.[4]

공동화론은 1971년 엔화 절상 이후부터 반복적으로 주장되어왔는데 내가 환율로 인한 '공동화' 주장을 납득할 수 없는 2가지 이유가 있다. 첫째, 글로벌화된 경제에서 기업이 특정 지역에 생산 시설을 배치하는 결정은 주로 현지 생산 비용과 시장 규모 같은 요인에 따라 달라진다. 전자의 경우 노동 집약적인 생산 공정을 국내에서 유지하는 데는 비용이 많이 들기 때문이다. 후자의 경우 일본 내수 시장 규모는 불리한 인구 통계로 인해 성장 가능성이 높지 않은 반면, 중국과 같은 신흥 시장 경제는 훨씬 더 빠르게 성장할 것으로 예상되기 때문이다. 임금이 상대적으로 낮고 최종 수요가 상대적으로 높은 국가에 제조 공장을 설립하는 것은 상당히 합리적인 판단이다. 물론 환율은 해외 직접 투자와 무관하지 않으며, 엔화가 급격히 절상되면서 이러한 투자가 증가했다. 엔화 절상이 수출 수익성에 부정적인 영향을 미치고 기업의 해외 직접 투자를 촉진한 것은 사실이지만 엔화 절상이 생산을 해외로 이전하는 주된 이유일까? 물론 어느 방향이든 환율의 급격한 변동은 기업의 투자 결정에 영향을 미치고 비가역적 비용을 초래할 수 있다. 하지만 지난 10년간 일본의 해외 직접 투자에 대한 나의 평가는 엔화 상승이 생산 해외 이전 결정의 시기를 앞당겨 불가피한 상황을 가속화했을 뿐, 일본 해외 직접 투자의 근본적인 추세를 주도한 주요 요인은 아니었다는 것이다.

둘째, 일본 기업의 해외 진출은 비교 우위의 관점에서 해석되어야 한다. 시간이 지남에 따라 제품과 서비스의 생산 위치는 각국의 비교 우위, 특히 인구 통계와 보유 기술 같은 조건을 반영하게 된다. 1960년 대~1980년대의 고도성장기에 일본은 섬유, 조선, 제철, 전자, 자동차 분야에서 상당한 세계 시장 점유율을 차지했다. 이를 신흥 시장 경제가 따라잡으면서 제조 공정의 변화는 비교 우위의 변화를 반영할 것으로 예상해야 한다. 동아시아 전체를 아우르는 공급망의 변화라는 관점에서 보면 일본의 비교 우위는 기본 조립 라인이 아니라 고부가가치 생산과 서비스에서 찾을 수 있다. 동시에 일본의 인구 고령화로 인해 의료와 사회 복지 같은 노동 집약 부문의 근로자 수요가 증가했다. 일본의 노동력이 감소하고 있지만 이러한 서비스 산업의 고용 비중은 증가해야 한다.

환율 변화로 인해 내린 의사 결정이 돌이킬 수 없는 비용을 초래하는 경우도 있다. 2004~2007년 자동차와 전자 산업의 "리쇼어링"이 뼈아픈 교훈을 준 대표적인 사례다(6장 참조). 당시 엔화가 크게 절하된 것은 외국 중앙은행들이 금리를 인상하는 동안 일본은행은 제로 금리를 유지하거나 제로 금리에 가까운 금리를 유지했던 것이 주된 원인이었다. 엔화 가치 하락으로 일본 국내 제조업과 수출의 수익성이 일시적으로 개선되었고, 이로 인해 대규모 국내 설비 투자가 이루어졌다. 하지만 글로벌 금융위기 이후 외국 중앙은행들이 한꺼번에 공격적으로 금리를 인하하고 엔화가 급격히 절상되면서 수출 수익성이 악화되자 역효과가 발생했다. 돌이켜보면 엔화 가치 하락은 단기적으로 수출 수익성만 높였을 뿐이다. 장기적으로는 비교 우위 변화의 흐름에 역행하는 리쇼어링으로 인해 이후 엔화 가치가 정상화되고 절상되는 과정에서 더 큰 조정 부담을 안게 되었다. 반면 전자 산업의 조정 부담은 환율 변동뿐 아니라 경영 전략의 실패로도 초래되었다. 평면 TV 생산의 경우 외국 경쟁 업체들이 투입물과 최종 제품을 모두 일본 외 지역에 위치한 다른 업체 소유의 공장에서 제조하는 "팹리스fabless" 제조로 전환하는 가운데 일본 기업들은 수직 통합 제조를 계속 추구했는데 심각한 전략적 실수였다.[5]

2013년 내가 일본은행을 떠난 후 상대적 엔화 약세 기간 동안에도 일본 전자 산업의 수출 경쟁력은 회복되지 않았다. 2013년 이후 엔화 환율 하락기에도 해외 직접 투자는 증가했지만 일본 내에서 공동화나 리쇼어링에 대한 이야기는 거의 나오지 않았다. 어쩌면 일본 비즈니스 리더들조차 해외 제조로의 전환이 불가피하다는 점과 이러한 추세의 배경에 있는 요인들을 인정하게 된 것일지 모른다.

제조업 경영자들의 불만

총재 재임 기간 동안 나는 엔고로 인한 일본 수출업계의 불만과 좌절감을 잘 알고 있었다. 또한 자체 경쟁력을 제고하기 위해 일관되게 노력해온 업계 리더들을 오랫동안 존경해왔다. 하지만 "육중고"란 용어를 사용하는 경영자들의 발언 속에서 약간의 오만함을 느끼기도 했다. 특히 2011년 11월 나고야에서 열린 현지 비즈니스 리더들과의 공식 오찬에서 한 글로벌 기업의 임원이 한 말을 듣고 깜짝 놀랐던 기억이 난다. "이례적인 정책이라는 것은 알지만 슈퍼 엔고 현상을 막기 위해서는 일본은행이 국채를 인수할 시기가 온 것 같습니다." 엔고 현상은 외환 시장 투기의 결과며 공장에서 땀 흘려 일하는 선량한 기업인들은 이러한 머니 게임의 희생양이라는 그의 불만이 느껴졌다. 그러나 환율 변동과 같은 경제 충격은 승자와 패자를 모두 만들어내며, 경제정책을 운영할 때는 일본 경제 전반에 미치는 영향을 고려해야 한다. 환율이 어떤 방향으로 움직이든 정책 당국자는 단기적인 영향뿐 아니라 공급 측면과 경제 내 자원 배분에 미치는 장기적인 영향도 고려해야 한다. 특히 수요에 미치는 영향을 평가할 때는 수출 업체에 대한 즉각 눈에 띄는 부정적 영향뿐 아니라 교역 조건 개선이 일본 실질 소득에 미치는 긍정적 영향도 함께 평가해야 한다.

다른 주요 국가들에 비해 유독 일본에서 자국 통화 강세에 대한 반대 의견이 많은 이유는 무엇일까? 일반론적으로 말하자면 어느 나라든 수출은 상대적으로 소수의 대기업에 집중되어 있는 반면, 수입은 중소기업을 포함한 많은 기업에 분산되어 있고, 자국 통화 강세의 주요한 직접적 수혜자는 소비자다. 이러한 수출입 기업의 규모 차이는 수출에 유리한 자국 통화 약세를 환영하는 목소리가 커지는 한 요인이 되는데, 일본은 특히 이러한 경향이 강한 것으로 보인다. 다른 선진국에서는 찾아보기 힘든 현상인데, 여기에는 거시경제정책이나 환율에 대해 발언하는 주요 경제 단체의 수장들이 전통적으로 수출 관련 제조업 출신이 많다는 점도 관련이 있는 것으로 보인다. 이에 더해 일본 대기업의 고용 관행이 압도적으로 종신 고용이 많았기 때문에 직원들이 기업의 이익과 자신의 이익을 동일시하는 경향이 있는 것도 관련이 있을 수 있다.

엔고 현상을 둘러싼 사회 '공기'

일각에서 육중고와 경제 공동화 현상에 대해 큰 불만을 제기했지만 이것이 전부는 아니었다. 비즈니스 리더들과 사석에서 이야기를 나눌 때는 경쟁력 상실의 근본 원인은 엔고보다는 제품 자체의 경쟁력 저하라는 다른 견해를 자주 들었다. 특히 일본 전자 산업의 광범위한 경쟁력 하락은 엔고 때문이 아니라는 의견이 많았다. 또한 해외 생산과 판매 비율이 높은 글로벌 기업의 경우 연결 재무제표상의 결산이 중요하지만, 보고되는 "엔고에 의한 이익 감소" 수치에는 "외화 환산 조정액"과 같이 해외 자회사 지분에 대한 미실현된 환차 손익도 포함되어 현금 흐름의 감소를 수반하지 않는 것이 적지 않았다. 게다가 일본의 대외 직접 투자 증가는 인구 감소로 인한 내수 시장 위축, 신흥 시장 경제의 빠른 성장률, 임금 격차 등 더 광범위한 경제 현실을 반영한 기업의 합리적 의사 결정의 결과이지 공동화로 볼 수 없다는 인식이 공유되었다.

그러나 이런 인식을 가진 비즈니스 리더들조차 재계 수뇌부나 업계 단체의 수장으로서 공식 발언을 할 때는 엔고 현상에 강한 우려를 표명하는 경우가 많았다. 아마 자기네 발언이 엔화 절상을 용인하고 엔화 강세를 부추기는 것으로 받아들여질 경우 쏟아질 비난이 두려웠을 것이다. 심지어 나조차 엔화 강세에 관대한 것으로 비치지 않도록 공개 석상에서 신중하게 말을 선택했다. 예를 들어 명목 환율이 절상되었더라도 실질 실효 환율이 상대적으로 낮게 유지되고 있다는 점은 설명하지 않았다. 당연히 엔화 강세로 수익성이 개선된 수입 업체들은 침묵을 지켰다. 그리고 가격과 무관하게 비교 우위를 갖춘 수출 기업들도 아무말 하지 않았다. 이러한 모든 이유로 공적 영역에서 환율에 대한 논의는 압도적으로 일방적이었다.

자국 통화 가치의 상승에 대해 수출 산업에서 강한 원망의 목소리가 나오는 것은 일본만의 현상은 아니며, 엔고에 따라 이익을 얻는 기업이 침묵하는 경우도 어느 정도는 상상할 수 있다. 그러나 엔고로 이익을 얻는 많은 소비자, 국민도 있을 것이다. 그럼에도 국민의 평균적인 목소리를 반영해야 할 언론과 여론조차 엔고에 비판 일색인 것은 일본의 비극이라 생각한다. 많은 사람이 공개적으로는 말할 때와 사적으로 말할 때 완전히 다른 표현을 하는 것을 한두 번 본 것이 아니다. 씁쓸했지만 어쩔 수 없는 현실이었다. 그러나 이러한 경향을 전혀 견제하지 않고 아무도 의문을 제기하지 않는다면 적절한 경제정책 수행에 차질이 생긴다. 1973~1974년의 "광란의 인플레이션"이든 1980년대 후반의 버블 경제든, 실제로 일본의 경제정책 결정 과정에서 저지른 큰 실수는 대부분 엔고를 '국난'이라 주장하는 여론을 용인한 데서 비롯되었다.

글로벌화된 금융 시스템에서 막대한 국경 간 자본 흐름을 고려할 때 정책 당국이 환율을 마음대로 통제할 수는 없다. 논리적으로는 한 국가가 환율의 변동을 막고 싶다면 자본의 자유로운 이동을 제한하면 된다. 그러나 일본처럼 무역과 자본 이동이 활발한 글로벌 경제에서 번영을 목표로 하는 선진국이라면 이런 선택은 기껏해야 비생산적이며 완전히 비현실적일 가능성이 높다. 또 다른 선택은 고정 환율을 채택하는 것이다. 그러나 일본의 경우 고정 환율제 채택은 사실상 국내 경제 안정에 맞춘 통화정책을 포기하는 대신 미국의 통화정책에 편승하는 것을 의미하는데, 이는 실제로 가능하지도 않고 적절하지도 않다. 고정 환율제, 자본의 자유로운 이동, 독립적인 통화정책이란 3가지 목표를 한꺼번에 달성하기는 불가능한 이 문제를 "개방 경제의 트라일레마 open-economy trilemma"라고 부른다. 일본이 세계화의 길을 선택하고 독자적인 통화정책을 갖고자 하는 한 변동 환율이라는 제약도 받아들여야 한다. 일본 국민과 정치인들은 이러한 현실을 받아들이는 데 더뎠다.

통화 전쟁

일본의 여론이 엔화 강세에 집착하는 동안 국제무대에서는 중앙은행 간 이른바 "통화 전쟁"을 둘러싼 불길한 논쟁이 벌어졌다. 이 표현은 2010년 9월 27일 《파이낸셜타임스》에 실린 브라질 재무장관 기도 만테가Guido Mantega의 말로 전 세계의 이목을 집중시켰다. 그는 선진국 중앙은행들이 자국 통화를 평가 절하하려는 현상을 "통화 전쟁"이라는 다소 선정적인 말로 표현했다.[6] 특히 미국 연준의 추가적인 통화 완화 조치 이후 미국 달러화가 약세를 보이면서 상황이 촉발된 것으로 보였다. 만테가의 발언은 벤 버냉키 연준 의장이 잭슨홀 경제 심포지엄 연설에서 추가적인 통화 완화를 시사하며 달러 약세가 가속화한 이후, 연준이 2차 양적 완화QE2를 공식적으로 시작하기 전의 중간 시점에 나왔다.[7] 또한 이 발언이 나오기 직전에 일본은 6년여 만에 처음으로 외환 시장에 개입했다.

선진국의 많은 경제정책 당국자들은 "통화 전쟁"이라는 용어에 대해 깊은 유감을 표했지만 이미 경제 전문 언론의 주목을 받고 있었다. 내가 참석한 국제회의에서도 현 상황을 "통화 전쟁"으로 보는 인식에 대한 비판을 많이 들었다. 국경을 넘나드는 무역과 자본의 흐름은 당사국들뿐 아니라 글로벌 경제가 함께 발전하는 데도 기여한다. 이런 무역과 자본의 흐름으로 인한 환율 변동을 전쟁에 비유하는 것은 매우 부적절해 보였다. 만테가의 발언은 브라질의 정책 실패에 대한 비판의 화살을 다른 나라로 돌려 회피하려는 시도로도 보였다.

다만 나는 환율에 대한 논의가 만테가 재무장관의 발언에 대한 비판이나 신흥국이 일방적으로 선진국을 비판하는 것으로만 끝나는 데 불편함을 느꼈다. "통화 전쟁"이라는 용어의 적절성 여부를 떠나 각국의 통화정책과 환율 체제가 세계 경제 전체에 미치는 영향에 대해 깊이 고민해야 함에도 이에 대한 인식과 논의가 부족하다고 생각했다.

선진국 경제정책 당국자들의 기본적인 생각은 각국 모두 국내 경제 안정을 목표로 삼아 정책을 운영하고 있으며, 이런 각국의 노력이 결국 글로벌 경제 전체의 안정으로 이어진다는 것이었다. 여기서 핵심은 선진국, 특히 미국의 통화 완화에 따른 글로벌 파급 효과를 평가하는 것이다.

이에 대해서는 2가지 상반된 견해가 있었다. 한 견해는 특히 금리가 제로 하한에 가까운 상황에서 집행되는 공격적인 완화 정책은 경쟁적인 평가 절하 경쟁을 촉발하는 "근린 궁핍화beggar-thy-neighbor" 정책에 해당한다고 주장한다. 이것은 제로섬 게임의 관점이다. 다른 견해는 내수 진작을 위한 통화 완화가 결국 글로벌 경제의 안정으로 이어질 것이라고 주장한다. 버냉키를 비롯한 연준의 최고 책임자들이 다양한 국제 포럼에서 신흥 시장 경제의 비판을 반박하면서 이러한 관점을 표명했다. 2013년 3월 버냉키 의장은 한 연설에서 각국의 완화적 통화정책은 "플러스섬 게임" 관점을 반영하는 "근린 부유화enrich-thy-nieghbor" 정책이라고 말했다.[8]

신흥국과 개발도상국의 불만

많은 신흥국과 개발도상국은 미국이 통화정책을 완화한 후 막대한 자본이 유입된 것에 대해 불만을 표출했다. 그들의 우려는 자국 통화 가치의 절상과 그로 인한 수출 경쟁력 상실에 집중되어 있었다. 또한 이러한 자본 흐름의 방향이 반대로 바뀔 경우 경제에 미칠 잠재적인 불안정성에 대해서도 우려했다. 이는 당연한 반응이었다. 중앙은행이 자본 유입에 따른 통화 절상을 막기 위해 외환 시장 개입에 나서면 국내 통화 여건이 더욱 완화되어 경제 활동을 자극할 수 있다. 또한 자국 통화 절상은 인플레이션을 억제하고 통화정책을 더 완화할 기회를 제공할 것이다. 그러나 유감스럽게도 이것이 끝이 아니다. 환율 개입으로 인한 외환 보유액 증가는 필연적으로 미국 국채 투자로 연결되어 미국의 장기 금리를 추가로 낮추는 효과가 있기 때문이다. 이는 다시 미국에서의 자본 유출, 그리고 이에 상응하는 신흥국과 개발도상국으로의 자본 유입으로 이어지는 순환 과정을 이루게 된다. 공격적인 통화 완화로 인한 선진국 금리의 하락은 국제 투자자들의 "수익률 추구search for yield"를 촉발시켜 캐리 트레이드의 형태로 신흥국과 개발도상국으로 더 많은 자본이 유입되게 만든다.

　신흥국과 개발도상국의 항의에 대해 선진국 경제 당국은 자본 유입이 국내 문제를 야기한다면 각국이 자본 유입을 완화하기 위해 필요한 모든 조치를 취하면 된다고 반박했다. 한 가지 방법은 국내 통화가 절상되도록 용인하는 것이다. 통화가 충분히 강세를 보이면 시장 참여자들이 통화 약세를 예상하면서 자본 유입은 멈추게 된다. 또 다른 방법은 국내 금융기관에 대한 규제와 감독을 강화하는 것이다. 선진국의 시각에서 볼 때 신흥국과 개발도상국은 자국 금융 시스템에 대한 책임을 회피하고 선진국의 통화정책 수행에 대해 무리한 요구를 하고 있었다. 이런 논쟁은 미국에서 있었던 한 논의를 떠올리게 했다. 신흥국의 과도한 저축으로 인한 "글로벌 저축 과잉global saving glut"이 대규모 경상 수지 흑자와 미국 달러 외환 보유액 축적을 야기했고, 이것이 결국 미국 장기 금리의 하락과 미국 주택 버블의 원인이 되었다는 논의였다.[9] 내게 이 주장은 미국이 독자적으로 금리 인상이라는 상쇄 조치를 취할 수 없음을 전제로 한 것으로 보였다. 어쨌든 견해 차이는 좁혀지지 않았고 우리는 국제회의에서 활발하고 때로는 격렬한 의견 교환을 반복했다. 연준 대표들은 표현에 신중을 기했지만 때때로 신흥국의 발언에 짜증을 내는 것처럼 보였다.[10]

　이 논의는 2004~2007년 양적 완화를 포함해 일본은행이 상당히 완화적인 통화정책을 집행할 때 아시아 국가 중앙은행들이 일본은행에 불만을 제기한 방식, 그리고 일본은행이 대응한 방식과 놀라울 정도로 유사했다. 당시 나도 연준과 근본적으로 같은 말을 했기 때문에 연준 주장의 논리를 잘 이해할 수 있었다. 하지만 글로벌 금융위기의 격동을 겪은 후 나는 국내 요인pull factor과 글로벌 요인push factor에 따라 유입되고 유출되는 대규모 자금의 경제적·정책적 함의를 더 고려해야 한다는 신흥 시장 경제의 호소에 더 공감하게 되었다.

한 나라의 통화정책이 다른 국가에 미치는 파급 효과는 총재 재임 5년간 참석한 국제회의에서 항상 거론된 주제였다. 하지만 만테가 재무장관의 "통화 전쟁" 발언처럼 늘 논의된 것은 주요 선진국, 특히 미국의 통화정책이 신흥국과 개발도상국에 미치는 영향이었다. 이 문제는 중요했지만 나에게 더 절실한 문제는 일본이나 스위스 같은 안전 통화를 가진 국가가 다른 선진국의 완화적 통화정책으로 인해 겪는 파급 효과였다. 나는 이런 문제의식을 일반화하려고 여러 번 시도했지만 폭넓은 인식을 이끌어내는 데는 실패했다. 좀 더 설득력 있게 추진했어야 했는데 아쉬움이 남는 부분이다.

선진국들의 이중성

신흥국들이 자국 통화 가치 상승에 대해 완화적 통화정책과 함께 외환 시장 개입으로 대응한 것과 마찬가지로 선진국들도 지난 수십 년간 외환 시장에 개입해왔으며, 특히 1985년 플라자 합의와 1987년 루브르 합의 이후 더 자주 개입했다. 1992년 영국 파운드화 투매로 영국이 유럽환율메커니즘European Exchange Rate Mechanism, ERM에서 탈퇴했던 위기 이후 1990년대 후반 들어서야 선진국들은 외환 시장에 대한 단독

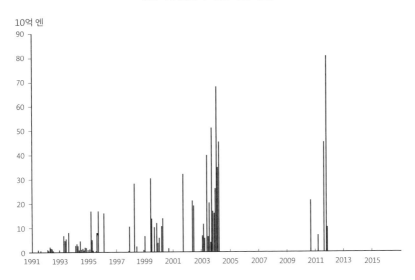

[14-4] 일본의 외환 시장 개입

10억 엔

출처: 일본 재무성

개입을 자제하기 시작했다. 선진국에서는 외환 시장 개입을 최소화하는 것이 표준이 되었지만 일본과 스위스는 예외였다.

이런 배경에 따라 유럽과 미국 당국은 일본의 외환 시장 개입에 대해 항상 불만을 표명했다(그래프 [14-4] 참조). 일본에서는 개입 권한이 중앙은행이 아닌 정부(재무성)에 있다. 시장 개입 때마다 신문에는 "정부·일본은행의 외환 시장 개입"이라는 제목이 나왔지만 정확한 표현은 "정부의 외환 시장 개입"이다. 일본은행은 매일 외환 시장의 움직임을 모니터링하고 개입과 관련된 실질적 문제들에 조언하지만 개입 여부와 수준은 재무성에서 결정한다. 하지만 외환 시장 동향에 대해 다른 국가들과 광범위한 의견과 정보 교환을 할 때는 재무성과 일본은행 모두 참여한다. 나도 외환 시장 동향 때문에 외국 중앙은행 총재들과 연락을 하곤 했지만 미국, 유럽, 일본으로 이루어진 이른바 G3 중심의 회의가 중요했다. 지금은 어떻게 진행되고 있는지 모르겠는데 내 임기 후반 들어서는 중국의 참여 여부에 대한 논의가 늘어났다.

외환 시장 개입과 통화정책에 대한 다른 선진국들의 수사에 대해 나는 이들의 논리가 일관성이 떨어지며 솔직하지 않다는 인상을 계속 받았다. 다른 선진국과 비교하면 일본은 외환 시장 개입을 자주 했다. 하지만 그래도 개입 권한을 가진 재무성은 대규모로 지속적인 단독 개입을 하는 것에는 당연히 신중하게 접근했다. 5년의 임기 동안 외화 매수와 엔화 매도 개입은 2010년 9월(2조 1249억 엔), 2011년 3월(6925억 엔), 같은 해 8월(4조 5129억 엔), 같은 해 10~11월(9조 917억 엔) 4회 시행되었다. 개입 규모는 총액으로 약 4조 엔이었다. 그중 동일본 대지진 직후인 2011년 3월의 개입은 G7 국가의 공조 개입이었고 나머지는 모두 일본의 단독 개입이었다. 일본이 단독으로 개입했을 때 유럽 당국자들은 기자 회견 등을 통해 종종 우려와 이견을 표명했다.

나는 완화적 통화정책이 환율에 미치는 영향에 대한 그들의 설명에 때때로 동의할 수 없었다. 유럽과 미국의 중앙은행 당국자들은 모두 국내 경제의 안정, 즉 내수 진작과 물가 안정을 위해 완화적 통화정책을 사용하고 있을 뿐 환율에 영향을 미치려는 목적은 전혀 없다고 주장했다. 물론 완화적 통화정책을 통해 국내 경기를 부양하려고 했겠지만 자국 통화 가치를 약화시키거나 아니면 적어도 절상을 억제하려는 의도가 있는 것은 아닌지 의심스러웠다. 이들이 내세우는 명분과 본심은 분명히 괴리되어 있었으며 자국 통화 가치의 움직임에 대한 침묵은 의도적으로 보였다. 이들은 다른 국가들의 외환 시장 개입에 대해서는 비난하면서 자국의 통화정책이 환율에 미치는 영향에 대해서는 해당 국가들이 알아서 자구책을 마련하라고 촉구했다. 결국 금리를 낮춰 내외 금리 차를 좁히는 특권을 가진 중앙은행만이 가능한 방법인데, 일본은행에는 이런 권한과 자유가 없었다.[11]

스위스 중앙은행의 전례 없는 실험

이런 맥락에서 스위스 당국의 대응은 자세히 살펴볼 가치가 있다. 스위스는 안전 통화를 보유하고 있고 금리 수준이 세계에서 가장 낮다는 점에서 일본과 유사했다. 그러나 스위스 당국은 자국 통화 절상을 견제하겠다는 의사를 분명히 했다.[12] 이는 2011년 여름 유럽 부채위기의 두 번째 국면에서 가장 분명하게 드러났는데, 이 시기 스위스 프랑화는 급격히 절상되어 1유로당 1.2프랑 수준을 잠시 돌파하기도 했다. 스위스 중앙은행은 2011년 8월 공격적인 양적 완화를 실시했고, 단 1개월 만에 스위스 중앙은행 당좌계좌 잔액을 스위스 명목 GDP의 40퍼센트 수준까지 확대했다. 그러나 효과는 미미했다. 결국 9월 6일 스위스 중앙은행은 1유로당 1.2프랑 수준의 상한선을 유지하기 위해 무제한 시장 개입에 나서며 전 세계를 놀라게 했다.[13]

일본이 스위스와 같은 정책을 펼칠 수 있었을까? 그랬다면 일본에도 효과가 있었을까? 나는 2가지 측면에서 모두 회의적이다. 첫째, 스위스는 명목 GDP가 일본의 10분의 1에 불과한 소규모 개방 경제지만 일본은 여전히 세계에서 세 번째로 큰 경제였다. 따라서 필요한 개입 규모도 완전히 달랐을 것이다. 게다가 일본은 선진국 그룹인 G7의 일원이었다. G7 국가들이 환율 제도 관리에 더 많은 유연성을 보이도록 중국을 압박하는 시기에 일본마저 대규모 외환 시장 개입을 시도했더라면 이에 따른 정치적 비용은 엄청나게 컸을 것이다.

외환 시장 개입의 효과에 대해서는 통화 가치를 지키려는 개입과 통화 약세를 도모하는 개입 사이 비대칭성이 존재한다는 주장이 있다. 전자의 경우 외환 당국의 환율 방어는 외환 보유액 규모에 제약받으므로 당국의 방어 능력은 시장 참여자들이 쉽게 눈치챌 수 있다. 반면 통화 가치 상승을 막으려는 경우에는 중앙은행이 국내 통화를 찍어내면 되기 때문에 통화 당국이 모든 수단을 동원해서 막겠다는 의지만 보이면 환율 상승을 막을 가능성이 훨씬 높다.

그럼에도 스위스 중앙은행은 개입 후 불과 몇 년 동안만 환율 방어선을 지킬 수 있었다. 유럽중앙은행이 양적 완화를 채택하고 스위스 프랑이 급격하게 절상되기 직전인 2015년 1월 스위스 중앙은행은 유로화에 대한 페그peg(특정 국가의 통화에 자국 통화의 환율을 고정해두는 것-옮긴이)를 갑자기 포기했다. 스위스 중앙은행이 밝힌 이유는 이렇다.

최저 환율제를 중단하지 않았다면 스위스 중앙은행의 대차대조표가 통제할 수 없을 정도로 확대되어 스위스 GDP의 몇 배에 달하는 수천억 스위스 프랑의 규모로 증가하는 비용을 치러야 했을 수 있다. 이러한 대차대조표의 확장은 스위스 중앙은행의 향후 통화정책 수행 능력을 심각하게 저해하고, 장기적으로 중앙은행의 책무 달성을 위태롭게 만들 것이다. 또한 최저 환율 유지가 더 이상 가능하지 않다는 점을 고려하면 추가 개입은 무의미했으며 이로 인한 막대한 손실도 정당화될 수 없었을 것이다.[14]

스위스의 경험은 통화 절상 이후 환율이 균형 수준으로 다시 하락할 것이라는 확신이 없는 한 중앙은행이 대차대조표 확대를 지속하는 것이 어렵다는 사실을 잘 보여준다. 이런 어려움은 단순히 회계적인 문제가 아니라 더 광범위한 맥락인 정치적 측면, 심지어 사회적 측면의 고려에서 비롯된다. 중앙은행이 외환 시장 개입에서 손실을 보면 납세자들의 손실로 이어지며, 중앙은행에 외환을 매도한 해외와 국내의 시장 참여자들은 이익을 얻게 된다. 민주주의 사회에서 중앙은행은 이러한 손실을 무한정 방치할 수 없다. 외환 시장 개입이 정부 계좌를 이용해 직접적으로 행해진다면 발생한 손실 부담은 바로 납세자에게로 돌아간다. 따라서 통화 약세를 위한 개입은 반대 방향의 개입보다 더 효과적일 수 있지만 중앙은행의 개입은 사회가 감내할 수 있는 한계에 도달할 수 있다.

국제 정책 공조

일본이나 스위스 같은 국가들이 통화정책 운용 측면에서 제약을 받는 것에 그치지 않고, 세계 경제 전체의 안정을 보장할 수 있는 메커니즘 부재가 문제다. 현재 상황에서 앞서 언급한 N 번째 통화는 일본 엔과 스위스 프랑이다. 하지만 제로 금리 하한에 직면하고 있는 상황에서 다른 나라가 환율 인하를 목적으로 금융 완화 정책을 추구할 경우 제로섬 게임의 양상이 강화될 것이다. 즉 선진국과 신흥국 사이뿐 아니라 선진국 사이에서도 완화적 통화정책의 파급 효과는 결코 무시할 수 없게 된다. 결국 자국의 금융 완화 정책이 타국에 미치는 파급 효과와 그

것이 다시 자국 경제로 되돌아오는 피드백까지 고려하면 자국 경제의 안정을 위한 통화정책 운용도 달라질 수밖에 없다. 추상적으로 말하면 이러한 외부 효과까지 '내부화'한 정책이 최적 정책이 되겠지만 실제로 각국에 그런 정책을 기대하는 것은 비현실적이다. 이 문제를 예전부터 "국제 정책 공조international policy coordination"라고 부른다.

이런 생각이 적어도 수사적으로나마 중요하게 여겨졌던 시기가 단기간 존재했다. 1985년 9월 플라자 합의부터 1987년 2월의 루브르 합의가 이루어질 무렵이다(2장 '일본의 버블 경제' 참조). 이런 방식의 사고에 대해 1980년대 후반 당시도 그랬지만 지금도 나는 찬성할 수 없다. 당시 미국은 자동차 산업의 경쟁력 저하, 무역 적자 확대에 직면해 보호무역주의 움직임을 강화하고 있었다. 이러한 상황에서 미국은 자국 무역 적자를 축소하기 위해 달러 강세 시정, 대미 흑자국의 내수 확대를 요구하면서 플라자 합의가 성립했다. "국제 정책 공조"라는 말은 실제로 미국이 원하는 정책을 타국에 요구하는 것을 정치적으로 정당화한 표현이었다고 생각한다. 1980년대 후반 일본 버블은 금융 완화 정책만이 원인은 아니지만 국제 정책 공조 아래 지배적이었던 "시대 이념"의 영향에서 벗어나기 어려웠다.

이러한 과거의 경험은 내가 국제 정책 공조를 생각할 때 큰 도움이 되었다. 다만 글로벌 금융위기 이후 통화정책의 전개 과정을 보면 국제 정책 공조라는 사고방식 이면에 있는 본래 취지는 이해할 수 있다. 여기서 내가 "본래 취지"라고 부르는 것은 위에서 언급한 금융 완화 효과의 파급과 피드백을 의식해 최적의 정책을 생각한다는 사고방식이다. 원론적으로는 국제 정책 공조가 세계 전체의 경제 상황 개선으로 이어질 여지가 분명히 존재한다. 그러나 한편으로 현실의 국제 정책 공조는 강대국의 이익이 강요될 가능성도 충분하다. 이 점에 대해서는 21장 '중앙은행의 국제 협력'에서 다시 다룬다.

환율 관련 커뮤니케이션

나는 엔화 강세나 약세를 지지하는 사람이 아니었으며 장기적으로 환율은 경제 펀더멘털을 반영하는 경향이 있다고 생각했다. 단기적으로 환율은 무수히 많은 요인을 반영해 움직이고 있으며 펀더멘털에서 때때로 벗어날 수 있으나 실시간으로 환율이 펀더멘털과 일치하는지 파악할 수 있는 방법은 없다. 그래서 나는 원칙적으로 중앙은행이 엔화 환율의 특정한 수준에 대한 견해를 제시하는 것이 적절하지 않다고 생각했다. 그러나 환율이 급격하게 변동할 때 중앙은행이 아무런 조치를 취하지 않으면 엔화 절상이 가속화되어 향후 경기와 물가에 갑작스럽게 부정적인 결과를 초래할 가능성이 있었다. 이런 예외적인 경우에만 일본은행은 총재 담화를 통해 우려를 표명했다. 나는 총재 재임 기간 동안 2010년 8월 12일과 9월 15일, 2011년 3월 18일과 8월 4일, 총 4번의 성명을 발표했다.

일본의 경우 정부 내에서 환율에 대한 공식 대변인이 누구인지 명확하지 않다는 점에서 환율 관련 커뮤니케이션에 심각한 제도적 문제가 있다. 환율에 개입할 수 있는 법적 권한은 재무장관에게 있으므로 최종 결정권을 가진 재무장관이 공식 대변인이 되어야 한다. 그러나 특히 엔화가 상승할 때 다른 장관들이 국무회의 후 기자 회견에서 빈번히 자유롭게 구두 개입을 함으로써 시장에 혼재된 메시지를 전달하는 경우가 많다. 일본도 환율에 대한 대외 발언은 시장 개입에 대한 법적 권한이 있는 당국자(미국은 재무장관, 유로존은 유럽중앙은행 총재)만이 수행해야 한다는 인식이 널리 퍼져 있는 미국과 유로존의 선례를 따라야 할 필요가 있다.[15]

다양한 엔저 유도 제안

환율에 대해 일본은행은 다른 선진국 중앙은행의 견해와 대부분 일치하는 전통적인 견해를 가지고 있다. 환율은 경제 상황과 물가 동향에 영향을 미치는 중요한 변수 중 하나이자 통화정책 수행에 영향을 미치는 요인 중 하나로 주의 깊게 살펴야 한다고 생각한다. 총재 재임 기간 동안 완화적 통화정책을 되돌아보면 해당 기간 동안 엔화가 절상되었고 전망에도 상당한 영향을 미쳤기 때문에 환율은 논의의 중심에 있었고 정책 결정과 관련해서 중요한 요인 중 하나였다.

그러나 이는 재계, 정부, 정치권, 언론이 일본은행에 기대한 것과는 다르다. 이들은 엔고를 멈추고, 더 나아가 엔저를 유도할 수 있는 통화정책을 기대하고 요구했다. 이것이 성공하기 위해서는 향후 내외 금리차가 확대될 것이라는 기대감을 조성하는 것이 우선이었지만 글로벌 금융위기와 유럽 부채위기가 심화하는 국면에서는 불가능했다. 언론과 경제학자들이 이런 직접적인 효과에 집착할 때 나는 의식적으로 이런 주장을 외면해야 한다고 생각했던 적이 있었다. 그러나 2009년 12월 '고정 금리 방식·공통 담보 자금 공급 오퍼레이션'을 도입할 때, 2010년 10월 '포괄적 금융 완화' 정책을 시행하기로 결정할 때는 일본은행이 환율에 영향을 미칠 것이라는 시장의 기대를 알면서도 따라갈 수밖에 없었다.

엔저를 유도하는 방법에 대한 다양한 아이디어들이 여러 경로로 우리에게 전달되었다. 가장 자주 접한 아이디어는 재무성이 외환 시장에 더 많이 개입해야 한다는 것이었다. 일본은행이 국채를 대규모로 매입해 대차대조표와 본원 통화를 확대하자는 제안도 있었다. 그러나 이러한 대차대조표 확대가 가장 중요한 내외 금리 차에 영향을 미칠 수 없다면 엔화 가치에 미치는 영향은 거의 없을 것이라고 생각했다. 실제 데이터를 살펴보면 엔/달러, 엔/유로, 유로/달러 등 환율과 각 중앙은행의 대차대조표 및 본원 통화의 상대적 규모 사이에 뚜렷한 상관관계가 없어 인과관계를 유추할 수 없다(그래프 [14-5] 참고).[16]

포워드 가이던스도 엔저를 유도하는 정책으로 자주 제안되었다. 그러나 이미 장기 금리가 매우 낮은 수준에 머물러 있어 세계 경제가 공통으로 부정적인 충격에 직면한 상황에서 포워드 가이던스를 통해 내외 금리 차가 크게 확대될 여지는 제한되어 있었다. 포워드 가이던스를 비롯한 금융 완화 정책의 엔저 유도 효과는 기본적으로 글로벌 금융 시장의 긴장이 완화되고 해외 경기가 좋아지는 국면에서 나타나는 순풍에 기댄 전략이며 자력으로 엔저를 유도하는 효과를 일으키는 것은 아니었다.

다양한 엔저 유도 정책 중에서 2012년 이후 가장 많이 논의된 것은 "외채매입펀드" 구상이었다. 이 구상 자체는 예전부터 존재했지만 민주당이 집권당이었던 2011년 10월 일본경제연구센터 이사장 이와타 가즈마사岩田一政(전 일본은행 부총재)가 총리 관저에서 열린 국가 전략 회의에서 제안한 이후 세간의 큰 관심을 모으게 되었다. 그러나 나는 이 제

[14-5] 본원 통화의 상대적 비율과 환율

일본과 미국

2005년=100

일본과 유로존

2005년=100

주: 본원 통화는 은행권 발행액, 화폐 유통액, 중앙은행 당좌예금의 합계
출처: Bank of japan(2012C), chart 58

안에도 의문을 가지고 있었다. 첫째, 앞에서 말했듯이 일본은행은 법률에 따라 환율에 영향을 미치기 위한 외화 자산 매입은 재무성의 대리인으로서만 할 수 있었기 때문이다. 외환 시장 개입의 법적 틀은 국가마다 다르지만 일본은행법 제40조 2항은 재무성이 전권을 가지고 외환 개입을 하기 위해 마련된 규정이며, 4장 '일본은행법 개정'에서 언급한 것처럼 일본은행법 개정의 국회 심의에서는 환율 관련 대외 창구의 일원화가 필요하다는 의견이 제시되었다.

둘째, 외환 시장 개입은 정부가 마음만 먹으면 자체 권한으로 실행할 수 있기 때문이다. 정부가 관리하는 "외환기금"을 이용해 외채를 매입할 때 엔화 자금을 조달해야 하는데 이때 적용되는 단기 국채 금리는 제로 금리로 일본은행이 외채를 매입하는 것과 차이가 없다. 결국 "외채매입펀드" 구상은 외환 시장에 개입하면 "인위적인 엔저 유도 정책"이라는 비판을 받을 수 있지만 일본은행이 외채를 매입한다면 그러한 비판을 받지 않을 것이라는 가정에 근거한 것이다. 하지만 외국에서 볼 때 둘 다 외환 시장 개입이라는 점에는 변함이 없다.

환율에 영향을 미칠 목적으로 정부가 외환 시장에 개입하는 것이 정당화될 수 있는가에 대한 찬반 논의 없이 "외채매입펀드" 구상만 논의되는 것은 매우 기이한 구도였다. 더욱 이상한 것은 한편으로는 일본은행에 외채 매입을 요구하면서 다른 한편으로는 엔고로 인한 환차손 때문에 일본은행 납입금이 감소한 것을 계기로 2011년 7월 참의원 재무금융위원회가 일본은행의 외화 자산 보유 억제를 요구하는 부대 결의를 하는 등 일본은행의 외화 보유와 매매에 대한 의원들의 정책적 요구에 일관성이 결여되었다는 점이다.

15장

재정의 지속 가능성

선진국 중 최악의 재정 상황

물가 안정과 금융 안정을 모두 포괄하는 통화 안정의 가장 기본적인 요건은 정부 재정의 지속 가능성이다. 내가 일본은행 총재가 되었을 당시 일본 정부 재정은 대부분의 지표에서 이미 선진국 중 최악의 상황이었다. 2007~2009년 글로벌 금융위기로 인한 경기 침체, 인구 고령화에 따른 사회 보장 지출 증가, 동일본 대지진의 여파로 인한 거액의 공적 자금 투입으로 정부 재정 상황은 더욱 악화되었다. 이러한 배경에서 나는 일본은행이 "재정 우위"의 함정에 빠지지 않도록 주의해야 한다고 생각했다. 그래서 총재 재임 기간 5년 내내 재정 운영 또는 재정정책과 통화정책의 관계는 큰 쟁점이 되었다.

2007년 회계 연도 기준 중앙 정부와 지방 정부를 포함한 일본의 공공 부문 재정 수지는 명목 GDP의 1.2퍼센트에 해당하는 6.5조 엔의 적자를 기록했다. 이후 글로벌 금융위기의 영향이 본격적으로 반영된 2009년에는 36.1조 엔의 적자를 기록하며 7.3퍼센트로 급격히 증가했다. 총재 임기가 끝난 직후인 2013년 3월 말에는 이 수치가 28.5조 엔과 5.7퍼센트로 소폭 감소했다. 2008년 3월 말 기준 장기 부채는 767조 엔, 명목 GDP의 144퍼센트로 상당히 어려운 상황이었다. 이처럼 이미 선진국 중 가장 높은 수준이었지만 2013년 3월 말에는 932조 엔, GDP의 188퍼센트로 더욱 증가했다(그래프 [15-1] [15-2] 참조).

중앙 정부와 지방 정부의 부채에 사회 보장 기금까지 포함하면 일본의 "일반 정부general government" 부채는 더욱 증가했다. 국제 비교는 항상 조심스럽게 접근해야 하지만 IMF의 계산에 따르면 일본의 "일반 정부" 부채의 GDP 대비 비중은 선진국 중 가장 높은 237퍼센트로 이탈리아의 135퍼센트를 훨씬 능가한다.[1] 자산도 함께 고려해 정부의 금융 자산 보유액을 빼면 이탈리아와의 격차는 크게 줄어들지만 일본의 순 정부 부채는 여전히 GDP 대비 154퍼센트로 이탈리아의 123퍼센트보다 높다(그래프 [15-3] 참조).

일본의 재정 적자 확대에는 지출 증가와 수입 감소 모두가 기여했다. 일반 회계에 계상된 정부 지출은 1990년 회계 연도 기준 69.3조 엔에서 2009년 회계 연도 기준 101.1조 엔으로 증가했다. 이는 주로 고령화로 인해 연금, 의료, 사회 복지 비용이 증가했기 때문이다. 이 수치는 한때 정부 지출에서 큰 비중을 차지했던 공공사업 지출이 1996년 회계 연도 34.5조 엔에서 2011년 회계 연도 17.7조 엔으로 거의 절반 가까이 줄었음에도 나타난 결과다. 세입 측면에서는 일반 회계에 계상된 세입이 버블 경제 시절의 최고치인 약 60조 엔에서 1999년 회계 연도에는

[15-1] 일본 중앙 정부와 지방 정부의 장기 부채

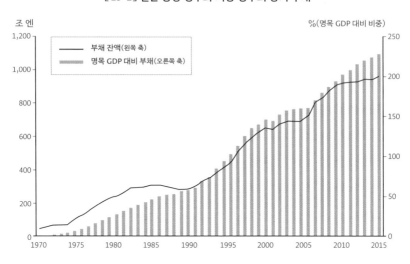

출처: 일본 재무성

[15-2] 일본 중앙 정부의 일반 회계

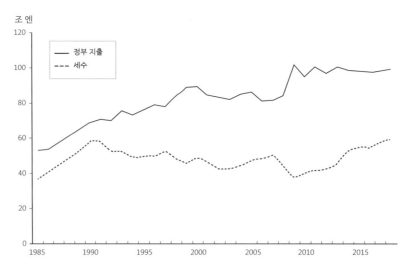

출처: 일본 재무성

[15-3] 각국의 순 정부 부채

%(명목 GDP 대비)

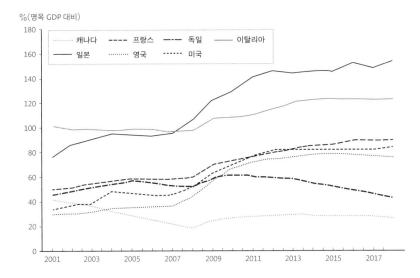

출처: IMF〈재정 점검 보고서Fiscal Monitor〉

47.2조 엔으로 감소했다. 2007년 회계 연도에는 51.0조 엔으로 세입이 회복되었지만 2009년 회계 연도에는 38.7조 엔으로 최저치를 기록하는 등 글로벌 금융위기로 인해 추세가 반전되었다. 이러한 세수 감소는 경기 침체에 따른 개인과 법인 소득세 수입이 감소하고 1990년대에 다양한 조세 감면 제도가 도입되거나 확대된 결과다. 법인 소득세의 경우 버블 붕괴로 인한 막대한 회계상 이월 결손금도 한 요인으로 작용했다. 과세가 되는 소득은 이월 결손금과 이익을 함께 고려하기 때문에 이월 결손금이 소진되기 전까지는 경기 회복 후 이익이 증가하더라도 법인 소득세 수입이 증가하지 않는 구조다.[2]

한편 1989년 4월 도입 당시 3퍼센트였던 소비세율은 1997년 4월 5퍼센트로 인상된 후 17년 동안 그 수준을 유지했다. 내가 퇴임한 이후인 2014년 4월에야 소비세가 8퍼센트로 인상되었고, 2019년 10월에는 10퍼센트로 인상되었다. 세금 인상은 항상 인기가 없지만 1997년 소비세율 인상의 정치적 트라우마는 지속적인 영향을 미쳤다. 이후 일본의 경제정책 담론은 1997~1998년 극심한 불황의 원인이 소비세율 인상이라는 견해에 큰 영향을 받았다. 하지만 내 생각에는 아시아 금융위기와 일본 자체의 금융위기 심화가 동시에 닥친 것이 경기 위축의 주요 원인이었을 가능성이 훨씬 더 높다. 안타깝게도 소비세에 대한 이런 인식이 2000년대 초반 소비세 추가 인상에 제동을 걸었다. 2001년 4월에 집권한 고이즈미 준이치로小泉純一郎 정부는 1999년 도입된 전면적인 소득세 감면 제도를 폐지해 정부 세입 안정화에서 중요한 승리를 거두었다. 그러나 고이즈미 정부는 높은 지지율에도 불구하고 이후 소비세에 대한 어떠한 변화도 추구하지 않았는데 일본에서 세율 인상이 정치적으로 얼마나 어려운 결정인지 보여준다.

재정정책에 대한 시각 변화

지난 30년 동안 일본의 재정정책은 변화를 겪어왔다. 1990년대 경기 침체기에 버블이 붕괴된 후 전통적인 케인스주의식 경기 부양책이 채택되었다. 또한 경기 부양책과 별도로 일본의 경상 수지 흑자를 축소하기 위한 미일 구조 협의日米構造協議, Structural Impediments Initiatives에 따라 일본 정부는 1990년 6월 연간 GDP의 약 80퍼센트에 달하는 430조 엔을 10년간 공공사업 프로젝트에 지출하겠다고 발표했다. 그러나 이후의 재정정책은 그 특징을 특정하기가 더 어려워졌다.

경기에 대응하기 위해 추경 예산을 편성하는 것은 2000년대 이후에도 연례행사처럼 되었지만 케인스주의식 재정정책을 본격적으로 채택하는 경우는 줄어들었다. 여기에는 일본의 재정이 이를 허용하지 않을 정도로 어려워진 것이 영향을 미치고 있다. 하지만 그렇다고 해서 재정 여건이 전반적으로 제약적이었다는 의미는 아니다. 기초 재정 수지 적자와 그로 인한 GDP 대비 부채 비율 증가에 초점을 맞추면 2000년대 초반 일본 재정정책의 기조는 계속 확장적이었다는 것을 알 수 있으며, 이는 재정의 지속 가능성을 회복하기 위한 정부의 진지한 노력이 부족했다는 것을 반영한다.[3]

적극적인 재정정책이 인기를 잃은 이유 중 하나는 비효율적인 정부 지출에 대한 정치적 반성과 1990년대에 경기 부양책이라는 명목으로 시행된 악명 높은 "갈 곳 없는 다리bridge to nowhere"(인구가 적은 지역에 고비용으로 건설되는 다리. 표를 얻기 위한 지역 개발 사업, 또는 무의미하고 고비용인 모든 사업을 뜻한다-옮긴이) 때문이다.[4] 또 다른 이유로 거시경제 안정은 통화정책의 영역에 속한다는 신케인스주의 경제학의 영향으로 학계 흐름이 근본적으로 변화한 것도 들 수 있다.

그러나 글로벌 금융위기는 적극적인 재정정책을 자제하는 추세를 완전히 바꿔놓았다. 선진국과 신흥국 모두 적극적인 재정정책을 채택했으며 일본도 예외는 아니었다. 정부 지출 증가와 더불어 세금 감면 혜택을 통해 자동차, 가전제품 같은 내구재 구매와 주택 투자를 장려했다. 2008년 회계 연도부터 분기별 실질 GDP 성장률에 대한 정부 지출의 기여도를 살펴보면 리먼 브라더스 파산 시점인 2008년 3분기에 0퍼센트를 기록한 이후 0.1퍼센트, 0.3퍼센트, 0.7퍼센트, 0.1퍼센트, 0.2퍼센트로 5분기 연속 플러스 기여도를 기록해 누적하면 총 1.3퍼센트포인트에 달했다.[5] 1994년 이후 정부 지출이 5분기 연속 성장에 기여한 사례는 없었다. 이후 2010년에는 정부 지출의 성장 기여도가 거의 제로에 가까웠다가 2011년 3월 동일본 대지진의 여파로 다시 증가했다.

재정 균형 회복을 둘러싼 논쟁

총재 임기 5년 동안 재정정책 운영은 통화정책 운영과 마찬가지로 일본 경제의 큰 이슈였다. 일본의 거의 모든 사람이 정부 재정이 좋지 않다는 데 동의했다. 그러나 어떻게 해야 하는지에 대해서는 재정 개혁을 찬성하는 진영과 재정 개혁을 반대하는 진영으로 나뉘어 극명한 의견 대립을 보였다. 둘 다 경제 성장이 재정 균형 회복에 도움이 될 것이라는 데는 동의했지만 방법에 대해서는 의견이 달랐다.

재정 개혁을 찬성하는 진영은 재정의 지속 가능성을 회복하기 위해서는 지출 삭감, 과표와 세율 인상, 경제 개혁 등의 조치가 필수적이며 진정한 경제와 재정 구조 개혁 없이는 재정 균형 회복이 불가능하다는 점을 강조했다. 재정 개혁 반대 진영은 완전히 다른 접근 방식을 취해 이른바 반反디플레이션 정책이 가장 중요하다고 주장했다. 이 진영에 속한 사람들은 "밀물이 모든 배를 띄운다rising-tide-lifts-all-boats"(경기가 좋아지면 모두가 이익을 본다) 파, 일본어로는 "아게시오上げ潮"(밀물, 상승세) 지지자로 분류되었다. 이들의 주장에서 가장 두드러진 특징은 경제의 빠른 성장이 재정 균형 회복을 위한 핵심적이고 필수적인 수단이라는 절대적인 신념이었다. 이들은 재정 개혁 조치가 경제 성장을 저해한다는 이유로 반대했다. 또한 인플레이션이 높아지면 재정 수지가 크게 개선

될 것이라고 주장하면서 일본은행이 더 높은 인플레이션 목표를 채택하지 않고 주저하는 것을 비판했다.

당연히 두 진영은 재정 개혁이 없을 경우 어떤 일이 벌어질지에 대해서도 의견이 달랐다. 개혁 찬성 진영은 정부 재정에 대한 진지한 구조 개혁이 이루어지지 않으면 국외로 자본 이탈, 엔화 가치 급락, 높은 인플레이션의 위험이 있다고 지적했다. 개혁 반대 진영은 이러한 우려를 불필요한 경고로 간주하며 무시했다. 물론 경제학자들과 정책 당국자들 사이에는 여러 층위의 견해가 존재했다. 하지만 논쟁의 주장과 핵심 논지를 잘 전달하기 위해 이 2가지 전형적인 진영을 설정했다.

나는 양쪽 모두 핵심을 놓쳤다고 생각하지만, 특히 2가지 이유에서 개혁 반대 진영의 주장에 실망했다. 재정 개혁은 정부 재정을 명목 GDP 대비 정부 부채 비율 측면에서 지속 가능한 궤도에 올려놓는다는 아이디어로 요약된다. 이 문제에 대한 내 견해를 이해하려면 실질 경제 성장률과 물가 상승률을 명확히 구분하는 것이 중요하다.

첫째, 재정 개혁에 반대하는 사람들은 높은 경제 성장이 재정 수지에 미치는 긍정적인 효과를 지나치게 강조하는 경우가 많다. 물론 지속적인 경제 성장은 정부 재정 수지를 개선하는 데 바람직할 뿐 아니라 필수적이다. 그러나 다수의 시뮬레이션 결과가 보여주듯이 일본의 (이자 지출을 고려하지 않은) 기초 재정 수지 적자가 지속적으로 높은 점을 고려하면 세입과 세출 개혁 없이 재정의 지속 가능성을 회복하기 불가능하다는 것은 분명해 보였다. 내가 보기에 개혁 반대 진영의 재정 낙관론은 일본의 잠재 성장률을 비현실적으로 높게 평가한 장밋빛 전망에 기초한 것이었다.

둘째, 개혁 반대 진영은 높은 인플레이션이 재정 수지에 미치는 긍정적 효과를 지나치게 강조했다. 정부 지출이 세입의 거의 2배에 달하는 상황에서 단순히 물가 상승을 반영한 명목 GDP 성장률 상승으로 세입이 증가한 것이라면 재정 수지 개선은 미미한 수준에 그칠 것이다. 분명 물가 상승은 국채의 실질 상환 부담을 줄일 수 있다. 그러나 실제로 물가 상승률이 높아지더라도 이미 발행된 국채에 대해서만 이득이 발생하고 신규 발행 국채의 경우 물가 상승으로 실질 상환 부담이 감소하지 않는다. 또한 이미 발행된 국채의 상환 부담이 경감되는 효과는 예상치 못한 급격한 인플레이션율의 상승이 없는 한 그다지 크지 않을 것이다. 개혁 반대 낙관론자의 주장과는 달리 높은 물가 상승률은 상당한 규모의 기초 재정 수지 적자라는 근본적인 문제에 대한 해결책이 되지 못할 것이다.

나는 재정 개혁 찬성 진영의 주장에도 완전히 동의하기 어려웠다. 재정 개혁에 대한 필요성에는 전적으로 동의했다. 그러나 진정한 개혁이 이루어지지 않을 경우 인플레이션 상승이나 급격한 엔화 가치 하락의 위험이 있다는 경고를 너무 자주 하는 것에 불편한 감정을 느꼈다. 우리는 이러한 위험에 대해 신중하게 대비하고 있어야 했지만 그런 일이 벌어질 가능성은 나에게 멀게만 느껴졌다. 단기적으로 더 그럴듯하고 가능성 높은 시나리오는 인플레이션이 계속 낮아지고, 인구 구조가 불리하게 바뀌고, 일본 기업의 비즈니스 모델이 세계화와 기술 변화에 더디게 적응하면서 성장률이 점진적으로 하락하는 것이라고 생각했다. 특히 10장에서 설명한 것처럼 잠재 성장률의 점진적 하락을 단순히 경기 순환적 침체로 잘못 인식하면 재정 적자의 확대와 완화적 통화정책이 쉽게 정당화될 수 있다는 점을 우려했다. 이는 아무런 제약 없이 끝없는 재정 확대로 이어질 수 있다.

나는 공개 석상에서 인플레이션이나 엔화 가치의 급격한 하락이 임박했다는 경고성 수사를 사용하지 않으면서 개혁의 당위성에 대한 기본 논리를 피력하려고 노력했다. 당연히 재정 개혁 반대 진영에서는 내 주장이 잘못되었다고 비판했고, 찬성 진영은 설득력이 부족하다고 비판했다.

조세 제도와 사회 보장 제도 개혁의 필요성

나는 재정 건전화를 실현하기 위해 실질 성장률 제고가 필요하지만 그것만으로 재정 건전화를 이룰 수 없다는 사실을 이해하지 못하는 상황이 답답하게 느껴졌다. 역대 일본 정부는 경제 성장률을 높이고 세입 측면(실효 세율 인상)과 세출 측면(사회 보장 지출 억제)의 구조 개혁을 통해 정부 재정의 지속 가능성을 강화할 필요성을 인식해왔다. 그러나 포괄적인 개혁을 어떻게 실행할지는 어려운 문제였다.

일본 정부는 소비세 인상이라는 해묵은 과제 외에도 사회 보장 제도의 개혁이라는 과제를 해결해야 했다. 공적 연금 제도는 2004년 "100년 안심 연금100年安心年金"이라는 기치 아래 '거시경제 슬라이드macroeconomic slide' 제도를 도입하며 수정되었다. 이 제도는 공적 연금 프로그램에만 실제로 적용되고 공공 의료와 사회 복지 프로그램에는 적용되지 않아 온전히 시행되지 않았음에도 예상대로 매우 인기 없는 정책이었다. 이 제도는 갈수록 증가하는 연금 수급자들을 점점 감소하는 생산가능인구가 부양하는 부담을 줄이기 위해 연금 급여를 삭감함으로써 인구 고령화가 정부 예산에 미치는 영향을 완화하는 것을 목표로 했다. 급증하는 사회 보장 지출을 단순히 생산가능인구의 부담금 인상으로 충당한다면 이들 세대의 생활 수준을 떨어뜨릴 뿐 아니라 경제의 지속적인 성장에 필수인 자본 축적을 저해할 것이기 때문이다.

사회 보장 제도의 지속 가능성은 몇 가지 주요 변수에 따라 결정된다. 부과식pay-as-you-go 공적 연금 제도의 경우 (1) 기여율, (2) 노동력과 노동 생산성 증가를 모두 반영하는 경제의 잠재 성장률, (3) 연금 수급 개시 연령, (4) 연금 수준, 더 구체적으로는 평균 근로자 소득 대비 연금 수급자 소득의 비율인 '소득대체율'이 이에 해당한다.

10장에서 이미 언급했듯이 2000년 이후 일본의 생산가능인구 1인당 생산성 증가율은 선진국 중 가장 높은 수준이지만 이런 수치가 나온 데는 생산가능인구 감소의 영향도 매우 컸다. 그러므로 선진국의 근로자 1인당 노동 생산성 증가율이 1퍼센트 내외인 상황에서 일본이 앞으로 훨씬 더 높은 생산성 증가를 누릴 수 있을 것이라는 낙관적인 가정하에 사회 보장 제도를 운영하는 것은 무책임한 일이다. 현재 일본은 공적 연금 제도의 은퇴(연금 수령 개시) 연령을 65세로 상향 조정하는 조치를 진행 중이다. 하지만 이 조치는 남성은 2025년 4월, 여성은 2030년 4월에야 완료될 예정이다. 나는 일본의 기대 수명이 홍콩에 이어 두 번째로 길고, 65세 정년은 선진국 중 하위권에 속한다는 점을 고려할 때 정년을 더 높이는 방안을 고려할 필요가 있다고 생각한다. 한편 소득대체율과 관련해서는 공적 연금 제도의 목적을 어떻게 정의할 것인가가 중요한 문제다. 은퇴 후 소득 보장을 목표로 할지, 장수에 따르는 위험에 대한 보험을 목표로 할지에 따라 소득대체율이 달라진다. 대체율의 적절한 수준은 결국 사회적 선택의 문제다. 나는 일본이 고령화 사회가 된 것을 고려해 연금 제도의 목표를 전자에서 후자의 관점으로 옮겨야 한다고 생각한다.

일본 국민 사이에서는 사회 보장에 대한 견해가 상당히 다르기 때문에 사회 보장에 대한 변화는 더 어렵고 사회 계약을 완전히 다시 작성하는 일과 비슷할 것이다. 하지만 개혁을 영원히 미룰 수는 없다. 개혁이 더 늦어지면 정부 재정의 지속 가능성에 대한 신뢰가 떨어지고, 결국 통화 시스템의 불안정성으로 인해 모든 사람의 삶이 황폐해질 우려가 있기 때문이다.

재정과 통화 시스템 안정 사이의 관계

넓은 의미에서 정부 부채는 미래의 정부 세수와 사회 보장 부담금을 이용해 상환하겠다는 약속을 의미하며, 이 2가지 모두 국민이 지불한다. 향후 정부 부채 상환에 사용할 수 있는 재원은 세수와 사회 보장 부담금에서 사회 보장 보험금, 정부의 공공 서비스와 인프라 지출금을 뺀 미래의 재정 흑자에서 나온다. 미래에 예상되는 재정 흑자의 현재 가치가 미상환된 정부 부채보다 크다면 정부가 지급 능력이 있다고 할 수 있다. 그렇지 않은 않으면, 즉 정부가 지급 불능으로 간주되면 개념적으로 정부가 취할 수 있는 조치는 3가지다.

첫 번째 방안은 발행된 채권의 이자나 원금을 상환하지 않는 채무 불이행이다. 이렇게 하면 현재 채권 보유자에게 발생한 손실만큼 미상환 부채가 줄어든다. 국채는 통상 금융기관이 안전하고 편리한 금융 자산의 형태로 널리 보유하고 있다. 따라서 정부의 채무 불이행은 금융기관의 자기자본을 감소시켜 금융 시스템을 불안정하게 만들 것이다. 또한 금융 시스템 불안이 실물 경제에 부정적인 영향을 미치고, 이것이 다시 금융 시스템 불안과 재정 적자를 심화시키는 악순환이 발생할 수 있다. 유럽 부채위기는 이러한 결과가 발생할 수 있다는 가능성만으로도 위기의 전개 양상에 영향을 미쳤다.

두 번째 방안은 인플레이션이다. 중앙은행이 정부에 직접 자금을 지원하거나 발권력을 동원해 정부의 부채를 떠안는 방식으로 정부의 지급 능력 저하를 막으려는 시도다. 이 시나리오에서는 본원 통화 증가와 향후 예상되는 인플레이션을 통해 정부의 자금 부족을 메우고 실질 상환 부담을 낮춤으로써 디폴트를 피할 수 있다. 문제는 정부가 물가 안정을 포기하고, 그 결과 경제의 지속적인 성장 기반을 훼손함으로써 국민 전체가 피해를 입을 수 있다는 것이다. 이런 맥락에서도 인플레이션의 해악을 이해할 필요가 있다.

세 번째 방안은 재정 건전화와 이의 기반이 되는 성장 잠재력 강화를 통해 미래 재정 수지의 순 현재 가치를 높이는 것이다. 당연히 이것이 3가지 중 가장 바람직한 시나리오다. 그러나 민주주의 사회에서는 정부 지출을 줄이고, 세금과 사회 보장 부담금을 늘리고, 실질 경제 성장을 촉진하기 위한 제도 개혁을 추진하려면 사회적 합의가 필요하다.

현실적으로 정부는 서로 다른 가중치들을 부여한 정책 조합을 실행할 것이다. 결국 재정의 지속 가능성에 대한 의구심을 경제와 재정의 구조 개혁으로 바로잡지 못한다면 중앙은행은 금융 시스템의 불안정성과 물가의 불안정성 둘 중 하나를 얻으면 하나를 잃어야 하는 트레이드 오프trade-off(상충관계)에 직면할 것이다.

화폐 가치의 안정성에는 물가와 금융 안정이 필요하며, 이 2가지 모두 궁극적으로 정부 재정의 지속 가능성으로 뒷받침된다는 점을 간과

하는 경우가 많다. 따라서 통화의 안정성은 독립적인 중앙은행이 단독으로 달성할 수 있는 것이 아니다. 중앙은행이 아무리 좋은 의도를 가지고 있더라도 정부 재정이 지속 가능하지 않으면 통화정책은 물가 안정과 금융 안정 사이에서 어려운 선택에 직면하게 되며, 어느 경우든 통화의 안정성을 위협할 수 있다. 중앙은행의 독립성은 필수지만 독립성 자체가 통화의 안정성을 보장하지는 않는다는 불편한 진실이 존재한다. 이러한 안정성은 궁극적으로 대중이 재정 건전성의 필요성을 이해하고 이를 보장하는 데 필요한 조치를 지지할 때만 유지될 수 있다. 이 점을 명시적으로 다루고 있는 것이 '재정적 물가 이론物価水準の財政理論, fiscal theory of the price level'인데 이번 장의 후반부에서 자세히 다룬다.

일본 국채의 저금리

안타깝게도 일본 재정 문제의 심각성을 사회 전체가 충분히 인식하고 있다고는 할 수 없다. 가장 큰 이유는 재정 상황의 악화에도 불구하고 재정위기나 금융위기가 일어나지 않고 평온한 상황이 지속되기 때문이다. 그래서 재정위기를 경고하는 사람은 "양치기 소년"이라는 비난을 받는다. 내가 총재로 재임하는 동안 일본 장기 국채 수익률과 정부의 차입 비용은 지속적으로 하락해 10년물 수익률은 평균 1.17퍼센트, 30년물 수익률은 평균 2.09퍼센트로 떨어졌다. 여러 해 동안 해외 투자자들이 일본 국채의 가격 하락, 즉 수익률 상승을 통해 이익을 얻으려고 애썼으나 이들의 노력은 처참하게 실패했다. 과거 발행된 고금리 국채가 저금리 신규 국채로 대체되면서 국채 발행 잔액이 증가했음에도 일본 정부의 총 이자 지급액은 1998년 10.8조 엔에서 2006년 7.0조 엔으로 점차 감소했다. 이후 이자 지급액은 소폭 증가했지만 내 임기 마지막 해인 2012년 회계 연도에는 8.0조 엔, 그 이후 2018년 회계 연도에도 7.8조 엔 수준에 머물렀다.

정부의 자금 수요가 급증했음에도 일본 국채 금리가 여전히 낮은 이유는 무엇일까? 이 질문은 내가 대중 앞에서 연설할 때 자주 받는 질문 중 하나인데 답은 다소 기술적이다. 개념적으로 장기 명목 금리 수준은 경제가 균형 상태에 있을 때 실질 금리 수준의 예상치인 기대 균형 실질 금리(자연 이자율)과 기대 인플레이션율의 합으로 정해진다. 따라서 낮은 명목 금리는 (1) 저성장을 반영하는 낮은 자연 이자율, 그리고 (2) 낮은 인플레이션의 조합으로 결정된다.[6] 결국 일본의 낮은 금리는 일본의 저성장과 낮은 인플레이션 패턴이 지속될 것이라는 투자자 대부분의 기대를 반영한 것이라 볼 수 있다.

그렇다면 시장 참여자들이 정부 재정 악화를 둘러싼 불확실성에 대한 보상으로 리스크 프리미엄을 책정하지 않는 이유는 무엇일까? 아마 투자자들이 당장 문제가 심각하더라도 일본 정부가 재정 수지 개선을 위해 노력할 의지와 능력을 가지고 있다고 보기 때문일 것이다. 또 다른 가능한 설명은 지속적인 성장과 물가 안정이라는 목표를 가진 일본은행의 통화정책을 충분히 신뢰하고 있다는 것이다. 세 번째 설명은 일본 국채 시장의 수요와 공급에 근거하고 있는데 일본은행의 대규모 매입이 리스크 프리미엄을 축소시키는 역할을 한다는 것이다. 실제로 일본은행이 2010년 10월에 채택한 '포괄적 금융 완화'의 명시적인 주요 목표 중 하나는 리스크 프리미엄을 낮추는 것이었다. 세 번째 설명은 내가 일본은행을 떠난 이후 전 세계적으로 더욱 중요해졌다.

또한 시장에서 형성되는 기대와 시장의 역학에 대해 우리의 지식이 제한적이고 부정확하다는 점을 강조하고 싶다. MIT 교수였던 루디 돈부시Rudi Dornbusch, Rüdiger Dornbusch가 말한 "위기는 도래하기까지 생각보다 오랜 시간이 걸리지만, 일단 위기가 발생하면 그 전개는 생각보다 훨씬 빠르다"[7]라는 법칙을 기억해야 한다.

나는 재정 상태 악화를 경고하는 주장이 총재 재임 당시에도 '양치기 소년'이라고 생각하지 않았고, 지금도 마찬가지다.

통화정책과 재정정책이 교차하는 영역

조세 제도와 사회 보장 제도 개혁이 현실적으로 얼마나 빨리 진행될지는 결국 민주적 절차에 따라 정부, 국회가 결정한다. 하지만 개혁이 더디게 진행될 때 중앙은행은 어떻게 행동해야 할까? 이에 대한 한 가지 입장은 "중앙은행은 독립성을 가지고 있기 때문에 통화정책을 적절히 운영함으로써 물가 안정을 실현할 수 있다"라는 논리에 따라 대외 발언을 하는 것이다. 반대로 말하면 통화정책 외에는 발언하지 않겠다는 입장이다.

나는 이 입장에 동의하지 않는다. 정부 재정의 지속 가능성이 의심받으면 통화정책이 정부 자금 수요에 완전히 종속되는 '재정 우위' 상태에 놓이게 될 것이다. 중앙은행이 통제할 수 없는 상황이 많지만 총재로서 나는 일본은행이 '재정 우위'의 함정에 빠지는 길을 열어주는 조치를 채택하지 않도록 주의해야 한다고 생각했다.

일본의 재정법 제1장 제5조는 일본은행의 정부에 대한 직접 자금 지원을 원칙적으로 금지하고 있으며, 따라서 일본은행은 정부가 발행한 국채를 직접 인수할 수 없다. 그러나 제5조는 국회의 동의가 있으면 인수가 가능하다는 예외를 인정하기 때문에 포괄적인 금지 조항은 아니다. 이 예외 규정에 따라 현재 일본은행은 통화정책 운용을 위해 시장에서 매입한 국채의 만기가 도래한 경우 같은 금액에 한해 신규 발행 국채를 인수하고 있다.

제5조는 재정정책과 통화정책의 분리에서 가장 중요한 조항이지만 이 조항만 준수한다고 해서 '재정 우위'를 막을 수 있는 것은 아니다. 우선 첫째, 일본은행이 시장에서 일본 국채를 매입하는 규모가 상당하다. 그리고 발행 직후 국채를 매입할 경우 일본은행이 정부가 발행한 국채를 '직접' 인수하는 것과 통화정책 운용 목적으로 시장에서 매입하는 것의 구분이 모호해질 수 있다. 둘째, 일본은행이 만기 도래 국채를 신규 발행 국채로 자동 환매하면 일본은행이 보유한 국채는 사실상 영구채가 된다. 이를 방지하기 위해 일본은행은 만기가 도래하는 국채에 대해 정부가 현금으로 상환하게 하는 옵션을 보유하는 것이 필수며, 이를 통해 일본은행은 대차대조표 규모에 대한 통제권을 유지할 수 있다.

1998년 일본은행법 개정 이전에는 만기 도래 국채를 신규 발행 국채로 환매해주는 것이 관행이었기 때문에 사실상 영구채로 취급되었다. 그러나 신일본은행법에서는 정부와 협의 결과 장기 국채는 1년물 국채로 환매하고 이후 다음 만기 도래 시 현금 상환을 받는 것으로 변경되어 상황이 개선되었다. 보유 국채의 만기가 도래할 때 어떻게 처리할지에 대해서는 매년 말 재무성이 다음 해 국채 발행 계획을 결정할 때 일본은행과 협의하고 있다. 나는 총재 재임 시 이 새로운 관행이 향후에도 유지될 수 있도록 주의를 기울였다. 또한 국채 매입이 사실상 일본은행의 무제한 국채 매입으로 변질할 위험이 있었다. 목표 인플레이션율과 연계된 형태로 국채 매입을 하고 있다고 해석되지 않도록 내가 시종일관 신중을 기했던 것은 바로 이 때문이다.

재정 문제에 관한 대외 커뮤니케이션

중앙은행이 재정 문제에 관해 대외적으로 의사 표현을 하는 것은 어느 나라에서나 민감한 사안이다. 일반적으로 중앙은행은 특정 재정 정책에 대한 구체적인 언급은 삼가는 경향이 있다. 세금 부과, 특정 지출 계획, 국채의 발행 계획은 주권의 행사며 사회 자원의 배분에 직간접적으로 개입하는 것이다. 그러므로 대부분의 민주주의 선진 경제에서 시장의 자원 배분에 개입하는 재정 관련 결정은 선출 공무원의 권한에 속한다.

통상 통화정책과 재정정책을 별개로 생각하지만 통화정책은 경제 내 자원 배분과 아무런 관련이 없을까? 중앙은행이 정부나 입법부의 직접적인 통제를 받지 않고 통화정책을 수행할 수 있는 이유는 무엇일까? 답은 중앙은행이 재정과 관련된 의사 결정을 가능한 한 자제한다는 점에서 찾을 수 있다. 중앙은행은 국채를 매입하거나 국채를 포함한 금융 자산을 담보로 금융기관에 대출하는 방식으로 자금(유동성)을 공급한다. 중앙은행이 국채를 매입한 경우 이렇게 확보한 자금을 어떻게 사용할지는 정부와 입법 기관이 결정한다. 정부 투자 프로젝트에서 손실이 발생하더라도 정부와 입법부가 민주적 절차에 따라 내린 결정의 결과다. 한편 중앙은행이 금융기관에 제공한 자금의 경우 자금 사용

처는 해당 금융기관이 결정하며 이때 발생 가능한 손실은 적어도 1차
적으로는 해당 기관의 주주 또는 무담보 채권자가 부담해야 하는 몫이
다. 이렇게 보면 중앙은행은 자원 배분과 소득 분배의 차원에서 중립적
인 역할을 하는 것으로 보인다. 중앙은행에 독립성이 부여되는 것은 중
앙은행의 정책이 기본적으로 중립적이며 재정과 관련된 결정을 내리지
않는다는 이해에 근거한다.

글로벌 금융위기 이후, 그리고 특히 코로나19 바이러스로 인한 위
기 이후 통화정책의 수행은 위에서 설명한 개념적 틀로 설명하기 어렵
게 되었다. 나는 총재로서 중앙은행의 역할에 중요한 한계가 있다는 것
을 항상 인식하고, 특히 정책을 결정할 때 최선을 다해 이를 대외 커뮤
니케이션에 반영하는 것을 원칙으로 삼았다. 이 원칙과 관련해 곤란했
던 사례들이 있었다. 하나는 일본은행이 비전통적 통화정책의 일환으
로 신용 스프레드를 낮추려고 시도했을 때였다. 해당 조치가 최대한 중
립성을 유지하도록 하기 위해 자산유동화기업어음, 상장지수펀드, 부
동산투자신탁 등의 금융 자산을 매입할 때 다양한 기초 자산을 편입한
금융 자산을 매입하는 것을 우선시했다. 또 하나는 국채를 대량으로 매
입할 때였다. 일본은행이 국채 매입을 확대하는 것이 재정 규율을 약화
시켜 향후 더 많은 국채를 발행할 수 있다는 우려가 있었다. 안타깝게
도 이런 우려와 관련된 리스크를 완화할 효과적인 방법은 없었으며, 일
본은행이 할 수 있는 일은 가능한 한 명확하게 정책 목표를 밝히는 것
뿐이었다.

나는 총재 취임 후 처음 약 2년 동안 기자 간담회나 대중 연설에서
재정정책 운영에 대해 적극적으로 언급하는 것을 자제했다. 다른 나라
의 중앙은행 총재들과 마찬가지로 재정정책에 대해 구체적으로 언급하

면 정부와 국회가 달가워하지 않을 뿐 아니라 오히려 통화정책 수행에 대한 간섭을 불러일으킬 수 있다고 생각했기 때문이다. 그래서 나는 발언에 신중을 기하려고 노력했다. 하지만 통화정책에 대한 개입성 발언의 자제를 기대한 것은 순진한 생각이었다. 구일본은행법 시대에는 비공식 발언은 차치하고 공식 석상에서도 "기준 금리 변경은 일본은행의 전권 사항입니다"라는 상투적 표현을 썼다. 하지만 일본은행법 개정 이후에는 나의 자제에도 불구하고 장관, 국회의원, 심지어 고위 공무원까지 일본은행의 통화정책에 대해 공개적으로 언급하는 일이 점점 더 많아졌다.

총재 취임 3년 차에 나는 스스로 자제하던 태도를 바꿔 내 의견을 더 명확하게 말하기 시작했다. 마음을 바꾼 데는 2가지 이유가 있었다. 하나는 10장에서도 언급했듯이 일본 경제가 직면한 문제에 대한 일본은행 내 연구 결과 일본의 잠재 성장률 하락과 그것이 향후 재정의 지속 가능성에 미칠 영향에 다시금 주목했기 때문이다. 또 다른 이유는 디플레이션과 엔고 논쟁이 첨예화되는 가운데 일본은행이 정부에 직접 자금을 지원해야 한다는 정치적 요구와 통화정책에 대한 간섭이 과도하게 커지는 것에 대한 우려였다. 그러나 나는 여전히 선을 넘지 않으려 했고, 특정 지출 항목과 세금 조항에 대한 정치적 논쟁에 뛰어들지 않았다. 내 목표는 재정의 지속 가능성이 통화 안정의 전제 조건이라는 점을 대중에게 각인시키는 것이었고, 그 범위 내에서 적극적으로 목소리를 냈다. 2011년 5월 일본금융학회 춘계 학술 대회에서 특별 연설을 요청받아 〈통화, 국채, 중앙은행: 신뢰의 상호 의존성通貨、国債、中央銀行:信認の相互依存性〉이란 제목으로 연설한 것이 한 사례다. 나는 연설 시작부터 신뢰의 중요성을 강조했다.

먼저 통화와 금융 시스템은 지속적인 경제 성장을 위해 필수적이며, 이에 대한 신뢰는 통화와 금융 시스템이 제 역할을 수행하기 위한 가장 중요한 토대라는 점을 강조하고 싶습니다. 그 출발점은 당연하게도 신뢰를 유지하기 위한 정부, 중앙은행, 민간 금융기관의 개별적인 노력입니다. 정부는 중장기적으로 재정 균형을 유지해야 하며, 중앙은행은 통화정책과 최종 대부자 기능을 통해 물가와 금융 시스템의 안정을 유지해야 합니다. 민간 금융기관은 지급 결제 서비스와 신용 중개 기능을 적절히 수행해야 합니다.[8]

신뢰의 중요성을 의심하는 사람은 거의 없었지만 나는 신뢰 자체의 중요성뿐 아니라 "신뢰의 상호 의존성"을 강조하려 했다.

이러한 개별적인 노력도 중요하지만 그것만으로는 통화와 금융 시스템의 안정을 달성하기에 충분하지 않습니다. 민간 금융기관에 대한 신뢰는 정부에 대한 신뢰에 달려 있습니다. 정부에 대한 신뢰를 유지하기 위해서는 중장기 재정 균형을 달성하는 것이 중요한 전제 조건입니다. 재정 균형 달성을 위해서는 국민의 지지 또한 필수적입니다. 정부가 발행한 채권에 대한 신뢰는 중앙은행에 대한 신뢰로 뒷받침됩니다. 중앙은행에 대한 신뢰는 정부와 국민이 중앙은행의 판단을 존중할 때 강화될 수 있고, 그렇지 않을 경우 약화될 수 있습니다. 즉 통화와 금융 시스템에 대한 신뢰는 상호 의존적입니다. 신뢰는 공기와 같아서 평상시에는 아무도 그 존재를 의심하지 않습니다. 신뢰는 우리가 그것을 유지하기 위해 최대한 노력을 경주하지 않으면 어느 한순간 무너질 수 있습니다. 그리고 한번 신뢰가 무너지면 경제에 미치는 영향은 헤아릴 수 없을 정도로 큽니다. 신뢰는 깨지기 쉽습니다.[9]

내가 이 연설에서 주장하고자 한 것은 신뢰는 누군가 대신 유지해 주는 것이 아니라 정부, 중앙은행, 금융기관, 국민 각자가 신뢰의 중요성을 이해하고 의식적인 노력을 기울이지 않는 한 유지될 수 없다는 것이었다.

사회 보장 제도와 조세 제도의 통합 개혁 움직임

일본에는 재정 개혁을 위해 노력한 오랜 역사가 있다. 총재 재임 기간과 그 이후 몇 년에 한정해서 살펴보면 2008년 가을 리먼 브라더스 파산 당시 도입된 대규모 재정 지출 정책 이후에도 재정 개혁의 움직임은 중단되지 않았다. 2009년 3월 제정된 세제 개정 법률 부칙 제104조에서는 "정부는 (중략) 2008년 회계 연도부터 3년 이내에 경제 회복을 목표로 집중적인 노력을 통해 경제를 개선한다는 전제 아래 소비세를 포함한 세제의 근본적인 개혁을 지체 없이 단계적으로 추진하고 2011년 회계 연도까지 필요한 입법 조치를 마무리한다"라고 규정했다.

2009년 9월에 집권한 일본 민주당이 주도한 연립 정부 내부에서는 거시경제정책에 대한 우선순위가 제각각이었고 서로 경쟁 관계에 있었다. 자민당이 주도했던 이전 연립 정부의 상황과 크게 다르지 않았다. 그러나 2010년 2월 부총리 겸 재무장관 간 나오토의 발언을 계기로 민주당 정부에서는 사회 보장 제도와 조세 제도 통합 개혁을 향한 움직임이 두드러지게 나타났다(11장 참조). 얼마 지나지 않아 간은 하토야마 유키오鳩山由紀夫 총리가 사임하면서 총리로 취임했다. 간 총리는 2010년 7월 참의원 선거를 앞두고 갑작스럽게 소비세율을 10퍼센트로 인상

해야 한다고 주장했다. 그러나 참의원 선거에서 민주당은 대패했고, 그 결과 중의원은 여당이 다수를 차지하고 참의원은 야당이 다수를 차지하는 이른바 "꼬인 국회ねじれ国会"가 출현했다. 한편 야당인 자민당은 글로벌 금융위기 이후 무너진 정부 재정을 최대한 빨리 재건해야 한다고 주장했다. 2010년 10월 자민당은 재정 건전화를 달성하기 위해 2016년 3월 말까지 재정 수지 적자를 절반으로 줄이고 2021년 3월 말까지 재정 수지 흑자(국채 이자 지급분 제외)로 전환하는 것을 목표로 하는 '재정 건전화책임법안財政健全化責任法案'을 발의했다.

정부 재정을 개선하기 위한 다음 움직임은 2011년 1월 4일 간 총리가 신년사에서 재정 개혁의 필요성에 대한 초당적 논의를 촉구하면서 시작되었다. 이어서 1월 14일에는 재정 건전성을 옹호하는 것으로 잘 알려진 전 자민당 의원 요사노 가오루与謝野馨가 경제재정정책담당장관으로 임명되어 사회 보장 제도와 세제 개혁에 대한 심의를 이끌게 되었다. 그러나 불과 두 달 후 발생한 동일본 대지진으로 이러한 개혁 움직임은 거의 무산되었다. 이로 인해 막대한 재건 비용 지출이 불가피해졌고, 일본은행의 정부에 대한 직접 자금 지원과 관련해 격렬한 논쟁이 벌어졌다(13장 참조).

이런 환경에서 통합 개혁의 움직임은 국회 파행과 더불어 간 총리의 민주당 내 정치적 기반이 불안정해지면서 혼란을 겪었다. 그렇지만 결국 2011년 5월 간 총리 내각은 소비세를 10퍼센트로 인상하는 내용이 포함된 예산안 초안을 제출했다. 여러 차례의 정치적 진통 끝에 내각은 7월 1일 마침내 2010년대 중반까지 단계적으로 소비세를 10퍼센트로 인상하고 2012년 3월 말까지 필요한 법률을 제정한다는 계획에 비공식적으로 동의했다. 그런데 이때 간 총리가 갑자기 사임했다. 5명의 민주당 의원이 경합을 벌인 후계자 선거에서 노다 요시히코를 제외한 나머지 후보들이 모두 "리플레파" 경제정책을 공약으로 내세웠기 때문에 처음에는 암담한 심정이었다. 투표가 진행된 시점이 마침 잭슨홀 심포지엄 참석 후 미국에서 귀국하는 비행기 안이어서 나리타공항에 내린 뒤에야 결과를 알게 되었다. 재무장관으로서 국제회의에 함께 참석하고 일본은행의 통화정책에 대한 이해도가 높은 노다 요시히코가 대표로 선출된 것을 알고 안도했던 기억이 아직도 생생하다.

2011년 9월 2일 노다가 총리로 선출되면서 새 내각이 출범했고 아즈미 준安住淳이 재무장관으로 임명되었다. 국회 파행과 더불어 여당 내 노선 대립도 심했기 때문에 앞서 언급한 구두 합의안을 여당의 결정으로 만들기 위한 조정은 난항을 겪었다. 하지만 결국 노다 내각은 2012년 3월 30일 소비세를 5퍼센트에서 10퍼센트로 인상하는 조항이 포함된 사회 보장과 조세 통합 개혁 법안을 국회에 제출했다. 법안의 부칙에는 정부가 "바람직한 경제 성장에 조기에 도달하기 위한 종합적인 시책의 실시와 그 밖의 필요한 조치를 취한다"라는 내용이 포함되었는데, 여기서 바람직한 경제 성장이란 향후 10년간 실질 성장률 2퍼센트, 명목 성장률 3퍼센트가 목표였다.

이러한 사회 보장 제도와 조세 제도 개혁은 일본 정부와 일본은행 간 의견 교환에서도 중요한 주제였다. 특히 법안이 제출된 직후인 2012년 4월 6일 노다 총리와 비공개 조찬 회동을 가졌는데 그 자리에서 재정정책에 대한 의견을 진솔하게 교환했던 것이 기억에 남는다. 나는 정부 재정의 지속 가능성에 대한 신뢰가 물가와 금융 안정의 초석이며 세제 개혁을 포함한 세입과 세출 측면의 개혁이 필수적이라는 견해를 설명했다. 총재로서 재정 건전화의 필요성을 공개석상에서 더 적극적으로 설명하겠지만 인구 구조와 생산성 추세를 고려할 때 실질 성장률 2퍼센트, 명목 성장률 3퍼센트라는 목표를 달성하기는 여전히 어렵다고 생각한다는 점도 밝혔다. 노다 총리는 이러한 목표가 지나치게 낙관적일 수 있음을 충분히 인식하면서도 사회 보장 제도와 조세 제도 개혁을 구체적으로 실현하기 위해서는 이러한 목표 설정이 정치적으로 필요하다는 점에서 부칙을 수용한 듯했다.

소비세율 인상 법안은 2012년 6월 15일 주요 정당 대표들의 합의에 따라 수정되었으며 6월 26일 중의원에서 통과되었다. 나는 개인적으로 이 합의가 당시 복잡한 당내 정치, 그리고 사회 보장 제도와 조세 제도 개혁에 대한 대중의 거부감을 고려할 때 국민의 대표로 선출된 사람들이 상당한 용기와 책임감을 보여준 사례라 생각했다. 우여곡절 끝에 마침내 8월 10일, 1997년 소비세 인상 이후 15년 만에 야당이 장악한 참의원에서 자민당과 공명당이 법안에 찬성하며 증세안이 승인되어 법제화되었다. 그 결과 2014년 4월에 세율을 8퍼센트로 인상하고 2019년 10월에 10퍼센트로 인상하는 것으로 규정되었으나, 두 번째 인상은 두 차례 연기되었다.

일본은행 비판론자들의 재정정책에 대한 견해

적극적인 금융 완화를 주장한 다수의 일본 경제학자들은 적극적인 재정정책에 대해서는 그다지 목소리를 높이지 않았다. 그들 중 일부는 일본은행의 직접 국채 인수를 통한 재정 확대를 요구했다. 그러나 이들조차 현저하게 낮은 차입 비용을 이용해 적극적으로 재정정책을 운용할 것을 요구하지는 않았다.

이는 다른 선진국 상황과 완전히 대조적이었다. 미국의 정책 당국자들과 경제학자들은 더 균형 잡힌 시각을 가지고 있었다. 예를 들어 벤 버냉키 연준 의장은 정부 지출의 대폭 삭감이나 세금 인상으로 인한 "재정 절벽fiscal cliff"의 경제적 영향에 대해 자주 경고했다. 내가 일본은행을 떠난 지 수 년이 지난 후에도 유럽과 미국의 중앙은행 지도부는 통화정책 여력이 제한적이라는 이유로 재정정책을 더 적극적으로 사용해야 한다고 촉구했다.

나는 일본 경제학자들이 재정정책의 역할에 대해 왜 그렇게 침묵했는지 모르겠고, 그들이 재정정책의 효과를 어떻게 평가했는지 이해하지도 못했다. 일본은행 비판론자, 특히 "기대파"는 재정정책이 경기와 물가에 미치는 효과를 대체로 경시하거나 무시하는 것처럼 보였다. 아마 일본의 심각한 재정 상황을 인식하고 있기 때문에 재정정책의 적극적인 사용을 주저했을 수도 있다. 하지만 더 중요하게는 통화정책의 효과에 대한 낙관적인 믿음이 침묵의 원인이었다고 생각한다.[10] 재정정책이 경기에 미치는 영향은 중요한 논점이지만 일본은행에 더 중요했던 것은 재정정책이 물가에 미치는 영향이었다. 그 출발점은 "인플레이션은 언제 어디서나 화폐적 현상이다"라는 밀턴 프리드먼의 유명한 말이었다. 프리드먼이 "디플레이션은 언제 어디서나 화폐적 현상"이라고는 말하지 않았지만 많은 일본 경제학자들은 이를 당연한 논리적 귀결로 받아들였다. 인플레이션이 화폐적 현상인 이상 증세를 포함한 어떠한 재정 충격의 영향도 통화정책으로 상쇄될 수 있다는 극단적인 입장을 취했다. 이 입장에서는 재정정책이 물가에 영향을 미치는 요인으로 등장할 여지가 없었다.

나는 큰 정부 자체를 옹호한 적이 없었다. 외환위기나 동일본 대지진과 같은 상황에서는 확장적 재정정책을 펼치는 것이 합리적이었다고 생각한다. 하지만 안정화나 재건의 중요한 단계가 지나고 나면 부채를 통한 한도 없는 정부 지출이 일본 경제가 직면한 근본 문제를 해결할 수 있다고는 생각하지 않는다.

재정적 물가 이론

재정정책이 물가에 미치는 영향을 전면 부정하는 논의는 경기에 미치는 영향을 전면 부정하는 논의와 마찬가지로 극단적으로 보인다. 첫째, 다소 모호한 개념이지만 '재정 인플레이션'이라는 말로 상징되는 것처럼 재정과 인플레이션의 관계는 오래전부터 인식되어온 주제다. 그렇기 때문에 재정과 중앙은행의 관계는 중앙은행의 국채 인수 금지 규정을 포함해 통화 제도 설계의 핵심 요소 중 하나가 되었다고 생각한다. 재정정책이 물가에 미치는 영향을 부정하는 논의는 이러한 상식에 반한다. 둘째, 통화정책이 제로 금리 하한에 직면한 경우에도 금리가 플러스 수준일 때와 똑같이 통화정책의 유효성을 주장하는 것은 비현실적이며, 재정정책과 적절한 역할 분담이 있어야 한다고 생각한다.

이런 생각을 하고 있을 무렵인 2001년, 기획실(현재 기획국) 소속의 경제학자가 흥미로운 이론을 알려주었다. 바로 "재정적 물가 이론"이다. 이 이론은 마이클 우드퍼드Michael Woodford, 존 코크런John Cochrane, 그리고 훗날 노벨 경제학상을 수상하는 크리스토퍼 심스Christopher Sims 등 미국의 저명한 경제학자들이 당시 활발하게 논의하던 이론이다. 기존의 이론 틀과 너무 달라서 전체 그림을 정확히 이해하기는 쉽지 않지만 이 이론이 제기하는 문제의식 자체는 직관적으로 이해할 수 있다.

이 이론의 핵심은 "실질 재정 흑자"라는 개념이다. "재정 흑자"에 대해서는 앞서 언급했지만 물가에 미치는 영향을 고려한다면 "재정 흑자"를 실질 개념으로 파악할 필요가 있다. 예를 들어 실질 재정 수지 흑자란 정부가 국민으로부터 쌀 한 가마니를 세금으로 징수하고 사회 보장으로 국민에게 쌀 몇 가마니를 나눠주는지, 실물로 표시된 수지 차액을 말한다. 만약 금년도 재정이 적자라면 정부는 쌀이 남는 국민에게서 쌀을 빌리기 위해 국채를 발행한다. 국민은 미래의 재정 흑자를 이자 지급과 원금 상환의 재원으로 삼는 자산으로 간주하고 있다. 정부는 국채를 상환하기 위해 미래의 재정 흑자를 만들어야 한다. 즉 사회 보장에 필요한 재원보다 더 많은 세금을 징수해야 한다. 한편 국민은 미래의 납세 의무에 대비해 국채를 매입하는 방식으로 저축을 한다. 만약 국민이 보유한 국채의 가치에 비해 미래 재정 흑자의 할인된 현재 가치가 작다고 예상되면 자산 효과가 발생해 소비가 확대되고 물가도 상승한다. 즉 재정 흑자의 할인된 현재 가치에 대한 예상이 국민의 구매력을 좌우한다. 감세가 시행되더라도 정부가 언젠가 증세로 전환해 실질 재정 흑자의 할인된 현재 가치가 변하지 않는다고 예상할 경우 국민은 지출을 늘리지 않고 물가도 상승하지 않을 것이다.

이 설명에 따르면 물가는 정부의 재정 관련 정책 결정에 좌우되며, '물가 변동은 재정적 현상'이 된다. 반면에 일반적인 이론에 따르면 물가는 중앙은행의 통화정책으로 결정된다고 설명한다. 어느 쪽의 이해가 옳은 것일까? 이 질문에 대한 답은 정부와 중앙은행의 행동 규칙에서 찾을 수 있다. 일반적인 이론은 중앙은행이 주도적인 역할을 하고 정부는 추종자 역할을 한다는 전제를 깔고 있다. 즉 중앙은행이 결정한 물가 수준에서 정부는 실질 재정 잉여의 현재 가치가 국채 가치와 같아지도록 재정을 항상 조정하는 세계를 생각한다. 정부는 빌린 돈은 반드시 갚겠다고 약속하기 때문에 중앙은행은 물가 수준을 통제할 수 있다. 하지만 반대의 경우를 가정할 수도 있다. 정부가 주도권을 쥔 채 재정 정책을 펼치고 그에 맞춰 추종자인 중앙은행이 반응하는 경우다. 대표적인 사례는 미국이 2차 세계대전 당시 전쟁 비용 억제를 위해 1951년까지 유지했던 국채 금리 페그제Pegging 정책이다. 이 경우 정부가 빌린 돈을 갚기 위해 중앙은행에 빌려달라고 요구하기 때문에 중앙은행은 독립성이 없고 물가 수준은 불안정해진다. "통화주의자의 유쾌하지 않은 산식unpleasant monetarist arithmetic"이라 불리는 상황이다. 중앙은행과 정부가 모두 주도권을 쥐고 있는 경우도 생각해볼 수 있다. 이 경우 중앙은행이 독립성을 가졌다고 해도 물가 수준을 통제할 수 있다는 보장은 없다. 정부가 빌린 돈의 대가를 이번에는 민간 부문의 저축과 지출 행태에 떠넘기려 하기 때문이다. 국채 가치에 비해 재정 흑자의 현재 가치가 작아지면 가계가 지출을 늘리고 물가가 상승하는 사례가 이에 해당한다.

다시 말해 중앙은행이 물가 수준을 통제하기 위해서는 정부가 빌린 돈은 반드시 갚겠다는 약속을 하고 민간 경제 주체들도 그 약속을 믿어야 한다는 전제가 깔려 있다. 이러한 믿음을 구축하기 위해 정부의 재정 행위를 구속하는 규칙이 마련되어 있다. 재정 규칙은 마스트리흐트 기준Maastricht criteria처럼 엄격한 수치를 수반하는 경우도 있다(마스트리흐트 기준 또는 유로 수렴 기준euro convergence criteria은 1992년 조인한 마스트리흐트 조약에 따라 유로존 회원국이 지켜야 할 기준으로, 물가 상승률이 물가가 가장 안정된 세 회원국 평균보다 1.5퍼센트포인트를 초과하지 않고, 재정 수지가 GDP의 3퍼센트를 초과하지 않고, 정부 부채가 GDP의 60퍼센트를 초과하지 않아야 한다—옮긴이). 하지만 본질적으로 중요한 것은 정부가 중장기적으로 재정의 지속 가능성을 약속한다는 민간 경제 주체의 인식이다. 재정적 물가 이론은 단순히 "물가 변동은 재정적 현상"임을 설명하는 것이 아니라 중앙은행이 물가를 안정시킬 수 있는 환경 조성도 정부의 역할임을 주장하는 것으로 이해해야 한다.

제로 금리 하한 이론과 재정적 물가 이론의 통합

"재정적 물가 이론"의 흥미로운 점은 통화정책이 제로 금리 하한에 직면했을 때 재정정책의 역할에 대해서도 유용한 관점을 제공한다는 것이다. 제로 금리 하한에 직면한 경우 다양한 비전통적 통화정책으로 어느 정도의 완화 효과를 창출할 수 있을 것이다(5장 '제로 금리와 양적 완화' 참조). 그러나 금리가 상당히 플러스 수준일 때와 비교하면 그 효과가 제한적일 수밖에 없다. 이런 상황에서도 물가 수준을 끌어올리려면 민간 경제 주체들이 앞서 언급한 실질 재정 흑자의 현재 가치가 하락했다고 인식할 수 있는 재정정책 측면의 조치가 필요하다. 여기서 중요한 것은 단순히 어느 시점에 감세나 공공 투자를 하는 것이 아니라 향후 증세를 하지 않을 것이라는 확신을 국민에게 심어주는 것이다. 재정적 물가 이론에 따르면 만약 그러한 확신을 심어주는 데 성공한다면 국민은 부유해졌다고 느끼고 물가도 상승하게 된다.

2001년 당시 재정적 물가 이론에 대한 설명을 처음 들었을 때 이 이론은 통화정책과 재정정책의 역할에 대해 많은 시사점을 제공한다고 생각했다. 불행히도 일본에서는 이 이론이 거의 알려지지 않았고, 일부 예외를 제외하고는 경제학자들이나 학자들이 이에 대해 언급하는 경우도 없었다. 그래서 이 이론과 그 정책적 의미를 더 많은 경제학자에게 알리고 싶었다. 특히 알리고 싶은 메시지는 물가 안정은 중앙은행이 독립성을 갖고 일사불란하게 통화정책 측면의 노력만 하면 달성할 수 있다는 시각은 피상적이며, 재정의 지속 가능성을 실현하는 규칙이 중요하다는 것이다.

그러나 한편으로는 정책 측면에서, 특히 일본에서 벌어지고 있는 논의 상황을 고려할 때 통화정책을 바람직하지 않은 방향으로 유도할 수 있는 이론이라는 생각도 들었다. 만약 물가 수준을 끌어올리는 것이 목적이라면 제로 금리 하한하에서 필요한 것은 재정 확대일 수밖에 없다. 게다가 이 재정 확대는 단순한 재정 적자 확대가 아니라 상시적인 재정 적자다. 당시 유행하던 2퍼센트 물가 목표와 연결지어 생각하면 2퍼센트가 실현될 때까지 재정 적자를 유지해야 한다는 것을 의미한다. 그리고 일단 2퍼센트가 실현되면 재정이 본래의 중립적 운영으로 돌아간다는 것을 많은 민간 경제 주체들에게 믿게 만들어야 한다는 것이다. 이러한 정책은 재정 당국이 사람들의 예측을 마음대로 통제할 수 있다는 것을 전제로 하는데, 이는 현실성이 없다. 많은 사람은 일본의 재정 상태가 아무리 나빠도 결국은 건전화를 위해 노력할 것이라고 막연하게 생각하고 있다. 만약 그런 예상을 정말 바꾸려면 극단적인 조치를 취해야 하는데, 상식적인 국민이라면 그렇게 극단적인 정책을 펴는 정부도 결국은 재정 건전화를 향해 나아갈 것이라 믿겠는가? 나아가 물가 안정이 중앙은행에 가장 중요한 목표로 주어졌다고 하더라도, 국가 경제 전체의 안정을 고려했을 때 물가 상승률을 높이는 것이 과연 중앙은행으로서 고려해야 할 많은 사항 중 언제든 우선순위를 차지할 만큼 중요한 것일까? 또한 당시에는 아직 명확하게 인식하지 못했지만 만약 정부가 극단적인 조치를 취해 물가가 상승하더라도 개념적으로 실질 재정 수지 흑자 증가에 따른 물가 수준의 일회성 점프에 불과할 뿐 지속적인 물가 상승이 이루어지는 것은 아니다.

나는 일본은행이 '재정적 물가 이론'을 전파하는 것에 주저하는 마음도 있었다. 하지만 결국 이 이론을 알기 쉽게 설명함으로써 진정한 논점을 밝히고 향후 논의의 심화를 기대하는 것이 바람직하다고 결론 내렸다. 그 결과 발표된 것이 《일본은행조사월보》 2002년 7월호에 실린 〈물가 변동 메커니즘에 관한 2가지 견해: 통화적 시각과 재정적 시각物価の変動メカニズムに関する2つの見方: Monetary ViewとFiscal View〉이라는 기무라 다케시木村武의 논문이다. 안타깝게도 이 논문은 당시 별다른 주목을 받지 못했다. 전문가 외에는 입에 담지 않던 '재정적 물가 이론'이라는 용어가 언론에 자주 등장하게 된 것은 논문 발표 후 거의 15년이 지난 2016년이었다.

다카하시 재정정책

일본 경제학자들은 통화정책과 재정정책의 공조를 논의할 때 적극적 재정정책을 종종 언급하는데, 특히 1931년 12월에 네 번째로 재무 장관(당시 호칭은 대장대신)이 된 다카하시 고레키요高橋是清의 정책을 칭찬할 때 그렇다.[11] 다카하시 재정정책은 당시 채택된 재정정책과 통화정책 모두를 일컫는 말이다. 그가 취임한 1931년 일본은 금본위제에서 탈퇴했는데 영국이 금본위제를 포기한 지 3개월 뒤였다. 다카하시는 일본은행에 직접 국채를 발행해서 자금을 조달하는 확장적 재정정책을 펼쳤는데 그의 정책은 통화정책과 재정정책을 결합한 성공 사례로 종종 인용된다.[12]

그러나 내가 보기에 다카하시 재정정책은 1990년대 이후 일본이 직면한 도전과 내가 총재로 재직한 시기에 대해 유용한 지침을 제공하지 못하는데, 그 이유는 상황이 다카하시 시대를 특징짓는 경제 및 금융 환경과 현격하게 달랐기 때문이다.[13] 첫째, 정부 재정의 건전성 정도가 상당히 달랐다. 다카하시 재정정책이 시행되기 직전에 일본 정부의 국채 발행 잔액은 GNP의 47.6퍼센트였는데 최근의 200퍼센트와 비교하면 아주 미미한 수준이었다.

둘째, 다카하시 재정정책이 집행되던 시기 엔화 가치 하락은 일본이 금본위제에서 벗어나면서 인위적으로 높은 환율이 조장되면서 나온 결과일 뿐이다. 일본이 직전 수십 년 동안 변동 환율제를 유지해온 현상황과는 완전히 달랐고, 게다가 당시에는 국가 간 자본 흐름을 통제하는 방식도 상당히 달랐다. 다카하시 재무장관은 자본 도피를 막기 위해 일본은행이 채권을 매입하기 전에 자본 통제를 강화했다.

마지막으로 셋째, 다카하시 시대 일본의 국내 금융 시장은 규모가 훨씬 작았고 국채 금융 시장도 덜 발달했다. 당시에는 대량의 국채를 신속하고 차질 없이 매각하는 것이 불가능했고, 자금 조달을 위한 일반적인 관행은 민간 금융기관들로 구성된 인수 신디케이트단シンジケート団을 이용하거나, 우편 저축이 투입된 정부 예금부預金部로 하여금 채권을 매입하게 하는 것이었다. 게다가 다카하시가 암살되기 전인 다카하시

재정정책의 첫 몇 년 동안은 일본은행이 매입한 국채를 신속하게 시중에 매각했다. 그 결과 본원 통화에 영향을 미치는 일본은행의 국채 보유량은 크게 증가하지 않았다. 이와 대조적으로 현대 일본에는 정부가 발행하는 채권이 큰 어려움 없이 소화되는 국채 시장이 존재한다.

다카하시 재정정책에 대한 이런 논의는 사실상 재정 우위의 "입구"에 관한 것이다. 그러나 재정정책과 통화정책의 비전통적인 조합을 채택할 때는 "출구" 전략도 고려해야 한다. 다카하시 재무장관은 경제가 회복되면서 급증하는 군사비 지출에 신중하게 제동을 걸려고 했지만 1936년 2월 26일 실패한 쿠데타 와중에 비극적인 암살을 당했다. 그 결과 인플레이션이 발생했고, 이는 다카하시 재정정책의 출구 전략이 실패했음을 의미한다. 여기에서 얻어야 할 교훈은 다카하시가 운명의 장난으로 군사비 지출의 폭증을 막을 수 없었다는 것이 아니라 시장의 견제를 받지 않는 정부의 직접적인 자금 조달direct financing이 재정 지출의 통제 불가능한 확대로 이어졌다는 것이다. 다카하시가 제국 의회 연설에서 직접적인 자금 조달은 일시적인 조치일 뿐이라고 강조하고 다카하시 자신도 "일시적인 편법一時の便法"이란 표현을 쓴 점은 주목할 만하다. 하지만 국채 인수가 일시적인 편법이 아니었음을 이후 역사가 보여주고 있다.

당시 일본은행의 직접적인 자금 조달을 관장하고 나중에 13대 총재가 된 후카이 에이고深井英五 부총재는 회고록《70년을 돌아보며回顧七十年》에서 흥미로운 이야기를 썼다. 이 회고록은 후카이가 일본은행을 퇴직하고 일본이 2차 세계대전에 들어가기 직전인 1941년에 나왔는데 일본은행을 통한 직접적인 자금 조달이 시작된 직후였다. 책에는 유럽 방문 중 프랑스 중앙은행 총재 에밀 모로Emile Moreau와 만난 이야기가 나온다. "유럽을 방문하면서 일본은행이 정부가 발행한 국채를 직접 매입하는 방식에 대해 많은 사람과 대화를 나누었고, 대부분의 사람은 기발한 아이디어라고 기꺼이 칭찬했다. 그러나 모로 총재는 이 정책에 대해 평가하는 것을 내켜 하지 않았다. 비판하지도 않았고 그렇다고 용인하는 발언도 하지 않았다. 그는 지금까지 잘 진행된 것은 좋은 일이라고 깊은 뜻을 담아 몇 번이나 반복해서 말했다."[14]

이때 모로 총재가 무슨 생각을 하고 있었는지, 그리고 1941년 총재 직에서 사임한 후카이의 심정이 어땠는지는 알 수 없다. 하지만 내 이해에 따르면 후카이는 통화 관련 의사 결정을 소수의 현명한 사람에게 맡겨야 하는지, 아니면 의사 결정권자를 외부의 규율 아래 두는 시스템에 의존해야 하는지 질문을 던지고 있는 것 같다. 후카이는 이 질문을 명시적으로 하지도 않았고 어떤 답도 내놓지 않았다. 역사를 살펴봤을 때 내가 얻은 결론은 후자가 더 나은 길이라는 것이다. 총재 퇴임 5년 뒤 나는 1937~1944년 일본은행 총재였던 유키 도요타로結城豊太郎의 기념관으로부터 연설을 의뢰받고 연설 준비를 위해 다카하시 재정정책 이후의 금융정책 및 재정정책에 관한 자료를 몇 가지 읽었다. 유키 총재 시기 일본은행은 다양한 국채를 원활하게 소화하기 위한 조치를 취하기 시작했는데, 흥미로운 점은 유키 총재 취임 후 처음 발행한 국채를 일본은행이 인수하지 않고 민간 금융기관 신디케이트단을 통해 소화하려고 시도했다는 점이다. 그러나 일단 일본은행이 인수하기 시작하면 정부도 민간 금융기관도 이에 익숙해져 신디케이트단의 인수를 꺼렸다. 결국 신디케이트론 방식에 의한 발행은 1회에 그쳤고, 이후 국채 발행은 일본은행 인수 방식으로 이루어졌다. 공공 정책이 항상 이성적으로 지혜롭게 수행된다면 중앙은행이 정부에 직접 자금을 지원하는 것을 금지하는 준칙은 필요 없을 것이다. 내가 배운 교훈은 경제와 금융 시장에 대한 우리의 불완전한 이해, 그리고 인간의 의사 결정을 특징짓는 지연과 편향성을 고려할 때 제도와 관행에 대한 준칙의 중요성을 경시해서는 안 된다는 것이다. 특히 그것이 중앙은행의 국채 매입과 인수에 관한 것이라면 더더욱 그렇다.

16장

금융 시스템 안정을 목표로

금융 시스템의 안정

2007~2009년 글로벌 금융위기 이후 선진국의 거시경제학자들과 정책 당국자들은 지속 가능한 경제 성장을 위해 금융 안정이 중요하다는 인식을 갖게 되었다. 이는 늦은 감이 있지만 고무적인 일이었다. 이전에는 금융위기가 신흥국과 개발도상국에서만 발생하는 것으로 간주되는 경향이 있었다. 그러나 글로벌 금융위기 이후 선진국 경제도 더이상 금융 안정을 당연시할 수 없게 되었고, 위기를 초래하는 금융 불균형의 축적을 막기 위해 금융기관에 대한 규제와 감독을 강화하기 위한 수많은 노력이 진행되었다. 이는 바람직하며 고무적인 일이다. 그러나 금융 안정이 지속 가능한 성장에 미치는 역할을 포괄적으로 이해하기 위해서는 이념적·제도적 측면에서 추가로 이해해야 할 것들이 있

다. 특히 물가 안정과 금융 안정을 별개의 목표로 취급하면서 전자는 통화정책, 후자는 금융 규제와 감독에 맡겨야 한다고 주장하는 믿음이 여전히 남아 있다. 나는 총재 재임 기간 내내 이 "분리 원칙"에 일관되게 도전했다. 물가 안정에 비해 금융 시스템 안정은 사람들이 이해하기 쉽게 정의하기 어렵다. 하지만 한 번이라도 금융위기를 경험한 사람은 금융 시스템 안정의 중요성을 인식할 수 있다.

금융위기가 발생하면 우리가 일상적으로 사용하는 화폐, 신용 및 기타 금융 서비스를 이용하기가 어려워진다. 예금을 즉시 인출할 수 없을 것이라 생각한 예금자들이 한꺼번에 자금 인출을 요구하는 뱅크런이 발생하면 은행은 대출을 할 수 없게 된다. 이런 일이 은행권에서 연쇄적으로 벌어지면 국가 경제가 멈출 수 있다. 기업들이 정상적으로 거래하던 금융 시장에서는 거래 상대방의 부도 위험에 대한 우려가 높아질 것이고, 금융기관 간 대출과 차입 모두에 지장을 줄 것이다. 금융기관들이 거래를 꺼리면서 대규모 거래에 통용되는 가격이 급변하면 시장 유동성이 감소하고 시장의 "가격 발견" 기능에 부정적인 영향을 미친다. 또한 파생상품 시장에서 거래를 체결하는 것이 어려워져 금융기관과 일반 기업 모두 차입과 외화 매매에서 위험을 관리하거나 헤지할 수 있는 능력이 손상될 수 있다. 이 모든 것이 자금을 가진 사람들로부터 자금이 필요한 사람들에게로 자금이 흘러가는 것을 방해해 경제를 침체시킬 것이다.

금융 안정을 유지하기 위해서는 금융위기를 미연에 방지하고, 위기가 발생했을 때 그 여파가 확대되지 않도록 해야 한다. 2차 세계대전 이후 얼마간 선진국에서는 심각한 금융위기가 발생하지 않았고 금융위기는 신흥국과 개발도상국만 겪는 것으로 여겨졌다. 일본은 1990년대에 심각한 금융위기를 겪으면서 위기가 신흥국만의 전유물이 아니라는 것을 깨닫게 된 몇 안 되는 선진국 중 하나였다. 그러나 글로벌 금융위기와 이로 인해 선진국 경제가 입은 심각한 피해는 사람들의 인식을 크게 바꿔놓았다. 글로벌 금융위기를 돌아보면서 우리 모두는 금융 시스템의 안정성을 유지하기 위해 무엇이 필요한지 다시 생각해보지 않을 수 없게 되었다. 2가지 필수 요인이 있다. 하나는 어떤 충격에도 견딜 수 있을 만큼 회복력이 강한 금융 시스템을 구축하는 것이다. 다른 하나는 금융기관, 일반 기업, 가계의 지나친 수익 추구 행태로 인해 위기의 씨앗이 뿌리내리는 것을 방지하는 것이다. 이를 위해 금융기관은 충격을 견딜 수 있는 충분한 완충 자본과 유동성을 보유해야 하며, 그 외에 각종 규제를 준수하고 규제 당국의 감독을 받아야 한다. 감독이란 금융기관이 규제를 준수하고 있는지를 점검하는 것에 그치지 않고 건전한 경영을 하고 있는지까지 검증하는 것을 말한다. 금융기관마다 경영 방식과 운영 방식이 다르기 때문에 개별 기관의 특성을 고려한 맞춤형 감독이 필요하다. 금융기관에 초점을 맞춘 이러한 노력도 중요하지만 일반 기업과 가계 등 감독 범위 밖에 있는 대상도 존재한다는 것을 인식할 필요가 있다.

일본은행의 역할

일본의 경우 금융기관에 대한 규제와 감독은 주로 금융청이 담당한다. 하지만 일본은행도 일본은행에 당좌계좌를 보유하고 있는 금융기관에 대한 실사와 일상적인 모니터링을 통해 개별 금융기관의 동향을 면밀히 감독하고 있다.

일본에서는 금융위기가 발생했을 때를 대비해 다양한 안전망safety net이 마련되어 있다. 그중 하나가 탄탄한 결제 시스템인데 설령 금융 시장 참여자가 파산하더라도 그 영향이 결제 시스템을 통해 다른 곳으로 파급되는 영향을 줄일 수 있다. 하지만 이것만으로는 충분하지 않다. 금융 시스템이 붕괴할 수 있는 비상시에는 중앙은행이 최종 대부자로서 유동성을 공급해야 한다. 또한 정부가 금융기관에 공적 자본을 투입하는 것도 경우에 따라서는 필요하다. 최종 대부자 역할과 정부의 자본 투입은 위기의 "진화 작업"이라고 할 수 있다. 8장에서 언급했듯이 리먼 브라더스 파산 당시 일본의 금융 시스템은 비교적 안정적이었고 일본은행은 최종 대부자로서 개별 금융기관에 자금을 공급할 필요가 없었지만 금융 시스템 안정을 유지하기 위해 금융 시장 전체에 유동성을 풍부하게 공급했다. 또한 금융 시장 기능과 유동성을 유지하기 위해 기업어음과 회사채 매입, 금융기관 보유 주식 매입 등 이례적인 조치도 취했다.

이러한 "진화 작업"의 중요성은 말할 것도 없지만 동시에 평소의 "방재 작업"도 중요하다. 총재 재임 첫 1년은 진화 작업 비중이 높았지만 2년 차 이후부터는 방재 작업 비중이 점차 높아졌다.

공유지의 비극

금융 시스템 안정은 눈에 보이지 않지만 없어서는 안 될 우리 주변의 공기와 비슷하다고 표현된다. 이 때문에 공공재라고 말하는 경우가 많다. 공공재는 비배제성non-excludability과 비경합성non-rivalry이란 특징이 있다. 비배제성이란 대가를 지불하지 않고도 소비가 가능한 것을 의미한다. 예를 들어 깨끗한 공기나 경찰이 제공하는 안전과 같은 서비스는 대가를 지불하지 않고 소비할 수 있다. 비경합성이란 공급된 재화를 모든 개인이 동시에 소비할 수 있는 것을 말한다. 일반적인 재화는 누군가가 소비하면 다른 누군가의 소비가 그만큼 줄어들게 된다. 하지만 공기와 안전은 누구든 얼마든지 동시에 소비할 수 있다.

금융 시스템 참여자는 대가를 지불하지 않고도 금융 안정이란 서비스를 누릴 수 있기 때문에 비배제성의 측면에서 금융 시스템의 안정은 공공재라고 할 수 있다. 따라서 금융 시스템이 안정된 상황에서 개별 금융기관은 적극적인 레버리지를 이용해 조달한 자금으로 리스크가 큰 금융 자산에 대한 투자를 늘리고 수익을 올릴 수 있다. 이런 행태를 보인 금융기관은 비경합성 덕분에 금융 안정이란 서비스를 소비하면서 자신의 이익을 챙길 수 있다. 그렇다고 이로 인해 다른 금융기관들의 금융 안정 서비스에 대한 소비가 당장 줄어드는 것은 아니다. 하지만 이런 행태를 보고 다른 금융기관들도 똑같이 레버리지를 높이고 위험 자산에 대한 투자를 늘린다면 경제 전체에 과도한 리스크가 발생하고 언젠가는 금융위기가 발생한다. 결국 누군가 금융 안정을 과도하게 소비하면 어느 누구도 해당 서비스를 이용할 수 없는 상황에 직면하게 된다. 이렇게 보면 금융 시스템 안정이라는 서비스는 공공재의 필수 조건인 비경합성을 충족시키지 못한다.

금융 불안정은 종종 "공유지의 비극tragedy of the commons"의 한 예로 설명된다.[1] 공유지는 공공 방목지나 바다와 같이 여러 사람이 사용할 수 있는 자원을 의미한다. 개인 방목지를 소유한 목축업자는 토지가 과도하게 방목되어 자원이 고갈되지 않도록 소의 개체 수를 조절할 가능성이 높다. 그러나 만약 방목 중인 토지가 공공 토지나 공유지라면 이 목축업자는 다른 목축업자들이 소의 수를 늘려서 목축업자의 수익이 줄어들더라도 계속 소를 늘릴 가능성이 높다. 목축업자들이 공유 방목지를 자유롭게 사용하는 한 방목지의 자원은 고갈되고 결국 모든 목축업자가 피해를 입게 된다. 금융 안정이란 서비스의 과도한 소비에도 동일한 메커니즘이 존재한다.

공유지의 비극에 대한 한 가지 해결책은 명확한 사용권을 설정해 과도한 방목이나 남획을 막는 것이다. 그러나 금융 안정이란 공유지는 이러한 유형의 사용권을 설정할 수 없다. 따라서 규제 대상도 아니며 금융 안정에 대한 대가를 지불할 필요도 없는 금융 시장 참여자는 금융 안정을 통해 누릴 수 있는 자신의 이익을 극대화하려고 할 것이다. 예를 들어 레버리지를 늘리거나 만기 불일치(예를 들어 단기로 차입해 장기로 대출을 하는 행위)를 통해 수익을 추구할 수 있다. 이런 개별 거래는 경제 전체 관점에서 보면 극히 일부에 불과할 수 있다. 그러나 점점 더 많은 사람이 같은 행동을 하게 되면 금융 안정이 남용되어 금융 공유지의 비극이 발생할 수 있다.

산불에 대처하는 것과 같은 방식으로 금융 안정을 유지하고 위기를 예방하는 방법을 생각할 수 있다. 2가지 유형의 화재 예방 조치가 필수적이다. 하나는 효율적이고 안전한 지급 결제 시스템으로 구성된 효과적인 "방화벽"을 구축하는 것이다. 다른 하나는 금융기관에 대한 효과적인 규제와 감독을 확립해 "연기를 감시"하는 것이다. 공기가 너무 건조하면 산불이 나는 것처럼 정책 당국자들은 거시경제와 금융 상황에 영향을 미치는 통화정책이 레버리지와 위험 감수 행위를 자극할 수 있다는 점을 특히 염두에 두어야 한다.

효율적이고 안전한 결제 시스템 구축

중앙은행은 다양한 지급 결제 서비스를 제공하고 있으며, 일본은행도 예외는 아니다. 동일본 대지진 당시 은행권 발행과 관련된 일본은행의 서비스에 대해서는 이미 설명한 바 있다(13장 참조). 여기에서는 일본은행 당좌계좌의 영향을 받는 거액 결제 서비스에 대해 설명한다.

일본은행은 민간 금융기관과 일본은행을 연결하는 '일은넷日銀ネット, BOJ-NET'이라는 거액 결제 시스템을 운영하고 있다. 단기 자금, 외환, 채권과 주식 시장을 포함한 대부분의 엔화 기반 금융 시장 거래는 일은넷에서 일본은행 당좌계좌를 통해 최종 결제된다. 또한 일본은행은 기업과 개인 간 1억 엔 미만의 자금 이체에 사용되는 전국 은행 데이터 통신 시스템全国銀行データ通信システム, 즉 '전은 시스템全銀システム, Zengin-Net'이라는 민간 소액 결제 시스템의 최종 결제도 제공한다.

일본 지급 결제 시스템의 효율성과 안전성은 이해 당사자들의 개혁 노력을 통해 오랜 시간에 걸쳐 향상되었다.[2] 이러한 개선 노력은 장기적으로 사회에 상당한 편익을 가져다주지만 민간 부문에만 맡겨두면 스스로 개선될 가능성이 낮다. 특히 컴퓨터 시스템을 업데이트하는 작업처럼 즉각적인 비용이 많이 드는 경우 그렇다. 따라서 많은 국가에서 중앙은행이 촉매 역할을 하고 있으며 일본은행도 예외는 아니다.

나는 은행에서 비교적 말단 직원이었을 때 지급 결제 시스템 관련 업무를 담당했다. 한 세대가 다른 세대로 넘어가면서 관련 시스템을 개선하는 데 매우 오랜 시간이 걸리는 것을 지켜보았다. 총재가 되고 난 후 나는 지속적인 개선에 각별한 주의를 기울였고 일본은행 직원들에게 보내는 메시지에서 지급 결제 시스템과 관련한 일본은행의 핵심적 역할을 강조했다.

업무 연속성 계획을 수립해 예기치 못한 상황에서도 해당 업무를 지속하는 것은 지급 결제 시스템의 안전성에 필수적이다. 동일본 대지진 사례에서도 그 중요성을 알 수 있다. 일본의 결제 시스템이 원활하게 운영되기 위해서는 어떤 비상 상황에서든 담당 직원이 신속하게 업무에 복귀할 수 있어야 한다. 나도 지급 결제 시스템 담당 이사로 근무할 당시 긴급 상황이 발생하면 즉시 은행으로 복귀할 수 있도록 일본은행 근처 숙소에 머물러야 했으며 격주로 번갈아 가며 그 책임을 수행했다.

중앙은행이 금융 규제에 관여하는 이유

방재 작업의 일환으로 글로벌 금융위기 이후 금융 규제 재검토 논의에도 적극적으로 참여했다. 이 책을 읽는 독자 중에는 금융 규제 문제에 왜 일본은행이 관여하는지, 금융청의 일이 아닌지 의문이 드는 사람도 있을 것이다. 외국에서는 중앙은행이 금융기관에 대한 규제와 감독 당국인 경우가 많지만, 어느 나라든 자국의 금융 규제 당국인지 여부와 관계없이 중앙은행이 글로벌 금융 규제 문제를 논의하는 바젤은행감독위원회BCBS 회원으로 활동하고 있다. 중앙은행이 회원으로 참여하는 것은 금융 규제와 감독 문제는 금융 시스템 안정과 밀접한 관련이 있다는 현실적인 이유 때문이다. "공유지의 비극"에서 알 수 있듯이 금융 시스템 안정이라는 서비스는 안정 속에 불안정성의 싹을 심기 쉽다. 그리고 불안정성이 금융위기를 불러일으키면 거시경제의 안정성이 훼손된다. 따라서 중앙은행이 금융 규제와 감독 당국인 경우뿐 아니라 그렇지 않은 경우에도 바젤은행감독위원회 위원으로 활발히 활동해야 하는 것은 당연한 일이다.

이런 맥락에서 보면 일본은행이 금융 규제와 감독 업무에서 담당하는 것은 주로 금융 시스템 안정과 관련된 측면이다(예를 들어 금융기관의 법령 위반 행위에 대한 처벌 등의 문제는 중요하지만 일본은행 관할은 아니다). 반대로 말하면 일본은행이 금융 규제와 감독 문제에 관심을 기울이지 않는 것은 통화정책의 목적 수행에도 지장을 초래할 수 있다는 것을 의미한다.

금융 규제 표준 개발을 위한 국제 프레임워크

금융 규제는 각 나라의 국가 기관에 의해 작성되고 시행되지만 금융 시장과 금융기관의 글로벌화를 반영해 규제의 원칙과 많은 세부 사항은 국제적 협의를 거쳐 정하게 되었다. 개별 국가가 각자의 방식으로 규제를 시행한다면 금융 활동은 규제가 가장 느슨한 지역으로 이동하게 될 것이다. 이는 결국 글로벌 금융 시스템 전체를 불안정하게 만들고 개별 국가의 대내 금융 안정도 저해할 수 있다. 거의 50년 전부터 시작된 이 관행은 전 세계 국가 기관의 대표들이 논의해 국제 표준을 개발하고, 각 국가는 합의된 글로벌 표준을 자국 규제에 반영하는 방식으로 점차 발전해왔다. 초기 결실 중 하나는 금융기관의 최소 자기자본 요건 관련 규정인 바젤 협약Basel Accords이다. 바젤 I이라고 불리는 관련 규정은 1987년에 만들어졌다. 이후 금융 시장의 환경 변화를 고려해서 바젤 협약이 개정되었고, 글로벌 금융위기가 발생했을 때 바젤 II가 시행되고 있었다. 글로벌 금융위기 이후 바젤 III에 대한 논의가 본격적으로 시작되었다.

금융 규제에 대한 국제적 합의에 이르는 과정은 다루는 주제의 범위가 넓고 복잡하며, 따라서 참여해야 하는 관계 기관의 범위가 넓다는 점이 특히 주목할 만하다. 많은 나라에서 은행, 증권사, 보험사에 대한 별도의 규제 당국이 존재한다. 회계 기준은 금융기관 건전성을 평가하는 데 필수적이며 모든 증권 발행자의 공시에 영향을 미친다. 그러나 회계 기준은 일반적으로 금융 규제 당국이 아니라 표준 회계 기준을 설정하는 전문 기관에서 작성한다. 또한 문제가 있는 금융기관의 정리 체계는 금융 안정에 중요한 영향을 미치지만 도산법은 대부분 금융 규제 당국의 권한 밖 문제다.

복잡하고 다양한 환경에서 효과적인 금융 규제 표준을 개발하려면 전문성과 정당성이 모두 필요하다. 유엔과 같이 전 세계 회원국이 모두 참여하는 기구는 정당성을 부여할 수 있지만 고도로 기술적인 주제에 대해 비교적 단기간에 의미 있는 합의를 도출하기는 쉽지 않을 수 있다. 소수 국가 간 논의는 실용적이고 효율적이지만 정당성 측면에서 부족할 수 있으며, 회원국이 많지 않을 경우 새로운 합의가 널리 채택되지 않아 효과가 떨어질 수 있다.

바젤 I이 출범할 당시에는 G10이라 불리는 선진국 그룹이 논의를 주도했다. 그 후로 신흥국이 국제무대에서 점점 더 두각을 나타내고 세계 경제에서 차지하는 비중이 커짐에 따라 이를 반영할 필요성에 대한 인식이 높아졌고 논의에 참여하는 국가 수가 점차 증가했다. 오늘날 국제결제은행 산하 금융안정위원회FSB[3]는 금융 규제 분야의 의사 결정을 위임받아 전문성과 정당성을 균형 있게 조화시키면서 적절한 절충안을 마련하고 있다. 금융안정위원회는 25개국 대표와 10개 국제기구 대표로 구성되어 있으며, 일본 대표단은 일본은행, 금융청, 재무성 대표로 구성되어 있다. 내가 총재로 재직할 당시 금융안정위원회 의장은 마리오 드라기Mario Draghi 유럽중앙은행 총재였다.[4] 규정 제정에 대한 진행 상황은 금융안정위원회 의장이 G20 재무장관과 중앙은행 총재 회의에 보고하고, 논의 결과는 주요국 정상 회담인 G20 회의에 전달되어 승인받는다. 이는 2009년 9월 피츠버그 G20 정상 회담에서 G20 프레임워크가 국제 경제 협력을 위한 최상위 포럼으로 간주되었다는 사실을 반영한 조치다.

금융안정위원회는 글로벌 규범과 규정에 대해 어떻게 합의를 이룰까? 때로는 이사회가 자체적으로 논의를 진행하기도 하지만 다양한 글로벌 규제 기관과 감독 기관 포럼에서 여러 보고서와 의견을 받고 이를 논의와 합의에 반영하는 경우가 일반적이다. 바젤은행감독위원회가 수행하는 은행 규제와 감독 기준 개발은 이러한 과정의 한 예다. 바젤은행감독위원회는 28개국 대표로 구성되며 대표는 일반적으로 금융 규제 기관과 중앙은행으로 구성된다. 일본의 경우 일본은행과 금융청이 회원으로 참여한다. 또한 바젤은행감독위원회는 전문성이 요구되는 특정 이슈를 다루기 위해 다양한 실무 그룹을 산하에 두고 있다.

이러한 다층 구조에서 G20 정상들의 최종 승인으로 정당성이 부여되더라도 G20 정상 회담 전에 전문가 의견을 승인할 책임이 누구에게 있는지에 대한 의문이 여전히 남아 있다. G20가 만들어지기 전에는 G10 중앙은행 총재 회의와 국제결제은행 정례 회의가 최종 결정권을 가졌다. 그러나 대표성이 부족하고, 많은 국가에서 중앙은행이 규제와 감독 권한을 가지고 있지 않았기 때문에 이 방식은 정당성이 부족했다. 이런 점을 고려해 은행 규제에 대한 전문가 합의를 승인하기 위해 중앙은행 총재와 감독 기관장 회의Group of Central Bank Governors and Heads of Supervision, GHOS가 설립되었다.

규제 개혁을 위한 국제적 논의의 시작

금융 규제에 대한 검토는 글로벌 금융위기 발생 직후부터 시작되었다. 2007년 10월 프랑스의 은행인 BNP 파리바가 운용 중인 펀드의 환매를 중단한 사건이 발생한 지 불과 두 달 만에 G7 재무장관들과 총재들은 금융안정포럼Financial Stability Forum에 스트레스의 원인과 필요한 대응을 검토해달라고 요청했다. 금융안정위원회의 전신인 이 포럼은 2008년 4월에 열린 회의에서 각국 장관과 총재에게 검토 결과를 보고했는데, 내가 총재로서 처음 참석한 회의였다. 그 후 바젤은행감독위원회를 비롯한 많은 포럼이 규제 프레임워크에 대한 광범위한 검토에 착수했다. 개혁 노력은 광범위했다. 먼저 금융기관의 자본 적정성 규제를 강화하기 위한 논의가 시작되었고, 더 엄격한 유동성 규제를 도입하기 위한 논의가 이어졌다. 국제적으로 활동하는 금융기관의 "대마불사" 문제를 해결하기 위한 효과적인 프레임워크를 개발하는 작업도 시작되었다. 또한 글로벌 금융위기의 주요 원인으로 지목된 그림자 금융 부문의 규제 사각지대 문제를 해결하기 위한 다양한 작업도 시작되었다.

금융 규제와 감독 관련 제도 변화는 거의 대부분 금융위기로 인해 촉발된다. 예를 들어 일본에서는 1927년 금융위기 이후 일본은행이 금융기관 현장 조사를 하기 시작했다. 금융 시스템에 대한 일본은행의 책임을 명시적으로 규정한 신일본은행법과 금융청(초기에는 금융감독청)의 신설, 부실 금융기관 정리 체계는 일본 버블 붕괴와 금융위기에 대한 대응책이었다. 미국에서는 1907년 공황 이후 연방준비제도가 만들어졌고, 대공황은 연방예금보험공사FDIC와 증권거래위원회Securities and Exchange Commision, SEC를 탄생시켰다. 바젤은행감독위원회와 현재 지급시장인프라위원회Committee on Payments and Market Infrastructure, CPMI의 전신 조직도 1974년 당시 글로벌 금융 시스템을 뒤흔든 헤르슈타트은행Herstatt Bank의 파산에 대응하기 위해 만들어졌다.

자본 적정성 규제

일본은행은 글로벌 금융위기 이후 금융 규제 개혁 논의에 적극적으로 참여했는데, 논의 결과 유럽과 미국 금융기관이 위기에 대응할 수 있는 충분한 자기자본을 보유하고 있지 않다는 것이 명백했다. 이에 따라 글로벌 금융위기 이후 필요 자기자본에 대한 규정은 양적·질적 측면에서 모두 강화되었다. 양적인 측면에서는 최소 자기자본 수준이 크게 높아졌고, 질적인 측면에서는 자기자본으로 간주되는 항목에 대한 정의가 강화되었으며 보통주와 이익 잉여금으로 구성된 핵심 자본core tier I에 더 중점을 두게 되었다.

국제적 논의 과정에서 가장 큰 논란이 되었던 것은 최소 자기자본의 증가 폭과 새로운 기준의 시행 날짜였다. 일반적으로 스위스, 영국, 미국 당국은 더 높은 수준의 자기자본을 요구한 반면 프랑스, 독일, 일본 당국은 완만한 수준의 증액을 지지하는 경향이 있었다. 더 높은 자본을 요구한 쪽은 글로벌 금융위기 당시 더 심각한 충격을 경험했던 국가들이었다. 일본 당국은 자본 확충의 필요성을 인정하면서도 필요 자기자본 수준을 너무 급격하게 변경할 경우 경제 활동에 악영향을 미칠까봐 우려했다. 이 문제가 논의되면서 바젤은행감독위원회 내에서 자기자본 기준 강화가 거시경제에 미치는 영향에 대한 분석이 이루어졌다. 일본은행은 관련 논의에 기여하고자 했으며 금융 부문과 거시 부문의 상호 작용을 포함한 거시경제 모형을 사용해 시뮬레이션을 수행하고 일본의 입장을 강조하는 보고서를 작성했다. 우여곡절 끝에 새로운 자기자본 기준의 큰 틀은 2010년 7월에, 유동성 규정(뒤에서 설명한다)과 구체적인 최소 자기자본 수준은 2010년 9월에 중앙은행 총재와 감독기관장 회의에서 승인되었다.

금리 리스크에 대한 공시 강화

자본 적정성 규제는 신용 리스크, 시장 리스크, 운영 리스크를 다루지만 금리 리스크도 금융기관이 직면하는 중요한 문제다. 은행과 같은 대부분의 금융기관은 예금과 투자자에게서 조달한 단기 부채를 이용해 상대적으로 만기가 짧게 자금을 조달한다. 반면 대차대조표상 자산 측면의 대출과 보유 증권의 만기는 훨씬 더 긴 경향이 있다. 일반적인 상황에서는 장기 금리가 단기 금리보다 높으며, 금융기관은 장단기 금리

스프레드에서 수익을 얻는다. 긴축적 통화정책이 집행되면 일반적으로 단기 금리의 상승 폭이 더 크기 때문에 이 스프레드가 좁혀지거나 심지어 마이너스로 바뀔 수도 있다. 금리 변화로 인해 수익이 변동하는 위험을 금리 리스크라고 한다. 글로벌 금융위기 이전에는 금리 리스크가 자본 적정성 규제에 반영되지 않았으며, 경영진과 감독 기구가 주의 깊게 모니터링해야 했다.

금리 리스크는 통화정책의 파급 경로 측면에서 특히 중요하다. 완화적 통화정책은 단기 금리를 낮추는 것으로 시작된다. 2가지 경로를 통해 경제에 영향을 미칠 수 있다. 하나는 전반적인 금리 수준 하락에 주목해 은행으로부터의 차입이나 채권 발행을 늘리는 차입자의 행동이다. 다른 하나는 단기 금리가 하락할 때 대출을 늘리는 은행의 행동으로, 만기 불일치 상황에서 장단기 금리 스프레드가 확대되면서 대출을 하거나 또는 증권에 투자하려는 유인이 더 강해진다.

따라서 대출이 증가하는 것은 경기를 부양하고자 하는 완화적 통화정책 효과가 파급되는 가장 중요한 전달 경로 중 하나다. 그러나 금융기관이 감당할 수 있는 수준을 넘어선 금리 리스크를 떠안은 채 경제 상황 개선이나 물가 상승에 따라 금리가 인상될 경우 스프레드 축소로 인해 대부자의 수익성이 급격히 악화되고 대출자의 상환 능력이 저하될 수 있다. 대출 여력 악화는 결국 실물 경제에 악영향을 미칠 수 있다. 따라서 금융 규제 측면에서 금리 리스크를 다루는 것은 금융 감독 기구뿐 아니라 통화정책 당국자의 관점에서도 중요하다. 내가 일본은행 총재로 재임하는 동안 바젤은행감독위원회에서 금리 리스크에 대한 국제적 논의가 계속되었는데, 퇴임 후인 2016년 4월 은행의 금리 리스크 공시를 강화하는 표준이 합의되고 이후 시행되었다.

유동성 규제

글로벌 금융위기를 겪으면서 유럽과 미국의 금융기관이 적절한 수준의 자기자본뿐 아니라 스트레스 상황에서 지급 의무를 이행할 수 있는 유동성을 충분하게 보유하지 않았다는 것이 드러났다. 이 문제에 대응하기 위해 금융기관의 유동성 리스크에 대한 새로운 규제를 도입하기로 합의했다. 새로 도입된 '유동성 커버리지 비율Liquidity Coverage Ratio, LCR' 규제는 중앙은행 당좌예금과 국채 등 우량 유동성 자산을 각 기업의 1개월간 예상 자금 유출액 이상 보유하도록 규정했다.

민간 은행의 기본적인 역할 중 하나는 유동성 제공과 만기 전환(예금과 같은 단기 부채를 대출과 같은 장기 자산으로 전환하는 것)이다. 만약 유동성 규제가 너무 엄격해지면 은행은 이러한 기능을 수행할 수 없게 된다. 또한 유동성 규제는 중앙은행의 정책과 무관하지 않다. 중앙은행의 정책은 통화정책이든 "최종 대부자" 기능이든 결국 유동성의 수준과 배분을 통제하는 정책이기 때문이다. 양적 완화로 대량의 중앙은행 당좌예금이 공급되는 시기에는 유동성 규제가 제약 조건이 되지 않더라도 향후 '출구'로 향하는 국면에서는 영향을 미칠 수 있다. 따라서 유동성 규제는 금융기관뿐 아니라 거시경제에도 중요한 문제며, 이를 어떻게 설계할 것인지에 대한 면밀한 검토가 필요하다.

균형의 중요성

글로벌 금융 규제를 재검토하는 작업의 진행 상황은 정책위원회 위원들에게 정기적으로 보고되고 있다. 글로벌 금융위기 이후 규제 방향은 일본은행의 통화정책 운용과 거시경제에 잠재적으로 큰 영향을 미칠 수 있다고 판단했기 때문에 국제회의 논의 외에도 대외 커뮤니케이션에 상당한 시간과 에너지를 할애했다. 규제 재검토 논의는 기술적인 내용을 많이 포함하고 있어 언론에 보도되는 경우가 적고, 보도되어도 "규제 강화에 대한 은행들의 불만"이라는 논조인 경우가 많았다.

금융 규제 개편에 대해 일본 금융기관들은 전반적으로 피해 의식이 강했다. 물론 일본 금융기관은 글로벌 금융위기의 진원지가 아니었고, 그런 의미에서 그들의 불만을 이해할 수 없는 것은 아니었다. 하지만 세계 어딘가에서 금융위기가 발생하면 결국 영향을 받게 되므로 세계 전체로 볼 때 금융위기의 재발을 어떻게 방지할 것인가에 대한 논의는 매우 중요하다. 나는 금융 규제와 감독이 어떻게 이루어져야 하는지에 대해 많은 사람이 더 많은 관심을 가져야 한다는 점, 그리고 일본은행이 이 분야에서도 적극적으로 노력하고 있다는 점을 알리기 위해 국내에서도 금융 시스템 문제, 금융 규제와 감독 문제를 주제로 한 연설을 적극적으로 하려고 노력했다.

동시에 금융 규제 재검토는 일본도 1990년대 후반 이후 그랬던 것처럼 때로는 규제 강화의 방향으로 너무 치우쳐 균형 잡힌 시각을 잃기 쉬운 경향이 있다는 점도 주목했다. 따라서 국제적인 재검토 논의의 장에서는 다양한 차원에서 균형을 유지하면서 금융 시스템의 안정을 위해 노력하는 것이 중요하다는 점을 강조하고 있다. 내가 중요하게 생각하는 균형은 다음 4가지다.

첫 번째는 거시경제정책, 특히 통화정책과 규제·감독 사이 균형이다. 글로벌 금융위기 이전에는 통화정책의 목적은 물가 안정, 금융 규제와 감독의 목적은 금융 시스템 안정으로 양자를 별개의 목적으로 보는 시각이 지배적이었고, 종종 물가 안정과 금융 시스템 안정 중 어느 것을 우선시해야 하는지를 놓고 트레이드오프(상충관계)가 논의되었다. 그러나 이미 언급했듯이 경제가 직면한 진정한 트레이드오프 문제는 "현재"와 "미래"라는 서로 다른 시점의 경제 간 안정의 트레이드오프다. 규제와 감독을 통해 개별 금융기관의 건전한 경영을 보장하는 것은 중요하다. 하지만 과도한 레버리지와 만기 불일치를 허용하는 완화적 통화정책이 장기간 유지되면 거시적으로 과도한 리스크가 발생해 금융 시스템의 안정성이 훼손될 수 있다. 이는 금융 시스템 안정을 유지하기 위해서는 개별 금융기관의 건전성에 초점을 맞춘 "미시건전성 정책"뿐 아니라 금융 시스템 전체의 리스크를 고려한 "거시건전성 정책"도 필요하다는 것을 의미한다.

두 번째는 금융기관에 대한 공적 규제와 경영진의 경영 판단·자기 규율 사이 균형이다. 금융 시장은 끊임없이 변화하고 금융기관의 비즈니스 내용도 변화할 뿐 아니라 금융기관마다 비즈니스 모델이 다르다. 이 점을 감안할 때 한정된 인적 자원을 가진 규제와 감독 당국이 금융기관의 활동을 세세하게 감독하거나 모든 활동을 규율하는 규정을 정하는 것은 불가능하다. 서브프라임 모기지 문제가 발생하기 전 당시 자기자본 규제에 따르면 금융기관은 충분한 자본을 갖춘 것으로 간주되었다. 이는 당시 자기자본 비율을 계산할 때 리스크 포착 방법이 부적절했음을 보여주는 동시에 금융 규제와 감독 당국이 상시적으로 리스크를 적절히 관리하는 것이 어렵다는 사실을 보여준다. 따라서 금융기관 경영자 스스로가 리스크를 적절히 파악하고 관리하기 위해 건전한 경영 노력을 기울이는 것이 무엇보다 중요하다.

세 번째는 규제와 감독의 균형이다. 금융기관의 비즈니스 모델은 다양하고, 국가 간에도 다르며, 한 국가 내에서도 금융기관마다 다르다. 또한 경기와 금융 상황을 반영해 점진적으로 변화하는 측면도 있다. 따라서 모든 금융기관에 최소한의 규제를 공통으로 적용하는 방식과 어느 정도 재량을 부여하는 방식 모두 바람직한 부분이 존재하며, 양자의 적절한 균형을 맞추는 것이 중요하다.

네 번째는 위기 예방과 파급 방지를 위한 조치의 균형이다. 지금까지 설명한 거시경제정책, 규제, 감독, 자기 규율, 이 모든 측면에서 노력을 기울인다고 해도 미래의 금융기관 파산을 완전히 예방할 수 있다는 보장은 없다. 이러한 현실을 전제로 충격에 강한 금융 인프라를 구축하기 위한 노력을 지속해야 한다. 이를 위해서는 많은 과제가 있지만, 특히 결제 시스템이 중요하다. 금융기관 파산은 직접적으로 자본 부족이 아니라 유동성 부족으로 인해 발생한다. 따라서 유동성 부족에 대한 우려로 인해 위기가 확산하는 상황은 피해야 한다. 이런 측면에서 통화 스와프 협정 체결은 효과적인 유동성 보완 제도가 될 수 있다.

거시건전성 정책

글로벌 금융위기 이후 감독과 규제가 강화되면서 "거시건전성 정책"에 대한 관심이 크게 증가했다.[5] 규제 정책이 개별 기업의 건전성뿐 아니라 금융 시스템 전반의 리스크에 초점을 맞춰야 한다는 것은 2009년에 이미 새로운 아이디어가 아니었다. 사실 거시건전성 정책이라는 용어는 1990년 일본은행이 신용기구국을 설립했을 때 이미 사용되고 있었다. 글로벌 금융위기의 원인이 된 것으로 보이는 시스템적 실패를 감안할 때, 이제 문제는 이 개념의 뼈대에 어떻게 살을 붙일 것인가 하는 것이었다. 물론 거시건전성 정책을 중시한다고 해서 이에 대응하는 기존의 미시건전성 감독의 중요성이 줄어드는 것은 아니다. 2가지를 모두 고려해 필요한 규제·감독의 큰 틀을 보면 다음과 같은 3가지 요소로 구성될 것이다.

첫 번째는 개별 금융기관에 대한 감독이다. 금융기관들이 준수해야 하는 최소한의 규칙을 준수하고 있는지에 대한 검증은 당연히 필요하고, 이와는 별도로 개별 금융기관의 다양한 업무 분야마다 금융기관의 건전성을 점검하는 활동이다. 즉 거시건전성 감독에 대비되는 미시건전성 감독이다.

두 번째는 "가변적 거시건전성 정책 수단"이다. 이는 거시적 금융 환경의 변화에 따라 금융기관의 행동에 직접적으로 영향을 미치려는 정책이다. 이미 글로벌 금융위기 이전부터 신흥국을 중심으로 일부 국가에서는 부동산 대출에 대한 '담보 인정 비율Loan-to-Value Ratio, LTV'의 상한 규제나 '총부채 상환 비율Debt-to-Income Ratio, DTI'의 상한 규제를 도입하고 있었다. 글로벌 금융위기 이후 선진국에서도 이러한 규제를 도입하려는 움직임이 나타났다. 또한 금융기관의 여신 행태에 제동을 거는 것이 바람직하다고 규제와 감독 당국이 판단할 때 최저 자기자본에 더해 추가 자본을 쌓도록 하는 규제인 '경기대응완충자본counter-cyclical capital buffer'의 도입도 앞서 언급한 2010년 7월 중앙은행 총재와 감독 기관장 회의에서 결정되었다. 이 규제는 금융기관이 지나치게 조심스러워 대출 공급이 제한적이라고 판단되는 경우 대출을 장려하기 위해 더 낮은 수준의 자본을 보유할 수 있도록 대칭적으로 작동했다. 가변적 거시건전성 정책 수단에 대해서는 열렬한 지지자가 있는 반면 회의적인 시각도 많아 실효성에 대한 평가가 엇갈리고 있다. 효과의 정도는 각국의 금융 구조에 따라 달라지기 때문에 일률적으로 평가할 수 없다. 나는 가변적 거시건전성 정책 수단을 열렬히 지지한 적은 없다. 하지만 그러한 정책 수단을 시도하는 것에 대해 냉담한 태도를 보이는 것도 썩 좋아 보이지 않았다.

세 번째는 경기와 금융 시스템 사이 경기순응성pro-cyclicality(경기동행성)을 높이지 않도록 규제를 설계하는 것이다(2장 '일본의 버블 경제' 참조). 앞서 언급한 자본 적정성 규제나 유동성 규제 모두 구체적인 제도 설계에 따라 이러한 순응성을 높이거나 낮출 가능성이 있다. 거시적인 금융 시스템 전체의 리스크를 최소화한다는 관점에서 어떤 제도 설계가 최적인지 검토하는 것이 중요하다. 이러한 취지에 따라 도입된 규제 수단을 "구조적 거시건전성 정책 수단"이라고 한다. 위의 3가지 구성 요소 중 두 번째와 세 번째의 실행에서는 금융 시스템의 안정성을 저해하는 움직임이 발생하지 않는지 관찰하는 것이 대전제가 된다. 나는 이를 "거시건전성 관점macro-prudential perspective"이라는 말로 표현했다.

총재 재임 당시에도 그랬고 지금도 그렇지만 거시건전성 정책 수단에 대한 논의에서 내가 불만스러웠던 점은 개별 정책 수단의 찬반과 효과에 대해 논의가 집중되는 경향이 있다는 것이다. 나는 거시건전성 정책에서 중요한 것은 부동산 대출에 대한 담보 인정 비율 조정과 같은 개별 정책 수단보다 금융 시스템 전체의 리스크를 생각하는 사고방식 자체라고 생각한다. 총체적인 관점에서 금융 시스템에 리스크가 쌓이고 있고 이를 방치할 경우 결국 금융 시스템이 불안정해질 수 있다고 판단되면 리스크가 확대되는 것을 막기 위한 조치를 취해야 한다. 거시건전성 관점이 없으면 거시건전성 조치를 발동해야 하는지 여부와 시기를 판단할 수 없게 된다. 거시건전성 관점은 다양한 거시건전성 정책 수단의 운영과 금융 규제 설계 자체에 모두 필요하다.

거시건전성 정책에 대해 내가 가진 우려는 이 정책이 논의되고 제시되는 방식에 대한 것이었다. 이 아이디어를 지지하는 많은 사람, 특히 거시경제학과 통화정책에 대한 배경 지식을 가진 사람들은 미시건전성 정책과 거시건전성 정책이 모두 제대로 수행되면 버블과 위기를 예방할 수 있다고 주장한다. 이 주장의 핵심은 금융위기를 방지하는 책임은 통화정책이 아니라 감독, 규제, 거시건전성 정책 등 금융정책에 있다는 것이다. 내게는 매우 이상하게 들리는 이 주장에 나는 강하게 반대한다. 물가 안정과 금융 안정은 불가분의 관계에 있고 따라서 통화정책과 금융정책도 마찬가지다. 이 책에서 이미 여러 차례 분리 원칙에 대해 비판적으로 다루었지만 여기서는 이 원칙이 왜 잘못된 것인지 좀 더 체계적으로 설명한다.[6]

물가 안정과 금융 안정은 불가분의 관계

언제부터 전통적인 분리 원칙이 통용되었는지는 모르지만, 거시경제정책 논의에서 물가 안정과 금융 안정을 개념적으로 분리된 목표로 설명하는 것이 일반적이다. 최근 들어 지속 가능한 경제 성장을 달성하기 위해서는 물가 안정과 금융 안정 모두가 중요하고 서로 연관되어 있다는 인식이 확산되고 있다. 하지만 과거에는 양자 사이에 트레이드오프(상충관계)가 존재한다는 견해가 지배적이었다. 나는 이 견해에 동의하지 않는다. 내 견해는 일본의 버블 경제와 그로 인한 금융위기를 경험한 것, 그리고 세계 여러 지역의 현대적·역사적 경험에 대한 학습을 통해 크게 영향을 받았다. 나는 양자가 트레이드오프처럼 보이는 현상이 물가 안정이란 용어를 자의적으로 정의한 데서 비롯되었다고 생각한다. 9장에서 설명했듯이 우리가 우려하는 디플레이션(더 정확히 말하면 디플레이션 스파이럴)은 금융 시스템 붕괴로 인해 발생한다. 금융 불균형을 방치하면 자산 버블이 생기고 결국 금융위기로 이어져 디플레이션이 발생한다는 어빙 피셔의 이론은 매우 정확했다. 통화정책과 거시건전성 정책은 중장기적으로 볼 때 상충하는 관계가 아니라 상호 보완하는 관계에 있다고 보는 것이 합당하다.

양자 간 트레이드오프는 경제와 금융 시스템을 비교적 짧은 기간에 걸쳐 살펴볼 때만 성립한다. 다수의 거시경제학자들과 중앙은행가들은 통화정책의 물가 안정 목표를 고려할 때 중장기적 관점이 적절하다고 생각해왔다. 그럼에도 "유연한 인플레이션 목표제flexible inflation targeting"를 채택한 많은 중앙은행은 정기 보고서에서 성장과 인플레이션에 대한 예측 기간을 2~3년으로 설정한다. 반면 금융 안정과 관련된 기간은 본질적으로 길다. 일본 금융위기는 15년 이상, 글로벌 금융위기는 10년 이상 지속되었다. 물가 안정은 2~3년, 금융 안정은 10년 이상의 시계로 생각하면 서로 상충하는 측면이 있을 수 있지만 이는 물가 안정과 금융 안정 간의 문제가 아니다. 오히려 현재의 물가 안정과 성장, 그리고 미래의 물가 불안정과 저성장 사이의 트레이드오프다.

중앙은행의 목표는 장기적으로 화폐 가치의 안정(또는 간단히 말해 장기적인 물가 안정)을 달성하려는 것으로 가장 잘 표현할 수 있다. 이 정의에 따르면 단기적인 물가 안정과 장기적인 물가 안정 사이에는 트레이드오프가 존재할 수 있다. 그러나 일반적으로 더 긴 시계에서는 물가 안정과 금융 안정 사이에 트레이드오프는 존재하지 않는다. 중장기적 관점에서 보면 양자는 분리할 수 없는 동전의 양면과 같다.[7]

통화정책과 금융정책의 복잡성

분리 원칙은 정책 수단의 선택에도 반영된다. 금융위기는 금융기관이 안전하게 감당할 수 있는 수준보다 더 많은(즉 자기자본에 비해 훨씬 과도하게) 부채를 떠안거나, 감당할 수 있는 수준보다 더 많은 단기 또는 '런'에 노출된 지불 의무가 있을 때(즉 과도한 만기 불일치가 있을 때) 발생한다. 그리고 금융기관의 행위는 통화정책의 영향을 크게 받는다. 물론 금융 규제와 감독이 미시적 수준에서 개별 금융기관의 행위에 영향을 미치고 위험을 줄이는 것처럼 보일 수 있지만 거시적 차원에서 금융 안정을 반드시 보장하지는 않는다. 이것이 앞에서 살펴본 공유지의 비극이 주는 중요한 시사점이다. 첫째, 금융기관이 감독과 규제의 대상이기는 하지만 규제 사각지대는 늘 존재한다. 둘째, 규제와 감독을 받지 않는 기관은 항상 존재하며, 좋은 예가 글로벌 금융위기 전 규모가 커진 그림자 금융이다. 요컨대 경제에서 레버리지 증가나 만기 불일치를 통해 이익을 얻을 기회가 있다면 누군가는 그 기회를 이용할 수밖에 없다는 것이다. 이런 방식의 수익을 창출하는 데는 여러 요인이 있지만 의심할 여지 없이 통화정책이 중요한 역할을 한다. 완화적 통화정책으로 레버리지가 증가하거나 만기 불일치가 유리한 환경이 조성되면 금융기관은 개별 기관으로서 신중하게 행동하고 싶어도 그럴 경우 경쟁력과 시장 점유율을 잃을 위험이 있다는 딜레마에 직면하게 된다. 다양한 거시건전성 정책 수단은 어느 정도 역할을 할 수는 있다. 하지만 통화정책이 변하지 않는 상황에서 강력한 도구가 될 수 있을지는 의문이다.

다양한 거시건전성 정책 수단의 효과를 둘러싼 논쟁은 1960~1970년대 일본은행의 '창구 지도window guidance'에 대한 오래된 논쟁을 떠올리게 한다.[8] 당시 일본은행은 공식 재할인율을 인상해 통화 긴축을 실시할 때 주요 민간 은행의 대출에 개별적으로 상한을 설정했다. 창구 지도는 오늘날 우리가 거시건전성 정책이라고 부르는 것의 매우 조악한 형태라고 할 수 있다. 당시에도 지금과 마찬가지로 금리 인상이 인기가 없었기 때문에 엄격한 창구 지도와 덜 공격적인 금리 인상의 조합을 선호하는 사람들도 있었다. 사실 창구 지도가 단독으로 효과적인 정책인지에 대해서는 학계에서도 논쟁이 있었다. 일본은행은 창구 지도는 금리 인상을 보완하는 조치로서 의미가 있으며 그에 상응하는 금리 인상이 수반될 때만 효과적이라는 견해를 줄곧 취했다.

분리 원칙의 지적 토대

글로벌 금융위기 이전 주류 거시경제학은 정책 당국자들의 사고에 큰 영향을 미쳤지만 안타깝게도 금융 불안정과 금융위기에 대해서는 그 중요성을 충분하게 인지하지 못했다. 첫째 주류 거시경제학은 완화적 통화정책의 파급 경로가 금융 안정에 미치는 영향을 면밀히 분석하지 못했다. 크게 본다면 파급 경로는 2가지다.

이자율을 낮춰서 차입을 부추기거나, 낮아진 할인율 때문에 높아진 자산 가격을 통해 미래의 수요를 현재로 이전시킬 수 있다. 이런 경로는 한동안 작동할 수 있다. 그러나 완화적 통화정책이 장기간에 걸쳐 공격적으로 추진되면 궁극적으로는 상환 능력에 비해 지나치게 많은 차입을 초래할 수 있다. 이후 완화적 통화정책이 바라던 정책 효과를 거두고 통화 긴축이 이어지면 이자 부담 증가와 자산 가격 하락을 통한 디레버리징deleveraging을 유발해 금융 안정을 저해할 위험이 있다.

또는 자국 통화의 평가 절하를 통해 수출을 늘림으로써 해외 수요를 확보할 수도 있다. 이 경로도 한동안은 효과가 있을 수 있다. 그러나 교역 상대방은 수입 증가에 따른 자금 조달을 위해 더 많은 차입을 하는 경향이 있다. 그들의 차입금이 우리 통화로 표시되는 한 우리의 향후 통화 긴축은 그들의 통화를 약화시키고 상환 부담을 증가시켜 부채 동학debt dynamics을 악화시킬 것이다.

둘째, 주류 거시경제학 모형에서 금융기관은 존재하지 않는다. 금융기관, 특히 은행은 일반 기업이나 가계와 비교할 때 레버리지가 높다. 실제 성장률이 잠재 성장률을 밑돌아 성장 여력이 있는 상황에서는 금융기관이 경제 전반에 걸쳐 레버리지를 일으키면 현재 성장률을 끌어올릴 수 있다. 그러나 실질 소득 증가가 지탱할 수준을 넘어서는 높은 레버리지는 대부분의 금융 중개 기관에서 발생하는 만기 불일치와 결합해 금융 불안정과 위기의 원인이 될 수 있다. 따라서 통화정책 파급 경로에서 금융기관의 역할을 무시하는 것은 거시경제의 움직임을 이해하는 데서 치명적인 실수다. 거시경제 모형에 금융기관이 있는 경우에도 단순히 가계의 저축을 기업의 투자로 전달하는 로봇과 같은 존재로 등장하는 경향이 있다. 완화적 통화정책의 파급 경로는 일반 기업과 가계가 더 낮은 이자율로 더 많이 빌릴 수 있다는 것을 전제로 한다. 그러나 실제 신용의 양은 제품과 서비스 시장, 그리고 마찬가지로 신용 수요와 신용 공급 모두에 의해 결정된다. 경제 이론과 거시경제 모형이 금융 중개자의 역할, 특히 금융 중개자의 취약성을 고려하지 못하면 경제 변동을 일으키는 필수 요소가 누락된다.

이런 맥락에서 나는 공격적인 금융 완화를 지지하는 사람들이 중요한 파급 경로로 강조하는 포트폴리오 리밸런싱portfolio rebalancing 효과가 가지는 의미에 대해 전혀 동의하지 않았다. 수익률이 너무 낮더라도 이러한 상황이 일시적일 것이라는 희망으로 많은 금융기관이 위험을 감수할 수도 있다는 점을 인정한다. 하지만 일부 금융기관은 수익률이 더 이상 감수한 위험을 보상하지 못할 정도로 낮기 때문에 위험 자산에 대한 투자를 포기할 수도 있다. 최악의 시나리오는 다른 선택의 여지가 없어서 어쩔 수 없이 투자하는 금융기관들이 금융 시장을 지배하게 되는 경우다. 가만히 서서 폭풍이 오지 않기를 바라며 아무것도 하지 않으면 충분한 수익을 올리지 못하기 때문이다. 폭풍이 닥치면 위험을 감수한 사람들은 필연적으로 실패할 수밖에 없다. 단기적인 거시경제적 이익과 거시경제 불안정으로 인한 장기적인 비용을 비교해야 한다. 이 점에 대해서는 글로벌 금융위기 이후 다양한 개선 노력이 이루어지고 있으며, 이러한 노력이 성과로 이어져 실제 정책 당국자의 사고에 정착되는 날이 오기를 바란다.

일본은행과 감독 기구 간 협력

일부 국가에서는 중앙은행이 주요 금융 규제 기관이기도 하지만 다른 국가에서는 중앙은행에 이러한 권한이 없다. 그러나 거시경제에 대한 폭넓은 관점과 경제 전반의 안정성을 유지해야 하는 책임을 고려할 때 중앙은행이 금융 규제 개발에 참여하는 것은 매우 중요하다. 일본은행과 금융청의 관계는 규제 개혁을 논의할 때마다 협력하고 상호 보완하는 관계였다.

나는 일본의 버블 경제와 금융위기를 직접 경험하면서 금융 규제와 감독에 관한 책임을 제대로 수행하기 위해서는 개별 금융기관에 대한 미시건전성 관점을 넘어 거시경제와 전체 금융 시스템에 대한 관점을 통합하는 것이 중요하며, 특히 중앙은행의 연구 역량이 매우 중요함을 깨달았다. 중앙은행은 거시경제의 안정에 대한 업무를 담당하고 있으며, 이를 위한 연구와 분석에 강점을 지니고 있다. 일본은행이 금융 규제 관련 국제 논의에서 가장 기여를 크게 한 분야도 뛰어난 연구와 분석 측면이었다.

흔히 금융 규제에 관한 국제 협상은 각국 대표들이 고집불통으로 자국의 이익만을 추구하는 것처럼 여겨지곤 한다. 이는 부분적으로만 사실이다. 다자간 포럼에서는 한 국가만의 편협한 이익을 옹호하는 주장에 공감하는 사람은 거의 없다. 다른 사람을 설득하기 위해서는 분석에 근거한 주장을 해야만 한다.

연구에 강한 일본은행의 제도적 강점 외에도 일본은행과 외국 중앙은행의 긴밀한 관계는 국경을 넘나드는 규제와 감독 문제를 해결하는 데 도움이 되었다. 견해 차이가 있는 경우 중앙은행 총재들이 참석하는 회의에서 논의하는 경우가 많다. 실제로 내가 일본은행 총재로 재직하는 동안 G7과 G20 재무장관과 중앙은행 총재 회의 등의 의제가 상당히 많이 바뀌었다. 임기 초반에는 거시경제정책이나 외환 시장에 대한 논의가 주를 이루었지만 시간이 지남에 따라 금융 규제에 대한 논의에 점점 더 많은 시간을 할애했다.

외국의 금융 규제와 감독 체계 개혁

글로벌 금융위기 이후 외국의 금융 규제와 감독 체계 개혁은 제도 개혁으로 확대되었다. 미국에서는 재무장관이 의장을 맡고 연방준비제도이사회Federal Reserve Board, FRB를 비롯한 연방 금융 규제와 감독 기관의 수장들로 구성된 금융안정감시위원회Financial Stability Oversight Council가 설립되었으며, 이 위원회는 시스템적으로 중요하다고 간주되는 투자은행과 보험회사의 규제 기관으로 지정되었다. 원래부터 거시건전성 정책에 강점을 보였던 유럽중앙은행은 유럽 부채위기 이후 대형 금융기관을 감독할 수 있는 권한을 부여받았다. 영란은행은 통화정책의 독립성을 확보하면서 금융감독청FSA으로 이관되었던 규제와 감독 권한을 되찾았고, 거시건전성 정책도 맡게 되었다.

반면 일본은 1990년대 금융위기 이후 이미 제도적 틀이 크게 바뀌어 있었기 때문에 글로벌 금융위기 이후에도 제도적 틀에 변화가 없었다. 외국 사례를 배경으로 현행 제도 설계에 대한 내 생각을 묻는 질문을 종종 받곤 했다. 현행 제도는 완벽하지는 않지만 합리적으로 잘 작동하고 있으며, 중앙은행이 개별 금융기관에 대한 시정 조치를 강제할 수 있는 역량을 갖춘 감독권을 갖는 것이 중요하다고 생각하지 않는다. 오히려 감독 권한이 미시적인 이해관계와 연관되어 있다는 점을 고려하면 통화정책의 독립성 유지라는 관점에서 감독 권한을 갖지 않는 것

이 바람직할 수 있다. 하지만 중앙은행이 금융기관에서 일어나는 일에 깊은 관심을 갖는 것은 절대적으로 필요하다고 생각한다. 나는 "중앙은행이 금융 시스템에 대한 관심이나 영향력을 상실하면 통화정책이나 금융 시스템 모두 본래의 목적을 달성하지 못할 것"이라는 폴 볼커의 주장에 적극 동의한다.[9] 중앙은행이 금융기관으로부터 세분화된 정보를 얻을 수 있는 수단이 없다면 물가와 금융 안정에 대한 거시건전성 관점이 훼손될 것이다. 일본은행은 개별 금융기관에 대한 현장 조사를 실시할 수 있는 권한이 있다. 이를 통해 일본은행은 통화정책과 거시건전성 정책 측면 모두에서 세분화된 정보를 입수할 수 있으며 정책 변화가 바람직한 상황인지 판단할 수 있다. 일본은행은 거시건전성 정책에 대한 입장을 밝힐 필요가 있다고 판단해서 2011년 3월 〈일본은행의 거시건전성 측면 대응日本銀行のマクロプルーデンス面での取組み〉이라는 제목의 문서를 발표하기도 했다.

일본 금융 시스템이 직면한 중장기 리스크

거시건전성 관점에서 일본 금융 시스템이 직면한 가장 심각한 문제는 금융기관의 낮은 수익성이다. 노동력 감소로 인해 잠재 성장률이 점차 낮아지면서 모든 금융기관은 국내 대출 기회가 줄어들어 수익 창출에 어려움을 겪고 있다. 특히 인구 감소가 가장 두드러진 도쿄 외곽의 지방 은행과 신용협동조합이 가장 큰 영향을 받아 대출 기회가 급격히 감소했다. 도쿄와 도쿄 주변에 본점을 둔 3대 대형 은행을 비롯한 대형 금융기관은 영향을 덜 받았으며 심지어 대출을 늘리려고 노력했다. 그러나 이는 대출 금리 인하와 치열한 경쟁으로 이어졌을 뿐이다. 나는 단기적으로 수익을 확보하기 위해 위험한 금융 자산에 투자하거나 과도한 금리 리스크를 감수하려는 취약한 지방 은행의 행태가 궁극적으로 금융 안정에 위험을 초래할 수 있는 상황이 우려스럽다.

지방 은행의 상황은 일본은행이 모니터링한다. 또한 정기적으로 개최되는 업계 포럼과 대면 회의를 통해 해당 기관의 리더로부터 직접 의견을 들을 기회가 많다. 지역 은행장, 일본은행의 정책위원회 위원 및 고위 임원이 참석하는 업계 포럼에서 은행장들은 일본은행을 거칠게 비판하지는 않는다. 하지만 재임 기간 동안 나는 그들이 일본은행의 완화적 통화정책에 불만을 담아 보내는 미묘한 신호를 알아차릴 수 있었다. 나는 항상 완화적 통화정책은 경제 전체를 개선하기 위한 것이며, 이 정책이 성공하면 결과적으로 지역 은행들이 혜택을 보게 될 것이라고 설명했다. 그러나 나는 이지 머니만으로는 경제 상황을 개선할 수 없다고 믿었기 때문에 기회가 있을 때마다 경제 주체들이 성장 잠재력을 개선하려는 노력이 가장 중요하다는 점, 통화 완화만으로는 충분하지 않다는 점, 그리고 지방 은행의 어려움을 잘 알고 있다는 점 등을 강조하고자 했다.

지방 은행뿐 아니라 거의 모든 은행과 보험사 경영진이 불만을 가졌던 장단기 금리 차 축소는 어떻게 이해해야 할까? 은행이 예금과 기타 부채에 대해 지급하는 이자율이 제로에 가까워졌지만 장기 금리도 낮은 수준으로 하락했기 때문에 은행은 예대 금리 차가 축소되는 상황에 직면했다. 금리 차 축소의 주요 원인은 완화적 통화정책과 인구 감소 같은 일본 경제를 특징 짓는 실물 경제 요인이다. 전자의 경우 금융 기관을 둘러싼 상황은 전 세계적으로 거의 동일했다. 후자의 경우 일본

에서 상황이 더 심각했는데, 10장에서 언급했듯이 나는 일본은행의 경제학자들이 고령화와 인구 감소가 일본 경제에 미치는 영향을 연구하기 위한 노력을 배가하려 했다. 이러한 노력은 일본은행이 반기별로 발표하는《금융 시스템 보고서金融システムレポート》에 적극 반영되었다. 금리 차 축소에 직면한 일본의 은행들은 더 장기간 대출을 하거나 더 높은 신용 위험을 감수함으로써 수익을 유지하려 했다. 이는 결국 총체적으로 자산 수익률을 떨어뜨려 금리 차를 더욱 축소시킨다. 결과적으로 은행이 이윤을 내는 것처럼 보이더라도 대차대조표상 더 많은 리스크를 안게 되는 결과를 초래한다.

일부에서는 예금 금리를 마이너스로 만들거나 금융기관이 예금에 계좌 유지 수수료를 부과할 수 있다면 금리 차 축소 문제가 해결될 수 있다고 주장한다. 가계 예금에 수수료를 부과하는 것은 다른 나라에서도 쉽지 않다. 하지만 일본의 경우 은행이 예금을 통해 자금을 조달하는 비중이 상대적으로 더 높기 때문에 이 방식으로 자금 조달 비용을 낮추는 것이 어렵다.[10] 반면에 예금 이외의 자금 조달, 즉 시장에서의 조달은 기관 간 하는 거래여서 비용 절감이 가능하다. 이러한 기술적 논의는 차치하더라도, 마이너스 금리에 대한 모든 주장은 본질적으로 성장의 전제 조건인 신용과 금융기관의 중요한 역할을 무시하고 있다. 이 주장은 금융 시스템을 희생시키면서까지 통화정책을 제로 금리 하한으로부터 구하려는 것처럼 보인다. 이는 지동설과 마찬가지로 통화정책을 너무 중심에 둔 사고방식이다.

총재 재임 시절 완화적 통화정책과 낮은 장기 금리가 은행의 신용 중개 기능에 미치는 부정적 영향이 제대로 알려지지 못했기 때문에 나는 이 문제에 대한 주의를 환기하려고 노력했다. IMF가 2017년 4월 발표한 《글로벌 금융 안정 보고서Global Financial Stability Report》에서도 언급했듯이 전 세계적으로 통화 여건이 완화되면서 이러한 인식이 바뀌고 있다.

글로벌 금융위기 이후 선진국들의 저금리와 저성장 국면이 장기화하고 있다. (중략) 일본의 경험은 저금리 환경에서 머지않아 영구적으로 탈출할 것이라는 보장이 없다는 것을 시사한다. 많은 선진국에서 공통으로 나타나는 인구 고령화와 생산성 증가 둔화 등 구조적 요인의 결합은 이들 국가에서 저성장, 명목 금리와 실질 금리 하락이 지속될 수 있음을 시사한다. (중략)

장기적으로 이 시나리오는 은행, 보험사, 연기금의 비즈니스 모델과 금융 부문에서 제공하는 상품에 상당한 변화를 수반할 것이다.

이러한 환경에서는 평탄화된 수익률 곡선은 은행 수익을 낮추고, 생명보험사와 확정 급여형 연기금에 장기적으로 어려움을 줄 가능성이 높다. (중략) 은행이 국내외에서 수익률을 높이기 위해 노력함에 따라 자국과 해외 시장에서 새로운 금융 안정 문제가 발생할 수 있다. 이러한 가설은 일본 은행들의 경험으로 뒷받침된다.[11]

금융기관 경영자와의 의견 교환

미시적 규제 감독은 주로 금융청의 업무지만 거시건전성 정책에서는 일본은행의 역할도 크다. 앞서 언급한 "거시건전성 관점"에서 이해한다면 일본은행이 금융기관이 처한 상황을 정확히 인식하는 것은 필수적이다. 이러한 문제의식 때문에 일반 기업뿐 아니라 금융기관 경영진의 목소리를 직접 들을 수 있는 기회를 의식적으로 마련하려고 노력했다. 경영진과의 회의 분위기는 일반 기업과 금융기관이 전혀 달랐다. 일반 기업 경영진은 과감한 통화정책을 요구했고 금융기관 경영진은 정반대였다. 또한 전자의 목소리는 언론 등에 크게 등장하고, 후자의 목소리는 절제되어 있었다. 수출 관련 기업은 엔고로 인한 고통을, 금융기관은 이자율 축소로 인한 고통을 겪고 있음을 일본은행이 충분히 인식하고 있다는 사실을 전달하고자 했다. 중앙은행이 그들이 처한 상황을 제대로 이해하지 못한다면 중앙은행은 사회와 동떨어진 존재가 되고 만다. 그런 상황을 방지하는 데 이런 모임은 매우 유익했다.

3대 대형 은행과 대형 증권사, 도쿄증권거래소 수장과는 연 2회, 생명보험사, 손해보험사, 금융공기업 수장과는 연 1회 꽤 긴 시간을 할애해 이야기를 듣는 기회를 가졌다. 지역 금융인의 경우 업계 전체와 일본은행의 정기 미팅이나 지방 출장 시 이야기를 들었다. 정례 회의와는 별도로 금융기관장이 총재실로 찾아와 면담하는 경우도 적지 않았다.

금융기관 경영진과의 개별 면담에서 그들은 항상 솔직했다. 금융기관이 바라보는 경기와 대출 수요 동향은 매번 빠지지 않는 주제였고, 이 부분에 대한 그들의 시각은 참고가 되었다. 하지만 나에게 가장 귀중한 정보는 경영자들이 무엇을 우려하고 있는지에 대한 것이었다. 가장 많이 들었던 우려 사항은 2가지였다. 하나는 외화 자금 조달이었다. 대형 금융기관들은 국내 경제의 성장을 기대하기 어렵다는 전망에 따라 해외 대출에 적극 나서고 있었고, 그중에서도 특히 아시아 지역 대출 확대에 열을 올렸다. 리먼 파산 당시 달러화 자금 시장이 보여주듯이 위기 시 가장 불안한 요소는 달러화 자금 조달이었다. 이 점에서 그들의 자구 노력이 무엇보다 중요하다는 것은 두말할 나위 없다. 그렇지만 동시에 달러 자금의 "최종 대부자" 기능과 위기 시에도 원활하게 작동할 수 있는 견고한 결제 시스템의 중요성을 항상 느끼고 있었다.

다른 하나는 보유액이 많은 일본 국채였다. 장기 금리가 상승하면 막대한 자본 손실이 발생한다. 금리 상승이 경기 개선을 반영하는 경우 대출액이 증가해 수익 증대 효과를 기대할 수 있지만 신용 하락에 따라 장기 금리가 상승할 경우 자본 손실을 입게 된다. 대형 금융기관 경영진으로부터 "국채 가치가 크게 하락하는 상황만 막아주십시오"라는 말을 자주 들었다.

지역 은행장들은 매번 지역 경제의 실상을 들려주었다. 모기업의 해외 진출에 발맞추어 해외로 진출하는 기업의 저변이 확대되고 있다는 이야기를 자주 들었다. 그러나 가장 심각한 화두는 지역 경제가 침체되면서 금리 차가 지속적으로 축소될 것이라는 우려였다. 지역 금융기관들의 경영을 보면 개별적으로는 다양한 개선의 여지가 있다고 생각하지만 미시적인 경영 노력의 결과가 거시경제의 개선으로 이어진다는 보장은 없어 보였다.

대형 금융기관과 지역 금융기관 경영진의 발언에 자신들의 이익을 지키려는 이기적인 요소가 없었다고는 생각하지 않았다. 하지만 우려 사항 중 어떤 것이든 일본 경제 전체의 문제로 깊이 받아들여야 할 과제를 제시한다고 생각했다.

17장

정부·일본은행의 공동 성명

공동 성명을 발표하기까지

2012년 12월 16일 중의원 총선거에서 아베 신조安倍晋三가 이끄는 자민당이 압도적인 승리를 거두며 정권을 되찾았다. 선거 기간 동안 아베 총리는 정부와 일본은행 간 공조 강화와 더 적극적인 금융 완화의 필요성을 주장했으며, 일본은행법 개정 가능성을 자주 언급했다. 나는 2가지 상충하는 책임에 직면했다. 한편으로는 일본의 민주적 절차에 따른 선거 결과를 존중해야 했고, 내가 잘못되었다고 생각하는 통화정책을 약속한 정당에 국민이 큰 표차로 투표했다는 사실을 인식해야 했다. 그러나 또 한편으로는 일본은행법에 따라 화폐 가치를 안정시키기 위해 독립적인 일본은행 총재의 임무를 수행해야 했다. 이러한 상충하는 책임을 조정하기 위한 노력의 결과로 〈디플레이션 탈피와 지속 가

능한 경제 성장 실현을 위한 정부·일본은행의 정책 공조에 대하여デフレ脱却と持続的な経済成長の実現のための政府·日本銀行の政策連携について〉라는 공동 성명서가 발표되었다. 이 성명서 작성 단계에서 일본은행, 재무성, 내각부 사이에 다양한 공방이 있었지만 일본은행은 미래에 화근을 남기지 않기 위해 최대한의 노력을 기울였다. 내가 성명서 발표에 동의하고 발표까지 이르는 과정은 5년 동안의 총재 재임 기간 중 가장 어려웠던 일이었다.

공동 성명은 일본에서 10년 이상 지속된 통화정책 수행에 대한 치열한 논쟁의 정점이었다. 이 논쟁은 부분적으로는 이론 논쟁이었다. 이론적으로 제로 금리 하한에서 통화정책을 어떻게 수행해야 하는가(12장 참조) 하는 문제부터 일본 경제 성장률 저하의 근본 원인을 어떻게 이해해야 하는가 하는 문제에 대한 토론이자, 동시에 민주주의 사회에서 독립적인 일본은행의 역할에 대한 토론이기도 했다.

이 논쟁의 시작은 정부와 일본은행 간 공식적이고 구체적인 정책 합의의 형태로 협정을 체결하자는 아이디어였다. 이를 지지하는 사람들은 저성장의 근본 원인이 디플레이션에 있다고 생각했고, 따라서 디플레이션을 극복하는 것이 그들에게는 가장 중요한 정책 목표였다. 이 주장은 2000년에 처음 등장했으며, 고이즈미 준이치로 총리 내각의 경제재정담당장관인 헤이조 다케나카가 가장 적극적으로 옹호했다. 총재 재임 후반기, 특히 2012년 초에 이 논쟁이 더욱 격화되었다. 일본은행에 비판적인 경제학자뿐 아니라 정치권과 언론에서도 협정 체결 논의에 힘을 실었다.

분수령이 된 것은 2012년 1월 25일 미국 연준이 개인 소비 지출personal consumption expenditure, PCE 디플레이터deflator 기준으로 "장기 인플레이션 목표"를 2퍼센트로 채택했다고 발표한 것이었다. 이전에는 물가 안정 목표에 대한 정량적 수치를 공개하지 않았지만 벤 버냉키가 의장이 된 후 연준은 점차 접근 방식을 바꾸어 마침내 2퍼센트 인플레이션 목표를 발표했다. 이는 일본은행 통화정책이 충분히 강력하지 않다고 비판하던 사람들에게는 강력한 지원군이 되었으며 일본의 인플레이션 목표치 설정과 협정의 필요성에 대한 논쟁이 빠르게 격화되었다. 나는 국회 위원회에 자주 불려 다녔고 2012년 2월에만 9번이나 출석했다. 여당과 야당 의원들로부터 상상할 수 없을 정도로 질책을 받았고 정부와 협정을 체결하라는 요구를 받았다. 정치인들은 일본은행의 독립성을 와해하는 방향으로 일본은행법을 개정하겠다는 협박성 발언을 거듭했다.

구체적으로 일본은행은 3가지 사항을 요구받았다. (1) 2퍼센트의 인플레이션 목표를 채택할 것, (2) 본원 통화를 더 적극적으로 늘릴 것, (3) 인플레이션 목표를 달성할 구체적인 시기를 정할 것. 또한 고용 극대화, 엔고 시정, 경제 상황 개선을 요구하는 목소리도 많았다. 이러한 요소들을 종합하면 인플레이션 목표제에 대한 접근 방식이 매우 복잡해지고 다른 나라 중앙은행의 인플레이션 목표제가 이해하고 실행하는 방식과 상충할 수 있었다. 나는 이런 형태로 변형된 일본 특유의 인플레이션 목표제 채택에 강력히 반대했다.

외국에서 채택한 인플레이션 목표제는 3가지 특징을 가지고 있다. (1) 물가 안정을 수치로 규정하고, (2) 향후 경제와 물가의 경로에 대한 중앙은행 전망치를 발표하고, (3) 낮고 안정적인 인플레이션율을 유지하면서 중장기 시계에서 지속 가능한 성장을 도모하는 정책을 설명하고 실행하는 것이다. 외국에서는 이러한 틀을 "유연한 인플레이션 목표제"라고 부른다. 이런 측면에서 보면 일본은행이 수행해온 통화정책은 인플레이션 목표제 그 자체라고 할 수는 없지만 그것과 거의 다르지 않았다.

다른 중앙은행들이 시행하고 있는 "유연한 인플레이션 목표제"에 전적으로 찬성하느냐는 질문을 받았다면 나는 그다지 좋아하지는 않지만 수용할 만하다고 대답했을 것이다. 내가 특별히 열광하지 않았던 이유는 일본에서 인플레이션 목표제를 옹호하는 사람들의 논리 때문이었다.

일본에서는 인플레이션 목표제를 지지하는 근거로 2가지가 제시되었다. 첫째는 완화적 통화정책의 효과를 높이기 위한 것, 둘째는 중앙은행의 책임성을 강화하기 위한 것이었다. 나는 2가지 모두 오해의 소지가 있다고 생각한다.

먼저 이자율이 제로 금리 하한에 걸려 있고, 내외 금리 차를 확대해 통화 가치를 절하할 수 없는 상황에서 숫자로 표시된 인플레이션 목표치를 도입하는 것 자체가 통화정책 효과를 높이는 데 큰 도움이 되지 않을 것으로 보았다. 인플레이션 목표제를 옹호하는 사람들이 제시하는 첫째 근거는 중앙은행이 목표 인플레이션율을 발표하면 그 자체로 기대 인플레이션율이 높아져 실질 금리가 낮아지고 경제가 활성화된다는 것이다. 나는 이 주장에 회의적이었다. 중앙은행이 사용할 효과적인 수단이 없다면 목표치 발표만으로는 기대 인플레이션에 별 영향을 미치지 못할 수 있었기 때문이다. 그러나 "리플레파"와 "기대파"를 포함한 인플레이션 목표제 지지자들은 중앙은행이 인플레이션 목표를 마음대로 달성할 수 있는 능력이 있다고 믿었다. 자민당 야마모토 고조 의원의 주장은 그 전형이다.

시장 사람들은 통화량 증가를 보면서 예상치를 높여갑니다. 왜 일본에서 디플레이션이 계속되는가 하면 통화량을 전혀 늘리지 않았기 때문입니다. (중략) 통화량을 늘리면 분명히 예상 인플레이션율에 영향을 미치는데, 이 부분이 중요합니다.

_중의원 재무금융위원회, 2012년 2월

그들은 통화정책의 "체제 변화regime change"가 사람들의 기대를 바꾸는 역할을 할 것이라고 강조했다

통화량을 늘리면 문자 그대로 문제가 해결된다는 주장을 순진하게 받아들이는 사람은 상대적으로 많지 않았을 것이다. 그러나 중앙은행이 목표치를 발표하고 달성하겠다고 약속하기만 해도 기대 인플레이션율이 높아질 것이며, 일본은행이 물가 상승률을 높이겠다는 확고한 의지를 보이기만 하면 실제 물가 상승률도 상승할 것이라는 주장은 교묘하게 문제를 해결하는 것처럼 보인다. 그러나 이러한 주장은 헛된 희망을 만들어내는 말장난이다.

이러한 사고 자체는 사실 이단이라기보다는 중앙은행이 실제 인플레이션율을 특정 수준에 안정시키기 위해 통화정책을 사용할 수 있다는 주류 거시경제학의 정통적인 견해였다. 이전 장에서 강조했듯이 중앙은행이 충분히 긴축적인 통화정책을 사용하면 높은 인플레이션을 억제할 수 있다. 마찬가지로 중앙은행이 금융위기 시 최종 대부자 역할을 신속하게 수행하면 물가 수준의 급격한 하락을 피할 수 있다. 그러나 일본 저성장의 근본 원인을 고려할 때 일본은행의 인플레이션 목표가 구체적이고 의지가 강하다고 해서 인플레이션 추세를 바꿀 수 있다고 보기는 어렵다. 2007~2009년 글로벌 금융위기 이후 2퍼센트 인플레이

션 목표를 설정한 다른 선진국 중앙은행들은 통화 여건을 완화하기 위해 대차대조표를 공격적으로 확대하는 데 많은 노력을 기울였지만 인플레이션은 목표치를 지속적으로 밑돌았다. 그러나 2012년에는 이런 증거가 없었고, 당시 학자들의 견해는 현재와는 상당히 달랐다(18장 참조).

또한 인플레이션 목표제가 중앙은행의 책임성을 강화할 것이라는 둘째 근거도 썩 마음에 들지 않았다. 중요한 질문은 무엇에 대한 책임이냐는 것이다. 2012년 인플레이션 목표제를 지지하는 사람들은 간단한 해답을 가지고 있었다. 바로 인플레이션을 (책임지고) 더 높이는 것, 암묵적으로 어떤 대가를 치르더라도 그렇게 하겠다는 것이었다. 이는 일본 버블 경제 이후 우리가 경험했던 금융 시스템 리스크(그리고 자산 가격 하락으로 인한 디플레이션 압력)를 무시하는 처방처럼 보였다. 부분적으로 버블 경제와 이후 금융위기는 지극히 안정된 인플레이션으로 정당화된 완화적 통화정책을 너무 오래 지속한 결과 초래되었음을 기억할 필요가 있다.

글로벌 금융위기 이후 인플레이션 목표제가 중앙은행의 통화정책 수행에 충분한 지침을 주지 못한다는 인식이 널리 퍼져 인플레이션 목표제에 대한 무조건적인 신뢰가 후퇴하기를 나는 바랐다.

실제로 2012년 2월 당시 영란은행 총재 머빈 킹은 인플레이션 목표제의 유용성에 대해 일본 기자들의 질문을 받고 다음과 같이 답했다.

우리가 판단하기에 인플레이션 목표제는 통화정책 수행에서 매우 유용한 프레임워크임을 보여주었다고 생각합니다. 하지만 지난 4~5년간의 경험을 보면 인플레이션 목표제를 통해 달성할 수 있는 것이 무엇인지, 그리고 그것이 충분한지 의구심을 갖게 합니다. 현시점에서 인플레이션 목표제만으로는 충분치 않습니다. 상당한 수준의 금융 불안정성 축적을 막지 못했기 때문입니다. 시라카와 총재는 이 문제를 가장 잘 조명하고 있으며 그간 광범위한 논의를 해왔습니다. 아직은 결론을 내리기 시기상조지만 위기가 좀 더 지나고 나서 우리가 과거의 교훈을 되돌아볼 시간이 더 많아지기를 바랍니다.[1]

내가 가장 중요하게 생각하는 과거의 교훈은 일본의 버블 경제와 그에 따른 금융위기에 대한 반성에서 비롯된다. 2006년 3월 일본은행은 양적 완화 정책에서 벗어나면서 중장기적 관점에서 물가 안정과 금융 안정의 중요성을 모두 고려하는 정책 기조를 명시적으로 채택했다. '2가지 기둥'과 〈중장기 물가 안정에 대한 이해〉는 바로 일본은행이 과거의 교훈을 바탕으로 한 검토 작업의 결과물이었다(5장 '제로 금리와 양적 완화' 참조). 당시 검토 방향은 기존의 인플레이션 목표제보다 물가 안정을 판단하는 기간을 더 길게 가져가는 것과 금융 시스템 안정이라는 관점을 인식하는 것이었다.

안타깝게도 당시에는 이런 접근 방식에 대한 지지를 확보하는 데 실패했다. 그러나 2012년부터 전 세계 중앙은행들은 금융 안정을 고려하는 방향으로 인플레이션 목표제에 대한 관점을 바꾸기 시작했다. 뉴질랜드 중앙은행Reserve Bank of New Zealand과 캐나다 중앙은행은 인플레이션 목표제를 가장 먼저 도입한 중앙은행으로 유명한데, 두 중앙은행의 재검토 움직임은 이를 단적으로 보여준다. 예를 들어 2012년 9월 1일 발표된 뉴질랜드 중앙은행과 뉴질랜드 재무부의 합의문은 다음과 같다.

정책 목표에 관한 합의에서 뉴질랜드 중앙은행이 점검할 다양한 지표에 자산 가격 관련 지표를 포함시키고, 통화정책 수행 시 금융 시스템의 건전성과 효율성을 고려함으로써 금융 시스템 안정에 더욱 중점을 두기로 했다.

2011년 1월 9일 발표된 캐나다 중앙은행과 캐나다 재무부의 합의문에는 이렇게 나와 있다.

인플레이션 목표를 달성하기까지 소요되는 시간에 대해 어느 정도의 유연성이 필요할 수 있다는 데 인식을 같이했다. 이는 금융 불균형이 경제와 물가에 영향을 미치는 데 시차가 존재할 수 있기 때문이다. 이러한 유연성은 정책 기간 중 인플레이션 목표 달성을 희생시킬 수 있지만 장기적으로는 금융과 경제 안정, 그리고 궁극적으로는 물가 안정을 가져올 것으로 보인다.

일본 버블의 원인 중 하나는 장기간의 금융 완화였고, 완화 정책의 수정이 쉽지 않았던 가장 큰 이유는 당시 물가의 초안정성이었다. 이러한 쓰라린 아픔을 겪은 일본에서 글로벌 금융위기를 겪기 전 논의에 불과한 전통적인 인플레이션 목표제를 채택하자는 주장은 나로서는 도저히 납득할 수 없었다. 인플레이션 목표제를 채택한 국가들의 실제 제도운영은 상당히 바뀌고 있었으나 많은 국가가 자체 통화정책 운영 체제를 '인플레이션 목표제'라고 부르는 상황에서 그러한 "형식"이 갖는 힘의 크기도 의식하지 않을 수 없었다. 객관적으로 볼 때 인플레이션 목표제라는 명칭 사용에 반대하는 것은 일본은행이 금융 완화에 적극적이지 않다는 인상을 심어주는 큰 요인으로 작용했다. 차라리 "인플레이선 목표제를 채택했다"라고 단호하게 선언하는 것이 "어른의 판단"이라는 생각이 들기도 했다. 정말 불행한 일이었다.

중요한 것은 "형식"인가, "내용"인가? 이는 제도 설계를 할 때 어느 분야에서나 공통으로 고민하는 부분이다. 여기서 핵심은 "유연한 인플레이션 목표제"가 제대로 이해되고 있는지 여부였다. 그러나 인플레이션 목표제를 주장하는 정치인과 언론, 그리고 이를 지지하는 이른바 "리플레파"와 "기대파"의 논의를 들어보면 올바른 이해가 부족한 듯하다. 일본은행이 인플레이션 목표, 특히 극단적인 목표치를 채택한다고 선언하면 일본은행은 스스로 의도한 범위를 넘어서 끝없는 국채 매입, 즉 '재정 우위'의 함정에 빠지게 되고, 그러면 물가 안정 아래 지속 가능한 성장의 실현이라는 목적에 역행하는 결과를 초래할 것이다. 한 나라의 경제 발전에 중요한 역할을 하는 금융기관들도 지속적인 금리 하락으로 존립이 위태로워져 실물 경제에 타격을 줄 수 있다. 급속한 고령화를 배경으로 한 잠재 성장률 하락 추세, 인구 감소에 시달리는 지역 경제, 악화된 재정 상황 등을 감안할 때 이러한 우려는 결코 추상적인 것이 아니었다. 한편으로는 "일본판 인플레이션 목표제"의 위험을 피하면서, 다른 한편으로는 독립적인 중앙은행으로서 국민의 공감을 얻으며 통화정책의 책임성을 높일 수 있는 구체적인 방안을 어떻게 마련할 것인가? 바로 이것이 일본은행의 과제였다.

협정이라는 단어의 의미

일본의 인플레이션 목표제를 지지하는 사람들은 흔히 정부와 일본은행 간의 정책 공조를 협정 형태로 요구했다. 물가 안정 아래 지속 가능한 성장을 달성하기 위해서는 정부와 은행 모두의 역할이 중요하다는 것은 의심의 여지가 없다. 또한 둘 사이에 원활한 소통이 필요하다는 것도 분명하다. 하지만 일본에서 협정이라는 단어는 그 이상의 의미로 사용되고 있었다.

내가 협정이란 단어에 강한 위화감을 느꼈던 것은 개념적으로나 현실적으로나 협정 당사자를 명확하게 상정하기가 어려웠기 때문이다. 일본은행의 경우 9명의 정책위원회 위원들이 결정을 내려야 했다. 위원들의 임기가 5년이고 평균 잔여 임기가 2년 6개월에 불과하다는 점을 고려할 때 정책위원회는 위원들의 잔여 임기를 넘어서는 통화정책 방향을 결정할 수 없어야 했다. 정부도 잔여 임기와 관련해 동일한 문제가 있다. 또한 정부에서 누가 그러한 협정을 체결할 것인지 명확하지 않았다. 상식적으로 정부를 내각과 동일시할 수 있다. 그러나 현 내각과 일본은행 간의 합의가 선거로 집권당이 바뀌지 않더라도 다음 내각에서도 구속력이 있을 리 없다. 실제로 내가 총재로 재임하는 동안 두 차례에 걸쳐 집권 정당이 바뀌었고 총리는 여섯 번이나 바뀌었다. 게다가 내각이 합의한 정책을 실현하려면 예산, 세금, 기타 법률 변경에 대해 양원으로 구성된 국회의 승인을 받아야 한다. 따라서 내각과 일본은행이 일종의 공식 합의에 도달하더라도 현재와 미래의 국회의원 모두가 합의를 무시하거나 뒤집을 수 있다. 이를 단적으로 보여주는 것이 총재 재임 중이던 2012년 6월 여야 간에 성립된 "사회 보장과 조세 통합 개혁" 합의와 이 합의가 이후 맞이한 운명이다. 이 합의에 따라 소비세율의 단계적 인상이 결정되었으나 8퍼센트에서 10퍼센트로 인상은 두 차례에 걸쳐 연기되었고 이 책 집필 시점에서는 실현되지 않았다.

정부와 중앙은행 간 이러한 협정을 체결한 유일한 사례는 1951년 미국 재무부와 연준 간에 체결된 것이다. 협정의 목적은 2차 세계대전 중 시작된 연준의 국채 가격 지원을 종료하는 것이다. 미국의 협정은 연준의 독립성을 회복시키는 조치였다. 하지만 일본의 협정 추진은 일본은행의 독립성을 제약하고 통화정책에 대한 정부의 영향력을 강화함으로써 정반대의 결과를 초래할 수 있었다.

〈중장기 물가 안정 목표〉의 발표

일본은행은 정부와 합의 가능성을 모색할 준비가 되어 있지 않았음에도 연준의 2퍼센트 인플레이션 목표 발표로 인해 궁지에 몰렸다. 일본은행이 인플레이션 목표치를 계속 거부할 경우 일본은행법 개정의 위협이 현실화할 수 있었다. 이에 나와 심의위원들은 집중적인 논의를 거쳐 2012년 2월 14일 〈중장기 물가 안정 목표中長期的な物価安定の目途〉라는 제목의 문서를 발표하기로 합의했다. 이 문서에서 "일본은행은 '중장기 물가 안정 목표'를 전년 동기 대비 소비자물가지수 변동률 측면에서 2퍼센트 또는 그 이하로 판단하며, 더 구체적으로 당분간은 1퍼센트를 목표로 설정한다"라고 명시했다.[2] 이 결정에 이르기까지 정책위원회 위원과 가졌던 열띤 토론은 총재 재임 5년간의 많은 논의 중에서도 특히 잊을 수 없다.

우리가 내린 결정에는 2가지 중요한 메시지가 담겨 있었다. 첫째, 인플레이션 목표치는 이전과 동일하게 "전년 대비 소비자물가지수 변동률 측면에서 2퍼센트 또는 그 이하"로 설정했다. 둘째, "당분간 1퍼센트를 목표"로 설정함으로써 통화정책의 현재 입장과 단기 목표에 대한 입장을 명확히 밝혔다.

기존 인플레이션 목표의 경우 "대다수 심의위원이 '적절하다고 판단하는' 중간값이 1퍼센트 정도"라는 소극적인 표현을 사용했다.[3] 이번에는 은행의 의도와 의지를 보이기 위해 새로운 표현을 채택했다. 동시에 당분간 1퍼센트 인플레이션을 목표로 하고, 목표가 가시화될 때까지 공격적인 금융 완화(사실상 제로 금리)와 금융 자산 매입을 지속할 것임을 분명히 했다. 이는 포워드 가이던스를 의도한 것이다. 또한 '자산 매입 기금' 규모를 약 55조 엔에서 약 65조 엔으로 10조 엔 늘리기로 결정했다.

긍정적인 반응과 부정적인 반응이 모두 나왔다. 발표의 미묘한 메시지를 놓친 사람들이 많았다. 나는 통화정책회의 후 기자 회견에서 왜 2퍼센트가 아닌 "당분간 1퍼센트"를 목표로 삼았느냐는 거듭되는 질문에 이렇게 답했다. "지금까지 경험하지 못한, 국민의 물가 인식과 동떨어진 수치를 일본은행이 갑자기 발표하면 가계와 기업이 불필요한 불확실성에 직면할 수 있고 장기 금리가 급등할 위험도 있습니다. 일본 국민이 2퍼센트라는 수치를 문자 그대로 믿는다면 장기 금리는 상승할 수밖에 없을 것입니다."[4]

그러나 이것은 절반의 진실에 불과하다. 나머지 절반의 정직한 대답은 물가 상승률이 2퍼센트에 도달하는 상황은 당분간 기대하기 어렵다는 것이었다. 이를 말하지 않은 것은 2퍼센트라는 목표 자체를 포기한다는 비판을 받지 않기 위해서였다. 그러나 9장 '디플레이션 논의의 부상'에서 설명했듯이 2퍼센트 목표를 절대시하면 오히려 경제의 지속적 성장을 저해할 위험이 있다. 그리고 무엇보다 물가 상승률이 2퍼센트에 미치지 못하는 것 자체는 일본 경제가 미약한 원인이 아니다. 그럼에도 일본은행이 2퍼센트를 목표로 삼지 않은 것이 일본 경제가 마주한 여러 문제의 근본 원인인 것처럼 주장하는 논의가 넘쳐났고 서점 입구에는 리플레파의 일본은행 비판 서적이 쌓여갔다.

"목표目途, goal"인가, "목표目標, target"인가?

우리가 내린 결정은 특히 물가 안정 목표를 달성해야 하는 구체적인 시한을 명확하게 제시하지 않았다는 점에서 비판을 받았다. 2012년 2월 29일에 열린 중의원 재무금융위원회에서 야마모토 고조 중의원 의원이 한 발언이 대표적인 예다.

우선 시기. 시기가 명확하지 않아요. 시기가 명확하지 않으면 책임도 질수 없습니다. 이것이 문제입니다. (중략) 보통 인플레이션 목표 정책이라는 것은 중기적이고, 그 시기는 누구나 상식적으로 이해합니다. 대체로 1년 반에서 2년 정도죠. 그 정도까지 목표치에 대략 도달하는 거예요. (중략) 당신들은 책임을 지지 않은 채로 계속 가는 거죠. 기한이 명확하지 않으면 책임을 물을 수 없으니까요. 그래서 당신들은 목표를 전망めど(目処)이라고 말하며 도망가고, 그리고 책임을 지지 않기 위해 기한을 명확히 하지 않고 도망가는 거죠. 나는 그렇게밖에 보이지 않아요. 이렇게 무책임한 일은 없습니다. 시장의 그 누구도 납득할 수 없을 것입니다.[5]

이러한 견해는 정치권뿐 아니라 언론에서도 주목받고 있었다. 이는 특정 인플레이션율을 정해진 일정에 따라 달성할 수 있다는 일본식 관점을 반영한 것으로, 유연한 인플레이션 목표제를 채택한 다른 국가들의 경험을 무시한 것이다. 야마모토의 인용문에서 알 수 있듯이 일본은 행이 '목표目標, target'가 아닌 '목표目途, goal'라는 단어를 사용한 것을 두고 마치 디플레이션 종식을 위해 단호하게 행동할 의지가 없다는 증거인 것처럼 조롱하기도 했다(이 절의 일본어판 제목은 「目途」か「目標」か'이며 영어판 제목은 'A "goal" or a "target"?'이다. 일본어 '目途[모쿠도]'는 어떤 노력의 종착지, 예상 지점을 의미하고 '目標[모쿠효]'는 명시적 목표를 의미한다-옮긴이). 이는 예상된 비판으로 단어 선택을 두고 정책위원회에서 많은 토론을 벌였다. 최종적으로 '목표目途, goal'를 사용하고 '목표目標, target'를 사용하지 않은 것은 일본은행이 목표 물가 상승률을 단기간에 달성하기 위해 기계적으로 통화정책을 운용하겠다는 뜻으로 받아들여질 우려 때문이었다. 일본은행은 '목표目標'라는 단어가 갖는 기계적 뉘앙스를 고려할 때 연준이 사용한 '목표目途'가 더 자연스럽고 통화정책 운용의 실체에 가깝다고 판단했지만 미봉책이라는 비판을 받았다. 〈중장기 물가 안정 목표目途〉 발표 이후 정치권과 언론의 관심은 "일본은행이 인플레이션 목표目標제를 채택했는지" 여부에 온통 집중되었다. 나는 인플레이션 목표제를 둘러싼 일본 특유의 소모적인 논쟁을 계속하고 싶지 않았다. 그래서 원한다면 새로운 프레임워크를 '인플레이션 목표제'라고 불러도 상관없다는 견해를 공개석상에서 의도적으로 밝혔다.

정책위원회의 결정을 두고 3가지 상반된 비판을 받았다. 첫 번째는 더 공격적인 금융 완화를 요구하던 "리플레파" 또는 "기대파"의 비판이었다. 이 비판은 유쾌하지 않았지만 근본적인 사고방식의 차이에서 비롯된 것으로 예상했던 바였다.

두 번째는 이와 완전히 반대 방향의 비판으로 일본은행이 정치적 압력에 굴복했다고 생각하는 사람들의 비판이었다. 이들은 일본은행이 "정부 부채의 화폐화debt monetization(정부의 재정 적자를 보전하기 위한 중앙 은행의 국채 매수-옮긴이)의 영역으로 들어섰다"라고 결론 내렸으며, 더 심하게는 "일본은행이 루비콘강을 건넜다"라는 표현까지 썼다. 나는 이 비판이 가장 듣기 싫었다. 일본 경제가 직면한 진정한 과제를 제대로 인식한다면 공적 담론에서 인플레이션 목표제가 그토록 지배적인 위상을 차지할 여지는 없을 것이기 때문이었다. 그러나 현실적으로 사람들이 무엇이 문제인지 모르는 상황에서 일본은행은 대중에 대한 책임감을 유지하는 동시에 한편으로는 경제 안정을 추구하는 매우 좁은 길을 택해야 했다. 이 두 번째 비판은 나에게는 현실을 직시하지 못하는 귀족주의적 비판으로 보였다.

세 번째는 일본은행 통화정책을 꼼꼼하게 분석하는 채권 시장 분석가들의 비판이었다. 이들은 새로운 체제하에서 통화정책 수행 규칙이 더 불명확하고 예측하기 어려워졌다는 우려를 표명했다. 이는 어떤 의미에서 타당한 주장이었다. 경기나 물가 전망이 나빠지면 완화적 통화정책을 사용해야 한다. 그러나 당시 경제가 예상보다 호조를 보였음에도 2월 정책위원회는 전망을 상향 조정하지 않고 오히려 '자산 매입 기금' 규모를 늘리는 완화 정책을 사용했기 때문에 분석가들은 완화 정책의 근거를 이해하기 어렵다고 불평했다.

통화정책은 중앙은행이 단기 금리를 유도하고, 단기 금리가 중장기 금리에 파급되는 것을 통해 광범위한 금융 시장의 활동과 실물 경제에 영향을 미치고 효과를 발휘한다. 따라서 향후 단기 금리의 움직임을 예측하고 이를 중장기 금리에 반영하는 채권 시장 참여자의 역할은 매우 크다. 그런 의미에서 중앙은행이 새롭게 제시한 인플레이션 목표가 통화정책의 방향을 이해하기 어렵게 만들었다는 이들의 비판은 매우 심각하게 다가왔다. 우리는 인플레이션 목표치를 일본 상황에 맞게 조정하려는 정책위원회의 시도가 일본은행 통화정책의 투명성과 책임성을 강화했는지, 아니면 약화시켰는지 의문을 품게 되었다.

"발렌타인데이 선물"

〈중장기 물가 안정 목표〉 발표에 대한 시장의 반응은 외환 시장에서 가장 명확하고 극명하게 나타났다. 발표 전날인 2012년 2월 13일 77.63엔이었던 달러 대 엔 환율은 3월 15일 83.98엔을 기록하는 등 엔화가 약세를 보였다. 발표가 2월 14일이었기 때문에 시장 참여자들은 엔화 하락을 "발렌타인데이 선물"이라고 표현했는데, 이는 외환 시장이 이번 발표를 강력한 완화적 통화정책으로 해석했음을 시사했다.

나는 개인적으로 "엔저는 인플레이션 목표제의 효과"라는 논조가 불편하게 느껴졌고, 이 시기 엔화의 움직임이 우연의 일치에 가깝지 않을까 우려했다. 내가 보기에 엔화 하락의 더 중요한 요인은 인플레이션 목표치를 채택한 일본은행 정책에 대한 심도 있는 재평가보다는 안전 통화로서의 엔화에 대한 수요 감소(14장)로 인해 당시 외환 시장이 위축된 탓이 더 컸다. 유럽에서 발생한 사건들, 특히 유럽중앙은행의 3년 장기 재융자 프로그램 도입과 그리스 2차 구제 금융 합의로 인해 시장 참여자들은 유로화 해체 위험이 사라졌다고 믿게 되었고 엔화에 대한 안전 자산 수요가 일시적으로 감소했다. 하지만 몇 달 만에 유럽 부채위기의 불길이 다시 타오르기 시작했다. 이로 인해 안전 자산에 대한 관심이 다시 높아졌고, 7월 말에는 엔화가 다시 78엔대까지 상승했다. 〈중장기 물가 안정 목표〉 발표 이후 나타난 엔화 환율 조정은 사실 유럽 부채위기의 두 번째와 세 번째 국면 사이의 막간극에 불과했다.

미에노 전 총재의 부고

2012년 연초부터 바쁜 나날을 보내던 중 4월 4일 미에노 야스시 전 일본은행 총재가 별세했다. 향년 88세였다.

미에노 야스시 전 총재와 마지막으로 둘이서만 찬찬히 이야기를 나눈 것은 바젤 출장 바로 전날인 그해 1월 6일 밤 병문안을 갔을 때였다. 이미 많이 쇠약해진 상태였을 텐데도 평소처럼 격려의 말을 건넸다. 5분 정도 이야기를 나눈 후 미에노는 "내일부터 국제결제은행 총재 회의 출장으로 바쁠 텐데 이제 그만 돌아가봐요"라며 나를 걱정해주었다. 미에노가 총재일 때 나는 신용기구국과 기획국 과장으로 근무했다. 기획국 과장 시절에는 총재의 연설 원고를 작성하는 일이 많았고, 그 때문에 총재실을 여러 번 방문했던 기억이 난다. 나는 당시 총재의 입장과 고뇌를 완전히 이해하지 못했다고 생각하지만 마음속으로는 총재의 입장에 서서 원고를 작성하려고 노력했다. 지금과 달리 홈페이지에 총재의 연설 원고가 올라오는 시대가 아니었기 때문에 미에노가 재계나 언론 관계자들에게 연설 원고 사본을 건네준다는 말을 들을 때마다 초고를 작성한 사람으로서 기뻤다. 내가 총재에 취임한 이후에도 틈틈이 손글씨로 한마디씩 소감을 적은 종이를 전하며 격려해주었다. 특히 일본은행과 나에 대한 공격이 심상치 않을 때 보내준 자필 색종이 한 장이 인상적이었다.

거기에는 "窮不困憂意不衰(궁불곤우의불쇠)"라는 순자荀子의 명언이 적혀 있었다. '어려운 처지에서도 곤혹스러워하지 않고 우환을 겪으면서도 의지가 꺾이지 않는다'는 뜻이다. 마에노 전 총재는 저서에서 "어려운 국면을 맞닥뜨릴 때면 항상 이 말을 입에 되뇌어본다. 어떤 상황에서도 도망치지 말자. 도망치지 말자고 스스로 다짐하면서 이 말을 외친다. 그리고 중앙은행의 잣대를 견지하면서 그 잣대의 이상에 도전하는 것이다"라고 적고 있다. 미에노는 1991년 돌아가신 아버지와 거의 같은 나이였기에 나에겐 친아버지 같은 존재이기도 했다. 2012년 6월 1일 "고별회"가 열렸고 나는 주최자로서 조문을 낭독했다.

민주당 정권의 〈디플레이션 탈피를 위한 대처에 대하여〉

민주당 정권의 경제 각료들 중에는 일부 예외도 있었지만 리플레이션식 사고를 강하게 밀어붙이는 사람은 대체로 적었다. 특히 노다 요시히코 총리, 아즈미 준 재무장관도 일본은행의 의중을 이해하고 있었다. 2012년 10월 1일 노다 내각이 개편되면서 재무장관에는 조지마 고리키城島光力가 새로 취임했고, 경제재정담당장관에는 후루카와 모토히사古川元久를 대신해 마에하라 세이지前原誠司가 취임했다. 마에하라 장관은 민주당 정무조사회 회장을 역임할 당시 일본은행의 통화정책에 대해 강도 높은 비판을 펼친 협정 지지자로 알려져 있었다. 그래서 나는 당초 마에하라의 경제재정담당장관 취임에 대해 상당히 경계했다. 실제로 마에하라 장관은 취임 후에도 리플레파적 발언을 하고, 협정 체결에도 긍정적인 입장을 보였다. 그러나 동시에 장관이라는 직책을 의식해서인지 일본은행의 독립성을 어느 정도 고려해 발언 수위를 다소 절제하는 모습도 엿보였다.

나는 일본은행과 정부가 모두 서명한 문서에 일본은행이 동의하지 않는 것은 현명하지 않다고 판단했다. 문안 관련 협상은 내각부, 재무성, 일본은행의 직원들에게 맡겨졌고 나는 정기적으로 진행 상황을 보고받았다. 당시 내각부 사무국이 재무성 사무국보다 항상 더 리플레파적인 주장을 했던 기억이 지금도 강하게 남아 있다. 2012년 10월 30일 마에하라 경제재정담당장관, 조지마 고리키 재무장관, 그리고 내가 서명한 〈디플레이션 탈피를 위한 대처에 대하여デフレ脱却に向けた取組について〉라는 제목의 문서가 발표되었다. 이 문서는 먼저 "정부와 일본은행은 일본 경제에서 디플레이션을 조기에 탈피하고 물가 안정 아래 지속 가능한 성장 경로로 복귀하는 것이 매우 중요한 과제라는 인식을 공유하고 있으며, 이 과제의 달성을 위해 함께 최대한 노력한다"라는 기본 인식을 밝히고 있다. 또한 이러한 과제는 "경제 주체들의 폭넓은 성장력 강화 노력과 금융 측면의 뒷받침이 함께 이루어질 것으로 인식하고 있으며, 정부가 성장력 강화 노력을 강력하게 추진해줄 것을 강하게 기대한다"라는 일본은행의 주장도 분명히 포함되었다. 통화정책에 대해서는 같은 해 2월 〈중장기 물가 안정 목표〉를 발표할 때 사용한 표현을 그대로 따랐다. 정부 측은 문서에서 일본은행에 대해 "정책에 따라 디플레이션 탈피가 확실해질 때까지 강력한 금융 완화를 지속할 것을 강력히 기대한다"라고 언급하는 한편, "정부는 디플레이션 탈피를 위해서는 적절한 거시경제정책 운용과 더불어 디플레이션을 발생시키기 쉬운

경제 구조를 변화시키는 것이 필수적이라고 인식하고 있다"라는 일본 은행 측의 요구 사항도 명확히 기술하고 있었다. 특히 경제와 재정 개혁의 필요성을 강조하는 문구가 포함되어 있어 저성장의 근간이 되는 경제 문제와 재정 균형 회복의 필요성을 최소한 언급했다. 결국 이 문서는 협정의 형식을 취하지 않으면서도 일본은행 입장에서 완전히 만족스럽지는 않았지만 문장 표현에서 적절한 수준에 도달했다고 할 수 있다.

바로 다음 날인 2012년 10월 31일 정책위원회는 금융 완화를 강화하기로 결정했고, 이 조치는 12월 20일에 열린 통화정책회의에서 다시 연장되었다. 이에 따라 '자산 매입 기금'의 규모가 더욱 확대되었다. 또한 정책위원회는 시중 은행의 더 적극적인 대출과 투자를 장려하고 기업과 가계의 신용 수요를 늘리기 위해 '대출 증가를 지원하기 위한 자금 공급貸出增加を支援するための資金供給'의 프레임워크, 줄여서 '대출 지원 기금貸出支援基金'을 도입하기로 결정했다.[6] 이 프레임워크에 따라 신청한 시중 은행의 대출 순증액에 해당하는 금액만큼 저금리 장기 대출을 제공하기로 했다.

이러한 조치의 결과로 은행 자산의 상당 부분을 차지하는 '자산 매입 기금'과 '대출 지원 기금'의 합계가 2012년 말 68.5조 엔에서 2014년 3월 말 120조 엔 이상으로 증가해 본원 통화가 39퍼센트 증가할 것으로 예상되었다.

중의원 해산과 총선

합의된 문안과 일본은행의 완화적 통화정책 조치에도 불구하고 협정에 대한 정치권의 세 번째 요구가 빠르게 시작되었다. 한편 소비세율 인상과 사회 보장 제도 개혁이 임박하면서 정치권의 분위기가 급변했다.

노다 내각은 2012년 3월 30일 소비세율을 5퍼센트에서 10퍼센트로 인상하는 법안을 국회에 제출했다(15장 참조). 6월 15일 민주당, 자민당, 공명당 국회 주요 3당 대표가 법안 수정에 합의하고, 6월 21일 3당 간사가 이를 확정하고, 6월 26일 중의원 의결을 거쳐 법안이 통과되었다. 그러나 이 시기 집권당인 민주당의 정치적 자본은 고갈되어가고 있었고, 자민당을 중심으로 한 야당은 조기 총선을 요구하고 있었다. 이에 노다 총리는 "증세 법안이 법제화되면 국민에게 이 정부를 여전히 신임하는지 묻겠다"라는 발언을 하면서 이례적으로 다음 총선 시기를 언급했다. 그 결과 야당이 장악한 참의원에서 자민당과 공명당의 지지를 받아 8월 10일 소비세율 인상 법안이 마침내 법제화되었다. 하지만 적자 지출을 충당하기 위해 정부가 약 38조 엔의 일본 국채를 발행할 수 있도록 하기 위해 함께 발의된 법안은 국회를 통과하지 못했다. 그 결과 정부의 일상적인 운영 자금 조달은 더 어려워졌다.

2012년 9월 26일 야당인 자민당은 다니가키 사다카즈谷垣禎一를 대신해 아베 신조를 총재로 복귀시켰다. 아베는 중의원 해산을 요구했고, 11월 14일 국회에서 열린 정당 지도자 간 토론회에서 노다 총리는 중의원 해산 방침을 밝혔으며 이틀 후 조기 총선거가 실시되었다.

선거 운동 기간 동안 자민당은 공약에서 "명시적인 인플레이션 목표(2퍼센트)를 설정하고, 이를 달성하기 위해 정부와 일본은행 간의 협력 강화 체제를 구축하고 필요한 경우 일본은행법을 개정하는 등 공격적인 통화 완화를 실시할 것"을 분명히 했다.[7] 아베는 선거 운동 기간 동안 일본은행에 공격적인 통화정책 완화를 요구하며 매우 거친 말들을 쏟아냈다. 그는 또한 환율을 특정 수준으로 낮추려는 시도에 대해서도 발언했다. 2012년 11월 20일 《아사히신문》은 아베가 야마구치시에서 열린 유세에서 일본은행에 "인쇄기를 돌리고 또 돌려서 지폐를 무제한으로 발행"하라고 지시할 것이라 발언했다고 보도했다. 같은 날 《마이니치신문》은 아베가 "적극적으로 통화정책을 완화하고 인플레이션 목표를 2퍼센트 또는 3퍼센트로 설정하고 무제한으로 돈을 풀겠다"라고 약속했다고 보도했다. 자민당은 통화정책의 완전한 "체제 변화"를 추구하고 있었다. 성숙한 선진국 경제에서 선거 운동 기간에 통화정책이 부각되는 것은 매우 이례적인 일이었다. 통화정책을 정치의 영역으로 끌어들여서는 안 된다는 오랜 정치적 지혜는 이제 산산조각이 났다.

2012년 11월 20일 정례 통화정책회의가 열렸는데, 회의 후 기자 회견에서 통화정책과 자민당의 선거 공약에 관한 질문을 받을 것임을 쉽게 예상할 수 있었다. 일본은행의 통화정책 프레임워크를 널리 알리고 싶은 마음과 민주주의 사회에서 독립적인 중앙은행의 경계를 넘지 말아야 한다는 생각 사이에 약간의 긴장감이 느껴졌다. 야마구치 히로히데 부총재의 소중한 조언에 따라 나는 특정 공약에 대해 직접 언급하지 않고 자극적인 표현을 피하면서 신중하게 내 견해를 제시하기로 했다. 기자 회견에서 나는 중앙은행의 독립성에 대해 다음과 같이 밝혔다.

중앙은행에 대한 제도적 장치와 독립성은 국내외 경제와 금융의 오랜 역사를 통해 얻은 여러 가지 뼈아픈 교훈을 바탕으로 마련된 것입니다. 달리 표현하면 경제와 금융의 안정을 유지하려면 비교적 장기적인 관점에서 접근해야 하며, 그러기 위해 이를 전담할 기관이 필요하다는 생각이 오랜 시간에 걸쳐 형성되었습니다. 이런 경험과 교훈은 중앙은행의 제도적 설계로 정점에 달했습니다. 저명한 학자의 말을 인용하자면 중앙은행은 경제에서 알람 시계와 같은 존재입니다. 우리는 다음 날 아침 일어나기 위해 알람 시계를 설정합니다. 알람이 울리면 일어나기가 쉽지 않지만 알람에 맞춰 행동하는 것이 더 낫다는 것을 알고 있습니다. 중앙은행은 경제에서 어떤 상황이 관찰되면 아침 시간 침실에 있는 알람 시계처럼 장기적으로 경제 또는 국민 생활의 안정성을 유지한다는 관점에서 사회 전체에 경고를 보내야 합니다. 중앙은행의 독립성은 인류의 오랜 역사를 통해 점차 인정받아왔으며, 오늘날과 같은 세계화 시대에는 각국 경제에서 당연하게 받아들여지는 제도가 되었습니다. 일본은행은 경제 현실과 괴리되지 않고 적절한 통화정책을 실시하기 위해 최선을 다할 것입니다. 우리 사회가 일본은행의 독립성을 존중해주기를 간절히 바랍니다.[8]

아베 내각의 출범

2012년 12월 16일 총선에서 야당인 자민당은 294석을 차지한 반면 여당인 민주당은 57석에 그치며 역사적인 패배를 맛보았다. 이번 투표가 일본은행의 통화정책에 대한 명시적인 국민투표는 아니었지만, 아베 신조 총리가 통화정책에 대해 극단적인 입장을 취해왔고 그의 정당이 압승을 거둔 것은 무시할 수 없는 사실이었다.

일본은행법은 통화정책의 목표를 "물가 안정을 달성함으로써 국민 경제의 건전한 발전에 기여하는 것"(제2조)으로 규정하고 있으며, 동시에 "통화와 금융 조절에 관한 일본은행의 자율성을 존중한다"(제3조)라고 명시함으로써 일본은행의 독립성에 대한 언급을 포함하고 있다. 동시에 이 법은 "일본은행은 통화와 통화 조절이 경제 활동 전반의 구성 요소라는 점을 고려해 항상 정부와 긴밀한 연락을 유지하고 의견을 충분히 교환해서 통화 및 금융 조절과 정부 경제정책의 기본 입장이 상호 양립할 수 있도록 한다"(제4조)라고 규정하고 있다.

중앙은행의 역사를 살펴보면 독립성을 가진 중앙은행이 독자적인 결정을 내렸다가 불행히도 경제 혼란을 초래한 사례는 일본은행을 포함해 다수 있다. 또한 근시안적인 정책을 추구한 정부가 경제 재앙을 초래한 통화정책을 채택하도록 중앙은행에 강요한 사례도 역사에 존재한다. 그리고 각 사례를 더 넓은 관점에서 보면 사회 여론의 압력으로 중앙은행이 정부의 간섭 여부와 관계없이 경제적 불행을 초래하는 방식으로 행동하거나 또는 필요한 행동을 취하지 않았을 수도 있다.

많은 국가는 중앙은행이 중장기적 관점의 통화정책을 수행할 수 있도록 권한을 부여하고 중앙은행 독립성이라는 제도적 장치를 채택하고 있다. 이렇게 함으로써 장기적 안정을 희생하고 단기적 성장을 선택하려는 사회적 또는 정치적 압력의 유혹을 미연에 막을 수 있다. 그러나 일본의 버블 경제와 그 이후 붕괴와 같은 심각한 경제 불안정 사례도 단순히 단기적인 경제 예측을 잘못한 결과로 이해해서는 안 된다. 근본 원인은 더 깊숙이 숨어 있다. 일본의 버블 경제는 금융 불균형을 방치한 데서 원인을 찾을 수 있다. 그리고 일본의 저성장은 인구 구조 변화, 세계화, 기술 혁신에 대한 일본 사회의 느린 적응에서 원인을 찾을 수 있다.

독립적인 중앙은행이 항상 바람직한 결정을 내린다는 보장은 없다. 실제로 일본은행의 오랜 역사를 돌이켜보면 일본은행이 내린 결정 중 몇몇은 잘못된 결정이었다고 인정할 수 있다. 그러나 옳지 않다고 생각되는 논리를 일본은행의 행동 지침으로 삼을 수는 없다. 만약 자신의 판단을 억누르고 행동한 결과 일본 경제가 큰 재앙을 맞는다면 그 피해는 일본 국민 전체에게 돌아갈 것이다. 중앙은행가로서 39년을 보낸 긴 인생의 마지막 단계에서 자신이 그런 사태의 방아쇠를 당겼다면 그것은 전문가로서 견딜 수 없는 일이다.

고민스러운 문제는 국민 다수가 "어떤 실험적인 정책에 베팅해보자"라는 쪽으로 크게 기울었을 때 일본은행은 어떻게 대응해야 하는가 하는 것이다. 원칙적으로 일본은행은 정부의 모든 요청을 거부할 수 있다. 그러나 이런 일본은행의 행동은 국민 눈에는 독선으로 비쳐 많은 국민의 지지와 공감을 얻기가 어려워진다. 이는 일본은행법의 개악과 일본은행의 독립성 상실로 이어질 수도 있다. 실제로 여야를 막론하고 국회의원들 사이에서는 일본은행법 개정을 요구하는 목소리가 높아지고 있었다. 여당인 민주당 의원들로 구성된 '디플레이션탈피의원연맹'이 일본은행법 개정 시안을 처음 발표한 것은 2010년 1월이었다. 같은 달 민주당은 일본은행법 개정안을 실제로 국회에 제출했고, 이후에도 반복적으로 제출했다. 일본은행법 개정이라는 측면에서는 자민당도 정무조사회政務調査会와 재무금융부회財務金融部会에서 "디플레이션 탈피를 위한 통화정책 검토"를 2012년 4월에 시작했고, 최종적으로 실현되지는 않았지만 재무금융부회의 니시무라 야스미노리西村康稔 부의장은 개정안을 작성해 국회 제출을 목표로 하고 있었다.

이런 여러 가지를 고민한 끝에 나는 각료와 일본은행 총재가 서명한 일종의 공동 문서를 발표하는 것이 불가피하다고 판단했다. 동시에 일본은행과 정부 간의 부적절한 약속으로 인해 향후 일본은행 정책위원회가 적절하다고 판단하는 정책을 채택하고 싶어도 할 수 없는 상황만은 반드시 피해야 한다고 생각했다. 이를 위해 나는 일본은행이 양보할 수 없는 기본 원칙을 정부와의 합의 문서에 명시하기를 바랐다. 그리고 이 문서를 어떻게 해석하고 어떻게 통화정책을 운영할 것인가는 당연히 내 손을 떠나 차기 총재, 부총재, 위원으로 구성된 정책위원회에 맡겨야 한다고 생각했다.

2009년 8월 총선에서 민주당이 압승을 거둔 직후 민주당 당사를 방문했을 때와 마찬가지로, 총선에서 자민당이 압도적인 승리를 거둔 것으로 판명 난 이틀 후인 2012년 12월 19일 나는 자민당 당사를 방문해 아베 총재를 만나 인사를 나누었다. 그 자리에서 아베는 2퍼센트 물가 목표라는 정책 협정을 체결하고 싶으니 일본은행이 검토해달라고 요청했다. 나는 구체적인 의견 표명은 하지 않고 일본은행 통화정책 운영에 관한 것이므로 정책위원회가 신중하게 심의한 뒤 새 행정부와 논의하겠다고 말했다.

선거 직후, 그것도 아베가 총리로 임명되고 새 정부가 구성되기도 전에 아베를 방문한 것에 대해 일본은행의 독립성 측면에서 비판이 있을 것이라 충분히 예상했다. 하지만 나나 야마구치 부총재도 여러 가지 이유로 그때 방문하는 것이 낫다고 판단했다. 아베가 아직 야당의 지도자일 때 내 생각을 좀 더 비공식적으로 전달할 수 있었기 때문이다. 만약 만남이 늦어졌다면 총리 관저에서 열리는 경제재정자문회의와 같은 훨씬 더 크고 공식적인 자리에서 아베 총리를 처음 만났을 것이다. 이 경우 많은 이해관계자가 모인 자리에서 중앙은행 총재가 새 총리와 대립하는 정치적 장면이 연출될 위험이 있었기 때문이다. 나로서는 새롭게 총리에 취임할 인물이 확정된 시점에서 일본은행의 기본적 자세를 밝히는 것이 책임 있는 대응이라고 판단했다. 또한 그러한 자세를 밝힌 후 한 달 정도의 기간을 최대한 활용해 인플레이션 목표제와 협정 관련 본질적인 논점에 대해 국민적 관심을 불러일으키는 것 외에는 상황을 조금이라도 호전시킬 수 있는 길이 없다고 판단했다. 지난 2월 〈중장기 물가 안정 목표〉를 발표하면서 원칙적으로 매년 목표를 점검하겠다고 밝혔는데 시기적으로 일본은행이 물가 안정 목표를 재검토할 시점이었던 것도 우연의 일치였다. 따라서 나는 12월 20일 기자 회견에서 공동 성명에서 다루어야 할 중요한 논점들을 제시했다.

공동 성명에 담긴 일본은행의 원칙

공동 성명의 내용과 표현에 대해서는 일본은행, 재무성, 내각부의 고위급 직원들 사이에서 먼저 논의되었다. 협상이 진행됨에 따라 야마구치 부총재와 각 기관의 최고 관료인 행정 차관들이 협상을 진행했다. 진행 상황은 정기적으로 나에게 보고되었고, 나는 일본은행 협상팀에 모든 중요한 사안에 대해 선호하는 방향을 지시했다. 마지막 단계에서 아소 다로 재무장관, 아마리 아키라甘利明 내각부 특명담당대신, 그리고 내가 두 차례 회의를 열어 남은 이견에 대한 합의를 도출했다. 내각부는 2012년 10월 민주당 정권 시절 공동 문서 작성 때와 마찬가지로 시종일관 리플레이션 색채가 강한 표현을 고집했다. 재무성은 2000년대 초반 양적 완화 실시 당시에는 장기 국채 매입을 통한 본원 통화 증가를 집요하게 요구했지만 이번에는 성명 작성에 더 중점을 둔 것으로 보였다.

나는 정책위원회의 모든 위원에게 정부와 논의 중인 사안에 대한 정보를 제공하고 그들의 의견이 협상에 반영될 수 있도록 주의를 기울였다. 정책위원회는 2013년 1월 22일에 열린 통화정책회의에서 "공동 성명"의 초안을 승인했다.[8] 투표 결과는 찬성 7표, 반대 2표였으며, 기우치 다카히데木内登英와 사토 다케히로佐藤健裕 위원이 반대표를 던졌다. 어느 쪽에 표를 던지든 중요한 결정이었다. 회의가 끝난 후 나는 아소, 아마리 장관과 함께 총리 관저로 가서 아베 총리에게 결과를 알렸다. "공동 성명"은 내각부, 재무성, 일본은행이 동시에 발표했다.

다음은 "공동 성명" 전문이다.[9] 길지만 중요한 문건이라 전문을 전재한다.

(공동 성명)

디플레이션 탈피와 지속 가능한 경제 성장 실현을 위한 정부·일본은행의 정책 공조에 대하여

1. 디플레이션의 조기 탈피와 물가 안정 아래 지속적인 경제 성장을 실현하기 위해 다음과 같이 정부와 일본은행의 정책 공조를 강화해 일체감 있게 대처해나간다.

2. 일본은행은 물가 안정을 통해 국민 경제의 건전한 발전에 기여하는 것을 원칙으로 통화정책을 운영하며, 금융 시스템의 안정을 확보할 책무를 가진다. 물가는 단기적으로 다양한 요인에 의해 영향을 받는다는 점을 감안해 지속 가능한 물가 안정을 목표로 한다.

일본은행은 향후 일본 경제의 경쟁력과 성장력 강화를 위한 다양한

주체의 노력이 진행됨에 따라 지속 가능한 물가 안정과 부합하는 물가 상승률이 높아질 것으로 인식하고 있다. 이러한 인식에 기초해 일본은행은 물가 안정 목표를 소비자물가 전년 대비 상승률 2퍼센트로 설정했다.

일본은행은 위와 같은 물가 안정 목표 아래 금융 완화를 추진하며, 이를 가능한 한 빠른 시일 내에 실현하는 것을 목표로 한다. 이 과정에서 일본은행은 통화정책 효과의 파급에 상당한 시간이 소요된다는 점을 감안해 금융 측면의 불균형 축적을 포함한 리스크 요인을 점검하고, 경제의 지속적 성장을 보장하는 관점에서 문제가 발생하지 않는지 확인한다.

3. 정부는 우리 경제의 재도약을 위해 민첩한 거시경제정책 운용에 힘쓰는 한편, 일본경제재생본부를 중심으로 혁신적 연구개발 집중 투자, 혁신 기반 강화, 과감한 규제와 제도 개혁, 세제 활용 등 과감한 정책을 총동원해 경제 구조의 혁신을 도모하는 등 일본 경제의 경쟁력과 성장력 강화를 위한 노력을 기울여나갈 것이다.

일본 경제의 경쟁력과 성장력 강화를 위한 노력을 구체화하고 이를 강력히 추진한다. 또한 정부는 일본은행과의 연계를 강화해 재정 운영에 대한 신뢰를 확보하는 관점에서 지속 가능한 재정 구조를 확립하기 위한 노력을 착실히 추진한다.

4. 경제재정자문회의는 통화정책을 포함한 거시경제정책 운용 상황, 물가 안정 목표에 비추어 물가 현황과 향후 전망, 고용 상황을 포함한 경제와 재정 상황, 경제 구조 개혁 추진 상황 등에 대해 정기적으로 점검한다.

성명서 제1조는 "정책 공조"를 언급했다. 이는 일본은행의 통화정책 수행에 대한 정부의 향후 제약을 암시하는 "협정" 또는 "정책 협약"과 같은 표현을 피하기 위한 것이었다. 이 성명은 정부와 일본은행이 각자의 주도하에 정책을 수행할 것이며 일방적인 관계를 전제하지 않는다는 점을 분명히 했다. 디플레이션 극복은 정부와 일본은행의 공동 과제로 취급되었다.

성명서 제2조는 일본은행의 통화정책을 언급하며 물가 변동이 여러 요인에서 기인한다는 점을 인정하고 일본은행이 단기간이 아닌 지속 가능한 물가 안정을 목표로 하고 있음을 분명히 했다. 목표 인플레이션율은 2퍼센트로 설정되었지만 경제 상황에 따라 조건부로 설정되었다. 일본은행은 경직된 목표치 대신 "일본 경제의 경쟁력과 성장 잠재력 강화를 위한 다양한 주체의 노력이 진전됨에 따라 지속 가능한 물가 안정에 부합하는 물가 상승률이 높아질 것"[10]이라는 문구를 넣는 데 성공했다. 이 문장은 정부와 은행이 신중하게 협의한 것으로 해석에 따라 달라질 수 있다. 일본은행의 입장에서는 일본의 잠재 성장률 상승에 대한 확신이 더 널리 퍼질 경우에만 인플레이션 목표가 1퍼센트에서 2퍼센트로 높아질 것이라는 생각을 전달하고자 했다(10장 참조). 이를 위해 2퍼센트라는 수치 앞에 "이러한 인식에 기초해"[11]라는 문구를 삽입했다. 일본은행은 이전부터 정부가 구조 개혁을 수행해야 한다는 입장을 가져왔는데 이 입장을 전달하기 위한 시도였다. 동시에 2퍼센트 목표는 정부 입장에 반해 사용될 가능성도 내포했는데 향후 인플레이션이 2퍼센트를 넘어서는 위험이 발생했을 때 일본은행에서는 목표치를 금리 인상을 정당화하는 데 사용할 수 있다.

제2조에서 가장 논쟁의 여지가 많았던 부분은 인플레이션 목표 달

성 기간이었다. 일본은행은 "중장기"를 주장했지만 정부는 2년이라는 명확한 시한을 설정해야 한다고 고집했다. 이것이 해외에서 인플레이션 목표제가 어떻게 운영되는지에 대한 무지 때문인지, 아니면 공격적인 통화정책으로 2퍼센트 목표를 쉽게 달성할 것이라는 낙관적인 생각 때문인지는 알 수 없었다. 그럼에도 일본은행은 2년 내에 인플레이션 목표치 2퍼센트를 달성하려는 통화정책은 시행할 수 없다는 입장을 고수했다. 이에 따라 서명 당사자들은 많은 토론 끝에 "가능한 한 빠른 시일 내에"[13]라는 타협안에 합의했다. 어쨌든 일본은행은 2년과 같이 정해진 시한 내에 2퍼센트 인플레이션 목표를 달성한다는 약속을 했다는 인상을 주지 않기 위해 최대한 노력했다. 물론 이 문구는 2년은커녕 그보다 더 짧은 기간에 2퍼센트 달성을 목표로 하겠다는 약속으로 받아들여질 위험도 전혀 배제할 수 없었다. 따라서 그러한 기계적인 통화정책 운용을 약속한 것으로 받아들여지지 않도록 하는 것이 절대적으로 필요했으며, 통화정책 효과의 파급 시차와 금융 불균형 축적을 포함한 리스크 요인을 점검할 것을 명시했다. 정부는 이를 포함하는 데 강하게 난색을 표했지만 일본은행으로서는 절대 양보할 수 없는 사고방식이자 표현이었다.

제3조는 일본 정부가 취할 조치를 설명하면서 과감한 규제, 제도, 세제 개혁을 통해 일본 경제의 경쟁력과 성장 잠재력을 강화하겠다는 의지를 재차 강조했다. 또한 정부는 재정의 신뢰성을 확보하기 위해 지속 가능한 재정 구조를 확립하기 위한 조치를 추진하겠다고 약속했다. 제4조는 공동 성명의 사후적 검증 체제를 언급하고 있다.

"공동 성명"에 대한 반응

　"공동 성명"은 정부와 일본은행 어느 입장에 서 있느냐에 따라 다양한 해석의 여지를 남겼다. 내 입장에서는 일본은행이 필수적이라고 생각되는 요소들을 성명에 포함시키기 위해 최선을 다했다고 생각했고, 향후 정책 담론에서 더 나은 논의가 가능할 것이라는 생각에 희망을 걸었다. "2년 내 2퍼센트"를 채택하라는 정치적 압력을 거의 극복할 수 없는 상황에서 우리는 "2년 내"를 막고 "2퍼센트"를 받아들이기로 했다. 이것은 고심 끝에 내린 결정이었다. 다음 날 언론 보도를 보면 "통화정책, 정부 주도로" "깨진 일본은행"(《아사히신문》)과 같은 비판적인 기사가 많았다. 하지만 해설 기사와 《이코노미스트》의 칼럼에서는 "일본은행의 반발"에 대한 언급이 많다는 인상을 받았다.

　"공동 성명"이 발표되기까지 몇 달은 일본에서 통화정책에 대한 논의가 매우 정치화되는 기묘한 시기였다. 결과는 이상적이지는 않았지만 일본은행은 적어도 최악의 상황을 피하는 데는 성공했다고 다시 한번 말하고 싶다. 이것이 가능했던 2가지 이유가 있었다. 하나는 2012년 11월 이후부터 주도면밀한 대중 홍보를 통해 일본은행의 견해를 설명하려는 노력 덕분에 이 문제에 대한 대중의 이해도가 높아진 것이다. 다른 하나는 아소 다로가 재무장관으로 임명된 것이었다. 아소는 총리 시절 경험을 통해 연이은 본원 통화 증가가 거의 효과가 없다는 것을 알고 있었으며, 사적인 대화와 국회 위원회 회의에서 이에 대한 확신을 숨기지 않았다.

　"공동 성명"이 발표된 직후 나는 전통 두루마리에 붓으로 쓴 편지를 받았다. 아소 다로가 서명한 이 편지는 공동 성명에 대해 내가 기여한 데 깊은 감사를 표하는 훌륭한 일본 서예 작품이었다. 나는 즉시 만년필로 답장을 보내 아소의 친절에 감사를 표했다. 아소가 협상의 상대가 아니었다면 협상 과정은 훨씬 더 어려웠을 것이고 최종 결과는 훨씬 더 불확실했을 것이다. 어려운 협상을 할 때는 외국 중앙은행 동료들의 응원이 큰 힘이 되었고, 1월 국제결제은행 총재 회의에서 많은 총재가 "연대solidarity"라는 말로 격려해준 것이 가슴에 와닿았다.

금융 완화 조치

2013년 1월 21일과 22일에 열린 통화정책회의에서는 "공동 성명"을 승인했을 뿐 아니라 '자산 매입 기금'의 매입 규모를 늘리기로 의결했다. 이전에는 정책위원회가 자산 매입 상한선을 설정했지만 새로운 조치는 "개방형open-ended"으로 특정 종료일 없이 매월 일정 금액의 자산을 매입하는 방식이었다. 이러한 결정은 2012년 12월 연준이 발표한 조치의 영향을 크게 받은 결과였다. 이전에는 자산 매입 종료일과 상한선을 명시했던 연준은 처음으로 자산 매입 종료일을 특정하지 않고 대신 "노동 시장 전망이 크게 개선되지 않을 경우 자산 매입을 계속할 것"이라고 밝혔다.[13]

2012년 12월에 정책위원회가 이미 다음 해에 자산 매입을 대폭 늘리기로 결정했음을 감안할 때 일본은행의 "개방형" 매입은 이전에 발표된 매입이 완료되는 2014년 초에 시작될 예정이었다. 정책위원회는 개방형 매입이 시작되면 매월 약 13조 엔의 규모로 매입할 것이며, 여기에는 2조 엔의 장기 국채가 포함된다고 결정했다. 향후 2년간 일본은

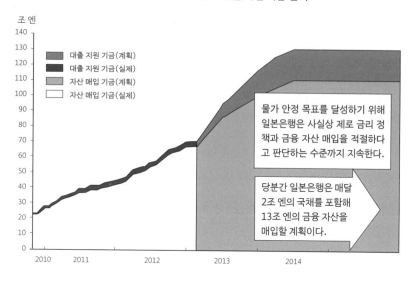

[17-1] 자산 매입 기금과 대출 지원 기금 잔액

조 엔

- 대출 지원 기금(계획)
- 대출 지원 기금(실제)
- 자산 매입 기금(계획)
- 자산 매입 기금(실제)

물가 안정 목표를 달성하기 위해 일본은행은 사실상 제로 금리 정책과 금융 자산 매입을 적절하다고 판단하는 수준까지 지속한다.

당분간 일본은행은 매달 2조 엔의 국채를 포함해 13조 엔의 금융 자산을 매입할 계획이다.

출처: Shirakawa(2013)

행이 공급하는 자금의 총 증가액은 무려 60조 엔으로 설정되었다(그래프 [17-1] 참조). 정책위원회는 매입을 지속할 수 있는 조건을 설명하면서 이렇게 밝혔다. "일본은행은 각 정책 수단을 각각 지속하는 것이 적절하다고 판단하는 한 사실상 제로 금리 정책과 금융 자산 매입을 통해 (중략) 물가 안정 목표 달성을 목표로 적극적인 통화 완화를 추진할 것이다."[14] 이처럼 일본은행은 물가 안정을 위한 구체적인 수치 목표를 언급하지 않고 "공동 성명" 제2조에 따라 필요한 경우 유연한 방식으로 정책을 수행할 수 있는 옵션을 유지했다.

문제는 매입 금액이 너무나 크다는 것이었다. 정책위원회는 장단점을 모두 고려했다. 대규모 매입을 선택했을 때 경기나 금융 여건이 개선될 조짐이 보이면 그 결과가 통화정책과 무관한 요인에 의한 것이라

2부 총재 시절

도 시장 참여자들은 일본은행의 조치에서 기인한 것으로 간주할 가능성이 높아진다. 2012년 2월의 "발렌타인데이 선물"에 가까운 상황인 셈이다. 또한 일본은행도 원한다면 일본은행의 정책 효과인 것처럼 호의적 반응을 기대할 수 있다. 만약 매입 규모를 소폭만 늘렸다가 결과가 부진할 경우 일본은행은 다시 충분히 강력하지 못했다는 비판을 받았을 것이다. 그러나 대부분의 정책위원회 위원들은 광범위한 경제와 재정 개혁 없이는 일본 경제가 직면한 문제를 해결할 수 없다고 계속 믿었다. 역설적이게도 일본은행의 당좌계좌 총액을 크게 늘림으로써 얻을 수 있는 이점은 정치인과 경제학자 모두가 "양적 확대 자체는 그리 효과가 없다"라는 사실을 결국 이해하게 될 것이라는 점이었다. 양적 확대의 효과에 대한 답은 이미 명백하다고 나는 생각했지만 이런 생각을 가진 이는 사회에서 다수가 아니었다. 언론과 비즈니스 리더들은 여전히 양적 확대가 큰 효과를 가져오리라고 생각하거나, 양적 확대의 효과가 모호하지만 시도해볼 만한 실험이라고 생각했다. 이런 환경에서 나는 논쟁을 끝내는 것에 대해 비관적이었다. 양을 극단적으로 늘리는 것이 큰 효과가 없음이 밝혀지더라도 양을 옹호하는 사람들이 새로운 설명을 내놓으며 심판의 날을 더 뒤로 미룰까봐 두려웠다.

이런 대규모 양적 완화를 채택하는 데 따른 중대한 위험은 정부와 민간 주체들의 행동 양식이 지속적인 양적 완화 또는 높은 수준의 양적 완화에 의존하게 되어 향후 경제 전체를 교란하지 않고는 방향을 바꾸기 어렵게 될 것이라는 전망에 있다. 고미야 류타로 교수가 양적 완화의 효과를 "적은 비용과 적은 혜택微害微益"이라고 표현했듯이 정책의 혜택은 "적은 수준"에 머물렀다.[15] 핵심은 비용도 "적은 수준"으로 유지되도록 하는 것이었지만 그렇게 될 것이라는 보장은 없었다.

하지만 이것이 바로 일본은행이 "공동 성명"에서 향후 정책 당국자들이 필요한 경우 경로를 변경할 수 있도록 한 이유다. 우리는 비용과 편익에 대한 평가를 현재의 정책 당국자들에게만 맡기고 싶지 않았고, 미래에 유용한 모든 수단을 사용할 수 있도록 노력했다.

"공동 성명" 이후의 전개

"공동 성명" 발표 이후 나는 기자 회견, 경제재정자문회의 회의, 국회 출석 등 여러 차례에 걸쳐 일본은행의 생각을 설명하는 기회를 가졌다. 성명서 발표 당일 밤에 열린 경제재정자문회의 회의에서 위원들 간에 의견 교환이 있었다. 나는 성명서의 구체적인 문구를 언급하면서 "통화정책의 효과가 경제에 스며들기까지 상당한 시간이 소요된다는 점을 고려해 금융 불균형 누적을 포함해 경제 성장의 지속 가능성에 중대한 리스크가 있는지 여부를 확인할 것입니다"라고 언급하는 데 공을 들였다. "2년" 등의 특정 기간을 언급하지 않았다. 또한 "일본은행은 일본 정부가 과감한 규제와 제도 개혁을 실시하는 등 일본 경제의 성장 잠재력 강화를 위한 대책을 수립하고, 지속 가능한 재정 구조 확립을 위한 대책을 착실히 추진하겠다는 의지를 환영합니다"라고 밝혔다.[16]

놀랍지 않게도 인플레이션 목표를 가능한 한 빨리 달성하고 더 공격적인 금융 완화를 요구하는 민간 "전문가" 위원들의 의견이 있었다. 일본 최대 기업 중 한 곳의 대표였던 위원은 인플레이션 목표 달성 기간을 "짧게 잡아야 하며, 최대 1~2년으로 잡아야 합니다"라고 주장했다.[17] 아베 총리도 자유 토론과 마무리 발언에서 두 차례에 걸쳐 "이 물가 안정 목표 달성을 위해 일본은행이 책임감을 가지고 노력해주길 바랍니다"라는 발언을 했다. 나로서는 공동 성명이라는 공식 문서에 서명한 이상 협상 당사자 양측이 이 문서의 문구에 따라 발언해야 한다고 생각했다. 그러나 총리의 발언은 그동안 면밀히 조율해온 공동 성명의 문구와는 달리 일본판 인플레이션 목표제의 관점에 입각한 발언이었다.

2013년 1월 22일부터 일본은행 총재 임기가 끝날 때까지 "공동 성명"에 대한 일본은행의 견해를 효과적으로 전파하는 것이 내게 남은 가장 중요한 책임이 되었다. 1월 24일에는 "통화정책과 물가에 대한 집중적인 논의"를 의제로 하는 경제재정자문회의가 열렸다. 회의의 전반적인 분위기는 이전 회의와 다르지 않았다. 사사키 노리오佐々木則夫 위원 (당시 도시바 사장)은 "공동 성명"에서 분명히 인정한 "금융 불균형 누적"을 평가하겠다는 일본은행의 약속에 대해 일침을 가했다. 민간 부문의 관점에서 독립적인 견해를 제시해야 할 "전문가" 위원들이 정치인의 발언과 매우 흡사한 발언을 하는 것을 듣고 안타까움을 금할 수 없었다. 다만 이는 개인의 문제라기보다는 본질적으로 경제재정자문회의라는 장치의 문제고, 이를 통해 통화정책에 영향력을 행사하려는 경제정책 운영의 방법론상 문제인 것 같았다.

국회 위원회에서도 2퍼센트 인플레이션 목표 달성의 책임이 누구에게 있는지, 그리고 언제 달성할 것인지에 대해 많은 질의가 이어졌다. 정부 대표들의 성명에서 "공동 성명"에는 사용되지 않았던 문구를 자주 들을 수 있었다. 야당 의원들의 질문에 대한 답변에서 아베 총리는 다음과 같이 말했다. "2퍼센트 물가 안정 목표에 대해서는 이번 공동 성명에서도 언급했듯이 일본은행은 가능한 한 빨리 2퍼센트를 달성하겠다고 약속했으며, 이는 일본은행의 책임이라고 생각합니다. 나는 그렇게 이해하고 있습니다."[18] "우리는 지금 적극적으로 통화정책을 완화할 필요가 있다고 생각합니다. 일본은행은 적극적으로 완화 정책을 펴야 하고, 디플레이션은 화폐적 현상이기 때문에 2퍼센트 물가 안정 목표를 달성하기 위해 중앙은행으로서 해야 할 일을 제대로 해야 합니다."[19] 아베 총리는 "목표 달성은 일본은행의 책임"이라는 말을 반복했다.

"공동 성명"에서 "디플레이션은 화폐적 현상"이라는 문구는 사용되지 않았다. 나는 정부와 일본은행의 대표가 서명한 성명서의 문구를 정확하게 인용하면서 발언하려고 노력했다. 예를 들어 "디플레이션을 조기에 극복하고 물가 안정을 통한 지속 가능한 경제 성장을 달성하기 위해 정부와 일본은행은 정책 공조를 강화하고 협력합니다" "일본은행은 일본 경제의 경쟁력과 성장 잠재력 강화를 위한 다양한 주체의 노력이 진전됨에 따라 지속 가능한 물가 안정에 부합하는 물가 상승률이 높아질 것으로 인식합니다"라고 강조했다.[20] 그러나 2년 등 물가 목표 달성을 위한 구체적인 기간은 한 번도 언급하지 않았다.

"공동 성명" 발표 당시의 경제와 물가 전망

2012년 11월부터 2013년 1월까지 일본은행을 둘러싼 정치 상황이 급변하는 가운데 국제 금융 시장도 미묘한 추세 변화 조짐을 보이고 있었다(그래프 [17-2] 참조). 가장 큰 계기는 2012년 여름부터 유럽 부채위기가 해결되는 듯한 조짐이 보인 것이었다. 투자자들의 위험 회피 성향이 줄어들면서 외환 시장에서 안전 통화에 대한 수요가 감소했고, 이는 엔화 환율 약세로 이어졌다. 2012년 10월까지 78~79엔을 유지하던 달

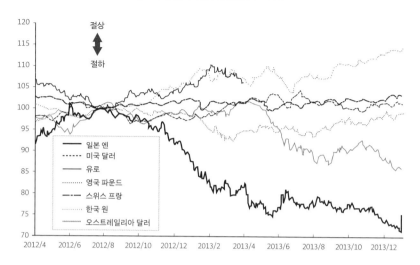

출처: 국제결제은행

러 대 엔 환율은 점점 더 약세를 보이며 11월에는 80엔대를 기록했고, 월말에는 82엔에 도달했다. 12월에는 엔화 하락이 가속화되어 연말에 86엔대에 도달했고, 2013년 1월 말 "공동 성명"이 발표되기 며칠 전에는 90.03엔으로 더 약세를 보였다.

이러한 엔화 환율 하락의 주요 요인이 유럽 부채위기의 완화라는 사실은 명목 실효 환율의 움직임을 통해서도 확인할 수 있다. "유로화를 지키기 위해 무엇이든 하겠다"라는 마리오 드라기 유럽중앙은행 총재의 유명한 발언이 있었던 2012년 7월 26일을 기준으로 하면 유로화는 8월, 9월, 10월 말에 각각 1.7퍼센트, 3.0퍼센트, 3.8퍼센트 절상되었다. 반면 엔화는 같은 기간 동안 1.7퍼센트, 1.9퍼센트, 5.0퍼센트 평가 절하되었다(그래프 [17-2] 참조). 또한 후쿠시마 원자력 발전소 사고 이후 원유와 천연가스 수입 증가로 일본 무역 수지가 큰 적자를 기록하면서 외환 실수요 측면에서도 엔화 약세 요인이 발생했다. 총선을 앞두고 당시 야당 지도자였던 아베 총리가 엔화 약세를 촉구하고 일본은행의 적극적인 금융 완화를 요구하는 선거 운동을 펼친 것도 환율 변동에 어느 정도 영향을 미쳤을 것으로 보인다. 그럼에도 2012년 여름에 글로벌 금융 시장이 큰 변화를 겪지 않았다면 엔화 가치 하락은 일어나지 않았을 것이다.

국제 금융 시장의 투자 심리가 개선되고 특히 엔화가 약세를 보이면서 일본 경제도 변화하기 시작했다. 유럽 부채위기가 한창이던 2012년 3월 잠시 침체기에 접어들었던 일본 경제는 민주당 정부가 정권을 잃기 한 달 전인 11월에 최저치를 기록했다.[21] 닛케이 지수는 2012년 6월 4일 8295포인트로 바닥을 찍고 침체했지만 11월을 기점으로 뚜렷한 상승세를 보이기 시작했다.

이러한 배경과 당시 채택된 새로운 완화 조치를 고려해 2013년 1월 통화정책회의에서 일본은행은 2012년 10월 말에 발표했던 경제와 물가 전망을 재검토했다. 2013년 회계 연도의 GDP 성장률 전망치 중앙값을 1.6퍼센트에서 2.3퍼센트로 대폭 상향 조정했고, 2014년 회계 연도의 성장률 전망치도 0.6퍼센트에서 0.8퍼센트로 소폭 상향 조정했다.[22] 이러한 경기 회복 기대감의 배경에는 저금리가 유지되면서 통화정책이 완화 기조였고, 해외 경제가 회복되면서 수익과 성장 전망이 개선되고 있었다는 점을 들 수 있다. 실제로 2014년 회계 연도의 성장률은 1.5퍼센트로 일본은행의 예상치를 상회했으며 2013년 회계 연도의 성장률은 1.7퍼센트였다.

신선식품을 제외하고 소비세 인상분을 조정한 소비자물가지수 상승률 예상치 중앙값은 2013년과 2014년 회계 연도에 각각 0.4퍼센트와 0.9퍼센트였다. 당시 경제학자들과 시장 참여자들을 대상으로 조사한 중장기 인플레이션 기대치는 약 1퍼센트로 안정적인 수준을 유지했다.[23] 이러한 환경에서 일본은행은 아웃풋 갭 축소가 비록 느리게 진행되더라도 실제 인플레이션율을 꾸준히 끌어올릴 것으로 예상했다. 최종 결과는 2013년, 2014년 회계 연도 모두에서 소비자물가지수가 0.8퍼센트 상승한 것으로 나타났다.

공동 성명 이후 통화정책회의

2013년 2월과 3월에 열린 통화정책회의에서 미야오 류조宮尾龍蔵 위원이 실질적 제로 금리 정책을 "물가 안정 목표의 실현이 가시화될 때까지 지속한다"라는 안건을 제출해 찬성 1표, 반대 8표로 부결되었다. 1월에 결정한 정책에 "물가 안정 목표의 실현을 위해 실질적 제로 금리 정책과 금융 자산 매입 등의 조치를 각각 필요하다고 판단되는 시점까지 지속한다"라는 표현이 있었기 때문이다. 미야오 위원은 실질적인 제로 금리 정책의 지속 기간을 더 명확히 함으로써 금융 완화 효과를 높이기 위한 목적으로 안건을 제출했으며 1월 회의에서도 같은 안건을 제출했다.

내가 이 안건에 반대한 것은 실질적 제로 금리를 상당히 오랜 기간 동안 약속하는 것이었기 때문이다. 앞서 언급했듯이 1월 기준 소비자물가 상승률 전망치는 2년 후에도 0.9퍼센트(중앙값)였다. 물론 해외 경기가 강력하게 확대되거나 경제 개혁에 대한 진지한 노력으로 성과가 단기간에 가시화된다면 2퍼센트를 전망할 수 있는 상황도 전혀 고려하지 않은 것은 아니었다. 하지만 그럴 가능성은 현실적으로 낮다고 생각했다. 그럼에도 미야오 위원의 제안을 채택하면 사실상 제로 금리 정책을 매우 장기간 지속하겠다는 무조건적인 약속을 하는 것이나 다름없었다. 〈전망 보고서〉에 제시된 물가 상승률이 점진적으로 높아지고 성장률도 점진적으로 개선될 것이라는 전망 아래 최적의 금리 수준은 공동 성명에 명시된 통화정책 운용상의 다양한 점검 사항을 바탕으로 결정되어야 했다. 그러지 않으면 금융 불균형이 확대되거나 "재정 우위" 상황에 빠질 위험이 있었다.

임기 만료 전 사임 발표

정부와의 "공동 성명" 작성이라는 매우 무거운 결정을 내린 후 내가 다음으로 해야 할 중요한 결정은 최선의 퇴임 시기를 결정하는 것이었다. 나의 총재 임기 만료일은 5년 전의 특수한 정치적 상황을 반영해 2013년 4월 8일인 반면 두 부총재의 임기 만료일은 3월 19일이었다. 따라서 3월 20일부터 4월 8일까지 2명의 새 부총재가 취임한 이후에도 내가 총재직을 수행하고 통화정책회의 의장도 맡게 되어 이 3주 남짓한 기간은 다소 어색한 시간이 될 수 있었다. 이 문제에 대해 5년 전 총재 취임 때부터 간간이 생각하고 있었지만 아베 내각이 출범하고 "공동 성명"이 발표된 후 더욱 심각하게 생각을 했다.

나는 통화정책에 대한 아베 총리의 견해에 동의하지 않았다. 그러나 아베 총리가 총선에서 일본 국민으로부터 권한을 위임받았기 때문에 새 정부에서 새로이 중앙은행 총재를 임명해 새 부총재와 함께 일본은행을 책임지게 하는 것이 바람직하다고 생각했다. 3월 19일 자로 총재직을 사임하기로 결정한 나는 2월 5일에 총리를 찾아가 내 결정을 직접 알렸으며, 그날 저녁 기자들에게 이 사실을 발표했다. 기자들과 마주한 자리에서 나의 사임은 신임 총재와 부총재가 동시에 취임할 수 있도록 하기 위한 것이며, 3월 19일까지 총재로서 내 책임을 다할 것임을 강조했다. 기자들은 내가 항의 차원에서 사임한 것인지, 아니면 정부로부터 압력을 받은 것인지 물었지만 나는 2가지 모두 사실이 아니라고 설명했다. 그날 밤 나는 평소 친분이 있던 외국 중앙은행 총재 몇 명에게 전화를 걸어 내 결정을 알렸다.

임기 마지막 달

총재 퇴임 전 마지막 한 달은 뭔가를 새롭게 시작하는 것이 아니라 기본적으로 남은 업무를 정리하는 기간이었다. 그 한 달 동안은 현재 복잡한 통화정책에 대해 공개적으로 언급하는 것을 자제하는 대신 일본 경제가 직면한 근본 문제에 대해 향후 관심을 기울일 수 있는 토대를 마련해야 한다고 결론 내렸다. 지난 몇 년 동안 나는 일본의 저성장 원인에 대한 생각을 밝히기 시작했지만 이제는 일본이 직면한 경제적 도전을 포괄할 수 있는 기념사를 통해 일본은행에서 보낸 시간을 마무리하고 싶었다. 이를 위해 오래전부터 일본경제단체연합회日本経済団体連合会로부터 요청받은 연설 기회를 최대한 활용하기로 하고 〈일본 경제의 경쟁력과 성장력 강화를 위하여日本経済の競争力と成長力の強化に向けて〉라

는 제목으로 연설을 했다.[24]

이 연설을 할 때 불과 몇 주 전에 발표된 "공동 성명"과 2퍼센트 인플레이션 목표를 강하게 의식했다. 공동 성명에서도 언급했듯이 2퍼센트 목표는 무조건적인 목표가 아니라 구조 개혁에 진전이 있어야 한다는 전제 조건이 있었다. 정치 환경이 우호적이지 않은 것처럼 보였지만 나는 이 기회에 구조 개혁의 필요성에 대한 일본은행의 견해를 되풀이하고 향후 정부가 잠재 성장률 제고를 가로막는 장애물을 해결하는 데 사용할 수 있는 기준점을 남기고자 했다.

총재로서 마지막 해외 출장은 2013년 3월 10~11일 스위스 바젤에서 열린 국제결제은행 총재 회의(격월로 열린다) 참석이었다. 5년의 재임 기간 동안 나는 바젤을 스물여덟 번 방문했다. 총재가 되기 훨씬 전부터 바젤을 방문하기 시작한 나는 이번 방문이 중앙은행 총재로서 마지막 방문이 되리란 사실을 깨닫고 남다른 감회를 느꼈다. 공식 회의가 끝난 후 국제결제은행 빌딩 꼭대기 층에서 송별 만찬이 있었다. 만찬이 끝나고 고별사를 해달라는 요청을 받았는데 역대 퇴임 총재들의 연설을 기억하며 초고를 작성했고, 특히 중앙은행이 "유일한 게임the only game in town"(유일하게 이용 가능한 것, 유일한 선택지-옮긴이)이 된 당시의 환경에 초점을 맞추고 싶다는 생각을 했다.

중앙은행의 독립성은 일반적으로 정부로부터의 독립을 의미하며, 재정 우위를 피해야 한다는 생각과 맞물려 있다. 이는 전통적으로 중요한 논점이지만 전 세계적으로 더 복잡한 일이 벌어지고 있는 것 같았다. 단순히 각국 정부가 중앙은행에 당분간 재정을 지원해달라고 요청하는 것 이상의 의미가 있었다. 정부는 고통스러운 개혁에 적대적인 여론의 흐름을 거스를 수 없었다. 중앙은행들은 책임 있는 방식으로 행동하라는 요구를 충족시킬 뭔가를 내놓는 데 집착했다. 사실 중앙은행은 사회 전반으로부터 집단적인 압력을 받고 있었다. 나는 이런 압력에 대응해 중앙은행이 장기적인 결과를 고려하지 않고 단기적인 이익을 위한 정책을 채택하는 경향이 있다고 생각했고, 이것을 "사회 우위social dominance"문제라고 불렀다. 나는 중앙은행들이 향후 이 문제를 중요하게 고려해야 할 것이라고 견해를 밝혔다.

총재 임기 마지막 날인 3월 19일 마지막 기자 회견을 가졌다. 디플레이션, 엔고, 금융 시장과의 소통, 일본은행의 책임에 대한 많은 질문이 나왔다. 나는 일본은행이 디플레이션 극복과 엔저에 필요한 "기대를 바꾸는 것"을 하지 못했다는 지적에 대해 가장 신중하게 준비한 발언을 했는데, 이는 일본은행을 비판하는 많은 사람으로부터 아베 총리의 선거 운동과 임기 마지막 몇 달 동안 계속해서 듣던 말이었다. 한 기자의 질문에 나는 이렇게 답했다. "'기대를 바꾸는 것'이 '중앙은행이 말 한마디로 시장을 마음대로 움직일 수 있다'는 의미라면 시장이나 정책에 대한 그러한 견해는 다소 위험하다고 생각합니다."[25] 물론 나는 중앙은행 총재의 말이 아무런 영향력이 없다고 생각하지 않으며, 실제로 중요하다고 설명했다. 그러나 말은 효과적인 정책으로 뒷받침되어야 한다. 예를 들어 무제한 유동성을 공급하는 최종 대부자 역할을 할 준비가 되어 있어야만 중앙은행이 금융 시스템 안정을 유지하겠다는 의사를 신뢰성 있게 전달할 수 있다. 하지만 이 책에서 누차 설명했듯이 일본이 겪고 있는 낮은 잠재 성장률의 근본 원인은 통화정책으로 해결할 수 없다. 이러한 환경에서 "기대를 바꾸는 것"을 통해 경기 부양을 하려는 통화정책은 위험할 수 있다.

기자 회견을 마친 후 나는 일본은행 본점 9층 대강당에서 일본은행 직원들을 대상으로 연설을 했다. 나는 직원들에게 감사를 표하고 은행 업무야말로 중앙은행이 사회에 제공할 수 있는 가장 구체적인 형태의 서비스라는 생각을 거듭 강조했다. 일본은행 직원들은 다양한 은행 업무를 담당하고 있다. 이런 업무들은 대부분의 사람에게 우리 주변의 공기처럼 흔한 것처럼 보인다. 하지만 이 경우 공기가 제대로 순환할 수 있도록 하기 위해서는 상당한 노력이 필요하다. 또한 많은 직원과 그 가족이 거세지고 있는 일본은행에 대한 비판 때문에 불안감을 느낄 수 있다고 생각해서 일본은행이 추구하는 바에 대해 설명했다. 문제의 핵심인 중앙은행 독립성에 대해서는 이렇게 설명했다. "중앙은행은 사회 전반보다 장기적인 관점에서 경제의 안정을 추구해야 하며, 그 기능의 근간은 중앙은행 독립성입니다. 중앙은행은 이러한 목표를 달성하기 위해 강한 책임감을 가져야 하며, 동시에 오만해지지 않고 겸손한 자세를 유지해야 합니다. 중앙은행은 항상 이러한 섬세한 균형을 추구해야 합니다."

총재 시절을 되돌아보면, 특히 마지막 몇 달 동안 통화정책의 "체제 변화"를 요구하는 목소리가 거셌지만 나는 이에 저항했다. 총재로서 나는 국가에 봉사하고 내가 옳다고 생각하는 일을 하기 위해 최선을 다했다. "오직 역사만이 배심원"이며 우리의 행동에 대한 정확한 평가가 나오려면 오랜 세월이 걸릴 것이다. 그리고 역사에 대한 해석이 항상 만장일치로 이루어지는 것은 아니다. 역사의 판단을 예단하기 어려운 만큼 중앙은행 총재이자 공직자로서 직업 정신에 충실해야 한다는 내적 기준에 집중하려고 노력했다. 이렇게 조용한 성찰과 함께 자부심을 지니고 이임사를 마무리할 수 있어서 기뻤다. 직원들과 작별 인사가 끝나고 사무실로 돌아와 책상에 조금 남은 물건들을 정리했다. 그리고 엘리

베이터를 타고 은행 로비로 내려갔다. 그곳에서 지난 5년 동안 나를 가장 헌신적으로 지원해준 비서 이시카와 도모코에게 꽃을 선물 받았다. 나는 진입로를 가득 메운 직원들의 박수를 받으며 39년간 몸담았던 일본은행 본점을 빠져나가는 차에 몸을 실었다.

중앙은행의
역할

18장

거대한 통화정책 실험과 일본화의 확산

"자초한 마비"

버블 붕괴 이후 일본 경제의 경험을 외국의 학자들과 정책 당국자들은 광범위하게 연구해왔다. 일본뿐 아니라 다른 주요 선진국의 통화정책 논의에도 큰 영향을 미쳤고 많은 교훈을 남겼다. 크게 보면 일본의 경험에 대한 논쟁은 네 단계를 거쳤다. 초기에는 일본 경제에 미칠 영향을 다소 낙관적으로 보았다. 두 번째 단계에서 해외의 관찰자들은 일본의 정책 대응이 "잃어버린 10년"에 이어 "잃어버린 수십 년"의 원인이라고 가혹하게 비판했으며, 비판의 강도는 2012년부터 2013년 초까지 정점에 달했다. 2013년부터 시작된 세 번째 단계에서는 '거대한 통화정책 실험'이라고 할 수 있는 공격적인 통화정책 완화가 열광적인 환영을 받았고 한동안 낙관론이 우세했다. 이제 네 번째 단계에 접어든 지금, 이 실험이 의도한 바를 달성하지 못했다는 인식이 커지고 있다. 이와 동시에 일본의 경험과 다른 선진국 경제의 경험 사이의 유사점이 "일본화"라는 이름으로 논의되어왔으며, 그 의미는 보는 사람에 따라 달라질 수 있다.

일본 주식과 상업용 부동산 가격이 급격히 하락한 직후에도 대부분의 해외 관찰자들은 일본 금융 부문이나 경제 성과에 미칠 영향에 대해 크게 우려하지 않았다. 아마 지난 수십 년간 일본 경제가 견고한 성장을 했기 때문에 이전의 성장 패턴이 재개될 것이라는 기대가 지배적이었을 것이다. 일군의 미국 연준 경제학자들은 1990년대 일본의 경험에서 얻을 수 있는 시사점을 분석한 2002년 논문에서 연준, 민간 경제학자, IMF 모두 일본의 성장률과 인플레이션 전망치를 지속적으로 하향 조정한 사실을 보여주었다. 이 논문은 "1990년대 후반에 이르러서야 일본 경제 전망에 대한 근본적인 재평가가 이루어진 것으로 보인다"라고 지적한다.[1]

두 번째 단계에서 당시 외국 학계의 분위기는 프린스턴대학교 교수였던 벤 버냉키가 일본 경제 상황을 "자초한 마비"라는 말로 비판한 것에서 쉽게 짐작할 수 있다.[2] 해외 언론도 비판 일색이었다.《파이낸셜타임스》의 마틴 울프Martin Wolf는 〈벼랑 끝에 선 일본Japan on the Brink〉이라는 제목의 기사에서 일본이 통화량을 충분히 확대하면 인플레이션이 발생하고, 그 결과 장기 실질 금리와 실질 환율이 모두 낮아져 성장을 촉진할 것이라고 주장했다. 그는 "전통적인 정책이 통하지 않는다면 아무것도 하지 않는 것이 아니라 비전통적인 시도라도 하는 것이 올바른 대응"이라면서 "성공적인 통화 팽창" 정책을 펼쳐야 한다고 주장했다.[3] 대부분의 주류 거시경제학자들은 이런 논리를 지지했으며 공격적인 금융 완화의 효과를 확신했다. 더 과감한 통화 팽창을 추구하지 않는 일본은행에 대한 비판은 당시 워싱턴의 일반적 견해였다. 한참 후인 2019년 IMF 독립평가국Independent Evaluation Office은 비전통적 통화정책에 대한 IMF의 조언에 대한 평가 보고서에서 "2012년까지 IMF 직원들은 일본은행이 더 강력한 완화책을 꺼리는 것에 대해 비판적이었다. IMF 직원들은 일본은행이 시도해야 하는 통화 완화 전략에 대해 상당히 상세한 처방을 내렸으며 이는 유럽중앙은행의 경우보다 한발 더 나아간 것이었다"라고 언급했다.[4]

일본식 디플레이션 방지

일본의 경제 성과와 일본은행의 통화정책에 대한 비판적인 시각은 일본이 경험한 것과 유사한 상황에 직면한 다른 선진국의 통화정책에 대한 생각에도 영향을 미쳤다. 2003년 미국 연준이 추가적인 완화적 통화정책에 착수하게 된 것도 바로 "일본식 디플레이션"에 대한 두려움 때문이었다. 〈디플레이션: 미국에서 일어나지 않도록 하기〉라는 유명한 연설에서 버냉키 의장은 미국 통화정책을 매우 완화적으로 유지하는 근거로 일본의 실수를 반복하지 않아야 한다는 점을 명시적으로 언급했다.[5] 미국 정책 당국자들은 일본의 경우처럼 완화적 통화정책이 금융위기로 이어질 가능성을 단호하게 무시했다(6장 참조).

2007년 금융위기의 초기 징후가 나타났을 때, 그리고 2007~2009년 글로벌 금융위기 이후 일본의 경험이 다시 한 번 논의되었다. 이런 점에서 2008년 12월에 열린 연방공개시장위원회 회의 의사록은 특히 흥미로웠다. 참석자들은 제로 금리 하한과 비전통적 통화정책에 대해 폭넓게 논의했으며, 일본의 경험과 일본은행의 양적 완화 사례도 반복해서 언급했다. 미국은 어떤 대가를 치르더라도 일본과 유사한 시나리오를 피해야 하며, 이를 위해서는 과감한 정책을 신속히 시행해야 한다고 의견을 모았다.

통화정책 실험과 그 이후

세 번째 단계는 내가 일본은행을 떠난 직후인 2013년 3월 시작되었다. 그해 4월 일본은행은 '양적·질적 금융 완화quantitative and qualitative monetary easing, QQE'라고 부르는 훨씬 더 공격적인 완화적 통화정책을 시행했다. 일본은행은 2퍼센트의 물가 안정 목표를 달성하기 위한 기간을 "약 2년"으로 정하고, 같은 기간 동안 "본원 통화와 국채 매입 규모를 2배로 늘릴 것"이라고 발표했다. 일본은행은 양적 완화가 시장과 경제 주체의 기대를 크게 바꿀 것이라고 설명했다. 의도한 것은 통화정책의 "체제 변화"였다.

아베 신조 총리의 이름을 따서 "아베노믹스"라고 불리는 새 정부의 경제 활동 패키지는 공격적인 완화적 통화정책, 재정 부양, 구조 개혁을 결합한 것으로 시장 참여자들의 환영을 받았다. 실제로 일본은행의 본원 통화가 크게 증가했고 이에 따라 대차대조표 규모는 폭발적으로 확대되었다(그래프 [18-1] 참조). 특히 해외 경제학자들은 정책의 기대 효과에 열광했다. 하지만 일본 경제학자들의 반응은 그보다는 덜 낙관적이었다.

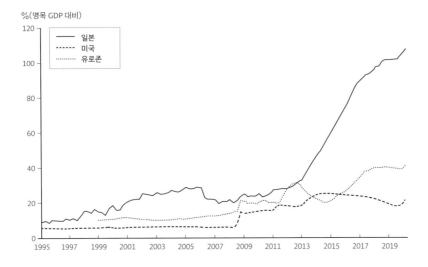

[18-1] 중앙은행 대차대조표 규모

%(명목 GDP 대비)

출처: 일본은행, 세인트루이스 연방준비은행의 연방준비제도 경제 데이터

중앙은행 대차대조표의 폭발적 확대

이 위대한 통화정책 실험의 결과는 어떠했을까? 2020년 초에 발표된 연준 경제학자 다이스케 나카타Taisuke Nakata의 논문이 그 결과를 가장 잘 요약하고 있다.

일본은행은 2013년 3월 양적·질적 금융 완화QQE 도입 이후 경제를 활성화하고 물가 상승률을 높이기 위해 다양한 조치를 취했다. 이러한 조치에는 중앙은행 대차대조표의 급격한 확대, 더 적극적인 포워드 가이던스 사용, 마이너스 금리 정책, 상장지수펀드를 통한 민간 증권 매입 등이 있다. 가장 주목할 만한 것은 일본은행의 대차대조표 확대다. GDP 대비 일본은

3부 중앙은행의 역할

[18-2] 인플레이션율과 일본은행 물가 전망

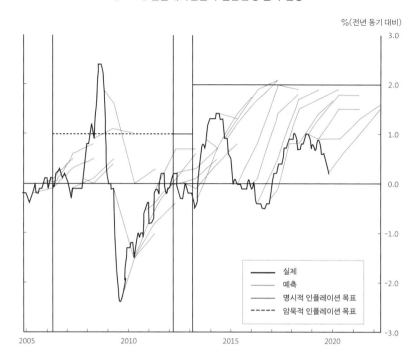

%(전년 동기 대비)

실제
예측
명시적 인플레이션 목표
암묵적 인플레이션 목표

출처: Nakata(2020)

행 대차대조표 규모는 2013년 1분기 약 30퍼센트에서 2019년 3분기에는 100퍼센트 이상으로 증가했다. (중략) 현재 일본은행의 GDP 대비 대차대조표 규모는 모든 중앙은행 중 가장 큰 규모다.[6]

나카타는 과거 열띤 논쟁의 초점이었던 인플레이션(그래프 [18-2] 참조)에 대해서도 언급한다.

그러나 인플레이션율은 여전히 새로운 목표 수준인 2퍼센트보다 낮다.

심지어 과거 목표 수준인 1퍼센트에도 미치지 못한다. (중략) 인플레이션율을 새로운 목표 수준까지 올리는 것이 어렵다는 사실은 일본은행과 노련한 일본 경제 전문가들을 놀라게 했다. (중략) 2013년 3월 양적·질적 금융 완화 도입 직후 일본은행은 인플레이션율이 2년 안에 새로운 목표치인 2퍼센트에 도달할 것으로 예측하면서 인플레이션 예상 경로를 크게 상향 조정했다. 실제 인플레이션율이 예상치를 밑돌자 일본은행은 전망치를 하향 조정했다. 가장 최근의 전망에 따르면 일본은행은 인플레이션율이 2021년 회계연도 말까지 목표치인 2퍼센트에 도달하지 못할 것으로 예상하고 있다. 2퍼센트 목표치를 채택한 지 9년이 지났다.[7]

인플레이션에 대한 시장의 기대치도 낮아졌다. 실제로 10년 만기 물가 연동 국채를 이용해 계산한 기대 인플레이션율은 이전 기간인 2009~2012년의 상승 추세와 달리 2013년 초부터 지속적으로 하락 추세를 보였다.[8] 그리고 이 글을 쓰는 2020년 11월 기준 전년 대비 소비자물가지수 상승률은 -0.9퍼센트를 기록하고 있다. 통화정책의 "체제 변화"에도 인플레이션이 반응하지 않았다는 사실은 많은 경제학자를 놀라게 했다. IMF 독립평가국 보고서는 "특히 일본에서의 비전통적 통화정책 효과는 IMF가 이러한 정책 추진을 주장했을 때 예상했던 것보다 훨씬 더 미미한 것으로 보인다"라고 언급했다.[9]

일본은행에 비판적이었던 일부 인사들 사이에서도 일본은행 정책을 재평가하는 분위기가 형성되고 있는 것으로 보인다. 일본은행 통화정책을 오랫동안 비판해왔고 현재 일본은행 금융연구소金融研究所, Institute for Economic and Monetary Studies 자문을 맡고 있는 마크 거틀러Mark Gertler는 2017년 일본은행 연례 콘퍼런스 토론 논문에서 이렇게 말했다. "2013년 봄 일본은행은 인플레이션 목표치와 적극적인 포워드 가이던스를 포함한 혁신적인 통화정책을 도입했다. 기존 거시경제 이론의 예측과 달리 이러한 정책은 일본 경제를 디플레이션에서 탈출시키는 데서 매우 제한적인 효과만 거두었다."[10]

거틀러는 "중요한 문제는 일본의 지속적인 저물가와 저성장을 설명하는 것이다. 더 이상 일본의 침체를 통화정책의 잘못된 운용 탓으로 돌릴 수 없다"라고 솔직하게 평가했다.[11] 래리 서머스 전 미국 재무장관은 2019년 애나 스탠스베리Anna Stansburry와 공저한 기고문에서 "인플레이션을 높이기 위한 일본은행의 광범위한 노력이 완전히 실패한 것은 이전에 공리처럼 당연하게 여겨졌던 것이 사실은 틀렸다는 것을 의미한다. 중앙은행은 통화정책을 통해 항상 인플레이션율을 원하는 수준으로 설정할 수는 없다"라고 더욱 직설적으로 표현했다.[12]

연례 콘퍼런스 5개월 후, 그리고 〈벼랑 끝에 선 일본〉이라는 매우 비판적인 기사를 쓴 지 16년 뒤인 2017년 12월, 마틴 울프는《파이낸셜 타임스》에 〈일본에 대한 통념은 틀렸다Conventional wisdom on Japan is wrong〉라는 제목으로 이전과 다른 논조의 기고문을 썼다. 여기서 "통념"이란 주류 거시경제학자들의 일반적인 통화정책에 대한 제안을 의미한다. 그는 기고문에서 일본은행이 통화량을 늘리려는 많은 노력에도 불구하고 일본의 인플레이션이 0.2퍼센트 증가하는 데 그쳤다고 지적한다. 울프는 "인플레이션을 올리지 못한 것이 아주 큰 문제는 아니다"라고 주장하면서 정책 평가의 초점을 실물 경제 측면으로 돌렸다. 일본은 2012년 11월을 저점으로 잠시 침체를 겪은 후 경기 순환적 상승기에 진입했지만 이 상승기의 평균 성장률은 이전 2002~2007년의 상승기 평균보다 낮았다(그래프 [18-3] 참조). 그러나 2012년 말 이후의 경기 회복은

[18-3] 실질 GDP 성장률

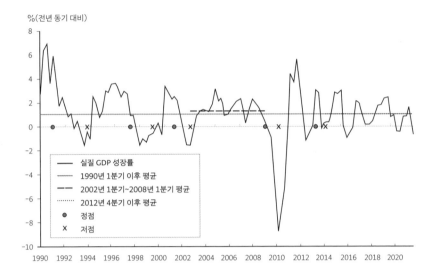

%(전년 동기 대비)

범례
실질 GDP 성장률
1990년 1분기 이후 평균
2002년 1분기~2008년 1분기 평균
2012년 4분기 이후 평균
● 정점
x 저점

출처: 일본 내각부

본질적으로 글로벌 경기 회복에 따른 것이었다. 울프는 "일본의 인구
구조와 낮은 실업률을 고려할 때 생산성을 높이는 것이 필수적이며, 여
성과 고령층의 경제 활동 참가율을 높이는 것도 중요하다"라고 덧붙였
다.[13] 나도 이 지적에 동의하지만 안타깝게도 일본은 거대한 통화정책
실험 이후 몇 년간 총요소생산성Total Factor Productivity, TFP 증가율이 하락
했다(그래프 [18-4] 참조).

 이러한 지적 논쟁의 부침, 일본의 실제 성장과 물가 데이터를 되돌
아보면 슬프기도 하고 좌절감을 느낀다. 그렇지만 이제 우리는 일본의
극단적인 통화정책이 가져온 실제 결과에 비추어 기존의 주류 의견이
어떤 가정에 기초했는지 점검할 수 있게 되었다.

[18-4] 일본의 잠재 성장률 추정치

%(전년 동기 대비)

총요소생산성
자본 투입
노동 투입
—— 잠재 성장률

출처: 일본은행, 〈전망 보고서〉, 2020년 4월

일본화의 확산

　　주류 거시경제학자들을 놀라게 한 또 다른 사실은 처음에는 두드러지지 않았지만 글로벌 금융위기 이후 다수의 선진국 경제가 버블 붕괴 이후 일본 경제와 매우 유사한 저성장의 길을 걷고 있다는 것이었다. 서구의 주류 경제학자들은 인과관계와 결과 측면의 무수한 유사점을 알지 못한 채 단순히 저성장을 묘사하기 위해 "일본화"라는 용어를 사

용했다.[14]

첫 번째 유사점은 저성장이다. 연방공개시장위원회 위원들이 예상한 미국의 잠재 성장률은 지속적으로 하향 조정되었다. 실제로 개별 버블의 정점(일본 1991년, 미국 2007년. 10장 참조) 이후 실질 GDP 성장률 측면에서 일본과 다른 선진국 사이에 큰 차이가 없었음을 알 수 있다.

두 번째 유사점은 낮은 인플레이션율이다. 선진국 중앙은행은 거의 대부분 글로벌 금융위기 이후 지속적으로 목표치 2퍼센트를 달성하는 데 실패했다. 일본의 인플레이션율이 가장 낮긴 하지만 모든 선진국 경제가 동일한 하락세를 보였다. 이런 저성장과 낮은 인플레이션율은 낮은 장기 금리 수준에 반영되었다.

일본의 10년 만기 국채 수익률이 1퍼센트 아래로 떨어진 것은 2002년 10월 31일이었다. 당시 유럽과 미국의 장기 국채 수익률은 일본처럼 낮지는 않았지만 현재 모든 주요 선진국의 장기 금리가 지속적으로 낮아지고 있으며, 경우에 따라서 마이너스 금리를 기록하고 있다.

세 번째 유사점은 매우 낮은 금리가 지속되고 있다는 점이다. 2000년대 초 일본은행이 제로 금리 정책, 포워드 가이던스, 양적 완화, 위험자산 매입 등 비전통적 통화정책을 처음 도입했을 때만 해도 다른 선진국 중앙은행들이 뒤이어 유사한 정책을 도입하고 비슷한 수준의 저금리를 유지하리라고는 전혀 예상하지 못했다. 외국 중앙은행 총재들도 나와 비슷하게 놀랐을 것이다.

네 번째 유사점은 정책 당국자와 사회 전반의 반응이다. 전 세계의 정책 당국자들과 경제학자들은 거품이 꺼진 후 초기에는 낙관적인 경향을 보였다. 다수가 경제 활동에 심각한 타격이 있을 수 있다는 것을 완전히 부인하거나, 아니면 일부가 그랬듯이 부정적인 영향을 지나치게 과소평가했다. 또한 심각한 금융위기가 지나간 후 경제가 회복할 기미를 보이자 위기 이전의 성장률이 재개될 것이라는 낙관론이 확산되었다가 이내 "거짓 여명"임을 인식하고 실망하게 되었다(9장 참조).

마지막으로 다섯 번째 유사점은 은행의 자기자본 확충을 위해 공적 자금을 사용하는 것에 대한 대중의 적대적 반응으로 인해 필요한 정책 조치가 지연되었다는 것이다. 글로벌 금융위기 이후 공적 자금 사용을 더 엄격하게 제한하라는 요구가 거세졌지만 얼마 지나지 않아 반대 방향의 비판이 제기되었다. 이에 따라 정부는 은행 대출을 제한하는 조치에서 대출을 촉진하는 정반대 방향으로 선회했다.

어떤 교훈을 얻어야 하는가

지난 10년 동안 많은 국가가 일본이 걸어온 길과 매우 유사한 길을 걸어왔고, 일본의 거대한 통화정책 실험은 약속한 바를 달성하지 못했다. 이 2가지 사실이 향후 통화정책의 지적 프레임워크(이론적 논의)에 어떤 영향을 미칠까?

한 가지 분명한 사실은 인플레이션율이 목표치인 2퍼센트 아래에 머물면서 오늘날 일본에서 "디플레이션은 화폐적 현상이다"라는 말은 더 이상 자주 들리지 않는다는 것이다. 이미 많은 일본인은 과거 경제학자들과 정치인들이 이 진부한 명제를 얼마나 자주 되풀이 했는지 잊었을 수도 있다.

그렇다고 해서 전반적으로 학계 전반과 정책 당국자들 사이에서 현재의 통화정책 프레임워크를 바꾸려는 움직임이 크다고 볼 수는 없다.

2020년 당시 미국경제학회American Economic Association 회장 버냉키의 발언은 여전히 과거 논의와 궤를 같이한다. "최근 수십 년간 일본의 경험에서 알 수 있듯이 낮은 인플레이션은 자체 반복적인 함정의 출발점이 될 수 있다. 낮은 인플레이션율과 낮은 명목 금리가 통화정책을 무력화시키고, 그 결과 낮은 인플레이션율이나 디플레이션이 지속될 수 있다."[15]

이 주장은 정책 당국자들이 너무 낮은 인플레이션을 용인한 것부터가 문제라는 것을 암묵적으로 시사한다. 핀란드 중앙은행Bank of Finland 총재인 올리 렌Olli Rehn은 "일본의 경험에서 얻은 교훈 중 하나는 중앙은행이 어떤 대가를 치르더라도 인플레이션이 너무 낮아지는 것을 피해야 한다는 것"이라고 언급하면서 이 점을 더욱 분명하게 지적했다.[16] IMF 독립평가국은 거대한 통화정책 실험에도 불구하고 인플레이션율이 크게 반응하지 않은 점을 논평하면서 "향후 정책 수립에 도움이 되는 방향으로 예측 오류의 원인을 식별하고 교훈을 이끌어내는 체계적인 검토가 부족하다"라고 언급했다.[17]

이상하게 다른 국가들도 일본화의 궤적을 따르는 것처럼 보이는 데도, 글로벌 금융위기 전후 일본의 경험에서 얻은 교훈은 여전히 예외적이고 일본만의 고유한 것으로 취급되고 있다.[18]

19장

일본 경제의 경험이 주는 교훈

"잃어버린 수십 년" 논쟁

18장에서 논의했듯이 일본의 경험에서 얻을 수 있는 교훈 중 외부 관찰자들이 가장 자주 언급하는 것은 아마 중앙은행이 어떤 대가를 치르더라도 인플레이션이 너무 낮아지는 것을 피해야 한다는 것이다. 지난 20여 년 동안 이 메시지는 정책 당국자들과 학자들의 뇌리에 깊이 뿌리 내렸다. 하지만 1990년 이후 일본 경제가 "잃어버린 수십 년"을 겪고 있다고 규정하는 것이 옳을까? 디플레이션이 일본 경제 저성장의 근본 원인일까? 통화정책 실험이 기대했던 바를 충족시키지 못하고 이른바 일본화 현상이 널리 퍼진 지금, 우리는 주류 거시경제학의 타당성을 진지하게 재고할 필요가 있다.

《니혼게이자이신문》에서 "잃어버린 10년" 또는 "잃어버린 수십 년"

이라는 단어가 포함된 기사를 검색해보면 이 용어는 1998년에 처음 등장했으며 2007년 이후 검색 빈도가 크게 증가했다. 검색 횟수가 가장 많았던 해는 "잃어버린 10년"의 경우 2010년, "잃어버린 수십 년"의 경우 2013년이었다.

일본 경제를 묘사하는 데 "잃어버린 수십 년"이란 용어를 사용하는 것에 대한 내 견해는 시간이 지남에 따라 크게 변화했다. 처음에는 일본 경제를 이렇게 표현하는 것이 그리 불편하지 않았다. 오히려 부실 대출 문제에 대해 신속한 대응이 필요한데 공적 자금 투입이 지연되는 상황에 대한 답답한 심정을 완벽하게 표현해주는 말이었다. 하지만 세월이 지나면서 이 표현이 불편하게 느껴지기 시작했다. 가장 큰 이유는 "잃어버린 수십 년"이라는 표현이 점차 디플레이션이 근본 원인이며 적극적인 통화정책 완화가 해결책이라는 주장을 대변하게 되었기 때문이다. 나는 이런 진단과 정책 처방에 동의하지 않게 되었다. 2007~2009년 글로벌 금융위기 이후 일본의 초기 경험과 다른 선진국 경제의 위기 이후 상황 간에 많은 유사점이 있음을 관찰하면서 내 견해는 더욱 굳어졌다.

일본의 성장률이 하락 추세에 있는 것은 사실이다. "잃어버린 수십 년"이라는 표현에는 2가지 의미가 내포되어 있다. 하나는 거시경제정책, 특히 통화정책을 더 적극적으로 펼쳤다면 저성장을 피할 수 있었다는 것이다. 다른 하나는 이러한 현상이 일본에만 국한된 현상이라는 점이다. 올리비에 블랑샤르와 로런스 서머스는 글로벌 금융위기 발생 후 거의 10년이 지난 시점에 "일본의 '잃어버린 10년'은 연이은 정책 실패의 결과로 해석된다"라고 지적했다.[1]

그러나 일본 버블 경제 이후 지난 30년간의 통계는 이러한 결론

3부 중앙은행의 역할

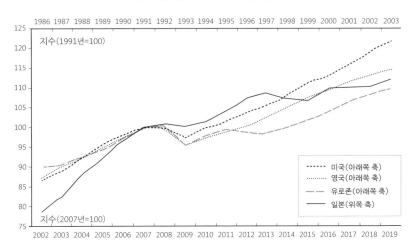

[19-1] 버블 붕괴 이후 실질 GDP

1986 1987 1988 1989 1990 1991 1992 1993 1994 1995 1996 1997 1998 1999 2000 2001 2002 2003

지수(1991년=100)

지수(2007년=100)

2002 2003 2004 2005 2006 2007 2008 2009 2010 2011 2012 2013 2014 2015 2016 2017 2018 2019

- .... 미국(아래쪽 축)
- ········ 영국(아래쪽 축)
- ─ ─ 유로존(아래쪽 축)
- ──── 일본(위쪽 축)

출처: 유럽연합통계국Eurostat, 세인트루이스 연방준비은행의 연방준비제도 경제 데이터, 일본 내각부

을 지지하지 않는다. 우선 개별 경제의 버블 붕괴 이후 선진국들의 실질 GDP 성장률을 살펴보자(그래프 [19-1] 참조). 버블의 정점을 기준으로 한 경로를 비교해보면 미국과 일본의 GDP 성장 간에는 큰 차이가 관찰되지 않는다. 미국 이외의 선진국과 비교하면 일본의 GDP 성과는 유로존보다 좋았고 영국과는 거의 비슷했다. 경제 활동이 정점에 달했던 2007년 이후 기준으로도 실질 GDP 성장률을 비교해볼 수 있다(그래프 [19-2] 참조). 미국 경제는 다른 선진국보다 높은 성장을 보였다. 그러나 1인당 실질 GDP 성장률로 비교해보면 2013년까지 일본과 미국 사이에 큰 차이를 찾을 수 없다(그래프 [19-3] 참조).

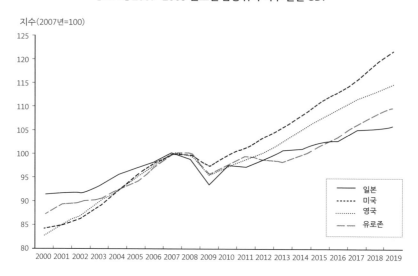

[19-2] 2007~2009 글로벌 금융위기 이후 실질 GDP

지수(2007년=100)

출처: 유럽연합통계국, 세인트루이스 연방준비은행의 연방준비제도 경제 데이터, 일본 내각부

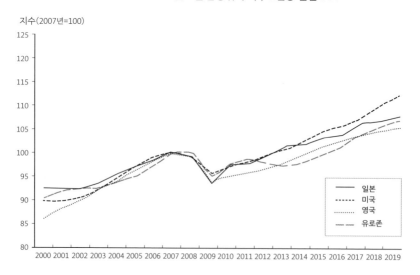

[19-3] 2007~2009 글로벌 금융위기 이후 1인당 실질 GDP

지수(2007년=100)

출처: 유럽연합통계국, 세인트루이스 연방준비은행의 연방준비제도 경제 데이터, 일본 내각부

3부 중앙은행의 역할

일본 경제의 성장 추세가 약화된 근본 원인

1990년부터 2010년까지의 기간을 "잃어버렸다"라고 표현하는 것은 얼마나 적절한지는 모르겠으나 일본의 성장률이 하락한 이유를 명확히 설명해야 할 필요가 있다. 버블 붕괴 이후 일본 성장률 하락의 원인을 설명하는 주장은 크게 3가지로 분류할 수 있다. 첫 번째 주장은 수요 부족을 강조한다. 두 번째는 버블 붕괴 이후 자본 잠식을 당한 은행의 신용 중개 능력 저하, 즉 금융 시스템이 제대로 작동하지 못한 점을 강조한다. 이 주장은 경제의 공급 측면에 초점을 맞추고 있으며, 특히 금융 부문에 무게를 두고 있다. 세 번째 주장은 경제 구조와 관련되어 있으며 잠재 성장률의 하락을 강조한다. 금융 시스템 약화의 영향을 부정하지는 않지만 훨씬 더 광범위한 관점을 취한다. 이런 맥락에서 하야시 후미오林文夫와 노벨상 수상자인 에드워드 프레스콧Edward Prescoot 두 저명한 학자는 근로 시간 감소로 인한 노동 투입량의 축소에 초점을 맞춘 논의를 일찍이 제공한 바 있다.[2] 이후 생산성 하락의 원인에 대한 논의는 총요소생산성의 하락으로 옮겨갔다. 이 논의는 많은 기업이 글로벌 경제와 기술 변화에 대응해 비즈니스 모델을 적절하게 변화시키지 못했고, 흔히 좀비 기업이라고 불리는 한계 기업을 시장에서 퇴출시키지 못했다는 데 초점을 맞추었다.

이러한 공급 측면 또는 구조적 요인의 중요성에 대한 인식은 여전히 충분치 않다. 일본은행의 통화정책이 충분히 강력하지 않다고 생각하는 사람들은 이러한 요인은 단기간에 변하지 않기 때문에 결국 진정한 문제는 수요 부족이라고 주장했다. 하지만 10, 20년에 걸친 경제 성과를 논의할 때는 수요와 공급의 구분이 점점 모호해진다는 것이 내 생각이다. 잠재 성장률이 하락한다는 인식이 팽배해지면 결국 수요도 지속적으로 약화되기 때문이다.

교훈에 대한 나의 견해

그다지 새롭지는 않지만 첫 번째 교훈은 경제가 장기간 지속 가능한 성장 경로에서 조기에 이탈할 경우 경제가 장기간 침체되고 매우 낮은 성장률을 보일 수밖에 없다는 것이다. 일본의 경우 지속 가능한 경로에서 이탈은 자산 가격뿐 아니라 부채의 엄청난 증가를 동반한 거대한 버블의 형태로 나타났다. 완화적 통화정책은 버블 붕괴 이후 경제의 조정 국면에서 발생하는 고통을 완화할 수는 있어도 조정의 필요성 자체를 없애지는 못한다. 금융 규제와 감독 그리고 통화정책 측면에서 선제적 조치가 필요하다. 통화정책의 경우 경제 활동과 물가를 비교적 단기간의 관점에서만 바라보고 시행해서는 안 되며, 지속 가능한 경제 성장을 위협할 수 있는 금융 불균형에 대한 충분한 고려가 필요하다.

두 번째 교훈은 당연한 말처럼 들리지만 10년 정도의 장기 성장 경로를 결정하는 것은 물가나 통화 같은 명목 변수가 아니라 생산성, 혁신, 노동력 성장과 같은 근본적인 실물 변수라는 점이다. "경제학 원론" 책에 나오는 내용이므로 이 점을 반복해서 언급하는 것이 다소 이상할 수 있다. 통화정책이 잠재 성장률에 중립적이라 하더라도 통화정책에 지나치게 의존할 경우 자원 배분에 왜곡을 일으켜 경제 성장을 저해하는 요인이 될 수 있다.[3] 엄밀한 의미에서 명목 변수와 실질 변수가 완벽하게 따로 결정되는 것은 불가능하다.

세 번째 교훈은 경제에 대한 우리의 이해가 본질적으로 불충분하다는 냉정한 현실을 인식해야 한다는 것이다. 우리의 지식이 제한적일 뿐 아니라 경제와 사회 시스템은 끊임없이 변화한다. 예를 들어 기술이나 인구 측면에서 큰 변화가 일어나면 많은 경제 주체들이 이러한 변화에 적응한다. 제도와 정책 규칙도 변화하고, 이는 기업과 개인의 행동 변화를 가져온다. 이런 점에서 경제나 사회는 계속 적응하는 복잡한 시스템, 즉 생태계로 볼 수 있다. 따라서 어떤 특정 시점에 시스템이 어떻게 작동하는지 이해하는 데 성공하더라도 시스템이 일정하게 유지되는 것이 아니기 때문에 경제의 작동 원리에 대한 지속적 이해가 필요하다.

위의 3가지 교훈이 글로벌 금융위기 이후 대부분의 지식인 사이에서 어느 정도 인식되기 시작한 것은 반가운 변화다. 첫째, 2018년 미국 연준 의장 제롬 파월Jerome Powell의 발언은 매우 고무적이다. "원인이 무엇이든 지난 두 차례의 경기 침체에 이르는 과정에서 경제를 불안정하게 만드는 과잉excess 현상은 인플레이션보다는 금융 시장에서 주로 나타났습니다. 따라서 리스크 관리는 인플레이션을 넘어 과잉의 징후가 있는지 살펴볼 필요가 있습니다."[4] 둘째, 글로벌 금융위기 이후 세계 여러 지역에서 인구 구조 변화 등 잠재 성장률 하락의 원인에 대한 논의가 활발해졌다. 이는 적어도 틈새 분야 주제에 가까웠던 과거와 비교하면 고무적인 일이다. 하지만 나는 인구 구조 변화의 중요성은 여전히 과소평가되고 있으며 이 문제에 더 많은 관심을 기울여야 한다고 생각한다. 셋째, 적어도 글로벌 금융위기 이전과 비교했을 때 우리가 경제를 이해하는 데 한계가 있다는 점에 대한 건전한 인식이 생겨나고 있다. 예를 들어 2013년 당시 IMF 수석 이코노미스트였던 올리비에 블랑샤르는 글로벌 금융위기의 5가지 교훈을 지적하면서 첫 번째 교훈으로

"겸손한 자세가 필요하다"라는 점을 꼽았다.[5] 그렇다. 우리는 지적 겸손함을 갖출 필요가 있다.

제로 금리 하한은 진정한 제약 조건이었나

"중앙은행은 어떤 대가를 치르더라도 인플레이션이 너무 낮아지는 것을 피해야 한다"라는 교훈이 일본의 경험에 근거한 것이라면 나는 동의할 수 없다. 디플레이션은 일본 경제 저성장의 원인이 아니었다. 문제는 일본 경제의 과거 성과가 아니라 미래의 지속 가능성에 관한 것이었다. 급속한 고령화로 인해 더 적은 노동자가 더 많은 노인을 부양해야 한다는 점을 고려하면 앞으로는 현재의 1인당 소득 증가세를 유지하기가 어려워질 것이다.

중요한 문제는 제로 금리 하한에 대한 두려움이다. 낮은 인플레이션과 제로 금리 하한에 대한 두려움은 거시경제학자들과 정책 당국자들의 사고에 큰 영향을 미쳤다. 1990년대 초에는 이론적 가능성으로만 인식되던 제로 금리 하한 문제가 1990년대 후반 폴 크루그먼을 비롯한 많은 경제학자가 일본 경제에 점점 더 관심을 가지면서 본격적으로 부각되기 시작했다. 언뜻 보기에는 제로 금리 하한이 통화정책의 효과를 제한할 것처럼 보인다. 하지만 과연 그럴까? 중앙은행이 정책 금리를 마이너스 범위를 포함해 계속 낮출 수 있는 충분한 여력이 있다면 저성장, 저물가를 피할 수 있을까?

나의 대답은 경제에 가해지는 충격의 성격에 따라 다르다는 것이다. 1980년대 후반 일본 버블이나 2003~2007년 중반 서구 경제의 신

3부 중앙은행의 역할

용 버블과 같은 버블 이후 경제의 경험을 예로 들 수 있다. 버블 시기에 발생한 과잉을 제거하지 않으면 지속 가능한 성장을 위한 여건이 조성되지 않는다. 금리를 마이너스 영역으로 낮추는 등 금리를 낮추면 과잉을 해소하는 조정 속도를 늦출 수는 있지만 조정이 완료되는 데 필요한 기간인 저성장 기간이 길어질 수도 있다.

제로 금리 하한 자체가 실질적인 제약이 아닌 이유를 설명하기 위해서는 완화적 통화정책이 작동하는 본질적인 메커니즘을 살펴볼 필요가 있다(16장 참조). 한 가지 메커니즘은 민간 경제 주체들의 미래 수요를 현재로 앞당기는 것이다. 경제가 일시적인 수요 부족에 직면했을 때 이 정책은 완벽하게 작동한다. 그러나 경기 침체가 단순히 수요 부족으로 인한 것이 아니라면 완화적 통화정책은 미래의 잠재 수요를 소진하기 때문에 자연 이자율을 더 빠르게 떨어뜨릴 수 있다. 미래 수요를 가져다 현재에서 쓰는 이런 전략에 계속 의존한다면 경제는 결국 제로 금리에 갇히게 될 것이다. 마이너스 금리라고 근본적인 상황을 바꾸지는 않는다. 수십 년 동안 일본이 직면한 문제는 일시적인 수요 충격이 아니라 잠재 성장률의 지속적인 하락이었다.

두 번째 메커니즘은 자국 통화의 가치 하락을 유도해 해외 수요를 확대하는 것이다. 이 메커니즘은 금리가 높은 국가에서는 효과가 있지만 일본처럼 단기 금리가 제로고 장기 금리가 이미 세계에서 가장 낮은 국가에는 효과가 없다. 더 중요한 것은 경제에 가해지는 충격이 소수의 국가에 국한되지 않고 전 세계에 미치는 성격을 가지고 있다면 이 전략은 효과가 없다는 점이다.

일반적인 주류 경제학 이론에 따르면 저금리는 자연 이자율이 낮다는 이유로 정당화된다. 그리고 자연 이자율이 낮은 것은 실질 이자율의 하락 때문이라 자주 언급된다. 자연 이자율의 하락이 부분적으로는 공격적인 금융 완화 자체의 결과라고 주장한다.[6]

재정정책이 진정한 해결책인가

경제학자들의 제로 금리 하한에 대한 이해, 그리고 그 결과 통화정책의 효과에 대해서는 여전히 의견이 분분하다. 디플레이션에 빠지지 않도록 금리를 인하할 수 있는 여지를 확보하고 있어야 한다고 강조하면서도 통화정책의 효과에 대해서는 비교적 낙관적인 경제학자들이 있다. 이들은 마이너스 금리뿐 아니라 더 강력한 포워드 가이던스와 자산매입의 효과를 믿는 듯하다. 그러나 전반적으로 이러한 견해는 글로벌 금융위기 이전과 비교하면 점차 영향력을 잃어가고 있다.

대신 재정정책을 더 적극적으로 사용하거나 통화정책과 재정정책의 조합을 주장하는 경제학자들이 갈수록 많아지고 있다. 이런 주장을 접하면서 제로 금리 하한에 대해 다수의 경제학자가 나와 다르게 이해하고 있다는 것을 깨달았다. 수요 관리 정책으로서 재정정책의 효과도 결국 미래의 수요를 현재로 당겨오는 데서 발생한다. 재정정책의 경우 미래의 수요를 앞당기는 것이 더 직접적이고, 그에 따른 부채 증가는 주로 공공 부채에 집중된다. 반면에 통화정책의 경우 수요를 앞당기는 것이 덜 직접적이고, 그에 따른 부채 증가는 주로 민간 부채에 집중된다. 어떤 정책을 펼치든 미래 수요를 현재로 가져올 수 있는 능력은 궁극적으로 잠재 성장률에 제약받는다.

3부 중앙은행의 역할

일본화가 우리에게 주는 교훈

일본 경제의 경험에서 얻은 교훈은 제로 금리의 덫에 빠지는 일본화를 피해야 한다는 것이었다. 그런데 많은 선진국 경제가 현재 제로 금리에 갇혀 있다. 그렇다면 우리는 왜 일본화가 전 세계적으로 관찰되는지에 대해 진지하게 생각해봐야 한다. 한 가지 가설은 각국이 권고한 대로 과감한 통화정책을 시행하지 않았다는 것이다. 이 주장은 타당하지 않다. 중앙은행들은 정말 과감하게 행동했다. 또 다른 가설은 교훈이 올바르게 도출되지 않았다는 것이다. 나는 후자의 가설에 동의한다.

일본화는 복잡한 현상이지만 부분적으로는 비판자들이 말하는 것처럼 금융 완화의 결과로도 보인다. 나는 제로 금리를 피해야 한다는 주장을 전면적으로 부정하는 것은 아니다. 제로 금리를 피해야 한다는 주장이 타당한 상황도 있다. 그러나 위에서 설명한 것처럼 경제에 미친 중요한 충격이 순전히 일시적인 수요 충격이거나 소수 국가의 국지적 충격인 경우로 한정된다. 이런 조건이 충족되지 않은 상황에서 지속적인 금융 완화가 이루어진다면 어떤 일이 벌어질지 심각하게 고려해야 한다. 우리가 더 넓은 맥락에서 전반적으로 검토해야 할 것은 현재의 통화정책 프레임워크와 그 이론적 토대의 타당성이다.

버블 붕괴 이후 상이한 사회적 반응

"일본의 잃어버린 수십 년"에 대한 견해가 변화하고 있다는 것은 환영할 만한 신호다. 하지만 동시에 너무 멀리 나아가서는 안 되며 각국 경제와 사회마다 중요한 차이가 존재한다는 것을 계속 인식할 필요가 있다. 이 점을 설명하기 위해 일본이 심각한 금융위기를 겪었던 1990년대 후반 도쿄 특파원으로 근무했던 《파이낸셜타임스》 기자 질리언 테트의 견해를 소개한다. 2017년 10월 그녀는 몇 달 전에 세상을 떠난 오노기 가쓰노부大野木克信의 묘지를 방문한 후 기사를 썼다. 오노기는 1990년대 일본 금융위기 당시 무너진 일본장기신용은행日本長期信用銀行의 CEO였다. 오노기는 상법을 위반해 불법 배당금을 지급한 혐의로 기소되었다. 1심과 2심에서 유죄 판결을 받았지만 2008년 대법원 최종심에서 무죄가 확정되었다. 테트의 글은 문화인류학을 전공한 배경에서 비롯된 따뜻함과 다원주의적 관점이 돋보였다.

2008년 미국 금융위기가 터지고 리먼 브라더스가 무너지는 등 예상치 못한 새로운 변수가 발생했다. 처음에 오노기와 다른 일본 은행원들은 일본의 은행 고위직들이 자신의 삶과 직장에서 쫓겨났듯이 미국에서도 유사한 일이 벌어지리라 생각했다. 그러나 위기의 발생까지만 비슷했고 그 이후 벌어진 일은 달랐다. 일본 은행가들과는 극명하게 대조적으로 미국 은행가들은 연금을 잃지 않았고, "자발적으로" 재산을 넘기기로 결정하지도 않았다. 월스트리트의 고위급 인사 중 감옥에 간 사람은 아무도 없었다. 대신 그들 대부분은 막대한 재산을 그대로 유지했고, 이를 위해 은행을 문 닫게 하지도 않았다. 많은 이들이 새로운 일자리를 찾기도 했다. 나의 일본 은행가 친구들은 이 사실을 믿지 못했다. 그들은 일본장기신용은행(또는 다른 은행들)이 무너졌을 때 자신들이 범죄 행위를 저질렀다고 생각하지 않았다. 그럼에도 그들은 일본 금융위기에 대한 책임감을 부인한 적이 없었다. 그들은 자신이 부끄럽게도 실패한 시스템의 일부였다는 것을 인식하고 있는 품위

3부 중앙은행의 역할

있는 사람들이었다. 그렇다면 미국 은행가들은 왜 비슷한 부끄러움을 느끼지 않았을까? 월스트리트의 거물들은 왜 부의 일부를 사회에 환원해야 한다고 생각하지 않았을까? 나는 그들에게 뭐라고 답해야 할지 몰랐다. 그들과 마찬가지로 나도 미국 은행가들이 대부분 비난을 회피했다는 사실에 실망했다. 또한 당시 관행이었던 부실 대출 은폐와 분식 회계를 이유로 일본의 시스템이 선량한 오노기와 그의 동료들을 얼마나 잔인하게 대했는지에 대해서도 실망스러웠다. 다시 말해 두 시스템 모두 정반대의 방식이긴 하지만 매우 "불공정"해 보였고, 어느 쪽이 더 나쁜지 확신할 수 없었다.[7]

경제 구조와 사회 계약의 역할

사회 계약은 나라마다 상이하다. 버블 이후 경제의 전개 양상을 이해하고 최적의 정책 대응을 마련하기 위해서는 각국의 경제 구조와 사회 계약의 역할을 이해하는 것이 필수적이다. 예를 들어 버블 붕괴와 금융위기를 겪으면서 정책 당국자들이 직면한 가장 어려운 과제 중 하나는 문제 해결에 필요한 사회 전체의 합의를 어떻게 형성할 것인가 하는 것이었다. 이 과제를 해결하는 방법은 국가마다 다를 수 있다.

미국의 경우 의도적이든 아니든 리먼 브러더스의 무질서한 파산을 허용하는 매우 과감한 정책을 취했고, 이로 인해 세계 경제와 금융 시스템이 붕괴 위기에 놓였다. 그러나 정책적 공감대를 형성한다는 관점에서 보면 이러한 과감한 조치는 부실 자산 구제 프로그램Troubled Asset Relief Program, TARP을 마련하고 공적 자금을 신속하게 투입할 수 있는 발판을 마련하는 데 효과적이었던 것은 사실이다. 신뢰성 있는 스트레스 테스트를 실시할 수 있었던 것도 공적 자금이라는 안전장치가 있었기 때문에 가능했다. 그리고 이러한 스트레스 테스트로 인해 미국 금융 시스템과 경제가 비교적 이른 시기에 안정화될 수 있었다.

리먼 브라더스 파산에 대한 미국 당국의 대응을 생각하면 일본이 사소한 제도적 또는 기술적 어려움을 핑계로 필요한 조치를 취하지 않았다는 비판이 떠오른다.[8] 하지만 국가마다 다른 제약이 있으므로 때때로 필요한 조치를 신속하게 취하기가 어렵다. 미국도 법적 제약으로 인해 최종 대부자 역할이라는 필요한 조치를 취하지 못했을 수도 있다. 마찬가지로 일본은 미국처럼 무질서한 방식으로 부실 금융기관을 청산하는 과감한 조치를 취할 수 없었는데, 이는 막대한 일자리 손실이나 사회 질서를 훼손하는 결과를 조금도 용납하지 않았기 때문이다. 따라서 광범위한 사회적 공감대가 형성될 때까지 "점진주의"를 택했고 일본 금융 시스템의 안정성을 회복하는 데 오랜 시간이 걸렸다. 노동 시장 여건은 일본의 기준으로 볼 때 크게 악화되었지만 실업률, 특히 청년 실업률은 유럽과 미국에서 목격된 것처럼 급등하지 않았다.

따라서 각국 특유의 경제 구조나 사회 계약을 들여다볼 필요가 있다. 이는 단순히 현상 유지를 위한 정당화가 아니며 중앙은행이 쉽게 무시할 수 없는 현실이다. 유럽 부채위기도 마찬가지다. 유로존의 정책 당국자들과 대화를 나누면서 유럽 통화 시스템의 작동 방식에 대한 미국 당국의 이해 부족 때문에 유로존 사람들이 가지는 좌절감을 자주 느낄 수 있었다. 마커스 브루너마이어Markus Brunnermeier, 해럴드 제임스Harold James, 장피에르 랑도Jean-Pierre Landau가 저술한 유럽 부채위기에 관한 책에 이와 관련한 내용이 나온다. "양측의 의견 대립은 점차 커졌다. 갈수록 더 격렬해지는 논쟁 속에서 유럽인은 자신들의 이해만을 우선시하는 자기중심적 방어 논리만이 문제가 아니라 EU가 추진된 배경 전반에 대한 근본적인 이해가 부족하다는 사실을 알게 되었다. (중략) 유럽인은 논쟁의 방향을 주도하는 국제 여론의 주요 매체가 모두 영미권의 관점을 반영한다는 사실에 좌절을 느꼈다."[9]

나는 사회 계약에 대한 불변의 답을 찾을 수 있다고 생각하지 않는다. 이는 사회 구성원의 가치 판단 문제고, 가치 판단은 시대와 장소에 따라 달라질 수 있다. 각국의 역사적 경험에 따라 형성된 암묵적인 사회 계약을 바탕으로 다양한 제도와 틀이 마련되었다. 이러한 제도와 틀은 경제와 사회의 핵심이며 점진적으로 변화한다. 중앙은행은 선거로 정당성을 부여받지 않았기 때문에 특정 사회 계약을 자체적으로 판단하고 이에 근거한 정책을 취할 수 없다. 중앙은행이 사회공학적 실험 차원에서 원하는 대로 제도를 바꿀 수 있는 듯이 정책을 운용하는 것은 비현실적일 뿐 아니라 오만하기까지 한 일이다.

글로벌 스탠더드는 존재할까

내 생각이 젊은 시절과 많이 달라졌다는 것을 느끼게 된다. 미국 유학을 마치고 일본으로 돌아온 직후에는 일본 경제와 사회의 "특수성"을 강조하는 일본 내 경제정책 논의에 불편함을 느꼈다. 경제정책 논의는 사회적 특수성을 고려하기보다 가능한 한 보편적인 모형을 바탕으로 이루어져야 한다고 나는 생각했다. 하지만 보편적으로 논의하려고 할수록 각 사회와 경제의 중요한 측면을 간과하게 된다. 단순화는 경제의 주요 추세를 파악할 때 필요하고 유용하지만 간과된 부분이 경제 정책을 수립하는 데 결정적인 역할을 하는 경우도 있다. 이론적 모형은 유용하지만 모형을 구성하는 가정을 주의 깊게 확인하는 것 또한 매우 중요하다. 그러지 않으면 우리는 의도치 않게 현실에 맞지 않는 이론적 모형의 렌즈를 통해서만 실물 경제를 보는 상황에 갇히게 된다.

1990년대 초부터 일본의 경제정책 논의에서 가장 자주 사용되었던 용어는 "글로벌 스탠더드"라고 할 수 있다. 많은 외국의 모범 사례에서 배우는 것은 분명 중요하다. 실제로 특정 정책이나 제도의 도입을 추진하는 사람들은 종종 "이것이 글로벌 스탠더드"라고 말한다. 하지만 "글로벌"은 너무 단순한 단어다. 우리가 말 그대로 글로벌 경제에 살고 있을까? 현실 세계는 여전히 '자국 편의home bias'(자국 편향)로 가득 차 있다. 말 그대로 글로벌 표준이란 것이 존재할까? 반드시 그렇지는 않으리라 생각한다.

일본에서 2퍼센트 인플레이션 목표에 대한 논쟁이 뜨거웠을 때 이를 지지하는 사람들은 거의 항상 "2퍼센트가 글로벌 스탠더드다. 왜 일본은행은 같은 수치를 채택하지 않는가?"라고 반문했다. 그러나 글로벌 스탠더드를 따라 2퍼센트 인플레이션 목표를 채택하려면 고용 관행의 글로벌 스탠더드도 고려해야 한다. 임금이 투입 비용의 상당 부분을 차지하고 궁극적으로 산출물 가격에 영향을 미치기 때문이다. 일본의 고용 관행은 글로벌 스탠더드, 적어도 미국의 표준과는 거리가 멀다. 경제가 수요 감소라는 갑작스러운 충격에 직면하면 일본의 경우 노동 소득 비중이 상승하는 반면 미국에서는 하락하는 경향이 있다(그래프 [19-4] 참조). 이는 일본에서는 대기업이 거시경제 충격을 완충하는 역할을 하고 있음을 반영한다. 이는 전후 일본 사회에 깊이 뿌리내린 일종의 사회 계약이다. 당연히 고용 관행에 따라 거시경제 충격에 반응하는 임

[19-4] 노동 소득 비중

%(명목 GDP 대비)

주: 일본의 1993년 4분기 이전 자료는 과거 시계열을 덧붙임
출처: 일본 내각부

금과 물가 역학관계도 달라진다. 내가 2퍼센트 인플레이션 목표가 글로벌 스탠더드라고 주장하는 데 불편함을 느낀 것은 더 본질적인 또 다른 글로벌 스탠더드를 간과했기 때문이다. 국제경제학 분야는 오랫동안 국가 간 차이를 인정해왔다. 그래서 선진국 경제에 관한 한 변동 환율 제도가 글로벌 스탠더드로 간주된다. 변동 환율 제도는 국가별 임금과 인플레이션의 차이가 외환 시장에서 조정된다는 것을 의미한다. 그런 의미에서 변동 환율 제도는 상이한 목표 인플레이션율을 전제로 한다.

GDP와 사회 후생

사회 계약과 경제 구조의 중요성을 생각하면 전통적인 경제 활동의 척도인 GDP 이외에 사회 후생이라는 개념을 떠올리지 않을 수 없다. 일본은행 총재 재임 시절 내 사무실을 방문한 다수의 외국 정책 당국자들과 경제학자들은 디플레이션과 같은 전형적인 주제에 대해 논의한 후 종종 솔직한 소감을 털어놓았다. "도쿄 거리를 보면 일본이 '잃어버린 수십 년'에서 벗어나지 못한 채 디플레이션에 시달리고 있다고 생각되지 않습니다. 내 생각이 틀린 걸까요?" 그들의 관찰은 완전히 정확하지는 않지만 핵심을 짚은 것이었다.

일반적으로 사회 후생의 변화는 GDP의 변화로 적절하게 추정할 수 있다고 가정한다. 거시경제정책의 주요 역할이 비교적 짧은 시계 내에서 경제 상황을 안정시키는 것이라는 점을 고려하면 이러한 가정은 타당하다고 볼 수 있다. 그러나 "잃어버린 수십 년"에 대한 논쟁처럼 장기적인 관점에서 경제 성과를 평가할 때 이 둘의 차이를 완전히 무시하는 것은 바람직하지 않을 수 있다. 정책 결정권자는 때때로 GDP와 사회 후생 간 차이를 가져오는 요인에 대해 생각해보는 것이 중요하다.[10]

양자 간 차이를 낳는 요인 중 첫 번째는 근로 시간이다. 같은 GDP 수준이라도 상대적으로 짧게 일하며 여가를 즐기는 사회와 여가가 별로 없이 장시간 일하는 사회의 후생 수준은 다를 수 있다. OECDOrganization for Economic Co-operation and Development(경제협력개발기구) 통계에 따르면 일본의 근로 시간은 여전히 길지만 1990년대 초반부터 노력한 결과 1인당 근로 시간이 16퍼센트 감소했으며, 이 감소 폭은 다른 나라에 비해 큰 편이다.[11]

두 번째 요인은 평균 기대 수명의 차이에서 찾을 수 있다. 일반적으로 경제학에서는 재화와 서비스의 소비에서 나오는 "효용"을 극대화하는 방법에 초점을 맞춘다. 이런 맥락에서 한 사람이 얼마나 오랫동안 이러한 효용을 향유할 수 있는지가 중요해진다. 다른 모든 것이 동일하다고 가정했을 때 평균 기대 수명이 길어진다는 것은 한 사람이 누릴 수 있는 총효용이 커진다는 것을 의미한다.

세 번째 요인은 소득과 자산의 분배다. GDP 또는 1인당 GDP의 성장은 평균에 대한 정보만 전달한다. 그러나 경제학자들이 사회 후생이라고 부르는 행복이나 사회 전체의 효용은 평균으로 측정할 수 없으며, 분배가 중요한 변수가 된다. 현재 소득과 자산의 분배가 어느 정도 평등한지 평가하기 위해서는 가치 판단이 필요하겠지만 분배는 분명히 사회 후생 수준에 영향을 미치는 요인이다.

네 번째 요인은 각 사회가 추구하는 비경제적 가치의 차이에서 찾을 수 있다. 예를 들어 일본에서는 일상생활에서 시간을 잘 지키는 것이 항상 강조된다. 초고속 열차인 신칸센의 정시성이 좋은 예다. 엄밀한 국제 비교는 어렵지만 내가 평소에 관찰한 것과 외국 방문객들의 반응에 따르면 일본 신칸센의 정시성은 매우 높다. 공산품은 국제 교역이 가능하지만 열차 서비스 같은 것은 대부분 교역이 불가능하다. 이론적으로는 품질 차이를 반영해 가격을 조정해야 하지만 실제로는 과정이 간단하지 않다. 이러한 조정이 없는 한 제품과 서비스의 가치는 과소평가된다. 이 문제는 특히 물가, 실질 GDP, 생산성을 국제 비교할 때 중요해진다. 결과적으로 일본의 사회 후생 수준이 GDP가 시사하는 것보다 더 높을 가능성을 배제할 수 없다. 이런 주장을 지나치게 강조하는 것은 적절하지 않지만 그렇다고 완전히 무시하는 것은 중요한 논점을

[19-5] G7 국가들의 소득과 사회 후생

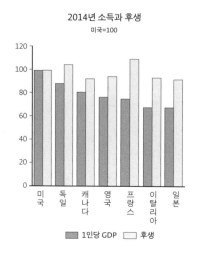

2014년 소득과 후생
미국=100

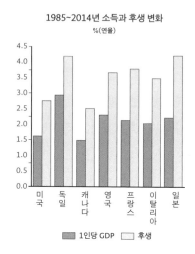

1985~2014년 소득과 후생 변화
%(연율)

출처: Nakaso(2017)

놓친다고 생각한다.

위에서 언급한 4가지 요인 중 가장 계산하기 쉬운 평균 근로 시간과 기대 수명만 고려해 일본의 사회 후생 수준을 추정해보면 일본의 GDP에서 도출되는 인상과는 다소 달라진다. 한 추정치(그래프 [19-5] 참조)에 따르면 일본의 1인당 GDP는 미국의 약 70퍼센트 수준이지만 사회 후생에 미치는 요인을 추가적으로 고려하면 미국 대비 일본의 사회 후생 수준은 92퍼센트에 달한다. 1985년부터 2014년 사이 사회 후생의 변화율을 살펴보면 일본과 독일이 4퍼센트 이상으로 G7 국가 중 가장 높은데, 이는 기대 수명이 길어지고 여가 시간이 늘어난 것을 반영한다. 이런 방식의 국제 간 비교도 완전하지는 않지만 앞서 언급했듯이 일본을 방문한 외국 경제학자들과 정책 당국자들이 종종 받은 인상과 이러한 추정 수치는 잘 들어맞는다.

3부 중앙은행의 역할

다른 나라의 경험에서 배우는 법

외국의 경험에 대한 데이터에서 풍부한 정보와 통찰을 얻을 수 있다. 동시에 외국의 데이터를 최선의 방식으로 최대한 활용하기란 쉽지 않다. 블랑샤르와 서머스는 2017년 10월 글로벌 금융위기 10주년 콘퍼런스에서 "선진국에서는 버블 붕괴 이후 일본의 부진한 상황을 누구나 볼 수 있었다. 하지만 기존의 거시경제 패러다임은 금융위기의 가능성을 대체로 무시했다. 거시경제 모형에서 금융 시스템의 역할은 주로 고정된 기간 프리미엄을 가정한 기대 가설에 근거해 수익률 곡선을 결정하는 역할로 축소되는 경우가 많았다"라고 했다.[12]

이 솔직한 성찰은 정곡을 찌르며 또 다른 질문으로 이어진다. 왜 그토록 많은 저명한 외국 학자들이 일본의 경험에서 잘못된 교훈을 얻었을까? 내 생각에는 크게 2가지 이유가 있다. 첫째, 일본에 대한 정보에 접근하기가 반드시 쉬운 일은 아니었다. 접근성은 무엇보다 영어로 제공되는 정보와 풍부한 경제학자 풀에 달려 있다. 이 2가지 측면에서 일본은 불리했다. 이는 본질적으로 언어 장벽의 문제로 귀결된다. 일본은행은 다른 중앙은행보다 훨씬 앞서서 비전통적 통화정책을 채택했지만 오늘날에도 이 사실을 모르는 논평이나 학술 논문을 발견하면 종종 놀랄 때가 있다. 둘째, 일본의 경험이 주류 거시경제학자들의 정책적 함의와 잘 맞아떨어진다는 이유로 그들의 논거를 기회주의적으로 강화하는 데 편리한 사례로 사용되었기 때문이다.[13] 경제 이론이나 모형은 유용하지만 그 자체가 현실을 완전히 반영하지는 않는다.

그렇다고 해서 해외의 조언이 도움이 안 된다는 뜻은 아니다. 오히려 외국 중앙은행, 특히 미국의 동료들로부터 배울 점이 많았으며 진심으로 감사하는 마음을 가지고 있다. 부실 은행의 구조 조정 문제와 통화정책 운영에 대한 조언이 가장 소중했다. 1980년대 중반부터 지급 결제 시스템 개선을 위한 미국 연준의 노력에서도 많은 것을 배웠다. 국제회의에서 가차 없는 비판을 듣는 것이 힘들기도 했지만 일본의 부실 채권 문제 해결이 늦어지는 것에 대한 외국 동료들의 거센 비판도 큰 도움이 되었다. 이들이 강하게 비판한 내용은 사실 우리 스스로도 필요하다고 생각한 것이었지만 국내의 강력한 정치적 반대에 부딪혀 진전시킬 수 없었다. 외국의 비판이 오히려 부실 금융기관을 처리하는 데 필요한 제도를 마련하고 국내의 정치적 반대를 극복하는 데 효과적인 원동력이 되었다.

통화정책 운영에서도 많은 것을 배웠다. 일례로 익일물 금리를 정책 금리로 채택하는 것, 정책 금리의 목표 수준을 발표하는 것, 지급준비금에 대해 이자를 지급하는 것 등이 대표적인 예다. 또한 중앙은행이 국채를 빌려주는 것 같은 핵심적인 제도의 운영 문제에 대해서도 많이 배웠다.

외국 전문가들과 교류하며 얻은 교훈 중 하나는 우리가 잘 알지 못하는 다른 나라에 대해 강력하고 구체적인 정책 제언을 할 때는 지적 겸손을 가져야 한다는 것이다. 이 교훈을 염두에 두고 "일본 경험의 교훈"에 대해 설명할 때는 항상 솔직함과 겸손함 사이에서 균형을 잡으려고 노력했다. 내가 도움을 주고자 한 것은 구체적인 정책 제안 자체가 아니라 설명을 듣는 각국의 정책 당국자들이 충분히 인식하지 못할 수도 있는 관점을 제시하는 것이었다. 그 결과 내가 항상 강조했던 것은 금융 시스템의 안정성 유지가 매우 중요하다는 점, 금융 시스템과 실물 경제 사이에 강력한 상호 작용이 존재한다는 점, 버블 붕괴 이후 경제 성장이 상당히 침체되었다는 점 등이었다. 반면에 다른 나라의 미묘한 사회 계약과 경제 구조에 대한 이해가 제한적이라는 우려 때문에 통화 정책 수행에 대한 구체적인 권고는 자제하려고 했다.

20장

우리는 중앙은행에 무엇을 기대해야 하는가

비전통적 통화정책의 효과를 평가하는 4가지 기준

과거 중앙은행은 간헐적인 금융위기, 높은 인플레이션 또는 심각한 스태그플레이션과 같은 많은 도전에 직면했지만 결국 이러한 어려움을 극복했거나 적어도 극복한 것처럼 보였다. 실제로 2007~2009년의 글로벌 금융위기 이전 수년 동안은 중앙은행의 전성기였다. 그러나 이 평화로운 시기는 오래가지 못했고, 오늘날 중앙은행은 다시 전 세계적으로 엄청난 도전에 직면해 있다. 사람들이 중앙은행에 기대하는 바가 달라졌고, 이와 관련해 상당한 의견 차이가 있다. 일부에서는 금리가 제로 금리 하한에 걸려 있는 상황에서 통화정책이 효과적이지 않다고 보고 있다. 어떤 이들은 다양한 비전통적 수단을 고안해 통화정책이 여전히 효과적이라고 생각한다. 일부는 중앙은행과 같은 전문성에 기댄 기술관료적 기관이 과거보다 경제 안정에 더 큰 역할을 할 것으로 기대한다. 반면 선출되지 않은 중앙은행 직원이 민주주의 사회에서 경제에 중요한 역할을 수행하는 것이 정당한지 의문을 제기하는 사람들도 점점 많아지고 있다.

10년 이상 시행되어온 비전통적 통화정책의 효과를 평가하는 것에 대해 논의해보자. 일반적으로 미국의 경제학자들과 정책 당국자들은 비전통적 통화정책의 효과에 대해 비교적 긍정적이다. 예를 들어 벤 버냉키 의장은 2020년 미국경제학회 연설에서 "새로운 도구는 단기 금리의 하한에도 불구하고 통화정책에 추가적인 정책 여력을 실질적으로 제공하면서 상당히 효과적인 것으로 입증되었습니다"라고 주장했다.[1] 아시아와 유럽의 경제학자들과 정책 당국자들은 미국에 비해 비전통적 통화정책의 효과에 대해 덜 긍정적인 것으로 보인다. 일본 경제학자들은 특히 높은 인플레이션을 달성하기 위해 시행되었던 이른바 "위대한 통화정책 실험"이 실패한 이후에 이전보다, 그리고 해외 경제학자들보다 덜 낙관적인 입장을 취한다.

비전통적 통화정책의 옹호론자와 회의론자 모두 진지하다. 이 결론이 나지 않고 때로는 격렬한 논쟁을 오랫동안 지켜본 사람으로서, 그리고 비전통적 통화정책의 초기 실행자이자 다양한 유형의 비전통적 통화정책을 실험했던 전직 중앙은행 정책 당국자로서, 나는 이제 이 논쟁에 대한 판결을 내리는 대신 무엇이 그렇게 첨예한 견해 차이를 낳는지 숙고하는 것이 내 역할이라고 생각하게 되었다. 다음 4가지 질문은 비전통적 통화정책의 효과를 평가하기 위한 적절한 기준을 제시한다.

1. 비전통적 통화정책이 금융 시스템이나 금융 시장 기능의 안정성

을 회복하는 데 효과적이었는가?

2. 비전통적 통화정책이 금융 자산 가격을 의도한 방향으로 움직이는 데 효과적이었는가?

3. 비전통적 통화정책이 실물 경제 활동과 인플레이션율을 자극하는 데 효과적이었는가?

4. 비전통적 통화정책의 편익이 비용보다 컸는가?

금융 안정 회복에 미치는 효과

글로벌 금융위기 당시 선진국 중앙은행들은 다양한 조치를 취했다. 달러 스와프 계약, 기업어음과 주택저당증권 매입 같은 조치는 금융 시스템의 붕괴를 방지하고 금융 중개와 시장 형성 기능을 유지하는 데 가장 효과적이었다. 이러한 조치는 본질적으로 중앙은행이 최종 대부자라는 오랜 전통을 가진 역할을 수행하기 위한 노력이었으며, 이를 통상적으로 이해하는 통화정책과 혼동해서는 안 된다.

금융 자산 가격에 미치는 영향

비전통적 통화정책이 금융 자산 가격에 미치는 영향은 금융 자산의 종류와 정책 도구에 따라 다르다. 2001~2006년 일본은행이 처음 비전통적 통화정책을 실시할 당시 자산 매입에 비해 포워드 가이던스가 금융 자산 가격에 영향을 미치는 데 더 효과적이라는 견해가 있었고 나도 그 견해에 동의하고 있었다. 글로벌 금융위기 이후 나의 견해는 다소 바뀌었고, 이제는 자산 매입 역시 대규모로 실시할 경우 영구적이지는 않지만 수급 상황에 영향을 미쳐 금융 자산 가격을 근본 가치 이상으로 끌어올릴 수 있다는 점을 인정하게 되었다. 또한 시장 참여자가 중앙은행이 장기간 매입에 나설 여력이 충분하다고 믿게 되면 중앙은행은 실제로 대량 매입을 하지 않더라도 금융 자산 가격에 영향을 미칠 수 있다.

중앙은행이 수요와 공급 상황에 영향을 미칠 수 있는 정도는 금융 자산의 종류에 따라 다르다. 스위스 프랑 환율을 유로에 고정하려는 스위스 중앙은행의 노력이 좋은 예가 될 수 있다. 스위스 중앙은행은 4년간 페깅에 성공했지만 결국 2015년 1월에 페깅을 포기해야 했다. 외환을 보유하고 있어야만 하는 매도와 달리 중앙은행의 외환 매수는 겉으로 보기에는 제약이 없어 보인다. 그렇지만 페깅을 포기해야 할 경우 중앙은행이 대규모 손실을 입을 가능성을 고려하면 중앙은행이 진정 무제한으로 외화를 매입할 여력이 있는지 의문이다. 민주주의 사회에서 중앙은행은 정치적 정당성이 필요하며, 이것이 궁극적으로 중앙은행의 무제한 매입 능력을 결정한다(14장 참조). 글로벌 외환 시장에서 외환의 잠재적 공급은 사실상 무한대이기 때문에 중앙은행이 실제로 그러한 능력을 가지고 있는지는 의문이다.

반면 국내 통화로 표시된 무위험 자산을 공급할 수 있는 주체는 정부로 한정되므로 국채 시장의 경우 중앙은행이 수급 상황에 영향을 미칠 수 있는 여지가 더 크다고 할 수 있다. 또한 자본 적정성 규제, 유동성 커버리지 비율 등의 금융 규제는 국채에 대한 수요를 증가시키는 효과가 있다.

실물 경제와 인플레이션율에 미치는 영향

금융 자산 가격을 변화시키는 것은 그 자체로 통화정책의 목적이 아니다. 중앙은행이 금융 자산 가격에 영향을 미치는 데 성공하더라도 가격은 실물 경제와 "유리"될 수 있다. 예를 들어 장기 채권을 공격적으로 매입해 장기 금리를 인위적으로 억제하면 기업은 상대적으로 저렴한 장기 채권을 발행하고 단기 채권을 상환할 것이며 그 결과 총부채 수준에는 아무런 변화가 없게 된다. 비전통적 통화정책이 실물 경제에 미치는 영향에 대한 평가는 본질적으로 결론을 내릴 수 없는데, 비전통적 통화정책을 취하지 않았을 때 어떤 일이 일어날지에 대한 반사실적 결과counterfactuals를 알 수 없기 때문이다. 실증 연구에서 자주 사용되는 방법론은 비전통적 통화정책으로 장기 금리가 얼마나 인하되었는지 추정하고 그 추정치를 표준 계량경제학 모형에 대입하는 것이다. 그러나 버블이 터진 후에 파급 경로가 평상시와 같은 방식으로 작동하지 않는 경우가 많기 때문에 이런 방식은 오류의 소지가 크다.

실물 경제의 경우와 마찬가지로 반사실적 결과를 알 수 없으므로 비전통적 통화정책이 인플레이션에 미치는 영향을 평가하는 것도 마찬가지로 어렵다. 내가 보기에 비전통적 통화정책은 효과적이지 않거나 적어도 의도한 만큼 효과적이지 않은 것은 분명해 보인다. 많은 선진국에서 아주 짧은 소수의 사례를 제외하고는 인플레이션율이 지속적으로 목표치를 밑돌았고, 거대한 통화정책 실험이 더 높은 인플레이션율을 가져오지 않았다는 사실에서 알 수 있다. 디플레이션은 피할 수 있었지만 이는 금융 시스템의 붕괴를 막는 데 성공했다는 또 다른 의미며, 위의 첫 번째 기준에 대한 논의로 귀결된다.

장기적 편익 대 비용

편익에만 초점을 맞추는 것은 비용이나 부작용을 무시하는 것이므로 적절하지 않다. 모든 정책 수단이 그러하듯이 비전통적 통화정책의 궁극적인 기준은 비용이나 부작용을 고려한 순 편익이어야 한다. 하지

3부 중앙은행의 역할

만 이런 평가는 본질적으로 쉽지 않다. 왜냐하면 비전통적 통화정책의 비용이나 부작용이 완전히 현실화되기까지 시간이 걸릴 뿐 아니라 어떤 요소가 비용이나 부작용에 해당하는지 경제학자나 정책 당국자마다 견해가 다르기 때문이다. 비용과 부작용은 경제, 사회, 정치가 어떻게 운영되어야 하는지에 대한 가치 판단이나 기본 철학을 반영할 수 있다. 여기에서는 이런 맥락에서 자주 논의되는 몇 가지 비용 또는 부작용에 대해 살펴보겠다.

첫째, 경쟁 시장의 역동성이 약화될 수 있다. 일반적으로 경제 메커니즘은 경기가 좋을 때 창업한 기업 중 일부가 불황기에 폐업하는 방식으로 작동한다. 완화적 통화정책이 장기간 지속되면 이자 지급 부담이 줄어들어 비효율적인 기업이 계속 연명할 수 있다.

둘째, 리스크 프리미엄이 억제되어 금융 시장의 배분 기능이 약화될 수 있다. 금융 자산의 가격은 해당 차입자나 프로젝트와 관련된 위험에 대해 투자자들이 어떻게 평가하는지를 반영해 결정된다. 그러나 중앙은행의 공격적인 매입으로 다양한 리스크 프리미엄이 장기간 억제되면 시장 참여자는 자체 평가가 아니라 중앙은행의 조치와 관계자 발언에 크게 의존하게 될 것이다. 80여 년 전 시카고대학교의 저명한 경제학 교수였던 헨리 사이먼스Henry Simons는 "모든 기업이 통화정책의 향후 방향만 바라보는 상황은 피해야 한다"라고 주장했다.[2] 사실상 오늘날의 금융 시장을 예측한 것이나 다름없다.

셋째, 재정 규율이 약화될 수 있다. 차입 비용이 억제되어 재정의 실제 상태를 정확하게 파악하지 못하면 재정위기가 발생할 가능성이 높아진다.

넷째, 금융 안정성을 훼손할 가능성도 무시할 수 없다. 금융 완화는 미래 수요를 선점하는 것이기 때문에 부채가 늘어날 수밖에 없다. 또한 금리 스프레드 축소로 압박을 받는 금융기관은 유동성 리스크, 신용 리스크, 금리 리스크 등 더 많은 위험을 떠안게 될 것이다.

마지막으로 다섯째, 소득과 자산 분배에 악영향을 미칠 것이다. 금융 완화가 장기화하면 예금 같은 안전 자산을 주로 보유한 일반 개인보다 주식 같은 위험 자산을 보유한 부유층이 혜택을 보는 경향이 있다. 전통적이든 비전통적이든 금융 완화는 항상 소득과 자산 분배에 영향을 미치며, 금융 완화와 긴축 모두 효과가 단기간에 그친다는 일반적인 가정은 비전통적 통화정책에는 적용되지 않는다. 금융 완화가 장기간 지속되면 공정성에 대한 인식이 약화될 것이다. 비전통적 통화정책을 지지하는 사람들은 분배에 미치는 부정적인 영향이 대규모 실업을 방지하는 긍정적인 효과로 상쇄될 수 있다고 주장한다. 그러나 내가 보기엔 이런 긍정적 효과는 비전통적 통화정책 덕분이 아니라 최종 대부자 역할의 성공적인 수행 결과로 얻어진 것이기 때문에 이 주장은 설득력이 없다.

비전통적 통화정책을 옹호하는 사람들은 여기에서 언급한 비용이나 부작용 중 일부는 비전통적 통화정책 자체와 고유한 관련이 없으며, 대부분은 장기화된 금융 완화 정책으로 인한 것으로 보는 편이 더 낫다고 말할 수도 있다. 그러나 비전통적 통화정책에 금융 완화를 장기화하는 내부 메커니즘이 포함되어 있다면(내 생각에는 그럴 가능성이 높다) 비용과 부작용에 대한 이 글의 논의는 그것과 모두 관련성이 있다.

비전통적 통화정책에 대한 나의 평가

비전통적 통화정책이 처음 시도된 지 어느 정도 시간이 지난 지금 (일본의 경우 20년 이상, 다른 선진국의 경우 10년 이상) 적어도 위에서 언급한 첫 번째와 두 번째 기준과 관련된 효과에 대해서는 어느 정도 합의가 이루어지고 있다. 그러나 세 번째와 네 번째 효과 기준에 대해서는 아직 합리적 합의가 이루어지지 않고 있다. 우리는 반사실적 결과를 알 수 없으므로 본질적으로 결론을 내릴 수 없기 때문이다. 그럼에도 아무리 불완전하더라도 비전통적 통화정책의 경험을 반사실적 결과에 가까운 사례와 비교해보는 것은 가치가 있다.[3]

2가지 에피소드가 바로 떠오른다. 하나는 비전통적 통화정책이 도입되지 않았던 1990년대 초 버블 붕괴 이후 일본 경제다. 1990년대 버블 붕괴 이후 일본과 글로벌 금융위기 이후 미국과 유럽 경제는 경기순환 국면 정점 대비 GDP 경로 측면에서 큰 차이가 관찰되지 않는다 (19장의 그래프 [19-1] 참조). 다른 하나는 카르멘 라인하트Carmen Reinhart와 케네스 로고프Kenneth Rogoff가 공저한 《이번엔 다르다This Time Is Different》에서 살펴본 금융위기다.[4] 저자들은 800년에 걸친 경제사를 검토한 결과 한 국가의 경제 활동이 중대한 금융위기에서 회복하는 데 약 8~10년이 걸린다는 결론을 내렸다. 지난 10년간 미국을 포함한 선진국 경제의 경험은 이러한 역사와 전적으로 일치한다. "이번"이라고 특별히 더 잘 대처한 위기는 아니었기 때문에 미국 연준 등이 추진한 비전통적 통화정책이 큰 차이를 만들었다고 단정하기는 어렵다.[5] 미래의 사람들에게 글로벌 금융위기 이후와 버블 이후 GDP의 경로를 나타낸 그래프를 아무런 설명 없이 보여주면 사람들은 아마 차이가 없다고 말할 것이다.

무엇이 견해 차이를 만드는가

이 글에서 말하는 내 견해에 모든 사람이 동의하는 것은 아니다. 무엇이 견해 차이를 낳을까? 이번 장 앞부분에서 언급했듯이 미국의 경제학자들과 정책 당국자들은 비전통적 통화정책의 비용에 대해 상대적으로 낙관적이다. 그들이 이런 태도를 보이는 것은 주로 미국의 경제성과가 다른 나라에 비해 좋았기 때문이라고 나는 생각한다. 이런 맥락에서 금융위기 이후 상대적으로 양호한 미국의 경제 성과를 중심으로 생각해보고, 그중 얼마나 많은 부분이 비전통적 통화정책에 기인했는지 고려해볼 필요가 있다.

내 생각에는 3가지 요인이 미국 경제의 우월한 성과에 어느 정도 영향을 미쳤을 것으로 보인다. (1) 충격의 성격과 지속성, (2) 주요 국제통화로서의 지위, (3) 비용과 부작용을 관리할 수 있는 사회적 역량.

충격의 성격과 지속성

통화정책은 본질적으로 잠재 성장 경로 주변의 경기 변동을 완화하는 것이다. 하지만 단순한 경기 변동과 잠재 성장 경로의 추세 변화를 실시간으로 구별하기는 쉽지 않다. 경기 변동 차원에서 부진한 것으로 판단되었던 경제 활동이 추세 성장률의 하락을 반영하는 것으로 판명되는 경우가 종종 있다. 일본의 "잃어버린 수십 년"(19장 참조)이 좋은 예다.

금융 완화는 미래의 수요를 현재로 가져와서 지출 시기를 앞당기거나 환율 경로를 통해 해외 수요를 국내로 이전시킴으로써 수요를 부양할 수 있다. 이 전략은 일시적인 수요 충격이거나 소수의 국가에 국한된 경우 효과가 있지만 충격의 성격이 영구적이거나 진정한 글로벌 충격인 경우에는 효과가 없다. 이는 자연 이자율의 개념으로도 설명할 수 있다. 미국의 자연 이자율은 유럽과 일본에 비해 상대적으로 높은데, 이는 고령화와 인구 증가 측면에서 여전히 유리한 인구 변화와 다른 나라의 재능 있는 젊은이들을 끌어들일 수 있는 사회적 역량 등 개방형 혁신에 도움이 되는 환경 때문일 수 있다. 자연 이자율의 수준이 높거나 그 하락세가 완만하다면 비전통적 통화정책이 효과적일 수 있다.

기축 통화로서의 지위

미국은 다른 국가와 달리 국제 기축 통화key international currency를 발행할 수 있는 특권을 누리고 있으며, 이를 통해 기축 통화 국가만이 누릴 수 있는 고유한 경로를 통해 완화적 통화정책을 시행할 수 있다.

첫째, 미국의 완화적 통화정책은 전 세계 많은 기업과 금융기관이 사용하는 통화인 달러의 자금 조달 비용을 낮추기 때문에 달러 자금에 의존하는 미국 이외의 경제 주체에 직접적으로 경기 부양 효과를 가져온다.

둘째, 미국의 완화적 통화정책은 다른 지역, 특히 신흥국과 개발도상국의 완화적 통화정책을 유도할 수 있는 힘을 가지고 있다. 이들 국가는 자본 유입으로 인한 통화 절상을 피하려는 경향이 있으며 이를 위해 완화적 통화정책을 선택하게 된다.

셋째, 미국의 완화적 통화정책은 미국의 대외 계정이 미국 측에 유리하게 조정되게 한다. 미국은 전 세계에 유동성을 공급하는 역할을 하고 있기 때문에 대외 부채의 대부분이 달러로 표시되어 있다. 반면 해외 투자를 통해 얻은 대외 자산은 대부분 외화로 표시되어 있다. 미국은 일본과 달리 순 채무국이므로 정책 금리를 인하하면 해외 채권자에 대한 이자 지급이 줄어들어 해외 경제에서 미국 경제로 소득이 이전되는 효과가 발생한다. 즉 대차대조표 측면에서 미국의 정책 금리 인하가 미국 경제에 유리한 소득 이전을 가져온다.

넷째, 완화적 통화정책으로 인해 환율도 미국 경제에 유리한 방향으로 변화한다. 대체로 글로벌 금융위기 동안 달러화는 약세를 보였고, 이로 인해 대외 자산을 통한 환차익을 누릴 수 있었기 때문에 달러 기준 미국의 순 대외 포지션이 개선되었다. 즉 미국은 대차대조표 조정에 수반되는 비용을 다른 나라들이 일부 부담하는 유리한 위치에 있었다.[6]

이러한 점들은 미국이 달러라는 기축 통화를 통해 "과도한 특권 exorbitant privilege"을 누리고 있다는 것을 보여준다.

비용과 부작용을 관리하는 사회적 역량

비용이나 부작용의 규모는 국가마다 다르다. 미국은 유리한 인구 구조 변화와 유연한 경제를 활용해 부작용을 관리할 수 있는 역량이 상대적으로 더 크다고 볼 수 있다. 일본의 경우 고용 등 안정성을 우선시하는 다양한 사회 계약과 보수주의로 이어지는 불리한 인구 구조 탓에 비전통적 통화정책의 비용이나 부작용이 더 큰 경향이 있다. 더 근본적인 문제는 정책 당국자들이 조정을 저해할 수 있는 다양한 사회적 요인을 어떻게 고려해야 하는가 하는 것이다. 선출직 공무원이 아닌 중앙은행가는 일반적으로 "사회 계약"의 적절성을 판단할 수 있는 위치에 있지 않다.

올바른 경제정책 결정에 필요한 것

특정 통화정책의 타당성을 평가하기 위해서는 더 넓은 관점에서 살펴볼 필요가 있다. 특히 비전통적 통화정책처럼 견해가 첨예하게 갈릴 때는 더욱 그렇다. 고미야 류타로는 2000년대 초반 경제정책, 특히 비전통적 통화정책에 대한 의견이 분분한 이유를 5가지로 설명했다. (1) 경제 철학의 차이, (2) 이론, 경제 모형, 용어의 차이, (3) 관련 경제 변수의 양과 규모, 정책 효과에 대한 인식의 차이, (4) 경제정책을 제약하는 법적 · 제도적 · 국제적 프레임워크에 대한 이해의 차이, (5) 경제 현황, 다양한 정책 목표 간의 우선순위와 시계에 대한 이해의 차이. 그는 "이론의 비중은 3분의 1 또는 4분의 1에 불과할 수 있으며, 균형 잡힌 종합적 판단을 내리지 못하는 사람은 경제정책을 담당하는 실무자나 정책 논객으로서 자격이 없다"라고 결론 지었다.[7]

나는 고미야의 주장에 강하게 동의한다. 만약 내가 올바른 경제 이론이 가장 중요하다고 생각했던 젊은 시절이었다면 그의 주장에 크게 공감하며 이해하지는 못했을 것이다. 당시에 나는 일본은행이 올바른 통화정책을 시행하지 못하는 것은 경제학에 대한 이해가 부족하거나, 일본은행의 커뮤니케이션 노력이 부족하거나, 올바른 경제 이론에 따라 행동할 용기가 부족하기 때문이라고 생각했다. 하지만 이런 식의 견해는 너무 단순하다.

이론은 이론가가 필수적이라고 생각하는 현실의 특정한 측면에 초점을 맞추고 다른 측면들은 무시함으로써 구축될 수 있다. 모든 측면을 동시에 고려해야 한다면 의미 있는 결론을 도출하는 이론을 구축할 수 없다. 어떤 측면을 필수적이라고 보는지에 따라 여러 이론이 존재할 수 있다. 정책 결정에서 중요한 것은 현실 세계에 대한 냉철한 관찰을 바탕으로 주어진 상황에서 어떤 이론이 적절한지 판단하는 지혜다.

거시경제정책 운용의 성패

지금까지 버블 붕괴 이후의 기간에만 초점을 맞춰 비전통적 통화정책의 효과에 대해 논의했다. 하지만 이것이 올바른 접근 방식일까? 비전통적 통화정책은 2008년 가을 이후 신용 버블 붕괴로 인한 극심한 경기 침체에 대응하기 위해 도입되었다. 버블 붕괴 이전의 장기적인 완화적 통화정책과 버블 붕괴 이후의 공격적인 완화적 통화정책은 모두 "사후 수습 전략"이라 불리는 통화정책 전략에 뿌리를 두고 있다(6장 참조). 그렇다면 버블 이후 기간만 보는 것은 "나무만 보고 숲을 보지 못하는 것"과 같다. 우리가 해야 할 일은 버블 전과 후 두 시기를 전체적으로 살펴보고 일반적인 통화정책 전략, 더 구체적으로는 사후 수습 전략의 유효성을 검토하는 것이다(6장 참조). 정책 효과를 평가하기 위해서는 더 긴 시계가 필요하다.

다음 질문은 이것이다. 장기적인 시계에서 적절한 평가 기준은 무엇인가? 내 경험을 돌이켜보면 특정 시기의 경제정책이 성공적이라고 실시간으로 평가되는 경우는 드물다. 일본 경제에 대해 오늘날 아무도 일본 버블 경제를 "성공"이라 평가하는 사람은 없지만 당시에는 대내외적으로 일본 경제에 대해 자신감을 가졌던 시기였기도 하다. 버블이 발생하기 전인 1980년대 초의 경제 운용은 긍정적으로 평가되었다. 2장에서 언급했듯이 밀턴 프리드먼은 이 시기 일본은행의 통화정책 운용을 높이 평가했다. 그러나 그 후 버블이 발생하고 붕괴했으며, 결국 금융위기가 발생했다.

오늘날 많은 일본인이 향수를 느끼며 성공적인 거시경제정책 운용의 사례로 평가하는 시기는 1950년대 중반부터 1970년대 초반까지 고도성장기다. 하지만 내가 고등학교와 대학교에 다녔던 1960년대와 1970년대 초반에는 이런 긍정적인 평가가 널리 공유되지 않았다. 실제로 당시에는 지금과 달리 경제 성장이 긍정적으로 평가되지 않았다. 신문은 대기 오염 등 환경 오염 문제에 대해 비판적이었고 거의 매일 이를 보도했다. 일본 내각부가 1960년대 초부터 지속적으로 실시한 국민생활 여론 조사에 따르면 이 시기 응답자들의 "만족도"는 별로 높지 않았다.[8]

그러나 당시의 경제 상황과 사회 상황을 객관적으로 되돌아보면 나라 전체가 점점 풍요로워지고 있었다는 점은 의심할 여지가 없다. 생활수준이 급격히 상승하고, 보편적 의료 보험 제도가 도입되었으며, 사망률이 감소하고, 고등교육에 진학하는 학생 수가 증가했다. 이 조사 결과는 단순히 사람들이 현재 상황에 만족하지 않고 더 많은 것을 원한다는 점을 보여주는 것으로 해석할 수 있다. 돌이켜보면 국민의 만족도는 실제로 높아졌다고 볼 수 있고, 그렇기 때문에 사람들은 이 시기를 회고하며 향수를 느낀다.

거시경제정책 운용의 성과를 충분히 장기적인 시계에서 평가할 때 가장 중요한 기준은 1인당 소득 수준의 상승 여부다. 하지만 이 기준과 함께 사회 전체의 소득과 부가 "공정"하게 분배되는지, 개인적 성공을 추구할 기회를 누리는지도 중요하다.[9]

경제 성과를 평가할 때 거시경제정책이 기여한 부분과 민간 경제 주체와 정책 당국자가 기여한 부분을 구분하기는 쉽지 않다. 그러나 과거 일본 경제의 발전을 돌아볼 때 거시경제정책은 일본 경제의 성공에 관한 한 조연 역할만 했을 뿐 주연은 아니었다는 것이 내가 느끼는 전반적인 인상이다. 당시 일본 경제의 성공에 거시경제정책이 크게 기여했다고 볼 수는 없다.

그렇다면 그 이후 거시경제정책 운용의 실패는 어땠는가? 이 질문에 대해 지난 50년을 되돌아보면 세 시기가 바로 떠오른다. 첫 번째 시기는 일본이 두 자릿수 인플레이션을 경험했던 1973~1974년이다. 만연한 인플레이션을 억제하기 위해 강력한 통화 긴축을 시행했고 경제활동이 급격히 위축되었다. 다만 당시는 내가 중요한 의사결정에 관여하던 때가 아니어서 이 시기 정책에 대해 막연한 견해만 가지고 있다고 보는 것이 합당하다. 두 번째는 1980년대 후반의 버블 경제 시기, 세 번째는 버블 이후 발생한 글로벌 금융위기 시기다. 다음 절에서는 이 질문과 관련해 통화정책의 역할에 초점을 맞춰 이야기해보겠다.

통화정책의 성공과 실패

이 질문에 답하기 위해서는 평가 기준이 필요하다. 많은 국가에서 물가 안정을 통화정책의 목표로 설정하고 있으므로 우선 물가 상승률을 평가 기준으로 삼는 것이 자연스러워 보인다. 예를 들어 1955~1970년 일본의 고도성장기 동안 소비자물가는 1.9배 상승했으며, 이는 연평균 4.3퍼센트의 상승률이다. 인플레이션율은 1963년에 7.6퍼센트로 가장 높았으며, 16년 전체 기간 중 거의 4분의 3에 해당하는 11년 동안 3

퍼센트를 초과했다. 오늘날의 기준인 2퍼센트 인플레이션율을 당시에 평가 기준으로 삼았다면 일본의 통화정책은 분명히 실패로 간주되었을 것이다. 하지만 그 시기에는 경제 성장률이 높았기 때문에 많은 사람이 이러한 평가에 동의하지 않을 것이다. 성장률을 기준으로 삼는다면 어떨까? 이것 역시 좋은 평가 기준이 되지 못한다. 장기적인 경제 성장은 기본적으로 잠재 성장률에 따라 결정되며 잠재 성장률은 노동 공급과 생산성 증가의 기여도에 따라 결정된다. 그렇지만 중앙은행은 이 두 요인을 결정할 수 없다.

자주 사용되는 다른 2가지 기준은 (1) 인플레이션 갭 또는 목표 수준과 실제 인플레이션의 편차, (2) 아웃풋 갭 또는 잠재 GDP와 실제 GDP의 편차다. 이 두 기준은 직관적으로 타당해 보일 뿐 아니라 신케인스주의 경제학 문헌에서 볼 수 있듯이 사회 후생의 관점에서도 정당화된다. 2004~2006년 동안 선진국 경제는 이 평가 기준에서 매우 좋은 성과를 거두었다. 그러나 이 기간 이후 글로벌 금융위기가 발생했다. 그리고 이후 더 긴 시계에서 거시경제의 안정성을 달성하지 못했다.

왜 이런 일이 일어났을까? 첫째, 위에서 언급한 갭에 대한 우리의 지식이 상당히 제한적이기 때문이다. 인플레이션 갭과 관련해 우리는 적절한 목표 인플레이션율이 얼마인지 정확히 알지 못한다. 12장에서 논의했듯이 2퍼센트 인플레이션 목표 자체에 대해서도 논란이 많다. 실제 인플레이션율 측정도 어려운 작업이다. 아웃풋 갭이나 잠재 성장률도 마찬가지다. 둘째, 갭 지표 중심의 성과는 때때로 경제의 안정성에 대한 착시 효과를 일으켜 위험 감수 행위를 유발하고, 결국 더 큰 불안정을 초래하는 경향이 있다. 마지막으로 셋째, 통화정책이 물가와 성장에 어떻게 영향을 미치는지에 대한 우리 지식이 상당히 제한적이라는 점도 중요하다. 최근 필립스 곡선이 왜 더 평평해졌는지를 두고 논쟁이 이어지고 있다는 사실에서 알 수 있듯이 오늘날에도 우리는 인플레이션율 결정에 대해 신뢰할 수 있는 이론을 못 갖추고 있다(9장).[10]

통화정책에 대한 프리드먼의 견해

우리는 통화정책을 운용하는 기본 원칙이 무엇인지 진지하게 생각해볼 수 있다. 중앙은행이 공장의 엔지니어처럼 결과를 최적으로 통제하려고 노력하는 것이 가능하고 바람직할까? 내가 크게 공감하는 생각은 1967년 밀턴 프리드먼이 〈통화정책의 역할The Role of Monetary Policy〉이라는 연설에서 했던 발언이다.

통화정책이 무엇을 할 수 있는지에 대해 역사가 가르쳐주는 첫 번째이자 가장 중요한 교훈은 화폐 자체가 경제 교란의 주원인이 되는 것을 통화정책이 방지할 수 있다는 것입니다. (중략) 현재 연준이 가진 권한을 보유한 중앙 기관이 없었을 때도 화폐 시스템은 때때로 제대로 작동하지 않았습니다. (중략) 따라서 통화 당국은 화폐 시스템이 제대로 작동하지 않을 가능성을 줄이기 위해 시스템의 개선 사항을 제안하고 시스템이 잘 작동하도록 주어진 권한을 사용하는 것이 긍정적이고 중요한 임무입니다.

통화정책이 할 수 있는 두 번째 일은 경제 주체들을 위해 안정적인 경제 환경을 제공하는 것입니다. (중략) 우리의 경제 시스템은 생산자와 소비자, 고용주와 근로자가 향후 물가를 예측할 수 있을 때, 즉 매우 안정적일 것이라는 확신을 가지는 상황에서 가장 잘 작동할 것입니다.[11]

나는 일본은행 총재 시절 이 발언을 자주 인용했다.[12] "화폐 자체가 경제 교란의 주원인이 되는 것을 통화정책이 방지할 수 있다"라는 프리드먼의 언급은 무슨 의미일까? 나는 1930년대 미국의 상황을 염두에 두고 최종 대부자라는 중앙은행 기능의 중요성을 강조한 것으로 해석한다. 중앙은행은 심각한 시스템적 금융위기에 직면했을 때 최종 대부자로서 금융 시스템 붕괴를 막기 위해 모든 노력을 다해야 한다. 이것이 중앙은행의 첫 번째 역할이다.

내가 프리드먼의 주장을 다소 확대 해석한 것일 수도 있다. 하지만 내가 이해한 바에 따르면 중앙은행의 최우선 과제는 금융 시스템이 불안정해져 금융위기로 이어지는 상황, 즉 지속 불가능한 성장 경로로 이어지는 금융 상황을 피해야 한다는 것이다. 통화정책으로 잠재 성장률을 끌어올릴 수는 없지만 중앙은행이 금융 시스템의 안정성을 유지하지 못하면 실제 성장률은 틀림없이 하락할 것이다. 다시 말해 중앙은행이 중장기 성장률을 높일 수는 없지만 금융 안정을 유지하지 못하면 경제 활동을 저해할 수 있다는 것이다.

프리드먼의 주장은 오늘날 통화정책의 주요 목표로 여겨지는 물가 안정보다 금융 시스템의 안정 기능을 우선시했다는 점에서 매우 시사하는 바가 크다. 또한 "생산자와 소비자, 고용주와 근로자가 향후 물가를 예측할 수 있을 때, 즉 매우 안정적일 것이라는 확신을 가지는 상황"을 실현하는 것이 중요하다고 강조하는 것도 흥미롭다.[13] 물가 안정이란 기업이 설비 투자를 계획하고, 일반인이 주택 구입이나 미래를 위한 저축을 계획할 때 중장기적으로 물가가 크게 변동하지 않을 것이란 기대가 주는 안정감으로 이해된다. 이는 내가 16장에서 설명한 (장기적인) 물가 안정이라는 의미에 부합한다.

내가 보기에 통화정책, 더 정확하게는 중앙은행 정책의 근본 역할
은 안정된 금융 환경을 조성하는 것이다. 따라서 중앙은행의 성과는 이
를 기준으로 평가되어야 한다.

미세조정 전략과 최소극대화 전략

신케인스주의 경제학의 견해는 프리드먼의 견해와 다르다. 인플
레이션과 아웃풋 갭을 최소화하는 신케인스주의 통화정책 전략은 '최
적화optimization 전략' 또는 '미세조정fine-tuning 전략'이라고 부를 수 있
다. 이 전략은 합리적으로 들리지만 이미 설명한 것처럼 실제로는 변
동을 최소화하려는 노력 자체가 나중에 더 큰 변동의 원인이 될 수 있
다. 대안적 전략은 최악의 시나리오에서 발생하는 위험을 줄이는 것을
목표로 하는 것이며, 게임 이론에서 사용되는 용어를 빌려 '최소극대화
minimax 전략'이라 부른다. 최소극대화 전략은 겉보기에는 소극적인 전
략으로 보이지만 장기적으로는 위에서 언급한 지표 측면에서 좋은 경
제적 성과를 가져올 수 있다.

미세조정 전략과 최소극대화 전략 중 어느 것이 더 바람직할까? 중
앙은행이 미세조정을 잘 할 수 있는 능력이 있다면 당연히 전자가 최선
의 선택이다. 그러나 많은 중앙은행이 그런 능력을 갖추지 못했고, 지
난 30년 동안 미세조정 전략이 초래한 것은 단기적 안정과 장기적 불
안정이었다. 이것이 냉정한 현실이다.

두 전략 모두 중요한 관점을 제공하며 선택이 이분법적으로 이루어
질 수 없기 때문에 이 논쟁은 결코 끝나지 않을 것이다. 특히 단기적 안

정과 장기적 안정에 대한 판단은 사회적 가치 판단에 따라 결정된다. 지난 세기 동안 이 논쟁에 대한 경제학자들의 견해는 상당히 변화해왔다. 2차 세계대전 이후 케인스주의 경제학이 점점 더 널리 받아들여지면서 재량적 거시경제정책이 꽤 오랫동안 추진되었다. 1970년대 중반 이후 경제학자들은 재량적 정책이 스태그플레이션을 초래한다는 사실을 서서히 깨닫게 되었다. 이에 따라 논의가 진전되고 재량적 정책에 대한 지지가 줄어 들었다. 1980년대 말부터 시작된 인플레이션 목표제는 원래 재량보다는 "준칙"에 더 중점을 두었다. 그러나 통화정책은 점차 2가지 갭을 최소화하는 방향으로 변화했고, 그 결과 재량 또는 미세조정의 요소가 더 커지게 되었다. 원래 생산량이나 실업률의 단기 변동에 지나치게 초점을 맞추면 경기 변동이 커지므로 통화정책은 물가 안정을 목표로 수행해야 한다는 기본 생각에서 인플레이션 목표제가 시작되었기 때문에 이러한 변화는 다소 아이러니하기도 하다.

미세조정 전략과 최소극대화 전략은 모두 중요한 관점을 제공한다. 우리에게 필요한 것은 통화정책이 어느 한 방향으로 지나치게 기울거나 표류하지 않는지 가끔 멈춰서 점검하는 것이다. 내 판단에 1990년대 이후 통화정책은 미세조정 전략에 너무 치우쳐 있는 것으로 보이며 최소극대화 전략을 좀 더 고려하는 것이 바람직해 보인다.

통화정책 운영 체계의 중요성

통화정책 논의와 관련해 언론과 시장 참여자의 관심을 가장 많이 끄는 것은 통상 중앙은행이 취하는 개별적 정책 조치다. 통화정책 전략은 추상적으로 보이지만 사람들이 생각하는 것보다 훨씬 더 중요하다. 나는 앞에서 국제결제은행 관점과 연준 관점의 차이에 대해 이미 다루었다(16장 참조). 이 논쟁의 핵심은 자산 가격 상승 자체에 어떻게 대처할 것인가가 아니라 자산 가격 상승과 함께 부채 증가에 어떻게 대처할 것인가에 있다. 민간 경제 주체들이 부채 수준을 결정할 때 중요한 것은 개별적인 통화정책 조치보다는 통화정책 운영 체계monetary policy regime다.[14] 물론 중앙은행이 명시적으로 통화정책 운영 체계를 발표하는 경우는 없다. 그러나 민간 경제 주체들은 중앙은행의 실제 정책과 통화정책 수행 방식에서 현행 통화정책 운영 체계의 특징적 요소들을 추측할 수 있다.

민간 경제 주체들의 부채 결정과 관련해 1990년대 이후 중앙은행의 3가지 행동 특성이 관찰되었다. 첫째, 중앙은행이 통화정책을 결정할 때 주로 인플레이션에 초점을 맞추는 경우다. 이 상황에서 경제 주체들은 경제가 호황 국면에 들어도 인플레이션이 낮게 유지되는 한 저금리가 지속될 것으로 예상한다. 달리 말하면 시장 참여자들은 금융 불균형이 용인될 것으로 기대한다. 둘째, 중앙은행이 금융 자산 가격의 높은 변동성을 피하고자 하는 경우다. 셋째, 자산 가격이 급락해 중앙은행이 완화적 통화정책을 시행하는 경우다. 자산 가격이 상승한다고 해서 긴축적 통화정책을 시행하는 것은 아니기 때문에 비대칭적 정책이다. 이는 종종 중앙은행이 풋옵션put option을 제공하는 것으로 설명되며 처음에는 전 연준 의장인 앨런 그린스펀의 이름을 따서 "그린스펀 풋Greenspan put"이라는 용어로 표현되었다.

이 경우 민간 경제 주체들은 부채를 늘리는 것에 불안감을 덜 느낄 것이다. 그리고 금리가 어느 정도 인상되더라도 일회성으로 간주되면 부채나 자산 가격에 미치는 영향은 제한적일 수 있다. 향후 경제와 금융 시장의 경로를 결정하는 것은 현재 금리의 작은 변화가 아니라 민간 경제 주체들의 향후 금리 기대에 대한 영구적인 변화다. 이런 맥락에서 보면 중앙은행이 현재 운영 체계가 적절하지 않다는 이유로 다른 행동 방식을 취하는 것은 경제와 금융 시장에 큰 충격을 줄 수 있으므로 적절하지 않다고 볼 수 있다.

통화정책 운영 체계에 변화가 필요한 시점인가

일반적으로 중앙은행은 큰 충격을 초래할 수 있다는 우려 때문에 통화정책 운영 체계를 급작스럽게 변경하지 않는다. 하지만 과거를 돌아보면 몇 가지 사례가 있었다. 지난 50년 동안 통화정책 운영 체계의 가장 극적인 변화는 1979년 10월의 "볼커 쇼크Volcker Shock"에서 찾을 수 있다. 당시 연준 의장이던 폴 볼커는 인플레이션을 억제하기 위해 과감한 통화 긴축을 시행했다. 볼커 이전 연준 의장을 역임한 아서 번스 Arthur Burns가 유명한 연설 〈중앙은행의 고뇌The Anguish of Central Banking〉에서 볼커 쇼크 직전 통화 긴축이 얼마나 어려웠는지에 대해 다음과 같이 언급한 것은 흥미롭다. "미국과 다른 산업 국가들이 인플레이션과의 싸움에서 의미 있는 진전을 이루려면 먼저 인플레이션 심리를 꺾어야할 것입니다. (중략) 이처럼 광범위하게 펴져 있는 심리의 변화는 공공 정책의 미미한 조정으로는 달성하기 어려울 것입니다. 따라서 현재 널리 퍼져 있는 인플레이션에 대한 강력하고 광범위한 기대를 고려할 때 인플레이션 심리를 돌리기 위해서는 상당히 과감한 처방이 필요하다고 인정할 수밖에 없었습니다."[15]

번스는 통화정책 운영 체계를 바꾸는 것이 얼마나 어려운 일인지를 고뇌에 찬 목소리로 토로했다. 그가 주목한 것은 당시 미국 경제와 사회에 깊숙이 자리 잡고 있던 강력한 인플레이션 심리였다. 인플레이션을 억제하기 위해서는 과감한 통화 긴축이 필요했으나 그의 설명에 따르면 기업, 노동조합, 정치인 모두 통화 긴축에 반대했다. 번스가 연설 직후에 일어날 일을 예견했다고는 생각하지 않지만 볼커의 과감한 행동은 번스의 연설에서 권고한 것과 정확히 일치했다. 볼커의 통화 긴축이 상당 기간 높은 수준의 실업률을 초래한 것은 사실이다. 그러나 볼커의 과감한 긴축이 이후 미국의 긍정적인 경제 발전에 필요한 토대를 마련했다는 것이 현재 경제학자들의 공통된 견해다. 볼커 쇼크의 경험은 전환기가 얼마나 고통스럽고 통화정책 운영 체계가 얼마나 중요한지를 잘 보여준다. 내가 보기에 오늘날 전 세계가 경험하는 상황은 현재 통화정책 운영 체계에 이에 상응하는 변화가 필요함을 시사하는 듯하다. 아직 그 변화를 어떻게 구현해야 하는지 방법을 찾지 못했다는 점도 인정해야 하지만 그렇다고 해서 현 체계를 계속 고수하는 것은 책임 있는 대응이 아니다. 적어도 무엇이 문제인지 명확히 인식하고 현 체계를 개선하기 위한 진지한 노력을 기울여야 한다.

21장

중앙은행의 국제 협력

글로벌 요인의 영향력 증대

국내 경제의 안정을 달성하기 위해서는 "내 집안 단속"이 첫 번째 원칙이며, 이를 위해서는 개별 국가의 노력이 가장 중요하다. 그러나 글로벌 경제와 금융 시스템의 안정 없이 대내 안정을 달성하기가 점점 더 어려워지고 있다. 개별 국가의 정책 당국자들이 국내 정책을 시행할 때 발생할 수 있는 외부 효과를 내재화할 동기가 없기 때문에 글로벌 안정을 달성하는 것은 쉬운 일이 아니다. 수십 년 동안 중앙은행들은 이 문제를 해결하기 위해 여러 방면에서 다양한 노력을 기울여왔다. 만만치 않은 도전 과제지만 중앙은행 간의 국제 협력은 매우 중요하다.

1990년대 이후 글로벌 경제가 혼란했던 에피소드를 되돌아보면 대부분 국제 자본 흐름의 변동과 관련이 있다. 1997~1998년 아시아 금융위기의 경우 위기 이전에 많은 양의 자본이 신흥 아시아 국가로 유입되었다가 이후 매우 빠른 속도로 대거 이탈했다. 2007~2009년 글로벌 금융위기의 경우 신흥국과 유럽에서 미국으로 막대한 자본이 유입되었다. 이 자금은 국채, 주택저당증권, 복잡한 증권화 상품에 투자되었다. 이 과정에서 유럽 은행들은 미국 달러로 표시된 단기 자금을 차입해 레버리지를 늘려갔다. 이러한 자본 흐름은 글로벌 금융위기 이후 멈추었고 그 방향이 바뀌었다. 유로존 주변국으로 유입되던 막대한 자금이 갑자기 방향을 바꾸어 유출되면서 유럽 부채위기가 닥친 것이다. 해당 국가들은 심각한 타격을 받았다.

일본에서 지난 50년 동안 가장 큰 우려를 불러일으킨 것은 환율 변동, 더 정확히 말하자면 엔고에 대한 과장된 공포였다. 대표적인 사례는 두 자릿수 인플레이션이 발생했던 1973~1974년 기간과 1980년대 후반의 버블 경제다. 9장에서도 논의했듯이 1990년대 후반 이후 일본의 디플레이션 담론에는 엔화 절상에 대한 우려가 상당 부분 반영되어 있었다.

국제 자본 흐름, 환율, 해외의 경제 성장률과 같은 글로벌 요인의 중요성은 위기 시기뿐 아니라 평상시에도 고려할 필요가 있다. 각국의 통화정책은 국내 통화 여건에 영향을 주어 성장과 인플레이션에 영향을 미친다. 그러나 현실적으로 각국의 통화 여건은 여러 중앙은행, 특히 주요국 중앙은행과 미국 연준 통화정책의 총체적인 영향에 따라 결정되는 경우가 갈수록 많아지고 있다. 경기 변동의 동조화는 GDP의 움직임에서 쉽게 확인할 수 있다. 인플레이션의 움직임도 과거의 인플레이션과 비교할 때 점점 더 동조화하고 있다. 주목할 만한 점은 국내 인플레이션, 아웃풋 갭, 통화정책 사이에 상정했던 전통적인 연계성이 약

3부 중앙은행의 역할

해지고 있다는 점이다. 점차 국내 인플레이션율의 변화가 글로벌 요인에 따라 결정되는 환경으로 나아가고 있다. 통화정책이 국내 인플레이션율에 어느 정도 영향을 미칠 수 있는지는 이미 논란의 여지가 있다. 하지만 더 중요한 것은 국내 통화 여건보다 글로벌 통화 여건이 인플레이션율의 중요한 결정 요인이 되고 있다는 점이다. 중앙은행은 더 이상 그 이름 그대로 "중앙"이 아니다. 노벨 경제학상 수상자인 존 힉스John Hicks는 50여 년 전 다음과 같은 예언자적 발언을 했다.

> 자급 자족적인 국가 경제에서만 중앙은행이 진정한 중앙은행이 될 수 있다. 세계 시장, 특히 글로벌 금융 시장이 발전함에 따라 개별 국가의 중앙은행은 더 이상 '중앙'이 아닌 세계 시스템 속 일개 은행으로 그 지위가 한 단계 내려간다. 따라서 개별 국가의 중앙은행이 (부분적으로) 해결했던 문제가 글로벌 차원에서 다시 나타났고, (해결을 위해 노력하고 있지만) 여전히 해결되지 않고 있다.[1]

비용과 편익의 내재화 실패

경제와 금융 시장은 세계화하고 있지만 통화정책과 금융 감독 및 규제는 개별 국가 기관 차원에서 이루어지고 있다. 이는 주권 국가의 특징이기도 하다. 머지않은 미래에 주요국의 국가 기관이 세계 경제의 안정을 위해 통화정책이나 금융 감독과 규제를 수행한다는 것은 비현실적인 상상이다. 세계 경제의 현실과 정책 결정 기관 사이의 괴리는 앞으로 수십 년 동안 우리가 직면하게 될 문제의 근본 원인이다. 이와 관련된 모든 문제를 다루는 것은 이 책의 범위를 벗어나므로 주로 중앙은행과 관련된 문제에 초점을 맞추겠다. 대부분의 문제는 (1) 중앙은행에 통화정책의 국제적 파급 효과를 "내부화"할 유인이 부족하다는 것, (2) 글로벌 최종 대부자라는 이름에 걸맞은 역할을 할 수 있는 기관이 없다는 것, (3) 금융기관이 자신의 행동이 금융 안정에 미치는 영향을 내부화하지 않음으로써 금융 안정 서비스를 과도하게 소비하는 경향이 있다는 것("공유지의 비극")에서 기인한다.

제로 금리 하한과 N-1 문제

이러한 외부 효과로 인해 발생하는 통화정책의 문제점을 보여주는 첫 번째 사례는 저금리 또는 제로 금리에 직면한 국가의 통화정책이다 (14장 참조). 일본과 스위스는 글로벌 금융위기 당시 급격한 통화 가치 절상을 경험했고, 통화정책 측면에서 대내 안정을 추구할 수 없었다. 이 상황은 50년 전 노벨 경제학상 수상자인 로버트 먼델이 "과잉 결정 문제" 또는 "N-1 문제"라는 이름으로 논의한 것과 일치한다.[2] 이 문제는 전 세계에 N개의 경제가 존재한다면 서로 다른 N개의 통화정책이 존재하지만 환율은 두 통화 간의 상대 가격이기 때문에 N-1개 존재한다는 내용이다. 따라서 통화정책을 통해 최적의 환율을 추구하려면 환율을 선택할 수 없는 경제가 하나 존재해야 한다. 먼델이 이러한 통찰을 제기했던 시기는 고정 환율의 브레턴우즈 체제 아래였는데 미국이 환율을 스스로 선택할 수 없는 N 번째 경제가 될 것으로 보았다.

수십 년 전 먼델의 주장을 처음 접했을 때 무슨 말인지 이해는 할 수 있었지만 상당히 추상적으로 느껴졌다. 하지만 총재 재임 시절 엔고 현상을 경험하면서 먼델의 견해가 현실에 시사하는 바가 크다는 것을 깨닫고 생각이 바뀌었다. 다만 원래 생각과는 달리 N 번째 경제는 미국이 아니라 일본과 스위스 같은 경제였다. 모든 경제가 어떤 식으로든 완화적 통화정책을 통해 통화 약세를 추구한다면 세계 경제는 사실상 제로섬 게임이 될 것이다. 그리고 오늘날 많은 선진국 경제는 거의 같은 상황에 처해 있다. 완화적 통화정책의 파급 효과와 이에 대한 대외 반응이 다시 국내 경제에 미칠 영향을 고려하면 대내 안정을 목표로 하는 최적 통화정책의 의미는 달라질 수밖에 없다. 사실 "내 집안 단속"이 반드시 전 세계 차원의 최적을 보장하는 것은 아니며 오히려 "통화 전쟁"과 같은 상황을 초래할 수 있다(14장 참조).

미국 달러의 과도한 특권

통화정책의 외부성 문제에 대한 두 번째 예는 미국 달러의 특별한 지위와 관련이 있다. 미국은 자국 통화가 국제 기축 통화의 지위를 갖고 있기 때문에 엄청난 특권을 누리고 있다(20장 참조). 미국이 자국 정책이 글로벌 경제에 미치는 외부 효과의 중요성을 충분히 이해한다고 해도 연준은 세계 시민이 아닌 미국 시민을 위해 존재한다는 점을 고려할 때 연준에 글로벌 중앙은행 역할을 기대하는 것은 비현실적이다. 물론 기축 통화의 지위가 영국 파운드화에서 미국 달러화로 옮겨간 역사에서 알 수 있듯이 미국이 언제까지나 이러한 특권을 누릴 수는 없을 것이다. 그러나 강력한 네트워크 효과가 작용하기 때문에 국제 기축 통화를 보유한 국가는 자연스럽게 "자국 경제 우선" 정책을 오랫동안 추구할 수 있다. 글로벌 금융위기 10주년을 맞아 미국 정책 당국자들과 학자들은 글로벌 금융위기의 원인과 대처, 시사점에 관해 자아 성찰을 담은 연설을 많이 했다. 그중 내가 놀랐던 한 가지는 미국 달러와 미국 금융 시스템의 지배적 지위가 전 세계에 미치는 영향에 대해 언급한 적이 거의 없었다는 점이다.

식료품과 에너지를 제외한 근원 인플레이션율의 함정

세 번째 예는 선진국의 많은 중앙은행이 통화정책을 결정할 때 식량과 에너지 가격 변동을 제외한 "근원" 인플레이션율에 초점을 맞추는 기존 관행과 관련이 있다. 글로벌 요인이 없다면 개별 중앙은행이 국내 인플레이션 기조를 평가할 때 식량과 에너지 가격을 외생적 요인으로 취급하는 것은 정당화될 수 있다. 그러나 모든 중앙은행이 이 방법론에 따라 통화정책을 수행한다면 제외된 원자재가 글로벌 통화 여건에 영향을 받기 때문에 지나치게 완화적인 글로벌 금융 여건이 조성될 위험이 있다. 일종의 "구성의 오류fallacy of composition"라 할 수 있다. 실제로 2008년경까지 에너지 가격이 급등할 때도 근원 인플레이션율은 안정적으로 유지되었다. 그 결과 완화적 통화정책의 편향은 결국 전 세계 석유 수요를 증가시켜 유가의 추가 급등을 초래했다. 나는 이러한 글로벌 완화 편향이 당시 원자재 가격 급등을 부분적으로 설명하며, 글로벌 경제 변동을 더 크게 만들었다고 생각한다.[3]

신흥국 경제의 관점

신흥국 경제에 고유한 문제들을 가끔 다루긴 했지만 나의 관점은 자연스럽게 선진국 중앙은행가로서 경험을 바탕으로 형성되었다. 금융 위기에 직면한 신흥국에 외화 자금 조달에 대한 우려보다 더 심각한 일은 없을 것이다. 신흥국은 과거 국제 수지 위기balance of payment crisis를 경험했던 "원죄"와 낙후된 국내 제도적 틀 때문에 어려움에 직면했을 때 자본 유출 위험에 더 많이 노출된다. 이런 이유로 미국 달러가 국제 기축 통화인 현 상황에서 신흥국은 선진국보다 자국 통화를 절하된 수준으로 유지하는 데 더 중점을 두는 비대칭적 경향이 존재한다. 위기 시 자본 유출의 쓰라린 경험을 바탕으로 이들 국가는 외환 시장 개입을 통해 외환 보유액을 늘리는 전략을 선택하는 경향이 있다. 실제로 아시아 신흥국의 외환 보유액은 아시아 금융위기 이후 급증했다. 신흥국의 외환 시장 개입은 외환 보유액 축적의 필요성뿐 아니라 수출 경쟁력을 유지하기 위한 동기도 있다.

선진국 정책 당국자들은 일반적으로 신흥국의 외환 보유액 축적에 대해 부정적인 견해를 갖는 경향이 있지만 개별 국가의 자구책으로서 외환 보유액 전략의 이점을 점점 더 인정하고 있다. 이는 자본 유입과 유출의 변동 폭이 기본적으로 매우 크고, 그 규모가 선진국 경제 규모에 비해 크지 않더라도 상대적으로 작은 경제에는 큰 영향을 미친다는 인식에 근거한다. 나를 포함한 선진국 정책 당국자들은 과거에는 신흥국이 겪는 심각한 고통을 충분히 이해하지 못했을 수 있다. 리먼 브라더스 파산 당시 일본은행은 뉴욕 연준과의 통화 스와프를 활용해 무제한으로 미국 달러를 공급받을 수 있었다. 하지만 이 통화 스와프를 이용할 수 있는 중앙은행은 소수에 불과했다. 이 점을 고려할 때 당시 인도준비은행 총재였던 두부리 수바라오의 말을 진지하게 받아들일 필요가 있다. 그는 회고록에서 "우리는 유사한 루피-달러 스와프 계약을 요청했지만 연준은 긍정적인 반응을 보이지 않았다. 그들이 이런저런 말로 자세히 설명하지 않았지만 루피가 자유롭게 환전할 수 있는 통화가 아니거나 미국 입장에서 우리 금융 시장이 중요하지 않았기 때문이라고 생각한다."[4]

이 글을 읽으면서 내가 신흥국의 중앙은행 총재였다면 같은 의견을 가지고 있었을 것이라고 상상해보았다. 반면 내가 연준 의장이었다면 버냉키와 같은 반응을 보였을 것이다. 당시 연준은 국내 금융기관에 대한 대규모 유동성 공급으로 미 의회로부터 공격을 받고 있었다. 이런 상황에서 미국 달러에 무제한으로 접근할 수 있는 자격을 갖춘 외국 중앙은행의 수를 늘리기는 매우 어려웠을 것으로 생각한다.

국제 수지 위기에 직면한 국가에 필요한 것은 외화며, IMF와 다른 국제 금융 기구의 주요 역할 중 하나가 이를 제공하는 것이다. 아시아 금융위기 이후 아시아 지역 안전망 체계의 구축을 위해 2000년 5월 동남아시아 국가연합Association of Southeast Asian Nations, ASEAN 10개 회원국과 중국, 일본, 한국이 참여한 양자 간 외화 자금 조달 네트워크인 '치앙마이 이니셔티브Chiang Mai Initiative'가 출범했다. 이 프레임워크는 2010년 3월 다자간 네트워크의 형태로 더욱 강화되었다.

국제 정책 공조?

이러한 외부 효과 또는 글로벌 환경에서 나타나는 이해관계가 개별 국가의 이익과 충돌할 때 나타나는 갈등에는 어떻게 대처해야 할까? 이런 종류의 논의는 종종 국제 통화와 금융 시스템 개혁이라는 맥락에서 논의된다. 이를 자세히 살펴보는 것은 이 책의 범위를 훨씬 벗어나지만 여기서는 통화정책의 국제적 영향 측면에 초점을 맞추어 최종 대

3부 중앙은행의 역할

부자 역할, 결제 시스템, 금융 감독과 규제에 대해 간략하게 다루겠다.

외부 효과 문제에 대한 한 가지 논리적 해답은 국제 정책 공조 또는 협력이다. 이상적인 세계에서는 각 경제가 대외 경제 측면의 외부 효과를 내재화하면서 대내 안정을 추구할 것이다. 실제로 주요 선진국 정책 당국자들이 국제 정책 공조를 부분적으로 시도한 적이 있었는데 플라자 합의나 루브르 합의가 좋은 예다.

나는 오랫동안 국제 정책 공조라는 개념에 대해 부정적인 생각을 가지고 있었다. 이 협정들이 실제로 어떻게 작동했는지 일본의 쓰라린 기억에서 목격했기 때문이었다. 당시 미국은 자동차 산업의 경쟁력 저하와 무역 적자 폭증에 직면해 있었고 이는 갈수록 보호무역주의를 강화하는 방향으로 이어졌다. 플라자 합의는 이런 배경에서 미국의 무역 적자를 줄이기 위해 달러 강세를 완화하고 다른 선진국의 내수 확대를 장려해야 한다는 미국의 요구가 반영되어 탄생했다. 국제 정책 공조라는 미명하에 이러한 정책 관점이 지배하는 상황이 적어도 부분적으로는 장기간의 통화 완화로 이어졌고 1980년대 후반 일본 버블 경제의 팽창에 기여했다. 이런 과거 경험이 국제 정책 공조에 대한 내 기본적인 태도의 근간을 이루고 있었다. 이렇게 보면 "자기 집안 단속"이 각국 통화정책의 첫 번째 원칙이라 생각하게 된다.

그러나 글로벌 금융위기 이후 세계 경제의 전개와 엔화 절상을 지켜보면서 국제 정책 공조가 필요하다는 주장도 일견 타당하다고 생각하게 되었다. 이 진실의 일면은 완화적 통화정책의 파급 효과와 피드백 효과를 고려하는 정책을 추진해야 한다는 점과 통한다. 다른 한편으로 나는 현실 세계의 공조는 경제 규모가 큰 국가들의 횡포로 쉽게 변질될 수 있다는 점도 잘 알고 있다.

계몽된 이기심

통화정책의 외부 효과로 인한 갈등을 해소할 수 있는 마법과 같은 해결책은 없다. 우리가 현실적으로 기대할 수 있는 것은 중앙은행 간 솔직한 정보와 의견 교환을 촉진해 상대국의 진정한 국익이 무엇인지 이해하려는 노력이다. 나는 이것을 "계몽된 이기심enlightened self-interest"이라 부르고 싶다.[5] 국제 정책 공조와 협력의 문제로 다시 돌아가보자. 공조coordination는 상호 호혜적인 상태를 달성하기 위해 특정 행동에 대한 사전 합의에 따라 행동하는 반면, 협력cooperation은 특정 행동에 대한 사전 합의 없이 행동하는 것을 포함한다는 점에서 미묘한 차이점이 존재한다. 계몽된 이기심을 알기 위한 노력은 국제 정책 협력에 해당하며, 이것이 오늘날 우리가 현실적으로 기대할 수 있는 것이다.

정책 협력을 위한 다양한 기회가 존재한다. 가장 중요한 것은 국제결제은행 회의다. 세계경제회의GEM는 국제결제은행에서 열리는 중앙은행 총재 회의 중 가장 중요하며 총 61개 국제결제은행 회원국 중앙은행 중 30개국이 이 회의에 참석한다.[6] 의장이 누구인지, 논의가 어떻게 구성되는지에 따라 다소 차이가 있긴 하지만 미국은 회원국의 경제 상황을 발표하는 원탁회의에서는 항상 첫 번째 발표자로 나섰고, 당연히 미국의 발표가 가장 주목을 끌었다. 흥미로운 점은 각국의 경제 상황에 대한 발표에서 항상 "외부 요인external factors"이 언급되었다는 점이다. 작은 나라의 중앙은행이 외부 요인을 지적하는 것은 이해할 수 있지만 미국을 비롯한 주요국 중앙은행도 외부 요인을 자주 언급했다. 하지만 세계경제회의 회원국들의 GDP 합계가 전 세계 GDP의 90퍼센트 이상에 달한다. 따라서 이들을 하나의 경제권으로 간주한다면 외부 요

3부 중앙은행의 역할

인은 존재하지 않을 것이다. 외부 요인으로 간주된 것은 각 중앙은행의 통화정책 수행의 결과로 나타난 글로벌 통화 조건에 결정적으로 영향 받았다. 영란은행 총재이자 한때 세계경제회의 의장이었던 머빈 킹은 이 점을 자주 언급하며 회원국들이 글로벌 경제 전체에 대한 시사점을 가지고 토론하도록 유도했다. 한 가지 근본적인 문제는 현재 통화정책 이 근거하고 있는 이론 모형들이 여전히 전 세계에 지속적으로 영향을 미치는 충격이 아니라 개별 국가 고유의 충격을 주로 다루고 있다는 점 이다.

무엇이 글로벌 불균형을 구성하는가

과거에는 경상 수지 불균형과 환율 조정 문제에 관한 논의가 집중 적으로 이루어졌다. 예를 들어 중국 등 아시아 신흥국의 경상 수지 흑 자와 이에 상응하는 미국의 경상 수지 적자는 글로벌 금융위기를 앞두 고 많은 논의의 단골 주제였다. 동시에 당시 벤 버냉키가 제기한 "글로 벌 저축 과잉" 문제도 함께 논의되었다. 버냉키는 신흥국으로부터의 자 본 유입으로 인해 미국의 장기 금리가 국내 경제 요인으로 설명할 수 있는 합리적 수준보다 낮은 수준에서 유지되었을 가능성을 지적했다.[7] 한 국가에서 저축이 투자를 초과하면 경상 수지가 흑자를 기록하고 이 는 대외 자산의 증가로 이어진다. 이 초과 저축 중 일부는 미국 국채를 매입하는 데 사용되어 미국의 장기 금리가 낮아진다. 이런 논리에 따라 일부에서는 신흥국의 저축 과잉을 미국 주택 버블과 함께 글로벌 금융 위기를 초래한 원인 중 하나로 간주한다.[8]

달러화 가치나 저축 과잉과 관련된 글로벌 불균형에 대한 이러한 논의는 주로 자본 이동의 순 유입 또는 순 유출과 같은 경상 수지에 초점을 맞추고 있다. 이러한 이해는 자본 흐름이 제품과 서비스 구매를 반영한다는 관점에 근거한다. 그러나 금융 자본은 다른 이유로도 이동한다. 이는 자본 흐름의 증가 폭이 제품과 서비스 무역의 증가 폭을 크게 능가한다는 사실에서 입증된다. 경상 수지 자체에만 초점을 맞추는 시각은 경제에 숨어 있는 더 중요한 불균형을 놓칠 위험이 있다. 글로벌 자본 흐름에서 비롯되는 다양한 형태의 금융 불균형에 주의를 기울여야 한다. 레버리지, 만기 불일치, 통화 불일치, 외화 유동성 포지션과 이 문제들이 경제 주체들 간에 어떻게 분포되어 있는지 등이 포함된다.

대표적인 예로 글로벌 금융위기 전에는 거의 균형을 이루었던 유로존 전체의 경상 수지를 들 수 있다. 당시 유럽에는 매력적인 투자 기회가 다소 제한적이었기 때문에 유로존의 금융기관들은 미국의 복잡한 증권화 상품에 대한 투자를 늘렸다. 이들은 자금을 조달하기 위해 기업 어음 등 단기 채권 발행에 의존했고, 이는 다시 미국 머니마켓 뮤추얼 펀드money market mutual funds에 의해 매입되었다. 유럽 금융기관들은 외화인 미국 달러에 숏 포지션으로 자금을 조달하고 롱 포지션으로 투자하면서 가격 변동 위험뿐 아니라 외화 유동성 위험도 감수하고 있었다. 그 결과 글로벌 금융위기가 발생했을 때 누구보다 먼저, 가장 크게 미국 달러 유동성 리스크에 직면하게 되었다. 순 자본 유입 수혜국이었던 미국 입장에서 보면 GDP 대비 경상 수지 적자 비율의 증가 폭은 크지 않았지만, 자본 유입과 유출의 총액은 모두 크게 증가한 것으로 나타났다(그래프 [21-1] 참조).[9]

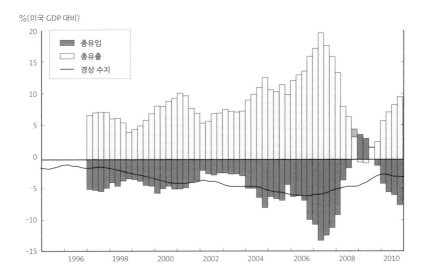

[21-1] 미국의 자본 유출입과 경상 수지

%(미국 GDP 대비)

- 총유입
- 총유출
- 경상 수지

출처: Borio and Disyatat(2011)

중앙은행 간 협력의 중요성 증대

통화정책만 놓고 보면 국제 공조나 협력을 통해 글로벌 안정을 달성할 수 있을 것이라 낙관할 수 없다. 그러나 16장에서 논의했듯이 중앙은행이 하는 일은 훨씬 더 광범위하며, 그중 최근 수십 년 동안 중앙은행 간 협력과 조정 측면에서 많은 진전이 이루어진 것은 고무적이다.[10]

여러 진전 중에 중요한 것으로 주요 중앙은행 간 미국 달러 스와프 라인이 구축된 것을 들 수 있으며, 이것이 없었다면 글로벌 금융 시스템은 붕괴했을 것이다. 또 다른 발전은 지급과 결제 시스템에 대한 협력 강화다. 대표적인 예로 CLS은행Continuous Linked Settlement Bank의 설립을 들 수 있는데 시차로 인한 외환 결제 리스크를 제거하는 역할을 함으로써 세계화를 뒷받침했다. 세 번째 발전은 금융 시스템 안정 분야의 표준 또는 규제를 조율하기 위한 노력이다. 이미 많은 표준이 국제적으로 합의되었다. 바젤 III 협약이 가장 잘 알려져 있지만 그 범위는 훨씬 더 넓다. 지급과 결제 시스템 관련 모범 사례도 개발되었다. 예를 들어 내가 초기에 참석했던 국제회의에서 논의된 내용을 바탕으로 지급 결제 시스템 표준이 마련되었고, 이는 결국 금융 시장 인프라 원칙Principles for Financial Market Infrastructures으로 구체화되었다. 이 분야의 진전은 미디어의 주목을 많이 받지는 못했지만 글로벌 금융 안정에 매우 중요한 기여를 했다. 마지막으로 네 번째, 중앙은행 간 실무자 차원의 소통이 확대된 것은 매우 뜻깊은 발전이다. 중앙은행 직원 간의 긴밀한 접촉은 해외에서 일어나는 일에 대한 풍부한 지식의 원천을 제공했다.

국제회의와 외국 중앙은행과의 교류

중앙은행이 서로의 견해를 허심탄회하게 주고받을 필요가 있으며, 이런 점에서 국제회의와 외국 중앙은행과의 양자 간 교류는 매우 중요하다. 나는 일본은행 총재로서 국제결제은행, IMF, G7과 G20 회의, 동아시아태평양중앙은행기구Exectutives' Meeting of East Asia and Pacific Central Banks, EMEAP 총재 회의 등 많은 국제회의에 참석했다. 대면 회의 외에 화상 회의도 꽤 자주 열린다. 보통 시차 때문에 다른 중앙은행과의 회의는 도쿄 시간으로 늦은 밤에 열린다.

국제결제은행

국제결제은행에서 열리는 회의는 중앙은행을 위한 것으로, 총재 회의는 일반적으로 스위스 바젤에서 격월로 개최된다. 국제결제은행은 원래 1차 세계대전 이후 독일에 부과된 배상금을 정산하기 위해 설립되었으며, 세계 경제 상황과 금융 시장의 변화에 따라 그 역할이 점차 변화해왔다. 현재 국제결제은행은 통화와 금융 안정을 위해 중앙은행을 지원하고, 관련 분야에서 국제 협력을 촉진하며, 중앙은행을 위한 은행 역할을 하는 것을 자체 목적으로 삼고 있다.

정기 총재 회의는 일요일 저녁에 시작해 월요일 저녁에 끝나는데 정보와 의견을 교환할 수 있는 매우 생산적인 자리다. 총재 재임 기간 동안 나는 이 회의에 단 한 번도 빠지지 않았다. 정기 총재 회의 외에도 총재들이 참석하는 다양한 회의가 열린다. 나는 세계경제회의 외에 경제자문위원회Economic Consultative Committee 회의, 전체 총재 회의All Governors Meetings, 국제결제은행 이사회 회의, 이사회 위원회 회의에 주로 참석했다. 모든 회의에는 고유한 목적과 참석 자격이 정해져 있다. 또한 아시아지역협의회Asian Consultative Council 회의, 중앙은행 총재와 감독 기구 수장 회의Group of Governors and Heads of Supervision, 민간 금융기관 최고 경영자 회의에도 참석했다. 국제결제은행 이사회는 민간 기업의 이사회에 해당하는 회의로 주로 지배 구조와 관련된 이슈를 다룬다. 나는 2011년 1월부터 2013년 3월까지 프랑스 중앙은행 총재 크리스티앙 누아예가 의장을 맡은 국제결제은행 이사회에서 부의장을 역임한 적이 있다.

계몽된 이기심의 측면에서 볼 때 국제결제은행에서 열리는 회의들은 어느 정도 성과를 거두고 있을까? 2011년 11월 미국이 2차 양적 완화를 시작했을 때 많은 선진국과 신흥국이 미국의 발표에 대해 다소 거친 발언을 했던 몇 차례의 토론에서 단서를 찾을 수 있을 것이다. (나 역시 세계경제회의를 비롯해 여러 자리에서 2차 양적 완화에 대해 의문을 제기하는 발언을 했다. 하지만 내가 받은 인상은 미국이 이러한 비판을 전혀 받아들이지 않았다는 것이다.)

또 다른 예는 유럽 부채위기 당시 유로존에 속하지 않은 국가들이 유로존 당국의 결단력 부족을 강력하게 비난했을 때였다. 당시 미국이 가장 공격적으로 비난했다. 비판은 유럽중앙은행이 아닌 유로존 정부들을 겨냥한 것이었지만 유럽중앙은행을 비롯해 유로존 당국은 상당히 방어적인 태도를 보였다.

인도준비은행 총재 두부리 수바라오는 글로벌 금융위기와 유럽 부채위기 당시 유럽과 미국을 향한 비판을 언급한 후 자신이 이런 국제회의에서 받은 인상을 밝혔다. "미국인들은 대체로 책임 소재를 따지지 않는 경향이 있었다. 대신에 '이제 그 문제는 뒤로 미루고 앞으로 어떻게 나아가야 할지 생각해보자'라는 실용적인 태도를 보였다. 반면 유럽인들은 국채 위기가 초래할 파급 효과에 대한 영향에 대한 책임이나 위기 관리에 대한 무능을 지적하는 모든 제안에 격렬하게 반발했다. 또한 자신들과 전 세계가 치러야 할 비용을 완화하기 위해 정책 대응을 개선하는 방법에 대한 조언도 용납하지 않았다."[11]

수바라오의 발언은 유럽에는 다소 가혹한 표현일 수 있지만 당시 이런 일반적인 경향이 분명히 있었다는 데 동의한다. 이런 상황을 접할 때마다 나는 1990년대 후반 일본이 자국의 금융위기에 뒤늦게 대응한 것을 두고 끊임없는 비판에 직면했던 경험과 일본 대표단의 대응을 회의 참석자들이 어떻게 보았을지 생각해보곤 한다. 당시 일본의 대응은 유럽 부채위기 당시 유럽과 마찬가지로 방어적으로 여겨졌을 것이다.

하지만 그런 비판이 모두 무의미하다고 말하고 싶지는 않다. 적어도 일본의 경우 국제회의에서 제기된 비판은 국내에서 필요한 조치를 취하도록 설득할 수 있는 근거를 제공했고, 이는 유럽 당국의 경우에도 마찬가지였을 것이다. 나는 유럽 당국이 이러한 비판을 부정하는 것이 아니라 정책을 시행하는 데 필요한 정치적 설득의 어려움을 외부인들이 충분히 이해하지 못하는 것에 대해 좌절하고 있다는 느낌을 받았다. 일본의 경우와 마찬가지로 이러한 비판이 정책 방향의 변화를 가져오는 데 필요한 근거를 제공했으리라 생각한다.

미국의 경우 연준에서 2차 양적 완화에 대한 비판을 얼마나 심각하게 받아들였는지에 대해서는 확신이 없다. 다만 비판을 받은 후 2차 양적 완화의 파급 효과에 대해 신중하게 설명하기 시작했다는 점에서 연방준비제도이사회FRB 지도부의 발언에 미묘한 변화가 있었다는 것을 알 수 있었다. 중앙은행 간 솔직한 의견 교환이 주는 장점은 이상적이지는 않을 수 있지만 의미 있고 중요하다.

IMF, G7 그리고 G20

IMF, G7, G20에서 열리는 국제회의의 분위기는 국제결제은행의 경우와는 사뭇 다르다. 전자의 경우 회의의 주요 주체는 재무장관들이고, 국익과 정치적 고려가 더 두드러진다. 국제결제은행 회의와 달리 회의가 끝난 후 공동 성명이 발표되었고, 이는 일반적으로 회의의 성격에 영향을 미쳤다. 이러한 측면에서 국제결제은행을 포함한 중앙은행 간 회의는 토론이 더 솔직하고 더 전문적이라는 특징이 있다. 반면에 IMF, G7, G20에서 열리는 회의는 정치적 정당성에 근거하기 때문에 더 구속력이 있는 것으로 간주된다. 요컨대 글로벌 경제와 금융 관런 문제에 대처하기 위한 방안을 모색하기 위해서는 국제결제은행 회의와 IMF, G7, G20 같은 더 정치적인 회의가 모두 필요하다는 점을 이해해야 한다.[12]

동아시아태평양중앙은행기구

국제회의는 일반적으로 국제결제은행형 또는 IMF형으로 구분할 수 있다. 또한 선진국이 주도하는 회의인지 신흥국이 주도하는 회의인지에 따라 특징 지을 수도 있다. IMF에는 189개 회원국이, 국제결제은행에는 60개 국가와 관할 지역이 있다. 그러나 창립 이래 IMF의 총재는 모두 유럽인이었고, 부총재 중 최소 1명은 미국인이었다. 국제결제은행은 최근 회원국을 확대해 신흥국도 참여하기 전까지는 선진국인 G10 국가들이 주도해왔다. 수바라오는 회고록에서 글로벌 금융위기 이후 국제회의에 신흥국의 참여가 늘어났다고 언급한 후 "어떤 의미에서 선진국이 여전히 주도권을 쥐고 있다고 볼 수 있다. 신흥국이 테이블에 앉기는 했지만 실질적인 참여는 없었다. 일반적으로 선진국들이 회의에 앞서 비공개로 자신들끼리 합의를 도출한 후 공식 회의에서 이를 발표하고 승인을 받는 것이 거의 당연한 것처럼 여겨졌다. 다시 말해 신흥국은 투표권은 있었지만 발언권은 없었다."[13]

수바라오의 견해에 전적으로 동의하지는 않지만 신흥국 사이에 이런 시각이 존재한다는 점은 진지하게 고려해볼 필요가 있다. 이런 상황에서 1992년 역내 중앙은행, 특히 일본은행이 주축이 되어 설립한 동아시아태평양중앙은행기구는 특별한 가치를 지닌다고 볼 수 있다. 현재 동아시아태평양중앙은행기구는 11개국의 중앙은행과 통화 당국으로 구성되어 있다. 오스트레일리아, 중국, 홍콩, 인도네시아, 일본, 한국,

말레이시아, 뉴질랜드, 필리핀, 싱가포르, 태국이 참여하고 있다. 원래 동아시아태평양중앙은행기구라는 명칭은 총재 회의에만 사용되었으나 현재는 역내 11개 중앙은행과 통화 당국 간의 협력을 위한 제도적 장치를 지칭하는 더 일반적인 용어로 사용되고 있다. 상임 사무국을 두지 않는다는 점에서 국제결제은행과 차이가 있다. 매년 순번제로 교체되는 의장국은 임기 동안 회의를 운영할 책임이 있다. 일본은행은 의장국을 맡지 않았을 때도 상당한 인적 자원을 투입해 동아시아태평양중앙은행기구의 활동을 지원해왔다. 연례 총재 회의 외에도 2년에 한 번씩 열리는 부총재 회의와 실무 그룹 회의를 통해 역내 거시경제 발전, 금융 안정, 지급 결제 시스템, 은행 감독, 금융 시장 발전, 정보 기술 등 다양한 이슈에 대한 의견 교환이 이루어지고 있다.

선진국 주도의 국제회의에서 발언 기회가 적었던 총재들이 더 쉽게 자신의 의견을 제시할 수 있는 동아시아태평양중앙은행기구 총재 회의는 항상 친밀하고 화기애애한 분위기 속에서 진행되었다. 또한 같은 지역 회원국 간에 공유할 수 있는 이슈도 많았다. 예를 들어 회원국들의 국내 채권 시장 발전은 주요 이슈 중 하나였고, 2003년에 시작된 '아시아 채권 시장 발전 방안Asian Bond Fund Initiative'은 동아시아태평양중앙은행기구의 프로젝트 중 하나였다.

물론 동아시아태평양중앙은행기구의 운영 방식에는 나름의 어려움이 있다. 치앙마이 이니셔티브와 달리 동아시아태평양중앙은행기구에는 자금 조달 계획이 없다. 다소 냉소적인 관점에서 볼 때 동아시아태평양중앙은행기구 회의의 친밀하고 우호적인 분위기는 실제 행사하는 권한이 부족한 점을 반영하는 것일 수 있다. 따라서 동아시아태평양중앙은행기구 회의가 단순한 친목 모임에 그치지 않기 위해 의식적이고 헌신적인 노력을 기울일 필요가 있다.

1992년 동아시아태평양중앙은행기구가 설립되었을 때 중국의 명목 GDP는 일본의 13퍼센트에 불과했다. 그러나 중국 경제 규모는 2010년에 일본을 넘어섰고 2020년에는 3배가 되었다. 일반적으로 국제회의에서 중국 같은 압도적인 존재감을 가진 국가가 있으면 솔직한 토론이 어려워지는 경향이 있다. 그럼에도 동아시아태평양중앙은행기구 회의에서는 개방적이고 솔직한 의견 교환이 계속 이루어지고 있다.

개별 중앙은행과의 교류

정기적으로 양자 간 회의를 가지고 소수의 중앙은행과 진행하는 회의도 열고 있다. 일본은행은 은행 감독, 지급 결제 시스템, 정보 기술 시스템 등의 분야에서 유럽중앙은행, 연준을 비롯한 여러 중앙은행과 양자 회의를 개최하고 있다. 통화정책 운영과 관련해서는 유럽중앙은행, 뉴욕 연준과 정기적으로 3자 회의를 개최해오고 있다. 2009년부터는 한국은행, 중국인민은행과도 매년 한중일 중앙은행 총재 회의를 열고 있다. 정기적인 양자 회의가 없는 경우에도 일본은행은 조찬 모임을 가지며, 특히 국제결제은행 회의가 열리는 바젤의 호텔에서 조찬을 함께하며 유익한 대화를 나누곤 했다.

IMF·세계은행 연차 총회 도쿄 개최

일본이 주최국이었던 국제회의 중 기억에 남는 것은 2012년 1월 도쿄에서 열린 IMF·세계은행 연차 총회다. 이 회의는 보통 본부가 있는 워싱턴에서 열리지만 3년에 한 번씩 워싱턴 이외 도시에서 열린다. 일본이 IMF·세계은행 연차 총회를 개최했던 적은 고도성장기였던 1964년이었다. 보통은 이런 종류의 국제회의는 성공적인 경제 발전을 이룩한 국가가 성공의 증표로 개최한다는 의미가 강하다. 그런 의미에서 일본이 다시 총회를 개최하는 것은 이례적인 일이었으나 당초 개최 예정국이었던 이집트가 '아랍의 봄'으로 인한 정변으로 개최 연기를 제안함에 따라 일본이 급히 개최 후보국으로 선정되었다.

일본이 후보에 올라 도쿄 개최가 결정된 것은 2011년 6월 7일이었다. 연차 총회 개최를 지원한 것은 동일본 대지진 이후 부흥의 모습을 보여주겠다는 측면이 컸다. 관련 행사를 포함해 200여 개의 크고 작은 회의와 행사가 열렸고 공식 참가자만 1만 명이 넘었다. 총회 개최 기간 동안 나 자신도 일련의 회의와 연설 등으로 눈코 뜰 새 없이 바빴지만 재무성과 일본은행 직원들이 헌신적으로 일해주었다. 일본은행의 젊은 직원들이 외국 중앙은행 총재들을 수행했는데 직원들의 업무 능력에 대한 높은 찬사와 효율적인 회의 운영, 세심한 배려에 대한 감사의 말을 들을 수 있어 기뻤다. 내가 젊은 시절 뉴욕 연준에서 개최한 국제회의에 처음 참석했을 때 큰 자극을 받았던 것처럼 당시 IMF·세계은행 연차 총회를 비롯해 일본에서 개최한 다양한 국제회의에 참여한 경험은 젊은 직원들에게 성장의 밑거름이 되는 귀중한 경험이었다고 생각한다.

각국 중앙은행 총재들

궁극적으로 국제 금융 시스템을 지탱하는 것은 사람이다. 자국 경제와 금융 시장에 대한 깊은 이해를 바탕으로 세계 경제와 금융 시스템의 안정 유지라는 목표를 공유할 수 있는 전문가 풀을 확대하는 것이 중요하다. 통화정책에 대해 솔직하게 의견을 교환하거나 지급 결제 시스템, 금융 규제와 감독에 대한 지식을 공유할 때 전문성은 매우 중요하다. 그러나 전문성뿐 아니라 유대감도 필수적이다. 나는 외국 중앙은행에서 근무했던 많은 동료와 깊은 교분을 나누었다. 오랜 시간에 걸친 그들과의 의견 교환은 중앙은행에 대한 내 생각에 영향을 미쳤고, 이 책을 집필하는 데도 큰 영향을 미쳤다.

이 점에서 총재 취임 전이나 취임 후나 변함없이 외국 중앙은행 동료들과의 교류는 나에게 소중한 자산이다. 버냉키 미국 연준 의장은 국제결제은행 총재 회의에서 미국 경제와 통화정책에 대해 아무리 까다로운 질문이 쏟아져도 감정적이지 않고 항상 명료한 언어로 논리적으로 이야기했다. 트리셰 유럽중앙은행 총재의 경우 국제회의나 이해관계가 복잡하게 얽혀 있는 중앙은행 총재와 감독 기관장 회의에서 능숙하게 의장 역할을 했던 모습이 떠오른다. 킹 영란은행 총재는 시야가 넓고 본질적인 질문을 던지면서도 영국인 특유의 유머를 잃지 않는 것이 인상적이었다. 엔스 바이트만 독일연방은행 총재가 나와 재무장관이 참석한 회의에서 일본은행의 주장을 의식적으로 측면 지원하는 발언을 해준 것을 잊을 수 없다. 프랑스 중앙은행의 누아예 총재는 경제뿐 아니라 일본 문화에 대한 조예가 깊다. 2008년 5월 일불수호통상조약 체결 150주년 기념행사를 프랑스 중앙은행 건물 내 "황금의 방"에서 개최해주었고, 시게야마 시메茂山七五三의 일본 전통 희극을 함께 감상했다.

유럽과 미국 이외 지역에서는 중국인민은행의 저우샤오촨周小川총재와 이야기를 나누다보면 일본의 정치, 경제 움직임을 정말 잘 따라가고 있다는 사실에 종종 놀라곤 했다. 글렌 스티븐스Glen Stevens 오스트레일리아 중앙은행 총재는 때로는 살짝 자조적인 유머를 섞어가며 짧은 말투에 항상 지적인 의견을 냈다. 인도의 수바라오 총재가 말하는 신흥국의 관점에서는 배울 점이 많았다. 말레이시아의 제티 악타르 아지즈 Zeti Akhtar Aziz 총재의 경우 그녀의 이야기를 들을 때마다 선진국 중심의 시각만으로는 보기 어려운 아시아 신흥국의 실상을 전달하고자 하는 열정을 느낄 수 있었다.

나 자신도 국제회의장에서 가끔 세계 경제 문제에 대해 일본의 경험에 근거해 유용한 시사점이 있는 발언과 질문을 하려고 노력했다. 다행인지 불행인지 버블 붕괴 이후 일본의 경험은 글로벌 금융위기 이후 서구 국가들이 겪은 일과 공통점이 많다

중앙은행 간 협력에 대한 전망

중앙은행 간 국제 협력은 이상적이지는 않지만 꾸준히 개선되고 있다. 앞으로 포퓰리즘의 부상과 자연 이자율의 하락 추세에서 비롯된 문제를 포함해 많은 어려운 과제가 남아 있다. 2가지 모두 중앙은행에 중대한 영향을 미치는 현상이다. 자연 이자율의 하락은 부분적으로 급속한 고령화와 인구 감소로 인한 것인데, 이에 대해 효과적이면서 정치적으로 대중이 받아들일 수 있는 해답이 없다는 점이 걱정스럽다. 또한

자연 이자율을 하락시키는 요인인 실질 이자율 하락이 부분적으로는 중앙은행의 집단적 통화정책이 야기한 결과라는 점도 우려스럽다. 두 상황 모두 중앙은행에 대한 기대와 압력을 높일 수 있으며, 이에 대한 적절한 대응책을 찾기가 쉽지 않을 것이다.

이런 상황은 국제 협력 부족으로 인해 더욱 악화할 수 있다. 개별 국가가 대내 안정 책무로 제약을 받는 현실을 고려할 때 중앙은행이 직면한 과제는 막중하다. 국제 협력의 필요성을 이해하는 정치 지도자들이 필요하다. 중앙은행의 입장에서 희망을 걸 수 있는 메커니즘은 글로벌 안정과 국제 협력의 가치를 이해하는 중앙은행가들의 전문성이다. 이와 더불어 세계화된 경제와 금융 시장이라는 새로운 현실에 대응할 수 있는 지적 모형이 필요하다.

22장

중앙은행의 독립성과 책임성

정부, 정치인과 중앙은행의 관계

1970년대와 1980년대에는 법적으로든 실질적으로든 독립성을 누리는 중앙은행이 상대적으로 적었다. 오늘날에는 적어도 선진국에서는 많은 중앙은행이 독립성을 확보했다. 중앙은행은 선출직이 아니지만 막강한 권한을 가지고 있으며 경제, 나아가 사회와 일반 국민의 삶에 지대한 영향을 미친다. 독립성과 책임성이라는 중앙은행의 운영 프레임워크는 어느 정도 잘 작동했지만 그 기간은 다소 짧았다. 중앙은행의 독립성은 정책의 장기적인 결과가 끔찍할지라도 단기적인 이익을 추구하는 정치적·사회적 경향을 해결하기 위한 장치로 설계되었다. 그러나 단기적 이익을 추구하는 경향 자체는 여전히 남아 있다. 아이러니하게도 오늘날의 운영 프레임워크는 독립적인 중앙은행이 달성하고자 하는 목표를 훼손하는 의도하지 않은 결과를 초래하기 시작했다. 우리는 민주주의 사회에서 중앙은행이 통화 안정이라는 사명을 달성하기 위해 어떻게 독립성과 책임성을 가져야 하는지 진지하게 고민해야 한다.

중앙은행의 독립성이란 개념은 정부와 정치로부터의 독립에서 비롯되었다. 중앙은행이 정부의 자금 조달 기관이 되는 '재정 우위' 상황을 피하기 위해 다수의 중앙은행은 정부 재정 적자에 대한 직접적 자금 지원을 금지해왔다. 정부나 정치인의 단기적 성향은 정부 재정의 필요성뿐 아니라 선거 일정에 따라서도 달라진다. 일본은행과 정부 및 정치권과의 관계는 오랜 시간 미묘한 문제였다. 내가 젊은 직원이던 1970년대와 1980년대에 일본은행 집행부가 이 미묘한 문제에 대해 어떤 생각을 갖고 있었는지는 모르겠지만 그리 상상하기 어렵지 않다.

내가 중앙은행과 정부, 정치권 사이 어려운 관계를 처음 인식한 것은 플라자 합의(2장 참조) 이후 시기로 총무국 중간급 직원으로 근무할 때였다. 1985~1988년은 일본 버블 경제가 한창이던 시기였다. 그다음 양자 간 긴장 관계를 인식하게 된 것은 일본은행이 부실 대출 문제와 씨름하던 신용기구국 시절(1990~1993년)이었다(3장 참조). 그때까지 해도 나의 업무 상대는 국회의원이 아니라 정부 부처의 직원들이었기 때문에 정치권과의 접촉은 다소 제한적이었다. 2000년 이후 고위직을 맡으면서 정치 상황을 더 직접적으로 접하게 되었다.

일본은행 총재가 된 후에는 총리, 재무장관과 직접 대화하고 국회 위원회에서 질의에 답변할 기회가 많았다. 이를 통해 일본은행과 정부, 정치와의 관계에 대해 새로운 시각을 갖게 되었다. 일본은행과 정부의 관계는 시간이 지남에 따라 변하고 총리, 재무장관, 총재의 성격에 따라 자연스럽게 달라지기 때문에 총재 시절의 경험이 전임 총재들과 어느 정도 같았는지는 모르겠다. 정치 환경만 놓고 보면 재임 기간 동안 여당이 2번 바뀌었고, 5년 동안 총리가 6명, 재무장관이 10명이나 바뀌었다. 장관 임기가 짧은 것이 특징인 전후 일본의 관례에 비추어 보더라도 매우 이례적인 일이었다.

정부와의 의견과 정보 교환

거시경제정책의 경우 통화정책의 책임은 중앙은행에 있고 재정정책의 책임은 정부에 있다. 중앙은행이 다른 경제정책뿐 아니라 재정정책 수행에 대한 정부의 생각을 이해하는 것은 매우 중요하다. 따라서 중앙은행과 정부 간에는 긴밀한 정보와 의견 교환이 이루어진다.

이와 관련된 제도적 설계는 국가마다 다르다. 일본에서는 실무진과 집행부 수준에서 의견과 정보 교환이 이루어진다. 거시경제정책을 담당하는 부처는 내각부와 재무성이다. 이들 기관 사이 실무진 차원의 정기 교류가 있는데 이 자리에서 경제 상황과 통화정책에 대한 정부의 견해가 일본은행 실무진에 전달된다. 집행부 차원에서는 경제재정자문회의와 월례 경제 보고 각료 회의 등 총재가 참석해야 하는 공식 회의가 꽤 많았다.[1] 회의는 대부분 의례적이었지만 회의 전후에 장관들과 짧은 일대일 대화를 나눌 수 있는 등 의도하지 않은 이점이 있었다. 가장 내실 있는 만남은 총리, 재무장관과 가진 비정기적인 양자 회담이었다. 때로는 장관 비서가 메모를 위해 회의 때 뒷자리에 배석하는 경우도 있었다. 실제로 총리 관저의 공식 회의에서는 많은 사람이 벽을 따라 앉는 것이 오랜 전통이었다. 나는 이런 상황에 익숙해져야 했고 회의 때 간단한 차트를 보여주며 설명하는 방식으로 경제와 금융 시장 상황을 장관들에게 알리는 기회로 활용했다.

일본은행법에 따라 정부는 통화정책 결정에 공식적으로 관여할 수 있다. 정부 대표는 항상 일본은행의 통화정책회의에 참석했다. 정부 대표는 주로 내각부와 재무성의 차관 등 고위 간부였지만 장관이 직접 회의에 참석하는 경우도 있었다. 통화정책회의 출범 이후 정부 대표가 경제 상황과 통화정책에 대한 공식 견해를 밝히고 정부가 수행하는 여러 경제정책에 대한 설명, 그리고 통화정책에 대한 정부 측 입장을 제시하는 것이 관행으로 이어져왔다. 정부 측 발언은 통화정책회의 의사록을 통해 공개된다. 정부 대표가 중앙은행의 통화정책회의에 참석하는 것을 허용하는 국가도 있지만 선진국의 경우 매우 드문 사례다.

정부의 끊임없는 공조 요청

총재로 재직하는 동안 일본은행 입장에서 가장 불편했던 것은 정부가 일본은행과의 공동 대응과 조율의 중요성을 끊임없이 강조하는 경향이었다. 일본 정부는 디플레이션 극복과 엔고 시정을 중요한 정책 과제로 설정하고, 국회 개회 시 총리의 시정 연설과 각종 공식 문서에서 공동 대응과 조율의 중요성을 강조했다.

또한 경제부처 장관들은 기자 회견에서 통화정책에 대해 간접적으로 언급하거나 때로는 더 노골적인 발언을 해 신문 헤드라인을 장식하는 경우가 종종 있었다. 언론이 고위 관료의 발언을 익명으로 보도하는 것은 일반적인 관행이 되었다.

많은 사람이 경제가 어려움에 직면했을 때 정부와 중앙은행이 공동으로 대응하고 서로 협력하는 것은 당연하다고 주장한다. 나는 거시경제 상황에 대한 일본은행의 판단과 관련해 "항상 정부와 긴밀한 연락을 유지하며 충분히 의견을 교환해야 한다"[2]라는 일본은행법 조항을 전적으로 존중한다. 하지만 이러한 소통 노력이 항상 상호 합의로 이어지는 것은 아니다. 이럴 경우 은행은 어떻게 행동해야 할까?

"일본은행은 통화와 금융의 조정을 통해 물가 안정을 도모함으로써 국민 경제의 건전한 발전에 기여하는 것을 목적으로 한다" "통화와 금융의 조정에 관한 일본은행의 자율성을 존중한다"라고 일본은행법에 규정되어 있듯이 통화정책에 대한 최종 책임이 일본은행에 있다는 것은 명백하다. 또한 "통화와 금융 조정에 관한 결정의 내용과 과정을 국민에게 명백하게 설명하기 위해 노력해야 한다"라고 규정하고 있다.[3] 이것이 내가 이해하는 중앙은행의 독립성과 책임성의 핵심이다.

정부는 공동 대응과 공조를 강조하며 일본은행의 통화정책에 대해 바라는 바를 공개적으로 표명했다. 이로 인해 일본은행은 종종 어려운 상황에 처하게 되었다. 정부와 일본은행이 같은 견해를 가지고 있는 경우 중앙은행이 정부의 발언을 따르는 것처럼 보이기 때문에 정부가 통화정책 결정을 주도하는 것으로 보일 수 있다. 견해가 다른 경우 중앙은행이 정부의 의견을 부정해야 하며 양자 간 의견 불일치는 모든 사람의 눈에 명백하게 보일 것이다. 두 경우 모두 각 기관에 대한 신뢰가 훼손되고 국익을 해치게 될 것이다. 이런 불행한 사태를 피하기 위해 일본은행법에는 정부가 통화정책회의에서 의견을 표명할 수 있고 회의록을 공개해 책임성을 확보하는 절차가 명시되어 있다. 그렇지만 유감스럽게도 정부는 법에 명시된 것과는 다른 메커니즘에 계속 의존했다.

정치인들의 압력

나는 국회 위원회에 자주 출석해야 했고 고위직 직원들도 자주 불려 다녔다. 내가 총재에 취임한 후 민주당과 자민당 내에, 때로는 초당파적으로 통화정책과 관련된 다양한 모임이 결성되었다.[4] 이러한 모임 중 상당수가 호소문과 성명서를 발표하고 모임의 구성원들은 국회에서 일본은행을 비판하는 경우가 많았다. 통화정책이 충분히 강력하지 않다고 생각하는 의원들은 일본은행을 비판하기 위해 거친 언사를 사용하기도 했다.

비록 소수이긴 하지만 완전히 반대되는 관점에서 비판을 가하는 의원도 있었다. 참의원 의원 중 잊을 수 없는 의원은 일본공산당의 다이몬 미키시였다. 다른 국회의원들은 "100년에 한 번 있는 금융위기"에 공격적인 대책을 요구했다. 하지만 다이몬 의원은 2009년 4월 9일 열린 참의원 재정금융위원회 회의에서 일본은행이 "선을 넘었다" "사회주의에 가까워졌다"라는 공산당 소속 의원임을 고려하면 역설적인 발언으로 기업어음, 회사채, 금융기관 보유 주식 매입 등의 조치를 비판했다. 다이몬은 또한 "뭔가를 하지 않으면 안 된다는 압박감이 대단한 것 같다"라고 말했다.[5] 나는 그 자리에서 공개적으로 그의 의견을 반박해야 했지만 적어도 일부는 그의 말에 동의하지 않을 수 없었다. 잊을 수 없는 또 다른 의원은 자민당 중의원 의원이었던 고 가토 고이치加藤浩一다. 2010년 9월 8일 중의원 재무금융위원회에서 양적 완화에 대한 의구심을 표명한 후 그는 의회를 향한 질문이라기보다는 배우의 대사처럼 보이는 발언을 이어갔다. "당신이 전부를, 모든 고통을 짊어지는 예수 그리스도처럼 되지 않을까 하는 생각이 듭니다만, 괜찮습니까? 할

　　　　　　　　　　　　3부 중앙은행의 역할

수 없는 것, 의미 없는 것은 안 된다고 프로로서의 발언을 확실히 하면 위험합니까?"라고 말했다.[6]

중앙은행이 다양한 관점을 가진 정치인들로부터 비판을 받는 것은 놀라운 일이 아니며, 이는 민주주의 사회에서 건강한 과정이다. 그러나 극히 일부 예외를 제외하고는 국회에서 표출되는 견해가 거의 항상 일방적이라는 점이 나를 좌절하게 만들었다. 공격적인 통화정책에 찬성하는 사람들은 크게 목소리를 높이는 반면 나머지 의원들은 침묵을 지켰다. 그와 같은 견해는 일반 유권자나 일반 국회의원을 대표하는 것이 아니었다. 마찬가지로 벤 버냉키 연준 의장은 회고록에서 미국 의회 의원들의 연준에 대한 가혹한 비판과 이러한 비판에 대한 고충을 설명하는 데 상당한 지면을 할애했다. 그러나 중요한 차이점도 존재하는데, 미국 의회에서는 연준이 너무 과도하게 한다고 비판받았고, 일본 국회에서는 일본은행이 충분히 하지 않는다고 비판받았다. 비전통적 통화정책이 갈수록 "준재정정책"의 성격을 띠고 있는 상황에서 재정정책은 정부의 영역임에도 국회가 일본은행에 더 많은 일을 하라고 요구하는 것은 다소 이상하게 느껴졌다.

사회의 압력

의심할 여지 없이 정부와 정치권의 압력이 존재했지만 그렇다고 해서 정부가 중앙은행에 일방적인 압력을 행사하는 것은 아니었다. 상황은 좀 더 복잡했다. 공격적인 금융 완화를 옹호하는 것으로 잘 알려진 의원과 둘이서 이야기를 나눌 기회가 있었는데, 그가 실제로는 자기의 주장을 신봉하는 것이 아니며 경제와 재정 개혁의 필요성을 잘 알고 있음을 깨달았다. 현실적으로 선거를 치러야 하는 정치인들이 인기 없는 특정 개혁 조치를 옹호하기는 어려웠다. 반면에 디플레이션 논리는 매우 간단하고 강력했기 때문에 일본은행을 비판하기는 쉬웠다.

유럽 부채위기 당시 장클로드 융커Jean-Claude Juncker 유럽연합집행위원회 위원장이 한 유명한 말이 있다. "우리 모두는 무엇을 해야 하는지 알고 있습니다. 우리가 모르는 것은 우리가 해야 할 일을 한 후에 어떻게 재선될 수 있는가, 하는 것입니다." 이는 보편적으로 해당되는 말이며 모든 책임을 정치인에게만 돌리는 것은 공정하지 않다.

어떤 의미에서 정치인들이 중앙은행에 적극적인 금융 완화를 요구하는 것은 전폭적인 지지 여부와 관계없이 당연한 조치였다. 나는 정부, 정치인들과의 긴장된 관계를 겪으면서 중앙은행에 대한 정치적 압박을 부분적으로는 정치적 압력으로, 부분적으로는 사회적 압력으로 이해해야 한다고 생각하게 되었다. 중앙은행이 이러한 압력에 굴복하면 중앙은행에 독립성을 부여한 목적이 훼손될 수 있다. 이런 맥락에서 나는 중앙은행에 대한 "사회 우위"에 대해서도 우려한다(17장 참조).

금융 시장의 압력

통화정책을 집행하는 시계를 단기화하려는 압력은 정치와 사회뿐 아니라 금융 시장으로부터도 나온다. 1990년대 초 연준 부의장을 역임한 프린스턴대학교의 앨런 블라인더Alan Blinder 교수는 예언하듯 다음과 같이 말한 적 있다.

　　　　　　　　　　　3부 중앙은행의 역할

여기에 역설이 존재한다. 중앙은행이 선출직 정치인으로부터 독립성을 부여받은 주된 이유는 정치 과정이 너무 근시안적이기 쉽기 때문일 것이다. 이를 잘 아는 정치인들은 인플레이션을 잘 통제하라면서 통화정책에 대한 일상적인 권한을 기꺼이, 그리고 현명하게 독립적인 중앙은행가 그룹에 양도한다. 그러나 중앙은행이 시장을 만족시키기 위해 너무 열심히 노력하다 보면 시장의 극도로 단기적인 시각을 암묵적으로 수용할 가능성이 높다. 이렇게 되면 중앙은행이 무엇을 할지를 시장이 전제하고 행동하거나 때로는 과잉 반응하는 "개가 자기 꼬리를 쫓는dog=chasing=its=tail" 위험한 현상을 초래할 수 있으며, 중앙은행은 무엇을 할지 정하기 위해 시장을 바라보게 된다.[7]

나는 이 말에 크게 공감한다. 일본 버블 당시 나는 처음에 시장에서 형성된 가격을 "비합리적"으로 간주하는 것을 경제 이론 차원에서 주저했다. 시장의 근본적인 작동 원리를 부정하는 듯한 인상을 줘서 일본은행이 "보수적인" 중앙은행이라는 비판을 받을까봐 무의식적으로 두려웠는지도 모른다. 돌이켜보면 실제로 가격이 비합리적인 경우도 있었다. 금융 시장의 가격 변동은 귀중한 정보를 제공한다. 그러나 그 이후 다양한 경험을 통해 배운 것은 시장 가격을 절대적으로 신뢰하는 것은 위험하며 지속 가능성의 관점에서 경제 상황의 전개를 살펴보는 것이 합리적이라는 점이다.

금융 시장으로부터의 압력은 약간 달랐다. 총재 재임 기간 동안 세계 경제의 불확실성이 고조될 때마다 외환 시장에서 엔화가 절상되었고, 시장 참여자들은 다음 통화정책회의에서 추가 완화가 있을 것이라는 기대감을 반영했다. 정치인들도 엔화 절상과 디플레이션 뉴스에 대응해 추가 완화를 요구하는 발언을 했고, 언론도 다음 통화정책회의에서 추가 완화가 있을 것이라 예측했다. 일본은행은 시장의 예상대로 행동하지 않을 경우 시장이 실망감에 매도에 나설 것을 우려해 추가 완화 조치를 취할 수밖에 없는 상황에 내몰리는 일이 많았다. 이와 관련해 앨런 블라인더는 흥미로운 말을 했다. "중앙은행가는 '시장 추종'의 유혹에 빠지기 쉽다. 중앙은행가들도 인간일 뿐이며, 성적을 매기는 사람이 누구든 높은 점수를 받기를 원한다. 정말 중요한 것은 역사의 심판이지만 그렇게 오래 기다리려면 놀라울 정도로 강인한 정신력이 필요하다."[8]

중앙은행이 향후 경제 상황에 대한 통찰력을 갖지 못하면 "자기 꼬리를 쫓는 개"가 될 수밖에 없다. 중앙은행의 행동과 정보는 전통 미디어와 소셜 미디어를 포함한 최신 미디어를 통해 일반 대중에게 전달되고 금융 시장 참여자, 민간 부문 경제학자, 시장 분석가가 이를 해석한다. 그러나 이들 역시 단기적인 시각의 제약을 받는다. 투자자들은 시장 대비 성과를, 자산 운용사는 운용 자산의 규모를 신경 써야만 하고, 민간 부문 경제학자와 시장 분석가는 시간적 여유가 적은 독자들의 관심을 끌어야 하기 때문이다.

분리 원칙의 지적 영향

정치, 사회, 금융 시장이라는 3가지 원천으로부터 오는 압력은 모두 중요하지만 이것이 전부는 아니다. 2가지 중요한 요소를 추가해야 한다. 첫 번째는 지적 영향력, 두 번째는 제도적 설계다. 이는 중앙은행에 대한 명백한 외부 압력에 반응해서 나오는 것이 아니라 자연 발생적인 측면이 더 강하다.

16장에서 물가 안정과 금융 안정을 별개의 목표로 취급하면서 전자는 통화정책, 후자는 금융 규제와 감독으로 다스리는 분리 원칙을 설명했다. 주류 거시경제학은 분리 원칙을 특징으로 하는 현재의 통화정책 관행을 신뢰하고 있다. 통화정책에 물가 안정, 특히 단기 물가 안정 유지라는 임무만 부여하는 한 장기적으로 거시경제 안정을 위협하는 금융 불균형을 방치할 위험이 있다. 분리 원칙은 외부에서 중앙은행에 부과하는 것이 아니라 중앙은행 스스로가 수용하는 원칙이다.

현재 상황은 다소 불편하다. 현대 주류 거시경제학은 1960년대와 1970년대에 치솟은 인플레이션을 쓰라리게 경험하면서 그 대응으로 탄생했다. 거시경제학은 단기적인 측면과 장기적인 측면의 상충관계에 대한 명확한 인식에서 출발했다. 중앙은행의 독립성과 인플레이션 목표제에 대한 개념도 마찬가지다. 아이러니하게도 오늘날 이 이론 모형은 원래 의도와는 정반대의 방식으로 작동하고 있다. 장단기 상충관계를 무시한 채 불행하게도 단기 목표로 이해된 물가 안정에 몰두하면서 통화 가치의 불안정 또는 장기적 물가 불안정을 초래하고 있다.

책임성의 함정

책임성이 독립성의 전제 조건이라는 사실을 부인할 사람은 아무도 없으며, 전 세계 중앙은행은 책임성을 강화하기 위해 노력해왔다. 주요 목표는 물가 안정이며 많은 선진국에서 인플레이션 목표는 2퍼센트로 설정되어 있다. 중앙은행은 2~3년 동안의 인플레이션과 성장률 전망, 그리고 통화정책의 파급 경로를 설명하는 통화정책 보고서 또는 인플레이션 보고서를 정기적으로 발행한다. 이런 노력이 많은 국가에서 통화정책의 성공에 크게 기여했다.

역설적이게도 이런 제도적 설계는 통화정책의 시계를 짧게 만드는 의도하지 않은 결과를 초래하기도 했다. 문제는 중앙은행이 책임성과 투명성을 구현하는 방식에서 비롯되었다. 첫째, 거시경제를 위협할 수 있는 불안정성이 인플레이션의 형태로 나타나지 않는 경우가 점점 더 많아졌다. 많은 경우 금융 불균형이 주범이었다. 둘째, 첫째와 관련해서 이러한 금융 불균형이 심각한 경기 변동을 초래하기까지 통상적인 인플레이션 목표 기간인 2~3년보다 훨씬 더 오래 걸리는 경우가 많았다. 셋째, 예측과 파급 경로 메커니즘을 설명하기가 쉽지 않았다. 경제 전망을 예로 들자면 중앙값만 공개하는 것만으로는 충분하지 않다. 관련 정보를 공개하려면 주요 변수의 경로, 확률적 분포, 각 위원들의 전망치, 정책 금리 가정 등 더 세분화된 정보가 필요하다. 그러나 이러한 정량적 정보는 아무리 상세하더라도 투명성 강화에 대한 요구를 모두 충족시키기는 어렵다. 어떻게 이런 수치가 나왔는가? 이 질문에 답하려면 경제 모형도 공개해야 한다. 그러나 실제 통화정책의 수행을 완벽하게 설명하는 이론 모형은 존재하지 않는다. 결국 모든 이론과 모형을 총동원하고 궁극적으로 직관을 이용해 판단할 수밖에 없다. 문제는 직관은 오랜 경험의 축적에 근거하기 때문에 설명이라는 행위와 어울리지 않는다는 것이다.

나는 중앙은행이 책임을 다하는 것처럼 보이기 쉬운 정보에만 근거해 행동할 경우 발생할 수 있는 편향이 우려된다. 책임성과 투명성 테스트를 통과한 것으로 볼 수 없는 몇 가지 유형의 중요한 정보가 존재한다. (1) 정량화하기 어려운 요인, (2) 중요하지만 기존 경제 모형에서 아직 고려되지 않은 요인, (3) 발생 가능성이 낮아 충분히 주목을 받지 못하지만 발생할 경우 큰 영향을 미치는 현상, (4) 단기 전망에는 영향을 미치지 않지만 장기적으로 큰 영향을 미치는 현상 등이 있다. 버블과 그 여파, 금융위기, 급속한 고령화, 인구 감소가 모두 이런 요인에 걸맞은 좋은 예다. 이러한 요인들의 중요성은 현재와 같이 통화정책회의가 자주 열리기 때문에 간과되는 경향이 있다. 그러나 이런 편향은 외부로부터 중앙은행에 부과된 것이 아니라 오히려 중앙은행이 자체적으로 설계한 통화정책 프레임워크에서 나오는 것이다.

책임성과 관련해 내가 여기서 논의한 것은 근본적으로 통화정책 전략의 선택, 즉 미세조정 전략과 최소극대화 전략에 관한 것이다(20장 참조). 기본적으로 미세조정 전략을 지지한다면 통화정책의 틀을 크게 변경할 필요가 없다. 하지만 최소극대화 전략의 방향으로 나아가야 한다고 판단한다면 중앙은행의 책임성을 어떤 방식으로 유지할 것인지 근본적으로 다시 생각할 필요가 있다.

"유일한 게임"으로서의 중앙은행

이번 장에서 독립성과 책임성에 대한 논의는 지금까지 주로 통화정책, 특히 통화정책의 동태적 상충관계 측면에서 이루어졌다. 이는 여전히 중요한 고려 사항이지만 글로벌 금융위기 이후 중앙은행의 역할은 더욱 두드러져서 보이게 되었다. 이 변화한 새로운 환경에서 중앙은행

의 행동을 설명하는 데 자주 사용된 표현은 "유일한 게임"이었고, 현재도 그렇게 불리고 있다.[9]

중앙은행이 완화적 통화정책을 한계까지 시행함에 따라 통화정책 수단은 준재정정책의 성격을 띠게 되었다. 지정학적 갈등, 자연재해, 팬데믹 등 위기가 발생할 때마다 사람들은 중앙은행이 "필요한 모든 조치를 하는" 역할을 해줄 것으로 기대한다. 실제로 중앙은행은 대부분의 경우 이러한 기대에 부응한다. 게다가 중앙은행은 불평등과 기후 변화 같은 시급한 사회 문제 해결을 위한 역할도 요구받고 있다. "녹색 양적 완화" 또는 "국민을 위한 양적 완화"와 같은 표현은 현재 상황을 잘 보여준다.

어떻게 이 지경에 이르렀을까? 내가 보기에 가장 근본적인 이유는 중앙은행이 어느 정도 효과가 있을 것으로 보이는 조치를 신속하게 시행할 수 있는 유일한 기관이라는 점에서 기인한다. 이런 특성은 사회의 분열로 인해 합리적인 사람들이 동의할 수 있는 정책 수단을 찾고 실행하기가 갈수록 어려워지고 있는 현재 환경에서 더욱 두드러진다.

사회의 파편화

사회의 파편화로 인해 적절한 경제정책 수행에 필요한 합리적 합의를 이끌어내기가 점점 더 어려워지고 있다. 파편화의 양상은 국가마다 다르다.

버블 붕괴 이후 일본의 경험을 보면 사회의 파편화는 첫 번째로 정책 당국에 대한 불신이나 전문가 또는 "엘리트"와 일반 대중 사이가 분열되는 형태를 취했다. 버블 이후 금융위기 시기에는 정책 당국, 특히 일본은행과 재무성에 대한 불신을 불러일으켰다. 전문가에 대한 불신과 그 결과 전문적인 분석에 대한 경시는 이성적인 토론을 어렵게 만드는 경향이 있다. 두 번째 형태의 파편화는 소득과 부의 불평등 확대다. 일본은 국제 비교에서 상대적으로 평등한 사회로 평가받지만 많은 선진국에서 불평등 확대 현상이 발생하고 있다. 세 번째 형태의 파편화는 정규직과 비정규직 간 분열이다(9장 참조). 네 번째는 지역 간 격차 확대, 다섯 번째는 노년층과 청년층 간 분열이다.

1990년대 중반부터 사회 분열을 경고하는 논의가 심화되기 시작했다. 하지만 당시에는 그 중요성을 지금처럼 심각하게 받아들이지 않았다. 경제 성장이 회복되면 사회 분열이 완화될 것이라는 낙관적인 견해를 내가 가졌던 기억이 난다.

그러나 글로벌 금융위기 이후 해외에서 사회 분열이 점차 뚜렷해지는 것을 지켜보면서 생각이 바뀌기 시작했다. "월스트리트를 점령하라 Occupy Wall Street, OWS" 시위는 이러한 격차 심화의 분명한 상징이었다. 2011년 12월 국제 콘퍼런스에 참석하기 위해 뉴욕 월스트리트 인근 호텔에 머물고 있었는데, 걸어가는 길에 공원에서 시위의 흔적이 남아 있는 것을 보았다. 그리고 전 세계적으로 이러한 사회 분열이 심화하고 있다는 것을 실감할 수밖에 없었다.

일반 대중이 느끼는 불만은 궁극적으로 정치에 반영된다. 버블 붕괴 이후 일본 경제가 직면한 과제는 단순히 총수요의 일시적 감소와 관련된 것이 아니라 고령화, 저출산, 일본 기업의 비즈니스 모델과 변화하는 세계 경제 현실의 부조화 등 더 구조적이고 중장기적인 성격의 문제다. 요컨대 구조 개혁이 필요하지만 기존 사회 질서를 바꾸려는 노력은 강한 반대를 불러일으킨다. 이러한 배경에서 중앙은행의 완화적 통화정책에 대한 압력이나 기대가 커지는 것은 당연한 일이다.

책임성, 투명성, 커뮤니케이션

투명성은 중앙은행이 책임성을 유지하는 데 중요한 측면이며, 유권자와의 원활한 커뮤니케이션은 책임성을 위한 노력의 중요한 부분이다. 하지만 커뮤니케이션은 항상 어려운 일이다. 많은 사람이 복잡한 설명을 싫어하고, 그런 설명을 들을 시간도 없는 경우가 많다. 따라서 흔히 쉽고 이해하기 쉬운 설명이 선호된다. 이런 맥락에서 서사가 강력한 힘을 발휘하게 된다. 9장과 10장에서 언급했듯이 일본에서 폭군에 가까운 권위를 얻은 서사의 좋은 예로는 1990년대 후반 버블 시기의 "채권 대국 일본" "내수 확대를 통한 경상 수지 흑자 축소" "국제 정책 공조", 2000년대의 "일본 경제는 잃어버린 수십 년을 겪고 있다" "일본은 디플레이션을 이겨내야 한다" "디플레이션은 화폐적 현상이다"가 있다. 서사의 영향을 받아 '시대의 공기'가 형성되면 이에 반하는 거시경제정책을 사용하기 어려워진다. 중앙은행은 금융 시장 참여자들에게 정책의 의도와 논리를 전달해야 할 뿐 아니라 일반 대중과 언론이 오해하고 있는 서사에 대해서도 대응해야 하는 과제에 직면해 있다.

이런 과제의 핵심 문제는 비전통적 통화정책이 채택됨에 따라 일반 대중이 통화정책의 기술적 측면을 이해하기가 갈수록 어려워진다는 점이다. 또 다른 도전 과제는 의견이 첨예하게 갈리고 있다는 점이다. 경제정책과 통화정책에 대한 의견이 다를 수 있다는 것은 새로운 일이 아니다. 하지만 인터넷과 소셜 미디어의 발달로 인해 같은 의견을 가진 집단을 형성하기가 더 쉬워지고 같은 의견을 공유하지 않는 사람들에 대해 극도로 공격적으로 변하는 등 지형이 크게 바뀌었다. 그 결과 토론이 격렬해지는 경향이 있다. 학계 경제학자인 친한 친구 한 사람은 가상 커뮤니티에서 학자들이 집중 공격을 받을까봐 합리적인 정책 의견을 밝히기 두려울 때가 있다고 말했다. 이처럼 커뮤니케이션이 어려워진 상황에서 중앙은행이 커뮤니케이션 전략 차원에서 "알기 쉽게" 설명하는 방식을 얼마만큼 중시해야 하는지 의문이 생긴다.

리먼 브라더스 붕괴 직후 중앙은행의 역할은 본질적으로 "최종 대부자" 역할이었다. 목표, 정책 수단, 의도된 효과는 매우 명확했고 커뮤니케이션은 합리적으로 잘 이루어졌다. 비전통적 통화정책 관련 커뮤니케이션은 훨씬 더 어려웠다. 나는 일본은행이 파격적인 조치를 취할 경우 그 효과와 부작용을 최대한 객관적으로 면밀히 검토하고 설명하는 것이 중요하다고 판단했다. 그러지 않으면 결국 중앙은행의 신뢰성이 손상된다고 생각했다. 내가 총재직에서 물러난 지 몇 달 후 한 언론인 친구가 2018년 칸 국제 영화제 황금종려상을 수상하기도 한 일본의 유명한 영화감독 고레에다 히로카즈是枝裕和의 말을 들려주었다. "지성은 이해하기 쉽다고 여겨지는 것 뒤에 숨어 있는 이해하기 어려운 것을 끌어낸 뒤에 싹트는 것이지, 이해하기 어려운 것을 이해하기 쉽게 설명한 뒤에 싹트는 것이 아니다."[10]

영화 제작과 통화정책 수행은 그다지 공통점이 많지는 않지만 나는 고레에다의 견해에 공감한다. 통화정책이 미치는 영향과 중앙은행이 가진 잠재적 힘을 생각하면 더욱 공감이 간다.

디플레이션 시기의 독립성

중앙은행의 독립성과 관련해 인플레이션 시기와 디플레이션 시기의 독립성이 다르다는 주장이 종종 제기된다. 인플레이션 시기에는 고전적 독립성 논의가 타당하지만 디플레이션 시기에는 정부와 중앙은행의 명시적 협력이 필수적이기 때문에 독립성이 불필요하거나 제한적이어야 한다는 주장이다. 두 시기의 독립성이 다르다는 주장은 기본적으로 중앙은행은 "인플레이션 파이터"라는 사고방식에 입각해 있으며, 디플레이션 시기에는 "인플레이션 파이터"가 불필요하다는 것이다. 이는 경제의 불균형은 인플레이션과 디플레이션이라는 물가 상승률의 변동에 따라 나타난다는 생각에 근거한 것이라고 할 수 있다.

나는 이 생각에 동의하지 않는다. 일본의 현실을 봤을 때 완만한 물가 하락이 일본 경제 저성장의 원인이라고 생각하지 않는 것도 한 가지 이유다. 하지만 더 근본적인 이유는 경제 변동의 불균형은 인플레이션이나 디플레이션보다는 금융 불균형의 누적에 따라 나타난다는 것을 과거의 경험을 통해 배웠다고 생각하기 때문이다. 그럼에도 (완만한) 디플레이션이라는 이유로 독립성이 제약된다면 중앙은행은 통화정책을 통해 금융 불균형을 시정하는 것을 독자적인 판단으로 할 수 없게 된다. 논의되어야 할 것은 중앙은행의 독립성이 인플레이션 시기와 디플레이션 시기에 따라 달라져야 하느냐가 아니라, 물가 안정뿐 아니라 금융 시스템 안정 측면에서도 독립성을 가져야 하느냐 하는 것이다.

금융 시스템 안정을 위한 정부와 중앙은행의 역할 분담

　금융 시스템 안정이라는 목적을 달성하기 위해 중앙은행에 어느 정도의 독립성을 부여해야 하는지에 대한 문제를 생각해보자. 중앙은행은 거시건전성 정책이나 금융 규제와 감독 당국이기도 하지만 일본, 캐나다, 오스트레일리아와 같이 금융 규제와 감독 당국이 아닌 경우도 있다. 또한 금융 규제와 감독 기능 유무와 관계없이 모든 중앙은행은 최종 대부자 기능을 가지고 있다.

　개별 금융기관에 대한 규제와 감독 체계는 국가마다 제도 설계가 다르다. 그렇지만 규제와 감독 당국이 정부나 정치인으로부터 어느 정도의 독립성을 갖는 것이 중요하다는 인식은 널리 공유되고 있다. 독립성을 가진 중앙은행이 규제와 감독 기능을 담당하는 경우가 많은 것도, 또는 독립적인 규제와 감독 당국이 정부 예산에 의존하지 않고 금융회사의 비용으로 운영되는 경우가 많은 것도 이런 인식에 근거한 제도적 설계라고 생각한다. 다만 평상시에는 이런 방식으로 잘 운영되더라도 금융위기 시에는 재정 자금 투입이 필요한 상황도 배제할 수 없다. 중앙은행이 최종 대부자로서 유동성을 공급하는 경우에도 손실 부담 가능성이 높은 상황에서 유동성을 공급하는 것은 민주주의 사회에서는 본래 바람직하지 않다. 이런 관점에서 보면 위기 상황에서는 정부가 명시적으로 개입하는 것이 필수적이다. 또한 위기 상황에서 정부의 개입이 필요하다면 그런 상황이 발생하지 않도록, 즉 금융 시스템의 안정을 유지하기 위해 평상시부터 개입하는 것이 바람직하다는 주장도 가능하다. 그러나 이 주장을 받아들일 경우 금융 규제와 감독이나 거시건전성 정책도 모두 정부가 하는 것이 바람직하다는 주장으로 이어져 중장기적인 경제 안정이라는 관점에서 볼 때 그 폐해가 더 커진다. 결국 금융 시스템의 안정과 거시경제의 안정을 위해서는 중앙은행과 함께 정부의 역할도 크다는 상식적인 결론에 도달하지만 이를 구체적인 제도 설계 와 운영으로 옮기기는 쉽지 않다. 더욱이 20장에서 언급했듯이 국내 경 제의 안정은 글로벌 경제의 안정 없이는 실현될 수 없는 상황에서 이를 달성하기 위해 각 주권 국가 간 협력에 기대할 수밖에 없는 것이 현실 이다.

중앙은행은 전능한가

중앙은행의 독립성과 책임성 측면에서 중앙은행은 어느 방향으로 가야 할까? 일부에서는 중앙은행의 능력이 제로 금리 하한으로 인해 심각한 제약을 받고 있으며, 다음 금융위기나 경기 침체에 직면했을 때 중앙은행은 무력할 것이라 주장한다. 나는 이 의견에 동의하지 않는다. 무엇보다 첫째, 중앙은행은 최종 대부자의 역할을 할 수 있다. 이는 금 융 시스템의 붕괴를 막고 디플레이션 압력이 커지는 것을 막는 데 결정 적으로 중요하다. 둘째, 중앙은행이 버블을 막는 데 전능한 존재는 아 니지만 그렇다고 무력한 존재는 아니며, 필요 시 통화정책 운영 체계를 바꿀 준비가 되어 있다면 더욱 그렇다. 셋째, 선진국에서는 더 이상 인 플레이션이 시급한 문제가 아니지만 중앙은행은 통화 긴축 수단들을 갖추고 있기 때문에 높은 인플레이션을 억제할 수 있다. 마지막으로 넷 째, 중앙은행은 위기 상황에서 특히 중요한 효율적이고 견고한 금융 인 프라가 작동할 수 있도록 한다. "무력한 중앙은행"이라는 인식은 중앙은행을 통화정책 중심으로만 좁게 바라본 시각의 산물이다. 중앙은행이 경제와 사회에 기여할 수 있는 바를 결코 과소평가해서는 안 된다.

중앙은행이 전능하다고 주장하는 사람들도 있지만 나는 이런 인식이 불편하게 느껴진다. 중앙은행은 화폐 가치의 안정을 유지하는 데 필요한 기술적 도구를 갖추고 있다는 점에서 결코 무력하지 않다. 하지만 그렇다고 해서 중앙은행의 노력만으로 화폐 가치의 안정을 달성할 수 있는 것은 아니다. 화폐 가치의 안정은 궁극적으로 사회 전체의 의지, 특히 정부 재정의 지속 가능성에 달려 있다. 높은 인플레이션은 기술적으로 통화 긴축을 통해 억제할 수 있지만 최소한 정부와 대중의 지지 없이는 불가능하다. 기술적으로 가능한 것과 실제 할 수 있는 것은 다르다.

이러한 인식을 바탕으로 이번 장에서 논의한 중앙은행의 정책 실행은 민주주의 사회에서 중앙은행 또는 선출되지 않은 관료의 역할에 대해 근본적인 질문을 제기한다.[11] 과거에는 중앙은행이 정부의 한 기관이었다. 하지만 오늘날 독립적인 중앙은행은 의회 절차 없이 권한을 행사할 수 있기 때문에 신속하게 대응할 수 있다. 이는 종종 중앙은행의 조치에 의존하는 정치인들에게도 편리하다. 그러나 이런 맥락에서 취해지는 조치는 흔히 재정적 성격이 강하며, 중앙은행 독립성을 처음 제안한 사람들이 기대했던 것과는 다르다. 중앙은행은 강력하지만 경제가 직면한 모든 문제를 해결할 수는 없다. 중앙은행은 중요하지만 일부에서 생각하는 것처럼 전능한 존재는 아니다.

어쨌든 지난 20년간 목격한 중앙은행의 정책 관행이 그대로 이어진다면 중앙은행 독립성의 미래에 대해 깊은 우려를 갖게 된다. 미시적 수준에서 자원 배분에 간섭하고 세금을 부과하는 것은 재정정책이다.

미래의 어느 시점에 사람들은 이런 중앙은행의 정책이 민주주의 사회에서 통화정책과 재정정책 간 경계를 넘어선 것으로 인식할 것이다. 그 시점에는 비판과 함께 중앙은행 독립성이라는 개념 자체의 타당성에 의문을 제기할 수도 있다.

나는 중앙은행 독립성을 강력하게 지지한다. 중앙은행이 독립성을 유지하고 경제와 사회에 지속적으로 기여하기 위해서는 화폐 가치의 안정을 유지하는 것, 더 구체적으로는 지속 가능한 성장을 위한 통화와 금융 시스템을 조성하는 핵심 업무에 노력을 집중해야 한다. 여기에는 금융 시스템 안정, 버블 방지, 높은 인플레이션 억제, 강력한 금융 인프라 제공 등이 포함된다. 이를 위해서는 현재 통화정책의 책임성 프레임워크에 최소한 어떤 변화가 필요하다. 이러한 개념적 아이디어를 실행에 옮기는 것은 상당히 어려운 작업이며, 나도 현시점에서 어떤 구체적인 제안을 할 수는 없다. 하지만 모든 것은 우리가 현재 어디에 있는지 명확히 인식하는 것에서 시작되는 법이다.

23장

조직으로서의 중앙은행

중앙은행가와 의사

독립성과 책임성은 민주주의 사회에서 중앙은행을 관리하기 위한 프레임워크의 필수 구성 요소다. 독립성과 책임성은 중앙은행이 장기적으로 화폐 가치의 안정을 달성하도록 동기를 부여하지만 반드시 바람직한 결과를 보장하지는 않는다. 궁극적으로 중앙은행이 실제로 올바른 결정을 내리는지 여부에 달려 있다. 물론 중앙은행이 무오류의 기관이 되기를 기대하는 것은 현실적이지 않으며, 대신 잘못된 결정을 내릴 가능성을 줄이는 것을 목표로 해야 한다. 다른 기관과 마찬가지로 중앙은행도 사람으로 구성된 조직이며 고유한 조직 문화를 가지고 있다. 중앙은행의 조직 관련해서도 진지하게 고려해야 할 측면들이 많다.

연준 의장이었던 앨런 그린스펀은 한때 "마에스트로"로 묘사된 적이 있다(6장 참조). "마에스트로"라는 비유는 꽤 그럴듯하지만 이 단어가 한 개인의 뛰어난 재능과 기술을 지나치게 강조하기 때문에 내가 이해하는 중앙은행 총재의 모습과는 잘 맞지 않는다. 분명한 것은 중앙은행은 하나의 조직이며, 한 개인의 지식과 능력은 근본적으로 한계가 있기 때문에 한 사람이 조직을 지배할 수 없고 지배해서도 안 된다. 또한 경제는 통화정책을 통해 원하는 대로 자유롭게 조율할 수 있는 것이 아니다.

나는 중앙은행가의 직무를 설명하는 수많은 비유를 접해왔는데 한 가지 예로 비행기 조종사를 들 수 있다.[1] 비행 중 갑작스러운 문제에 직면했을 때 조종석에 앉은 조종사는 신속하게 올바른 결정을 내려야 한다. 금융위기 중에 민간 금융기관이 파산하거나 자연재해 또는 컴퓨터 고장으로 금융 시장의 기능이 중단될 때 중앙은행가의 역할도 같다.

그러나 조종사와 중앙은행 총재 사이에는 중요한 차이점이 존재한다. 위험이 임박했을 때 조종사가 하는 결정에 허용되는 시간은 매우 짧다. 비행기가 활주로를 벗어나면 조종사와 부조종사 외에 다른 전문가가 비행기에 탑승하지 않는 것이 일반적이다. 반면 중앙은행가의 결정에 허용되는 시간은 보통 몇 초 또는 몇 분보다 길다. 또한 중앙은행은 외부 전문가들의 지혜를 활용할 수도 있다. 전문가와 자칭 전문가를 막론하고 많은 사람이 자신의 견해를 표명하고 있으며, 그중 일부는 상당히 목소리를 높인다. 사실 통화정책과 관련해서 전문가들 간 의견 차이가 훨씬 더 크다고 생각한다. 비행기 승객은 조종사에게 운명을 맡기는 것 외에 다른 선택의 여지가 없지만 일반 대중은 중앙은행에 그런 전권을 부여하지 않는다.

내게 중앙은행 총재의 직무를 가장 잘 설명하는 비유를 꼽으라고

3부 중앙은행의 역할

한다면 주저 없이 의사로 비유하겠다.[2] 의사가 국민의 건강을 돌보듯 중앙은행 총재는 물가 안정과 금융 안정 등 경제의 건강을 돌보는데, 두 직업 모두 서비스 수혜자와 지속적인 신뢰 관계를 전제로 한다는 점에서 가장 큰 유사점이 있다. 환자들은 오랜 관계를 통해 의사를 신뢰할 수 있다는 것을 알기 때문에 단골 의사를 찾는다. 수술이 필요한 경우 의사는 수술의 효과와 부작용에 대해 미리 설명한다. 환자는 의사가 정확한 진단을 내리고 최선의 치료법을 제시할 것이라는 확신을 갖고 동의한다. 통화정책도 마찬가지다. 중앙은행에 대한 대중의 신뢰는 매우 중요하다. 대중의 신뢰는 중앙은행가가 전문가로서 최선의 판단을 내리고 그 판단에 따라 최선의 정책을 시행한다는 믿음에 근거한다. 의사와 중앙은행가의 또 다른 유사점은 판단을 내릴 때 지식의 수준이 종종 제한적이라는 것인데 인간의 신체와 경제 시스템, 금융 시스템의 작동이 그만큼 복잡하기 때문이다.

중앙은행가와 의사 사이 많은 유사점이 있지만 한 가지 중요한 차이점이 존재한다. 환자는 의사를 선택할 수 있는 반면 일반 대중은 중앙은행가를 선택할 수 없다. 그렇기 때문에 독립성과 책임성이라는 중앙은행의 공적 지배 구조 메커니즘이 도입된 것이다. 독립성은 중앙은행이 옳다고 판단하는 통화정책 조치를 취할 수 있게 해준다. 그러나 독립성은 필요조건이며 충분조건은 아니다. 실제로 올바른 결정을 내릴 수 있는 능력을 갖춰야 한다. 그렇지 않을 경우 독립적인 중앙은행은 재앙을 초래할 수 있다.

중앙은행 독립의 정당성

민주주의 사회에서 선출되지 않은 중앙은행 관료들이 통화정책을 수행하는 것을 어떻게 정당화할 수 있을까? 물론 중앙은행은 법으로 독립성을 보장받는다. 그러나 법은 언제든 바뀔 수 있다는 점에서 이 답변은 충분하지 않다. 중앙은행의 독립성은 해당 국가의 정치인들과 궁극적으로 국민이 원할 경우 박탈될 수도 있다. 게다가 법적 독립성과 실질적인 독립성은 다르다. 실제로 1980년대 일본의 인플레이션율은 일본은행이 법적 독립성을 갖지 않았음에도 불구하고 독립적인 독일연방은행이 있던 서독보다 낮았다(4장 참조).

중앙은행의 법적 독립성은 사람들이 물가 안정과 금융 안정의 중요성을 인식해서 그 목표를 달성하는 임무를 중앙은행에 위임할 준비가 되어 있다는 표현이다. 중앙은행법에 독립성을 규정하는 것만으로는 충분하지 않으며, 독립성을 위한 사회적 차원의 지원이 근본적으로 필요하다.

그러나 대중은 중앙은행이 실제로 좋은 거시경제 성과를 거두지 못한다면 그러한 사회적 지지를 보내지 않을 것이다. 이것은 "닭이 먼저냐 달걀이 먼저냐"의 문제다. 어쨌든 중앙은행 독립에 대한 정당성은 중앙은행이 유능하고 사명을 충실히 수행할 것이라는 대중의 신뢰에 달려 있다. 중앙은행은 다른 기관과 마찬가지로 사람들로 구성되고 있고 고유한 문화가 있으며 미묘한 집단 역학 관계의 영향을 받는다. 이는 중앙은행의 공공 지배 구조 외에도 조직 또는 행정 관점에서 중앙은행 조직을 자세히 살펴볼 필요가 있음을 의미한다.

3가지 필요한 덕목

통화정책에 대한 대중의 담론은 중앙은행이 해야 할 일과 하지 말아야 할 일에 지나치게 초점을 맞추고 있다. 이는 중요하고 실질적인 문제지만 조직으로서 중앙은행이 실제로 어떻게 올바른 결정을 내릴 수 있는지에 대해서도 생각해봐야 한다. 여기에서는 중앙은행 조직에 필요한 대표적인 덕목을 3가지 핵심 업무 분야를 통해 소개하고자 한다.[3]

끊임없이 학습하는 기관

첫 번째 분야는 통화정책과 건전성 정책(미시건전성과 거시건전성 모두 포함한다)이다. 이 분야에서는 훌륭한 연구와 분석이 중요한 역할을 하며, 실제로 중앙은행은 유능한 경제학자들을 고용해왔다. 이 경우 가장 중요한 덕목은 중앙은행이 "끊임없이 학습하는 기관"이라는 점이다.

이 책에서 설명했듯이 많은 정책적 실수는 단순한 단기 예측 오류 때문이 아니라 심각한 경제 변동을 초래하는 불균형, 특히 최근 수십 년간 금융 불균형을 인식하지 못하는 더 근본적인 실패에서 비롯된다. 중앙은행이 경제와 금융 시장에서 일어나는 일을 실시간으로 파악하고, 중앙은행에 어떤 의미인지 파악하고, 올바른 정책 대응을 수립할 수 있을 만큼 유능하다면 이상적일 것이다. 그러나 이런 정책 과정을 자동화하기는 불가능하다. 운이 좋게 그러한 규칙을 발견하더라도 시간이 지나면 쓸모없어질 것이다. 통화정책의 최적 수행은 기술 변화와 경제, 금융 시장, 사회의 상황에 따라 변한다. 그래서 대중은 중앙은행에 통화정책에 대한 권한을 위임한다. 이런 맥락에서 중앙은행은 끊임없이 학습하는 기관이 되어야 한다.[4] 영란은행 총재였던 머빈 킹은 내 생각과 매우 가까운 말을 했다. "우리가 향후 배우게 될 것을 미리 알 수 없고, 새로운 아이디어가 모두에게 일률적으로 인식되고 받아들여 질 가능성이 낮기 때문에, 정책 결정과 학습 과정을 같은 기관에 위임 하는 것이 합리적일 수 있다."[5]

은행 서비스 제공 기관

중앙은행의 두 번째 핵심 업무는 다양한 은행 서비스 제공이다. 이 분야에서 필요한 덕목 중 하나는 효율성이다. 일반적으로 중앙은행과 같은 비영리 조직은 효율성 향상에 대한 인센티브가 부족한 경향이 있 기 때문에 더 중요하다. 은행 서비스 제공에서 기대되는 또 다른 덕목 은 혁신에 대한 수용성인데 은행 서비스, 특히 결제 서비스는 다양한 기술 변화의 영향을 점점 더 많이 받기 때문이다.

동시에 중앙은행의 은행 서비스 제공은 국가 금융 인프라의 핵심이 므로 높은 수준의 강건성과 복원력을 갖추어야 한다. 2011년 동일본 대 지진(13장 참조) 이후 후쿠시마, 모리오카, 센다이 등 지진에 직접 피해 를 입은 지점을 포함해 일본은행의 모든 지점은 정상적으로 업무를 이 어가며 현금을 공급하고 막대한 양의 훼손된 화폐를 환전했다. 덕분에 지급 결제 시스템은 큰 차질 없이 계속 작동했다. 금융 인프라가 원활 하게 계속 작동하는 것은 평상시에는 사람들이 관심을 기울이지 않는 부분이지만 재난 상황에서는 시장의 힘만으로 이런 종류의 강력하고 회복력 있는 서비스를 제공할 수 없다.

이러한 업무를 흔히 "운영operation"이라고 부른다. 나는 이 용어 사용 이 약간 불편한데 3가지 이유가 있다. 첫째, 이 용어는 사회 후생에 대한 기여를 지나치게 과소평가한다. 예를 들어 결제 리스크를 줄이기 위한 중앙은행의 노력으로 피할 수 있었던 경제적 손실은 GDP 통계에는 나타나지 않지만 그 편익은 상당하다. 중앙은행의 은행 서비스 제공을 통화정책보다 부차적으로 보는 것은 통화정책 중심의 관점이다. 효율적이고 견고하며 탄력적인 지급 결제 시스템은 근본적인 의미에서 경제의 생산성 향상에 직접 기여한다. 적절한 은행 서비스가 대중의 중앙은행에 대한 인식에 영향을 미치는지 모르겠으나 적절한 서비스 제공이 실패할 경우 분명 대중의 인식에 상당히 나쁜 영향을 미친다.

둘째, 운영이라는 용어는 이러한 중앙은행 서비스를 통해 통화정책이 집행된다는 사실의 중요성을 과소평가한다. 이러한 운영 지식 없이는 최적의 통화정책을 설계하는 것이 불가능하며, 특히 비전통적 통화정책의 경우 더욱 그렇다.

셋째, 은행 서비스 자체는 풍부한 정보의 근원이며 통화정책과 건전성 정책을 수립하는 데 잠재적으로 유용한 시사점을 제공한다. 예를 들어 2007~2009년 글로벌 금융위기 당시 자금 시장을 평가할 때 결제 시스템의 근본 문제였던 일중 당좌 대출intraday overdrafts을 모니터링하는 것이 매우 중요했다. 실제로 악마는 디테일에 있다. 이런 성격의 중앙은행 서비스를 통해 얻은 통찰은 매우 소중하다.

진정성 있는 기관

중앙은행의 세 번째 핵심 업무는 중앙은행이 하는 일, 특히 통화정책을 외부에 설명하는 일이다. 중앙은행의 영향력이 커질수록 중앙은행의 설명은 더욱 중요해진다. 여기에는 입법 기관에서의 증언, 기자회견, 대중 연설, 논문 발표, 업무상 교류, 비즈니스 면담, 홍보 프로그램 등이 포함된다. 당연히 통화정책에 대해 다양한 견해가 있을 수 있으며 중앙은행은 이견이 완전히 해소될 것이라 기대하지도 않고 기대해서도 안 된다. 중요한 것은 대중이 통화정책의 기술적인 세부 사항을 알지 못하거나 현재의 통화정책을 지지하지 않을지라도 중앙은행의 진정성probity을 신뢰한다는 것이다. 필요한 덕목은 진정성이다.[6] 올바른 정책을 집행하고 이를 잘 설명하는 것도 물론 중요하지만 중앙은행은 엘리트 조직으로 인식될 때 나올 수 있는 부정적 인식의 가능성을 알고 있어야 한다. 일반 대중이 자신들이 겪고 있는 고통을 중앙은행 직원들이 이해하거나 공감하지 못한다고 생각할 경우 중앙은행의 통화정책 수행에 부정적인 영향을 미칠 수 있다.

중앙은행의 3가지 기둥

중앙은행의 관리와 운영은 결코 쉬운 일이 아니다. 위에서 설명한 3가지 활동이 모두 한 기관에서 이루어진다. 동시에 중앙은행은 거시경제정책을 담당하는 정부의 한 부서도 아니고 고립된 상아탑도 아니다. 기업 경영과 공공 경영에 관한 책은 많이 있지만 내가 아는 한 중앙은행 경영에 초점을 맞춘 책은 한 권도 없다. 사실 일부 예외가 있기는 하지만 중앙은행 경영에 대해 명시적으로 논의하는 경우는 드물다.*

중앙은행 경영에 대해 논의할 때 우리는 현대 중앙은행의 3가지 기둥three pillars인 정책위원회, 총재, 그리고 직원을 다루어야 한다. 나는 이 3가지를 모두 경험했는데, 여기서는 일본은행에서의 경험과 중앙은행 전반에 대한 관찰을 바탕으로 중요한 조직 문제가 무엇인지 살펴보겠다.[8]

중앙은행 위원회

집단적 결정 대 총재의 결정

대부분의 중앙은행에서 통화정책을 결정하는 것은 총재가 아니라 위원회다. 물론 총재가 전적으로 책임을 지는 중앙은행도 있다. 예를 들어 내가 일본은행 총재였을 때 캐나다, 뉴질랜드, 인도의 중앙은행은 총재가 책임을 지는 제도적 장치를 갖추고 있었다. 그러나 이런 제도하에서도 중앙은행 간부와 외부 전문가로 구성된 총재 자문위원회가 운영되고 있다.

각 방식에 장단점이 있다. 위원회 제도를 선호하는 첫 번째 근거는 다양한 의견을 반영하는데 더 적합하며 평균적으로 올바른 결정을 내릴 확률이 높다는 것이다. 첫 번째 근거와 관련된 두 번째 근거는 위원회 제도는 한 개인이 아니라 위원들의 집단 지성에 의존하기 때문에 중앙은행 독립성의 정당성을 더욱 확고히 하는 토대를 제공한다는 것이다.

다른 이유도 중요하다. 통화정책이 국민의 삶에 영향을 미친다는 점을 고려할 때 아무리 유능한 인물이라도 한 개인에게 의사 결정을 맡긴다면 많은 사람이 불안감을 느낄 것이다. 따라서 충분한 지식을 갖추고 다양한 관점을 제시할 수 있는 전문가 집단의 신중한 심의에 통화정책 결정을 위임하는 편이 더 낫다고 생각하는 것이 자연스럽다. 물론 총재 단독 체제의 경우에도 일반적으로 자문위원회를 구성해 많은 전문가 의견을 수렴할 수 있다. 하지만 위원회의 의견이 진정으로 수용되기 위해서는 위원들이 의결권을 갖고 실제로 공식적인 방식으로 의사 결정에 참여할 수 있어야 한다.

집단 사고의 위험

여기에서 설명한 위원회 제도의 잠재적 강점은 위원회 내에서 신중한 심의가 실제로 이루어진다는 것을 전제로 한다. 위원회 제도의 가장 큰 적은 '집단 사고'로, 조직 구성원이 갈등을 피하고 화합을 우선시할 때 나타날 수 있다. 집단 사고의 결과 대안적인 견해가 억압되고 잘못된 결정이 내려질 수 있으며 위원회가 집단 사고에 오염되면 최적의 기능을 발휘할 수 없다.

집단 사고는 여러 가지 이유로 나타난다. 위원들의 비슷한 배경 때문에 비슷한 견해를 공유하는 경향이 있을 수 있다. 또한 토론 자료를 제공하는 중앙은행 내 경제학자들이 동일한 방법론과 유사한 경제 모형에 의존하는 경우 위원들의 분석 결과도 결과적으로 비슷해지는 경향이 나타난다. 또 다른 요인은 총재가 중앙은행 내 경제학자에게 지나친 영향력을 행사하는 경우로, 이로 인해 제시된 자료가 편향될 수 있다. 이 요인들 외에 인간의 본성도 작용한다. 사람들은 토론의 초기 단계에서 추측에 가까운 의견이나 아이디어를 표현하는 데 신중을 기하는 경향이 있다. 그래서 가치가 있지만 논란의 여지가 있는 의견은 사장될 수 있다. 이런 경향은 구성원들이 자신의 발언이 금융 시장의 변동성을 악화시킬 수 있다고 우려하는 경우 더욱 심해질 수 있는데, 이때는 커뮤니케이션 방식의 설계가 매우 중요하다. 어쨌든 소수의 의견을 표현하려면 조직 내 인간관계의 맥락에서 상당한 용기가 필요하며, 이와 관련된 동조 압력peer pressure으로 인해 집단 사고가 나타난다.

물론 의견의 다양성이 그 자체로 끝은 아니다. "눈에 띄는 것"이 향후 경력에 좋은 디딤돌이라고 생각하고 눈에 띄는 것만을 우선시하는 구성원이 있다면 의견의 다양성에서 나오는 강점을 실현할 수 없다. 위원회 제도의 장점은 위원들이 올바른 의사 결정이라는 공동의 목표를 공유하고 사명감을 바탕으로 다양한 의견을 개진할 때만 발휘된다. 따라서 자격을 갖춘 사람을 위원으로 임명하는 것이 매우 중요하다.

위원회 위원의 자격

중앙은행 정책위원회 위원의 가장 중요한 자격 요건은 중앙은행의 사명을 완수하기 위한 책임감과 정보에 근거해 독립적으로 판단하는 능력이라고 생각한다. 이 점에서 종종 논의되는 것이 경제학자의 필요성이다. 물론 경제학을 체계적으로 습득하고 충분한 지식을 갖추는 것은 중요하다고 생각한다. 가급적이면 과반수가 그런 인물들이 되는 것이 바람직하다. 다만, 나는 경제학 박사 학위가 위원으로 활동하기 위한 필수 조건이라고 생각하지 않는다. 정책위원회 위원들이 모두 비슷한 경제 이론 모형의 신봉자라면 결과적으로 위원회가 집단 사고에 빠지게 되어 기대하는 다양성이 실현되지 않을 수 있기 때문이다.[9]

이런 관점에서 금융 시장과 금융기관에서 풍부한 경험을 쌓은 사람과 민간 기업에서 실제 경험을 쌓은 사람이 함께하는 것이 바람직하다. 거시경제와 금융 시장에 대한 전문 지식도 물론 중요하지만 중앙은행 위원회 위원에게 더욱 중요한 자질은 은행의 사명에 대한 책임감과 새로운 아이디어를 흡수할 수 있는 겸손과 호기심이다. 또 다른 중요한 고려 사항은 공공 정책 전반, 특히 중앙은행 업무에 대한 깊은 경험을 가진 이사회 위원이 필요하다는 것이다.

위원회의 설계와 위원 선임은 위원회가 다루는 분야에 따라 달라진다. 일본은행의 경우 정책위원회가 다루는 범위는 통화정책에 국한되지 않고 금융기관 감독, 지급 결제 시스템 운영, 은행의 예산 편성과 관리 등 모든 주요 사안으로 확대된다. 영란은행의 경우 그 범위가 매우 광범위해 다양한 개별 위원회가 설치되어 있다.[10] 따라서 각 위원회의 위원이 될 수 있는 자격은 당연히 매우 다르다. 거시경제 분석과 통화정책 수행에 탁월한 경제학자라고 해서 중앙은행을 조직적으로 관리하는 데도 유능한 것은 아니다. 일본은행처럼 모든 주요 사안을 담당하는 위원회가 법률에 따라 설치되어 있는 경우, 위원회 위원이 중앙은행의 모든 업무 분야를 포괄할 수 있어야 하므로 한 위원은 통화정책에 탁월하고 다른 위원은 조직 관리에 탁월할 수 있다.

위원은 누가 임명하는가

정부의 현 경제정책이나 중앙은행의 통화정책에 대한 충성도만을 기준으로 위원을 선정하면 중앙은행의 독립성이 보장되지 않는다. 그럴 경우 은행은 법적으로는 독립적일 수 있지만 올바른 정책 처방에 대한 중립적 판단이라는 중앙은행 독립의 잠재적 이점을 실현할 수 없다.

실제로 위원을 임명하는 방식은 국가마다 다르다. 특히 많은 국가에서 의도적이든 우연이든 위원 임명을 위한 절차에 정부와 정치권의 과도한 영향을 피하기 위한 장치를 두고 있다. 예를 들어 미국은 연방공개시장위원회 위원 12명 중 연준 이사governor인 7명은 대통령이 상원의 승인을 받아 임명하는 정치적 임명직이다. 나머지 5명은 지역 연준의 총재들로 해당 지역 연준 이사회의 추천을 받아 연방준비제도이사회 의장이 승인해 임명한다. 유럽중앙은행은 총재를 포함한 집행위원회Executive Board 위원을 임명할 때 이사회 위원과 중앙은행 총재로 구성된 정책위원회Governing Council의 추천을 받아야 한다.

반면 일본은행은 법적으로 위원 임명에 일본은행 자체는 전혀 관여하지 않는 구조다. 정권과의 관계에 따라 다르지만 내각이 비공식적으로 총재의 의견을 사전에 물어보는 일도 있다. 총재 시절 자민당 정권의 후쿠다 야스오 내각, 아소 다로 내각은 일본은행의 의견을 충분히 들어주었다. 민주당 정권에서도 마찬가지였다. 물론 실제 임명은 국회 상황에 따라 크게 좌우된다. 최종적으로 국회 승인을 받지 못했지만 후쿠다 야스오 내각에서는 게이오대 교수인 이케오 가즈히토池尾和人가, 노다 요시히코 내각에서는 경제학자인 고노 류타로河野龍太郎가 심의위원 후보로 국회에 정식으로 상정되었다. 중앙은행은 독립성을 가지고 있는 만큼 위원 선정은 민주적 규칙에 따라 이루어지는 것이 당연하지만 중앙은행의 독립성 본연의 취지에 부합하는 임명 관행을 만들어가는 것이 매우 중요한 과제다.

중앙은행 총재

바람직한 자격

중앙은행은 단기적 안정과 장기적 안정 사이 존재하는 본질적인 상충관계를 해결하기 위해 만들어진 사회적 발명품이다. 따라서 중앙은행가, 특히 총재의 임무는 본질적으로 인기가 없다. 총재가 가져야 할 가장 중요한 특성은 엄중한 책임감, 즉 "모든 책임은 내가 진다"라고 말할 수 있는 능력이다.

자주 제기되는 질문은 총재를 경제학자가 맡아야 하는가 하는 것이다. "경제학자"가 학계의 경제학자를 의미한다면 정답은 "아니요"라고 생각한다. 유능한 총재에게 요구되는 재능과 역량은 경제학자나 학계의 경제학자에게 요구되는 것보다 광범위하다. 그러나 총재는 경제학의 가치를 높이 평가하고 가급적이면 경제학에 대한 깊은 이해를 가진 사람이어야 한다. 또한 새로운 아이디어에 개방적이어야 한다.

통화정책이 아닌 분야에 대한 전문성은 어떨까? 폴 볼커가 강조한 금융 시스템에 대한 깊은 관심은 총재의 직무에도 완벽하게 해당한다 (16장 참조). 또한 총재는 중앙은행이 수행하는 모든 다양한 활동에 충분한 주의를 기울여야 한다. 총재가 통화정책에만 관심을 기울이면 다른 분야에서 일하는 직원들의 사기가 떨어지고 스스로를 2등 직원으로 여길 수 있다. 이는 중앙은행의 업무 수행 능력을 약화시킨다.

총재가 매우 바쁜 것은 사실이다. 따라서 많은 중앙은행에서는 총재와 부총재 또는 위원회 구성원 간 일종의 분업이 이루어진다. 이는 현실적인 해결책이지만 최소한 총재는 통화정책 분야뿐 아니라 다른 분야에도 신경을 써야 한다. 글로벌 금융위기 이후 버블 형성에서 통화정책의 역할에 대한 논의가 이루어졌을 때, 버블과 금융위기는 통화정책보다는 금융 감독과 규제의 실패에서 기인한다는 주장을 자주 들었다. 앞서 설명했듯이 나는 이러한 분리 원칙에 동의하지 않는다. 그렇지만 이 원칙을 인정하더라도 중앙은행은 대부분 통화정책 외에 감독과 규제를 함께 수행하기 때문에 총재가 이러한 실패에 대한 책임에서 벗어날 수 없는 것은 사실이다.

정책위원회 의장으로서 총재

정책위원회의 기능은 총재의 회의 주재 방식과 위원의 성격에 따라 달라진다. 일본에는 통화정책이 형식적으로는 일본은행 정책위원회에서 결정되지만 실제로는 일본은행 총재가 결정한다는 견해가 여전히 존재한다. 그 이유는 통화정책회의에서 의장인 총재의 제안이 항상 과반수 찬성으로 승인되어왔기 때문이다. 의장의 제안이 통과되는 것은 다수의 찬성을 얻을 수 있다고 판단하는 내용을 의장이 의안으로 정리해 제출하기 때문이지, 의장이 제안했다고 해서 자동으로 승인되는 것은 아니다. 이것이 내가 총재 재임 시 느낀 점이고, 또 그래야 한다고 생각한다. 각 위원은 자신의 의견이 결정에 반영되기를 원한다. 그러나 각 구성원이 자신이 원하는 제안의 모든 세부 사항을 고수하면 모든 제안이 다수에 의해 거부되는 상황이 발생할 수 있다. 이는 총재에게도 적용된다. 의장인 총재가 자신의 견해를 지나치게 고수하면 통화정책 결정이 이루어지지 않는 교착 상태가 발생할 수도 있다. 통화정책회의에서 이루어지는 토론은 본질적으로 위원회 위원들 사이에서 합리적인 합의를 이끌어내는 과정이다.

의장은 공식적인 의사 결정에 앞서 어느 정도 의견이 첨예하게 갈리는 주제를 미리 예측할 수 있다. 총재 재임 시 "포괄적 완화", 〈중장기 물가 안정 목표〉, "정부·일본은행 공동 성명서" 발표 등 통화정책에 관한 중요한 결정을 내리기 전에 총재실에서 각 위원을 개별 면담하면서 잠정적인 의장 안을 설명한 뒤 정책위원회 전체의 합의된 입장을 도출했다. 즉 정책위원회 전체가 동의할 수 있는 입장을 만들기 위해 노력했다. 위원회에서 결정을 내리기 때문에 모든 위원이 모든 세부 사항에 만족하는 것은 불가능하다. 총재인 나도 예외는 아니었다. 하지만 전원은 아니더라도 가능한 한 많은 위원회 구성원이 이 정책은 우리가 만든 것이라는 생각을 가질 수 있어야 한다. 내가 이 목표를 달성했는지 잘모르겠지만 적어도 이런 방식으로 회의를 운영하려고 노력했다.

위원회 제도가 통화정책 의사 결정에 더 낫다고 생각한다면 총재의 역할에 대한 의문이 제기될 수 있다. 총재가 정책위원회의 한 위원에 불과하다고 생각하는 사람은 아무도 없다. 사람들이 과거 통화정책의 실패를 이야기할 때 사람들의 머릿속에 떠오르는 의사 결정자는 위원회 전체나 정책 수단을 의결한 위원이 아니라 당시 총재다. 당연히 통화정책 결정의 주도적 역할은 총재에게 있다고 보는 것이 당연하다.

나는 일본은행 총재로 재직하는 동안 통화정책회의에서 만장일치로 결정이 내려지거나 다수의 지지를 얻기 위해 원래 입장을 수정해야 하는 때도 비난받을 사람은 다른 위원이 아니라 바로 총재인 나라는 점을 충분히 인식하고 있었다.

실제로 반대 의견을 낼 수 있는 여지는 위원마다 다르다. 상대적으로 자유롭게 자신의 의견을 표명할 수 있는 다른 위원들에 비해 총재와 부총재는 쉽지 않은 처지에 놓여 있다. 폴 볼커가 아서 번스 의장 체제에서 뉴욕 연준 총재와 연방공개시장위원회 직권 부의장을 맡았을 때 어떻게 투표했는지에 관한 사례는 흥미롭다. 연방준비제도 구술 역사 프로젝트Federal Reserve Board Oral History Project 인터뷰에서 이러한 어려움에 대한 질문을 받자 그는 이렇게 답했다. "번스 의장이 원하는 제약 내에서 최대한 긴축 정책을 펼치려고 노력했습니다. (중략) 나는 연방공개시장위원회 부의장이었고, 우리가 너무 노골적으로 의견 차이를 드러내지 않는 것이 중요하다고 생각했지만 그렇지 않을까봐 내심 상당히 노심초사하고 있었습니다."[11]

총재마다 나름의 어려움이 있다. 총재가 일반적으로 소수 의견을 낼 수 있는지 잘 모르겠다. 내가 총재였을 때 영란은행 총재였던 머빈 킹이 정책위원회에서 소수 의견 쪽에 속한 적이 있었지만 매우 드물었기 때문이다. 이 경우 총재는 정책위원회 위원으로서 통화정책 결정에 반대했더라도 금융 시장 참여자뿐 아니라 국민에게 통화정책 결정에

　　　　　　　　　　　　　　3부 중앙은행의 역할

관해 설명할 책임이 있다. 일본에서는 총재의 의견이 소수에 속하면 총재에 대한 불신임 투표로 간주될 가능성이 높은데, 미국도 마찬가지 아닐까 싶다.[12] 리더십 발휘와 합의 도출 사이 적절한 균형에 대해서는 정답이 없는 듯했다. 외국 중앙은행 총재들과 이야기를 나눌 기회가 종종 있었는데, 마주한 상황이 비슷하다는 느낌을 받을 때가 많았다.

중앙은행 CEO로서의 총재

총재는 통화정책의 책임자일 뿐 아니라 중앙은행의 CEO이기도 하다. 따라서 총재는 인사 관리 문제를 포함해 은행의 모든 측면에 주의를 기울여야 한다. 총재는 통화정책이나 금융 시스템 정책 등 정책 문제에 더 많은 시간을 할애하므로 정책 부서 직원들과 만날 기회가 많다. 하지만 나는 중앙은행의 정책 기능이 비정책 분야에서 열심히 일하는 직원들에 의해 뒷받침된다는 것을 잘 알고 있었다. 그래서 의도적으로 일본은행 본점과 지점의 관련 부서를 방문하는 기회를 많이 마련했다. 이런 목적으로 방문한 본점 부서에는 지폐 보관과 배송, 손상된 지폐와 동전 교환, 전산 센터 관리, 전몰자 유족에 대한 국채 이자 지급, 통계 작성, 기록보관소 관리, 건물 유지 보수, 식당 등이 있었다.

특히 인상 깊었던 것은 일본은행이 하는 일과 관련해 일반 시민의 목소리를 듣는 부서 업무였다. 예금 이자율이 너무 낮다고 불평하는 노인 연금 수급자, 엔고로 수익이 급감하고 있다고 분노하는 사업주 등 매일 많은 비판을 받고 있었다. 이러한 일반 시민의 목소리는 매달 요약되어 총재에게 보고되었다. 많은 경우 전화로 비판의 목소리를 전했고 때로는 목소리를 크게 높이기도 했다. 화를 내는 시민의 전화를 오랜 시간 인내하며 응대하는 직원들을 보면서 진심으로 감사한 마음이

들었다.

중앙은행 직원

위원회를 위한 정보 제공

중앙은행 직원의 업무는 다양하다. 통화정책 분야와 관련해서는 위원회가 올바른 결정을 내리는 필요한 정보를 제공하는 것이 핵심 기능이다.[13] 위원회는 경제 전망, 가능한 통화정책 옵션, 정책 운영의 세부사항 같은 충분한 정보를 제공받아야 한다. 좋은 연구가 핵심이며, 이에 따라 중앙은행은 유능한 경제학자들을 성공적으로 유치하고 있다. 그러나 유능한 경제학자만으로 정책 관련 유용한 정보의 제공을 보장하지는 않는다. 몇 가지 조건이 충족되어야 한다. 무엇보다 다양한 관점이 중요하다. 경제 예측의 예를 들어보면 2가지 이상의 예측이 제시되어야 한다는 것이 운영 원칙이다.[14] 하나의 경제 예측만 제시되고 이의가 제기되지 않으면 오히려 예측이 정책에 맞춰 만들어질 위험도 있다. 둘 이상의 경제 전망치가 제시될 때도 이 전망치들이 동일한 접근방식이나 철학에 의존하고 있으면 별로 유용하지 않다. 중요한 것은 다양한 접근 방식과 관점을 보장하는 것이다. 경제와 금융 통계도 매우 중요하지만 기업, 금융기관과 접촉해 얻은 정보나 과거 경험에서 얻은 통찰 등 다른 가치 있는 정보도 많다.

어떻게 중앙은행의 연구 활동을 효율적으로 조직하느냐는 쉽게 해결될 문제가 아니며 민감한 주제다. 중앙은행의 연구에는 2가지 유형이 있다. 하나는 정책 결정과 직접 관련된 연구 또는 상급자가 지정한 연구로 이런 유형의 연구는 현재의 정책을 정당화하는 경향이 있다. 다른 유형의 연구는 더 독립적이며 개별 경제학자의 주도로 수행된다. 2가지 모두 똑같이 중요하지만 인적 자원의 제약을 고려할 때 2가지 사이 균형을 맞추기가 때때로 쉽지 않다. 중앙은행 내 경제학자들이 현재의 통화정책을 정당화하기 위해 명시적 또는 암묵적으로 관련 연구를 수행하도록 강요받는다면 다양성이라는 잠재적 강점은 실현되지 않을 것이다. 더 나쁘게는 유능한 경제학자들의 사기를 떨어뜨려 이들이 중앙은행을 떠날 수도 있다. 반면에 중앙은행과 학계 간 이동이 빈번해지는 상황에서 중앙은행 경제학자들이 학계에서 자신의 논문이 어떻게 평가받는지에 더 많은 관심을 기울인다면 중앙은행의 연구 방향이 미묘하게 바뀔 수도 있다. 최악의 경우 중앙은행 경제학자들은 기존의 지적 틀 안에서 쉽게 수행할 수 있는 학술 연구에만 관심을 가지고, 시급한 정책 문제를 다루거나 당대의 거시경제 문제에 대해 발상의 전환을 요구하는 연구에는 관심을 덜 가질 수 있다.

첫 번째 유형의 관리형 연구를 누가 주도하는지도 중요할 수 있다. 각 이사회 구성원이 개별적으로 자유롭게 직원들에게 연구를 수행하도록 요구하면 필요한 인적 자원이 심각하게 늘어날 것이다. 총재가 연구진에 너무 많은 영향력을 행사하면 관점의 다양성을 잃을 위험이 있다. 연구 관련 부서장에게 업무를 위임하면 일부 고위직의 견해가 우세해져 위원회 논의가 이들이 중요하다고 생각하는 소수의 연구 우선순위에 좌우될 위험이 있다. 이사회, 총재, 직원의 역할을 존중하는 문화를 조성하는 것이 중요하다. 일본은행에서 직원과 총재로 근무한 경험과 다른 총재들과의 대화에 비추어 볼 때 이는 말처럼 쉬운 일이 아니다. 효율성을 달성하는 것과 다양한 관점을 유지하는 것 사이에서 균형을 잡는 일은 모든 중앙은행에 어려운 과제다.

조직의 기억 계승

잘 인식되지 않은 중앙은행 직원의 역할 중 하나는 중앙은행이라는 조직의 기억을 위원회 구성원에게 전달하는 것이다. 위원회 구성원의 임기는 경제 사이클이나 금융 사이클의 길이에 비해 길지 않다. 일본은행의 경우 정책위원회 위원의 임기는 5년이다. 통상 위원이 한 시점에 다 같이 임명되지 않으므로 어느 시점에서든 위원의 평균 잔여 임기는 2년 반 정도로 짧아질 것이다. 그러나 적어도 한 번의 경제 사이클, 가급적이면 경제 사이클보다 훨씬 긴 한 번의 금융 사이클에 걸쳐 경제가 어떻게 전개될지에 대한 감각을 갖추는 것이 중요하다.

내 경험에 비추어 보면 당대의 통념이나 대중의 지지를 받는 서사의 영향으로 특정 정책 주장이 큰 영향력을 발휘해 중앙은행이 이를 거스르기 어려웠던 시기가 있었다. 그러나 시간이 흐르면서 특정 정책 주장이 강력하게 제기되었다는 사실조차 거의 잊히는 일도 있다. 정책 논쟁에서 당시 통념이 미치는 영향력이 얼마나 강력한지 인식하는 정도는 사람마다 다르며, 이는 종종 그 사람이 실제로 운전석에 앉았는지 아니면 그저 구경꾼인지에 따라 달라진다. 중앙은행의 책임 있는 정책 결정자로서 거시경제의 변화와 여론에 실시간으로 노출된다면 이런 경험은 조직의 전반적인 기억뿐 아니라 개인의 기억으로도 축적된다. 다양한 이론과 운영 체계가 부각되었다가 사라지는 썰물과 흐름을 목격하면 경제 이론과 정책 의제에 대해 건전한 회의론이 생겨난다. 이러한 지적 역사의 흐름은 모든 중앙은행에 지식으로 축적되고 저장되며, 종종 직원들에 의해 구체화된다. 조직 역사의 중요성 측면에서 중앙은행을 평가하는 IMF 독립평가국이 중앙은행과 독립평가국 직원 간 견해 차이를 부분적으로 IMF 직원의 짧은 재직 기간에서 기인한다고 보는

점도 흥미롭다.[15]

다수의 일본은행 위원은 결정을 내리기 전에 직원들의 개인적인 견해를 주의 깊게 경청했다. 나도 직원으로 일할 때 종종 이사들의 방에 초대되어 다양한 정책 문제에 대한 개인적인 조언을 요청받았다. 그럴 때 직원으로서 중요하게 생각한 것은 이사진의 역할에 대한 존중과 직무에 대한 진정성이었다. 의사 결정에 필요한 정보를 제공하는 직원과 실제 정책 결정을 책임지는 위원회 사이에 신뢰와 상호 존중의 관계가 구축되어야 한다.

사일로 문화 타파

다른 기관과 마찬가지로 중앙은행 직원들도 이른바 사일로 문화에서 자유롭지 못하기 때문에 다양한 부서 간에 건설적이고 협력적인 관계를 조성하는 것이 매우 중요하다. 특히 통화정책 관련 부서와 금융 시스템 안정 관련 부서 사이에 존재하는 사일로 문화를 타파할 필요가 있다.[16] 궁극적인 목표는 지속 가능한 성장에 기여하는 안정적인 금융 환경을 제공하는 것이다. 통화정책을 수립하는 과정, 특히 정책위원회의 정기적인 의사 결정 주기에 금융 안정 분야 담당자가 어떻게 참여해야 하는지에 대한 문제가 있었다. 중요한 것은 금융 안정에 대한 다양한 분석이 통화정책을 결정하는 위원들에게 체계적이고 이해하기 쉬운 방식으로 제공되어야 한다는 것이다.

중앙은행의 사일로 문화는 글로벌 금융위기 이후에도 어느 정도 정책 당국자와 학계의 주류 경제학적 사고에서 지배적이던 물가 안정과 금융 안정의 분리 원칙을 반영하고 있다. 사일로 문화에 대응하는 일본은행의 전통적인 접근 방식은 다양한 부서 간 순환 배치다. 예를 들어 일본은행은 내부의 일류 거시경제학자들을 의도적으로 금융기구국과 은행검사국으로 순환 배치했다. 이는 거시경제학자들이 좁은 시야로 금융 안정 문제를 바라보지 않도록 하는 데 매우 효과적이었다.

공직에 대한 자부심

민간이든 공공이든 직장 내 구성원들의 사기는 매우 중요하다. 중앙은행 직원에 대한 동기 부여는 어떻게 이루어질까? 물론 금전적 보상이 한 가지 요인이다. 공공 또는 민간 부문 직원 평균 대비 중앙은행 직원의 보상 수준은 나라마다 다르다. 일반적으로 중앙은행 직원의 보수는 공공 부문 직원에 비해서는 많지만 민간 부문 직원에 비해서는 적은 경향이 있는 것 같다. 중앙은행 직원을 포함해 공공 부문 직원의 상대적 보수 수준이 낮아지고 있는 것이 세계적인 추세로 느껴진다. 급여 수준이 동기 부여의 유일한 결정 요인은 아니지만 금융 세계화가 진행되고 전문가의 노동 시장 이동성이 증가함에 따라 필요한 전문성을 갖춘 인재를 유치하는 데 점점 더 중요한 요소가 되고 있다.

여기서 강조하고 싶은 것은 공공 부문 직원들에게 중요한 동기 부여는 성취감이나 자부심, 즉 자신의 업무가 사회의 안녕에 기여한다고 느끼는 것, 나아가 본인 업무의 중요성에 대한 사회적 인정이다. 다른 나라의 공공 정책이 어떻게 수립되는지에 대해 충분한 지식은 없지만 전반적으로 공직의 역할에 대한 대중의 인식이 낮아지고 있다는 인상을 받았다. 예를 들어 일본은 1990년대 중반 이후 상당한 변화를 겪었다. "정치인 주도의 정책 수립"이라는 말이 유행어처럼 번지고 있다. 민주주의 사회에서 이 개념 자체는 정당하지만 그 부작용으로 전문성에 대한 존중이 약화되고 공공 부문 직원들의 사기가 저하되고 있다. 나는 이러한 추세가 매우 걱정스럽다. 정치인, 학계, 민간 부문, 중앙은행 전문가 사이에 건설적인 협력 관계를 구축하는 것이 중요한 과제로 남아 있다. 나는 이것이 전문성과 공직의 가치에 대한 인식을 모두 갖춘 젊은이들을 중앙은행에 계속 끌어들일 수 있는지 여부를 결정할 것이라고 믿는다.

* * *

위에서 내가 말한 내용은 중앙은행이나 그 직원들에게만 국한된 것이 아니다. 이 문제는 더 일반적이며, 사회가 우려할 만한 속도로 해체되는 오늘날 우리 사회에 심오한 함의를 담고 있다. 사회는 불편부당하고 전문적인 분석에 근거한 정책 제안을 제공받아야 한다. 물론 이러한 작업은 정부가 독점할 수 있는 것이 아니며 많은 민간 단체와 개인도 수행해야 한다. 하지만 정부나 공공 부문의 책임이 더 크다고 생각한다. 사회가 정책을 담당하는 공공 조직을 어떻게 구성하고 그 안에서 일하는 사람들에게 어떻게 동기 부여를 하는지가 매우 중요하다. 정책 수립의 지적 인프라가 잘 작동하는 것은 궁극적으로 사회 전체의 의지에 달려 있다. 이 책이 우리 경제, 나아가 우리 사회의 미래를 진지하게 고민하는 독자들에게 도움이 되기를 바란다.

맺는말

중앙은행은 지금 이상한 상황에 처해 있다. 일본은행은 저금리가 장기간 지속되는 "저금리 장기화low-for-long"에 갇힌 최초의 중앙은행이다. 나는 현재 상황이 지속 가능하다고 생각하지 않는다. 미래의 어느 시점이 되면 저금리 기조는 필연적으로 변화할 수밖에 없을 것이다. 인플레이션, 금융 버블과 그에 따른 금융위기, 부의 불평등 심화로 인한 사회적 불만, 성장률의 지속적인 하락, 또는 이러한 요인들이 복합적으로 작용하는 상황이 전개될 수 있다. 코로나19 바이러스의 세계적 대유행으로 경제와 사회가 큰 영향을 받고 있는 것을 목격하면서 현재의 상상을 뛰어넘는 일이 벌어질 가능성도 배제할 수 없다. 어쨌든 적절한 조치를 취하지 않으면 그 결과는 심각할 것이다.

이런 맥락에서 중앙은행은 엄청난 도전에 직면해 있다. 현재의 어려운 상황은 중앙은행의 통제 범위 밖에서 일어나는 근본적인 정치적·사회적·기술적 변화를 반영하고 있다. 그렇다고 해서 중앙은행은 스스로를 무력한 존재로 여겨서는 안 된다. 중앙은행은 우리가 현재 통화정책 운영 체계라고 부르는 모든 것을 재검토하는 데 앞장서야 한다. 지금 중앙은행은 단기적인 안정을 위해 현재의 관행에 집착하고 있다.

현재의 틀을 바꾸는 것은 정말 어려운 일이며 큰 충격을 야기할 수 있다. 하지만 현재의 관행은 장기적으로 건전한 접근 방식이 아니다.

내 관찰에 따르면 이미 상당수가 현재 체계를 계속 유지하는 것이 바람직하지 않으며 변화가 시급하다는 사실을 인식하고 있다. 모든 것은 우리가 현재 어디에 있고, 어디로 가야 하는지 명확하게 인식하는 데서 시작된다고 생각한다. 우리가 지혜를 모은다면 궁극적으로 통화정책에 대한 적절한 대안적 틀, 더 정확하게는 중앙은행 정책의 대안적 틀을 찾을 수 있으리라 믿는다. 그리고 중앙은행은 이 틀을 마련하는 과정에서 중요한 역할을 해야 한다.

감사의 말

일본어판에 부쳐

중앙은행은 말과 글로 표현하기 힘든 신기한 존재다. 이 불가사의한 존재에 대한 매력에 이끌려 국내외 많은 사람이 중앙은행에 관한 다수의 책을 썼다. 저자는 중앙은행 관계자와 경제학자뿐 아니라 언론인, 역사학자, 정치학자 등 다양하다. 글로벌 금융위기 이후 더 많은 책이 출간되고 있다. 내가 일본은행 근무 경험을 바탕으로 중앙은행을 논하는 책을 집필하기로 결심한 지 최소 4년, 일본은행을 떠난 지 5년이 지났다. 원고 집필을 마친 현재, 일본은행이라는 조직을 진정한 의미에서 졸업한 기분이다.

이 책의 구성과 내용도 처음 구상 단계와 상당히 달라졌다. 글을 쓰다 보니 관련 주제들이 하나둘씩 떠오르면서 결국 상당히 방대한 분량이 되어버렸다. 원고를 집필할 때 이런 내 성향을 인지하고 있었기 때문에 책을 간결하게 만들어야 한다고 늘 스스로 다짐했다. 그러나 동시에 버블, 금융위기, 디플레이션을 둘러싼 여러 사건의 복잡성을 생각하면 단순하게 쓰기는 불가능하고, 오히려 그렇게 하는 것이 바람직하지 않다는 생각도 강했다. 각각의 사건은 결코 독립적인 것이 아니라 서로 연결되어 있다. 거의 비슷한 사건이 여러 나라에서 일어나고 있지만 공통된 요소와 더불어 미묘한 차이도 존재한다. 일어난 일의 경제적 메커니즘을 이론적으로 이해하는 것은 필수다. 그러나 정책을 논의할 때는 이것만으로는 충분하지 않으며, 글로벌 환경을 포함한 시대의 정치적·사회적 맥락도 함께 설명해야 한다. 반면에 한 가지 관점에 따라 너무 깔끔하게 정리하면 중요한 '디테일'이 빠져서 그 시대를 이해할 수 없게 된다. 또한 정책을 최종적으로 결정하고 실행하는 것은 조직이고 사람이라는 점을 고려하면 이와 관련된 논점도 당연히 다루어져야 한다. 이런 욕심 때문에 책의 여러 장 내용들이 서로 연관성을 띠게 되었다. 각 장의 서술에 다소 중복되는 부분이 있을 수 있지만 이는 나의 욕심에서 비롯된 것이므로 너그럽게 이해해주기 바란다.

　일본은행에서 일한 39년은 매우 보람찬 시간이었다. 격동의 5년이었던 일본은행 총재 시절의 업무도 매우 보람 있었다. 이런 마음으로 자신의 커리어를 되돌아볼 수 있다는 것은 한 인간으로서 정말 축복받은 일이라고 생각한다. 내가 이 책에서 다루고 있는 내용은 당연히 일본은행에서 경험하고 배운 것에 큰 영향을 받았다. 직장에서는 좋은 상사, 동료, 후배를 많이 만날 수 있었다. 신일본은행법 시행 이후 정책위원회 위원들과 토론할 기회가 비약적으로 늘었는데, 많은 위원과 어려움을 공유하면서 일본은행의 사명을 달성하기 위해 협력했던 기억이 강하게 남아 있다. 외국 중앙은행의 여러 지인, 친구가 중앙은행 정신을 불어넣어준 경우도 많았다. 일일이 이름을 거론하지는 않겠지만 젊은 시절부터 총재 퇴임 때까지 도움을 준 분들의 얼굴을 떠올리고 함께 나눈 토론을 기억하면서 깊은 감사의 마음을 전하고 싶다.

　이 책 1장에서 언급했듯이 일본은행을 직장으로 선택한 것은 우연한 계기도 작용했다. 하지만 도쿄대학 경제학과에서 훌륭한 선생님들을 만나 수업과 세미나를 통해 경제에 관심을 갖고 경제학을 활용한 일을 하고 싶다는 생각을 하지 않았다면 이 우연은 실현되지 못했을 것이다. 선생님들 중에는 돌아가신 분들도 적지 않은데, 오랜 시간 동안 지도해주신 데 대해 진심으로 감사드린다. 내가 한때 가르쳤던 교토대학 공공정책대학원과 현재 가르치고 있는 아오야마가쿠인대학 국제정치경제학부에도 감사드린다. 두 대학에서의 경험을 통해 가르친다는 것은 배우는 것임을 다시 한 번 느낀다. 교토대학에서 한 수업은 나의 저서《현대 통화정책: 이론과 실제》로 결실을 맺었다. 아오야마가쿠인대학의 대학원 및 학부의 소수 정예 수업에서는 이 책의 초고를 바탕으로 강의하는 경우가 많았는데, 사회인 학생들이나 유학생을 포함한 학생들의 질문과 의견을 받아 다시 쓴 부분도 적지 않다. 일본은행을 떠난 후 현재도 해외 중앙은행이나 국제기구가 주최하는 콘퍼런스의 강연이나 국내외 대학의 세미나에 참가할 기회가 많은데, 외국 중앙은행의 옛 동료들과의 토론을 포함해 항상 지적 자극을 많이 받는다. 일본은행 근무 시절부터 내가 자주 가르침을 구하는 학자, 언론인, 기업 경영자와의 토론은 무엇과도 바꿀 수 없는 소중한 자산이다. 이분들에 대해서도 이름을 밝히지는 않겠지만 감사의 말씀을 전하고 싶다.

이 책의 후기에서는 집필 과정에서 직접적으로 도움을 준 분들의 이름만 언급하고 감사의 말씀을 드리는 것을 양해해주기 바란다. 아오키 고스케(도쿄대학 대학원 교수), 오키나 구니오(전 교토대학 공공정책대학원 교수, 전 일본은행 금융연구소장), 기무라 다케시(일본은행), 후지와라 이페이(게이오대학 교수), 야마구치 히로히데(닛코리서치센터 이사장, 전 일본은행 부총재) 다섯 분(오십음순)은 이 책의 원고 전체를 읽고 귀중한 코멘트를 해주었다. 야마모토 겐조(전 NTT데이터경영연구소 회장, 전 일본은행 이사)는 1장과 2장의 원고를 읽어주었다. 이상 여섯 분에게 다양한 각도에서 폭넓고 유익한 코멘트를 받았는데 진심으로 감사드린다. 물론 모든 오류는 저자인 나의 책임임을 밝혀둔다. 도표 작성은 히토쓰바시 대학 경제연구소 기타무라 연구실의 가와사키 유코川崎裕子에게 큰 도움을 받았다. 그리고 도요게이자이신보사東洋経済新報社의 편집자인 시마무라 유코島村裕子에게 진심으로 감사의 말씀을 전하고 싶다.

마지막으로 아내 미에코, 장녀 사야카, 차녀 모에기에게 감사의 말을 전하고 싶다. 충실한 직장 생활도, 이 책의 집필도 가족의 지지와 격려 없이는 생각할 수 없다. 손주 세대가 사회의 중심이 될 무렵의 일본 경제와 세계 경제의 모습을 떠올리며, 현재와 미래의 중앙은행 관계자들에 대한 기대를 담아 사회 전반에서 중앙은행의 역할에 대한 논의가 깊이 있게 이어지기를 진심으로 바란다.

2018년 8월

시라카와 마사아키

영어판에 부쳐

책을 쓰는 길고 힘든 작업의 마지막 단계에서 감사의 글을 쓰면서 이 책이 탄생하게 된 배경을 되돌아보게 된다. 내 오랜 경력을 형성한 많은 장면이 눈앞을 스쳐 지나간다. 중앙은행에 일하는 동안 국내외 동료들로부터 엄청난 도움을 받았다. 우리는 협력하며 함께 업무를 수행했다. 물론 일본은행 내부 회의 토론에서도 그랬지만 국제결제은행 회의 같은 국제회의에서 의견을 교환하며 많은 것을 배웠다. 회의 사이

휴식 시간에 커피를 마시며 나눈 허심탄회한 대화는 상당히 고무적이었다. 또한 동료 중앙은행가들의 공개 연설문과 중앙은행 경제학자들의 연구 논문을 읽고 그중 많은 사람과 이메일로 의견을 주고받은 것도 큰 도움이 되었다. 무엇보다 나는 다른 중앙은행가들로부터 중앙은행에 주어진 도구인, 국민에게 봉사하고자 하는 중앙은행가 정신을 배웠다. 이러한 모든 영향 아래 나온 이 책은 본질적으로 중앙은행 공동체의 많은 사람이 공동으로 작업한 결과물이라고 할 수 있다.

나는 학계, 민간 부문 경제학자, 언론인, 금융기관 경영진, 금융 시장 참여자와 나눈 대화, 토론, 교류를 통해 많은 것을 배웠다. 이들 모두 중앙은행 업무와 통화정책을 실행하는 데서 중요한 주체들이며, 나에게 미치는 영향은 매우 분명하다. 지적 부채를 지고 있는 모든 이들에게 진심으로 감사하며 모든 사람의 이름을 일일이 거론할 수 없는 점을 양해해주기 바란다.

이 영어판은《중앙은행: 중앙은행가가 경험한 39년中央銀行: セントラルバンカーの経験した39年》이라는 제목으로 2018년 가을 일본 도요게이자이신문사東洋経済新報社에서 출간한 일본어 책에서 비롯되었다. 영어판의 기본 구조와 핵심 메시지는 일본어판과 근본적으로 동일하다. 하지만 여전히 일종의 '수수께끼'로 여겨지는 일본의 경험을 외국 독자들이 더 쉽게 이해할 수 있게 하고 일본 통화정책에 대한 논의를 세계적 맥락에 배치하기 위해 일부 수정과 보완이 이루어졌다.

일본어판 원고를 친절하게 읽어주고 많은 귀중한 의견을 제시해준 일본은행의 전 동료 여섯 사람에게 감사한다. 야마구치 히로히데 부총재는 총재 재임 기간 동안 헌신적인 지원을 아끼지 않았고, 나는 항상 그의 모든 측면을 고려하는 전문적이고 공정한 조언을 신뢰했다. 금융 안정 담당 부총재보로 2007~2009년 글로벌 금융위기 당시 일본은행의 대응책을 마련하는 데 많은 시간을 할애했던 야마모토 겐조도 귀중한 조언을 아끼지 않았다. 이미 은행을 떠나 교토대학 교수로 재직 중이던 오키나 구니오는 내가 총재로 재직하는 동안 사석에서나 출판된 논문과 저서를 통해 항상 통찰력 있는 분석을 제공해주었다. 중앙은행의 여러 분야에 관여했던 기무라 다케시는 항상 통찰력 있는 분석으로 내 사고에 영감을 주었으며, 그의 영향은 때때로 내가 한 공개 연설에서 찾아볼 수 있다. 현재 도쿄대학 교수인 아오키 고스케青木浩介와 게이오대학 교수인 후지와라 이페이藤原一平는 나의 초기 아이디어를 정통 경제학의 언어와 틀에 맞게 옮기는 데 도움을 주었다.

예일대학교 금융 안정 프로그램 시리즈Yale Program on Financial Stability Series의 일환으로 내 책의 영어판이 출간되는 것을 매우 기쁘게 생각한다. 비록 세계화와 중앙은행, 통화정책에 대한 관심이 높아지는 시대지만 영어로 책을 출판한 경험이 없는 사람이 특정 중앙은행에 초점을 맞춘 책, 특히 이렇게 많은 분량의 책을 출판할 출판사를 찾기는 쉬운 일이 아니었다. 내가 출판사를 찾으려고 애쓰고 있을 때 뉴욕 연준 총재와 재무장관을 지낸 티머시 가이트너가 친절하게도 예일대학교 출판부를 소개해주었다. 그가 도쿄 주재 미국 대사관의 재무관으로 근무할 때 처음 만난 후 거의 30년이 지났다. 타국의 경험에 대한 지적 호기심을 계속 키우고 있는 그의 강력한 지원과 추천이 없었다면 이 영어판의 출간은 불가능했을 것이다.

또한 이 책의 출간을 지원해준 예일대학교 경영대학원의 금융 안정 프로그램 책임자인 앤드루 메트릭Andrew Metrick에게도 감사의 말을 전한다. 이 프로그램은 금융위기 경험에 대한 설명과 분석을 미래 세대에 전수하는 것을 목표로 하고 있다. 그 목표에 크게 공감하는 자문위원회의 일원으로서 내 책이 이 시리즈의 하나로 출간된 것을 매우 영광스럽게 생각한다.

영어판 제작은 일본어판 원서를 영어로 번역하는 것에서 시작되었다. 이 힘든 작업을 맡은 가와조에 사토시川添敬와 이와사키 준岩崎淳은 번역뿐 아니라 무수히 많은 귀중한 코멘트를 해주었다. 일본은행에서 나와 함께 많은 업무를 했고 현재 리쓰메이칸아시아태평양대학立命館アジア太平洋大学 교수로 재직 중인 사토시는 일본은행에서 연설문을 작성하는 데 자주 도움을 주었기 때문에 나의 사고방식과 글쓰기 스타일에 익숙했다. 국제적인 활동도 많이 하고 있는 준은 중앙은행에 기술 지원을 제공하기 위해 아시아 개발도상국을 방문하느라 바쁜 와중에도 주말을 반납하고 번역을 도와주었다. 특히 자신의 책을 집필하는 와중에도 친절하게 많은 시간을 할애해주었다. 두 사람 모두 일본어 원서보다 더 많은 내용을 준비해 헌신적인 작업을 해준 두 사람에게 크나큰 감사의 말을 전한다.

영어 번역본 초고를 받아본 나는 문장을 고치고 구절을 삭제하고 더하는 등 추가 수정을 가했다. 다른 언어로 나를 표현하는 것이 내 생각의 다양한 측면을 구체화하는 데 도움이 되었다. 수정을 마친 후 중앙은행과 통화정책을 깊이 이해하는 영어 원어민의 도움이 필요하다는 것을 느꼈다. 독자들이 오독하지 않도록 그들이 원고를 꼼꼼히 읽어주기를 바랐다. 뜻밖에도 그리고 다행스럽게도 내 오랜 친구인 피터 피셔Peter R. Fisher와 프랭크 패커Frank Packer가 이 작업에 자원해주었다. 나는 피터를 1987년 뉴욕 연준에서 열린 회의에서 처음 만났다. 그 이후로 우리는 중앙은행을 둘러싼 다양한 이슈에 대해 지속적으로 논의했다.

그는 모호한 표현을 지적하고, 명확하게 만들기 위해 많은 질문을 하고, 대안적 표현을 제시했다. 중앙은행 문제에 대해 열정적으로 토론하고 나에게 영감을 주는 이런 친구가 있다는 것은 내게 큰 행운이다. 프랭크와는 거의 20년 전부터 교분을 쌓았다. 그는 뉴욕 연준과 민간 부문에서 일하다가 국제결제은행에 합류했으며, 현재 국제결제은행 아시아 사무소에서 고문으로 일하고 있다. 그가 일본어가 가능하고 도쿄에서 근무한 경험이 있는 것도 도움이 되었다. 그는 중앙은행에 대한 방대한 지식과 일본 경제에 대한 명쾌한 관찰을 결합해 내 원고를 내용과 표현 면에서 크게 개선해주었다. 피터와 프랭크의 헌신적인 기여에 진심으로 감사한다.

또한 두 전 중앙은행 총재에게도 감사의 뜻을 전하고 싶다. 이스라엘은행 총재를 지낸 제이콥 프렝켈Jacob Frenkel(야코브 프렝켈)은 내가 시카고대학교에 재학 중일 때 은사였다. 그는 이 책에 대해 귀중한 조언을 해주었을 뿐 아니라 친절하게도 출판사에 추천사를 써주었다. 전 영란은행 총재였던 머빈 킹도 친절하게 추천사를 써주었다. 일본은행 퇴임 직전 도쿄에서 만나 많은 선진국의 통화정책이 근거하고 있는 지적 모형을 재고할 필요성에 대해 나눈 대화가 생생하게 기억난다. 이 책의 많은 도표 제작에 자원해준 전 일본은행 수석 이코노미스트 세키네 도시타카関根敏隆에게도 감사의 말을 전하고 싶다. 세키네가 기술적인 지원뿐 아니라 본인의 연구 논문을 비롯해 다수의 통찰력 있는 연구 논문이 가진 교육적 가치에 대해 알려준 것도 큰 도움이 되었다.

책 출판은 저자와 편집자의 공동 프로젝트다. 일본어판 편집을 맡아준 야마가타 유이치로, 야마자키 다케토시, 시마무라 유코에게 특별히 감사를 표한다. 훌륭한 영어판 편집 작업을 해준 예일대학교출판부의 세스 디칙, 앤-마리 임보르노니, 캐런 올슨과 웨스트체스터 출판 서비스의 멜로디 네그론에게 감사한다. 이들의 전문적이고 헌신적인 작업이 없었다면 이 책은 탄생하지 못했을 것이다.

아내 미에코는 항상 나를 지지해주었다. 일본은행 총재로서의 삶은 흥미진진하고 보람찼지만 동시에 스트레스가 없는 것은 아니었다. 미에코는 내가 집에 와서는 아무 걱정거리 없이 편하게 지내도록 배려해주었다. 결혼 생활 동안 미에코가 나를 돌봐주고 가정에 따뜻한 분위기를 조성해주지 않았다면 프롤로그에서 언급한 성취감을 느끼며 총재 임기를 마칠 수 없었을 것이다. 아내에게 정말 감사한다.

내게는 두 딸 사야카 마스다와 모에기 시라카와가 있다. 동일본 대지진 당시 후쿠시마에 살던 사야카는 내가 총재로 재직하는 동안 두 아들을 헌신적으로 키웠다. 사야카의 가족과 함께 시간을 보낼 때마다 내가 정책을 고민하면서 지속적으로 강조한 경제와 사회의 지속 가능성이 결코 추상적인 개념이 아니라는 것을 느꼈다. 지속 가능성에 대해 고민한다는 것은 사야카 가족의 미래, 특히 지금 필요한 조치를 취하지 않으면 몇 년 후 그들이 살아갈 경제와 사회가 어떻게 될지 상상해보는 것이었다. 모에기는 자본 시장 전문 변호사다. 이 책에서 다루는 주제에 대해 딸과 이야기 나누는 것은 언제나 즐거운 일이었고, 초기 초안에 대한 딸의 솔직한 의견을 통해 성별이나 세대 차이 등으로 인해 미처 생각하지 못했던 다양한 주제나 민감한 논점을 알게 되었다. 두 딸은 서로 다른 방식으로 이 책에 크게 기여했다. 이들의 아버지라는 사실이 정말 자랑스럽다.

아흔여섯이 되셨지만 여전히 일본 전통 시가인 하이쿠 짓는 것을 즐기시는 어머니 시라카와 료는 내 일본어판 책을 읽으시고는 놀랍게

678

도 "읽을 만하다"라고 친절하게 말씀해주셨다. 아버지 시라카와 히로시는 뇌출혈로 5년 동안 투병하다 69세의 나이로 돌아가셨다. 일본은행에서 겪은 일에 대해 아버지와 별로 이야기 나누지 못한 것이 후회된다. 아버지가 내가 공직에서 일하기를 원하셨던 것을 떠올리며, 아버지가 살아 계셨다면 내 책을 어떻게 생각하실지 궁금해하곤 한다. 이 책을 미에코, 사야카, 모에기, 그리고 어머니, 아버지께 진심으로 감사하며 바치고 싶다.

2020년 12월
시라카와 마사아키

옮긴이의 말

　고백하자면 나는 얼마 전까지만 해도 일본은행을 "소극적으로 움직이다가 실패한 중앙은행" "일본의 '잃어버린 30년'에 책임이 있는 기관"으로 인식하고 있었다. 이는 주류 경제학자들의 시각을 일부 반영한 것이다. 저명한 경제학자이자 연준 위원을 역임했던 프레더릭 미슈킨 컬럼비아대 교수도 2007년 "많은 사람이 일본의 경험에서 잘못된 교훈을 얻었다. 문제는 버블 붕괴가 아니라 오히려 그 이후에 이어진 일련의 정책 대응이다"라고 했는데 나의 시각도 여기에서 벗어나지 않았다. 이 책의 저자인 시라카와 전 일본은행 총재에 대해서도 아베노믹스에 저항하다가 물러난 총재 정도로 알고 있었다. 그리고 재무성 출신이 후임 총재로 부임하는 것을 보고 놀랐던 기억이 있다.

　이 책을 번역한 계기 중 하나는 2023년 1월 접한 한국은행 동경사무소의 보고서였다. 해당 보고서는 이 책의 저자가 2023년 1월 일본의 경제 매체에 기고한 〈정부·일본은행 '공동 성명' 10년 후 총괄政府·日銀「共同声明」10年後の総括〉을 요약한 것이었다. 해당 보고서에서 가장 눈길을 끌었던 부분은 저자가 아베노믹스로 이어진 '공동 성명'을 도출하는 과정에서 받았던 정치적 압력이나 저자의 아베노믹스에 대한 평가가 아니었다. 나에게 가장 흥미로웠던 점, 이전에 충분히 인식하지 못했던 점은 민주주의 사회에서 선출된 권력이 선출되지 않은 권력인 중앙은행에 동의할 수 없는 정책을 강제할 때 중앙은행은 독립성을 어떻게 해석하고 어떻게 행동해야 하는가에 대한 고민이었다. 저자가 다른 매체에서 말한 것처럼 하지 않아야 할 것은 하지 않아야겠지만 그렇다고 중앙은행이 '나라 안의 또 다른 나라'가 아니라면 두 주장의 접점은 어디일까?

보고서를 읽고 나서 시라카와 전 총재에 대한 관심이 생겼다. 일본은행 입행 후 일본 경제의 황금기를 경험했고, 이후 일본 경제의 버블과 그 파국을 현장에서 지켜봤으며, 총재 임기 중에는 글로벌 금융위기, 동일본 대지진, 유럽 부채위기를 경험한 인물이다. 운 좋게도 내가 한국은행 금융통화위원으로 재임하던 2023년 3월 한국은행 동경사무소에서 면담할 기회를 가졌다. 일본 경제, 일본의 통화정책, 그리고 이 책의 영어판에 대해 여러 이야기를 나누었다.

"지난 30년을 돌아봤을 때 일본은행이든 정부든 가장 큰 정책적 실수는 뭐라고 생각하시나요?" 저자를 만나면 가장 물어보고 싶었던 질문이었다. 이에 대해 저자는 책에서도 느껴지는 겸손하고 차분한 말투로 "해서는 안 되었을 일들이 몇 가지 있었지만 그중 중요한 것 하나는 2001년 일본 정부의 디플레이션 선언이었습니다"라고 답했다.

2001년 3월 일본 정부는 〈월례 경제 보고〉를 제출하면서 디플레이션을 선언했다. 저자에 따르면 당시 일본 정부와 일본은행은 디플레이션에 대한 논의를 진행 중이었다. 일본 정부는 24개월 연속 물가가 하락하는 것을 디플레이션이라고 정의했다. 반면 일본은행은 생산성 둔화, 인구 구조의 변화, 세계화 등의 문제를 제쳐두고 물가만으로 경제 상황을 이해하면 안 된다는 입장이었다. 양자 간 논의가 진행되던 중 일본 정부가 갑자기 디플레이션을 선언했다고 한다. 일본 정부는 '디플레이션인데 일본은행 너희가 뭐라도 해야 하지 않겠냐'는 경기 부양책 압박의 의도도 가지고 있었다. 문제는 디플레이션의 공식적 선언이 민간 경제 주체들의 기대를 크게 바꿔버린 것이다. 책에서도 잘 설명하고 있듯이 '디플레이션'이란 용어는 1930년대 대공황과 관련된 공포감을 불러일으켰고 가격 하락에만 초점을 맞추었기 때문에 '돈만 풀면' 문제가 해결되는 것처럼 인식되게 했다. 이후 일본의 통화정책은 2001~2006년 1차 양적 완화, 2010-2013년 2차 양적 완화, 아베 정부 출범 후 2013년부터 양적·질적 완화 등 대규모의 금융 완화 정책으로 이어졌다. 결과는 여전히 2퍼센트 인플레이션 목표를 달성하지 못했으며, 일본은행 자산은 GDP 규모에 육박하고 있다.

아베노믹스도 정치의 영역으로 통화정책이 끌려 들어간 사례다. 아베 전 총리는 2012년 12월 중의원 총선거에서 선진국 선거에서는 매우 드물게도 중앙은행과 통화정책을 공약으로 내세웠다. 선거 기간 내내 아베 전 총리는 선거에 이기면 일본은행과 정부 간 공조를 통해 공격적인 금융 완화를 하고 일본의 장기 불황을 끝내겠다고 주장했다. 인플레이션 목표를 2퍼센트 또는 3퍼센트로 설정하고 "무제한으로 돈을 풀겠다"라는 공격적인 언사도 서슴지 않았다. 또한 일본은행법 개정 가능성도 언급했다. 중의원 총선거에서 아베 전 총리가 이끄는 자민당이 압도적으로 승리하자 당시 일본은행 총재였던 저자는 2가지 상충하는 책임에 직면했다. 하나는 민주주의 사회에서 어떤 공약을 내걸고 당선이 되었을 경우 그 공약은 국민 다수가 지지한 것이므로 공약을 존중하지 않을 수 없다는 것이다. 또 하나는 독립적으로 물가 안정을 통해 지속 가능한 성장의 토대를 마련해야 하는 일본은행의 책무다. 게다가 저자는 당시 아베의 공약이 일본은행의 책무 달성과는 거리가 먼 방법이라 생각했다. 저자는 이 시기가 임기 중 가장 힘들었던 상황이었다고 한다. 상충하는 두 책임을 조정하기 위한 노력의 결과로 '공동 성명'이 발표되었다. 아베 정부는 공동 성명을 구속력 있는 협약으로 만들려 했으나 저자와 일본은행은 이 성명이 미래의 짐이 되지 않도록 했다(이 과정은 책에 자세히 나와 있다).

"단순히 돈만 푼다고 해서 물가가 오르고 일본 경제가 장기 불황에서 탈출하는 건 아니라는 것이 일본은행의 입장이었다면 왜 일본은행의 입장을 관철시키지 못했나요?" 이 질문에 저자는 일본은행이 설득에 실패했다는 것을 인정했다. 그리고 일본의 경우 해외의 권위 있는 기관이나 학자의 말에 여론이 쏠리는 경향이 강하고, 각 경제와 사회의 특수성을 무시한 채 해외 학계를 무조건 추종하는 학자들, 그리고 정치적 목적을 가지고 정부의 입장을 대변하는 학자들이 만든 '시대의 공기'를 거스르기 힘들었다고 전했다. 단순히 돈을 푼다고 해서 일본의 문제를 해결하지 못한다는 저자의 견해는 1980년대 완화적 통화정책과 신용 팽창에 따른 버블 형성, 1990년대 부실 은행 정리 등 실무 경험에서 얻은 통찰, 그리고 낮은 물가는 결과일 뿐 원인이 아니라는 판단에 기반한다. 어떤 현상이 원인인지, 아니면 결과나 징후인지 판단하는 것이 중요하다. 낮은 물가가 원인이라면 물가를 올림으로써 문제를 해결할 수 있다. 하지만 낮은 물가가 인구 구조 등 경제 구조의 변화 때문이라면 물가를 올린다고 해결될 문제는 아니다. 이런 맥락에서 최근 만난 일본은행 고위직 지인은 시라카와 전 총재도 동의할 것 같다며 번역서의 제목에 '잘못된 진단(오진)'이란 표현을 넣으면 어떻겠느냐고 제안하기도 했다.

위의 두 사례가 주는 교훈 2가지가 있다. 첫째, 통화정책이 잘못된 논리로 정치 영역이나 선거에서 언급되는 것을 경계해야 하며, 선출 기관이 책임성을 다하는 것과 중앙은행의 독립성을 유지하는 것 사이에 딜레마가 발생할 가능성에 유의해야 한다. 전 세계적으로 정치가 양극화되고 있으며, 국리민복보다는 선거에서 이기는 것만이 목적인 듯 느껴지는 세상이다. 갈등이 첨예화된 정치 환경에서는 일정 수준의 합의가 필요한 재정정책보다 통화정책을 손쉬운 정책 수단으로 인식할 가능성이 높다. 저자의 표현대로 중앙은행은 '어느 정도 효과가 있을 것으로 보이는 조치를 신속하게 시행할 수 있는 유일한 기관'이 될 가능성에 유의해야 한다. 일본의 사례 때문에 독립성을 강조했지만 한편으로는 민주주의 사회에서 선출되지 않은 기관에 의해 너무 많은 권력이 행사되지 않는지 주의 깊게 살펴볼 필요도 있다.

둘째, '사회 우위'에 유의해야 한다. 저자는 기존의 '재정 우위' '금융 우위financial dominance'에 더해 '사회 우위'란 용어를 사용한다. 재정 우위와 금융 우위는 각각 정부 부채와 금융 안정 상황이 중앙은행의 통화정책을 제약하는 상황을 말한다. 사회 우위는 중앙은행이 대중, 언론, 정부 등으로부터 받는 사회적 압력으로 인해 장기적 영향에 대한 고려 없이 단기적 시계의 정책을 수행하는 것을 의미한다. 면담 당시 저자는 정부나 정치인들은 바람직한 정책이 무엇인지 알고 있는 상황에서도 선거를 위해 단기적 효과만 고려하는 경향이 있으며, 이는 대중과 언론을 통해 중앙은행에 압력으로 작용할 수 있다고 설명했다. 일례로 내가 만난 전현직 일본은행 고위 인사들은 아베노믹스에서 강조했던 '2년, 2배, 2퍼센트' 목표(2년 내에 본원 통화를 2배로 증가시켜 2퍼센트 물가 상승률을 달성한다는 목표)에 대해 정책 시행 당시에도 의구심을 품었다고 한다. 심지어 정책 집행 기관 내부자의 의구심에도 불구하고 정책이 시행된 이유는 무엇일까? 아마 무엇이라도 시도해 봐야 한다는 일본 경제의 절박한 상황도 있었겠지만 사회 우위도 중요한 역할을 했을 것이다. 사회 우위에서 벗어나 장기적 시계에서 정책을 수행하기 위해서 중앙은행은 활발한 소통을 통해 대중을 설득하고 중앙은행의 입장을 진솔하고 일관되게 전달할 필요가 있다. 일본은행은 일본의 경제 상황이 단순히 돈을 푸는 것만으로 해결되지 않는다는 점을 설득시키는 데 실패했는데, 저자는 일본은행의 입장을 설득하는 데 실패했던 경험에 비추어 학계와의 활발한 교류, 그리고 특히 대중 교육의 중요성을 강조한다.

그렇다면 중앙은행의 독립성은 무조건적인 권한일까? 그렇지 않을 것이다. 책에서 저자가 여러 번 강조했듯이 중앙은행의 독립성은 장기적 고려 없이 단기적 이익을 추구하는 정치적·사회적 경향을 해결하기 위한 장치로 설계되었다. 결국 선출되지 않은 권력임에도 위임된 권한으로 통화정책을 집행하는 중앙은행은 전문성, 투명성, 책임성을 통해 스스로 독립성을 정당화시켜야 한다. 저자는 통상적인 통화정책 외에도 중앙은행의 중요한 역할이 '심도 있는 분석을 바탕으로 경제 문제, 그리고 궁극적으로 사회 문제를 야기할 수 있는 잘못된 정책 논리를 조기에 경고'하는 데 있다고 말하는데 이를 위해서도 전문성은 필수다.

책임성은 전문성과 투명성에 따라올 것이다. 엘리트 조직으로서 아무리 전문성이 높다고 하더라도 의사 결정 과정에서 고민했던 점, 선택한 정책 또는 정책 수단의 정당성, 기대하는 효과 등에 대한 충분한 설명 없이는 중앙은행의 정책을 대중이 납득하기 어렵다. 정책 결정과 관련된 내용을 대중에게 투명하게, 쉽고 명료하게 설명하는 것과 동시에 외부 비판에 대해 열려 있는 자세도 필요하다.

주제넘지만 내가 금융통화위원으로 한국은행의 통화정책 결정 과정에 참여했던 기억과 인연으로 한국은행의 경우는 어떤지 일본의 상황과 대입해서 생각해보게 된다. 팔이 안으로 굽은 의견일 수도 있으나 한국은행의 경우 독립성이 상대적으로 잘 유지되고 있으며 투명성 차원에서도 최근 활발한 대외 커뮤니케이션이 돋보인다. 또한 일본 통화정책의 문제 중 하나가 장기 성장 추세의 하락과 단기적 경기 침체를 구분하지 않고 완화적 통화정책을 장기간 사용한 점임을 고려하면 인구 구조, 생산성 등 장기 추세에 영향을 미치는 여러 요인에 대한 한국은행의 최근 연구들은 매우 바람직하다. 아마 중앙은행에 부여된 독립성을 정치적 영향력으로부터 자유로운, 올바른 방향의 '시대의 공기' 형성에 사용하고 있지 않나 생각한다. 다만 앞으로도 독립성의 요건이 잘 유지되고 있는지, 높은 전문성을 가진 인력을 향후에도 잘 유지할 수 있는 여건이 되는지 수시로 점검할 필요가 있다고 본다. 예를 들어 영란은행 부총재를 지낸 폴 터커는 저서에서 독립된 기관의 요건으로 (1) 위임된 정책 수단에 대한 결정 권한이 있는지, (2) 의사결정권자의 임기가 보장되어 있는지, (3) 예산의 자율성이 있는지 3가지를 들었다. 특히 예산의 자율성과 관련해 최소한 1년 단위로 편성되는 방식을 피할 것을 주장하는데 이런 예산 차원의 고려도 필요하다고 생각한다.

번역을 하면서 귀한 시간을 들여 이 책을 읽는 독자들은 무엇을 느끼고 어떤 점들을 배울 수 있을까 생각해보았다. 먼저, 독자들은 과거 30여 년간 일본 경제의 행로에 영향을 미친 정책 결정들을 '시대의 공기'와 함께 경험할 수 있을 것이다. 저자는 단순히 거시경제 데이터만으로는 과거의 결정을 재구성할 수 없다며 당시 정책을 둘러싼 지배적

'서사'와 '시대의 공기'를 함께 전달하고자 했는데 이 작업을 훌륭하게 해냈다. 일본 아마존의 독자 리뷰 중에는 "60세 전후의 금융인이 읽으면 울컥할 것 같다"라는 평이 있다. 아마 저자처럼 일본 경제의 황금기, 버블과 버블 붕괴, 그리고 잃어버린 10년에서 수십 년이 된 시간을 모두 겪었기 때문일 것이다. 우리 독자들도 당시 시대 상황을 함께 느끼면서 일본 경제에 대한 이해를 높일 수 있을 것이다.

둘째, 일본 통화정책에 대한 오해를 풀고, 이해를 높일 수 있다. 그리고 일본은행이 글로벌 금융위기 당시 선진국 중앙은행들이 채택했던 비전통적 통화정책(양적 완화, 포워드 가이던스)의 선구자라는 점을 고려하면 최근까지 이어진 선진국 중앙은행의 통화정책에 대한 이해 또한 높일 수 있다. 회고록의 특성상 저자의 시각과 기억을 주로 반영해 독자들이 동의하기 어려운 부분도 있을 수 있다. 하지만 일본의 '소극적' 통화정책을 비판하던 다수의 논자들이 이후 의견을 수정했던 것에서 볼 수 있듯이 이론에 경험을 더한 저자의 통찰은 설득력이 높다. 예를 들어 《파이낸셜타임스》의 마틴 울프는 2001년 〈벼랑 끝에서 선 일본〉이라는 제목의 칼럼에서 과감한 통화 팽창을 주장했으나 2017년 〈일본에 대한 통념은 틀렸다〉라는 칼럼에서 주류 경제학자들이 내놓은 정책 처방이 틀렸음을 인정했다. 저명한 경제학자 마크 거틀러도 2017년 일본은행 연례 콘퍼런스에서 "더 이상 일본의 침체를 잘못된 통화정책 탓"으로 돌릴 수 없으며 중요한 문제는 일본의 지속적인 저물가와 저성장을 설명하는 것이라고 했다. 심지어 아베노믹스의 설계자라 불렸던 예일대 하마다 고이치도 2016년 한 인터뷰에서 "과거에 디플레이션은 화폐적 현상이라 했는데 생각이 바뀌었다"라고 말했다.

마지막으로 독자들에게 양해를 구할 부분이 있다. 원래 이 책 일본어판은《중앙은행: 중앙은행가가 경험한 39년》이란 제목으로 2018년 출간되었다. 이후 3년 뒤 영어판이《격변의 시대: 위기 시대의 중앙은행Tumultuous Times: Central Banking in an Era of Crisis》이란 제목으로 예일대 출판부에서 출간되었다. 저자가 머리말에서 설명한 것처럼 영어판은 외국 독자들이 일본의 경험을 더 잘 이해할 수 있도록 일부 수정과 보완이 이루어졌다. 이 점을 반영해 번역하는 과정에서 일본어판에서 몇 군데 반복되는 부분을 삭제하거나 문단의 위치를 변경했다.

* * *

나에게 이 책은 세 번째 번역서다. 번역 작업은 할 때마다 이번이 마지막이라 생각하게 되지만 동경사무소 보고서를 읽고 나서 생긴 개인적 호기심, 그리고 이어진 시라카와 전 총재와의 만남 등 일련의 과정을 통해 또 한 번 번역서를 내게 되었다. "잃어버린 30년" 기간의 일본 경제와 통화정책, 그리고 정치의 역할에 대해 더 잘 이해할 수 있다면 우리 사회와 경제의 미래를 준비하는 데 조금이나마 도움이 되리라 생각한다.

늘 그렇지만 이번 작업에서도 직간접으로 많은 분의 신세를 지게 되었다. 부키 출판사 구성원들의 배려와 헌신, 전문성 없이는 이 책이 나올 수 없었다. 역서에 대한 연세대학교 학술연구비 지원에도 감사드린다. 내가 중앙은행과 통화정책에 대해 더 깊은 이해를 할 수 있게 많은 기회를 주신 한국은행의 이주열 전 총재님, 이창용 현 총재님, 금융통화위원회에 함께 있었던 임지원, 주상영, 이승헌, 조윤제, 서영경, 신성환 위원님께 감사드린다. 늘 좋은 말씀과 격려를 해주시는 고승범 전 금융위원장께도 감사드린다. 이분들로부터 통화정책에 대한 지식, 시장을 보는 눈부터 이견을 조정하는 방법, 의견을 효과적으로 내는 방법 등 평생의 자산이 될 귀중한 덕목을 배울 수 있었다. 그리고 번역의 시초가 된 보고서를 작성한 동경사무소의 최다희 과장님, 일본어판을 먼저 읽고 책의 내용과 중앙은행 업무에 대한 식견을 나누어준 노재광 차장님께도 감사의 마음을 전한다. 책의 내용에 대해 함께 토론하며 내용을 더 잘 이해할 수 있게 하고 용어 선택에 도움을 준 강수종, 김영환, 서승남, 엄지용, 이창원, 그리고 아내 인소영에게도 고마운 마음을 전한다. 연세가 팔십이 넘으셨는데도 아들 걱정을 덜게 한다고 열심히 운동하시는 부모님께 감사드린다. 특히 한국은행에서 근무하셨던 부친께서는 아들이 중앙은행과 관련된 일을 하는 것에 늘 기뻐하신다.

마지막으로 두 중앙은행의 임직원들께 감사와 존경의 마음을 전한다. 먼저 아무도 '가지 않은 길'을 절박함과 사명감을 가지고 걸어갔던 일본은행 직원들의 용기에 경의를 표한다. 우리나라를 비롯해 많은 나라가 인구 감소 등 일본의 경로를 따라가고 있다는 점에서 일본은행의 노력과 사례는 많은 이들에게 유용한 선례가 될 것이라 생각한다. 그리고, 중앙은행 업무에 대한 지적 호기심과 사명감을 잃지 않고 근무하고 있는 한국은행 임직원분들께도 말로 표현할 수 없는 고마운 마음을 가지고 있다. 함께 일을 했을 때뿐 아니라 사적인 자리에서도 한국은행 직원들의 지식과 겸손함, 열정에서 많은 것을 배우고 있다.

박기영

참고문헌

Advisory Group on Economic Structural Adjustment for International Harmony(1986), *A Report on International Coordination for International Harmony*, Advisory Group on Economic Structural Adjustment for International Harmony, April 17, 1986(in Japanese). https://www.komazawa-u.ac.jp/~kobamasa/lecture/japanco/maekawarep. htm.(国際協調のための経済構造調整研究会,《国際協調のための経済構造調整研究会報告書》)

Ahearne, Alan, Joseph Gagnon, Jane Haltmaier, Steve Kamin, Christopher Erceg, Jon Faust, Luca Guerrieri, Carter Hemphill, Linda Kole, Jennifer Roush, John Rogers, Nathan Sheets and Jonathan Wright(2002), "Preventing Deflation: Lessons from Japan's Experience in the 1990s", FRB International Finance Discussion Papers, No.729, June 2002.

Aoki, Masahiko(2014), *Professor Aoki's Introduction to Economics*, Chikuma Shobou(in Japanese).(青木昌彦,《青木昌彦の経済学入門: 制度論の地平を拡げる》(ちくま新書), 筑摩書房)

Archer, David, and Paul Moser-Boehm(2013), "Central Bank Finances," BIS Paper No. 71, Bank for International Settlements, April 2013. https://www.bis.org/publ/bppdf/ bispap71.htm.

Arnone, Marco, Bernard J. Laurens and Jean-François Segalotto(2006), "The Measurement of Central Bank Autonomy: Survey of Models, Indicators, and Empirical Evidence", IMF Working Paper WP/06/227, International Monetary Fund.

Baker, James A., ITI(2016), "The Architect," in *International Monetary Cooperation: Lessons from the Plaza Accord after Thirty Years*, ed. C. Fred Bergsten and Russell A. Green, Peterson Institute for International Economics.

Ball, Laurence M.(2018), *The Fed and Lehman Brothers: Setting the Record Straight on a Financial Disaster*, Cambridge University Press.

Bank for International Settlements(1989), *59th Annual Report*, Bank for International Settlements, June 12, 1989. https://www.bis.org/publ/arpdf/archive/ar1989_en.pdf.

––––––––(2017), "A Paradoxical Tightening?," in *BIS Quarterly Review: International Banking and Financial Market Developments*, December 2017. https://www.bis.org/publ/qtrpdf/r_qt1712.htm.

Bank of England(2012), "Quarterly Inflation Report Q&A," February 15, 2012. https://webarchive.nationalarchives.sovuk/20170704160537/http://www.bankofengland.co.uk/publications/Documents/inflationreport/conf120215.pdf.

Bank of Japan(1990a), "The Secondary Banking Crisis in the United Kingdom in the Early 1970s," *Bank of Japan Research Bulletin*, January 1990(in Japanese). https://www3.boj.or.jp/josa/past_release/chosa199001i.pdf.(日本銀行調査統計局, 〈1970年代初頭における英国中小金融機関の経営危機(Secondary Banking Crisis)について: 不動産融資と中小金融機関の経営破綻〉,《調査月報》, 1990年1月号)

––––––––(1990b), "Recent Increases in Japanese Real Estate Prices and Their Consequences," *Bank of Japan Research Bulletin*, April 1990(in Japanese).(〈わが国における近年の地価上昇の背景と影響について〉,《調査月報》, 1990年4月号)

––––––––(1991), *Quarterly Economic Outlook(Summer 1991)*, Bank of Japan(in Japanese). https://www.boj.or.jp/research/past_release/js/js1991c.pdf.(《わが国金融経済の分析と展望: 情勢判断資料(平成3年夏)》)

––––––––(2000a), *Monthly Report of Recent Economic and Financial Developments*(April 2000), Bank of Japan. https://www.boj.or.jp/en/mopo/gp_2000/gp0004.htm.

––––––––(2000b), "Change of the Guideline for Money Market Operations," August 11, 2000. https://www.boj.or.jp/en/mopo/mpmdeci/mpr_2000/k000811.htm.

––––––––(2000c), On Price Stability, Bank of Japan, October 13, 2000. https://www.boj.or.jp/en/mopo/mpmdeci/mpr_2000/data/k001013a.pdf.

––––––––(2001a), "New Procedures for Money Market Operations and Monetary Easing," March 19, 2001. https://www.boj.or.jp/en/mopo/mpmdeci/mpr_2001/k010319a.htm.

––––––––(2001b), *Transcript of Monetary Policy Meeting*, March 19, 2001(in Japanese).

https://www.boj.or.jp/mopo/mpmsche_minu/record_2001/gjrk010319a.pdf.《政策委員会・金融政策決定会合議事録》)

————(2002), "On Today's Decision at the Monetary Policy Meeting," September 19, 2001. https://www.boj.or.jp/en/mopo/mpmdeci/mpr_2002/k020918.htm.

————(2005), *Financial System Report: An Assessment of Financial System Stability: Focusing on the Banking Sector*, Bank of Japan, August 2005. https://www.boj.or.jp/en/research/brp/fsr/data/fsr05a.pdf.

————(2006a), "The Introduction of a New Framework for the Conduct of Monetary Policy," Bank of Japan, March 9, 2006. https://www.boj.or.jp/en/mopo/mpmdeci/mpr_2006/k060309b.htm.

————(2006b), "The Bank's Thinking on Price Stability," Bank of Japan, March 10, 2006. https://www.boj.or.jp/en/mopo/mpmdeci/mpr_2006/data/mpo0603a2.pdf.

————(2007), *Outlook for Economic Activity and Prices*, Bank of Japan, October 31, 2007. https://www.boj.or.jp/en/mopo/outlook/gor0710.htm.

————(2008a), *Monthly Report of Recent Economic and Financial Developments (March 2008)*, Bank of Japan, March 7, 2008. https://www.boj.or.jp/en/mopo/gp_2008/gp0803.htm.

————(2008b), *Transcripts of Press Conference*, April 9, 2008 (in Japanese). https://www2.boj.or.jp/archive/announcements/press/kaiken_2008/kk0804a.pdf.《白川方明総裁記者会見要旨》)

————(2008c), *Outlook for Economic Activity and Prices*, Bank of Japan, April 2008. https://www.boj.or.jp/en/mopo/outlook/gor0804b.pdf.

————(2008d), *Monthly Report of Recent Economic and Financial Developments (August 2008)*, Bank of Japan, August 2008. https://www.boj.or.jp/en/mopo/gp_2008/data/gp0808.pdf.

————(2008e), "Statement of the Governor," September 16, 2008. https://www.boj.or.jp/en/about/press/danwa/dan0809a.htm.

————(2009a), *Outlook for Economic Activity and Prices*, Bank of Japan, April 30, 2009. https://www.boj.or.jp/en/mopo/outlook/gor0904a.pdf.

————(2009b), "Statement of Monetary Policy," May 22, 2009. https://www.boj.or.jp/en/mopo/mpmdeci/mpr_2009/k090522.pdf.

————(2009c), "Statement of Monetary Policy," September 17, 2009. https://www.boj.or.jp/en/mopo/mpmdeci/mpr_2009/k090917.pdf.

─────(2009d), *Transcripts of Press Conference*, October 30, 2009(in Japanese). https://www2.boj.or.jp/archive/announcements/press/kaiken_2009/kk0911a.pdf.(《総裁記者会見要旨》)

─────(2009e), *Transcripts of Press Conference*, November 20, 2009(in Japanese). https://www2.boj.or.jp/archive/announcements/press/kaiken_2009/kk0911c.pdf.(《総裁記者会見要旨》)

─────(2009f), "Enhancement of Easy Monetary Conditions," December 1, 2009. https://www.boj.or.jp/en/mopo/mpmdeci/mpr_2009/un0912b.pdf.

─────(2009g), "Statement on Monetary Policy," December 18, 2009. https://www.boj.or.jp/en/mopo/mpmdeci/mpr_2009/k091218.pdf.

─────(2009h), *Transcripts of Press Conference*, December 18, 2009(in Japanese). https://www2.boj.or.jp/archive/announcements/press/kaiken_2009/kk0912d.pdf.(《総裁記者会見要旨》)

─────(2010a), *Transcripts of Press Conference*, April 30, 2010(in Japanese). https://www2.boj.or.jp/archive/announcements/press/kaiken_2010/kk1005a.pdf.(《総裁記者会見要旨》)

─────(2010b), "Statement of the Governor," August 12, 2010. https://www.boj.or.jp/en/about/press/danwa/dan1008a.htm.

─────(2010c), "Statement of the Governor," September 15, 2010. https://www.boj.or.jp/en/about/press/danwa/dan1009b.htm.

─────(2010d), "Comprehensive Monetary Easing," October 5, 2010. https://www.boj.or.jp/en/mopo/mpmdeci/mpr_2010/k101005.pdf.

─────(2010e), "Statement on Monetary Policy," October 28, 2010. https://www.boj.or.jp/en/mopo/mpmdeci/mpr_2010/k101028.pdf.

─────(2011), "2011 Tohoku−Pacific Ocean Earthquake(First Earthquake Report)," March 11, 2011. https://www.boj.or.jp/en/about/release_2011/rel110311a.htm.

─────(2012a), "The Price Stability Goal in the Medium to Long Term," February 14, 2012. https://www.boj.or.jp/en/mopo/mpmdeci/mpr_2012/k120214b.pdf.

─────(2012b), *Transcripts of Press Conference*, February 15, 2012(in Japanese). https://www.boj.or.jp/about/press/kaiken_2012/kk1202b.pdf.(《総裁記者会見要旨》)

─────(2012c), *Outlook for Economic Activity and Prices(October 2012)*, October 31, 2012. https://www.boj.or.jp/en/mopo/outlook/gor1210b.pdf.

─────(2012d), *Transcripts of Press Conference*, November 21, 2012(in Japanese). https://

www.boj.or.jp/about/press/kaiken_2012/kk1212b.pdf.(《総裁記者会見要旨》)

―――(2013a), "Introduction of the Price Stability Target and the Open-Ended Asset Purchasing Method," January 22, 2013. https://www.boj.or.jp/en/mopo/mpmdeci/mpr_2013/k130122a.pdf.

―――(2013b), "Background Note regarding the Bank's Thinking on Price Stability," Bank of Japan, January 23, 2013. https://www.boj.or.jp/en/mopo/mpmdeci/mpr_2013/rel130123a.htm.

―――(2013c), *Transcripts of Press Conference* March 20, 2013(in Japanese). https://www.boj.or.jp/about/press/kaiken_2013/kk1303d.pdf.(《白川総裁退任記者会見要旨》)

―――(2017), *Financial System Report*, Bank of Japan, April 19, 2017. https://www.boj.or.jp/en/research/brp/fsr/data/fsr170419a.pdf.

―――(2020), *Outlook for Economic Activity and Prices*, Bank of Japan, October 30, 2020. https://www.boj.or.jp/en/mopo/outlook/gor2010b.pdf.

Baxter Jr., Thomas C.(2013), "From Bagehot to Bernanke and Draghi: Emergency Liquidity, Macroprudential Supervision and the Rediscovery of the Lender of Last Resort Function", Remarks at the Committee on International Monetary Law of the International Law Association Meeting, September 19, 2013. https://www.newyorkfed.org/newsevents/speeches/2013/bax130919.

Bergsten, C. Fred and Russell A. Green, eds.(2016a), *International Monetary Cooperation: Lessons from the Plaza Accord After Thirty Years*, Peterson Institute for International Economics.

―――(2016b), "Overview." In *International Monetary Cooperation: Lessons from the Plaza Accord after Thirty Years*, ed. C. Fred Bergsten and Russell A, Green, Peterson Institute for International Economics.

Bernanke, Ben S.(2002), "Deflation: Making Sure 'It' Doesn't Happen Here," remarks at the National Economists Club, 'Washington, DC, November 21, 2002. https://www.federalreserve.gov/boarddocs/speeches/2002/20021121/default.htm.

―――(2003), "Some Thoughts on Monetary Policy in Japan," remarks at the Japan Society of Monetary Economics, Tokyo, May 31, 2003. https://www.federalreserve.gov/boardd

―――(2004), "The Great Moderation", Remarks at the Meetings of the Eastern Economic Association, Washington, DC, February 20, 2004. https://www.federalreserve.gov/boarddocs/speeches/2004/20040220/default.htm.

—————(2005), "The Global Saving Glut and the U.S. Current Account Deficit", Remarks at the Sandridge Lecture, Virginia Association of Economists, Richmond, VA, March 10, 2005. https://www.federalreserve.gov/boarddocs/speeches/2005/200503102/default.htm.

—————(2007), "The Subprime Mortgage Market", Speech at the Federal Reserve Bank of Chicago's 43rd Annual Conference on Bank Structure and Competition, Chicago, May 17, 2007. https://www.federalreserve.gov/newsevents/speech/bernanke20070517a.htm.

—————(2008a), "Economic outlook", Testimony before the Joint Economic Committee, U.S. Congress, September 24, 2008. https://www.federalreserve.gov/newsevents/testimony/bernanke20080924a.htm.

—————(2008b), "Economic Outlook and Financial Markets", Testimony before the Committee on the Budget, U.S. House of Representatives, October 20, 2008. https://www.federalreserve.gov/newsevents/testimony/bernanke20081020a.htm.

—————(2010a), "The Economic Outlook and Monetary Policy", Speech at the Federal Reserve Bank of Kansas City Economic Symposium, Jackson Hole, WY, August 27, 2010. https://www.federalreserve.gov/newsevents/speech/bernanke20100827a.htm.

—————(2010b), "Rebalancing the Global Recovery", Remarks at the Sixth European Central Bank Central Banking Conference, Frankfurt, November 19, 2010. https://www.federalreserve.gov/newsevents/speech/bernanke20101119a.htm.

—————(2013), "Monetary Policy and the Global Economy", Remarks at the Department of Economics and STICERD(Suntory and Toyota International Centres for Economics and Related Disciplines) Public Discussion in Association with the Bank of England, London School of Economics, March 25, 2013. https://www.federalreserve.gov/newsevents/speech/bernanke20130325a.htm.

—————(2015), *The Courage to Act: A Memoir of a Crisis and Its Aftermath*, W. W. Norton & Company, 2015.

—————(2016), "Sebastian Mallaby's Biography of Alan Greenspan," blog post, Brookings Institution, November 3, 2016. https://www.brookings.edu/blog/ben_bernanke/2016/11/03/sebastian-mallabys-biography-of-alan-greenspan/.

—————(2020), "The New Tools of Monetary Policy: American Economic Association Presidential Address," Brookings Institution, January 4, 2020. https://www.brookings.edu/wp-content/uploads/2019/12/Bernanke_ASSA_lecture.pdf.

Bernanke, Ben S., Timothy F. Geithner, and Henry M. Paulson, Jr.(2019), *Firefighting the Financial Crisis and Its Lessons*, Penguin.

Bernanke, Ben S., and Mark Gertler(1999), "Monetary Policy and Asset Price Volatility," in Federal Reserve Bank of Kansas City, *New Challenges for Monetary Policy*, symposium proceedings, Federal Reserve Bank of Kansas City, August 26-18, 1999. https://www.Kkansascityfed.org/publicat/sympos/1999/S99gert.pdf.

Bernanke, Ben S., and Peter Olson(2016), "Are Americans Better Off Than They Were a Decade or Two Ago?," Brookings Institution, October 19, 2016. https://www.brookings.edu/blog/ben-bernanke/2016/10/19/are-americans-better-off-than-they-were-a-decade-or-two-ago/.

Blanchard, Olivier(2013), "What Should Economists and Policymakers Learn from the Financial Crisis?," recorded on March 25, 2013. https://www.youtube.com/watch?v=yxDW6CL-Qvw.

Blanchard, Olivier, Giovanni Dell'Ariccia, and Paolo Mauro(2010), "Rethinking Macroeconomic Policy," IMF Staff Position Note SPN/10/03, International Monetary Fund, February 12, 2010.

Blanchard, Olivier, and Lawrence Summers(2017), "Rethinking Stabilization Policy: Back to the Future," Peterson Institute for International Economics, October 8, 2017. https://piie.com/systemy/files/documents/blanchard-summers20171012vaver.pdf.

Blinder, Alan S.(1999), *Central Banking in Theory and Practice*, MIT Press.

Blinder, Alan S., and Ricardo Reis (2005), "Understanding the Greenspan Standard," in Federal Reserve Bank of Kansas City, *The Greenspan Era: Lessons for the Future*, symposium proceedings, Federal Reserve Bank of Kansas City, August 25-27, 2005. https://www.kansascityfed.org/publicat/sympos/2005/pdf/Blinder-Reis2005.pdf.

Borio, Claudio(2014), "The International Monetary and Financial System: Its Achilles Heel and What to Do about It," BIS Working Paper No. 456, Bank for International Settlements, August 2014. https://www.bis.org/publ/work456.pdf.

————(2018), "A Blind Spot in Today's Macroeconomics?," remarks at the BIS-IMF-OECD Joint Conference "Weak Productivity: The Role of Financial Factors and Policies," Paris, January 10-11, 2018. https://www.bis.org/speeches,spl80110.pdf.

Borio, Claudio, and Piti Disyatat(2011), "Global Imbalances and the Financial Crisis: Link or No Link?," BIS Working Paper No. 346, Bank for International Settlements, May 2011.

Borio, Claudio, Piti Disyatat, Mikael Juselius, and Phurichai Rungcharoenkitkul(2017), "Why So Low for So Long? A Long-Term View of Real Interest Rates," BIS Working Paper No. 685, Bank for International Settlements, https://www.bis.org/publ/work685.pdf.

Bricker, Darrell, and John Ibbitson(2019), *Empty Planet: The Shock of Global Population Decline*, Crown.

Brunnermeier, Markus K., Harold James, and Jean-Pierre Landau(2016), *The Euro and the Battle of Ideas*, Princeton University Press.

Brunnermeier, Markus K., and Yann Koby(2019), "The Reversal Interest Rate," IMES Discussion Paper No. 2019-E-6, Institute for Monetary and Economic Studies, Bank of Japan. https://www.imes.boj.or.jp/research/papers/english/19-E-06.pdf.

Burns, Arthur F., Milutin Cirovié, and Jacques J. Polak(1979), "The Anguish of Central Banking," 1979 Per Jacobsson Lecture, Belgrade, September 30, 1979, http://www.perjacobsson.org/lectures/1979.pdf.

Business Week(1989), "Who's the Biggest of Them All?," July 17, 1989.

Cabinet Office(2009), "Monthly Economic Report," November 20, 2009. https://www5.cao.go.jp/keizai3/getsurei-e/2009nov.html.

————(2010), *White Paper on Disaster Management 2010*, July 2010(in Japanese). https://www.bousai.go.jp/kaigirep/hakusho/h22/index.htm.《平成22年版 防災白書》

Cabinet Office, Ministry of Finance, and Bank of Japan(2013), "Joint Statement of the Government and the Bank of Japan on Overcoming Deflation and Achieving Sustainable Economic Growth," January 22, 2013. https://www.boj.or.jp/en/announcements/release_2013/k130122c.pdf.

Caruana, Jaime(2015), "The Role of the CPMI as Part of the Basel Process," keynote speech at the Committee on Payments and Market Infrastructures 25th Anniversary Conference, Basel, Switzerland, June 30, 2015. https://www.bis.org/speeches/sp150702.pdf.

Council on Economic and Fiscal Policy(2001), *Minutes of the Meeting*, January 6, 2001(in Japanese). https://warp.da.ndl.go.jp/info:ndljp/pid/11670228/www5.cao.go.jp/keizai-shimon/minutes/2001/0106/shimon-s.pdf.《第1回経済財政諮問会議議事要旨》

————(2013), *Minutes of the Meeting*, January 22, 2013(in Japanese). https://www5.cao.go.jp/keizai-shimon/kaigi/minutes/2013/0122/gijiyoushi.pdf.《平成25年第2回経済財政諮問会議議事要旨》

Coeuré, Benoît(2016), "Assessing the Implications of Negative Interest Rates", Speech at the

Yale Financial Crisis Forum, Yale School of Management, July 28, 2016. https://www.ecb.europa.eu/press/key/date/2016/html/sp160728.en.html.

Danthine, Jean-Pierre(2015), "Swiss Monetary Policy Facts... and Fiction," speech at the Swiss Finance Institute Evening Seminar, Geneva, May 19, 2015. https://www.snb.ch/en/mmr/speeches/id/ref_20150519_jpd/source/ref_20150519_jpd.en.pdf.

Davis, Howard, and David Green(2010), *Banking on the Future*, Princeton University Press.

Deposit Insurance Corporation of Japan(2007), *Responses to the Financial Crises in the Heisei Era*, Deposit Insurance Corporation of Japan(in Japanese).(預金保険機構,《平成金融危機への対応: 預金保険はいかに機能したか》, 金融財政事情研究会)

Dornbusch, Rudiger(1997), "Interviews: Dr. Rudi Dornbusch," PBS Frontline. https://www.pbs.org/wgbh/pages/frontline/shows/mexico/interviews/dornbusch.html.

Draghi, Mario(2012), "Verbatim of the Remarks," July 26, 2012. https://www.ecb.europa.eu/press/key/date/2012/html/sp120726.en.html.

El-Erian, Mohamed A.(2016), *The Only Game in Town: Central Banks, Instability, and Avoiding the Next Collapse*, Random House.

Endo, Noriko(2013), *A Study on Nuclear Damage Compensation Schemes: Reflections Based on the Accident at Fukushima Power Plant of Tokyo Electricity Power Company*, Iwanami Shoten(in Japanese).(遠藤典子,《原子力損賠賠償制度の研究: 福島第一原発事故からの考察》, 岩波書店)

European Central Bank(2008), "Introductory Statement," April 10, 2008. https://www.ecb.europa.eu/press/pressconf/2008/html/is080410.en.html.

————(2010), "ECB Decides on Measures to Address Severe Tensions in Financial Markets," May 12, 2010. https://www.ecb.europa.euw/press/pr/date/2010/html/pr100510.en.html.

————(2014), "Introductory Statement to the Press Conference(with Q&A)" February 2, 2014. https://www.ecb.europa.euwpress/pressconf/2014/html/is140206.en.html.

Faust, Jon, and Eric M. Leeper(2015), "The Myth of Normal: The Burnpy Story of Inflation and Monetary Policy," speech at the Federal Reserve Bank of Kansas City's Jackson Hole Symposium, Jackson Hole, WY, August 18, 2015, http://citeseerx.ist.psu.edu/viewdoc/download?doi=10.1.1.697.5404&rep=rep1&type=pdf.

Federal Reserve System(2005), "Meeting of the Federal Open Market Committee on June 29-30, 2005," transcript, https://www.federalreserve.gov/monetarypolicy/files/FOMC20050630meeting.pdf.

698

—————(2012), FOMC Statement, December 12, 2012. https://www.federalreserve.gov/newsevents/pressreleases/monetary20121212a.htm

—————(2016), The Federal Reserve System Purposes & Functions, 10th ed., Federal Reserve System. https://www.federalreserve.gov/aboutthefed/pf.htm.

—————(2019a), "Interview with E. Gerald Corrigan," Federal Reserve Board Oral History Project. https://www.federalreserve.gov/aboutthefed/files/e-gerald-corrigan-intervew-20090714.pdf.

—————(2019b), "Interview with Paul A. Volcker," Federal Reserve Board Oral History Project. https://www.federalreserve.rov/aboutthefed/files/paul-a-voleker-interview-20080225.pdf.

Feldstein, Martin(2015), "The Deflation Bogeyman," Project Syndicate, February 28, 2015, https://www.project-syndicate.org/commentary/inflation-rates-central-bank-by-martin-feldstein-2015-02?barrier=accesspaylog.

Ferrero, Giuseppe, Marco Gross, and Stefano Neri(2017), "On Secular Stagnation and Low Interest Rates: Demography Matters," Working Paper Series No. 2088, European Central Bank, July 2017. https://www.ecb.europa.eu/pub/pdf/scpwps/ecb.wp2088.en.pdf?asb4cOab4102556cb4a52dcd26ac30aa.

Financial Times(1992), "Japanese Banks Face 'Serious' Debt Problem: Confidential Report Puts Bad and Doubtful Debts at Y42,000bn to Y53,000bn," May 26.

Fisher, Irving(1933), "The Debt-Deflation Theory of Great Depressions", Econometrica 1(4): 337-57.

Fisher, Peter R.(2016), "Financial Stability and the Hemianopsia of Monetary Policy," Business Economics 51(2): 68-70.

—————(2019), "Should the Fed 'Stay Big' or 'Slim Down'?," in Currencies, Capital, and Central Bank Balances, edited by John H. Cochrane, John B. Taylor, and Kyle Palermo, Hoover Institution Press.

Friedman, Milton(1963), Inflation: Causes and Consequences, Asia Publishing House.

—————(1968), "The Role of Monetary Policy," American Economic Review 58(1): 1-17.

—————(1982), "Monetary Policy: Theory and Practice," Journal of Money, Credit, and Banking 14(1): 98-118.

Fujiwara, Ippei, Naoko Hara, Naohisa Hirakata, Takeshi Kimura, and Shinichiro Watanabe(2007), "Japanese Monetary Policy during the Collapse of the Bubble Economy: A View of Policy-Making under Uncertainty," IMES Discussion Paper No.

2007-E-9, Institute for Monetary and Economic Studies, Bank of Japan. https://www.
imes.boj.or.jp/research/papers/english/07-E-09.pdf.

Fukai, Eigo(1928), *Treatise on Monetary Management*, Nihohyoronsha(in Japanese).(深井英五,
《通貨調節論》, 日本評論社)

────(1941), *Seventy Years in Retrospect*, Iwanami Shoten(in Japanese).(深井英五,《回顧
七十年》, 岩波書店)

Fukui, Toshihiko(2003), "Challenges for Monetary Policy in Japan," speech at the Spring
Meeting of the Japan Society of Monetary Economics, Chiba Shoka University, June 1,
2003. https://www2.boj.or.jp/archive/en/announcements/press/koen_2003/ko0306a.
htm.

Gagnon, Etienne, Benjamin K. Johannsen, and David Lopez-Salido(2016), "Understanding
the New Normal: The Role of Demographics," Finance and Economics Discussion
Series 2016-080, Federal Reserve System, October, 2016.

Geithner, Timothy F.(2014), *Stress Test: Reflections on Financial Crises*, Crown.

Gertler, Mark(2017), "Rethinking the Power of Forward Guidance: Lessons from Japan:
Keynote Speech," Institute for Monetary and Economic Studies, Bank of Japan, June
2017.

Greenspan, Alan(1994), "Semiannual Monetary Policy Report to the Congress: Testimony
before the Subcommittee on Economic Growth and Credit Formation of the
Committee on Banking, Finance and Urban Affairs, U.S. House of Representatives,"
February 22, 1994. https://fraser.stlouisfed.org/content/?pilefath=/piles/docs/
historical/greenspan/Grenspan_19940222_pdf&item_id=8500.

────(2005), "The Economic Outlook," testimony before the Joint Economic
Committee, US Congress, June 9, 2005,. https://www.federalreserve.gov/boarddocs/
testimony/2005/200506092/default.htm.

Group of Seven(1987), "Statement of G 7 Finance Ministers and Central Bank Governors,"
Paris, February 22, 1987. https://warp.ndl.go.jp/info:ndljp/pid/8895704/www.mof.
go.jp/english/international_policy/convention/g7/g7_870222.htm.

────(2008), "Statement of G 7 Finance Ministers and Central Bank Governors,"
October 10, 2008. https://warp.ndl.go.jp/info:ndljp/pid/8895704/www.mof.go.jp/
english/international_policy/convention/g7/g7_081010.htm.

────(2009a), "Statement of G 7 Finance Ministers and Central Bank Governors,"
February 14, 2009. https://warp.ndl.go.jp/info:ndljp/pid/8895704/www.mof.go.jp/

english/international_policy/convention/g7/g7_090214.pdf.

─────(2009b), "Statement of G 7 Finance Ministers and Central Bank Governors," April 24, 2009. https://warp.ndl.go.jp/info:ndljp/pid/8895704/www.mof.go.jp/english/ international_policy/convention/g7/g7_090424.pdf.

Group of Twenty(2009), G 20 Communique, September 4~5, 2009. https://warp.ndl.go.jp/ info:ndljp/pid/8895704/www.mof.go.jp/english/international_policy/convention/g20/ g20_090905_1.pdf.

Hayakawa, Hideo(2016), *Misunderstanding of Monetary Policy: The Outcome and Limitation of the "Grand Experiment"*, Geio University Press(in Japanese).(早川英男,《金融政策の「誤解」: "壮大な実験"の成果と限界》, 慶應義塾大学出版会)

Hayashi, Fumio and Edward C. Prescott(2002), "The 1990s in Japan: A Lost Decade", *Review of Economic Dynamics* 5(1): 206-35.

Hicks, John R.(1939), *Value and Capital: An Inquiry into Some Fundamental Principles of Economic Theory*. Oxford University Press.

─────(1967), *Critical Essays In Monetary Theory*, Clarendon.

House of Councillors(2009), *Proceeding of Fiscal and Monetary Committee*, April 9, 2009(in Japanese). https://kokkai.ndl.go.jp/#/detailPDF?minId=117114370X01520090 409&page=1&spkNum=0&current=1(《第171回国会　参議院　財政金融委員会　第15号》)

House of Representatives(2010a), *Proceedings of the Budget Committee*, February 16, 2010(in Japanese). https://kokkai.ndl.go.jp/minutes/api/v1/detailPDF/ img/117405261X01220100216.(《第174回国会　衆議院 予算委員会議録　第12号》)

─────(2010b), *Proceedings of the Finance Committee*, September 8, 2010(in Japanese). https://kokkai.ndl.go.jp/minutes/api/v1/detailPDF/img/117504376X00320100908. (《第175回国会　衆議院 財務金融委員会議録　第3号》)

─────(2012), *Proceedings of the Financial Affairs Committee*, February 29, 2012(in Japanese). https://kokkai.ndl.go.jp/minutes/api/v1/detailPDF/ img/118004376X00320120229.(《第180回国会　衆議院 財務金融委員会議録　第3号》)

─────(2013a), *Proceedings of the Budget Committee*, February 7, 2013(in Japanese). https://kokkai.ndl.go.jp/minutes/api/v1/detailPDF/img/118305261X00220130207. (《第183回国会　衆議院 予算委員会議録　第2号》)

─────(2013b), *Proceedings of the Budget Committee*, February 12, 2013(in Japanese). https://kokkai.ndl.go.jp/minutes/api/v1/detailPDF/img/118305261X00420130212. (《第183回国会　衆議院 予算委員会議録　第4号》)

Ikeo, Kazuto(2009), "Bank Failures and Government Supervision," in *Non-performing Assets and Financial Crisis*, edited by Kazuto Ikeo, Keio University Press(in Japanese).(池尾和人,〈銀行破綻と監督行政〉,《不良債権と金融危機》, 慶應義塾大学出版会)

Independent Evaluation Office of the International Monetary Fund(2019a), *IMF Advice on Unconventional Monetary Policies: Evaluation Report 2019*, International Monetary Fund.

―――――(2019b), "IMF Advice on Unconventional Monetary Policies to Major Advanced Economies," IEO Background Paper BP/19-01/01, International Monetary Fund.

Inoue, Junnosuke(1935), "Japanese Economy and Finance in the Postwar Period," in *Collected Papers by Junnosuke Inoue*, Committee for Compiling Inoue's Writings(in Japanese).(井上準之助,〈戦後に於ける我国の経済及び金融〉,《井上準之助論叢》, 井上準之助論叢纂会)

International Monetary Fund(2013), *World Economic Outlook*, October 2013. https://www.imf.org/en/Publications/WEO/Issues/2016/12/31/Transitions-Tensions.

―――――(2017), *Global Financial Stability Report*, April 2017. https://www.imf.org/en/Publications/GFSR/Issues/2017/03/30/global-financial-stability-report-april-2017.

Ito, Takatoshi(2001), *Inflation Targeting: Price Stability Target Policy*, Nihon Keizai Shinbun-sha(in Japanese).(伊藤隆敏,《インフレ・ターゲティング: 物価安定数値目標政策》, 日本経済新聞社)

Jones, Charles I.(2020), "The End of Economic Growth? Unintended Consequences of a Declining Population," NBER 'Working Paper No. 26651, National Bureau of Economic Research, January 6, 2020.

Jones, Charles IL, and Peter J. Klenow(2016), "Beyond GDP? Welfare across Countries and Time," *American Economic Review* 106(9): 2426-57.

Kim, Jinill(2016), "The Effects of Demographic Change on GDP Growth in OECD Economies," IFDP Notes, Federal Reserve System, September 2016. https://www.federalreserve.gov/econresdata/notes/ifdp-notes/2016/effects-of-demographic-chanse-on-gdp-growth-in-oecd-economies-20160928.html.

Kimura, Takeshi, Takeshi Shimatani, Kenichi Sakura, and Tomoaki Nishida(2010), "The Role of Money and Growth Expectations in Price Determination Mechanism," Bank of Japan Working Paper Series No. 10-E-11, Bank of Japan, October 2010. https://www.boj.or.jp/en/research/wps_rev/wps_2010/data/wp10e11.pdf.

Kimura, Takeshi, and Kazuo Ueda(1997), "Downward Nominal Wage Rigidity in Japan: Is Price Stability Costly?," Bank of Japan Working Paper Series Research and Statistics D,

Bank of Japan, May 1997.

King, Mervyn(2004), "Institutions of Monetary Policy: The Ely Lecture," speech at the American Economic Association Annual Meeting, San Diego, CA, January 12, 2004. https://www.bankofengland.co.uk/-/media/boe/files/speech/2004/the-institutions-of-monetary-policy.pdf.

————(2016), *The End of Alchemy: Money, Banking, and the Future of Global Economy*, W. W. Norton.

Komiya, Ryutaro(1976), "Causes of Inflation in 1973 and 1974," *Keizigaku Ronshu* 42(1): 2-40(in Japanese).(小宮隆太郎,〈昭和四十八, 九年インフレ―ションの原因〉,《経済学論集》)

————(1986), "Japan-US Economic Frictions and International Policy Coordination," Toyo-Keizai Weekly, June 7-14, 1986(in Japanese).(小宮隆太郎,〈日米経済摩擦: 経済学的考察〉,《エコノミア》,第88号, 横濱國立大學經濟學會)

————(1988), *The Modern Japanese Economy: Macroeconomic Developments and International Economic Relations*, University of Tokyo University Press(in Japanese).(小宮隆太郎,《現代日本経済: マクロ的展開と国際経済関係》,東京大学出版会)

Komiya, Ryutaro, and the Japan Center for Economic Research(2002), *Issues in the Debates on Monetary Policy: Critique of the Bank of Japan and Its Counterargument*, Nihon Keizai Shinbun Publishing(in Japanese).(小宮隆太郎・日本経済研究センタ―,《金融政策論議の争点: 日銀批判とその反論》,日本経済新聞社)

Koo, Richard(2003), *Balance Sheet Recession: Japan's Struggle with Uncharted Economics & Its Global Implications*, Wiley.

Kosai, Yutaka, Masaaki Shirakawa, and Kunio Okina, eds.(2001), *The Bubble and Monetary Policy: Japanese Experience and Lessons*, Nihon Keizai Shinbun Publishing(in Japanese). (香西泰・白川方明・翁邦雄編,《バブルと金融政策: 日本の経験と教訓》,日本経済新聞社)

Krugman, Paul(1998), "It's Baaack: Japan's Slump and the Return of the Liquidity Trap," *Brookings Papers on Economic Activity* 2: 137-206.

Kuniya, Hiroko(2017), *Career of Newscaster*, lwanami Shoten(in Japanese).(国谷裕子,《キャスタ―という仕事》,岩波新書)

Kuroda, Sachiko, and Isamu Yamamoto(2006), *Wage Fluctuations under Deflation: Nominal Wage Rigidity and Monetary Policy*, University of Tokyo Press(in Japanese).(黒田祥子・山本勲,《デフレ下の賃金変動: 名目賃金の下方硬直性と金融政策》,東京大学出版会)

Lagarde, Christine,(2011), "Global Risks Are Rising, but There Is a Path to Recovery," in Federal Reserve Bank of Kansas City, *Achieving Maximum Long-Run Growth*, symposium proceedings, Federal Reserve Bank of Kansas City, August 25-27, 2011. https://www.kansascityfed.org/Jackson%20Hole/documents/3098/2011-Lagarde_final. pdf.

Liberal Democratic Party(2012), *Regain Japan*(in Japanese), https://jimin.jp-east-2.storage. api.nifcloud.com/pdf/j_file2012.pdf.(自由民主党,《日本を'取り戻す》)

Lindsey, David E.(2016), *A Century of Monetary Policy at the Fed*, Palgrave Macmillan.

Lucas, Robert E., Jr.,(2003), "Macroeconomic Priorities," *American Economic Review* 93(1): 1-14.

McCauley, Robert(2013), "The Japanese Boom and Bust: "Lean" and "Clean" Lessons," *The Handbook of the Political Economy of Financial Crises*, edited by Martin H. Wolfson and Gerald A. Epstein, Oxford University Press.

Meyer, Laurence H.(2000), "The Politics of Monetary Policy: Balancing Independence and Accountability," remarks at the University of Wisconsin, October 24, 2000. https:// www.federalreserve.gov/boarddocs/speeches/2000/20001024.htm.

————(2004), *A Term at the Fed: An Insider's View*, HarperBusiness, 2004.

Mieno, Yasushi(1996), *Following the Crimson Sunset* Shinchosha(in Japanese).(三重野康,《赤い 夕陽のあとに》, 新潮社)

————(2000), *Incentives and Integrity: Lectures on Monetary Policy*, Chuokoronsha(in Japanese).(三重野康,《利を見て義を思う: 三重野康の金融政策講義》, 中央公論新社)

Mikuriya, Takashi, and Takafusa Nakarnura, eds.(2005), *Interview with Kiichi Miyazawa: Memoir*, Iwananrni Shoten(in Japanese).(御厨貴・中村隆英編,《聞き書 宮澤喜一回顧録》, 岩波 書店)

Mishkin, Frederic S.(2007), "Enterprise Risk Management and Mortgage Lending," speech at the Forecasters Club of New York, January 17, 2007. https://www.federalreserve.gov/ newsevents/speech/mishkin20070117a.htm.

Monnet, J.(1978), *Memoirs*, translated by R. Mayne, Doubleday & Company.

Mori, Naruki, Shigenori Shiratsuka, and Hiroo Taguchi(2000), "Policy Responses to the Post-Bubble Adjustments in Japan: A Tentative Review," IMES Discussion Paper Series 2000-E-12, Institute for Monetary and Economic Studies, Bank of Japan, May 2000. https://www.imes.boj.or.jp/research/papers/english/00-E-13.pdf.

Mundell, Robert A.(1961), "A Theory of Optimum Currency Areas," *American Economic Review* 51(4): 657-65.

————(1969), "Problems of the International Monetary System," in *Monetary Problems of the International Economy*, edited by Robert A. Mundell and Alexander K. Swoboda, University of Chicago Press.

Nakaso, Hiroshi(2001), "The Financial Crisis in Japan during the 1990s: How the Bank of Japan Responded and the Lessons Learnt," BIS Paper No. 6, Bank for International Settlements, October 2001. https://www.bis.org/publ/bppdf/bispap06.pdf.

─────(2017), "Japan's Way toward Strong, Sustainable, and Balanced Growth," speech at a meeting hosted by the Japan Society and the City of London Corporation, London, October 5, 2017. https://www.boj.or.jp/en/announcements/press/koen_2017/data/ko171005aI.pdf.

Nakata, Taisuke(2020), "Raising the Inflation Target: Lessons from Japan," US Federal Reserve, January 2020. https://www.federalreserve.gov/econres/notes/feds-notes/raising-the-inflation-target-lessons-from-japan-20200108.html.

National Institute of Population and Social Security Research(2017), "Population Projections for Japan(2017): 2016 to 2065," https://www.ipss.go.jp/pp-zenkoku/e/zenkoku_e2017/pp29_summary.pdf.

Nikkei(1989), Editorial, May 31, 1989.

Noguchi, Yukio(2015), *Japanese Economic History in the Postwar Period: Where Did We Make Mistakes?*, Toyo Keizai(in Japanese).(野口悠紀雄,《戦後経済史: 私たちはどこで間違えたのか》, 東洋経済新報社)

─────(2017), *The Business Model That Created Global History*, Shinchosha(in Japanese).(野口悠紀雄,《世界史を創ったビジネスモデル》, 新潮社)

Okina, Kunio(2015), *The Great Transformation of the Economy and the Bank of Japan*, Iwanami Shoten(in Japanese).(翁邦雄,《経済の大転換と日本銀行》, 岩波書店)

Okina, Kunio, Masaaki Shirakawa, and Shigenori Shiratsuka(2000), "The Asset Price Bubble and Monetary Policy: Japan's Experience in the Late 1980s and the Lessons," IMES Discussion Paper Series 2000-E-12, Institute for Monetary and Economic Studies, Bank of Japan, May 2000. https://www.imes.boj.or.jp/research/papers/english/00-E-12.pdf.

Okuyama, Toshihiro, and Osamu Murayama(2019), *The Depth of Economic Cases in the Aftermath of the Collapse of the Bubble*, Iwanami Shoten(in Japanese).(奥山俊宏 · 村山治,《バブル経済事件の深層》, 岩波書店)

Oritani, Yoshiharu(2019), *The Japanese Central Banking System Compared with Its European and American Counterparts: A New Institutional Economics Approach*,

Springer.

Paulson, Henry M.(2010), *On the Brink: Inside the Race to Stop the Collapse of the Global Financial System*, Business Plus.

Policy Research Institute, Japanese Ministry of Finance(1993), *A Mechanism of Asset Price Fluctuations and Their Economic Effects: A Report of the Research Committee on Asset Price Fluctuations and Their Economic Effects*, Financial Review No. 30, Japanese Ministry of Finance, November 1993(in Japanese).(財務総合政策研究所,《資産価格変動のメカニズムとその経済効果: 資産価格変動のメカニズムとその経済効果に関する研究会報告書》, フィナンシャル・レビュー, 30)

Posen, Adam S.(2013), "The Myth of the Omnipotent Central Banker: Monetary Policy and Its Limits," *Foreign Affairs* 92(4): 166-70.

Potter, Simon M.(2017), "The Federal Reserve and Central Bank Cooperation over the Past 100 Years", remarks for the Commemoration of the Centennial of the Federal Reserve's US Dollar Account Services to the Global Official Sector, New York, December 20, 2017. https://www.newyorkfed.org/newsevents/speeches/2017/pot171220.

Powell, Jerome H. (2018), "Monetary Policy in a Changing Economy," speech delivered at Federal Reserve Bank of Kansas City symposium "Changing Market Structure and Implications for Monetary Policy," Jackson Hole, WY, August 24, 2018, https://www.federalreserve.gov/newsevents/speech/powell20180824a.htm.

Project Team of the Reform of the Ministry of Finance(1996), "In Building New Administration of Financial Matters and Monetary Policy," July 13, 1996, The Project Team of Three Parties of the Coalition Government(in Japanese).(大蔵省改革プロジェクトチーム,《新しい. 金融行政・金融政策の構築に向けて》, 三党連立政権のプロジェクト・チーム)

Rehn, Olli(2020), "Transformation of Central Banking and Monetary Policy in Europe," lecture in the "Current Trends on European Politics" series, Helsinki University, 2020. https://www.suomenpankki.fi/globalassets/en/media-and-publications/speeches-and-interviews/documents/20200130-olli-rehn-transformation-of-central-banking-and-monetary-policy-in-europe.pdf.

Reinhart, Carmen M., and Kenneth S. Rogoff(2009), *This Time Is Different: Eight Centuries of Financial Folly*, Princeton University Press.

————(2014), "Recovery from Financial Crises: Evidence from 100 Episodes," *American Economic Review* 104(5): 50-55.

Roth, Jean-Pierre(2004), "Switzerland: An Island in Euroland?," speech at the Bank

of Greece, Athens, May 21, 2004. https://www.snb.ch/en/mmr/speeches/id/
ref_20040521_jpr/source/ref_20040521_jpr.en.pdf.

Samuelson, Paul A.(1967), *Economics: An Introductory Analysis Seventh Edition*, McGraw-
Hill.

Shiller, Robert J.(2019), *Narrative Economics*, Princeton University Press.

Shirakawa, Masaaki(2008a), *Modern Monetary Policy in Theory and Practice*, Nihon Keizai
Shinbun Publishing(in Japanese).(白川方明,《現代の金融政策: 理論と実際》, 日本経済新聞出版社)

──────(2008b), "Recent Economic and Financial Developments and the Conduct of
Monetary Policy," speech at the Japan National Press Club, Tokyo, May 12, 2008.
https://www2.boj.or.jp/archive/announcements/press/koen_2008/ko0805a.htm.

──────(2008c), "Frontiers in Monetary Theory and Policy," Tokyo, May 28, 2008.
https://www2.boj.or.jp/archive/announcements/press/koen_2008/ko0805c.htm.

──────(2008d), "Statement on Monetary Policy," Augusts 19, 2008, https://www.boj.
or.jp/en/mopo/mpmdeci/mpr_2008/k080819.pdf.

──────(2008e), "The Functioning of the Short-Term Money Market and Central
Bank's Monetary Operations," speech at meetings on monetary operations hosted by
the Bank of Japan, November 25, 2008(in Japanese). https://www2.boj.or.jp/archive/
announcements/press/koen_2008/ko0811e.htm.(白川方明,〈短期金融市場の機能度と中央銀行
の金融調節〉, 金融調節に関する懇談会における挨拶)

──────(2009a), "Way out of Economic and Financial Crisis: Lessons and Policy Actions,"
speech at the Japan Society, New

York, April 23, 2009. https://www.boj.or.jp/en/announcements/press/koen_2009/data/
ko0904c.pdf.

──────(2009b), "Some Thoughts on Incentives at Micro- and Macro-level for
Crisis Prevention," remarks at the Eighth Bank for International Settlements
Annual Conference, Basel, Switzerland, June 26, 2009. https://www.boj.or.jp/en/
announcements/press/koen_2009/data/ko0906e.pdf.

──────(2009c), "Toward Development of Robust Payment and Settlernent Systems,"
speech at a symposium commemorating the 25th anniversary of the Center for
Financial Industry Information Systems, Tokyo, November 13, 2009. https://www.boj.
or.jp/en/announcements/press/koen_2009/data/ko0911d.pdf.

──────(2009d), "Balance-Sheet Adjustments and the Global Economy," speech at the
Paris EUROPLACE Financial Forum, Tokyo, November 16, 2009. https://www.boj.

or.jp/en/announcements/press/koen_2009/data/ko0911e.pdf.

————(2009e), "Recent Economic and Financial Developments and the Conduct of Monetary Policy," speech at a meeting with business leaders, Nagoya, Japan, November 30, 2009. https://www.boj.or.jp/announcements/press/kaiken_2009/kk0912a.pdf.

————(2009f), "Reforming the Framework of Financial Regulation and Supervision: An International and Asian Perspective," speech at the Bank Negara Malaysia—Bank for International Settlements High Level Seminar, Kuala Lumpur, Malaysia, December 11, 2009. https://www.boj.or.jp/en/announcements/press/koen_2009/data/ko0912b.pdf.

————(2009g), "Macroprudence and the Central Bank," speech at the Seminar of the Securities Analysts Association of Japan, Tokyo, December 22, 2009. https://www.boj.or.jp/en/announcements/press/koen_2009/data/ko0912c.pdf.

————(2010a), "Uniqueness or Similarity? Japan's Post-Bubble Experience in Monetary Policy Studies," keynote address at 'the Second *International Journal of Central Banking* Fall Conference, Tokyo, September 16, 2010, https://www.boj.or.jp/en/announcements/press/koen_2010/data/ko1019c.pdf.

————(2010b), "Japan's Economy and Monetary Policy," November 29, 2010. https://www.boj.or.jp/en/announcements/press/koen_2010/data/ko101Le.pdf.

————(2011a), "Great East Japan Earthquake: Resilience of Society and Determination to Rebuild," remarks at the Council on Foreign Relations, New York, April 14, 2011. https://www.boj.or.jp/en/announcements/press/koen_2011/data/ko110415a.pdf.

————(2011b), "The Transition from High Growth to Stable Growth: Japan's Experience and Implications for Emerging Economies," remarks at the Bank of Finland 200th Anniversary Conference, Helsinki, May 5, 2011. https://www.boj.or.jp/en/announcements/press/koen_2011/data/ko110506a.pdf.

————(2011c), "Money, Government Securities and a Central Bank: Interdependency of Confidence," speech at the 2011 Spring Meeting of the Japan Society of Monetary Economics, Meiji University, May 28, 2011. https://www.boj.or.jp/en/announcements/press/koen_2011/data/ko110616a.pdf.

————(2011d), "How to Address Tail Risks," speech at the Annual General Meeting 2011 of the Foreign Bankers' Association inthe Netherlands, Amsterdam, June 27, 2011. https://www.boj.or.jp/en/announcements/press/koen_2011/data/ko110628a.pdf.

————(2011e), "Performing Public Policies," lecture at the School of Government of Kyoto University, July 15, 2011(in Japanese).(白川方明,〈公共政策を遂行するという仕事〉, 京都

─────(2012a), "Deleveraging and Growth: Is the Developed World Following Japan's Long and Winding Road?," lecture at the London School of Economics and Political Science, January 10, 2012. https://www.boj.or.jp/en/announcements/press/koen_2012/data/ko120111a.pdf.

─────(2012b), "Central Banking: Before, during, and after the Crisis," remarks at a Conference Sponsored by the Federal Reserve Board, March 24, 2012. https://www.boj.or.jp/en/announcements/press/koen_2012/data/ko120326a1.pdf.

─────(2012c), "Japan-U.S. Economic Relations: What We Can Learn from Each Other," speech at the Japan Information and Culture Center of the Embassy of Japan, Washington, DC, April 19, 2012. https://www.boj.or.jp/en/announcements/press/koen_2012/data/ko120420a1.pdf.

─────(2012d), "Dermographic Changes and Macroeconomic Performance: Japanese Experiences," opening remark at the 2012 BOJ-IMES Conference hosted by the Bank of Japan's Institute for Monetary and Economic Studies, Tokyo, May 30, 2012. https://www.boj.or.jp/en/announcements/press/koen_ 2012/data/ko120530a1.pdf.

─────(2012e), "Japan's Economy and Monetary Policy," speech at a meeting held by the Naigai Josei Chousa Kai, Tokyo, June 4, 2012. https://www.boj.or.jp/en/announcements/press/koen_2012/data/ko120604a1.pdf.

─────(2012f), "Japan's Economy and Monetary Policy," speech at a meeting with business leaders, Osaka, August 24, 2012. https://www.boj.or.jp/en/announcements/press/koen_2012/data/ko120824a1.pdf.

─────(2012g), Remarks at the 30th Anniversary Luncheon of the Swiss Chamber of Commerce and Industry in Japan, Tokyo, October 10, 2012. https://www.boj.or.jp/en/announcements/press/koen_2012/data/ko121010a1.pdf.

─────(2012h), "Sustainability of Government Debt: Preconditions for Stability in the Financial System and Prices," *Financial Stability Review* 16: 169-81. https://www.banque-france.fr/sites/default/files/medias/documents/financial-stability-review-16_2012-04.pdf.

─────(2013), "Toward Strengthening the Competitiveness and Growth Potential of Japan's Economy," speech at the Executive Member Meeting of the Policy Board of Japan Business Federation, Tokyo, February 28, 2013. https://www.boj.or.jp/en/announcements/press/koen_2013/data/ko130315a1.pdf.

──────(2014), "Is Inflation (or Deflation) 'Always and Everywhere' a Monetary Phenomenon? My Intellectual Journey in Central Banking," BIS Paper No. 77, Bank for International Settlements, March 2014. https://www.bis.org/publ/bppdf/bispap77e. pdf.

──────(2015), "Excessive Debt and the Monetary Policy Regime," remarks at the 13th Bank for International Settlements Annual Conference, June 27, 2014, in *Debt*, BIS Paper No. 80, Bank for International Settlements, January 2015. https://www.bis.org/publ/bppdf/bispap80.pdf.

──────(2017), "Comments by Masaaki Shirakawa," in Charles Goodhart and Manoj Pradhan, *Demographics Will Reverse Three Multi-decade Global Trends*, BIS Working Paper, No. 656, Bank for International Settlements, August 2017, https://www.bis.org/publ/work656.pdf.

──────(2018), "Challenges Facing Central Banks: My Personal Recollections and Reflections," speech at Bank of Korea International Conference, Seoul, June 4, 2018. https://www.bok.or.kr/conference/pdf/2018/0.Opening%20Session/SO_KS2_Masaaki_Shirakawa.pdf.

Shirakawa, Masaaki, and Kazuo Momma(2001), "Issues of Price Stability," *Bank of Japan Research Bulletin*, November 2001(in Japanese). https://www3.boj.or.jp/josa/past_release/chosa200111e.pdf.(白川方明・門間一夫,〈物価の安定を巡る論点整理〉,《日本銀行調査月報》, 2001年11月号)

Shiratsuka, Shigenori(2005), "Measurement Biases of the Japanese Consumer Price Index," Bank of Japan Review No. 2005-J-14, Bank of Japan, November 2005(in Japanese). https://www.boj.or.jp/research/wps_rev/rev_2005/data/revOSj14.pdf.(白塚重典,〈わが国の消費者物価指数の計測誤差: いわゆる上方バイアスの現状〉, 日銀レビュー, No. 2005-J-14)

Shizume, Masato(2009), *The Great Depression and Economic Policy*, Nihon Keizai Shinbun Publishing(in Japanese).(鎮目雅人,《世界恐慌と経済政策:「開放小国」, 日本の経験と現代》, 日本経済新聞出版社)

Simons, Henry C.(1936), "Rules versus Authorities in Monetary Policy," *Journal of Political Economy* 44(1): 1-30.

Subbarao, Duvvuri(2016), *Who Moved My Interest Rate? Leading the Reserve Bank through Five Turbulent Years*, Penguin Viking.

Summers, Larry, and Anna Stansbury(2019), "Whither Central Banking?" Project Syndicate, August 23, 2019. https://www.project-syndicate.org/commentary/central-bankersin-jackson-hole-should-admit-impotence-by-lawrence-h-summers-and-anna-stansbury-2-2019-08?barrier=accesspaylog.

Summers, Lawrence(2013), "IMF Fourteenth Annual Research Conference in Honor of Stanley Fischer," speech, Washington, DC, November 8, 2013, http://larrysummers.com/2013/11/08/imf-fourteenth-annual-research-conference-in-honor-of-stanley-fischer/.

Svensson, Lars E. O.(2001), "The Zero Bound in an Open Economy: A Foolproof Way of Escaping frorn a Liquidity Trap," special edition, *Monetary and Economic Studies* 19(8-1): 277-321. https://www.imes.boj.or.jp/research/papers/english/me19-s1-11.pdf.

Swiss National Bank(2015), "Monetary Developments," in *Quarterly Bulletin*, 1/2015, Swiss National Bank, March 2015.

Tarullo, Daniel K.(2017), "Monetary Policy without a Working Theory of Inflation," Hutchins Center Working Paper No. 33, Hutchins Center on Fiscal and Monetary Policy at Brookings, October 2017. https://www.brookings.edu/wp-content/uploads/2017/10/es_wp33_tarullo.pdf.

Taylor, John B.(2007), *Global Financial Warriors: The Untold Story of International Finance in the Post-9/11 World*, W. W. Norton.

Tett, Gillian(2015), *The Silo Effect: The Peril of Expertise and the Promise of Breaking Down Barriers*, Simon and Schuster.

————(2017), "A Japanese Lesson for Wall Street," *FT Magazine*, October 6, 2017.

The World and Japan Database(1988), "Joint Statement by the President and Prime Minister Noboru Takeshita of Japan on Economic Issues," Washington, DC, January 13, 1988. https://worldjpn.net/documents/texts/JPUS/19880113.D1E.html.

Tucker, Paul(2014), "Reforming the International Monetary and Financial System: What Role for National Democracies?," Peterson Institute for International Economics, December 12, 2014. https://piie.com/sites/default/files/publications/papers/tucker20141212.pdf.

————(2015), "Microprudential versus Macroprudential Supervision: Functions That Make Sense Only as Part of an Overall Regime for Financial Stability," remarks at the Boston Federal Reserve Bank Conference, Boston, October 2, 2015. https://www.bostonfed.org/macroprudential2015/papers/Tucker.pdf.

————(2018), *Unelected Power: The Quest for Legitimacy in Central Banking and the*

Regulatory State, Princeton University Press.

――――(2020), "On Central Bank Independence," *Finance & Development*, May 2020.

Turner, Adair(2015), *Between Debt and the Devil: Money, Credit, and Fixing Global Finance*, Princeton University Press.

Ueda, Kazuo(2005), *The Battle against the Zero-Interest Rate*, Nihon Keizai Shinbun Publishing(in Japanese).(植田和男,《ゼロ金利との闘い: 日銀の金融政策を総括する》, 日本経済新聞社)

Ugai, Hiroshi(2006), "Effects of the Quantitative Easing Policy: A Survey of Empirical Analyses," Bank of Japan Working Paper Series No.06-E-10, Bank of Japan, July 2006. https://www.boj.or.jp/en/research/wps_rev/wps_2006/data/wp06e10.pdf.

Volcker, Paul A,(1983), "We Can Survive Prosperity," remarks at the Joint Meeting of the American Economic Association and American Finance Association, San Francisco, December 28, 1983. https://fraser.stlouisfed.org/content/?item_id=8287&filepath=/files/docs/historical/volcker/Volcker_19831228.pdf.

――――(1990), "The Triumph of Central Banking?," 1990 Per Jacobsson Lecture, Washington, DC, September 23, 1990. http://www.perjacobsson.org/lectures/1990.pdf.

Volcker, Paul A,, with Christine Harper(2018), *Keeping At It: The Quest for Sound Money and Good Government*, PublicAffairs.

Weidmann, Jens(2014), "Demographic Challenges in Germany", speech at the Wirtschaftsgespräche, Frankfurt, November 27, 2014. https://www.bundesbank.de/Redaktion/EN/Reden/2014/2014_11_27_weidmann.html.

Wheatley, Jonathan, and Peter Garnham (2010), "Brazil iin 'Currency War' Alert," *Financial Times*, September 28, 2010.

White, William R.(2006), "Is Price Stability Enough?", BIS Working Paper No. 205, Bank for International Settlements, April 2006. https://www.bis.org/publ/work205.pdf.

Williamson, Oliver E.(1999), "Public and Private Bureaucracies: A Transaction Cost Economics Perspective", *Journal of Law, Economics, and Organization* 15(1): 306-42.

Wolf, Martin(2001), "Japan on the Brink," *Financial Times*, November 14, 2001.

――――(2017), "Conventional Wisdorn on Japan Is Wrong," *Financial Times*, December 13, 2017.

Woodward, Bob(2000), *Maestro: Greenspan's Fed and the American Boom*, Simon and Schuster.

Yamaguchi, Yutaka(1999), "Asset Price and Monetary Policy: Japan's Experience," in Federal

Reserve Bank of Kansas City, *New Challenges for Monetary Policy*, symposium proceedings, Federal Reserve Bank of Kansas City, August 26-18, 1999. https://www.kansascityfed.org/Jackson%20Hole/documents/3544/1999-S99yama.pdf.

──────(2001), "Remarks by Yutaka Yamaguchi, Deputy Governor of the Bank of Japan, at the JCIF International Finance Seminar on October 17, 2001," https://www2.boj.or.jp/archive/en/announcements/press/koen_2001/ko0110a.htm.

Yellen, Janet L.(2015ㅈㅈ), "Inflation Dynamics and Monetary Policy," Philip Gamble Memorial Lecture, University of Massachusetts-Amherst, September 24, 2015. https://www.federalreserve.gov/newsevents/speech/yellen20150924a.pdf.

Yoshikawa, Hiroshi(2013), *Deflation: Understanding the Chronic Illness of Japan*, Nihon Keizai Shinbun Publishing(in Japanese).(吉川洋,《デフレーション: "日本の慢性病"の全貌を解明する》, 日本経済新聞出版社)

주

머리말

1 본문에 언급된 개인의 소속과 직함은 해당 시점 기준이다.

2 나는 임명 당시 58세로 전후에 임명된 총재 중 젊은 축에 속했다. 18대 총재 이치마다 히사토一万田尚登(1946년 6월~1954년 12월 재임)는 52세에 임명되었다.

3 Paulson(2010); Geithner(2014); Bernanke(2015); King(2016).

4 Subbarao(2016).

5 드문 사례지만 13대 총재 후카이 에이고深井英五와 26대 총재 미에노 야스시三重野康는 일본어 저서를 남겼다. Fukai(1928), Fukai(1941); Mieno(1996), Mieno(2000) 참조.

1장

1 Samuelson(1967).

2 Hicks(1939). 힉스는 1972년 케네스 애로Kenneth Arrow와 노벨 경제학상을 공동 수상했다.

3 일본은행이 주요 상업 은행에 대출을 자제하도록 권고한 것을 말한다. 창구 지도는 2차 세계대전 이후 도입되었다가 1990년대 초 종료되었다.

4 현재 해당 부서 업무는 금융시장국과 금융기구국에서 수행하고 있다.

5 1971년 설립된 유로커런시상설위원회Euro-Currency Standing Committee가 1999년 글로벌금융시스템위원회로 확대 개편되었다.

2장

1 Bank of Japan(2020), chart 2.

2 단칸 조사(일본은행이 분기별로 실시하는 전국 기업 단기 경제 관측 조사)는 대상 기업이 '좋음' '보통' '나쁨' 중에서 현재 기업 경영 상황(업황)을 가장 잘 설명하는 응답을 선택하도록 한다. 업황판단지수는 '좋음' 응답 비율에서 '나쁨' 응답 비율을 뺀 것으로 매우 단순하지만 기업 심리 변화를 잘 포착하는 중요한 경제 지표다.

3 이는 일본 금융기관의 국내 대출과 일본 금융기관 해외 지점의 일본 내 거주자에 대한 대출을 포함한 수치다.

4 Business Week(1989).

5 BIS(2017), p.11, Graph 8 참조. 주식의 교차 보유가 주가 수익 비율에 미치는 영향은 McCauley(2013)을 참조하라.).

6 Shirakawa(2012b).

7 Okina, Shirakawa, and Shiratsuka(2000); Kosai, Shirakawa, and Okina(2001).

8 Mori, Shiratsuka, and Taguchi(2000) chart 1 참조. Bank of Japan(2006b) chart 17에 따르면 당시 주요국 물가 상승률은 캐나다 4.3퍼센트, 독일 1.3퍼센트, 스웨덴 5.6퍼센트, 스위스 2.1퍼센트, 영국 4.1퍼센트, 미국 4.3퍼센트였다.

9 Friedman(1982), p.4.

10 국제결제은행은 "일본 은행들의 지배적 역할"을 당시 국제 금융 시장의 가장 두드러진 특징으로 언급했다.

11 BIS(1989), p.117.

12 Bank of Japan(1990b).

13 Bernanke and Gertler(1999).

14 Yamaguchi(1999).

15 Bank of Japan(1990b).

16 Bank of Japan(1990b).

17 Blanchard and Summers(2017). Bernanke(2015, p.91)는 "2000년대 초반 통화정책이 고용과 물가 목표를 달성할 수 있을 만큼 완화적이면서 동시에 주택경기 붐이 크게 진정될 만큼 긴축적일 수 있었을까? 그런 일은 거의 불가능해 보인다. 테일러 준칙 Taylor rule에 따른 적당히 높은 금리는 주택 가격에 미미한 영향을 미치는 반면 경기 회복을 늦췄을 것"이라고 언급했다.

18 Mieno(2000), p.195.

19 Mieno(2000), p.207.

20 생산과 물가의 변동성이 낮게 나타나는 양호한 경제를 일컫는 데 사용한다.

21 Funabashi(1989).

22 "Joint Statement by the President and Prime Minister Noboru Takeshita of Japan on Economic Issues", Washington, January 13, 1988, The World and Japan Database. https://worldjpn.net/documents/texts/JPUS/19880113.D1E.html.

23 Bergsten and Green(2016b), p.10.

24 Baker(2016), p.21.

25 G7(1987), p.3.

26 Shirakawa(2011a).

27 Bergsten and Green(2016b).

28 Advisory Group on Economic Structural Adjustment for International Harmony(1986).

29 Komiya(1986, p.59). 고미야 류타로는 "미국 경상 수지 불균형의 근본 원인은 미국 경제 자체에 있으며, 이를 바로잡으려면 미국의 거시경제정책이 바뀌어야 한다는 것은 경제 교육을 조금이라도 받은 사람이라면 누구나 알 수 있는 사실이다. 그런데도 오직 일본만이 실행 계획을 수립하고 경제 구조 조정을 약속하고 있으며, 미국은 어떠한 개선안도 제시하지 않고 있다. 이러한 상황은 그야말로 심각한 '불균형'이 아닐 수 없다"라고 말했다.

30 Nikkei(1989).

3장

1 2000년대 초반 미국의 경우 부동산 가격 하락이 주가 하락보다 약 2년 정도 앞서는 등 일본과 순서가 정반대였다.

2 현재는 국토교통성으로 명칭이 바뀌었다.

3 Bank of Japan(1990b).

4 Ahearne et al.(2002), pp.50-53.

5 Bank of Japan, Research and Statistics Department(1991).

6 Financial Times(1992).

7 Noguchi(2015). 일본은행의 물가 전망 변화에 대해서는 Fujiwara et al.(2007) chart 6을 참조하라.

8 Shirakawa(2009a).

9 Geithner(2014), p.9.

10 Policy Research Institute, Japanese Ministry of Finance(1993), p.2.

11 지급 비용은 예금보험공사가 부실 금융기관 구제 시 부담해야 하는 예상 비용으로 총부채 대비 부보 예금 비율과 부실 자산의 손실률에 따라 달라진다.

12 Shirakawa(2012a).

13 Bank of Japan(2005), pp.3-4.

14 위기 당시 일본은행의 조치에 대해서는 Nakaso(2001)을 참조하라.

15 Bank of Japan(2005). 대손비용률은 대출 잔액 대비 대손상각비와 대손충당금의 비율을 의미한다.

16 GDP 대비 부실 채권 비율은 2001년 약 8.5퍼센트로 정점을 찍었다. 예금보험공사의 지원을 받은 금융기관 정리 건수는 2001년에 56건으로 정점을 찍었다가 이듬해 0건으로 떨어졌다.

17 Ikeo(2009), pp.107-108.

18 Mikuriya and Nakamura(2005), p.239.

19 Mori, Shiratsuka, and Taguchi(2000).

20 Ahearne et al.(2002).

21 Krugman(1998).

22 Bernanke(2015), p.65.

23 Bernanke(2015), p.65.

24 Shirakawa(2009a).

25 Borio(2018); Okina, Shirakawa, and Shiratsuka(2000).

26 Noguchi(2015).

27 Noguchi(2017).

28 Aoki(2014), p.228.

4장

1 Mieno(2000), p.100.

2 스태그플레이션은 스태그네이션stagnation(경기 침체)과 인플레이션inflation(물가 상승)이 동시에 발생하고 있는 상태를 말한다.

3 Project Team of the Reform of the Ministry of Finance(1996), p.3.

4 Meyer(2000).

5 Federal Reserve(2016), p.2-3.

6 Arnon, Laurens, Segalotto(2006, p.19)에 따르면 일본은행의 "정치적 자율성" 지수는 OECD 국가 중 가장 낮다.

7 Tucker(2018), p.271.

8 신일본은행법에서는 두 부총재의 영문 명칭을 모두 '부총재deputy governor'라고 했으나 구일본은행법에서는 일본은행 서열 2위인 부총재의 영문 직함을 '수석 부총재

senior deputy governor'로 표기했다.

5장

1 현재 일본은행을 비롯한 주요국 중앙은행은 1년에 8회 정도 회의를 개최하는 것이 일반적이다.

2 연준은 5년 후, 일본은행은 10년 후 회의록을 공개한다.

3 양적 완화 기간의 비전통적 통화정책에 대해서는 Ueda(2005); Ugai(2006) 참조.

4 Bank of Japan(2000a), p.1.

5 Bank of Japan(2000b), p.1.

6 Bank of Japan(2000c).

7 〈전망 보고서〉는 2016년부터 매 분기 공표하고 있다.

8 Bank of Japan(2000c), p.3; Volcker(1983) and Greenspan(1994).

9 Bank of Japan(2000c), p.3.

10 Council on Economic and Fiscal Policy(2001), p.2.

11 Ito(2001), p.48, p.63, p.65, pp.70-71.

12 2001년 3월 말 기준 유통 중인 은행권 잔액은 59조 엔이었다.

13 Bank of Japan(2001a).

14 Bank of Japan(2001b),

15 Bank of Japan(2005).

16 Bank of Japan(2002).

17 Svensson(2001).

18 Taylor(2007, p.286)은 "개입을 강력히 반대하지 않고 사실상 허용함으로써 일본이 통화 공급을 늘리는 것을 더 쉽게 만들었다"라고 언급했다.

19 도쿄 주가지수는 2006년 3월 11일 바닥을 찍었다.

20 Bank of Japan(2006a).

21 Ugai(2006).

22 Komiya(1976)

23 Komiya and the Japan Center for Economic Research(2002).

24 Komiya and the Japan Center for Economic Research(2002).

25 Yamaguchi(2001).

6장

1 일본 고도성장 시대의 메커니즘에 대해서는 Shirakawa(2011c) 참조.

2 교역 조건은 수출 상품 1단위로 수입할 수 있는 상품의 양으로, 통상 수출 상품 가격을 수입 상품 가격으로 나누어 산출한다.

3 Bernanke(2002).

4 Bernanke(2003)은 "특히 일본은행은 국채 매입을 더 늘리는 것을 고려해야 하며, 감세 또는 다른 재정 부양책과 결합하는 것이 바람직하다"라고 발언했다.

5 Greenspan(2005)는 "전국적으로 주택 가격 버블이 발생할 가능성은 낮아 보이지만, 최소한 주택 가격이 지속 불가능한 수준으로 상승한 것으로 보이는 일부 지역에서는 버블 조짐이 있는 것으로 보인다"라고 말했다.

6 Federal Reserve System(2005).

7 Bernanke(2004). 그러나 "대안정기"라는 용어를 버냉키가 명명한 것은 아니다.

8 Bernanke(2004)에서 버냉키는 일본을 "대안정기"의 예외로 꼽았다.

9 Blinder and Reis(2005),

10 Blinder and Reis(2005),

11 Ahearne et al.(2002).

12 Bernanke(2016)은 앨런 그린스펀의 전기에 대한 블로그 게시글에서, 닷컴 버블 붕괴 이후 상대적으로 완만했던 경기 침체가 금융 시스템과 통화정책 간 관계에 대한 연준의 생각에 영향을 미쳤을 수 있음을 시사한다. "그린스펀 임기 중 거시경제에 가장 큰 영향을 미친 금융위기는 아마 2001년 비교적 완만한 경기 침체의 주요 원인이었던 닷컴 버블의 붕괴일 것이다. 당시 경기 침체에 대한 통화정책 대응이 성공적이었는지는 보는 사람에 따라 다르다. 하지만 중요한 점은 그린스펀과 연방공개시장위원회, 그리고 2005년 잭슨홀 심포지엄에서 그린스펀을 추켜세운 사람들은 그렇게 믿었다는 것이다. 주요 자금 조달 시장과 유동화 시장의 붕괴 등 2007년 위기를 전례 없는 재앙으로 이끈 요인들은 당시 전혀 예측할 수 없었다."

13 White(2006).

14 Tett(2015).

15 Bernanke(2004).

16 Lucas(2003), p.1.

17 Woodward(2000).

18 차입 만기는 짧고 대출 만기는 긴 것을 의미한다.

19 일본은 2006년부터 바젤 II 기준을 적용하기 시작했으나 미국은 도입하지 않았다.

7장

1 일본은행법 제23조 2항. 일본은행법 전문은 다음 웹사이트에서 확인 가능하다.

https://www.japaneselawtranslation.go.jp/?re=02.

2 Bank of Japan(2008a).

3 Bank of Japan(2007).

4 Shirakawa(2008a).

5 Bank of Japan(2008b), pp.3-4.

6 이 두 관점에 대한 논의는 6장을 참조하라.

7 Bank of Japan(2008b), pp.8-9.

8 소비자물가지수는 5년마다 항목이 개편되어 당시 이용 가능한 수치가 현재와 다르
    다. 여기 제시된 값은 당시 이용 가능한 데이터에 해당한다.

9 Bank of Japan(2008c), p.8.

10 Shirakawa(2008b).

11 Bank of Japan(2008d), p.1.

12 글로벌 금융 시장과 금융 시스템 안정성 제고를 목적으로 하는 국제결제은행 산하
    위원회 중 하나로, 유로커런시상설위원회를 1999년 2월 G10 중앙은행 총재 회의에
    서 확대 개편한 것이다.

13 ECB(2008).

14 Shirakawa(2008b).

15 Shirakawa(2008b).

8장

1 Mishkin(2007).

2 Bernanke(2007).

3 Blanchard and Summers(2017).

4 엄밀히 말하면 챕터 11을 신청한 법인은 리먼 브라더스 홀딩스Lehman Brothers Holdings
    Inc.였다.

5 미국과 달리 일본의 증권사들은 일본은행에 당좌계좌를 가지고 있어 일본은행으로
    부터 대출을 받을 수 있다. 또한 증권사들은 일본은행의 조사도 받는다.

6 G7(2008).

7 G7(2008).

8 Bank of Japan(2008e).

9 도요타의 2017년 3월 말 재무제표에 따른 것이다.

10 2006년 금융서비스규제완화법Financial Services Regulatory Relief Act.

11 Shirakawa(2008a).

12 Cœuré(2016); Brunnermeier and Koby(2019).

13 일본은행은 2003년부터 2006년까지 한시적으로 자산담보부기업어음ABCP과 자산유동화증권ABS을 매입한 바 있다.

14 Baxter(2013).

15 유럽중앙은행은 인플레이션 우려로 인해 정책 금리를 0.25퍼센트 인상했다.

16 금융 완화 정도를 중앙은행 대차대조표의 규모나 본원 통화 증가를 기준으로 평가하는 것이 적절치 않은 또 다른 이유는 통화정책 운영 방식이 다르기 때문이다. 글로벌 금융위기 이전 연준은 지급준비금을 매우 적게 유지했고 그 결과 2007년 8월 1일 연준의 당좌예금 잔액은 미국 GDP의 0.1퍼센트인 170억 달러에 불과했다. 반면 같은 시기 일본은행의 당좌예금 잔액은 2007년 7월 31일 기준 8조 8000억 엔(740억 달러)으로 일본 GDP의 1.7퍼센트에 달했다.

17 GDP 속보치 기준. 최종 GDP는 2008년 4분기 -3.1퍼센트, 2009년 1분기 -5.4퍼센트를 기록했다.

18 Bernanke, Geithner, and Paulson(2019).

19 Bernanke(2008a).

20 Bernanke(2008b); Bernanke(2015), p.264.

21 자세한 분석은 Ball(2018) 참조.

22 Geithner(2014), p.180.

23 Geithner(2014).

24 Shirakawa(2009c).

25 Caruana(2015).

9장

1 G7(2009a), p.1.

2 G7(2009b), p.1.

3 Bernanke(2015), p.416.

4 Shirakawa(2009a), p.6.

5 Shirakawa(2009a), p.12.

6 G20(2009), p.1.

7 Bank of Japan(2009a), p.2.

8 Bank of Japan(2009b), p.1

9 Bank of Japan(2009c), p.1.

10 Cabinet Office(2009), p.1.

11 Bank of Japan(2013b), chart 4.

12 Fujiwara et al.(2007), chart 6.

13 Ahearne et al.(2002).

14 ECB(2014).

15 Bank of Japan(2009d), pp.4-5.

16 Bank of Japan(2009e), p.9.

17 Shirakawa(2009e), p.5.

18 Bank of Japan(2009f), p.2.

19 Bank of Japan(2009g), p.2(기존 문안에서 달라진 부분 강조).

20 Bank of Japan(2009h), p.3.

21 Fisher(1933).

22 Feldstein(2015).

23 피셔Fisher의 논문은 1933년에 발표되었지만 기본 골격은 1931년에 이미 공개되었다.

24 Volcker and Harper(2018), p.227.

25 Kimura and Ueda(1997); Kuroda and Yamamoto(2006).

26 Yoshikawa(2013, p.182)은 이러한 일련의 메커니즘을 "일본형 효율성 임금 가설efficiency wage hypothesis"이라고 명명한다. "일본형 고용 모형"과의 관계는 Hayakawa(2016) 4장을 참고하라.

27 Friedman(1963).

28 Shirakawa(2014).

29 Shirakawa(2011d).

30 Yellen(2015), p.21.

31 Ito(2001, p.21)은 "물가 목표를 수치로 제시하는 정책을 시행함으로써 (중략) 기대 인플레이션을 안정화할 수 있다. 즉 중앙은행이 목표치를 설정하므로 만약 대중이 중앙은행을 신뢰한다면 미래 인플레이션율이 목표치를 중심으로 수렴할 것이라고 생각하는 것은 당연하다"라고 주장한다.

32 Weidmann(2014).

33 일본 소비자물가지수 편의에 대한 자세한 설명은 Shiratsuka(2005)를 참조하라.

34 자세한 분석은 Bank of Japan(2013a)에서 확인할 수 있다.

35 이 점은 일본은행 정책위원회가 2000년 발간한 물가 안정 보고서인 Bank of Japan(2000c)와 Shirakawa and Momma(2001)에서 다루고 있다.

36 Blanchard, Dell'Ariccia, and Mauro(2010).

10장

1 2010년 2월 16일 야마모토 고조山本幸三 의원이 예산위원회에서 한 발언(House of Representative 2010a, p.10)이다.

2 '조악한 형태의 통화주의'라는 용어는 Bernanke(2020)을 참조하라.

3 일본의 인구 구조 변화에 대해서는 Shirakawa(2012d)를 참조하라.

4 国立社会保障・人口問題研究所(2017, p.17)의 2017년 일본 향후 인구 추계의 중간 수준 출산율을 기초로 한다.

5 Bank of Japan(2008).

6 2020년 10월 기준 잠재 성장률 추정치는 약 0퍼센트다(Bank of Japan, 2020).

7 Shirakawa(2013).

8 Hayakawa(2016).

9 Shiller(2019).

10 Kimura et al.(2010).

11 Shirakawa(2017).

12 Shirakawa(2011c).

13 Shirakawa(2012e).

14 Bank of Japan(2010a), p.8.

15 Jones(2020).

16 Bricker and Ibbitson(2019).

17 Gagnon, Johannsen, and Lopez-Salido(2016); Kim(2016); Ferrero, Gross and Neri(2017). IMF가 발행하는 학술지《금융과 발전Finance & Development》 2020년 3월호에도 인구 구조 변화가 경제에 미치는 영향을 다룬 다수의 논문이 수록되어 있다.

18 Faust and Leeper(2015)

11장

1 Mundell(1961).

2 Lagarde(2011).

3 Draghi(2012).

4 2015년 1월 유럽중앙은행은 양적 완화 정책의 일환으로 국채 등의 자산을 매입할 수 있는 공공 부문 매입 프로그램Public Sector Purchase Programme, PSPP을 도입했다.

5 2018년 현재 유로화를 사용하는 유로존 가입국은 19개국이다(2023년 크로아티아가 가입해 현재는 20개국이다-옮긴이).

6 ECB(2010).

7 Monnet(1978)

12장

1 Bank of Japan(2010b).

2 Bernanke(2015), p.484.

3 Bank of Japan(2010c).

4 Bank of Japan(2010d), p.2.

5 Bank of Japan(2010d), p.1.

6 아시아 금융위기 당시 홍콩의 중앙은행에 해당하는 홍콩금융관리국香港金融管理局, Hong Kong Monetary Authority이 정부를 대신해 주식을 매입한 적이 있었다. 그러나 이는 금융위기에 대한 대응책이었으며 홍콩통화청의 계좌로 수행한 것이 아니었다.

7 Bank of Japan(2010e), p.2.

8 2016년 일본은행이 마이너스 금리 정책을 채택하면서 상황은 더 복잡해졌다.

9 2010년 9월 포괄적 금융 완화 정책 도입 직전 은행권 잔액은 76.9조 엔, 당좌계좌 잔액은 20.2조 엔, 정부 국채는 76.7조 엔, 그리고 대출 잔액은 36.1조 엔이었다.

10 Archer and Moser-Boehm(2013), figure 6에 따르면 유럽중앙은행과 스위스 중앙은행은 20퍼센트에 근접할 정도로 자기자본 비율이 높은 그룹에 속하며 영란은행과 연준은 2퍼센트 정도다(일부 비율은 국가 표시 없이 나온다). 일본은행은 여기에 나오지 않지만 2010년 3월 기준 4퍼센트였다(142.3조 엔의 자산 대비 5.7조 엔 자기자본).

11 뉴욕 연준에서 오랫동안 고문을 역임한 토머스 박스터Thomas Baxter Jr.는 2013년에 "상환 실패는 공공 자금을 제대로 관리하지 못하는 더 심각한 과실 행위로 이어질 수 있다"라고 말했다.

12 Fukui(2003).

13 Archer and Moser-Boehm(2013), p.1.

14 Fukui(2003).

13장

1 지진 발생 직후에는 진도 7.9로 발표되었으나 이후 세 차례에 걸쳐 상향 조정되어 최종 9.0으로 발표되었다.

2 일본은행 홈페이지에 게시된 시간은 오후 3시 21분이었다.

3 산리쿠는 일본 동북부 해안의 지명이다.

4 Bank of Japan(2011).

5 이 내용은 Endo(2013)에 근거한 설명이다.

6 Shirakawa(2011a).

7 IMF의 세계 경제 전망 데이터베이스World Economic Outlook Databases에 따른 수치다. https://www.imf.org/en/Publications/SPROLLs/world-economic-outlook-databases#sort=%40imfdate%20descending.

8 화석 연료 발전이 60퍼센트로 가장 큰 비중을 차지했다.

9 후쿠시마현福島県, 이바라키현茨城県, 이와테현岩手県, 미야기현宮城県이다.

10 이 내용은 주로 Endo(2013)에 근거한 설명이다.

11 Cabinet Office(2010), figure 1-1-1.

12 테일 리스크 대응 관점에서 살펴본 자연재해 관련 문제는 Shirakawa(2011d)를 참조하라.

14장

1 국제결제은행에서 실효 환율을 계산할 때 사용하는 교역 가중치는 제조업 기준이다.

2 자의적 계산을 피하기 위해 2000년 1월을 기준점으로 삼았다. 이 시점 엔화의 실효 환율은 2000~2012년 기간 평균치와 거의 일치한다.

3 스위스 중앙은행 총재였던 장피에르 로트Jean-Pierre Roth는 2004년 연설에서 유로화 출범 당시 스위스 프랑화와 함께 안전 통화 수요를 흡수했던 독일 마르크화가 사라지면 금융위기 시 유로화 가치에 대한 의구심이 생길 경우 스위스 프랑화가 더 급격히 절상될 것을 우려했다고 말했다(Roth, 2004 참조). 이때 그는 이런 우려가 틀린 것으로 입증되었다고 결론지었지만 이후 유럽 부채위기 당시 그의 우려는 근거가 있는 것으로 드러났다.

4 2019년에는 27.0조 엔으로 증가했다.

5 Noguchi(2017), pp.360-370.

6 만테가는 이렇게 말했다. "우리는 전반적인 통화 약세라는 국제 통화 전쟁의 한가운데 있습니다. 이는 경쟁력을 앗아가기 때문에 우리 모두를 위협하는 일입니다." Wheatley and Garnham(2010).

7 Bernanke(2010a).

8 Bernanke(2013).

9 글로벌 저축 과잉에 대해서는 Bernanke(2005)를 참조하라.

10 Bernanke(2010b).

11 Danthine(2015).

12 일본과 스위스의 비교에 대한 더 자세한 논의는 Shirakawa(2012g)를 참조하라.

13 스위스 금융 시장의 규모가 크지 않아서 스위스 중앙은행은 무제한 외환 시장 개입

을 채택했는데, 이는 제한 없이 국내 양적 완화domestic quantitative easing를 실시할 수
있는 유일한 선택지였기 때문이다.

14 Swiss National Bank(2015), p.23.

15 미국은 더 이상 이 원칙이 성립하지 않는다. 도널드 트럼프Donald Trump 대통령이 종
종 환율에 대해 본인의 의견을 냈기 때문이다.

16 Bank of Japan(2012c), chart 58. 2012년 말 이후 나타난 환율 행태는 17장에서 설명
한다.

15장

1 IMF의 계산에는 단기 국채가 포함된다.

2 이는 1990년대부터 2000년대 초반까지 부실 대출을 상각해야 했던 금융기관 계정
에서 일반적으로 볼 수 있는 현상이다.

3 이론적으로 경기 조정 기초 재정 수지cyclically adjusted primary fiscal balances를 이용해 추
정해야 한다. 여기서는 단순화를 위해 경기를 조정하지 않은 기초 재정 수지를 사용
했는데, 잠재 산출물 추정이 쉽지 않고 다소 자의적일 수 있기 때문이다.

4 "갈 곳 없는 다리"는 인구 밀도가 매우 낮은 지역에 대한 공공 인프라 지출을 설명할
때 사용하는 표현이다.

5 분기별 수치는 반올림으로 인해 정확하게 합산되지 않는다.

6 Shirakawa(2011d).

7 Dornbusch(1997).

8 Shirakawa(2011b).

9 Shirakawa(2011b).

10 Ito(2001, pp.87-88)은 "이런 상황에서 '금리가 제로이므로 통화정책의 역할을 기대할
수 없다'라고 주장할 수 있다. (중략) 하지만 일본의 재정은 현재 부채의 덫에 빠져
있고 심각한 상황이다. (중략) 이런 상황에서 3~4년 전과 같은 대규모 재정 지출을
통해 경제 상황을 개선하는 것은 이제 불가능하다"라고 지적했다.

11 다카하시 재정정책에 대한 자세한 설명은 Shizume(2009)를 참조하라.

12 Turner(2015). Bernanke(2003)은 "다카하시 고레키요 재무장관은 1930년대 초 영리
한 리플레이션 정책을 통해 일본을 대공황에서 구출해 냈다"라고 언급했다.

13 Shirakawa(2011d).

14 Fukai(1941), pp.312-313.

16장

1 Tucker(2015).

2 자세한 내용은 Shirakawa(2009f)를 참조하라.

3 이 조직은 2009년 4월 아시아 금융위기 직후 설립된 금융안정포럼Financial Stability Forum이 개편된 것이다.

4 이 글을 쓰는 시점에는 미 연준 감독 담당 부의장 랜달 퀼스Randall Quarles가 의장을 맡고 있다.

5 거시건전성 정책에 대해서는 Shirakawa(2009g)를 참조하라.

6 Fisher(2016)은 이 점에 대해 명쾌하게 설명한다.

7 Shirakawa(2009f), Fisher(2016), p.68. "금융 안정이 통화정책 목표와 별개며 부차적이라는 생각은 금융 안정과 물가 안정 모두를 위험에 빠뜨린다."

8 창구 지도는 일본은행이 주요 시중은행에 대출을 억제하도록 도덕적 권유moral suasion를 하는 것이다. 이 조치는 2차 세계대전 이후 채택되었다가 1990년대 초 종료되었다.

9 Volcker(1990).

10 Bank of Japan(2017).

11 IMF(2017), p.49.

17장

1 Bank of England(2012), pp.9-10.

2 Bank of Japan(2012a).

3 Bank of Japan(2009g), p.2.

4 Bank of Japan(2012b), p.11.

5 House of Representatives(2012), pp.3-4.

6 적용 금리는 콜 자금에 대한 목표 금리인 0.1퍼센트며 최대 만기는 4년이었다.

7 Liberal Democratic Party(2012), p.7.

8 Bank of Japan(2012d), pp.8-9.

9 Cabinet Office, Ministry of Finance, and Bank of Japan(2013); Bank of Japan(2013b).

10 Cabinet Office, Ministry of Finance, and Bank of Japan(2013), 제2조.

11 Cabinet Office, Ministry of Finance, and Bank of Japan(2013), 제2조.

12 Cabinet Office, Ministry of Finance, and Bank of Japan(2013), 제2조.

13 Federal Reserve System(2012).

14 Bank of Japan(2013a), p.2.

15 Komiya and the Japan Center for Economic Research(2002), p.273.

16 Council on Economic and Fiscal Policy(2013), pp.2-3.

17 Council on Economic and Fiscal Policy(2013), p.3.

18 2013년 2월 7일 아베 총리의 참의원 예산위원회 발언. House of Representatives(2013b), p.13.

19 2013년 2월 12일 아베 총리의 참의원 예산위원회 발언. House of Representatives(2013b), p.11.

20 Cabinet Office, Ministry of Finance, and Bank of Japan(2013), 제2조.

21 내각부에 따르면 경기 고점과 저점은 각각 2012년 3월, 2012년 11월이었다.

22 2013, 2014년 회계 연도 사이 성장률 변동에는 소비세 인상 전에 지출을 앞당겨 집행한 것도 일부 반영되었다.

23 민간 부문 경제학자 40명의 성장률 전망치 평균은 2013, 2014년 회계 연도 각각 2.01퍼센트, 0.25퍼센트였다. 소비자물가 상승률의 경우 각각 0.17퍼센트, 0.45퍼센트였다.

24 Shirakawa(2013).

25 Bank of Japan(2013b), p.8.

18장

1 Ahearne et al(2002). 3장의 논의도 참조하라.

2 Bernanke(2015), p.65.

3 Wolf(2001).

4 Independent Evaluation Office of the International Monetary Fund(2019a), p.15.

5 Bernanke(2002).

6 Nakata(2020). 원문에는 2013년 3월이라 기술되어 있지만 2014년 4월이 맞다.

7 Nakata(2020).

8 일본은행의 〈전망 보고서〉 Bank of Japan(2020)을 참조하라. chart 46에 따르면 명목 금리에서 물가 연동 국채 수익률을 빼서 계산하는 기대 인플레이션율은 2020년 10월 기준 0퍼센트다.

9 Independent Evaluation Office of the International Monetary Fund(2019b), p.25.

10 Gertler(2017), p.39.

11 Gertler(2017), p.40.

12 Summers and Stansbury(2019).

13 Wolf(2017).

14 Shirakawa(2010a); Shirakawa(2012a).

15 Bernanke(2020).

16 Rehn(2020).

17 Independent Evaluation Office of the International Monetary Fund(2019b), p.25.

18 거대한 통화정책 실험의 실패와 일본 경제의 저성장 원인에 대해서는 Hayakawa(2016), Okina(2015)를 참조하라.

19장

1 Blanchard and Summers(2017).

2 Hayashi and Prescott(2001).

3 Borio(2018).

4 Powell(2018).

5 Blanchard(2013).

6 Borio et al.(2017).

7 Tett(2017). 일본 금융위기의 사법적 책임과 관련해서는 37개의 도산한 금융기관에서 재직했던 44명의 CEO, 63명의 이사진, 27명의 임원이 체포되었다. Okuyama and Murayama(2019), p.5를 참조하라.

8 Bernanke(2015), p.65쪽. 3장도 참조하라.

9 Brunnermeier, James, and Landau(2016), p.249.

10 Jones and Klenow(2016); Bernanke and Olson(2016).

11 OECD 통계에 따르면 일본의 1인당 근로 시간은 1990년 2031시간, 2016년에는 1714시간이었다.

12 Blanchard and Summers(2017), p.5.

13 리처드 쿠Richard Koo의 저술은 예외적인 사례였다. 나는 기본적으로 그의 대차대조표 조정에 대한 의견에 동의하는 편이다. Koo(2003).

20장

1 Bernanke(2020).

2 Simons(1936), p.3.

3 Shirakawa(2017).

4 Reinhart and Rogoff(2009). Reinhart and Rogoff(2014)도 참조하라.

5 Fisher(2019).

6 Shirakawa(2009d).

7 Komiya and the Japan Center for Economic Research(2002), pp.237-238.

8 이 기간에 일본의 지니 계수Gini coefficient가 낮아졌는데도 이런 결과가 나왔다.

9 분배 관련 문제는 19장에서 사회 후생을 주제로 논의했다.

10 "미세조정"의 위험성에 대해서는 Volcker and Harper(2018), p.225를 참조하라.

11 Friedman(1968), pp.12-13.

12 Shirakawa(2008c).

13 Friedman(1968), p.13.

14 Shirakawa(2015).

15 Burns, Ćirović, and Polak(1979), p.24.

21장

1 Hicks(1967), p.60.

2 Mundell(1969).

3 Shirakawa(2012b)는 "세계의 중앙은행"이 존재하더라도 테일러 준칙을 지키지 못할 것이라 지적한다. 테일러 준칙에 따르면 인플레이션율이 올랐을 때 그 증가 폭보다 더 크게 정책 금리를 올려야 한다.

4 Subbarao(2016), p.286.

5 위키피디아에 따르면 "계몽된 이기심"은 윤리학에서 나오는 개념으로 타인에게 선한 일을 했을 때 시간이 지나 결국에는 자기에게 도움이 된다는 관점을 뜻한다.

6 19개의 중앙은행이 참관인 자격으로 회의에 참석한다.

7 Bernanke(2005). 14장의 논의도 참조하라.

8 Bernanke(2005).

9 Borio(2014).

10 중앙은행 간 은행 업무 분야 협력의 역사에 관한 흥미로운 사실들에 대해서는 Potter(2017)을 참조하라.

11 Subbarao(2016), p.275.

12 Tucker(2014).

13 Subbarao(2016), p.290.

22장

1 민주당 정권 시기에는 신설된 국가전략회의国家戦略会議가 동일한 기능을 했다.

2 일본은행법 제4조.

3 일본은행법 제2조, 제3조 1항과 2항.

4 민주당에는 '디플레이션탈피의원연맹9デフレ脱却議連' '일본은행의 존재 방식을 생각하는 의원연맹日銀のあり方を考える議員連盟' '엔고 · 유럽위기대응연구회円高 · 欧州危機等対応研究会' '일본재생전략회의日本再生戦略会議' '증세 없는 부흥을 요구하는 긴급회의増税なき復興を求める緊急会合' 등이, 자민당에는 '일본은행법 개정으로 디플레이션 · 엔고를 해소하는 모임日銀法改正でデフレ · 円高を解消する会' '디플레이션 · 엔고 해소를 확실히 하는 모임デフレ · 円高解消を確実にする会' 등이 있었으며, 초당파 조직으로는 '증세가 아닌 부흥 재원을 요구하는 모임増税によらない復興財源を求める会' '일본은행법 개정을 목표로 하는 초당파 연락회日銀法改正を目指す超党派連絡会' '일본의 부흥과 재생을 실현하는 의원연맹日本の復興と再生を実現する議員連盟' 등이 있었다.

5 House of Councilors(2009), p.14.

6 House of Representatives(2010b), p.6.

7 Blinder(1999).

8 Blinder(1999).

9 El-Erian(2016).

10 Kuniya(2017), p.15.

11 Tucker(2018)은 이 문제를 광범위하게 논의하고 있으며, Tucker(2020)은 더 간결하고 이해하기 쉽게 논의하고 있다.

23장

1 Kimiya(1988, pp.60-61)은 점보제트기 조종사를 예로 들었다.

2 영란은행 통화정책위원회 위원이었던 애덤 포즌Adam Posen은 의사가 아닌 약사의 사례를 들며 다음과 같이 지적했다. "중앙은행가의 역할은 결국 약사의 역할과 크게 다르지 않다. 약장에 처방할 수 있는 약의 종류도 많지 않고 복용량 상한도 있는 상황에서 다른 전문의의 낙서 같은 처방전을 이해하고 어떤 부작용을 고려할지 결정한 다음, 환자가 섭취하는 음식을 다 알지 못하거나 통제할 수 없는 상태에서 환자에게 적절한 약을 조제해야 하기 때문이다. 바라는 최선의 상황은 부작용을 최소화하면서 시간이 지남에 따라 꾸준히 회복하는 것이다." Posen(2013, p.170).

3 Shirakawa(2011e).

4 조직으로서의 중앙은행에 초점을 맞춘 연설은 Shirakawa(2018)을 참조하라.

5 King(2004).

6 Williamson(1999); Oritani(2019).

7 예외로는 Davis and Green(2010), Lindsey(2016)이 있다. 볼커의 인터뷰와 회고록은 중앙은행의 통화정책과 조직 차원의 상호 작용에 대해 풍부한 통찰을 제공한다;

Federal Reserve System(2019b), Volcker and Harper(2018).

8 오랜 시간 연준에서 경제학자로 근무하면서 통화정책에 관여해온 Lindsey(2016)은 이 주제에 대해 흥미로운 분석을 제공한다.

9 Tucker(2018), p.5. 글로벌 금융위기 이후 규제 개혁의 맥락에서 이 표현을 사용했다.

10 통화정책위원회Monetary Policy Committee, 금융시장인프라위원회Financial Market Infrastructure Committee, 은행건전성규제감독위원회Prudential Regulation Committee, 재정정 책위원회Financial Policy Committee 등 통화정책, 거시건전성 정책, 개별 금융기관에 대한 규제와 감독, 거버넌스 4개 분야에 별도의 위원회가 존재한다.

11 Federal Reserve System(2019b), p.93. 제럴드 코리건Gerald Corrigan도 인터뷰에서 같은 견해를 밝혔다; Federal Reserve System(2019a), p.77.

12 1996~2002년 연준 이사로 재직했던 래리 메이어Larry Meyer는 의장의 제안에 대해 반대표가 3표 나온다는 것은 "의장의 리더십에 대해 연방공개시장위원회 내에서 공개적인 폭동이 일어난 것과 같다"라고 했다. Meyer(2004), p.53.

13 Lindsey(2016)은 일본은행의 경우와 유사한 연준의 연구에 대한 흥미로운 관찰을 언급하고 있다.

14 Tarullo(2017)은 연준에서 경제 전망을 하는 직원들의 업무에 대해 흥미로운 묘사를 담고 있다.

15 Independent Evaluation Office of the International Monetary Fund(2019b, p.25)는 "절반 이상의 경제학자들이 일본과 영국과의 연례협의Article IV consultation(회원국을 방문해 그 나라 경제 상황을 점검하는 일-옮긴이)를 1번밖에 수행하지 않았다"라고 지적한다.

16 Tett(2015).

찾아보기

국채 50, 131, 145, 146, 148~150,
154, 168, 194, 196, 219, 224, 234,
279, 299, 312, 313, 315~320, 322,
325~328, 331, 332, 337~340,
343~348, 350~354, 357, 358, 363,
367~372, 379, 394, 401, 406, 417,
419, 428, 431, 433~439, 442, 444,
446~448, 452~455, 471, 490, 499,
501, 505, 511, 517, 523, 524, 543,
546, 550, 574, 579, 600, 609, 614,
661, 719, 723, 724, 726, 728

국채 금리 페그제 448

규제와 감독 30, 65, 77, 83, 115, 127,
181, 183, 248, 407, 456~458, 461,
463, 464, 466~468, 472~475, 479,
483, 484, 558, 620, 633, 641, 732

그렉시트 322

그리스 22, 311~316, 320, 322, 323, 506

그린스펀, 앨런 139, 176, 177, 179, 180,
185, 596, 645, 719

그림자 금융 177, 179, 186, 248, 467, 479

글로벌 금융 시스템 209, 214, 464, 468,
611

글로벌 금융위기 22, 24, 28, 30, 48, 69,
71, 90, 91, 99, 101, 109, 136, 151,
166, 168~170, 172, 178, 179, 182,
186~189, 213, 222, 229, 239~243,
246, 248, 249, 251, 264, 270, 275,
285, 295, 330, 331, 340, 356, 360,
384, 390~392, 400, 408, 414, 416,
417, 420, 421, 423, 425, 438, 442,
456, 458, 463~472, 474, 478~480,
482, 484, 488, 495, 496, 498, 542,

544~552, 554, 556, 559, 562, 573,
576, 578, 583, 586, 590, 591, 600,
602, 603, 607, 609, 610, 614, 616,
621, 635, 637, 651, 658, 665, 721,
732

글로벌 불균형 609, 610

글로벌 스탠더드 567~569

글로벌 자본 이동 319, 396, 404, 610

글로벌 저축 과잉 407, 609, 610, 725

글로벌금융시스템위원회(CGFS) 51, 204,
714

금리 리스크 469, 470, 486, 582

금융 규제와 감독 77, 115, 127, 128, 181,
457, 463~468, 470~473, 477, 479,
482~484, 558, 579, 601, 607, 620,
633, 641, 658

금융 불균형 53, 119, 186, 189, 286, 319,
348, 456, 478, 498, 541, 521, 526,
527, 532, 558, 596, 610, 633, 634,
640, 649

금융 시스템(의 안정) 21, 28, 39, 41,
50, 64, 67~69, 83~85, 87, 90, 91,
94, 96, 97, 99~101, 103, 104, 112,
117, 118, 127, 128, 150, 151, 165,
183~185, 196, 198, 208~216, 219,
222, 223, 232, 234~236, 240, 243,
244, 246~248, 250, 257, 270, 281,
313~318, 323, 324, 341, 348, 358,
362, 366, 368, 384, 403, 407, 431,
432, 440, 456~490, 496~498, 518,
535, 557, 565, 566, 573, 574, 577,
578, 580, 593, 599, 604, 606, 611,
612, 620, 640~642, 644, 647, 658,